JN410729

한국의 장년 고용

박철우 · 이영민 · 정동열 편

화산미디어

한국의 장년 고용

초판 인쇄 2018년 2월 22일
초판 발행 2018년 2월 28일

저 자 · 박철우 · 이영민 · 정동열
발 행 인 · 현근택
발 행 처 · 화산미디어

주 소 · 경기도 고양시 덕양구 용현로 10, 507-102 (행신동, 무원마을)
신 고 · 2009년 2월 16일/제395-2009-000012호
전 화 · 031-973-6929
팩 스 · 031-972-6930
홈페이지 · www.hwasanm.com

정가 29,000원
ISBN 979-11-5977-023-4

이 도서의 국립중앙도서관 출판예정도서목록(CIP)은 서지정보유통지원시스템 홈페이지(http://seoji.nl.go.kr)와 국가자료공동목록시스템(http://www.nl.go.kr/kolisnet)에서 이용하실 수 있습니다. (CIP제어번호 : CIP2018006159)

본 책자는 산학협동재단의 도움으로 발간되었습니다.

발간사

항상 새로운 해를 맞을 땐 기쁘다. 희망을 생각하기 때문이다. 그러나 2018년 연초엔 새로운 희망보다는 걱정과 두려움이 앞선다. 올 해가 바로 우리나라가 고령사회에 도달한 해이기 때문이다. 사실 우리사회는 2000년에 65세 이상 인구 비율이 7%를 넘어서는 고령화사회로 접어들었고, 2018년에 14%를 넘어서 고령사회가 된다. 그리고 2026년에 20%를 넘어서는 초고령사회에 진입하게 되는데 고령화 속도가 세계 최고 수준이다. 뿐만 아니라 2030년부터 우리나라의 인구감소도 예상된다하니 저출산·고령화문제는 재난수준이라고 할 수밖에 없다. 이러한 재난수준 지표를 보며 걱정과 두려움이 앞서는 것은 저출산·고령화로 인해 나타날 심각한 사회문제를 해소할 현실가능한 대책 마련이 쉽지 않아 보이기 때문이다.

저출산·고령화! 많이 회자되기는 했지만 단어들이 가지는 문제는 몇 가지 의미를 내포하고 있다. 우선 저출산, 고령화 사이 인구지표인 생산가능인구 감소를 생각해 볼 필요가 있다. 저출산으로 청년인구는 줄고, 고령화로 나이든 인구가 많아짐에 따라 우리 경제를 지탱할 핵심 인구가 줄어든다는 의미다. 생산가능인구 감소는 세 가지 측면에서 큰 문제다. 우선, 첫째 내수경기 하락 가능성을 의미한다. 소비층이 줄어들기 때문이다. 한 나라의 국가 경제를 지탱하려면 어느 정도 내수시장이 있어야 하는데 그렇잖아도 작은 내수시장이 더욱 위축될 것으로 예상되기 때문이다. 두 번째는 청장년층 인구감소에 따라 사회 전 분야의 창의성과 역동성 저해가 우려되고 이는 미래 성장에 장애가 된다는 점이다. 세 번째는 국가 저출산·고령화 재정부담으로 성장동력에 투자할 여력이 줄어들기 때문에 경제 악순환이 우려된다는 점이다. 즉, 세금을 부담해야 할 인구는 감소하고, 초고령사회 국가가 부담해야 할 저출산 극복과 노인복지재원은 지속 확대될 것으로 예상되기 때문이다. 이 책은 이러한 사회문제 인식에서 시작되었다. 저출산 문제는 당장 해결하기는 어렵지만 이미 생을 살아가고 있는 세대, 즉, 고령화로 인한 생산가능인구감소와 노인인구증가로 인한 기하급수적 복지재원 증가를 조금이라도 지연시킬 수 있는 방안은 없을까? 전부가 아니라 일부라도 도움이 될 대안을 제시하기 위해서 전문가들이 힘을 모았다.

저자들이 고민한 분야는 베이비부머세대 문제이다. 베이비부머세대 문제는 인구학적으로 우리 사회가 안고 있는 문제 중 하나로 제기된 바 있다. 베이비부머세대는 1955~1963년 사이에 태어난 약 714만 명을 의미한다. 그러나 좀 더 확대해서 이들을 1차 베이비부머세대라고 하고, 1968~1974년 사이에 태어난 약 606만 명을 2차 베이비부머세대라고 한다. 사실 이들이 2020년부터 순차적으로 실버 계층에 진입함에 따라 사회·경제적으로 극심한 변화를 겪을 것으로 예상된다. 아니 이미 그 변화를 겪고 있다. 한쪽에서는 베이비부머세대 정년연장이 청년일자리를 잠식한다고 세대 간 일자리 논쟁이 있고, 뿌리산업과 같은 산업영역에선 유입청년이 없어 단순생산직은 외국인이 전문기술직엔 베이비부머세대가 근근이 산업을 지탱하며 등 세대 간 기술단절에 직면하고 있는 등 어떻게 베이비부머세대의 고령사회 정착을 실현할지가 당면한 과제이다.

이 책의 저술에 참여한 전문가들은 베이비부머세대 문제를 '장년'과 '고용'이라는 관점에서 접근했다. 연령측면에서 베이비부머세대를 포함하고, 사회복지 측면에서 고용을 통한 복지재원 절감노력이 필요하기 때문이다. 그리고 여기서 장년의 범위는 사전적으로 55~64세 범위를 의미하지만 고령화시대 연령을 확대하여 신중년의 개념까지 포함한다. 실제 정부도 최근 베이비부머세대의 노동시장 문제를 다루면서 신중년 개념을 도입하여 장년대책 범위를 확장하고자 하는 시도가 있다. 신중년은 50세 이상 69세 이하의 나이에 해당한다. 신중년를 도입하면서 50세까지 나이를 하향한 것은 조기은퇴와 관련이 있다. 기업의 구조조정이 상시화되면서 기업 부장급에서 회사를 은퇴하는 경우가 많기 때문에 이에 대한 대책이 필요하기 때문이다. 신중년의 나이를 69세까지 확장하여 생각하는 것은 의료기술의 발달에 따라 수명이 연장된 점과 생산가능인구감소시대를 대비하기 위한 측면이 있다. 특히, 2020년을 기점으로 베이비부머세대 '55년생부터 '63년생까지 급격하게 은퇴를 맞게 된다. 그리고 2026년에는 초고령사회에 접어들게 되는데, 장년정책을 신중년정책으로 전환하여 조금이라도 생산가능인구 감소를 지연시키는 것이 우리 경제를 연착륙시키는 방법이라고 판단되어 논의 과정에서 나이개념을 확대하게 되었다.

마지막으로 이 책의 저술과정에 저자들이 자발적인 의사로 참여했음을 밝혀둔다. 저자들 모두 우리 사회가 안고 있는 심각한 문제를 알고 있기에 어떤 조건도 없이 자신들이 연구한 자료를 공개하고 지혜를 담았다. 그리고 이 출판을 위해 수고한 숙명여대 박사과정 조성은, 화산미디어 현근택 대표님과 관계자분들께 감사의 마음을 전하며, 아무쪼록 이 책이 앞으로 다가올 저출산·고령화의 험난한 파고를 넘어갈 다리가 되었으면 한다.

저자 일동

추천사

평균수명 증가로 '100세 시대'는 희망사항이 아닌 당연한 것으로 받아들여지고 있다. 지금까지는 남은 여생을 편안히 지낼 방법을 생각했다면 우리는 인생 2막, 3막 준비가 필수인 시대에 살고 있다.

인생을 하루 24시간에 비유하면 흔히 중년, 장년이라 여기는 50세는 겨우 정오에 불과하다. 하루를 새로이 만드는 기쁨으로 시작한 오전을 지나 본격적으로 활동하게 될 오후를 어떻게 맞이할 것인지를 생각하지 않을 수 없다. 인생의 오후를 맞이하는 우리는 남은 시간을 어떻게 준비해야 할까? 해답은 건강한 사회생활과 노동참여에 있다.

우리는 과거에 비해 개선된 기술과 신체요건 등으로 인해 많은 나이에도 일을 할 수 있다. 그러나 장년 이후에 갈 수 있는 일자리는 매우 제한적이다. 베이비붐세대의 은퇴, 생산가능인구의 감소, 4차 산업혁명으로 대표되는 기술진보와 이로 인한 일자리의 위협 등 다양한 요소를 생각해야 한다. 일할 수 있는 능력을 지녔다고 해서 모두가 일을 하거나 만족스러운 일자리를 찾기는 어려울 수 있다는 것을 의미한다.

이러한 관점에서, 장년고용 문제 해결을 위한 다양한 연구가 필요하다. 이 책은 당면한 문제와 다가올 장년고용 관련 이슈의 해결을 위해 관련 전문가들의 아이디어를 정리했다. 그동안 장년고용 문제에 대하여 여러 전문가가 참여한 책은 찾아 보기 어려웠다. 노동, 고용, 직업훈련 등 각계의 최고 전문가들이 참여하여 심도있는 연구결과를 담아 앞으로 장년고용 문제 해결에 지침이 될 수 있을 것이라 생각한다. 장년뿐 아니라 인생의 2막, 3막을 준비해야 하는 우리 모두에게 일독을 권하는 바이다.

산학협동재단 사무총장
김무한

차례

제2부 사례로 보는 장년 고용

제3부 다가올 미래를 위한 준비

들어가며

생산가능인구감소시대 신중년 정책방향

박철우(한국산업기술대학교)

생산가능인구감소시대 신중년 정책방향

박철우(한국산업기술대학교)

생산가능인구감소시대 신중년 정책방향

I. 문제제기

UN에서 정한 기준으로 볼 때 '노인'이란 65세 이상을 말하며, UN의 기준에 따르면 65세 이상 인구가 총인구를 차지하는 비율이 7% 이상을 고령화사회, 65세 이상 인구가 총인구를 차지하는 비율이 14% 이상이면 고령사회, 65세 이상 인구가 총인구를 차지하는 비율이 20% 이상이면 후기고령사회 혹은 초고령사회라고 정의하고 있다. 행정안전부 주민등록 인구 발표를 보면, 2017년 8월 기준으로 우리나라 전체 인구 5175만 3820명 중 65세 이상 노인인구 725만 7288명으로 14.02%로 '고령사회'에 공식적으로 진입했다. 이는 합계출산율 1.02에 불과한 저출산 현상과 매우 밀접한 관계가 있다. 더욱이 이러한 구조적 문제가 지속되어 2026년이면 65세 이상 인구가 총인구를 차지하는 비율이 20% 이상인 초고령사회로 진입한다고 하니 여러 가지 걱정이 많다. 사실 이러한 문제를 인식하고 2014년 전문가들이 모여 '생산가능인구 감소시대 인력정책 10대 이슈'를 저술한 지 벌써 4년을 맞고 있다[박철우 외, 2014]. 그 때, 저출산·고령화 시대를 논의하면서 중요하다 생각하면서도 다루지 못했던 주제가 바로 장년대책, 베이비부머세대 주제다. 실제, 저출산 구조가 고착화된 상황에서 노인인구가 증가하는 것은 국가적으로 위기라고 할 수 있기 때문이다. 경제를 책임질 핵심인력 공동화가 심화된다는 것은 복지

사회의 붕괴를 의미하기도 한다. 노후가 편안하려면 국가재정이 튼튼해야하는데 경제를 뒷받침할 핵심인력은 줄어들고, 소비가 감소되어 경제사정이 악화되면서 일자리가 줄어드는 악순환의 고리에 빠지기 때문이다. 이러한 우려 때문에 저출산·고령화시대, 생산가능인구 감소시대에 대한 관심과 논의가 필요한 것이다.

최근 우리사회의 최대 당면과제는 세대 간 일자리 균형 문제다. 청년실업률은 지속적으로 상승하고 있고, 반면에 장년들의 고용률은 상대적으로 높은데 그 이유가 노후준비가 잘 되어있지 못해 질 낮은 일자리라도 찾아 나선 때문이다. 사실 지난 30년 전 매년 시장에 진입하는 청년인구를 생각하면, 지금 청년은 실업이 없어야 맞다. 그런데 여전히 일자리 문제는 심각하다. 기술혁신에 따른 생산성 향상, 성력화가 이뤄진 측면도 있을 것이다. 앞으로 4차 산업혁명 등으로 인해 산업별 일자리 변화가 심해지고, 전체적으로 일자리 감소세가 지속될 것으로 예상된다. 그런데 최고령사회로 접어드는 2025년에는 청년인구의 감소도 절벽이고 베이비부머 세대의 은퇴도 집중된다. 생산가능인구 감소가 매우 심각한 상황이 되는 것이다. 생산가능인구 감소는 복지비용의 부담을 의미한다. 노후를 책임질 젊은 세대 기반이 취약해지는 것이다. 그래서 향후 복지는 국가재정으로만 부담하는 복지가 아니라 좀 더 일할 수 있는 환경, 일자리 복지로의 전환이 필요하다.

결국, 생산가능인구 감소로 인한 경제규모의 축소 현상과 고령사회 진입에 따른 복지비용 증가를 보완할 방법은 장년인구의 경제활동을 확대하고 촉진하는 것이다. 이러한 측면에서 필자는 장년에 대한 정의를 새롭게 하고, 보다 효과적으로 운용할 수 있는 정책방향을 전문가들과 함께 모색하고자 하였다.

II. 현황과 문제점

1. 전문직

대학교수나 출연연 박사, 의사, 변호사, 판사, 회계사 등 소위 '사'자로 끝나는 직업에 종사하는 전문직들은 상대적으로 노후 걱정이 적다. 전문직에 종사하면서 꾸준히 준비한 저축과 이생이모작을 위한 노후준비를 착실히 해두기 때문일 것이다. 오히려 이들 전문직의 경우에는 그동안 쌓아온 지식들을 좀 더 사회발전을 위해 기여할 수 있도록 만들 수 있을까?하는 것이 장년대책의 핵심이 되어야할 것이다. 사실 정부에서도 여러 가지 사업을 추진하고 있다. 우선, 퇴직과학기술자 지원 사업이 있다. 퇴직과학기술자 지원 사업은 대학, 출연연, 기업 등으로부터 은퇴한 퇴직과학기술자 DB를 구축하고, 필요한 기업을 연계하여 기술지도 등을 제공하는 사업이다[이경휘 · 민철구 · 김선근, 2007]. 또한 퇴직과학기술인력들은 ODA사업(개도국 지원사업)과 연계하여 컨설팅 인력으로 활용하거나, 초중고 및 일반 시민 대상 과학 강사로 활용하는 등 전문성을 활용하는 창구가 비교적 다양하다. 전문성이 있기 때문이다.

2. 사무직

인문사회계열 출신의 일반사무직 퇴직자의 경우, 사실 은퇴 후 전문성을 살리기 어려운 것이 현실이다. 사무행정의 전문성이 없다는 것이 아니라 기업 내부 환경 측면에서 관련 직종에 적합한 나이대가 있기 때문이다. 그래서 많은 퇴직자들이 생활창업 하는 경우가 많다. 그 동안 모아둔 퇴직금을 쏟아 새로운 인생을 시작하는 것이다. 그러나 생활창업은 통계적으로 봐도 경쟁이 심하다. 경제활동인구 4명 중 1명이 자영업을 할 정도로 과당경쟁이 벌어지고 있기 때문이다. 그러나 인건비, 임차료 등의 부담으로 창업과 폐업이 빈번해서 인테리어 업자만 돈을 번다는 자조 섞인 푸념이 많다. 그래서 고용노동부에서는 제조업으로의 전환 취업을 위해 교육훈련을 제공하고 있지만 이용률이 낮은 편이다. 사무직에 종사하다가 익숙하지 않은 제조업 기술직으로의 전환이 쉽지 않기 때문이다.

3. 기술직

기술직의 경우 제조업 전반에 당면과제가 많아 보인다. 우선, 중소기업 인력수급난이 심각하다. 중소기업의 인력난은 노동시장이중구조 때문이라는 시각이다. 다만, 이로 인해 세대 간 기술단절이 우려되는 상황이다. 특히, 뿌리산업에 국내 인력 수급이 어려워 일반생산직은 외국인노동자로 대체된 지 오래되었다. 뿐만 아니라 기술직 분야로까지 외국인 인력이 확대되고 있다. 인력문제가 좀 더 심화된다면 뿌리산업의 기반이 무너져 제조업 전반으로 위기가 확대될 것이라는 걱정이 많다. 그런 측면에서 뿌리산업대책은 청년일자리 문제이면서 장년고용 대책이기도 하다.

4차 산업혁명 등과 같이 첨단기술 발전에 따른 산업변화도 시장에 큰 변화를 줄 것이고, 이 때문에 중숙련직의 일자리 감소가 예상된다. 사실, 기술혁신으로 중숙련직 일자리가 자동화로 대체되고, 4차 산업혁명 과정에서 새로운 일자리에 대한 도전이 계속될 것인데, 현재를 넘어 미래에 대한 불안도 여전하다. 우리 사회는 급변하고 있다. 노동력을 절감하여 생산성을 높이고자하는 기업의 기술혁신 시도는 앞으로 계속될 것이며, 기존 공장의 스마트팩토리화(인더스트리 4.0 등)가 일자리 대체를 심화시킬 것이라고 예측되기 때문이다. 게다가 장년의 경우, 첨단 IT 분야에 대한 이해가 부족한 사례가 많아 전직교육이 녹녹치 않다는 시각도 정책 마련 과정에서 깊이 고려할 필요가 있다.

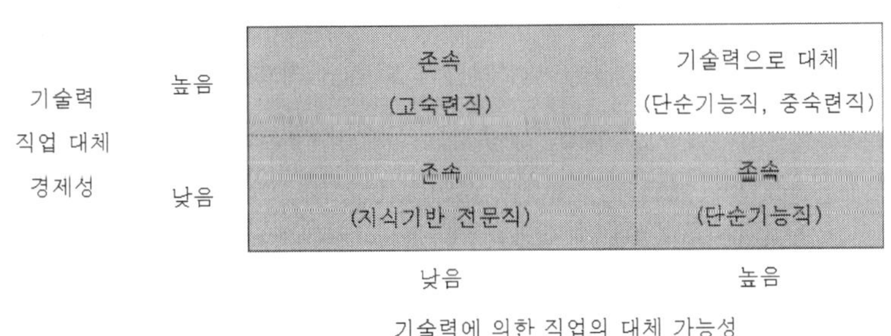

[그림 1] 기술변화에 따른 직업대체 가능성

4. 단순기능직 · 일용직

단순생산직의 경우 현재 시점에서의 소득격차문제와 향후 노후대책 등 양쪽 모두에서 매우 심각하다. 대부분 육체노동에 종사하고 있기 때문에 현재 소득이 낮고 노후대책에 대한 준비도 열악하기 때문이다. 특히, 기술변화가 심화됨에 따라 중숙련직은 자동화에 따라 많이 줄고, 단순생산직, 일용직 등은 늘 것으로 예상되지만 단순생산직, 일용직에 종사할 노동인구가 다른 직무영역으로부터 밀려나 급격하게 늘 것으로 예상되기 때문이다. 따라서 빈곤의 악순환, 소득격차의 지속은 피하기 어려워 보인다. 뿐만 아니라 단순생산직과 일용직 일자리의 일반적인 문제는 낮은 소득과 불확실한 고용환경이지만, 장년에게는 육체적인 부담도 가중되기 때문에 최근 최저임금인상 등으로 인한 근무 강도의 심화가 장년일자리를 창출하는데 고민이 되고 있다.

III. 장년대책의 개념과 범위

장년의 범위는 일반적으로 55~64세 범위를 의미한다. 그러나 정부는 최근 베이비부머세대의 노동시장 문제를 다루면서 신중년 개념을 도입하여 장년대책 범위를 확장하고자 하는 시도가 있다. 신중년은 50세 이상 69세 이하의 나이에 해당한다. 신중년 개념을 도입하면서 50세까지 나이를 하향한 것은 조기은퇴와 관련이 있다. 기업의 구조조정이 상시화되면서 기업 부장급에서 회사를 은퇴하는 경우가 많기 때문에 이에 대한 대책이 필요하기 때문이다. 사실 이 나이에 전문성을 살려 재취업하기도 어렵고 창업하기도 쉽지 않다. 전문직, 기술직의 경우 사무직, 단순기능직에 비해 새로운 일자리를 찾는 것이 용이하지만 사무직이나, 단순기능직의 경우 기존 직무를 계속하기 어려운 문제점이 있기 때문에 기존 조직 속에서 체계적으로 전직을 준비할 필요가 있다. 신중년의 나이를 69세까지 확장하여 생각하는 것은 의료기술의 발달에 따라 수명이 연장된 점과 생산가능인구감소시대를 대비하기 위한 측면이 있다. 특히,

2020년을 기점으로 베이비부머 세대 '55년생부터 '63년생까지 급격하게 은퇴를 맞게 된다. 그리고 2025년에는 초고령사회에 접어들게 되는데, 장년정책을 신중년정책으로 전환하여 조금이라도 생산가능인구 감소를 지연시키는 것이 우리 경제를 연착륙시키는 방법이라고 판단된다.

〈표 1〉 장년과 신중년의 범위과 직무유형

나이	세대구분		전문직	사무직	기술직	단순기능직
69↓						
64↓	↕장년	↕신중년				
55↑						
50↑						

그렇다면, 장년·신중년 정책을 어떻게 펼쳐가야 할까? 지금과 같이 매우 수동적인 정책대응으로는 효과를 극대화하기 어렵다. 신중년의 경우에도 나이대별로 특성이 다르고 기존 속했던 직무 특성에 따라서도 이후 일자리 전략이 달라져야한다는 것이 필자의 생각이다. 앞서 현황과 문제점에서 지적한 것처럼 전문직, 기술직의 경우, 인생이모작·노후대책은 비교적 양호한 편이다. 반면 사무직, 단순기능직의 경우 재취업환경이 매우 열악하다. 이들 인력에 대한 정책이 같을 수 없다.

전문직은 육체노동에 따른 생산성 영향이 크지 않고 지식의 차별성이 있기 때문에 대책이 차별화된다. 전문직은 지식활용성에 초점을 맞춰 정책이 추진될 필요가 있다. 지금까지 해왔던 것처럼 민간 기업에 대한 기술지도, 전문성에 기반을 둔 개도국지원, 교육기관 및 일반 시민대상 강의활동 등이 그것이다. 특히, 시민활동이 활발하게 이뤄지면서 사회적기업이나 시민단체 활동기반 사회봉사활동 등도 전문가의 영역으로 볼 수 있다.

사무직의 경우, 기술성보다는 보편적 지식역량에 좌우되기 때문에 퇴직인력의 재취업이 쉽지 않은 것으로 파악되고 있다. 지금까지 경향을 보면 생활창업이 많은데, 나이 대를 고려하여 정책이 마련될 필요가 있다. 보다 젊은 축에 속하는 50초반에는 기존 직무의 연장선에 기반을 두고 재취업, 또는 귀농·귀어 등이 추천될 수 있고, 50중반 이후에는 특화된 장년일자리를 탐색하여 인생이모작 차원에서 재취업이 설계될 수 있을 것이다.

기술직의 경우에도 전문성이 있는 인력과 단순기술인력은 차별화하여 다뤄질 필요가 있다. 전문기술인력의 경우, 세대 간 기술단절로 인해 좀 더 많은 시간을 시장에서 활약할 수 있도록 정년연장 또는 기존 직장에서 퇴직과 함께 재입사하는 등의 방법이 채용될 수 있다. 반면 단순기능인력은 자동화에 따라, 육체적 역량의 감퇴에 따라 급격하게 시장에서 도태될 가능성이 높기 때문에 새로운 형태의 일자리 탐색이 필요하다.

Ⅳ. 정책방향

1. 직무별

1) 전문직

대학, 출연연, 민간기업 등에서 은퇴하는 전문성 높은 퇴직자들은 기존 퇴직과학자 활용지원사업을 확대할 필요가 있다. 특히, 기업에서 은퇴하는 젊은 과학기술인의 경우, 지금과 같이 대학 산학협력중점교수 등으로 채용되어 민간기업과의 가교역할을 하는 것도 중요한 경로가 될 수 있다. 또한, 대학 내에 교수, 직원 트랙 외에 연구직을 신설하여 기존 산학협력중점교수가 단순히 산학 간에 네트워크 브로커로서의 역할을 한다면 연구직은 앞으로 직접 창업과 교육을 겸할 수 있는 제도로 도입을 생각해볼 필요가 있다.

민간기업의 경우, 전직지원 프로그램을 활성화할 필요가 있다. 포스코, 한국전력 등과 같이 공기업은 공기업이 재정을 부담하여 퇴직인력을 1~2년 협력업체에 지원하고, 협력기업이 필요하면 채용하는 프로그램이다. 이를 확대하여 대중소동반성장 프로그램 차원에서 대기업의 인력을 협력기업에 제공하는 것도 바람직할 것으로 판단된다.

2) 사무직

일반사무직의 경우, 50대 초반 나이와 중반이후로 나눠 접근할 수 있다. 50대 초반 나이에는 새롭게 시작할 수 있는 나이라고 보면, 재취업, 창업 모두 가능하다. 직무 전문성이 나름대로 확인된 경우 재취업으로 유도하고, 그렇지 않은 경우, 창업, 귀농・귀어 등으로 유도할 필요가 있다. 50대 중반 이후에는 재정여건에 따라 사회적기업 등 활동을 통해 일을 통한 보람있는 삶을 추천할 수 있다.

3) 기술직

기술직은 은퇴시기까지 쌓아온 노하우가 있다. 이를 쉽게 버리는 것은 바람직하지 않다. 그러나 산업의 변화에 따라 퇴직이 어쩔 수 없는 경우도 있고, 기업 사정에 따라 구조조정을 맞을 수도 있다. 이런 상황에 대비하여 전직훈련이 필요하다. 전직훈련은 동종업종의 차세대 트렌드를 반영하는 보수교육, 같은 직무를 기반으로 하는 타업종으로의 전직교육, 새로운 업종 및 직무를 배우는 신규교육 등으로 차별화하여 추진될 필요가 있다. 주력산업이 지속적으로 성장하기 위해서는 동일한 시장을 대상으로 새로운 기술을 접목한 신성장동력산업이 육성될 필요가 있고, 끊임없는 보수교육이 필요하다. 특히 지금까지 없던 신시장이 부상할 경우, 새로운 업종 중에 속한 유사직무에 대한 전직 및 신규교육이 추진될 필요가 있다. 특히 스마트팩토리(SF, Smart Factory) 확산 등과 같이 제조업과 IT와의 융복합 환경에 따른 직무재교육은 평생교육차원에서 이뤄질 필요가 있다.

기술직의 경우, 생활창업도 용이하다. 최근 핵가족화가 심화되어 1인 가구, 여성가구가 많아짐에 따라 생활지원이 많이 필요하다. 그래서 서울시 등에서는 '우리동네 맥가이버' 프로그램을 통해 이러한 수요를 비스니스 시상구조로 만들어가고 있다. '우리동네 맥가이버'란 5060세대들의 전문기술과 경험 그리고 따뜻한 마음을 주거환경 취약계층과 함께 나누는 보람 활동가들이다[1]. 이들은 활동 전 서비스마인드, 목공, 단열, 전기, 도배 등 총 47시간의 직무교육을 받은 후 현장 활동을 시작한다. 독거노인, 결손가정, 기초생활수급자, 다문화가정 등 취약계층이 참고 살아가는 주거, 생활환경의 불편사항을 가가호호 방문해 해결해주는 천

1) https://mediahub.seoul.go.kr/archives/1130385

사들이 바로 이들이다. 이러한 모델을 단순 봉사에서 좀 더 발전시켜 전국을 대상으로 하는 사회적기업 형태의 맥가이버 플랫폼 비즈니화도 가능할 것으로 판단된다.

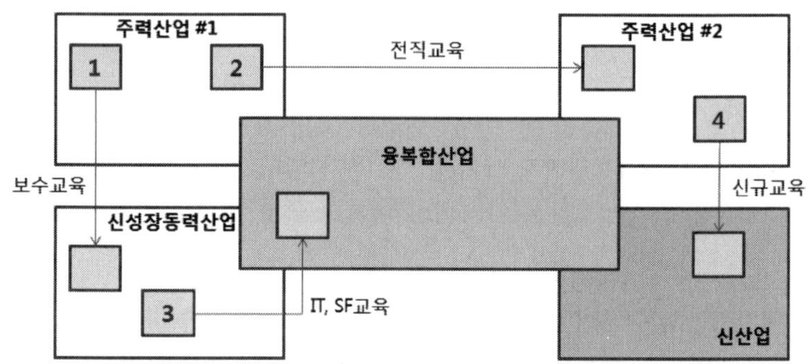

[그림 2] 산업변화에 따른 전직교육훈련체계

4) 단순기능직

단순기능직 은퇴자를 위한 민간일자리 만들기는 쉽지 않다. 건강한 사람들은 다시 단순 기능직이나 일용직에서 일할 수 있지만 그렇지 못한 사람들이 다수이다. 이를 위해 공공일자리 구조설계가 필요하다. 다만, 현재와 같이 복지차원에서 재정을 나눠주기 위한 일자리가 아니라 마을 정원가꾸기, 관광특화단지 쓰레기 수거 등 사회적으로 필요하고 중장기적으로 민간비즈니스 가능성이 반영될 수 있는 일자리 복지전략을 마련할 필요가 있다. 일자리 지속성의 문제는 그 직무가 수익을 창출할 수 있는가? 하는 것이다. 초기 투자는 정부가 하더라도 민간비즈니스와 연계하여 트레이드오프 할 수 있도록 함으로써 새로운 일자리를 만들어가는 전략이 필요해 보인다.

2. 생태계측면

1) 정규직 vs 비정규직

인생이모작은 청년들이 첫 직장을 선택하는 것보다 더 어려울 수 있다. 이미 전문성을 가지고 있고, 기대연봉이 높기 때문이다. 따라서 기업측면에서 처음부터 정규직 채용 요구는 오히려 시장형성에 장애가 될 수 있다. 따라서 지금과 같이 55세를 기준으로 계약직을 계속 허용하는 것도 필요하다. 다만, 신중년의 나이 범위로 볼 때 50세~54세의 경우, 실제 가족부양이 끝나지 않은 상황임을 고려할 때 전달체계 상에서 정규직으로의 재취업 노력이 필요하고, 그 이상의 경우, 일할 수 있 환경을 촉진한다는 측면에서 정규직만을 반드시 고집할 필요는 없다고 판단된다.

2) 창업, 귀농・귀어, 사회적기업

신중년의 나이범위를 5세 단위로 나누고, 나이대별로 새로운 맞춤형 인생을 설계하도록 지원할 필요가 있다. 개인 사정에 따라 창업, 귀농・귀어, 사회적기업 참여 등 다양한 경로를 준비하고 컨설팅 할 필요가 있다. 다만, 창업, 귀농・귀어를 최종적으로 결정하고 정착하기 전에 준비단계를 거쳐 실패 가능성을 줄이는 것이 필요할 것이다.

3) 신중년 친화적 노동시장

앞서 설명한 것처럼 신중년의 인생이모작은 여러 가지 측면에서 설계될 필요가 있다. 지금까지의 직무특성과 육체적인 여건 등이 그것이다. 개인적 사정에 맞게 정년을 연장하거나, 근로시간을 단축하는 것도 필요하다. 뿐만 아니라 청년과 장년의 협업 환경을 조성하거나 장년 고용창출 기업에게 재정을 지원할 수 있다.

4) 첨단산업의 도입과 신중년 일자리생태계

특히 4차 산업혁명시대 로봇과 함께하는 스마트팩토리 지원 등을 통해 육체적인 결함이 로봇으로 보완될 수 있는 직업장을 만들어가는 것도 생산가능인구 감소시대 제조업 전략으로 볼 수 있을 것이다.

5) 초고령화 사회 준비를 위한 신중년 일자리

우리나라는 2025년에는 초고령사회가 된다. 이웃 일본은 2005년에 65세 이상 노인인구가 20%를 넘어서는 초고령사회가 되었고, 이후, 일본이 초고령사회에 적응하기 위하여 많은 아이디어들이 도출되었다[김웅철, 2017]. 사례들을 통해 우리가 느낄 수 있는 것은 한 번도 가보지 못한 길에서 우리는 새로운 일자리를 보게 된다. 노인인구가 많은 도시에서 백화점 점원은 젊은 직원이 아니라 중년이 맞게 된다. 노인분들과 대화하며 마음을 사는 것은 오히려 중년이 더 낮기 때문이다. 그래서 일본에서는 실버케어, 노노케어, 실버산업 등에서 신중년에 적합한 다양한 형태의 새로운 직무가 출현했다. 우리도 이웃 일본의 사례 학습을 통해 새로운 시대에 맞는 직무를 개발할 필요가 있다.

V. 맺음말

미래에는 사물과 사물을 연결하는 사물인터넷 기술, 빠른 인터넷 속도, 인공지능기술의 발전 등 정보통신기술의 발전과 기존 산업의 융·복합화는 새로운 경제적 창출과 사회변화를 가속화시킬 것이며, 이 과정에서 글로벌 승자가 누가 되느냐에 따라 국가의 일자리 경쟁력이 좌우될 것이다. 이러한 변화의 길목에서 미래사회 대응 방법으론 국가적 차원에서 인적자원의 효율적 관리와 역량발휘 생태계 조성이 중요하다.

또한, 생산가능인구 감소에 따라 미래사회수요에 기반 한 양질의 인력양성 시스템과 일자리 미스매치를 최소화시키는 배분 및 활용 생태계 조성, 세대 간 일자리 갈등해소도 필요하다. 그리고 글로벌화가 확대됨에 따라 교육시장과 노동시장에서 인력 유동성이 확대될 것이며, 국가 간 인재역량에 대한 상호인증이 중요해질 것이기 때문에 인재에 대한 투자는 아낌이 없어야 할 것이다. 그러나 양성한 인재들의 역량이 최대한 발휘되게 하는 것도 우리 사회의 효율성 제고를 위하여 매우 중요하다. 즉, 100세 시대, 청년세대부터 장년세대까지 인생이모작을 넘어 인생삼모작 환경에서 즐겁게 일할 수 있는 생애주기별 일자리 생태계 조성은 앞으로 우리가 만들어가야 할 중요한 미래다.

그러한 측면에서 이 책은 그 동안 크게 다루지 못했던 생애주기 중에서도 '장년세대'를 대상으로 과거, 현재, 미래라는 3가지 이슈로 나눠

현황과 정책을 구체적으로 들여다보고자 했다. '과거' 부분은 지금까지 정책으로 만들어진 현실을 보고자 했다. 주로 통계자료를 기반으로 현황과 문제점을 살펴보았다. '현재' 부분은 장년일자리 창출 노력 사례와 경험을 통해 앞으로 우리가 실행과정에서 어떤 준비를 필요로 하는지 살펴보고자 했다. 마지막으로 '미래' 부분에서는 다양한 영역에서 정책현황과 문제점을 기반으로 미래 지향적 정책방향을 제시하고자 하였다. 여러 전문가들이 참여하다보니 일부 중복되는 부분도 생기고 처음부터 끝까지 통일된 형태로 기술되지는 못했지만 이러한 시도를 통해 우리나라가 목전에 닥친 초고령사회 문제를 극복하고 보다 발전된 미래사회를 실현하는데 도움이 되길 바라는 마음으로 이 책을 모든 분들과 함께 공유하고자 한다.

제1부

장년 고용의 현 주소

한국의 장년고용 실태와 정책시사점

김유빈(한국노동연구원)

한국의 장년고용 실태와 정책시사점

I. 서론

저출산·고령화로 인한 인구구조의 변화는 그 역학구조 상, 노동시장 수요·공급의 변화, 소득분배, 재정건전성, 국가 성장률 등 사회·경제적 변화와 직결되는 문제로, 현재 우리사회가 직면한 핵심과제 중 하나이다. 이는 비단 우리나라 뿐 아니라 전 세계적 인구문제의 핵심이지만, 우리나라의 경우 그 추세가 가장 빠르게 진행되고 있다는 점에서 우려가 더욱 크다. 이러한 인구구조 변화의 파급효과 중에서도 우리가 가장 주목해야 할 부분은 노후소득보장의 문제로, 이는 이미 우리나라의 장년고용·소득분배 실태에서 명확히 드러난다. 2017년 한국의 노인빈곤율(65세 이상)은 49.6%로 전 세계적으로 가장 높은 수준인데, 이는 우리나라의 노후보장실태가 심각한 수준에 이르렀음을 반영하는 것이며, 한국의 높은 장년고용률과 실질은퇴연령의 주요 원인이기도 하다. 분배의 양극화가 심화되고 노후소득보장체계가 미비한 상태에서, 장년층은 노후를 대비하기 위해 노동시장의 이탈을 지연하고 있으며, 이는 장년층의 경제활동참가율 및 고용률, 은퇴연령의 증가 추세로 나타나고 있다. 기대수명의 증가로 100세 시대가 다가오면서 본인의 역량을 펼치며 계속 일하기를 희망하는 장년층의 수가 늘어가고 있지만, 그 중 상당수는 일할 수 있는 권리에서 비롯되는 삶의 행복을 얻고자 하기보다 노후소득보장을 위한 반자발적 동기에서 비롯되었다는 점에 있어 장년들의 현실은 매우 어둡다. 이러한 문제의식의 연장선에서 본고는 한국의 장년고용 실태를 살펴보고, 노후소득보장과 장년층 삶의 만족도 제고의 관점에서 장년고용의 정책시사점을 제시하고자 한다.

II. 한국의 고령화 추이와 장년고용 실태

1. 한국의 고령화 추이와 빈곤심화 현상

기대수명의 증가와 급격한 출산율 저하와 맞물리면서, 우리나라의 고령화 추세는 더욱 심화되고 있다. 유엔의 고령화 사회기준에 따르면, 우리나라는 2000년 고령화사회에 접어들었고, 2018년 고령사회, 2026년에는 초고령사회에 이를 것으로 전망된다.[1] 이는 전 세계적으로 가장 빠른 고령화 추이로, 가장 고령화된 나라로 평가받는 일본에 비해서도 두드러진다. 일본의 경우 고령화사회에서 고령사회로의 이행에 24년, 고령사회에서 초고령사회로 진입하는데 11년이 걸린데 비해, 한국은 불과 각각 18년, 8년이 소요될 것으로 예상된다. 고령화 추이가 빠르다는 것은 인구구조 변화에 따른 사회・경제적 변화의 대응에 상대적으로 더욱 취약할 수 있음을 의미하는 것으로, 노후소득보장체계와 같이 안정성과 지속성을 담보로 하여 단기적 대응에 조응하기 어려운 경우는 더욱 그러하다.

1) UN의 고령화 사회 기준은 전체 인구 중 65세 이상 인구 비중이 7%, 14%, 20%에 이를 때 각각 고령화사회(aging society), 고령사회(aged society), 초고령사회(super aged society)로 지칭.

〈표 1〉 OECD 가입국의 고령화 추이

단위 : 년

	도달연도			소요기간	
	7%	14%	20%	7%→14%	14%→20%
World	2001	2039	–	38	–
OECD	1950	2006	2025	+56	19
프랑스	1864	1990	2020	126	30
독 일	1932	1972	2008	40	36
영 국	1929	1975	2027	46	52
미 국	1942	2014	2033	72	19
일 본	1970	1994	2005	24	11
한 국	2000	2018	2026	18	8

자료 : 일본 – National Institute of Population and Social Security Research(2012), OECD Factbook 2009.

한국의 노후소득보장체계는 국민연금, 개인연금, 퇴직연금의 3층 노후소득보장체계에, 국민기초생활보장제도와 기초노령연금이 추가되면서 형식적으로는 다층 노후소득보장체계를 갖추고 있지만 성숙도가 낮고 사각지대가 넓어 실질적인 노후소득보장체계로의 기능은 아직 미약한 편이다. 노후소득보장체계의 가장 아래층에 위치하고 있는 국민연금은 제도적 성숙도가 여전히 높지 않아, 신규수급자의 평균가입기간이 17년(2017년 기준)으로 매우 짧은 수준이며, 실질 소득대체율 역시 24%에 그치고 있다.

단위 : %

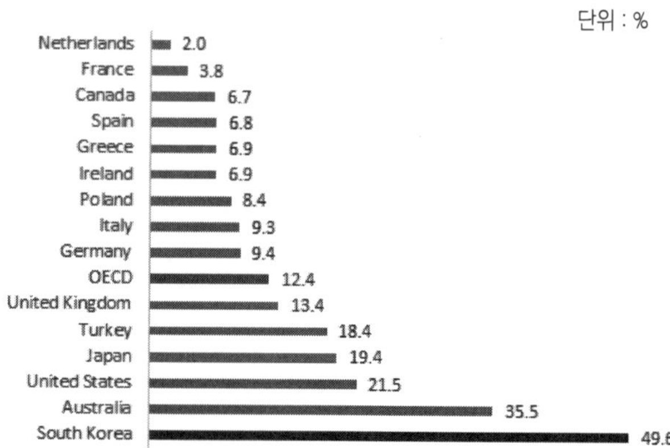

자료 : OECD (2015), Pensions at a Glance 2015 재인용.

[그림 1] OECD 가입국의 65세 이상 인구 상대빈곤율

고령화 추세의 가속화와 더불어, 소득분배 악화와 노후소득보장체계 미비는 결국 노인빈곤의 심화현상으로 이어지고 있다. 우리나라의 노인빈곤율[2]은 지속적으로 증가하고 있으며, 2015년 기준으로는 49.6%로 경제협력개발기구(OECD) 가입국 중 가장 높은 수준으로, 이는 OECD 평균 노인빈곤율(12.4%)의 4배에 달하는 수치이다. 이는 주 근로 연령대에서 벗어나 은퇴시점에 가까운 고령층의 소득분포가 상대적으로 크게 악화되고 있다는 것을 의미한다.

통계청의 경제활동인구조사를 이용하여 장년층의 소득현황을 분석하면, 한국의 연령별 가구소득은 60대로 진입하면서 대폭 낮아지는 것으로 나타난다. 〈표 2〉는 장년층 가구주의 소득 및 자산현황(평균, 중앙값, 보유가구 비율)을 10세 단위 연령별로 구분하여 나타낸 것이다. 50~59세 장년 가구주 평균연령은 54.5세이며, 가구의 평균 가처분소득 5,467만원, 중위 가처분소득은 4,473만원이다. 총자산보유액의 경우, 전 가구 평균은 44,924만원, 중위값은 26,638만원이며, 순자산액보유액 평균이 36,592만원, 중위값이 22,552만원으로 나타났다.

위를 60세 이상 장년층 가구의 가처분소득과 자산보유액과 비교하면, 60세 이상 장년층 가구의 소득·자산 현황이 현저히 떨어지는 것을 확인할 수 있다. 60세 이상 장년층 가구의 평균 가처분소득은 2,655만원으로 60세 미만 가구주에 비해 2,812만원 낮은 수준이며, 중위 가처분소득 60세 미만 고령자에 비해 2,898만원 낮은 1,575만원이다. 60세 이상 장년층 가구의 평균 총자산보유액 및 중위값은 각각 35,068만원 15,720만원이며 평균 순자산보유액 및 중위값은 각각 30,676만원, 14,005만원이다.

2) 고령층의 상대적 빈곤율로, 65세 이상 노인인구를 소득수준으로 정렬 후, 중위소득의 50% 미만의 인구비율을 계산한 지표.

〈표 2〉 장년층 가구 연령별 소득 및 자산 현황, 가구주 기준, 2016년

단위 : 세, 만원, %

연령계층별	자산 및 부채분류별	전 가구 평균	보유가구 중앙값	보유가구 비중
50~59세	가구주 연령 (세)	54.5	-	-
	경상소득 (만원)	6,144	5,000	99.8
	가처분소득 (만원)	5,467	4,473	99.8
	비소비지출 (만원)	676	430	98.3
	자산 (만원)	44,924	26,638	100.0
	순자산액 (만원)	36,592	22,852	96.8
60세 이상	가구주 연령 (세)	70.7	-	-
	경상소득 (만원)	2,859	1,640	100.0
	가처분소득 (만원)	2,655	1,575	99.9
	비소비지출 (만원)	204	53	94.9
	자산 (만원)	35,068	15,720	100.0
	순자산액 (만원)	30,676	14,605	97.9

자료 : 가계금융복지조사 2016년 원자료.

장년층의 노후에 대한 불안감은 결국 노후의 소득절벽이 소비절벽으로 이어질 것이라는 점에 기인하며, 이는 결국 더 오래 일하는 것이 가장 확실한 노후 대비라는 인식의 확대로 이어져 장년층 경제활동참가율 및 고용률의 증가와 실질 은퇴연령의 지연현상으로 나타난 것이라 볼 수 있다.

2. 한국의 장년고용 실태

1) 장년층 인구

2016년 우리나라의 50세 이상 장년층 총인구는 17,933천명이며, 세부연령대별로 살펴보면 70세 이상 고령자가 4,573천명(25.50%), 50~54세 인구가 4,222천명(23.54%)으로 가장 큰 비중을 차지하고 있다. 경제활동인구의 경우에는 50~54세 3,336천명(33.35%), 55~59세 2,829천명(28.28%)의 비중 순을 보이고 있으며, 취업자 비중 역시 50~54세 3,258천명(33.49%), 55~59세 2,741천명(28.17%)으로 50대 연령층의 비중이 가장 높다.

단위 : 명

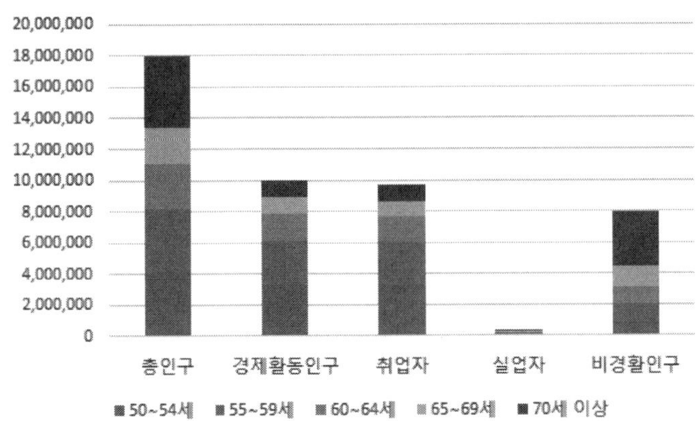

자료 : 통계청, 경제활동인구조사 2016년 원자료.

[그림 2] 장년층 경제활동상태별 비중(2016년, 세부연령별)

2) 장년층 고용 현황

먼저 한국 장년층 근로자의 업종(대분류)별 취업 현황을 살펴보자. 〈표 3〉은 2016년 한국 장년층 인구의 산업 대분류별 취업자 현황과 변동추이를 나타낸 것이다.

2016년 장년층(50세 이상) 총 취업자 수는 9685.6천명으로 전년동월대비 2.6% 증가하였다. 취업자 수는 50~54세 연령대(1.2% 감소)를 제외한 전 연령대에서 증가하였으며, 65~69세 연령대 취업자의 경우 7.4%의 큰 증가폭을 기록하였다.

산업 대분류 중 가장 큰 비중을 차지하고 있는 제조업 취업자 현황을 살펴보면, 총 취업자 수는 1301.7명이며 이는 전년동월대비 3.1% 증가한 수치이다. 세부연령별로는 취업자 비중이 가장 큰 50~54세 연령층 취업자만이 감소하였으며, 60~64세 연령층의 취업자가 26.2%의 가장 큰 증가율을 보였다.

산업대분류 중 가장 높은 장년 취업자 증가율을 보인 업종(기타 제외)은 「J 출판영상방송통신정보서비스업」으로 전년대비 82.8천명(23.8%) 증가하였다. 특히 55~59세 연령대 취업자의 비중이 크게 증가(전년동월대비 28.8%)한 것으로 나타난다. 반면, 장년 취업자 수가 가장 감소한 산업대분류 업종(「D 전기가스증기수도사업」, 「T 가구내고용활동」 제외)은 「H 운수업」으로 장년층 총 취업자 수는 전년동월대비 -3.9% 감소한 719.8천명이며, 50~54세 취업자 수의 감소(취업자 수 203.6천명, 전년동월대비 16.6% 감소)가 두드러지게 나타났다. 산업대분류 중 「D 전기가스증기수도사업」에는 50세 이상 장년 취업자가 종사하지 않는 것이 특이점으로 나타난다.

〈표 3〉 장년층 업종 대분류별 취업자 수 및 증감률[3](2016년)

단위 : 천명, %

	50~54세		55~59세		60~64세		65~69세		70세 이상		계	
	n	%	n	%	n	%	n	%	n	%	n	%
A 농업, 임업, 어업	105.8	-13.5	165.9	-3.9	182.2	1.1	199.8	5.3	375.4	-3.3	1029.1	-2.3
C 제조업	581.5	-5.1	414.9	4.4	184.3	26.2	69.6	11.9	51.4	18.2	1301.7	3.1
D 전기가스증기 수도 사업	0	-100.0	0	-100.0	0	-100.0	0	-100.0	0	-100.0	0	-100.0
E 하수폐기물 처리 원료재생환경 복원	14.5	48.0	13.2	45.1	3.8	-51.3	2.6	-3.7	0.2	-66.7	34.3	14.3
F 건설업	312.4	-8.9	291.5	11.6	144.3	9.7	49.7	-7.3	9.8	-34.7	807.7	0.4
G 도매및소매업	470.2	0.2	341.2	3.4	205.8	-1.4	126	-0.7	122.7	-18.5	1265.9	-1.5
H 운수업	203.6	-16.6	229.6	3.1	161.4	5.5	81.8	0.1	43.4	-7.9	719.8	-3.9
I 숙박음식점업	317.2	-4.3	268.3	0.5	157.1	0.0	59.5	18.5	35.5	-5.6	837.6	-0.7
J 출판영상방송 통신정보 서비스업	41.1	14.8	28.8	65.5	8.2	-14.6	2.5	25.0	2.2	4.8	82.8	23.8
K 금융및보험업	96.5	10.2	53.3	7.9	21.2	47.2	9.2	39.4	4.4	-6.4	184.6	13.5
L 부동산업및 임대업	73.1	0.0	74.3	5.8	59.2	3.7	41.5	-7.6	33.2	9.2	281.3	2.0
M 전문과학기술 서비스업	84.6	32.6	40.9	-1.7	16.1	-24.8	14.6	13.2	11.1	65.7	167.3	14.3
N 사업시설관리 사업지원 서비스업	144.7	14.7	169.1	-3.8	174.5	6.9	143.4	23.7	81.2	40.7	712.9	11.6
O 공공행정국방 사회보장행정	140.4	8.2	109.1	6.1	29.4	-21.4	26.4	-12.9	83.3	19.9	388.6	5.1
P 교육서비스업	221.5	7.0	127.3	11.7	50	7.5	23	55.4	13.1	8.3	434.9	10.3

3) 전년동월대비 증감률.

	50~54세		55~59세		60~64세		65~69세		70세 이상		계	
	n	%	n	%	n	%	n	%	n	%	n	%
Q 보건업 및 사회복지 서비스업	190.1	5.6	125.8	-0.8	83.9	22.7	60.7	37.3	112.6	12.7	573.1	10.3
R 예술스포츠 여가관련 서비스업	38.1	-3.8	35.6	3.2	15.5	-28.9	7.9	46.3	4.4	57.1	101.5	-2.5
S 협회단체수리 기타개인 서비스업	167.4	-2.6	186.6	4.8	130.4	9.6	68.5	-9.9	48.2	35.4	601.1	3.5
T 가구내고용 활동	4.7	-55.2	16.7	-28.0	20	-9.9	10.6	-17.8	10.2	2.0	62.2	-21.1
기타	37.8	111.2	36.7	64.6	15.1	179.6	7.3	356.3	2.3	-25.8	99.2	97.2
계	3245.2	-1.2	2728.8	3.8	1662.4	5.6	1004.6	7.4	1044.6	2.7	9685.6	2.6

자료 : 경제활동인구조사 2016년 원자료.

〈표 4〉는 장년층의 고용률 변동추이를 나타낸 것이다. 2016년 50세 이상 장년인구의 고용률은 54.3%로 2010~2016년 기간 연평균 0.61%의 증가추세에 있다. 60세 미만의 경우 50~54세의 고용률이 77.2%, 55~59세는 69.4%를 기록하였으며, 이는 15~64세 생산가능인구의 고용률 65.7%를 상회하는 수준이다. 60~64세의 고용률은 57.9%로 50대의 고용률과 전체 고용률을 하회하는 수준이지만, 증가율로 볼 때 연평균 1.1%의 가장 높은 증가추세를 보이고 있어, 당분간 고용률이 지속적인 증가추세를 보일 것으로 전망된다.

〈표 4〉 장년층 세부연령별 고용률 변동 추이, 2010~2016년

단위 : %

	2010년	2011년	2012년	2013년	2014년	2015년	2016년
50~54세	73.74	73.74	74.90	75.48	76.80	77.37	77.17
55~59세	65.26	66.20	67.60	67.59	70.05	69.80	69.35
60~64세	51.67	53.82	54.70	55.51	56.17	58.78	57.92
65~69세	38.00	39.56	40.55	41.74	43.07	43.36	43.79
70세 이상	21.09	21.31	21.93	23.26	23.94	22.92	22.98
계	50.94	51.94	52.66	53.36	54.44	54.50	54.25

자료 : 통계청, 경제활동인구조사 2010~2016년 원자료

그러나 앞서 언급하였듯이, 이러한 장년층 고용률의 증가 추세를 노동시장에 있어 긍정적 신호라 해석하는 것은 단편적 분석에 지나지 않는다. 최근 정부의 정책기조가 일자리 창출에 맞추어져 있는 것이 사실이지만, 핵심근로연령층의 고용증가와 은퇴를 앞두고 노후를 대비하여야 할 장년층의 고용증가를 동일한 근로유인 증가의 기제로 보기는 힘들다. 기대수명의 증가로 일자리에 더 오래 하고자 하는 장년층이 증가하였지만, 근로유인의 증가가 노동의 가치에서 비롯된 만족도에서 비롯된 것인지, 노후소득의 보장을 위한 어쩔 수 없는 선택이었는지는 구분되어야 할 필요가 있다. 우선, 한국의 높은 장년 고용률이 전 세계적으로 보편적인 현상에 해당하는지 살펴보자.

〈표 5〉는 앞서 살펴본 장년층 세부연령별 고용률의 ILO 가입국 간 국제비교를 나타낸 것이다. 한국의 장년층 세부연령별 고용률 수준을 ILO 가입국과 비교해 보면, 한국의 장년 고용률은 모든 세부연령대에 있어 ILO 평균을 크게 상회하고 있는 것으로 나타난다. 50~54세, 55~59세, 60~64세의 고용률이 스웨덴과 일본, 독일 등 주요 선진국 등에 비해 낮기는 하나, 65세 이상의 고용률은 이들 국가보다 오히려 높은 수준이며, 이는 ILO 전체 가입국 중 이스라엘에 이어 두 번째로 높은 고용률이다[4]. 65세 이상의 연령대는 대부분의 국가에 있어 연금수급 개시연령을 초과하는 연령대라는 점에서 한국의 높은 장년 고용률이 노후소득보장체계의 미비에서 비롯된 비자발적 노동시장활동 유지에서 비롯된 것은 아닌지 의심해 볼 여지가 존재한다. 이는 장년층의 은퇴현황을 통해 어느 정도 유추 가능하다.

4) 65세 이상 고용률(2016년) : 이스라엘 40.4%, 한국 36.8%

〈표 5〉 장년층 세부연령별 고용률 국제비교

단위 : %

	50~54	55~59	60~64	65+
KOR	77.7	70.9	59.6	36.8
CAN	79.5	70.9	51.0	13.1
ESP	67.4	59.4	36.8	1.9
FRA	79.8	70.3	28.1	2.9
GBR	82.4	73.4	51.8	10.6
ISL	90.6	85.7	83.3	40.4
JPN	84.0	79.9	63.6	22.3
SWE	86.7	83.2	67.5	15.7
USA	75.7	68.9	53.8	18.6
ILO	73.5	65.8	48.9	23.9

자료 : ILO, ILO Database 2016 원자료.
주 : ILO 가입국 전체의 세부연령별 장년층 고용률은 〈부표 1〉 참조.

OECD(2015)에 따르면, OECD 가입국 남성의 공식은퇴연령[5])은 실질은퇴연령[6])보다 0.6년 낮으며, 여성의 경우에는 차이가 없으나, 가입국 간 편차가 크다. 그 중 공식은퇴연령과 실질은퇴연령의 격차가 가장 큰 국가가 한국이다. 한국 남성의 실질은퇴연령은 공식은퇴연령보다 12년 높으며, 여성의 경우에는 10년 더 높다. OECD 다수 가입국의 실질은퇴연령이 공식은퇴연령보다 낮은 것과 비교하면 크게 대비되는 것이다. 남성과 여성의 실질은퇴연령이 공식은퇴연령보다 낮은 국가는 OECD 가입국 34개국 중 16개 국가이다. 2014년 OECD 가입국들의 평균 공식은퇴연령은 남성이 64.0세, 여성이 63.1세이며, 평균 실질은퇴연령은 남성 64.6세, 여성 63.2세이다.

2014년 한국의 공식은퇴연령은 남성과 여성 모두 61.0세이며, 실질은퇴연령은 남성 72.9세, 여성 70.6세로 공식은퇴연령과 실질은퇴연령의 격차가 각각 11.9세, 9.6세에 달한다. 실질은퇴연령의 수준과 공식은

5) 공식은퇴연령(normal retirement age) : 20살에 노동시장에 진입한 사람의 연금 수급개시 연령.
6) 실질은퇴연령(effective retirement age) : 40세 이상 근로자가 노동시장에서 은퇴하는 평균 연령.

퇴연령-실질은퇴연령의 격차 모두 OECD 가입국 중 가장 높은 수치이다. 하지만 OECD가 정의하는 공식은퇴연령이 사실상 연금수급개시 연령임을 감안할 때, 이를 주된 일자리를 그만두거나 이직하는 연령으로 달리하여 보면 격차는 더 크게 벌어진다.

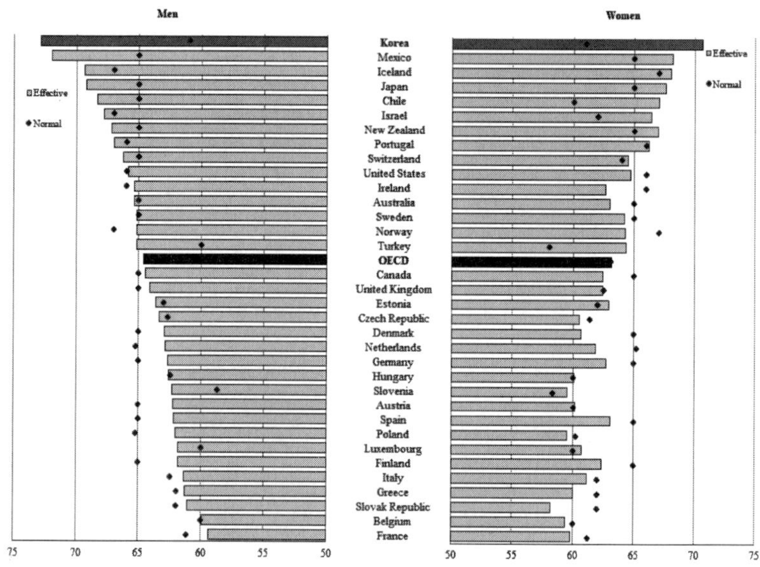

자료 : OECD (2015) 재인용.
주 : 실질은퇴연령은 2009~14, 공식은퇴연령은 2014년 기준.

[그림 3] 평균 실질은퇴연령과 공식은퇴연령, 2014년

2017년 6월 경제활동인구조사 고령층 부가조사에 따르면, 가장 오래 근무한 일자리를 그만둔 연령 및 평균이직연령(55~64세)은 49세이며, 성별로 구분하면 남성이 51세, 여성이 47세로 나타난다. 즉, 앞서 살펴본 실질은퇴연령과의 격차를 감안하면 한국의 장년층 근로자들은 50세 전후 주된 일자리에서 은퇴하거나 이직하지만, 퇴직 후에도 약 20년간 노동시장에 머무르면서 소득활동을 영위하는 것으로 보인다.

〈표 6〉 가장 오래 근무한 일자리를 그만둔 연령 및 평균이직연령(55~64세)

단위 : 천명, 세

성별	2015. 05		2016. 05		2017. 05	
	전체	평균이직연령	전체	평균이직연령	전체	평균이직연령
계	4,077	49	4,232	49	4,403	49
남자	1,868	52	1,925	52	2,022	51
여자	2,209	47	2,307	47	2,381	47

자료 : 통계청, 경제활동인구조사 고령층부가조사 원자료.

장년층의 주된 일자리 은퇴사유를 살펴보면 다음과 같다. 남성 근로자의 주된 일자리 은퇴사유를 살펴보면, 가장 큰 비중을 차지하는 것은 '사업부진·조업중단·휴업·폐업'으로 37.6%의 비중을 차지하고 있으며, '권고사직·명예퇴직·정리해고' 20.0%, '정년퇴직' 13.9%의 순이다. 즉, 한국 장년층의 실질은퇴연령은 매우 높은 수준이나, 주된 일자리에서는 비자발적으로 퇴직하는 장년층의 비중이 매우 높기에 노후소득 대비에 있어 취약한 구조를 띄게 되는 것이라 볼 수 있다.

단위 : %

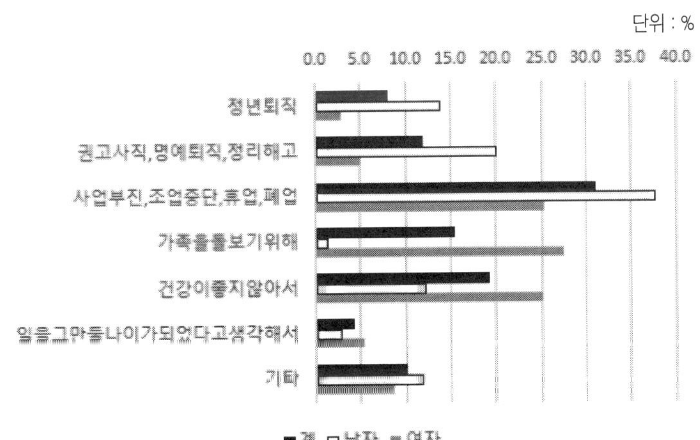

자료 : 통계청, 경제활동인구조사 고령층부가조사 원자료.

[그림 4] 가장 오래 근무한 일자리를 그만둔 이유(55~64세)

한국의 장년층은 50세 전후, 주된 일자리에서 조기 퇴직한 후 실질적으로는 노동시장에서 지속적인 소득활동을 영위하고 있으나, 주된 일자리 이후의 일자리 현황은 매우 취약하다. 주된 일자리에서 퇴직 후 재취업한 일자리의 고용형태 및 근로조건은 이전 일자리의 수준에 못 미치는 경우가 많다.

〈표 7〉 재취업자의 종사상지위 분포현황

단위 : %

주된 일자리		재취업 일자리		
일자리 유형	근로자 비중	일자리 유형	근로자 비중	임금 비중
상용직	20.8	상용직	26.3	52.0
		임시일용직	43.1	40.0
		자영업	30.6	40.0
임시일용직	46.4	상용직	4.4	81.0
		임시일용직	41.5	48.0
		자영업	54.1	21.0
자영업	32.9	상용직	14.6	54.0
		임시일용직	55.9	73.0
		자영업	29.5	30.0

자료 : 신선옥 (2017)을 필자가 재구성.
주 : 2015년 주된 일자리에서 은퇴한 근로자의 재취업 유형별 분포임.

신선옥 (2017)에 따르면, 상용직 근로자의 43.1%가 임시일용직에 재취업하는데 비해, 상용직으로는 26.3%만이 재취업하는데, 같은 상용직이지만 임금비중은 전 일자리의 52.0%에 불과한 것으로 나타났다. 임시일용직 및 자영업 근로자 역시 퇴직 후 상용직으로 재취업하는 비중은 각각 4.4%, 14.6%에 불과해 주된 일자리 퇴직자의 상당비중이 상대적으로 취약하다고 볼 수 있는 일자리에 재취업하고 있는 것으로 보인다. 재취업 일자리의 임금수준 역시 전 일자리의 절반 수준 정도에 미치고 있다. 재취업 일자리의 비중이 주된 일자리에 비해 상대적으로 취약함에도 불구하고, 재취업 희망자 및 고용률이 증가하는 것은 이들 장년층 재취업 일자리의 상당비중이 생계형 일자리일 수 있음을 뒷받침한다고 볼 수 있다.

III. 장년고용의 정책시사점

본고에서 살펴보았듯이, 우리나라의 높은 장년고용률은 소득분배의 악화와 노후소득보장체계의 미비에서 기인한 바 크다. 장년층 근로자의 상당수는 근로로부터의 성취감에 우선하기보다 노후를 대비하기 위한 생계의 목적으로 재취업함으로써 노동시장으로 돌아가고 있다. 핵심근로연령을 지나, 주된 일자리에서 퇴직하고 안정된 노후를 누려야 할 장년층에게 일자리 기회를 더 부여하고 근로유인을 높이는 것은 어떻게 보면 역설적인 일이나, 생계형 재취업을 하는 장년층에게 노후소득보장체계가 단기간에 개선되어 이들의 노후대비 실태가 나아지는 것을 기대하기는 어려운 만큼, 당장은 장년 일자리 창출 및 일자리의 질 개선을 위한 실효적인 정부지원 및 고용서비스 전달체계의 개선이 필요할 것으로 보인다. 장년고용 촉진을 위한 필자의 정책제언은 다음과 같다.

첫째, 장년고용 현황을 체계적으로 파악할 수 있는 데이터베이스의 확충이 필요하다. 현재 청년고용 악화의 심도가 더욱 깊어지고 청년실업 문제가 가장 시급한 사회적 문제로 대두되는 만큼, 청년 일자리는 그 수요와 공급변화에 있어 보다 면밀한 현황분석이 이루지고 있는 반면, 장년층의 일자리 현황은 특히 수요측면에 있어 현황파악이 제대로 이루어지지 못하고 있다. 장년층 고용률 제고를 위해서는 장년층 고용친화 및 취약 업종·계층의 분류를 통한 산업 수요측면에서의 분석이 추가적으로 요구된다. 또한 청년일자리 사업의 지속적인 확대가 전망되는 만큼, 청년일자리 확충노력의 장년층 파급효과를 면밀히 관찰하여 장년층 고용개선 노력에 역행되지 않도록 주의를 기울일 필요가 있다. 또한 이를 바탕으로 장년층이 희망하는 재취업일자리의 유형을 소득·자산보유 수준 등으로 구분하여 살펴볼 필요가 있다. 재취업을 희망하는 장년층의 희망 일자리가 소득보조를 위한 생계형 일자리인지, 친화적 목적 혹은 취미를 위한 자원형 일자리인지, 명예직 및 경력형 일자리인지 등 희망 재취업 일자리의 유형을 파악하여 일자리 유형·특성별 고용서비스를 제공할 필요가 있다.

둘째, 장년층 대상 고용서비스 강화가 필요하다. 기존 일자리 중 청년층 고용비중이 취약하거나, 관련 직무경험 및 경력이 필요한 업종 및 중소기업에 장년층이 취업할 수 있도록 생애경력설계, 직업훈련, 취업알선으로 연계되는 장년층 대상 고용서비스를 강화할 필요가 있다. 주된 일자리에서의 은퇴연령이 빠르고, 생계형 취업을 희망하는 장년층 취업지원서비스의 사각지대를 해소하고, 실질적 참여기회를 확대하여 원활한 제 2의 노동시장 이행을 지원할 수 있어야 한다.

셋째, 노동시장의 왜곡 완화를 위한 노력은 장년 일자리 창출 및 개선에도 기여하는 바가 크다. 장년층의 일자리 양극화 심화, 주된 일자리 조기퇴직 및 재취업 일자리의 근로조건 저하는 연공서열적 노동시장에서 기인한 바 크다. 연령차별이 없고 직무능력수준에 맞는 근로조건을 보장받을 수 있는 노동시장의 기틀마련을 위해 연공서열적 임금체계를 직무성과 중심으로 개편하는 등 임금, 인사제도 등에 있어서의 근본 틀을 변화시켜야 할 필요가 있다.

넷째, 퇴직 후 노후생활로의 안락한 정착과 장년고용 촉진의 역설적 관계를 해결하기 위해서는 결국 장년층의 노후소득보장 문제의 해결이 근본적으로 선행되어야 한다. 한국 장년층의 소득불평등 및 빈곤악화는 인구구조, 4차 산업혁명 · 기술진보 등으로 인한 산업 환경의 급속한 변화와 더불어, 노동시장의 왜곡 심화, 공적 · 사적연금제도의 미비 등 다각적인 사회 · 경제적 요인에서 기인한 것이지만, 현실적으로 가장 문제가 되는 점은 공적연금의 소득분배 개선 효과가 높지 않다는 점에 있다. 노후소득보장으로서의 공적연금의 역할 제고를 위해 급여수준의 적절성을 확보하고, 고령층의 실질 가처분 소득을 높이기 위해 의료 및 공공서비스 등을 포함한 사회보장 서비스의 확충이 요구된다. 연금제도가 노후소득보장에 있어 사후적이며 방어적 대책이라 한다면, 고용보험과 연금크레딧 제도 등 서비스 급여 방식의 정책들은 선제적 · 예방적 대책이라 할 수 있다. 또한, 현금 급여 방식의 연금제도는 고령에 직면 시 노후소득을 보완하는 소극적 대응방식으로, 고용보험, 출산 크레딧 등 서비스 급여의 확대 및 연금제도 내재화 등 포괄적 관점에서의 복합적 제도 개선 역시 필요하다.

상대적으로 단기간에 급속히 진행되고 있는 인구구조 변화에 비해, 그 파급효과는 다양한 측면에서 지속적으로 나타날 것임을 고려하면, 장년고용 관련정책은 보다 장기적이고 능동적인 관점에서 준비되어야 한다. 장년고용 및 노후소득보장의 문제는 장년 일자리 창출 및 일자리 질 개선, 장년세대 내의 소득분배 개선에만 초점을 맞출 것이 아니라, 전 연령층을 아울러 생애주기별·경력별 노동시장에 대한 적극적 지원을 바탕으로 전 세대가 상생할 수 있는 사회·경제적 기틀이 마련되어야 할 것이다.

〈부표 1〉 장년층 세부연령별 고용률 국제비교, ILO 가입국 전체

단위 : %

	50~54	55~59	60~64	65+
AUS	78.7	70.4	53.5	12.4
AUT	81.8	67.1	26.9	5.0
BEL	76.4	63.2	25.3	2.2
CAN	79.5	70.9	51.0	13.1
CHE	86.1	81.5	59.6	12.0
CHL	73.5	69.0	57.6	23.8
CZE	89.1	81.0	38.3	6.3
DEU	84.9	79.4	56.0	6.6
DNK	83.8	80.6	54.0	8.4
ESP	67.4	59.4	36.8	1.9
EST	84.0	74.9	55.0	12.9
FIN	81.6	75.6	47.4	6.0
FRA	79.8	70.3	28.1	2.9
GBR	82.4	73.4	51.8	10.6
GRC	61.5	46.8	25.3	2.8
HUN	82.3	70.0	32.2	2.4
IRL	72.4	65.6	47.7	10.6
ISL	90.6	85.7	83.3	40.4
ITA	70.6	62.2	36.9	3.9
JPN	84.0	79.9	63.6	22.3
KOR	77.7	70.9	59.6	36.8

	50~54	55~59	60~64	65+
LUX	78.0	57.2	17.8	1.4
MEX	67.9	60.6	48.0	27.1
NLD	80.3	72.9	53.0	6.8
NOR	82.3	79.4	65.2	10.8
NZL	84.0	79.9	71.7	23.1
POL	75.0	61.7	30.5	4.9
PRT	74.8	63.8	39.3	10.8
SVK	80.4	70.5	27.0	2.6
SVN	79.8	57.6	18.0	3.2
SWE	86.7	83.2	67.5	15.7
ILO	73.5	65.8	48.9	23.9
TUR	47.3	38.0	28.3	11.5
USA	75.7	68.9	53.8	18.6

자료 : ILO, ILO Database 2016 원자료.

한국의 장년 고용 현황

김지운 · 정유경(한국개발연구원)

한국의 장년 고용 현황[1)]

I. 인구구조 변화와 장년 고용의 중요성

민간 노동가능인구(non-institutional population) 중 취업자의 비중을 의미하는 고용률은 경제 전체의 생산에 기여하고 있는 노동력의 양을 나타내는 대표적인 고용 통계이다.[2)] 경제의 성장과 분배의 관점 모두에서 고용률 제고는 중요한 정책 목표로 대부분의 국가에서 고용률을 유지하고 높이기 위한 다양한 정책을 실시하고 있다.[3)] [그림 1]에서 볼 수 있듯이 우리나라의 15~64세 고용률은 2010년[4)] 63.3%에서 2017년에는 66.6%로 추세적으로 꾸준히 증가하고 있다.

---

1) 본고에 수록된 내용 및 견해는 집필자들 개인의 의견으로 한국개발연구원의 공식 견해와는 무관함을 밝힌다.
2) 본고에서는 OECD(경제협력개발기구)에서 공식적으로 사용하고 있는 고용률의 연령 정의를 따라 생산 측면의 기여를 보다 더 잘 나타내고 있는 15~64세 고용률을 중심으로 논의를 전개하며, 특별한 언급이 없는 한 고용률은 15~64세 고용률을 의미한다.
3) 대부분의 국가에서 실업률을 낮추기 위한 적극적 노동시장정책(active labor market policy)과 소극적 노동시장정책(passive labor market policy)을 실시하고 있다.
4) 본고에서는 2009년 글로벌 금융위기에 따른 경기 불황의 영향을 배제하기 위해 2010년 이후의 자료를 사용하여 분석하고 있다.

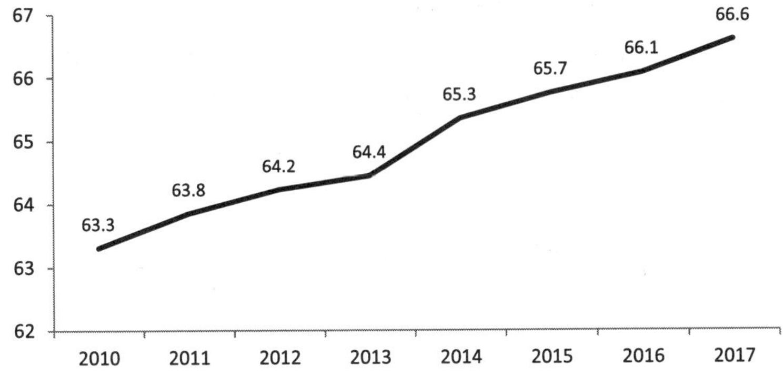

자료 : 통계청, 「경제활동인구조사」

[그림 1] 15~64세 고용률 추이

향후에도 이러한 고용률 증가 추세가 지속적으로 이어질 것인지에 대해 파악하기 위해서는 고용률에 영향을 주는 요인들을 살펴봐야 한다. 고용률 추이 분석 및 전망 방법의 하나로 고용률 변화를 연령대별 세부 인구집단의 고용률 자체의 변화와 연령대별 세부 인구집단의 인구비중의 변화로 구분하여 설명하는 방법이 있다.[5] [그림 2]의 왼쪽 그림은 연령대별 고용률 추이 보여주고 있다. 시점과 상관없이 연령대별 고용률은 40대에서 가장 높게 나타나며, 50대 이후부터는 고용률이 빠르게 감소하고 있음을 알 수 있다. 이러한 통계는 상당수의 취업자가 50대에 퇴직하기 시작함을 시사한다. 연령대별 고용률 추이에서 주목할 만한 점은 30대와 50대 이상의 고용률이 최근 지속적으로 개선되고 있다는 점이다. 연령대별 인구비중이 현재와 동일한 수준으로 유지된다면, 30대와 50대의 고용률 확대는 전체 고용률을 높이는 방향으로 작용할 것이다. 한편, [그림 2]의 오른쪽 그림은 연령대별 인구비중을 보여주고 있다. 2010년 이후 50대 미만의 인구비중은 감소하고 50~64세의 장년인구[6] 비중이 빠르게 증가하고 있어 한국에서 급속도로 진행되고 있는 인구고

5) 보다 자세하게는 연령대별 구분과 동시에 남성과 여성의 성별 구분을 추가하여 성·연령대별 세부 인구집단을 고려할 수도 있으나 성별보다는 연령별 차이에 중심을 둔 본고의 목적과 논의의 단순화를 위해 연령대별 세부 인구집단만을 고려하고 있다.

6) 본고에서는 50~64세 인구를 장년으로 정의한다.

령화의 영향을 일부 확인할 수 있다.7) 연령대별 고용률이 현재와 동일한 수준으로 유지된다면, 50~64세의 평균 고용률이 50대 미만의 평균 고용률 보다 낮기 때문에 50대 인구의 비중이 증가하는 인구고령화는 전체 고용률을 낮추는 방향으로 작용을 할 것이다.

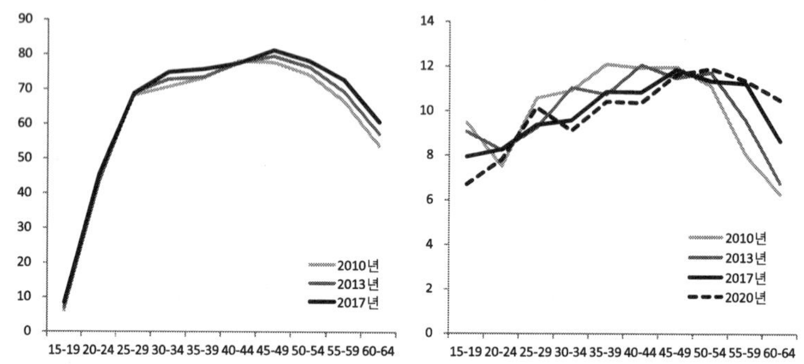

자료 : 통계청, 「경제활동인구조사」, 통계청, 「장래인구추계」

[그림 2] 연령대별 고용률 및 인구비중 추이

[그림 3]은 고용률 변화에 인구비중 변화가 미치는 영향을 간접적으로 보여주고 있다. 검정색 실선은 실제 고용률이며, 회색 실선은 연령대별 인구비중이 2010년 수준으로 유지되고 연령대별 고용률만 변한다고 가정하였을 때의 15~64세 전체 고용률을 나타낸다. 두 고용률의 차이를 고용률 변화에 대한 인구비중 변화의 기여도로 해석할 수 있다. 2013년까지는 두 고용률 시계열이 비슷하게 움직이고 있지만 2014년부터는 인구비중을 고정한 고용률이 실제 고용률 보다 낮게 나타나고 있으며 이러한 차이는 점점 커지고 있는 것으로 보인다. 인구비중이 2010년 수준에서 변하지 않았더라면, 2017년 고용률은 66.2%가 되었을 것이지만, 실제 고용률은 인구비중의 변화로 인해 0.4%p 더 높게 나타난 것으로 해석할 수 있다.8) 2017년 현재까지는 인구비중의 변화가 고용률 증가에

7) 고령화사회(65세 인구비중이 7%)에서 초고령사회(65세 인구비중이 20%)에 다다르는 기간을 고령화 속도로 정의하면, 한국의 고령화 속도는 25년으로 OECD 국가 중 가장 빠르게 나타나고 있다. 두 번째로 빠른 일본의 경우는 35년이며, OECD 국가의 평균은 77년이다.(OECD 인구추계 자료를 바탕으로 저자가 직접 계산하였다.)

8) 물론, 인구비중의 변화가 연령대별 고용률 자체에 영향을 줄 수 있지만, 본 분석에서는 이러한 영향까지는 고려하고 있지 않으므로 해석에 유의할 필요가 있다.

기여하고 있다고 볼 수 있으며, 이는 [그림 2]에서 고용률 수준이 가장 높은 40대의 인구비중이 증가하고 있는 영향으로 볼 수 있다. 인구고령화 진행에 따라 2018년 이후부터는 40대 비중보다 50대의 비중이 더 커지기 시작하므로 향후 인구비중 변화가 고용률 증가에 기여하는 긍정적인 영향은 점차 줄어들 것임을 예상할 수 있다.

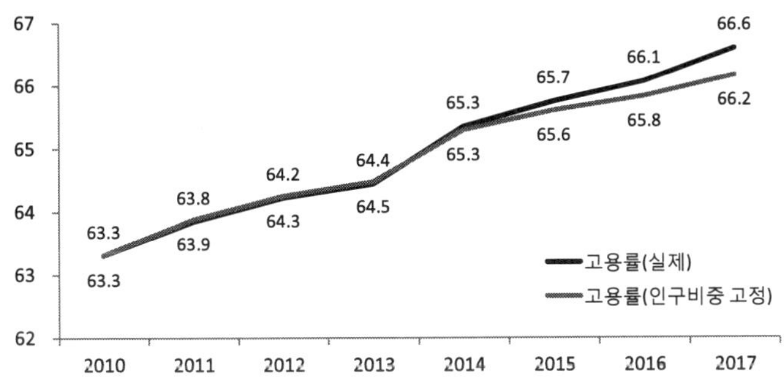

자료 : 통계청, 「경제활동인구조사」

[그림 3] 15~64세 고용률 추이 비교 : 인구구조의 영향

향후 고용률 변화에 대한 인구비중 변화의 영향을 보다 구체적으로 살펴보기 위해 향후 연령대별 고용률이 2017년 수준으로 유지되는 가운데 인구비중 변화만을 반영한 고용률 전망치를 계산하였다. 인구비중 변화에 대한 전망치는 통계청의 「장래인구추계」를 활용하였다. [그림 4]의 검정 점선은 연령대별 고용률이 2017년 수준으로 고정되고 인구비중만 변하는 경우의 고용률 전망치를 보여준다.[9] 2025년까지는 고용률이 증가하지만 그 이후부터는 감소하는 것으로 나타났으며, 인구고령화로 인해 연령대별 고용률 수준이 상대적으로 낮은 50~64세의 장년 인구비중이 늘어난 결과로 해석할 수 있다. 이러한 결과는 향후 전체 고용률의 지속적인 증가를 위해서는 인구비중이 점점 커지고 있는 50~64세의 장년 고용률 제고가 중요함을 시사한다.

9) 본고에서는 15~64세를 5세 단위로 구분하여 총 10개 인구집단을 활용하여 분석을 하고 있지만, 보다 정확한 분석을 위해서는 남성과 여성의 구분 그리고 1세 단위의 보다 세밀한 인구집단의 구분을 고려할 수도 있다.

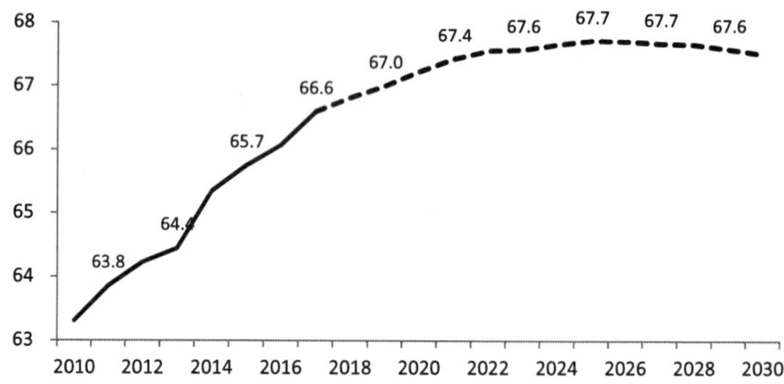

자료 : 통계청, 「경제활동인구조사」, 「장래인구추계」

[그림 4] 인구비중 변화만을 고려한 15~64세 고용률 전망

구체적인 예로 [그림 5]의 회색 점선은 주어진 인구비중 전망치 하에 50세 미만의 연령대별 고용률은 2017년 수준으로 유지한 상태에서, 50~64세의 장년 고용률이 최근 3년(2015~2017년)의 평균 증가율[10]로 2030년까지 지속적으로 증가하는 경우의 전체 고용률 전망치를 보여준다. 이와 같은 시나리오 하에서는 향후 장년의 인구비중 증가에 따라 2030년 근방에는 15~64세 전체 고용률이 70%를 넘을 것으로 예견되고 있다. 이와 같은 시산은 50대 미만의 고용률이 2017년 수준으로 유지되고, 50~64세의 장년 고용률이 최근의 증가 추세를 유지한다는 비교적 낙관적인 가정에서 도출된 것으로 정확한 고용률 전망이라고 볼 수는 없지만, 향후 15~64세 전체 고용률 증가를 위해서는 장년 고용률 제고가 중요한 정책적 목표가 될 수 있음을 시사하고 있다.

10) 50~54세, 55~59세, 60~64세 고용률의 최근 3년(2015~2017년)의 평균 증가율은 각각 0.41%, 0.86%, 1.34%로 나타났으며, 이러한 증가세가 유지되었을 경우 2030년 50~54세, 55~59세, 60~64세 고용률은 각각 82.1%, 81.2%, 72.1%로 계산된다.

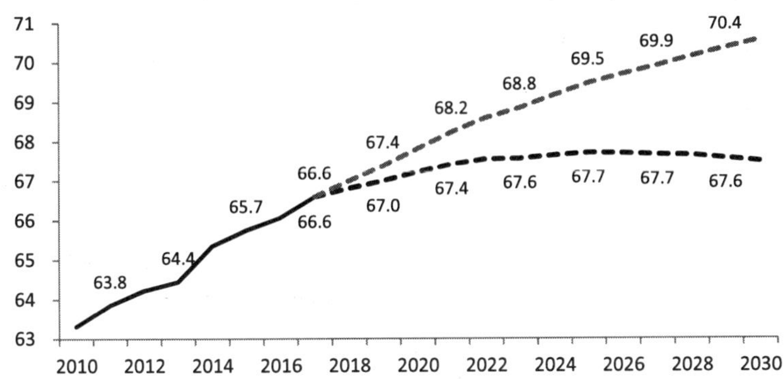

자료 : 통계청, 「경제활동인구조사」, 「장래인구추계」

[그림 5] 인구비중 변화와 장년 고용률 증가세가 유지될 경우의 15~64세 고용률 전망

II. 장년 고용 현황

앞 장에서는 인구고령화에 따른 인구비중 변화를 감안할 때 향후 전체 고용률의 증가 추세를 이어가기 위해서는 장년 고용의 증진이 중요하다는 점을 확인하였다. 본 장에서는 장년 고용률의 추이와 장년 퇴직자들의 특성에 대해 살펴봄으로써 장년 고용 촉진을 위한 정책적 시사점을 제시한다.

1. 장년 고용률 추이

[그림 6]은 50~64세의 장년 고용률의 추이를 보여주고 있다. 2016년에 일시적으로 감소한 것을 제외하고는 장년 고용률은 2010년(66.7%)부터 추세적으로 증가하여 2017년에는 71.3%를 기록하였다. [그림 7]에서 확인할 수 있듯이 이러한 추세는 세부 연령대별로는 큰 차이가 없다. 왼쪽 그림을 보면 50~54세, 55~59세, 60~64세의 경우 대체로 비슷한 속도로 고용률이 증가하고 있음을 확인할 수 있다. 반면, 성별로 나누어 보면 남성보다는 여성에서 고용률 증가세가 훨씬 두드러지게 나타나고

있음을 알 수 있다. 이는 자녀 교육비 등 생활비 지출이 늘어나는 가운데 배우자의 조기 퇴직 등으로 근로소득에 대한 불확실성은 높아져 장년 여성의 노동시장 참여 동기가 높아지는 것으로 일부 설명될 수 있을 것이다.

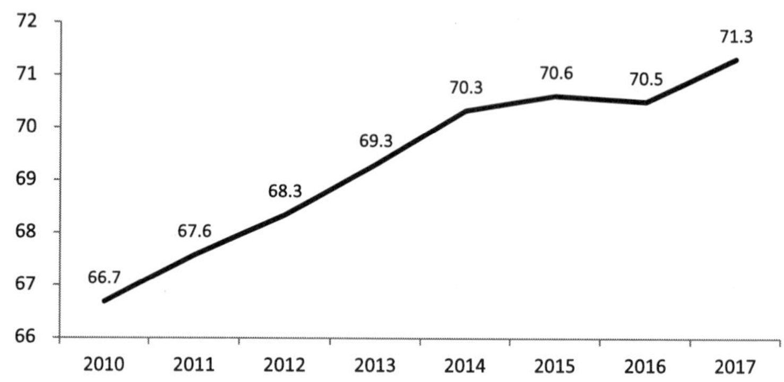

자료 : 통계청, 「경제활동인구조사」

[그림 6] 50~64세 장년 고용률 추이

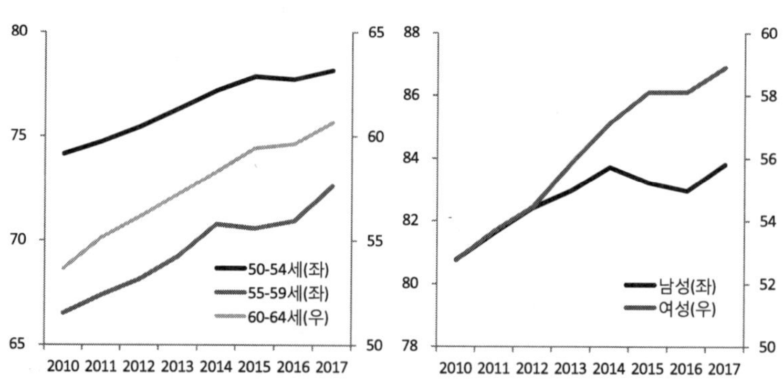

자료 : 통계청, 「경제활동인구조사」

[그림 7] 연령대별·성별 50~64세 장년 고용률 추이

장년 고용률 추이를 산업별로 살펴보면, 제조업, 도매 및 소매업, 건설업, 숙박 및 음식점업, 교육 서비스업, 보건업·사회복지 서비스업을 중심으로 장년 고용률이 지속적으로 상승하고 있다(〈표 1〉 참조). 한편,

농업・임업・어업에서의 장년 고용률은 비교적 빠르게 줄어들고 있다. 2017년 기준으로 제조업(15.6%), 도매 및 소매업(13.2%), 건설업(10.8%), 숙박 및 음식점업(9.9%) 순으로 장년 고용률이 높게 나타나고 있음을 확인할 수 있다.

〈표 1〉 산업별 장년 고용률 추이

(단위 : %)

산업	2010	2011	2012	2013	2014	2015	2016	2017	
농업・임업・어업	6.8	6.3	6.0	5.8	5.3	4.7	4.3	4.3	(6.0)
광업	0.1	0.1	0.1	0.1	0.0	0.1	0.1	0.1	(0.1)
제조업	9.6	9.7	10.0	10.4	10.8	10.9	11.0	11.1	(15.6)
전기・가스・증기	0.2	0.2	0.2	0.3	0.3	0.3	0.2	0.2	(0.3)
수도・하수・폐기물	0.2	0.2	0.2	0.2	0.3	0.3	0.4	0.3	(0.5)
건설업	6.2	6.5	6.6	6.5	6.7	7.0	7.2	7.7	(10.8)
도매 및 소매업	8.9	9.2	9.0	8.9	9.1	9.5	9.2	9.4	(13.2)
운수 및 창고업	5.6	5.9	6.0	6.1	6.0	5.7	5.5	5.4	(7.6)
숙박 및 음식점업	6.4	6.3	6.5	6.7	7.0	7.1	7.1	7.1	(9.9)
정보통신업	0.7	0.7	0.6	0.6	0.6	0.7	0.7	0.8	(1.1)
금융 및 보험업	1.3	1.4	1.4	1.5	1.5	1.5	1.6	1.7	(2.3)
부동산업	1.9	1.7	1.8	1.7	1.8	1.8	2.0	2.2	(3.1)
전문・과학・기술	1.2	1.2	1.3	1.2	1.2	1.2	1.3	1.5	(2.1)
사업시설 관리・지원	4.1	4.2	4.2	4.0	4.2	4.4	4.2	4.0	(5.7)
공공행정・국방	2.8	2.7	2.7	2.7	2.6	2.5	2.6	2.6	(3.6)
교육 서비스업	2.7	2.6	2.7	3.1	3.3	3.4	3.6	3.7	(5.1)
보건업・사회복지	2.0	2.3	2.6	2.9	3.4	3.6	3.8	4.0	(5.6)
예술・스포츠・여가	0.7	0.8	0.8	0.7	0.8	0.9	0.9	0.9	(1.2)
개인서비스업	4.2	4.5	4.7	4.7	4.5	4.4	4.2	3.9	(5.5)
가구 내 고용활동	1.0	1.1	1.2	1.2	0.7	0.5	0.4	0.4	(0.5)
국제 및 외국 기관	0.1	0.0	0.0	0.0	0.1	0.1	0.0	0.0	(0.0)
전체	66.7	67.6	68.3	69.3	70.3	70.6	70.5	71.3	(100.0)

주 : 1) 산업별 장년 고용률은'산업별 장년 취업자 수/장년 인구 수×100'으로 정의
2) 2017년 괄호 안의 수치는 2017년 전체 장년 취업자 중 각 산업의 장년 취업자 비율을 의미

자료 : 통계청, 「경제활동인구조사」

〈표 2〉는 장년 고용률 추이를 직업별로 구분하여 보여주고 있다. 전문가 및 관련 종사자, 사무 종사자, 서비스 종사자, 기능원 및 관련기능 종사자, 장치・기계조작 및 조립 종사자를 중심으로 장년 고용률이 증가하고 있는 것으로 나타났다. 한편, 관리자, 농림어업숙련 종사자, 단순노무 종사자의 비율은 줄어들고 있다. 2017년 기준으로 단순노무 종사자(17.7%), 장치・기계조작 및 조립 종사자(15.4%), 서비스 종사자(12.9%), 전문가 및 관련 종사자(12.2%), 판매 종사자(11.9%), 기능원 및 관련기능 종사자(11.7%), 사무 종사자(10.4%) 순으로 장년 고용률이 높게 나타나고 있다. 상대적으로 임금 수준이 낮은 단순노무 종사자, 서비스 종사자, 판매 종사자 등에서 장년 고용률이 높게 나타나고 있음을 볼 때, 근속 연수를 고려한다고 해도 장년 근로자의 평균적인 소득 수준은 50대 미만 근로자에 비해 크게 높지는 않을 것임을 예상할 수 있다.

〈표 2〉 직업별 장년 고용률 추이

(단위 : %)

직업	2010	2011	2012	2013	2014	2015	2016	2017	
관리자	2.6	2.3	2.1	1.9	1.9	1.8	1.7	1.5	(2.2)
전문가 및 관련 종사자	5.8	6.0	6.6	7.0	7.5	7.9	8.4	8.7	(12.2)
사무 종사자	4.4	4.8	5.2	5.6	5.9	6.4	7.0	7.4	(10.4)
서비스 종사자	8.0	8.2	8.6	8.9	9.2	9.0	9.0	9.2	(12.9)
판매 종사자	8.2	8.3	8.2	8.4	8.6	8.6	8.3	8.5	(11.9)
농림어업숙련 종사자	6.4	6.0	5.7	5.5	5.0	4.4	4.0	4.0	(5.6)
기능원 및 관련기능 종사자	7.7	7.9	8.0	7.9	8.0	8.4	8.4	8.3	(11.7)
장치・기계조작 및 조립 종사자	9.7	10.1	10.4	10.9	11.3	11.1	11.1	11.0	(15.4)
단순노무 종사자	13.9	13.9	13.6	13.3	12.9	13.0	12.7	12.6	(17.7)
전체	66.7	67.6	68.3	69.3	70.3	70.6	70.5	71.3	(100.0)

주 : 1) 직업별 장년 고용률은 '직업별 장년 취업자 수/장년 인구 수×100'으로 정의
2) 2017년 괄호 안의 수치는 2017년 전체 장년 취업자 중 각 직업의 장년 취업자 비율을 의미

자료 : 통계청, 「경제활동인구조사」

〈표 3〉 종사상 지위별 장년 고용률 추이

(단위 : %)

종사상 지위		2010	2011	2012	2013	2014	2015	2016	2017
임금 근로자		38.1	38.9	40.1	41.9	43.5	44.7	45.4	45.9 (64.4)
	상용 근로자	19.2	20.0	21.2	22.9	24.9	26.1	26.7	27.7 (38.9)
	임시 근로자	12.2	12.5	12.9	12.8	12.7	12.7	12.8	12.4 (17.4)
	일용 근로자	6.7	6.4	6.1	6.2	5.9	6.0	5.8	5.8 (8.1)
비임금 근로자		28.6	28.7	28.2	27.4	26.9	25.9	25.1	25.4 (35.6)
	자영업자(고용원有)	5.3	5.4	5.5	5.5	5.5	5.7	5.6	5.9 (8.3)
	자영업자(고용원無)	18.0	18.1	17.7	17.2	16.6	15.7	15.3	15.3 (21.4)
	무급가족종사자	5.3	5.2	5.0	4.7	4.8	4.4	4.2	4.2 (5.9)
전체		66.7	67.6	68.3	69.3	70.3	70.6	70.5	71.3 (100.0)

주 : 1) 종사상 지위별 장년 고용률은'종사상 지위별 장년 취업자 수/장년 인구 수×100'으로 정의

2) 2017년 괄호 안의 수치는 2017년 전체 장년 취업자 중 각 종사상 지위의 장년 취업자 비율을 의미

자료 : 통계청, 「경제활동인구조사」

〈표 3〉은 종사상 지위별 장년 고용률 추이를 보여준다. 전체적으로 보면 임금 근로자를 중심으로 장년 고용률이 증가하고 있으며 비임금 근로자의 장년 고용률은 서서히 감소하고 있는 것으로 나타났다. 임금 근로자의 장년 고용률 증가는 대부분 상용 근로자의 고용률 증가로 설명되는 것으로 보인다. 이러한 추세는 인구비중 변화에 따라 일자리를 유지하고 있는 50~64세의 상용 근로자 비중이 증가하는 것으로 일부 설명이 가능할 것으로 보인다. 일자리를 유지하고 있는 50대의 비중이 점차 높아지고 있으므로 상용 근로자의 장년 고용률이 증가할 것이다. 여기에 장년 근로자의 실질적 은퇴 시기가 점차 늦어지고 있는 점도 고려할 수 있다. 생애 기준으로 주된 일자리에서의 퇴직 시기는 오히려 빨라지고 있지만, 퇴직한 장년 근로자들이 상용 근로자로 재취업하는 경우가 점점 늘어나고 있는 것으로 추측된다. 2017년 기준으로 상용 근로자(38.9%), 고용원이 없는 자영업자(21.4%), 임시 근로자(17.4%) 순으로 장년 고용률이 높게 나타났다.

〈표 4〉 사업체 규모별 장년 고용률 추이

(단위 : %)

사업체 규모	2010	2011	2012	2013	2014	2015	2016	2017	
1~4명	35.1	35.8	35.7	35.6	35.2	34.0	32.7	32.6	(45.7)
5~9명	8.3	8.3	8.8	8.8	9.3	9.9	10.1	10.2	(14.4)
10~29명	9.5	9.7	9.8	9.8	10.2	10.4	10.9	11.1	(15.5)
30~99명	7.6	7.5	7.5	8.0	8.3	8.5	8.8	9.1	(12.8)
100~299명	3.0	3.2	3.5	3.5	3.4	3.6	3.8	4.1	(5.8)
300명 이상	3.2	3.0	3.2	3.5	4.0	4.2	4.2	4.2	(5.8)
전체	66.7	67.6	68.3	69.3	70.3	70.6	70.5	71.3	(100.0)

주 : 1) 사업체 규모별 장년 고용률은 '사업체 규모별 장년 취업자 수/장년 인구 수×100'으로 정의
2) 2017년 괄호 안의 수치는 2017년 전체 장년 취업자 중 각 사업체 규모의 장년 취업자 비율을 의미

자료 : 통계청, 「경제활동인구조사」

마지막으로 사업체 규모별로 장년 고용률 추이를 살펴보면, 종사자 수가 5인 이상인 사업체를 중심으로 장년 고용률이 증가한 것으로 나타났으며, 종사자 수가 5인 미만인 사업체에서는 장년 고용률이 감소하였다(〈표 4〉 참조). 종사자 수 5인 이상의 사업체 내에서 각 세부 사업체 규모별로도 고용률 증가세가 유사하게 나타나고 있어 특정 사업체 규모에서 장년 고용률이 빠르게 증가한 것은 아닌 것으로 보인다. 2017년 기준으로 장년 취업자 중 거의 절반에 해당하는 45.7%가 종사자 수 1~4인의 소규모 사업체에 근무하고 있으며 42.7%는 5~99인 규모의 사업체에 근무하고 있다. 한편, 100인 이상의 중견 및 대기업에 근무하는 장년 취업자 비중은 11.6%로 나타났다.

2. 장년 퇴직자의 특성

본 절에서는 「한국노동패널」을 사용하여 퇴직한 장년 근로자들의 특성에 대해 살펴본다. 본 절에서 퇴직자의 정의는 조사 당시 연령이 만 50세 이상 64세 이하이며 주된 일자리[11]에서 퇴직한 사람으로 한다. 특

11) 노동패널 직업력 자료에서 개인의 일자리는 주된 일자리와 부업 등 기타 일자리로 나뉘며, 한 시점에 여러 직업을 가지고 있는 경우 주된 일자리 정보를 사용하였다.

히 본 연구의 관심대상인 퇴직을 정의하는 기준은 근속 기간, 퇴직 사유 등 여러 기준을 활용할 수 있는데 여기서는 노동패널 직업력 자료의 조사항목 중 구체적 퇴직 사유를 사용하여 정의한다. 구체적으로 해당 직업이 주된 일자리이며 임금 근로자는 퇴직 사유가[12] 명예퇴직 혹은 정년퇴직, 비임금 근로자는[13] 건강, 고령 등의 이유로 퇴직한 사람들을 퇴직자로 정의하였다. 본고에서는 모든 연령대에서 발생할 수 있는 일상적인 퇴직 및 이직을 배제하기 위해 비교적 장년층에 한정되는 은퇴의 의미에 가까운 퇴직 사유만을 적용하고 있다. 이러한 이유로 보다 광범위한 퇴직 사유를 포함하고 있는 통계청의 「경제활동인구조사 고령층 부가조사」 보도 자료에서의 퇴직자 정의 및 관련 통계와의 단순 비교가 어려운 점을 유의할 필요가 있다. 또한 노동패널에서 장년 퇴직자들에 대한 표본 수가 충분하지 않으므로 모든 통계는 연도 구분 없이 2000년부터 2016년 사이의 장년 퇴직자들을 모두 포함한 수치임을 미리 밝혀둔다. 소득과 관련된 명목변수들은 소비자 물가지수를 활용하여 물가수준을 조정하였다.

1) 퇴직 연령, 퇴직 직전 임금·사업소득

〈표 5〉는 퇴직자들의 퇴직 당시 직장에서의 종사상 지위, 퇴직 연령, 퇴직 전 임금 또는 사업소득을 보여준다. 전체 취업자의 평균 퇴직 연령

---

12) 노동패널 직업력 자료에서 응답 항목으로 정의한 임금 근로자의 구체적 퇴직 사유는 다음과 같다. (1) 직장의 파산, 폐업, 휴업 (2) 정리해고 (3) 권고사직 (4) 명예퇴직 (5) 정년퇴직 (6) 계약기간 종료 (7) 소득 또는 보수가 적어서 (8) 일거리가 없거나 적어서 (9) 일이 임시적이거나 장래성이 없어서 (10) 적성, 지식, 기능 등이 맞지 않아서 (11) 근무시간 또는 근무환경이 나빠서 (12) 자기(가족) 사업을 하려고 (13) 결혼, 가족간병 등 가사문제로 (14) 건강, 고령 등의 이유로 (15) 회사 내 인간관계 때문에 (16) 회사가 이사하여 (17) 우리집이 이사하여 (18) 학업 때문에 (19) 군 입대 때문에 (20) 좀 더 좋은 일자리가 있어서 (21) 출산, 육아를 위하여 (22) 기타

13) 비임금 근로자의 구체적 퇴직 사유는 다음과 같다. (1) 파산, 도산 등으로 인해 (2) 일거리가 없거나 적어서 (3) 장사/영업이 잘 되지 않아서 (4) 소득이 적어서 (5) 새로운 사업을 시작하려고 (6) 일이 임시적이거나 장래성이 없어서 (7) 적성, 지식, 기능 등이 맞지 않아서 (8) 근무시간 또는 근무환경이 나빠서 (9) 결혼, 육아, 가사 등 가사문제로 (10) 건강, 고령 등의 이유로 (11) 학업 때문에 (12) 군 입대 때문에 (13) 좀 더 좋은 일자리가 있어서 (14) 기타

은 57.4세로 나타났으며, 퇴직 전 임금 또는 사업소득은 월평균 약 307만원으로 나타났다. 종사상 지위별로 보면 퇴직자의 60.2%는 임금 근로자였으며 그 중 대부분이 상용 근로자로 나타났다. 임금 근로자의 퇴직 연령은 58세로 비교적 높게 나타났으며, 퇴직 직전 임금소득은 월평균 약 370만원으로 나타났다. 한편, 퇴직자 중 39.8%는 비임금 근로자였으며, 이들의 퇴직 연령은 56.6세로 임금 근로자의 경우보다 낮게 나타났다. 비임금 근로자의 퇴직 전 사업소득은 월평균 약 181.9만원으로 임금 근로자의 임금소득의 절반 정도에 미치는 수준으로 나타났다.[14]

〈표 5〉 종사상 지위별 퇴직자 특성

종사상 지위		비율(%)	퇴직 연령(세)	퇴직 전 임금·사업소득(만원)
임금 근로자		60.2	58.0	370.0
	상용 근로자	58.8	58.0	375.7
	임시 근로자	0.7	61.9	161.0
	일용 근로자	0.7	57.6	111.4
비임금 근로자		39.8	56.6	181.9
	자영업자	29.0	56.9	184.6
	가족종사자	10.1	55.9	126.9
종사상 지위 정보 누락		0.7	-	-
전체 취업자		100.0	57.4	307.2

주 : 1) 「한국노동패널」에서는 「경제활동인구조사」와 다르게 자영업자를 고용원 유무로 나누지 않음을 유의
2) 퇴직 전 임금·사업소득은 세후 월평균소득을 의미하며 임금소득은 임금근로자, 사업소득은 비임금 근로자에 해당하는 수치임.
자료 : 한국노동연구원, 「한국노동패널」

14) 일반적으로 조사 자료에서는 사업소득 정보에 오차가 크므로 본고 전반에 걸쳐 해석에 유의할 필요가 있다.

〈표 6〉 산업별 퇴직자 특성

산업	임금 근로자			비임금 근로자		
	비율(%)	퇴직 연령(세)	퇴직 전 임금소득 (만원)	비율(%)	퇴직 연령(세)	퇴직 전 사업소득 (만원)
농업·임업·어업	–	–	–	9.0	57.8	97.2
광업	–	–	–	–	–	–
제조업	10.8	56.6	282.3	2.6	57.6	205.1
전기·가스·증기	1.7	57.7	654.5	–	–	–
수도·하수·폐기물	–	–	–	–	–	–
건설업	2.0	58.7	316.6	1.1	55.6	186.8
도매 및 소매업	1.7	56.7	217.0	8.9	55.8	193.9
운수 및 창고업	4.3	59.0	259.7	4.1	56.9	189.6
숙박 및 음식점업	0.2	56.0	120.0	7.2	56.0	189.2
정보통신업	3.1	54.6	405.1	–	–	–
금융 및 보험업	2.1	54.3	604.7	0.6	56.6	114.8
부동산업	2.9	59.9	218.6	0.6	57.1	117.1
전문·과학·기술	0.8	56.5	517.6	0.4	58.9	432.3
사업시설 관리·지원	0.7	57.2	650.6	0.3	60.8	144.3
공공행정·국방	12.1	58.2	417.1	–	–	–
교육 서비스업	14.4	59.6	414.9	0.6	58.5	124.5
보건업·사회복지	1.4	59.5	296.6	0.5	56.1	781.4
예술·스포츠·여가	0.2	55.0	102.5	1.4	51.2	248.9
개인서비스업	1.2	57.6	260.4	2.0	57.0	236.8
가구 내 고용활동	–	–	–	–	–	–
국제 및 외국 기관	–	–	–	–	–	–
산업 정보 누락	0.3	–	–	0.6	–	–
전체	60.2	58.0	370.0	39.8	56.6	181.9

주 : 퇴직 전 임금·사업소득은 세후 월평균소득을 의미
자료 : 한국노동연구원, 「한국노동패널」

산업별로 구분하여 살펴보면(〈표 6〉 참조), 임금 부문에서는 주로 교육 서비스업, 공공행정·국방, 제조업에 근무하고 있었다. 퇴직 연령은 부동산업, 교육 서비스업, 보건업·사회복지 서비스업에서 비교적 높게 나타났으며, 금융 및 보험업, 정보통신업에서 낮게 나타났다. 퇴직

직전 임금소득은 전기·가스·증기, 사업시설 관리·지원, 금융 및 보험업, 전문·과학·기술 서비스업에서 높게 나타났으며, 예술·스포츠·여가, 숙박 및 음식점업, 도매 및 소매업, 부동산업, 운수 및 창고업, 개인서비스업 등에서 낮게 나타났다. 비임금 부문에서는 대부분 농업·임업·어업, 도매 및 소매업, 숙박 및 음식점업, 운수 및 창고업에 종사하고 있었다. 퇴직 연령은 사업시설 관리·지원에서 가장 높게 나타났고, 예술·스포츠·여가 서비스업에서 가장 낮게 나타났다. 퇴직 직전 사업소득은 보건업·사회복지, 전문·과학·기술에서 높게 나타났으며, 농업·임업·어업, 금융 및 보험업, 부동산업, 교육 서비스업에서 낮게 나타났다.

〈표 7〉 직업별 퇴직자 특성

산업	임금 근로자			비임금 근로자		
	비율(%)	퇴직 연령(세)	퇴직 전 임금소득 (만원)	비율(%)	퇴직 연령(세)	퇴직 전 사업소득 (만원)
관리자	5.8	59.5	556.9	0.3	56.8	376.5
전문가 및 관련 종사자	14.7	58.2	428.8	1.2	57.6	438.3
사무 종사자	13.7	57.0	410.7	1.1	55.3	158.0
서비스 종사자	2.4	57.7	390.9	2.4	56.8	275.8
판매 종사자	1.3	54.5	329.3	5.6	56.4	197.7
농림어업숙련 종사자	–	–	–	8.3	57.7	97.2
기능원 및 관련기능 종사자	3.4	57.4	346.4	1.1	58.1	197.6
장치·기계조작 및 조립 종사자	11.8	57.9	280.2	5.5	56.4	189.3
단순노무 종사자	6.9	59.3	175.5	14.0	55.8	173.0
직업 정보 누락	0.3	56.9	272.8	0.2	–	–
전체	60.2	58.0	370.0	39.8	56.6	181.9

주 : 퇴직 전 임금·사업소득은 세후 월평균소득을 의미
자료 : 한국노동연구원, 「한국노동패널」

직업별로 구분하여 살펴보면(〈표 7〉 참조), 임금 근로자였던 퇴직자는 주로 전문가 및 관련 종사자, 사무 종사자, 장치·기계조작 및 조립 종사자였으며, 퇴직 연령은 관리자와 단순노무 종사자에서 높게 나타나

고, 판매 종사자에서 가장 낮게 나타났다. 퇴직 직전 임금소득은 관리자에서 가장 높게 나타나고, 단순노무 종사자에서 가장 낮게 나타났다. 비임금 근로자였던 퇴직자는 대부분 단순노무 종사자, 농림어업숙련 종사자, 판매 종사자, 장치·기계조작 및 조립 종사자였으며, 퇴직 연령은 기능원 및 관련기능 종사자에서 가장 높게 나타나고 사무 종사자에서 가장 낮게 나타났다. 퇴직 직전 사업소득은 전문가 및 관련 종사자에서 가장 높게 나타나고, 농림어업숙련 종사자에서 가장 낮게 나타났다.

2) 퇴직자의 재취업 일자리 특성[15)]

〈표 8〉 퇴직자의 퇴직 이후 경제활동상태

퇴직 후 경제활동상태	비율(%)	구직 기간(년)	재취업 임금·사업소득(만원)
취업자	50.4	1.4	235.0
실업자	1.3	-	-
비경제활동인구	48.3	-	-

자료 : 한국노동연구원, 「한국노동패널」

퇴직자들의 퇴직 이후의 경제활동상태를 살펴본 결과 퇴직자의 약 50.4%가 평균적으로 1.4년의 구직 기간에 걸쳐 재취업한 것으로 나타났다. 이때 재취업 직장에서의 월평균 임금 또는 사업소득은 약 235만원으로 나타났으며, 이는 퇴직자의 퇴직 직전 월평균 임금 또는 사업소득인 307만원의 약 77%에 해당하는 수준이다. 퇴직자의 약 1.3%는 실업자로 남아 있었으며, 나머지 48.3%는 노동시장에 참여하고 있지 않은 것으로 나타났다.

15) 일반적으로 퇴직한 개인의 경제활동 상태는 취업, 실업, 비경제활동 중 하나 이상의 상태를 거친다. 다시 말해 퇴직 후 실업 상태에 있던 사람이 취업자가 되어 여러 번 일자리를 옮기기도 하고 혹은 비경제활동 상태에 있을 수도 있다. 이 경우 퇴직 직후 시점에서는 실업자이나 이후에는 취업자, 비경제활동인구 등으로 경제활동 상태가 변하하는 셈이다. 본고에서는 50~64세 인구를 장년으로 정의하였는데 퇴직연령이 다소 이른 점을 고려해보았을 때, 퇴직 이후에도 경제활동을 하는 시기가 짧지 않을 것을 감안하여 퇴직 직후 경제활동 상태뿐만 아니라 퇴직 이후 64세까지 모든 경제활동 상태를 분석 대상으로 정의하였다. 특히 노동패널 직업력 자료에는 한 개인이 일생동안 가진 모든 직업에 대한 정보가 담겨있으므로 이 점을 퇴직자의 재취업 일자리 분석에 활용하였다.

〈표 9〉 퇴직자의 재취업 일자리 특성 : 종사상 지위

종사상 지위		비율(%)	구직 기간(년)	재취업 임금·사업소득(만원)
임금 근로자		72.6	1.0	244.4
	상용 근로자	65.6	1.0	310.8
	임시 근로자	3.2	0.8	167.6
	일용 근로자	3.8	0.8	109.5
비임금 근로자		25.1	2.5	220.1
	자영업자	19.5	2.4	217.5
	가족종사자	5.2	2.8	133.2
종사상 지위 정보 누락		2.8	-	-
전체 취업자		100.0	1.4	235.0

주 : 1) 「한국노동패널」에서는 「경제활동인구조사」와 다르게 자영업자를 고용원 유무로 나누지 않음을 유의
2) 퇴직 전 임금·사업소득은 세후 월평균소득을 의미하며 임금소득은 임금근로자, 사업소득은 비임금 근로자에 해당하는 수치임.
자료 : 한국노동연구원, 「한국노동패널」

재취업을 한 퇴직자들로 한정하여 살펴보면(〈표 9〉 참조), 재취업한 퇴직자의 약 72.6%는 약 1년의 구직 기간에 걸쳐 임금 근로자로 재취업했으며, 재취업 일자리에서의 월평균 임금소득은 약 244만원으로 나타났다. 재취업한 퇴직자의 25.1%는 약 2.5년의 구직 또는 창업 준비기간을 걸쳐 비임금 근로자로 재취업하였으며, 재취업 일자리에서의 월평균 사업소득은 약 220만원으로 나타났다. 이는 〈표 6〉에서의 비임금 근로자였던 퇴직자들의 퇴직 직전 월평균 사업소득인 182만원보다 높은 수준으로 퇴직 전에는 임금 근로자였지만, 퇴직 후 비임금 근로자가 된 퇴직자의 영향이 반영된 결과로 해석할 수 있을 것이다.

〈표 10〉 퇴직자의 재취업 일자리 특성 : 산업

산업	임금 근로자			비임금 근로자		
	비율(%)	구직 기간(년)	재취업 임금소득 (만원)	비율(%)	구직 기간(년)	재취업 사업소득 (만원)
농업・임업・어업	–	–	–	4.3	1.9	90.5
광업	–	–	–	–	–	–
제조업	16.0	1.1	238.6	0.3	1.0	199.1
전기・가스・증기	2.4	0.9	407.9	–	–	–
수도・하수・폐기물	–	–	–	–	–	–
건설업	3.3	1.2	223.1	1.4	4.5	227.0
도매 및 소매업	2.3	0.8	149.7	6.2	3.8	165.1
운수 및 창고업	5.7	0.8	222.1	2.3	0.7	149.1
숙박 및 음식점업	0.3	0.0	93.9	6.7	2.0	158.2
정보통신업	3.9	1.3	424.9	–	–	–
금융 및 보험업	3.5	0.3	398.6	–	–	–
부동산업	2.9	1.9	166.8	0.4	2.0	462.6
전문・과학・기술	0.5	0.0	379.2	0.4	0.0	456.9
사업시설 관리・지원	1.7	0.6	295.3	0.3	5.0	492.8
공공행정・국방	15.3	1.2	361.2	–	–	–
교육 서비스업	8.4	0.7	203.2	–	–	–
보건업・사회복지	3.3	0.8	195.9	0.4	0.0	1102.7
예술・스포츠・여가	0.5	0.0	134.8	0.7	5.3	512.2
개인서비스업	0.7	1.0	270.6	1.3	1.5	126.6
가구 내 고용활동	0.3	1.0	58.1	–	–	–
국제 및 외국 기관	–	–	–	–	–	–
산업 정보 누락	1.6	–	–	0.4	–	–
전체	72.6	1.0	244.4	25.1	2.5	220.1

주 : 퇴직 전 임금・사업소득은 세후 월평균소득을 의미
자료 : 한국노동연구원, 「한국노동패널」

재취업한 퇴직자들의 재취업 일자리의 특성을 산업별로 살펴보면(〈표 10〉 참조), 임금 근로자로 재취업한 경우 주로 제조업, 공공행정・국방, 교육 서비스업, 운수 및 창고업에 분포하고 있다. 정보통신업, 전기・가스・증기, 금융 및 보험업, 전문・과학・기술, 공공행정・국방에

재취업한 경우 재취업 일자리에서의 월평균 임금소득이 높게 나타났으며, 가구 내 고용활동, 숙박 및 음식점업, 예술・스포츠・여가, 도매 및 소매업, 부동산업, 보건업・사회복지 서비스업에서 월평균 임금소득이 낮게 나타났다. 비임금 근로자로 재취업한 경우 대부분 숙박 및 음식점업, 도매 및 소매업, 농업・임업・어업에 분포하고 있는 것으로 나타났다. 보건업・사회복지, 예술・스포츠・여가, 사업시설 관리・지원, 부동산업, 전문・과학・기술 서비스업에서는 월평균 사업소득이 높게 나타났지만, 농업・임업・어업, 개인서비스업, 운수 및 창고업, 숙박 및 음식점업, 도매 및 소매업에서는 월평균 사업소득이 상당히 낮게 나타났다.

〈표 11〉 퇴직자의 재취업 일자리 특성 : 직업

산업	임금 근로자			비임금 근로자		
	비율(%)	구직 기간(년)	재취업 임금소득(만원)	비율(%)	구직 기간(년)	재취업 사업소득(만원)
관리자	4.8	0.5	614.4	–	–	–
전문가 및 관련 종사자	9.2	0.8	301.4	0.8	3.0	510.9
사무 종사자	18.7	1.4	382.5	0.4	9.0	281.2
서비스 종사자	2.3	1.0	200.8	1.9	1.3	203.5
판매 종사자	–	–	–	2.0	3.0	254.1
농림어업숙련 종사자	0.3	0.0	170.7	4.3	1.9	92.2
기능원 및 관련기능 종사자	5.4	0.8	289.4	1.6	3.5	290.6
장치・기계조작 및 조립 종사자	19.5	0.8	191.4	2.6	0.3	154.0
단순노무 종사자	10.2	1.1	115.8	11.5	2.9	145.3
직업 정보 누락	1.9	–	–	–	–	–
전체	72.6	1.0	244.4	25.1	2.5	220.1

주 : 퇴직 전 임금・사업소득은 세후 월평균소득을 의미
자료 : 한국노동연구원, 「한국노동패널」

마지막으로 퇴직자들의 재취업 일자리의 특성을 직업별로 살펴보면(〈표 11〉 참조), 임금 근로자로 재취업한 경우 대부분 장치・기계조작 및 조립 종사자, 사무 종사자, 단순노무 종사자, 전문가 및 관련 종사자에 분포하고 있었다. 관리자, 사무 종사자, 전문가 및 관련 종사자, 기능원 및 관련기능 종사자로 재취업한 경우에는 월평균 임금소득이 200만

원 이상으로 비교적 높은 편이였지만, 나머지 직업으로 재취업한 경우에는 월평균 임금소득이 대부분 200만원 미만으로 낮게 나타났다. 한편, 비임금 근로자로 재취업한 경우에는 대부분 단순노무 종사자, 농림어업 숙련 종사자였다. 전문가 및 관련 종사자, 기능원 및 관련기능 종사자, 사무 종사자, 판매 종사자, 서비스 종사자로 재취업한 경우를 제외하고는 월평균 사업소득이 대부분 200만원 미만으로 낮게 나타났다.

III. 요약 및 시사점

인구고령화 진행에 따라 향후 50~64세의 장년 인구비중이 빠르게 늘어날 것으로 예상되고 있다. 이러한 상황에서 경제 전체의 성장과 분배의 측면 모두에서 중요한 15~64세 전체 고용률을 높이기 위해서는 장년 고용률 제고가 점차 중요한 정책 과제가 될 것으로 예견된다. 장년 인구비중의 확대에 힘입어 2017년 현재 장년 고용률은 산업별로는 제조업, 도매 및 소매업, 건설업, 숙박 및 음식점업, 교육 서비스업, 보건업·사회복지 서비스업을 중심으로 지속적으로 증가하고 있으며, 직업별로는 전문가 및 관련 종사자, 사무 종사자, 서비스 종사자, 기능원 및 관련기능 종사자, 장치·기계조작 및 조립 종사자를 중심으로 증가하고 있다. 이러한 장년 고용률의 증가세는 장년 세부 연령대에서도 유사하게 나타나고 있으며, 여성에게 보다 확연하게 나타나고 있다.

한편, 본고의 현황 분석을 통해 한국 장년의 평균적인 은퇴 연령은 약 57세로 나타났다. 2017년 「경제활동인구조사 고령층 부가조사」[16]에 따르면, 장년 근로자들은 최대 72세까지도 일정정도의 근로를 희망하는 것으로 조사되었다. 단순 계산을 하면 주된 일자리에서 은퇴한 후 약 15년 정도의 추가적인 근로를 원하는 것으로 볼 수 있다. 본문에서 퇴직자

16) 「경제활동인구조사 고령층 부가조사」에 따르면, 55~64세 인구의 약 62.4%가 계속하여 근무하기를 희망하였으며, 희망 근로의 상한 연령은 평균 72세로 나타났다. 본고에서는 한국노동패널의 50~64세를 대상으로 분석을 실시하였으므로 경제활동인구조사 고령층 부가조사의 통계와 관련지어 해석할 때는 유의할 필요가 있다.

의 재취업 현황에 따르면, 퇴직자 중 50.4%만이 재취업을 하여 임금 또는 사업소득이 있는 것으로 나타났다. 재취업 일자리에서의 임금 및 사업소득은 퇴직 전 임금 및 사업소득의 77% 정도로 나타나고 있다. 특히 64세 이하 퇴직자들은 일반적으로 국민연금과 기초연금 등의 노후소득 보장체계의 수혜 자격이 되지 않고, 자녀 교육비등 생활비 지출 부담은 가장 큰 시기에 해당할 것이므로 퇴직 후 추가적인 임금 및 사업소득 없이는 생활에 어려움을 겪을 가능성이 높다.

이러한 현실을 고려할 때 장년층의 소득수준 유지를 위해서는 임금 및 근로시간 조정을 동반한 정년 연장을 통해 주된 일자리에서의 실질적인 은퇴 연령을 늦출 필요가 있다. 또한 주된 일자리에서의 퇴직 후 재취업을 용이하게 할 수 있도록 정부의 직업훈련제도와 고용서비스 제도를 내실화할 필요가 있다. 장년층을 대상으로 새로운 기술을 습득시키는 직업훈련 효과는 크지 않을 것으로 예상되기 때문에 새로운 기술의 습득보다는 이전 직장에서의 숙련과 기술을 보완하는 방식의 직업훈련이 필요할 것으로 보인다. 이에 더하여 장년층을 대상으로 형식적이 아닌 실제로 도움이 되는 내실 있는 고용서비스 제공을 통해 재취업 의지가 높은 장년 퇴직자들의 재취업을 적극적으로 지원할 필요가 있다. 임금 및 근로시간 등의 근로조건 조정을 통한 정년 연장과 정년 및 명예 퇴직자들에 대한 적절한 재취업 일자리 연계를 통해 장년층 근로자의 노동시장 은퇴가 점진적이고 완만한 속도로 이루어질 수 있도록[17] 돕는 정책적 지원이 중요한 시점이라고 판단된다.

---

17) 이러한 점진적이며 완만한 속도의 은퇴를 부분 은퇴(patial retirement)라고도 부른다.

장년 취업자의 직장이동과 근로소득의 변화

김준영(한국고용정보원)

장년 취업자의 직장이동과 근로소득의 변화[1)]

I. 연구의 배경과 목적

인구고령화의 진전과 더불어 노동력고령화가 가파르게 진행되고 있다. 통계청의 『경제활동인구조사』에 따르면 50~64세 취업자 수는 2007년의 5,197천명에서 2017년에는 8,133천명으로 56.5%가 증가하였고, 같은 기간 이 연령집단의 고용률은 66.0%에서 71.3%로 5.3%p가 상승하였다. 65세 이상 취업자 수 역시 2007년 1,514천명에서 2017년에 2,237천명으로 47.8% 증가하였다. 이처럼 지난 10년 간 일어난 장년 취업자 수의 급속한 증가는 우리나라의 미흡한 노후소득보장제도와 깊이 관련되어 있다. 우리나라에서 장년층 생활안정의 마지막 보루라 할 수 있는 노후소득보장제도의 역할은 다른 선진국과 비교하여 여전히 미흡하며, 사회안전망으로서의 공적연금의 역할이 제한적이다.

빈약한 노후소득보장제도로 인해 우리나라 장년은 노후 소득확보를 위해 은퇴시기를 늦추고 있다. 2016년 기준 유효 은퇴연령(effective age of labor market exit)은 우리나라 남자는 72.0세(여자는 72.2세)로 주요 선진국 중에서 가장 높은 수준[2)]이며 은퇴 이후에도 가능한 오랫

---

1) 본 장의 내용은 김준영(2017)의 연구보고서 『장년 근로자의 노동시장 이동 분석과 정책과제』 중에서 제 II장과 제 IV장의 일부를 수정·보완한 것이다.

2) 2016년 기준 OECD 회원국의 평균 은퇴연령은 남성이 65.1세, 여성이 63.6세이다(OECD, 2017)

동안 더 일하기를 희망하고 있다. 통계청 「고령자 경제활동인구부가조사」(2017년 5월)에 의하면 55~79세의 60% 이상이 연령과 관계없이 계속 일하기를 희망하고 있다.

고령사회에서 사회보장제도를 유지하기 위해서는 (1) 현역 노동자의 사회보장제도 유지 부담을 늘리거나, (2) 고령자에게 지급되는 사회보장 급부를 줄이거나, (3) 장년 취업자의 고용을 연장하는 등의 세 가지 방법이 있다. 이 가운데 사회적으로 가장 바람직한 것은 (3) 장년층이 가능한 오랫동안 일하도록 지원하는 것이라고 할 수 있다. 장년층이 노동시장에서 계속 일하면서 근로소득을 획득하면 소비수준을 유지할 수 있어 수요 측면에서 성장을 촉진할 수 있고 정부의 노령사회보장비 지출 부담도 줄일 수 있다.

더욱이 2017년부터 생산가능인구(15~64세)의 감소가 시작되었으므로 향후 안정적인 노동력 확보를 위해서는 일할 능력과 의사가 있는 장년이 일을 통해 활력을 유지하면서 오랫동안 노동시장에 머무를 수 있도록 지원하는 것이 중요하다.

이와 같은 장년 고용의 중요성에도 불구하고 장년층이 노동시장에서 맞닥뜨리는 현실은 녹록치 않다. 근로생애의 주된 일자리에서 퇴직한 장년층은 재취업이 쉽지 않을 뿐만 아니라 재취업에 성공하더라도 재취업 일자리가 상대적으로 열악하다는 이중의 어려움에 직면한다. 장년층이 처한 재취업의 어려움과 재취업 일자리의 열악함은 장년을 영세 자영업 창업으로 내 몰고 있는 요인이기도 하다. 장년 일자리의 열악함은 비정규직, 저임금 일자리 및 자영업의 비중이 다른 연령계층 노동시장에 비해 월등하게 높다는 사실에서 드러난다.

2017년 8월 기준 비정규 노동자 비율(비정규 노동자 수/임금노동자 수)은 50세 이상 임금노동자가 45.7%로 50세 미만 연령계층의 26.8%에 비해 약 19%p가 높다(통계청, 「경제활동인구조사 부가조사」, 2017년 8월 조사). 월평균임금이 150만원 이하인 저임금노동자의 비중은 2016년 상반기 기준 50세 이상 임금노동자가 46.3%로 50세 미만의 25.3%에 비해 21%p가 높다(통계청, 「지역별 고용조사」, 2016년 하반기조사). 한편 장년 취업자 중에서 자영업자 비율이 높다는 것은 장년 노동시장의 부진의 주요인이다(이병희, 2012). 2017년 8월 현재 50세 이상 취업자 중에서 비임금노동자(자영업자+무급가족종사자) 비중은 38.9%로 50세 미만 연령계층의 17.1%에 비해 2배 이상 높다. 특히 취업자 중에서 고용원이 없는 자영업자의 비율은 50세 이상이 24.8%로 50세 미만의 9.4%에 비해 2.5배 이상 높다.

일부 선행연구는 저소득 자영업 부문이 저임금 노동시장과 순환적 관계에 있다고 주장하였다. 이승렬(2008)은 「경제활동인구조사」의 원자료를 패널자료로 구축하여 분석한 연구를 통해 비임금노동에서 임금노동으로 유출된 약 55%가 임금수준이 하위 40% 이하인 저임금 일자리로 이행하였으며, 임금노동에서 비임금노동으로 유입된 약 52%가 하위 40% 이하인 저임금노동자라는 것에 저소득층이 저임금 일자리와 저소득 자영업 간에 순환하고 있을 가능성을 제시하였다.

본 연구의 목적은 장년층 취업형태별 재취업 현황과 재취업 유형별 임금변화를 중심으로 장년 노동시장의 취약성을 검토하는 것이다. 특히 본 연구가 관심을 갖는 것은 '자영업 부문의 포화와 침체에도 불구하고 장년 임금노동자를 중심으로 임금노동시장에서 자영업으로 이행이 지속되고 있는 원인'을 이해하는 것이다. 이 질문은 장년 노동시장을 이해하는 것은 물론 장년 재취업 지원 정책을 마련하는데 있어서 중요하다. 임금노동에서 생계형 자영업 부문으로의 무분별한 유입을 억제해야 한다는 점에 대해서는 어느 정도 동의가 이루어져 있지만, 임금노동자 특히 장년 임금노동자가 자영업 부문으로 이행하는 원인에 대해서는 아직 충분한 해명이 이루어져있지 않다. 본 연구는 장년 남성 임금노동자 대상의 노동이동 성과 분석을 통해서 50세 이상 남성 임금노동자가 자영업으로 이동하는 이유는 임금노동에 머무를 경제적 유인이 낮기 때문이며, 따라서 이들의 자영업 부문으로의 유입을 억제하기 위해서는 임금노동 일자리의 개선이 선행되어야 함을 주장하고자 한다.

II. 장년층 노동시장 현황

1. 장년 일자리 질

장년 취업의 양적 증가에도 불구하고 장년 일자리의 질적 수준은 여전히 열악한 실정이다. 연령집단 중에서 일자리 질이 가장 양호한 30대 취업자는 2017년 8월 기준 비정규직 비율과 비임금노동자(자영업자 및 무급가족종사자)의 비율이 각각 17.5%와 15.2%이다. 반면 50대 취업자의 경우 비정규직과 비임금노동자 비율이 각각 22.5%와 33.4%로, 30대 취업자에 비해 비정규직 5.0%p, 비임금노동자 비율은 18.2%p가 높다. 60대 취업자의 경우 비정규직과 비임규노동자 비율이 각각 35.8%와 46.9%로 50대 보다 한층 더 상승한다([그림 1]).

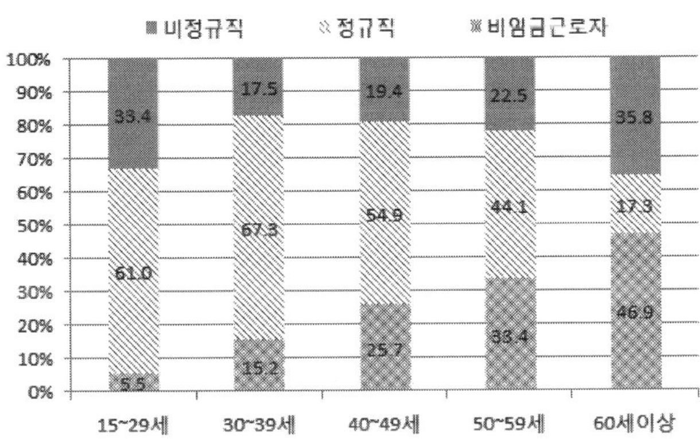

자료 : 통계청, 『경제활동인구조사 부가조사』, 2017년 8월

[그림 1] 연령별 취업형태별 취업자 비중(2017년 8월)

이와 같은 장년 취업자는 상대적으로 고용이 불안정하고 근로조건이 낮은 비정규직 비율과 최근 자영업 부문의 침체로 어려움이 가중되고 있는 비임금노동자 비율이 높다는 것은 장년 노동시장의 열악한 사정을 나타내는 것이다.

이와 같은 장년층의 높은 비정규직 비율은 비자발적 이직의 대규모 발생으로 이어진다. 특히 50대 후반 연령에서 비자발적으로 일자리를 상실하는 비율이 높게 상승한다. 고용보험DB를 이용하여 측정한 비자발적인 이직자 비율(=비자발적 고용보험 피보험자격 상실자 수/상실자 총수)은 18세 미만의 7.8%에서 연령 증가와 함께 지속적으로 상승하다가 55~59세에서 56.6%로 직전 연령층인 50~54세(47.1%)에 비해 9.5%p가 증가한다([그림 2] 참조). 이는 계약 만료로 인한 일자리 상실이 50대 후반에 집중적으로 발생하기 때문이다. 계약만료로 인한 일자리 상실 비율은 50~54세의 17.4%에서 55~59세에서 23.9% 상승한다. 이는 50대 초반에 주된 일자리에서 퇴직하여 비정규직으로 재취업한 장년이 50대 후반에 고용계약이 만료되면서 다시 대거 비자발적으로 일자리를 상실하고 있기 때문인 것으로 보인다.

한편 정년퇴직 이후 연령인 60~64세에서 계약 만료로 인한 일자리 상실비율이 35.9%로 큰 폭으로 상승하는데, 이는 한시적 노동자와 기간제노동자 비율이 상대적으로 높은 이 연령집단 취업자 특징이 반영된 결과이다.

단위 : %

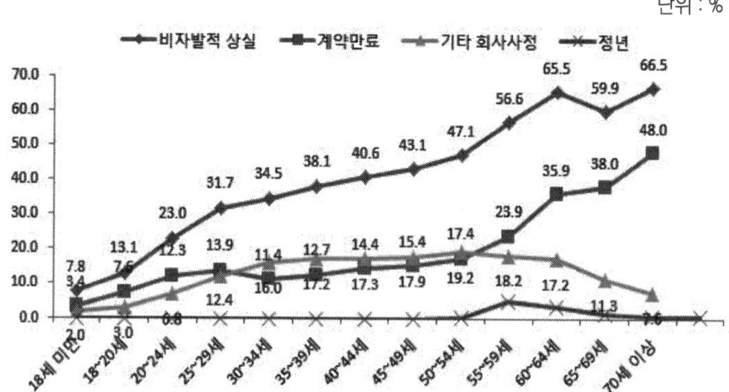

주 : 비자발적 이직비율 = 비자발적 피보험자격 상실자 수/총 피보험자격 상실자 수
자료 : 고용보험DB, 권혜자·장재호(2015), 20p에서 재인용

[그림 2] 연령계층별 비자발적 이직자 비율(2013년)

2. 장년 재취업 일자리 특징

장년층은 일자리 질이 전반적으로 낮은 것 외에도 재취업 일자리가 저임금·저숙련 직종에 편중되어 있다는 문제가 있다. 50~64세 재취업자의 직종별 분포를 보면 청소, 가사도우미 및 청소관련단순종사자가

10.0%, 제조관련 단순종사자가 9.7%, 경영지원 및 행정관련 사무원이 5.8%, 식당서비스 관련 종사자가 4.8%, 의료복지 관련 단순종사자가 4.6% 등의 순으로 나타나, 재취업 직종이 주로 청소와 단순종사자와 같은 저임금·저숙련 직종에 집중되어 있다. 한편 50~64세는 경영지원 및 행정관련 사무원으로도 5.8%가 취업하고 있어 사무 및 사무보조직으로의 재취업이 어느 정도 이루어지고 있음을 알 수 있다.

단위 : %

a. 50~64세

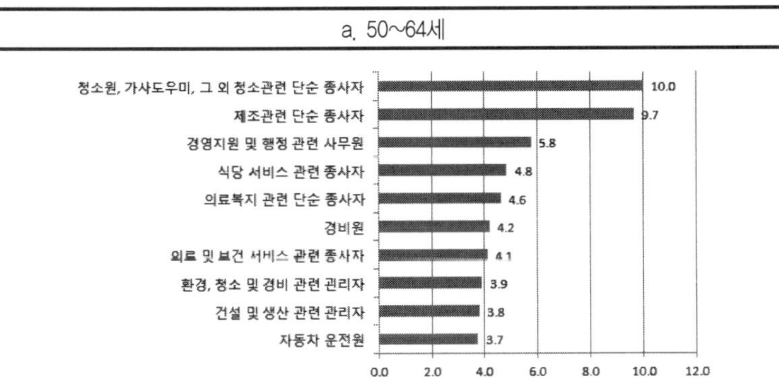

b. 65세 이상

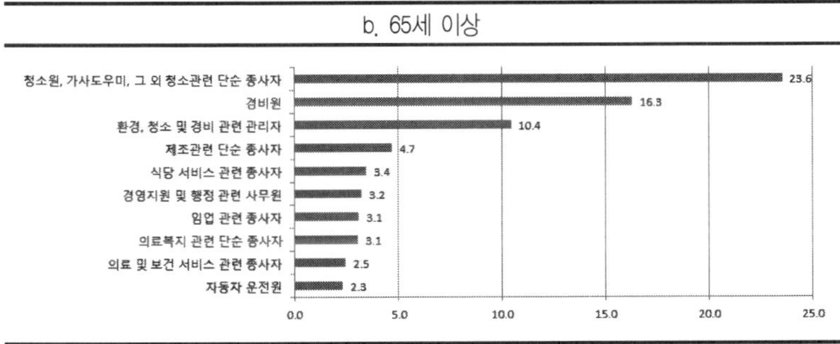

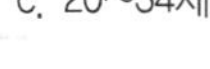

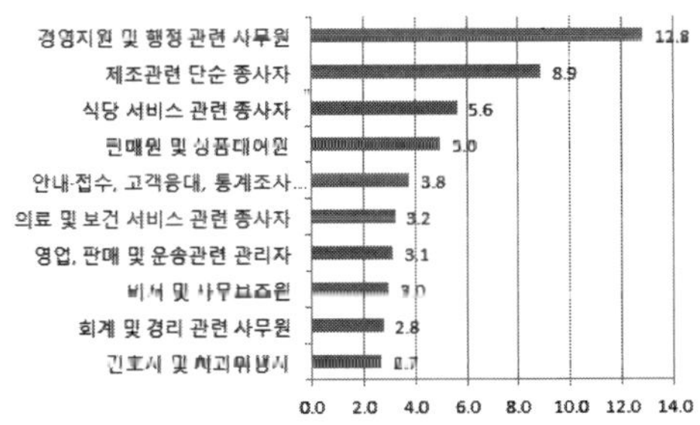

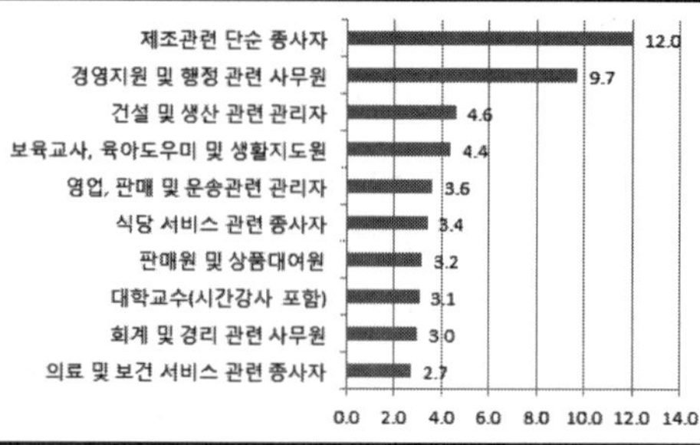

자료 : 고용보험DB 원자료

[그림 3] 연령세대별 상위 10대 재취업 직종(2016년)

65세 이상의 경우 저임금·저숙련 직종 재취업 경향이 더욱 두드러진다. 65세 이상의 약 40%가 청소, 가사도우미 및 청소관련단순종사자와 경비원으로 재취업하고 있고, 제조관련 단순종사자와 식당서비스 관련 종사자와 같은 저임금·저숙련 직종 재취업 비율도 각각 4.7%와 3.4%에 이르고 있다(그림 3).

이와 같은 장년층 재취업이 저임금·저숙련 직종에 편중되어 있다는 것은 노동시장 이중구조화로 인해 대기업 등 1차 노동시장에서 퇴직한 장년 중 대부분은 일자리 질이 낮은 2차 노동시장으로 재취업하고 있음을 시사하는 것이다. 이처럼 다수의 장년 이직자가 질 낮은 일자리에 재취업하고 있는 이유 중 하나는 우리나라 기업의 다수가 노동자 퇴직 시 전직지원프로그램을 운영하고 있지 않아 대다수 장년들은 전직에 대한 준비 없이 재취업시장에 나오고 있기 때문이다.

장년은 청년층에 비해 퇴직 후 재취업까지 소요되는 기간이 길어지는 것으로 알려져 있다. 재취업에 소요되는 기간이 길다는 것 외에도 장년은 주된 일자리에서 퇴직하면 재취업을 하더라도 임금이 크게 감소하는 것으로 보고된다(표 1). 고용보험보수총액DB를 이용하여 재취업자(고용보험 피보험자격 재취득자)의 퇴직 전 임금과 퇴직 후 임금을 비교한 권혜자(2016)의 분석에 따르면, 퇴직 전 월평균 임금은 50세 이상 장년은 238만원으로 50세 미만의 231만원으로 근소하게 높으나, 재취업 임금은 50세 이상이 173만원으로 50세 미만의 192만원에 비해 19만원이 적은 것으로 나타났다. 퇴직 전 임금 대비 재취업 임금의 감소율은 50세 이상이 27.0%로 50세 미만(17.0%)에 비해 10%p가 높다(표 1).

〈표 1〉 실업급여 수급자의 퇴직 전 임금과 재취업 임금 비교

	퇴직 전 임금	재취업 임금	임금변화율
50세 이상	238	173	−27.0
50세 미만	231	192	−17.0
전 연령	233	187	−19.9

자료 : 권혜자·장재호(2015)

퇴직 전 직장의 근속기간별 재취업 임금수준을 보면 근속 10년 이상은 224.7만원, 근속 5~10년은 179.7만원, 근속 5년 미만이 168.0만원으로 나타나 퇴직 전 직장이 근속기간이 길수록 재취업 임금수준도 높아진다(표 2). 그런데 퇴직 전 직장에서의 근속기간이 길수록 퇴직 전 임금에 비해 재취업 시 임금 감소폭이 커지는 경향도 관찰된다. 재취업 일자리의 임금감소율은 퇴직 전 직장의 근속년수 5년 미만은 22.6%, 5~10년은 28.6%, 10년 이상은 52.0% 등으로 나타나, 근속기간이 길수록 감소폭이 뚜렷하게 커진다(표 2). 이와 같은 사실은 전 직장에서 장기 근속한 노동자는 임금수준이 상대적으로 높은 일자리에 재취업하는 경향이 있으나, 장기근속 노동자 역시 재취업 일자리에서의 대규모 임금 감소를 피할 수 없다는 것을 나타낸다.

〈표 2〉 전 직장 근속기간별 퇴직 전 임금과 재취업 임금 비교

단위 : 만원, %

		근속 5년 미만	근속 5~10년	근속 10년 이상	전체
퇴직 전 임금		218.0	251.7	468.2	237.6
재취업 임금		168.0	179.7	224.7	173.4
임금 변화	변화액	−50.0	−72.0	−243.5	−94.2
	변화율	−22.6	−28.6	−52.0	−27.0

자료 : 권혜자·장재호(2015)

III. 자료 소개

1. 분석자료

본 연구의 목적은 장년 취업자의 노동이동 현황과 그에 따른 근로소득의 변화를 검토하는 것이다. 이를 위한 실증분석에는 고령화연구패널(KLosa)의 1차년도(2006년) ~ 5차년도(2014년) 자료를 사용한다. 장년 취업자(임금노동자 + 자영업자)의 기준년도(t년)와 비교년도(t+2년) 사이의 근로소득(임금) 변화와 노동이동 유형을 분석하기 위하여 기준년 자료와 비교년자료의 직업력, 개인정보, 가구정보를 인별로 연결하였다. 즉 고령화연구패널의 1차–2차, 2차–3차, 3차–4차, 4차–5차 자료를 각각 인별로 연결한 다음에 풀링(pooling)하여 연결자료를 구축하였다.

분석대상은 기준년(t년) 기준 45~79세 취업자이며 무급가족 종사자를 제외한 자영업자(고용주・자영자)와 임금노동자(상용직, 임시일용직)이며, 농림어업 종사자는 분석대상에서 제외하였다. 구축된 자료에는 개인정보를 기준으로 직업력 자료의 변수와 가구용 자료의 변수를 연결하여 분석 자료로 사용하였다.[3)]

본 연구에서 근로소득은 임금노동자의 경우 월평균임금에서 세금을 제외한 부분을, 자영업자의 경우 전체 월평균 매출액에서 비용과 세금을 제외한 부분을 사용한다. 그리고 이렇게 구한 월평균 근로소득에 소비자물가지수(2015=100)를 적용하여 전환한 실질 근로소득을 소득변수로 사용한다. 한편 고령화연구패널에서 개인의 임금 및 소득은 피조사자의 응답에 근거하여 작성된 것이므로, 가계부 기장 방식으로 조사가 이루어지는 통계청의 「도시가계조사」 등에 비해 신뢰성이 떨어질 가능성이 있다는 점에 주의할 필요가 있다.

주된 일자리 구분은 '주된 일자리 여부' 변수를 사용하여 구분하였으나 이를 통한 구분이 불가한 경우에는 해당 연도의 마지막 일자리를 주된 일자리로 정의하여 사용하였다. 이와 같은 과정을 거쳐서 최종적으로 확보된 사례(groups) 수는 9,722개이다.

---

3) 본 연구에서 기준년은 t년으로, 비교년은 t+2년으로 표시한다.

본 연구에서 장년 취업자의 노동이동 유형은 기준년 고용형태와 고용형태 간 일자리 이동 형태를 중심으로 아래와 같이 12가지 유형으로 구분된다. 이와 같은 노동이동 유형에 '미취업으로의 이행' 추가하면 노동이동 유형을 15가지로 분류할 수 있다.[4)]

〈표 3〉 장년취업자의 직장이동 유형

기준년 고용상태	유형
상용직 임금노동자	(1) 상용직 일자리 유지
	(2) 상용직 → 상용직 이동
	(3) 상용직 → 임시일용직 이동
	(4) 상용직 → 자영업 이동
임시일용직 임금노동자	(5) 임시일용직 일자리 유지
	(6) 임시일용직 → 임시일용직 이동
	(7) 임시일용직 → 상용직 이동
	(8) 임시일용직 → 자영업 이동
자영업자	(9) 자영업 유지
	(10) 자영업 → 자영업 이동
	(11) 자영업 → 상용직 이동
	(12) 자영업 → 임시일용직 이동

2. 표본 특성

〈표 4〉는 본 연구의 분석 자료인 45세 이상 장년 취업자의 특징이 나타나 있다. 주요 특징을 요약하면 다음과 같다. 표본 중에서 여성의 비중은 약 35%이며 평균연령은 56.5세이다. 기준년(t년)과 2년 후인 비교년(t+2년) 사이에 발생한 노동이동 유형별 비중을 보면 자영업 유지가 38.8%로 가장 높고, 이어서 상용일자리 유지(34.2%), 임시일용 일자리 유지(15.0%) 등으로 나타나 2년 동안 일자리가 변동 없이 유지된 비율이 88.0% 이르는 것으로 나타났다(표 2 참조). 직장을 이동한 유형 중에서는 (2) 상용직→ 상용직 이동이 2.6%로 비교적 높고, (3) 상용직 → 임시일용식 이동과 (6) 임시일용직 → 임시일용 이동도 각각 1.6%로 비교적

4) 이렇게 구분된 노동이동 유형은 위의 12가지 노동이동에 (13) 자영업 → 미취업 이동, (14) 상용직 → 임시일용 이동, (15) 임시일용직 → 미취업 이동이 추가된다.

높은 것으로 나타났다. 한편 자영업에서 임금노동으로의 이동((11) 자영업 → 상용직 이동, (12) 자영업 → 임시일용직 이동) 비율은 1% 미만으로 매우 낮다.

월평균 실질 근로소득은 기준년(t년)은 218.5만원, 비교년(t+2)년은 236.5만원으로 나타나 2년 사이에 근로소득이 약 18만원 상승한다. 평균 주당 근로시간은 기준년(t년) 기준 48.5시간에서 비교년(t+2)에는 47.2시간으로 1.3시간 감소한다. 이와 같은 기준년과 비교년 사이의 근로시간의 감소는 취업자의 고령화에 의한 것으로 보인다. 기준년과 비교년 사이에 월평균 실질임금은 증가한 반면에 주당 근로시간은 감소한 결과, 주당 실질 근로소득 역시 이 기간 중에 1.27만원에서 1.33만원으로 상승하는 것으로 나타났다.

연평균 실질 가구소득은 3,738만원이며, 월평균 근로소득 외 기타소득[5])은 119.4만원이다. 본 표본은 1,485만원의 실질 금융자산[6])을 보유하고 있다. 표본의 11.5%가 공적연금을 수급하고 있고, 자가 주택을 보유한 비율은 49.2%이다. 그리고 가구부채를 갖고 있는 비율은 40.0%이다.

장년노동자의 노동시장 참여 결정에 영향을 미치는 것으로 알려진 미성년 자녀 부양 현황을 보면 19세 이하 자녀가 1명인 비율은 12.0%, 2명 이상인 비율은 7.6%이다. 표본의 70.6%가 배우자가 있고, 자신의 건강상태가 '좋다'고 응답한 비율은 37.0%, '보통'으로 응답한 비율은 41.0%이다.

〈표 4〉 분석자료의 특징

변수		관측치	평균	표준편차	최소값	최대값
여자		9,722	0.350	0.477	0	1
연령(세, t년)		9,722	56.4	7.189	45	79
직장이동 (t년 ~t+2년)	(1) 상용일자리 유지	7,408	0.342	0.474	0	1
	(2) 상용→ 상용 이동	7,408	0.026	0.159	0	1

5) 기타소득은 농어업소득, 부업소득, 국민연금, 특수직연금, 개인연금, 실업급여, 산재급여, 기초생활급여 보훈급여 기타사회복지수당, 기초노령연금, 장애인연금, 그 외 소득, 부동산소득, 이자소득의 합으로 정의하였다.

6) 금융자산은 현금및예금, 저축성예금, 주식/신탁 및 채권의 합의로 정의하였다.

변수		관측치	평균	표준편차	최소값	최대값
	(3) 상용 → 임시일용 이동	7,408	0.016	0.127	0	1
	(4) 상용→ 자영업 이동	7,408	0.012	0.110	0	1
	(5) 임시일용 일자리 유지	7,408	0.150	0.357	0	1
	(6) 임시일용 → 임시일용 이동	7,408	0.016	0.124	0	1
	(7) 임시일용 → 상용 이동	7,408	0.012	0.110	0	1
	(8) 임시일용 → 자영업 이동	7,408	0.007	0.085	0	1
	(9) 자영업 유지	7,408	0.388	0.487	0	1
	(10) 자영업 → 자영업 이동	7,408	0.015	0.121	0	1
	(11) 자영업→상용 이동	7,408	0.008	0.090	0	1
	(12) 자영업 → 임시일용 이동	7,408	0.008	0.090	0	1
실질 월 평균 근로소득(만원)	t년	9,722	218.5	257.5	1.2	12,468.5
	t+2년	7,408	236.5	236.5	0.0	8,782.0
시간당 근로소득(만원)	t년	7,408	1.268	1.797	0.016	60.4
	t+1년	7,351	1.331	1.680	0.012	42.5
주당 근로 시간(시간)	t년	7,408	48.5	16.916	1	140
	t+2년	7,408	47.2	16.301	1	126
실질 가구소득(만원, t년)		9,722	3738.0	3223.3	0.0	106,135.1
19세 이하 자녀수(t년)	1명	9,722	0.120	0.325	0	1
	2명 이상	9,722	0.076	0.265	0	1
실질 기타소득(만원, t년)		9,722	119.4	452.8	0.0	9,974.8
실질 금융자산(만원, t년)		9,722	1484.7	7306.3	0.0	439,314.1
공적연금 수급여부(t년)		9,722	0.115	0.319	0	1
자가 여부(t년)		9,722	0.492	0.500	0	1
가구부채 여부(t년)		9,722	0.200	0.400	0	1
유배우자(t년)		9,722	0.706	0.456	0	1
노조가입 (t년)		9,722	0.044	0.205	0	1
건강상태 (t년)	좋음	9,722	0.370	0.483	0	1
	보통	9,722	0.410	0.492	0	1

Ⅳ. 장년취업자의 노동이동과 근로소득의 변화

1. 고용형태별 노동이동 현황

고령화연구패널의 1차~5차(2006년~2014년) 자료를 이용하여 45세 이상 취업자의 고용형태 간 이행 확률을 계산한 결과가 〈표 5〉에 나타나 있다. 노동이동 유형은 1) 일자리 유지, 2) 임금노동 일자리로의 이동, 3) 자영업으로의 이동 등 세 가지로 구분할 수 있다. 이 중에서 1) 임금노동의 유지는 '상용직 유지', '임시일용직 유지', '자영업 유지' 등 세 유형으로, (2) 임금노동 일자리로의 이동은 기준년(t)과 비교년(t+2)의 고용형태(상용직/임시일용직)를 기준으로 '상용직→상용직', '상용직→임시일용직', '임시일용직→상용직', '임시일용직→임시일용직', '자영업→상용직', '자영업→임시일용직' 등 여섯 가지 유형으로 구분가능하다. 그리고 3) 자영업으로의 이동은 '자영업→자영업', '상용직→자영업', '임시일용직→자영업' 등 세 가지 유형으로 구분할 수 있다.

기준년도 상용직 비율은 2006년 자료의 42.2%에서 2014년에는 36.9%로 감소한다. 이는 표본의 연령증가와 함께 임시일용직 노동자 비율이 높아진 결과이다. 한편 취업자 중에서 자영업자가 차지하는 비율은 2006년 39.3%에서 2014년 38.5%로 큰 변동이 없다.

〈표 5〉 장년 노동자의 고용형태 간 이동(45~79세 남녀 취업자)

단위 : %, 명

기준년 (t년)	분석기간	비교년(t+2년)					관측치수 [비율]	
		유지	이동					
			상용	임시일용	자영업	미취업		
상용직	2006~2008	63.1	5.1	2.5	2.3	26.9	1207	[42.2]
	2008~2010	66.6	4.8	3.9	2.0	22.7	1017	[40.6]
	2010~2012	63.2	6.3	3.6	2.9	24.0	891	[38.6]
	2012~2014	70.1	3.3	2.5	2.3	21.9	755	[36.9]
	평균	65.4	5.0	3.1	2.4	24.2	3870	[39.8]
임시 일용직	2006~2008	49.0	5.1	6.3	3.6	36.1	527	[18.4]
	2008~2010	57.7	6.3	4.1	2.2	29.7	461	[18.4]

기준년(t년)	분석기간	비교년(t+2년)					관측치수 [비율]	
		유지	이동					
			상용	임시일용	자영업	미취업		
	2010~2012	50.1	7.7	2.8	3.2	36.2	531	[23.0]
	2012~2014	63.3	3.6	4.6	1.6	27.0	504	[24.6]
	평균	54.8	5.7	4.4	2.7	32.4	2023	[20.8]
자영업	2006~2008	74.1	2.1	0.8	0.4	22.5	1123	[39.3]
	2008~2010	72.6	4.6	2.0	1.7	19.0	1029	[41.0]
	2010~2012	73.9	3.3	2.5	2.9	17.5	888	[38.4]
	2012~2014	80.9	1.4	1.1	1.4	15.2	789	[38.5]
	평균	75.0	2.9	1.6	1.6	18.9	3829	[39.4]
전체		67.0	4.3	2.8	2.1	23.8	9722	[100.0]

자료 : 고령화연구패널 1차(2006년)~5차(2014) 자료의 연결자료

2006년~2014년 기간에 현재 일자리를 2년 동안 유지할 확률은 상용직 임금노동자가 65.4%로 임시일용직 임금노동자의 54.8%에 비해 10.6%p 높다. 2년 이후에 미취업 상태로 이행할 확률은 상용직 노동자가 평균 24.2%로 임시일용직의 평균 32.4%비해 9.2%p가 낮다. 이와 같은 발견으로부터 장년 임금노동자 중에서도 상용직이 임시일용직에 비해 고용안정성이 뚜렷하게 높다는 것을 알 수 있다.

장년 상용직과 임시일용직 임금노동자의 각각 2.4%와 2.7%가 2년 후에 자영업으로 이동하는 것으로 나타났다. 전 연령 임금노동자를 대상으로 자영업 이행확률을 분석한 김기승・조준모(2009)는 비정규직 노동자는 정규직 노동자에 비해 자영업으로 이행할 확률이 높은 것으로 보고한 바 있다. 김기승・조준모(2009)는 이와 같은 비정규직이 높은 자영업 진출 비율은 노동시장 지위가 취약하고 불안정한 비정규직 임금노동자가 임금 노동시장에서 밀려나서 어쩔 수 없이 자영업을 선택한 결과로 해석하였다. 고용형태를 정규직과 비정규직으로 구분하여 분석한 결과는 아니나, 본 연구에서도 자영업 이행은 임시일용직이 정규직보다 근소하게 높은 것으로 나타났다.

2년 후에 직장이동을 한 취업자 중에서 상용직 일자리로 이동한 비율을 보면 기준년 기준 상용직 노동자가 5.0%로 임시일용직의 5.7%에

비해 근소하게 낮다(표 5). 2년 후에 임시일용직으로 이동한 비율 역시 기준년 기준 상용직 노동자가 3.1%로 임시일용직의 4.4%에 비해 1.3%p 낮다. 「한국노동패널」을 분석한 김준영 · 방글(2015)의 연구에서 장년 임금노동자는 정규직 노동자는 정규직 일자리로 이직할 확률이 높고, 비정규직 노동자는 비정규직 일자리로 이직할 확률이 높다는 고용형태의 상태의존성(state dependency)이 존재한다고 보고한 바 있다. 이와는 달리 본 연구에서는 임시일용직 노동자는 상용직 노동자에 비해 일자리를 유지할 확률은 낮은 대신에 다른 상용직 일자리나 임시일용직 일자리로 이동할 확률은 더 높은 것으로 나타났다.

2. 노동이동 유형별 근로소득의 변화

〈표 6〉은 장년 취업자의 노동이동 유형별 기준년(t년)과 비교년(t+2년)의 월평균 실질 근로소득액, 기준년과 비교년 사이에 발생한 근로소득의 변화를 보여준다. 먼저 일자리 유지 여부를 기준으로 구분된 다섯 집단 중에서 일자리를 유지한 집단(이하 '일자리 유지')의 비율은 80.8%로 가장 높고, 이어서 임금노동에서 임금노동 일자리로 이동한 집단(이하 '이동1(임금노동→임금노동)')의 비율은 7.0%로 두 번째로 높다. 그 외의 세 유형(이동2(임금 노동→자영), 이동3(자영→임금노동), 이동4(자영→자영))이 취업자 중에서 차지하는 비율은 각 2% 미만이다.

기준년(t년) 기준 월평균 실질 근로소득은 다섯 집단 중에서 '유지'가 231.1만원으로 가장 많고 '이동4(자영→자영)'도 230.9만원으로 비교적 많은 편이다. 한편 '이동3(자영→임금노동)' 집단의 기준년 실질소득은 97.6만원으로 비교 집단 중에서 가장 적고 '유지'집단의 약 42% 수준에 불과하다. 이는 장년층 자영업자 중에서 심각한 영업부진에 의해 근로소득이 크게 줄어든 자는 자영업으로 이행하는 대신에 임금노동 일자리로의 이동을 선택하고 있다는 것을 시사하는 것이다.

〈표 6〉 장년 취업자의 노동이동 유형별 근로소득의 변화

단위 : 만원, %, 개

노동이동 유형	월평균 실질 근로소득		근로소득 변화 (비교년-기준년)		관측치 수 (비중)	
	기준년 (t년)	비교년 (t+2년)	증감 (만원)	증감률 (%)		
1) 유지	231.2	244.1	12.9	5.6	6,455	(88.0)
(유형1) 상용직	253.7	270.3	16.6	6.5	2,518	(34.3)
(유형2) 임시일용직	119.8	127.3	7.5	6.3	1102	(15.0)
(유형3) 자영업	254.4	266.2	11.8	4.6	2835	(38.6)
2) 이동1 (임금노동→임금노동)	160.5	151.4	−9.0	−5.6	513	(7.0)
(유형4)상용→상용	200.7	196.9	−3.8	−1.9	192	(2.6)
(유형5)상용→임시일용	168.9	134.0	−34.9	−20.7	119	(1.6)
(유형6)임시일용→상용	113.3	129.3	16.0	14.1	89	(1.2)
(유형7)임시일용→임시일용	120.4	110.0	−10.4	−8.6	113	(1.5)
3) 이동2 (임금 노동→자영)	201.5	282.8	81.4	40.4	139	(1.9)
(유형8)상용→자영	245.8	335.0	89.2	36.3	86	(1.2)
(유형9)임시일용→자영	129.5	198.2	68.8	53.1	53	(0.7)
4) 이동3 (자영→임금노동)	97.6	84.0	−13.6	−14.0	119	(1.6)
(유형10)자영→상용	216.6	189.4	−27.2	−12.6	59	(0.8)
(유형11)자영→임시일용	159.4	134.2	−25.2	−15.8	60	(0.8)
5) 이동4(자영 →자영)	230.9	245.3	14.4	6.2	110	(1.5)
(유형12)자영→자영	230.9	245.3	14.4	6.2	110	(1.5)
전체	224.9	237.0	12.1	5.4	7,336	(100.0)

자료 : 고령화연구패널 1차(2006년)~5차(2014) 자료의 연결자료
주 : 1) 비교년(t+2)의 미취업자 2,386건 제외
　　2) 증감률=(비교년 소득/기준년 소득−1)*100

한편 '이동2(임금노동→임금노동)'의 기준년 기준 월평균 실질근로소득은 160.5만원으로 이동3(자영→임금노동)을 제외하면 가장 낮다. 이는 장년 노동시장에서 '임금노동→임금노동' 형태의 이동은 저임금 노동시장에서 집중적으로 발생하고 있다는 것을 나타내는 것으로 보인다.

기준년(t)과 비교년(t+2) 중의 실질소득 증감액을 보면 3) 이동2(임금 노동→자영)가 80.4만원 증가하여 증가액이 가장 많고, '유지'와 이동4(임금 노동→자영)도 근로소득이 증가하였다. 반면에 '이동1(임금노동→임금노동)'과 '이동3(자영→임금노동)'의 월평균 실질 근로소득은 2년 사이에 오히려 9.0만원과 13.6만원이 감소한 것으로 나타났다. 이처럼 임금노동에서 자영업으로의 이행(임금노동→자영)은 근로소득의 대폭 증가를 동반하나, '이동1(임금노동→임금노동)'은 다섯 집단 중에서 기준년 기준 소득수준이 비교적 낮을 뿐만 아니라 노동이동을 통해서 실질소득이 감소하는 것으로 나타났다.

이는 장년 임금노동시장 내부의 노동이동은 실질소득의 감소를 동반하는 과정이며, 퇴직을 앞둔 장년 임금노동자는 소득의 보전을 위해 다른 임금노동 일자리로의 이직하는 대신에 자영업을 선택할 경제적 유인이 존재하는 것으로 주장한 김준영·방글(2015)을 뒷받침하는 결과이다.

다음으로 고용형태 간 전환을 포함하여 노동이동 유형을 세부적으로 구분하여 노동이동 유형과 소득 변화와의 관계에 대해서 살펴보자. 먼저 기준년 기준 상용직의 노동이동 유형별 근로소득 변화를 보면 상용직 일자리를 유지한 집단(유형1)은 기준년도 근로소득이 253.7만원으로 자영업을 유지한 집단(유형3)의 254.4만원에 이어 두 번째로 높고 2년 동안 실질 근로소득이 12.9만원(5.6%) 상승하는 것으로 나타났다. 그러나 동일한 상용직 지위를 유지하더라도 다른 임금노동 일자리로 이직을 한 경우(유형4)는 기준년과 비교년 사이에 실질 근로소득이 3.8만원 감소할 뿐만 아니라 비교년의 소득수준이 196.6만원으로 유형1(상용직 유지)의 270.3만원에 비해 약 74만원이 적은 것으로 나타났다.

한편 상용직에서 자영업으로 이동한 집단(유형8)은 기준년과 비교년 사이에 실질 근로소득이 89.2만원(36.3%)이나 대폭 상승할 뿐만 아니라 비교년의 소득이 335만원으로 12개의 비교집단들 중에서 가장 많다. 임시일용직에서 자영업으로 이동한 집단(유형9) 역시 기준년과 비교년 사이에 68.8만원이라는 비교적 큰 폭의 실질 근로소득 상승을 경험할 뿐만 아니라 비교년도의 소득도 198.2만원으로 유형4(상용→상용)와 유사한 수준으로 높아진다.

이는 장년 상용직 임금노동자의 경우 다른 임금노동 일자리로 이직하는 것보다는 상용직 일자리를 유지하는 것이 경제적으로 가장 좋은 선택이나, 현재 일자리를 유지하지 못하고 이직이 불가피할 경우는 다른 임금노동 일자리로 이직하는 것보다는 자영업을 창업하는 것이 근로소득 면에서 더 유리한 선택임을 시사하는 것이다.

V. 요약 및 결론

본 장은 한국고용정보원이 격년으로 조사하는 「한국고령화연구패널(KLosa)」의 제 1차~제 5차 자료를 이용하여 장년 취업자의 노동이동에 따른 근로소득의 변화를 검토하였다. 본 연구의 분석결과는 요약하면 다음과 같다.

첫째, 2006년~2014년 기간에 현재 일자리를 2년 동안 유지할 확률은 상용직 임금노동자가 65.4%로 임시일용직 임금노동자의 54.8%에 비해 10%p 이상 높다(표 3). 반면에 2년 이후에 미취업 상태로 이행할 확률은 기준년 기준 임시일용직 노동자가 상용직 노동자에 비해 9%p 이상 높다. 이와 같은 사실은 상용직은 임시일용직에 비해 고용안정성이 뚜렷하게 높다는 세간을 통념을 확인할 수 있는 결과이다.

둘째, 장년 임금노동자 중에서 상용직과 임시일용직의 각각 2.4%와 2.7%가 2년 후에 자영업 창업을 한다. 즉, 자영업 이행 확률은 고용안정성이 상대적으로 낮은 임시일용직 노동자가 정규직 노동자에 비해 근소하게 높은 것으로 나타났다.

셋째, 노동이동과 근로소득의 변화 간의 관계를 보면 상용직 임금노동자는 '상용직 일자리를 유지'하는 것이, 임시일용직 노동자는 '자영업으로 이행'하는 것이, 자영업자는 '자영업을 유지'하는 것이 근로소득을 유지·증가시키는데 가장 유리한 것으로 나타났다. 반면에 임시일용직에서 상용직으로의 이직을 제외하면 임금노동 일자리 내에서 발생하는 대부분의 직장이동은 실질소득의 감소를 동반한다. 이는 생애 주된 일자리에서 퇴직을 앞둔 장년 상용직 임금노동자는 다른 임금노동 일자리로의 이직하는 것보다 자영업을 선택하는 것이 경제적으로 더 유리한 선택이라는 것을 시사한다.

본 연구의 분석결과는 자영업 부문의 포화와 침체에도 불구하고 장년 임금노동자의 자영업으로의 이행이 지속되고 있는 이유에 대한 한 가지 설명을 제공한다. 즉, 주된 일자리에서 퇴직이 불가피한 장년 임금노동자의 경우 다른 임금노동 일자리로 이동하는 것보다 자영업으로 이동하는 것이, 적어도 단기적인 소득유지라는 측면에서 경제적으로 유리한 선택일 수 있다는 것이다. 이와 같은 경제적 유인의 존재로 인해서 장년 임금노동시장의 개선이 선행되지 않거나, 장년 임금노동자가 다른 임금노동 일자리로의 이직 과정에서 겪게 되는 임금감소를 보전해 줄 수 있는 제도적 보완책이 마련되지 않는 한 장년 임금노동자의 자영업으로의 전환은 어느 정도 불가피하게 발생할 박에 없을 것이다.

장년 임금노동자의 무분별한 자영업 유입을 억제하기 위해서는 장년 임금노동시장의 개선이 선행되어야 할 것이다. 이를 위해서는 무엇보다 장년 임금노동자의 고용 안정성을 높이는 것이 중요하다. 구체적으로 60세 정년제의 조기정착을 포함한 고용연장제도의 실질적 적용범위의 확대와 고령자고용유지관련 장려금제도의 확대 등을 통해서 장년 임금노동자가 이직하지 않고 가능한 오랫동안 임금노동 일자리를 유지할 수 있도록 지원하는 것이 필요하다.

아울러 장년 임금노동자가 다른 임금노동 일자리로 이동하더라도 실질임금의 감소를 최소화하고 일정한 생활수준을 유지할 수 있도록 지원하는 것이 요구된다. 이를 위해서 임금보험제도의 도입, 최저임금제도의 인상, 저임금노동자에 대한 사회안전망 내실화, 비정규직의 남용 억제와 차별 시정 강화 등의 조치가 적극적으로 검토되어야 할 것이다.

서울시 장년고용정책의 동향과 과제

이은정(서울특별시 50플러스재단)

서울시 장년고용정책의 동향과 과제 [1)]

I. 왜 장년층에 주목하는가

1. 장년층 실태

현재 한국사회 장년층은 그들의 부모 세대와는 다른 특징을 지닌 세대이다. 부모 세대보다 상대적으로 높은 수준의 교육을 받았으며 우리나라 경제성장의 주역으로서 사회활동도 활발히 해왔다. 또한 신체적으로는 부모세대보다 훨씬 건강하고 평균 수명이 길어졌다. 이에 과거 부모세대보다 더욱 오랫동안 생산적인 사회활동을 지속할 수 있는 여건이 되며, 지속하고 싶은 욕구가 있는 세대이다.

그런데 장년층들의 현실은 기대하는 바와는 다르다. 경제역군으로 지칭될 정도로 사회가 발전하는데 기여했음에도 불구하고 부모봉양과 자식부양의 책임을 다하면서 정작 자신들의 노후 준비는 체계적으로 준비하지 못하였다. 그러한 상황에서 희망하는 은퇴 연령보다 이른 시기에 비자발적으로 퇴직하는 상황을 맞이하고 있다. 은퇴 후 사회활동을 지속하게 되더라도 만족할만한 사회활동을 찾기 어려운 경우가 많다. 특히, 경제활동에 있어서는 그간의 경력과는 무관한 영역의 자영업이나 단순

---

1) 본 원고는 이은정(2016). 고령사회 중장년층을 위한 고용-복지-학습 지원체제 : 서울시 50플러스 정책을 중심으로. 2016 한국평생교육학회 50주년 기념 및 연차 학술대회 자료집. 2015.10.22. 원고를 수정・보완하여 작성함

노동직 등으로 전환하는 비중이 높고, 여가·문화 활동에 있어서도 무엇을 하며 보내야 할지 막연한 상태이다(강소랑·이은정, 2017). 이러한 상황에서 장수는 축복만이 아닌 막막한 위기상황으로 느껴진다.

문제는 우리사회에서 이러한 인구집단이 차지하는 비중이 상당하다는 점이다. 서울시의 경우, 장년(만 50세 이상 64세 이하) 세대가 2008년 179만 명, 2012년 209만 명에서 점차 증가하여 2016년 6월 기준으로 약 219만 명으로 서울시 전체 인구의 약 21.9%에 해당하는 규모로 존재한다. 또한 이러한 위기 상황은 비단 장년층만의 문제만이 아니며, 청년세대의 문제이기도 하다는 점에 주목할 필요가 있다. 청년 세대가 살아갈 미래의 모습이며, 짊어져야 할 현재의 부담이기도 하기 때문이다. 그래서 장년층을 대상으로 한 정책은 현재 장년층을 위한 정책임과 동시에 이후 세대에게도 새로운 인생모델의 비전을 보여주기 위한 정책이기도 하다.

한국은 고령화가 늦게 시작되었지만, 최근 급격한 출산율 저하와 기대 수명의 연장으로 고령화 속도가 세계에서 유래를 찾을 수 없을 정도로 상당히 빠르게 진행되고 있다. 고령인구 비율이 1960년 2.9%(세계 152위)에서 2000년에 7%의 고령화 사회로 진입한 이후 2015년 13.1%(세계 51위)로 급증하였으며, 2017년 원래 예측보다 1년 빠르게 고령사회에 진입하였고, 향후에도 그 비율이 지속적으로 증가할 것으로 전망되며 2026년에 초고령 사회로 진입할 것으로 예상되고 있다.[2] 고령화 사회에서 초고령화 사회로 진입하는데 미국, 프랑스 등의 선진국들이 70년 이상 소요되는 것에 비해서 한국은 평균 26년 정도로 상대적으로 단기간에 변화하고 있는 것이다. 이러한 상태가 지속된다면 고령인구 비율이 2030년에는 24.3%(세계 15위), 2060년에는 40.1%(세계 2위 수준)로 높아질 것으로 전망되고 있다.

이러한 급격한 고령화 추이에 따라 한국의 생산가능인구 비중은 급격하게 낮아질 전망이며, 생산가능인구 1백명당 고령인구를 의미하는 노

2) 전체인구에서 65세 이상 인구가 차지하는 비율이 7% 이상인 경우 고령화 사회(aging society), 14% 이상인 경우 고령사회(aged society), 20% 이상 인 경우 초고령사회(post-aged society)로 구분한다.

년부양비는 2015년 17.9명에서 2060년 80.6명으로 해당 기간 동안 4.5배로 증가할 전망이다. 이는 세계 노년부양비가 2015년 12.5명에서 2060년 28.3명으로 증가될 것으로 전망되는 수치에 비해서 그 증가폭이 상당히 크다. 고령화 속도를 예측해보면 그로부터 기인하는 문제는 점점 가속화될 것으로 예상된다(통계청, 2006; 2011; 2015; 2017).

서울의 고령화 문제는 이보다도 심각한데, 고령화 사회에서 초고령 사회로 진입하는데 불과 22년 소요될 것으로 전망되어 26년이 소요될 것으로 예상되는 한국 전체 평균에 비해서도 빠르게 진행되고 있다. 서울에서 현재 7명의 생산가능인구가 1명의 노인을 부양하고 있다면, 2039년에는 생산가능 인구 2명이 1명의 노인을 부양하는 상황이 될 것으로 전망되고 있다.[3] 이처럼 오늘날 진행되고 있는 고령화는 단순히 고령인구의 증가만을 의미하지 않으며 그에 동반하여 여러 사회 문제들이 촉발될 우려가 있다.

2. 고용정책 대상으로서의 장년층

빠른 고령화 속도에 더해, 대규모 인구집단인 장년층의 대량퇴직이 중요한 사회문제로 대두된 지 오래지만, 이에 대한 명쾌한 대응 전략은 마련되지 못하고 있었다. 그러던 것이 2000년대 우리나라가 고령화사회에 들어서면서 정부는 다가올 고령사회를 대비한 정책을 구상하기 시작하면서 장년층 인력활용 및 노후준비 기반마련에 관한 정책을 구상하기 시작했다. 이전 고령화 대응정책의 대부분이 65세 이상 전통적인 노인집단에 초점이 맞춰져 있었다면, 이제는 사회 정책적 지원 대상의 사각지대에 있었던 장년층에 주목하기 시작한 것이다. 2005년 5월 저출산·고령사회기본법을 제정하고, 범 정부차원의 제1차 저출산·고령사회기본계획(2006~2010)을 수립하면서 관련 내용들이 본격화되기 시작했다.

2010년대 장년층 대량 퇴직의 사회적 현상이 부각되면서 장년층을 정책 대상으로 포함한 범 정부차원의 대응이 보다 구체화되기 시작했다. 제2차 저출산·고령사회기본계획(2011~2015)에서는 베이비붐세대 고령

3) 생산가능인구는 15~64세, 노인인구는 65세 이상을 기준으로 구분된다.

화 대응체계 구축 과제가 추진되었고, 고용노동부의 제2차 고령자고용촉진기본계획(2012~2016), 장년고용종합대책(2014) 등에서는 생애경력설계, 전직 및 취업지원, 장년친화적 일터환경 조성 등의 사업이 구체적으로 추진되기 시작했다. 그 명칭이 고령자, 장년, 시니어, 베이비부머 등으로 혼재되어 사용되기는 하였으나, 장년층이라는 하나의 정책대상으로 구분하여 적극적으로 지원한다는 점에서 주목할 필요가 있다. 교육부는 4050뉴스타트통합지원사업(2013)을 통해 인생재설계 평생학습 중심대학 지원과 장년 학습형 일자리 창출, 중소기업청은 사회적기업육성기본계획(2013~2017)에서 베이비붐세대 사회적기업 참여 지원 등을 추진했다. 또한 2016~2020년도는 제3차 저출산・고령사회기본계획(2016~2020), 제1차 노후준비지원기본계획(2016~2020), 장년고용서비스강화방안(2016), 중장년기술창업활성화계획(2017) 등이 정부부처 합동으로 각 소관부처에서 추진되고 있다.

그리고 고용노동부 산하 고용복지플러스센터 및 고용센터, 여성가족부에서 지정・운영하는 여성새로일하기센터, 여성인력개발센터 등 전 연령을 대상으로 고용지원사업을 수행하는 기관뿐만 아니라, 장년층에 특화된 지원 사업을 수행하는 기관들 가운데 장년층에 대한 지원사업을 수행하는 기관들도 전국적으로 확대 설치되었다. 고용노동부 산하 중장년일자리희망센터, 고령자인재은행, 보건복지부의 지역노인일자리전담기관으로서 시니어클럽, 중소기업청 시니어기술창업센터, 한국폴리텍대학 희망플러스센터 등이 대표적인 예이다. 장년층을 전통적인 노인집단으로 편입시키기보다는 여전히 생산성 있는 활동을 할 수 있는 대상으로 보고 장년층에 특화된 고용지원정책이 구체적으로 추진되고 있는 것이다.

II. 서울시 장년고용정책 동향과 특징

1. 후반기 종합적 인생설계지원 차원에서 고용정책

서울시 또한 중앙정부의 장년고용정책의 흐름과 궤를 같이하며 장년층을 대상으로 한 정책을 추진하고 있다. 65세 이상 전통적인 노인인구를 중심으로 사후적 돌봄의 관점에서 접근해왔던 고령화 대응 정책에 대해, 서울시는 장년층을 정책 대상으로 확대 포함시키고 이들을 대상으로 사전에 자립적인 후반기인생설계를 할 수 있도록 지원하는 정책을 추진하는 방식으로 정책의 흐름을 잡고 있다.

관련해서 기본적으로 일자리를 두고 매칭을 지원하는 전통적인 방식의 사업들도 있다. 예컨대, 서울시일자리플러스센터에서는 전 연령대를 대상으로 맞춤형 상담 및 취업알선을 하면서도 연령대별(장년 만55세 이상, 중년 만36세~54세, 청년 만35세 이하) 취업준비교육을 시행하고 있다. 서울시 어르신취업훈련센터(서울노인복지센터 부설)에서는 보건복지부 주관 만 60세 이상 시니어 인턴십 사업을 수행하고 있으며, 50세 이상 구직알선 및 훈련활동을 지원하고 있다. 그런데 점차적으로 경제적 활동뿐만 아니라 다양한 사회적 활동까지 일의 개념에 포함시켜서 장년층의 경험과 지식을 살리는 활동으로 연계하는 고용정책을 추진하는 방향으로 나아가고 있다.

그런데 최근 서울시 장년고용정책의 큰 방향은 전통적인 일자리를 두고 매칭을 하는 지원사업에 국한하는 것이 아니라 다양한 경제적, 사회적 활동을 하면서 성공적인 노후 생활을 준비할 수 있도록 후반기 인생설계를 통합적으로 지원하는 가운데 일(활동)에 대한 지원 정책에 방점을 두고 있다. 그리고 이 때 일(활동)의 범주는 전통적인 개념의 생계형 일 외에도 사회공헌형 활동, 생계형 일과 사회공헌형 활동이 결합된 혼합형 일자리 등 넓은 스펙트럼의 경제적, 사회적 활동을 포함하는 일의 개념으로 접근하고 있다. 그리고 그러한 활동을 할 수 있도록 지원하는 다양한 교육 지원이 개입된다.

이러한 관점에서 장년층 고용지원정책의 내용들은 2010년 이후 여러 실행계획에서 발견되고 있다. 구체적으로 살펴보면, '서울어르신종합계획'이라고 일컬어지는 제1기 고령친화도시 실행계획(2013~2015)'은 제2인생 설계 지원, 맞춤형 일자리, 건강한 노후, 살기 편한 환경, 활기찬 여가문화, 존중과 세대통합 등의 6개 영역으로 구성되어 있다. 이 중 '제2인생 설계 지원'영역에 서울인생이모작지원센터 설치, 베이비부머 엑스포 개최, 전문직 은퇴자 인재은행 구축 등 본격적인 장년층 대상 지원사업에 대한 계획이 포함되어 있다. '제2기 고령친화도시 실행계획안(2016~2020)'은 제2인생 설계 지원을 통한 장년층의 인적자원 활용 활성화로 자생적 문화를 조성하기 위한 목적으로 실행과제 세부 내용에 50플러스센터 및 캠퍼스 설립이 포함되어 있으며, 고용 영역에 전문직은퇴자인재은행, 여가 영역에 50플러스세대 평생교육 등이 포함되어 있다.

2013년 2월에는 국내 최초로 인생이모작지원센터를 설립하면서 장년층 지원 정책을 본격화하기 시작하였다. 인생이모작지원센터는 그동안 정책지원 사각지대였던 주된 일자리 평균 퇴사 연령인 약 50세부터 노인복지 수혜영역(65세 이상)에 포함되기 전까지인 장년층(50~64세)을 특화하여 정책적 지원을 하는 것이었다. 『서울특별시 장년층 인생이모작지원에 관한 조례』 제2조 제1호에서는 장년층을 50세 이상 65세 미만으로 규정하고 있으며, 『서울특별시 50플러스재단 설립 및 운영에 관한 조례』에서는 이에 근거하여 서울시 장년층의 은퇴 전후의 새로운 인생 준비 및 성공적인 노후생활을 위한 사회참여 활동 지원을 목적으로 함이 명시되어있다. 지원사업은 교육 지원사업, 취업훈련 및 일자리 지원사업, 사회공헌활동 지원사업, 건강증진 지원사업, 문화·여가 지원사업 등으로 명시하여 추진하고 있다. 2014년 4월에는'서울시 베이비부머 응원 종합계획'을 발표하였는데, 해당 종합계획에는 베이비부머를 위한 교육 공간·기회 확대, 일자리 확충, 사회공헌활동 활성화, 건강·여가 지원, 전담조직 신설 등 50플러스세대의 인생 후반전을 응원할 5개 분야의 세부 계획이 담겨져 있다(서울시, 2014).

서울시의 장년층 일자리 지원 사업은 비단 고용정책만이 아니라 서울시 복지정책과 밀접하게 연계되어 확장적으로 추진되고 있다(이은정, 2017a).'민선6기(2014~2018) 서울시정 4개년 계획'의 복지 분야에는

‘50플러스인생이모작 지원 기반마련’이 포함되어 있다. 그리고‘제3기 서울시 지역사회복지계획(2015~2018)’의 핵심과제에서도 지역복지 공동체 구축, 서울형 복지시스템 강화, 복지인프라 확대, 사회적 돌봄 서비스 확대, 사회적 일자리 활성화, 여성가족 복지서비스 지원, 공공의료 서비스 강화 등이 포함된 가운데, 서울형 복지시스템 강화의 세부사업으로 베이비부머 인생이모작지원(50플러스재단 설립, 50플러스인프라 구축), 사회적 일자리 활성화의 세부사업으로 베이비부머 사회공헌 일자리 지원 등이 포함되어 있다.

고령사회에서 장년층이 경험하고 있는 문제가 비단 어느 한 분야 혹은 영역에서의 해결책으로만 제시할 수 없다는 인식하에 다각적이고 다차원적인 정책을 접근을 하는 것이다. 오늘날 진행되고 있는 고령화는 여러 사회 문제들의 촉발이 우려되고 있기에 이에 대응하기 위한 정책들은 점차 복합적으로 변화하는 양상을 보인다.

2. 고용-복지-교육 복합 정책화

오늘날 진행되고 있는 고령화는 여러 사회문제들의 촉발이 우려되고 있기에 이에 대응하기 위한 정책들은 점차 복합적으로 변화하는 양상을 보인다. 개괄적으로 살펴보면, 초기 정책들은 노인집단에 대한 사회보험 중심의‘소극적 복지’의 양상으로 전개되었다면, 점차 고용정책이 결합된 ‘근로복지’의 형태로 전개되면서 장년층까지 포함하는 양상을 보인다. 이후에는 복지정책과 고용정책의 결합에서 더 나아가 장년층을 포함한 고령인구의 고용가능성을 향상시키기 위해 교육 기제를 개입시키는 방식의 ‘학습복지’정책이 전개되는 양상을 보이고 있다. 이를 좀 더 자세하게 살펴보면 다음과 같다.

고령인구에 대한 초창기 정책은 사회적 연금을 통해 생계비용의 일부를 충당해주는 방식을 중심으로 하는 전통적 복지의 일환으로 전개되었다. 그런데 고령인구의 비중이 급증하면서 이들에 대한 사회연금만으로 노후생활을 보장하기에는 사회적 부담이 커지게 되었다. 또한 사회보험 중심의 사회안전망은 사회적 취약계층에 대해서 최소한의 복지를 지원하기는 하지만, 다시금 사회에 적응하고 노동할 수 있도록 지원할 수 있는 기능은 저하되어 있다는 비판도 제기되었다. 전통적인 복지가 사회의 양극화된 기본 구조를 보완하기보다는 오히려 소극적으로 동조하는 역할을 하고 있다는 것이다.

이에 선진국들을 중심으로 '근로가 최고의 복지'라는 슬로건을 내세워 은퇴인구들이 다시금 일을 할 수 있도록 기회를 제공하고 사회적 시스템을 조성하는 방식으로 정책 방향을 전환하였다. 복지 정책과 고용 정책이 결합된 근로복지 노선을 지지하는 것이다. 시스템적으로는 정년제도를 연장하거나 폐지하고, 일하고 싶은 고령인구가 연령 등에 의해 차별받지 못하도록 법적으로 권리를 보장함과 동시에, 일자리 지원 기관을 운영하여 은퇴 후 재취업을 연계하는 지원 정책을 전개하였다(OECD, 2000).

그러나 전통적인 복지 정책에 고용의 개념이 추가되면서 보다 적극적 차원으로 전개된 근로복지 정책은 성공적으로 구현되기에는 현실적 어려움이 있었다. 사회적으로 나이가 많은 노동력은 그 생산성이 높지 않다는 인식이 강하며, 고령인구들은 활발히 활동할 수 있는 사회구성원이라기보다는 여전히 사회적으로 부양받아야 할 대상으로 인식되기 때문이다. 이러한 인식이 만연해있는 상태에서 장년층은 퇴직을 종용받고 있으며, 정년제도 폐지나 연장은 단기간에 제도적 개선이 이루어지기 쉽지 않은 문제로 남아있다. 그리고 근로복지 차원에서 공급되는 일자리가 그리 많지 않으며, 그나마 연계되는 일자리가 있다고 하더라도 저임금의 불안정한 일자리인 경향이 있어 만족도가 그리 높지 않다(Loretto & White, 2000). 은퇴평균 연령과 연금수령연령 간에 격차가 점차 커져감에 따라 근로복지 정책을 추진하지만 실제 추진 과정 및 성과에 있어서는 여러 한계에 부딪히고 있는 것이다(황덕순, 2004).

일자리 연계 자체에 맞춰져있던 근로복지 정책은 점차 교육시스템을 결합시킨 '학습복지' 정책으로 전환되는 양상을 보인다(오영훈·고혜원, 2005). 정책 대상자들이 희망하고 만족할만한 사회활동 및 근로활동을 할 수 있도록 이들의 역량을 향상시키는 있는 시스템을 구축하는 것이다. 이는 북유럽에서 성인들을 대상으로 전략적으로 전개되었던 정책의 모습이다. 북유럽에서는 1990년대 급속한 세계 경제 위기, 세계화에 따른 국내외 상황 변화, 저출산 고령화 사회 문제의 심화 등으로 인하여 생산성 높은 인력 양성을 목적으로 하는 교육에 대한 요구가 높아졌다. 이에 주로 시민사회에서 자율적으로 전개되어오던 성인교육을 사회 정책 안으로 흡수하기 시작하였다. 추진의 구체적인 모형은 복지제도라는 사회안전망 위에 노동시장을 최대한 유연화 하는 유연안정성 정책을 작동시키면서 이 복지와 고용의 영역을 연계하는 전략으로서 교육정책을 개입시킨다(한숭희 외, 2005). '고용—복지-교육의 결합 모형'으로 정책을 추진해나가는 것이다.

이렇게 고용—복지-교육이 결합된 정책은 최근 고령화 문제와 보다 밀접하게 결합되고 있다. 여기에는 액티브 에이징(active aging), 생산적 노화(productive aging), 뉴시니어(new senior), 제3기 인생(the third age) 등 새로운 노년에 대한 관점을 보여주는 개념들을 토대로 한 신노년 담론이 뒷받침하고 있다. 활동적 노화란 '단지 신체적으로 문제가 없거나 일을 하는 것을 넘어 사회적, 경제적, 문화적, 시민적 활동에 지속적인 참여'를 의미하는 것으로, 이를 위해서는 공적 부조 및 사회보험 중심의 전통적인 복지 정책으로 접근만으로는 한계가 있으며, 개인의 역량을 최대한 활용하여 다양한 사회 영역에서 적극적인 활동을 지속할 수 있도록 지원하는 고용정책과 교육정책이 적극적으로 결합된다(서울시50플러스재단, 2017).

이처럼 학습을 매개로 역량을 강화하고 노후생활을 준비하는 관점으로 접근하면서 고령화에 대응하는 정책의 대상 또한 확대되고 있다. 전통적인 복지 차원에서는 현 시점에서 당장 부양이 필요한 노인들이 정책 대상이지만, 고용—복지-교육을 결합시킨 모형에서는 노년기를 준비하는 장년층도 중요한 정책 대상이 되기 때문이다. 장년층은 과거 부모세대보다 훨씬 건강하게 생산적인 사회활동을 지속할 수 있는 역량과 여건을 지니고 있는 세대로 인식되면서 이들의 지속적인 활동을 촉진하기 위한 지원 정책들이 고안되었다. 이러한 동향은 세계 각국의 고령자 정책에서 드러나고 있다. 일찍이 고령사회로 진입한 선진국들에서는 시니어에 대한 관점을 전환하는 가운데 65세 이상 노인들에 초점이 맞춰져있던 고령자 정책에 50대도 포함시키고, 이들이 미리부터 활동적인 노년을 준비할 수 있도록 지원하는 정책과 사업을 적극적으로 펼치고 있다.

전통적으로 고용 영역에서는 생산성이 높은 젊은 성인을 주 대상으로 삼았으며, 복지 영역에서는 노인을 포함한 사회적 취약계층이 주 대상이 되었다. 그리고 교육 영역에서는 유아 및 청소년층을 주 대상으로 하여 소위 이들 '학령기 인구'에 대해 학교로 대표되는 형식교육을 어떻게 공급할 것인가에 주요 초점이 맞춰져있었다. 이처럼 전통적인 패러다임에서는 고용, 복지, 교육의 시스템에 포함되는 그 대상과 영역이 분명히 구분되었다. 그런데 고용, 복지, 교육의 영역에서 다루는 대상과 범위가 확장되면서 이들 영역들은 자연스럽게 연계되고 중첩되는 부분들이 생기기 시작하였다. 일자리 연계에 초점을 맞추던 고용 정책이 학습과 교육을 매개로 고용안정성을 강화하여 사회안전망을 갖추는 차원에서 논의되면서, 그 대상은 은퇴인구까지 포함하는 방식으로 확대되었다. 교육 정책도 마찬가지의 양상을 보인다. 학령기 학생들을 위한 의무교육뿐만이 아니라 평생학습을 슬로건으로 한 직업능력개발이 강조되면서 성인도 정책적 대상으로 포함하게 되는 것이다. 복지 정책 또한 직접적인 생계소득을 보장하는 방식 외에도 삶의 질을 높이는 전략이 고민되면서 경제적 취약계층뿐만 아니라 삶의 전환기에 있는, 그래서 전환에 대한 지원이 필요한 사람들까지도 포함하는 방식으로 그 대상을 확장하였다.

요컨대, 장년층은 시대 흐름에 따라 정책적 지원대상으로 포함되게 되었고, 그 정책적 영역은 비단 어느 한 분야에서 논의되기보다는 다차원적으로 접근하면서 고용-복지-교육 결합 모형의 정책이 추진되고 있는 것이다(관계부처합동, 2010; 박영란 외, 2011; 박인종 외, 2011; 손유미, 2011; 2014; 정경희 외, 2011). 서울시50플러스정책은 앞서 논의된 후반기 인생설계를 통합적으로 지원하는 가운데 고용-복지-교육 정책이 결합된 실험적인 정책 모형을 한국 맥락에서의 시도하는 것으로 이해할 수 있다.

III. 서울시50플러스정책

서울시50플러스정책의 주요 대상은 50~64세 인구집단이다. 베이비부머는 한시적 코호트이므로 누구나 살아가면서 고민하게 될 인생주기로서 50~64세 인구집단을 50플러스세대로 명명하고 지원 대상으로 하고 있다. 서울특별시 장년층 인생이모작지원에 관한 조례』 제2조 제1호에서는 장년층을 50세 이상 65세 미만으로 규정하고 있으며, 『서울특별시 50플러스재단 설립 및 운영에 관한 조례』에서는 이에 근거하여 서울시 장년층의 은퇴 전후의 새로운 인생 준비 및 성공적인 노후생활을 위한 사회참여 활동 지원을 목적으로 함이 명시되어있다.

서울시50플러스정책은 독일의 이니셔티브 50플러스, 영국의 뉴딜 50플러스, 미국의 플러스50 이니셔티브 등과 같이 50플러스를 연령대로 구분한 것만이 아니라 장년층을 바라보는 새로운 관점이 녹아있다. 즉, 장년층을 소극적 부양으로 이행해가는 대상이 아니라 활동적이고 생산적인 인생 후반부를 모색하는 대상으로 바라보는 새로운 관점을 지니고 있다.

이처럼 고용-복지-교육의 복합모형으로서 인생후반기 인생설계를 종합적으로 지원하는 서울시50플러스정책을 어떻게 접근하는 것이 가장 효과적일지에 대해 그 전략과 방법을 두고 많은 고민들이 있었다. 그 가운데 정책의 추진체제에 대한 적극적인 정비, 제도 마련 등이 포함되어 있었다. 추진체제를 정비하면서 서울시50플러스정책은 1) 인생설계 종합지원서비스로서 고용-복지-교육 복합 정책 2) 당사자 주도형 지원사업에 방점을 두고 적극적으로 추진되었다. 그 결과 짧은 기간에도 불구하고, 서울시50플러스정책 모델이 다른 지방자치단체에까지 확산되어 관련 사업이 확산 추진되고 있으며, 현 중앙정부의 100대 국정과제에 서울시50플러스정책의 내용이 반영되어(5060 신중년 정책) 전국적으로 확산화가 추진 중에 있다. 서울시50플러스정책의 추진체제, 특징, 성과, 그리고 과제를 구체적으로 살펴보면 다음과 같다.

1. 추진체제

앞서 논의한 것처럼 2013년 2월에는 국내 최초로 인생이모작지원센터를 설립하고, 2014년 4월에는'서울시 베이비부머 응원 종합계획'을 발표하는 등 장년층 지원 정책을 본격화하기 시작하였다. 그런데 인생이모작지원센터를 기반으로 한 장년층 지원 정책이 효과가 기대했던 것에 미치지 못하자, 서울시는 인생이모작사업을 보다 적극적으로 추진하기 위해 추진체제를 적극적으로 정비하였다. 정책의 성공은 그것을 실현하기 위한 시스템과 추진체제를 어떻게 구축해내는가가 관건이라고 볼 수 있다. 서울시 50플러스 정책의 추진체제는 서울시, 50플러스재단, 50플러스캠퍼스, 50플러스센터로 구성된다. 서울시 복지본부 인생이모작지원과에서 50플러스 정책 및 사업을 총괄하는 역할을 맡는다. 각 추진체제의 역할을 살펴보면, 서울시50플러스재단은 50플러스정책의 싱크탱크로서 기능한다. 그리고 50플러스캠퍼스는 50플러스세대에게 일-학습-복지 프로그램을 복합적으로 제공하는 권역별 플랫폼으로 기능하며, 50플러스센터는 보다 지역과 밀착되어 일-학습-복지 서비스를 제공하는 자치구 플랫폼으로서 기능한다(서울시50플러스재단, 2016). 각 추진체제에 대해 구체적으로 살펴보면 다음과 같다.

1) 서울시 전담부서 : 인생이모작지원과

서울시 인생이모작지원사업은 2014년까지만 해도 어르신복지과 내 베이비부머정책팀에서 담당했던 사업이었다. 그러던 것이 민선6기 서울시는 2015년 1월 시 행정조직을 개편할 당시, 복지본부 내에 50플러스 정책을 전담할 인생이모작지원과를 설치하였고, 그 아래 3개 팀(인생이무작 정책팀/사업팀/시설팀)을 두었다. 과 단위에서 장년층을 전담부서를 둔 경우는 서울시가 최초였으며 상당히 파격적인 개편이었다. 2018년 1월 현재까지도 다른 지방자치단체 사례를 찾아보기 어렵다. 그만큼 장년층을 둘러싼 문제와 이슈에 집중해서 적극적으로 대응하고자 했던 서울시의 의지를 확인할 수 있다.

서울시 인생이모작지원과는 장년층 지원 정책을 체계적으로 추진하기 위해 제도적 기반을 마련하기 시작하였다. 먼저, 2015년 4월에는 장년층 지원을 위한 조례(『서울특별시 장년층 인생이모작 지원에 관한 조례』)를 제정하였다. 해당 조례[4]는 50세 이상 65세 미만의 장년층을 대상으로 은퇴 전후에 새로운 인생을 위한 준비 및 성공적인 노후생활을 위한 사업으로서 인생이모작지원 사업을 규정하고, 구체적으로 교육 지원 사업, 취업훈련 및 일자리 지원사업, 사회공헌활동 지원사업, 건강증진 지원사업, 문화·여가 지원사업 등을 지원사업으로 명시하였다.[5] 또한 같은 해 2015년 10월에는서울특별시 50플러스재단 설립 및 운영에 관한 조례』를 마련하여 서울시50플러스재단 설립의 기반을 다졌다.

2) 싱크탱크 : 서울시50플러스재단

서울시는 베이비부머 응원 종합계획 수립 이후 서울시50플러스재단 설립 타당성 검토 연구(정홍원, 2015)와 서울시 50플러스세대 인생 이모작 실태 및 욕구 조사도 실시하였다. 또한 여러 차례 간담회와 공청회를 개최하면서 서울시50플러스정책의 추진체제를 고민했다. 그 결과 사업 규모 및 정책의 통일성, 일관성, 지속성 등을 종합적으로 고려할 때 시 산하 재단 형태의 전담기구 설립이 효과적이라고 판단했다(남경아, 2017). 많은 전문가와 당사자의 목소리를 토대로 서울시50플러스정책을 견인하는 싱크탱크이자 실행의 전담기관으로서 서울시50플러스재단을 2016년 3월 출범시켰다.

서울시50플러스재단은 『서울특별시 50플러스재단 설립 및 운영에 관한 조례』에 근거하여 고령사회를 맞은 서울시 장년층의 은퇴 전후 새로운 인생 준비 및 성공적인 노후생활을 위한 사회참여 활동 지원을 목적으로 하고 있다. 이 목적을 위해 '50플러스 세대의 새로운 인생비전을 창조하는 정책 싱크탱크'로서 역할하며, 50플러스 캠퍼스를 직영하는 운

---

4) 서울특별시 장년층 인생이모작 지원에 관한 조례 [조례 제5839호, 2015.4.2., 제정·시행]

5) 해당 조례는 이후 인생이모작지원 지원시설을 장년층의 다양한 욕구에 기반한 맞춤형 교육기회 확대를 위한 광역거점 시설로서 50플러스캠퍼스와 장년층의 인생이모작 지원 전달체계 강화 및 주민접근성 제고를 위한 지역거점시설로서 50플러스센터로 세분화하여 명시하는 등 지속적으로 개정되어왔다.

영주체로서 프로그램 개발 및 모니터링 등을 총괄적으로 수행한다. 수행하는 구체적인 사업으로는 50플러스캠퍼스 운영, 장년층 정책 연구 및 개발, 장년층 전직 및 취업지원서비스, 사회공헌활동 지원, 문화·여가 지원 사업, 사회참여 활성화를 위한 사업 등이 있다.

서울시에 장년층을 지원하는 싱크탱크들이 전혀 없었던 것은 아니다. 예컨대, 서울시 복지재단에서는 베이비부머 정책 연구 및 개발을 담당하고 있었으며, 서울시 평생교육진흥원 또한 장년층을 포함한 전 시민들의 학습지원을 책임져왔다. 그리고 서울산업진흥원에서는 장년창업센터 등을 운영하는 한편, 직업교육훈련의 기회를 제공하고 일자리 연계를 지원해왔다. 그 밖에도 노동부와 복지부 산하 기관들이 지역단위에서 장년층을 포함하여 일자리, 교육, 복지 지원 서비스를 제공하여왔다. 관련하여 서울시 50플러스재단은 고령사회에 장년층이 경험하고 있는 문제가 비단 어느 한 분야에서 해결책을 제시할 수 없다는 인식하여 다차원적인 정책으로 접근하면서 고용—복지-교육 개념을 적극적으로 결합시킨 복합 모형으로 접근한다는 차별점을 강조하고 있다.

3) 권역별 플랫폼 : 50플러스캠퍼스

50플러스캠퍼스와 50플러스센터는 '서울특별시 장년층 인생이모작 지원에 관한 조례'에서 명시한 인생이모작지원시설이다. 서울시50플러스재단이 직접 운영하고 있는 캠퍼스는 2017년 12월 현재 캠퍼스 2개소(서부, 중부50플러스캠퍼스)가 운영중이며, 2020년까지 서울 권역별로 총 6개까지 확대할 계획에 있다.

50플러스캠퍼스는 50플러스세대를 위한 교육—일자리-복지의 복합 플랫폼으로서 각각 권역별 플랫폼과 지역밀착형 플랫폼의 역할을 맡고 있다. 서울시 권역별로 설치되는 50플러스 캠퍼스는 고용 및 사회참여, 복지, 학습, 문화·여가 등을 체계적으로 지원하기 위하여 마련된 복합 공간으로 기획되었다. 50플러스세대가'제2의 인생 설계에 필요한 상담'을 할 수 있는 전문성을 갖춘 50플러스 컨설턴트를 양성하고 50플러스 세대에 상담서비스를 제공하고 있다. 그리고 인생재설계 입문과정부터 인생재설계 과정, 일자리모색, 사회공헌 활동을 위한 교육프로그램들을 단계적으로 운영한다. 궁극적으로는 50플러스 세대가 그들의 경력을 활용한 사회활동을 지속할 수 있도록 지원하고, 50플러스 세대가 소통, 정보 공유, 사업 활성화할 수 있는 50플러스 당사자 커뮤니티를 육성한다.

기존 노인종합복지관, 창업지원센터, 여성발전센터 등이 유사한 역할을 하고 있었지만 50플러스캠퍼스는 상담과 교육에서 출발, 일자리, 사회공헌, 커뮤니티 연계로 '자립형 노후 기반'을 위한 원스톱서비스를 제공한다는 점에서 차별화한다. 또한 중장년 일자리 희망센터, 창업지원센터, 여성발전센터, 기술교육원 등이 전세대의 일자리 연계에 초점을 두는 기관이었다면, 50플러스캠퍼스는 그 대상을 '장년층'으로 특화함과 동시에 전통적 일자리뿐만 아니라 사회공헌형 활동 지원, 문화·여가 활동 지원 등 다양한 활동을 지원한다는 점을 강조한다.

4) 지역 플랫폼 : 자치구 50플러스 센터

자치구 50플러스센터는 50플러스 캠퍼스와 마찬가지로 생애재설계·사회공헌 등 교육 및 취업기회를 제공하는 한편, 자치구별 지역 특성과 수요를 반영한 특화 프로그램을 운영한다. 다만, 50플러스캠퍼스가 서울시 권역 단위에서 일자리, 사회공헌 활동, 교육, 문화여가, 커뮤니티 활동 등을 지원하는 복합시설로 기능한다면(규모 약 약 5,000㎡), 50플러스센터는 보다 지역과 밀착하여 자치구 단위로 운영되는 복합시설로 기획되었다(규모 약 1,000㎡).

2017년 12월 현재 재단에서 위탁운영하고 있는 도심권50플러스센터와 자치구에서 운영하고 있는 50플러스센터(동작, 노원, 영등포 50플러스센터) 총 4개소가 운영 중이다. 서울시는 자치구 센터 또한 향후 2020년까지 19개소까지 확장할 계획에 있다. 각 자치구에 50플러스센터를 추가 개소할 경우 자치구의 특성화가 다양하게 실현될 수 있게 자치구의 특성을 면밀히 검토하고 타당성을 분석하여 설치해 나갈 계획에 있다.

이미 센터가 설립된 동작구, 영등포구, 노원구의 경우는 물론 센터 설치·운영을 계획 중인 성북구와 서대문구 등의 자치구들이 복지부서 또는 일자리 지원부서 등을 주관부서로 하여 인생이모작 지원 사업을 추진 혹은 계획중에 있고, 서울시가 2015년 장년층 지원을 위한 조례(『서울특별시 장년층 인생이모작지원에 관한 조례』)를 제정(2015.4.2.)한 이후, 각 자치구별 장년층 인생이모작 지원 조례를 제정하는 등 제도적 기반도 마련하고 있다.

〈표 1〉 서울시 기초자치단체의 장년층 지원 조례

자치구		조례명	연령 기준	시행일자	담당부서
기초 자치 단체	서울시 동작구	서울특별시 동작구 중·장년층 인생이모작 지원에 관한 조례	"중·장년층"이란 40세 이상 65세 미만인 사람을 말한다.	2015.11.12	일자리 경제 담당관
	서울시 성북구	서울특별시 성북구 장년층 인생이모작 지원에 관한 조례	"장년층"이란 50세 이상 65세 미만인 사람을 말한다.	2017.3.9.	어르신 복지과
	서울시 노원구	서울특별시 노원구 장년층 인생이모작 지원에 관한 조례	"장년층"(長年層)이란 50세 이상 65세 미만인 사람을 말한다.	2017.3.16.	어르신 복지과
	서울시 영등포구	서울특별시 영등포구 중·장년층 인생이모작 지원에 관한 조례	:"중·장년층"이란 40세 이상 65세 미만인 사람을 말한다.	2017.6.1.	어르신 복지과
	서울시 서대문구	서울특별시 서대문구 장년층 인생이모작 지원에 관한 조례	"장년층"이란 50세 이상 65세 미만인 사람을 말한다.	2017.9.27.	일자리 경제과

자료 : 법제처 국가법령정보센터(www.law.go.kr), 2018.1.20.

2. 특징

1) 인생설계 종합지원서비스

일자리(취업 및 창업) 지원, 여가/교육/사회공헌활동 지원 등 50플러스지원사업과 유사사업을 수행하는 기관들은 전국적으로 다수 분포되어 있다. 최근 고용정책들이 여러 기관에 문의 또는 방문해야 하는 불편을 줄이기 위해 통합화 및 한 곳에 방문하여 원스톱 처리가 가능한 방향으로 개편되었다. 대표적으로 고용노동부의 고용복지플러스센터는 일자리(고용), 교육(훈련), 복지(노후설계) 등을 한 곳에서 통합 지원하는 방향으로 개편하고 있으며, 전국 100개까지 확대하여 설치할 계획이다. 보건복지부의 지역노후준비지원센터(국민연금공단 전국 지사 100개)도 초기 상담을 통해 수요자 맞춤형 서비스를 제공하고, 기관 간 연계체계를 강화하여 한 곳에서 원스톱으로 수요자가 원하는 정보를 종합적으로 제공받을 수 있도록 지원하고 있다.

그러나 대부분의 기관들은 전 연령층을 대상으로 특정 분야의 지원사업을 수행하고 있으며, 장년층을 대상으로 특화된 종합서비스를 지원하는 기관은 드물었다. 40세 이상 장년을 대상으로 지원하는 고용노동부 지정 중장년일자리희망센터가 있으나 전직지원 및 생애설계서비스를 중심으로 수행하고 있다. 연계된 지원을 받고자 할 때는 다른 기관들을 전전해야 하는 문제점이 발생하였다. 그리고 수요자에 맞는 상담과 정보를 제공한 뒤에 장년층들이 제2의 활동으로 연결 지을 수 있는 지원이 드물었다(강소랑 외, 2017).

이러한 맥락에서 서울시50플러스정책은 고용-복지-교육 정책이 결합된 인생설계 종합지원서비스의 실험적인 모형을 한국 맥락에서 시도한다고 볼 수 있다. 전통적인 일자리를 두고 매칭을 하는 지원사업에 국한하는 것이 아니라 다양한 경제적, 사회적 활동을 하면서 성공적인 노후 생활을 준비할 수 있도록 후반기 인생설계를 통합적으로 지원하는 가운데 고용정책을 연계하고 있기 때문이다. 이 때 일은 전통적인 개념의 생계형 일 외에도 사회공헌형 활동, 생계형 일과 사회공헌형 활동이 결합된 혼합형 일자리 등 다양한 경제적, 사회적 활동을 포함하는 재개념화된 일의 개념으로 접근하고 있다. 그리고 서울시50플러스정책 안에서 상담-교육과 함께 일(활동)까지 이어질 수 있는 통합 지원서비스를 추구하고 있다는 점이 특징이다.

이에 따라 시각에 따라서 서울시50플러스 정책을 일자리 정책으로 보기도 하고, 평생교육 정책으로 구분하기도 하며, 복지 정책의 일환으로 보기도 한다. 서울시50플러스 정책은 상황에 따라서 여러 이유로 고용, 복지, 교육 각 영역들을 결합하기도 하고 경계 긋기도 하는 등 역동적으로 경계와 영역을 만드는 과정에 있으며, 이는 향후에도 계속될 것이다. 이러한 과정을 거치면서 과연 고용-복지-교육이 결합된 장년층을 위한 지원체제란 어떠한 모습인가가 구체화될 것으로 기대한다.

2) 당사자 주도형 지원사업

일자리(취업 및 창업) 지원, 여가/교육/사회공헌활동 지원 등 50플러스지원사업과 유사사업을 수행하는 공공기관(센터)은 전국적으로 다수 분포되어 있는 가운데, 50플러스세대 당사자가 주도하여 동년배를 상담하고(50플러스 컨설턴트의 50플러스상담), 동년배 학습을 도우며(50플러스 모더레이터, 학습지원단), 당사자 스스로 경험과 문제의식을 성찰하는 연구수행(50플러스당사자연구)에 대한 지원 사업은 서울시50플러스재단이 유일하다. 그 밖에도 50플러스의 새로운 일자리 모형으로서 50플러스기자단, 50플러스NPO펠로우, 50플러스취업지원관, 청소년시설 50플러스서포터즈 등이 발굴되어 당사자 활동으로 추진되고 있다. 이러한 서울시50플러스재단의 50플러스세대 당사자 주도의 민관협력 추진은 국내외에서 큰 호응을 얻어 성공적으로 평가받고 있다.

하나의 사례로 50플러스 컨설턴트들의 50플러스 상담을 구체적으로 살펴보면, 50플러스상담은 50+세대들의 통합적인 인생후반기 설계를 위한 동년배 컨설팅이다. 50플러스세대들이 지금까지 살아온 삶을 통합적으로 반추해보면서 인생 후반기를 체계적으로 설계할 수 있도록 동년배 50+컨설턴트가 7대 영역에 대한 기초적인 점검/진단을 제공하고, 보다 전문적인 서비스가 필요하다고 판단 시 내외부의 전문 프로그램 및 기관에 연계하며, 동년배 지지집단으로서 심리정서적 지지와 실제적인 조언을 제공하는 역할을 하고 있다. 사회문화적 환경과 경험을 공유하는 동년배가 상담을 진행하기 때문에 도움을 구하는 사람과 도움을 제공하는 사람 사이에 공감대가 쉽게 형성되고, 동일 시대와 연령대를 살아가는 사람들이 가질 수 있는 특별한 관심사와 문제를 해결하고 대처하는데 직접적인 도움을 준다는 점에서 강점이 있다. 또한 인생후반기 설계 시, 삶으로부터 쌓아온 경험과 역량을 활용하는 앙코르커리어 활동으로 전환할 수 있도록 지지하고 가이드하는 상담에 특화되어 있다(이은정・김동민・서영석・이은경, 2017, 이은정, 2017c).

또 다른 사례로 50+당사자연구 사업을 논의할 수 있다. 50플러스당사자연구는 50플러스세대들이 그동안 축적해온 소중한 경험과 지식들을 다시 한 번 성찰해보고, 그 성찰들을 개인적인 삶뿐만 아니라 우리

사회의 고민들과 연결 짓는 활동의 기회이다. 실천적 연구의 철학을 기반으로 “성찰하고 탐색하는 연구자로서의 장년층”, “연구자로서 사회변화에 기여하는 장년층”, “실천적 지식인으로서의 장년층”을 지향하는 프로젝트이다.

장년층이 50플러스정책과 함께 하는 방식에는 여러 방식이 있을 수 있다. 예컨대, 50플러스캠퍼스의 교육프로그램을 수강할 수도 있고, 함께 모여서 고민하는 커뮤니티 활동을 할 수도 있으며, 보다 적극적으로 50플러스사업을 협력 추진할 수도 있다. 그리고 일련의 경험들을 비판적이고 성찰적으로 분석해보면서 되새김질 하는 연구 활동을 할 수도 있다. 이러한 당사자성의 강조는 서울시50플러스정책이 추구하는 방향성과 궤를 같이 한다. 50플러스정책은 50플러스세대가 정책의 대상일 뿐만 아니라, 이 사회에서 긍정적이고 활발한 활동을 하는 주역으로서 역할을 지속할 수 있도록 하는데 그 초점이 있다. 그래서 50플러스정책은 장년층을 누군가 마련한 정책의 혜택을 수동적으로 받는 정책의 객체이기보다는, 장년층 ‘스스로’ 우리 사회의 문제를 어떻게 해결할 수 있을지, 우리 사회를 위해 50+세대가 기여할 수 있는 바는 무엇이 있는지를 고심하는 주체로서의 ‘당사자성’을 중시한다(이은정, 2017b).

3. 성과

서울시50플러스정책의 주요 사업은 상담, 교육, 일, 커뮤니티 등이다. 우선, 50플러스세대들이 탐색과 배움을 통해 인생후반기 준비를 할 수 있도록 상담 및 교육 사업을 추진하고 있다. 그리고 그간 경험과 배움의 결과들이 실제 사회활동으로 연계될 수 있도록 커뮤니티 지원사업과 50플러스세대 적합 앙코르커리어 모델 발굴 및 확산 사업에 집중하고 있다. 또한 복합문화공간을 제공하여 50플러스당사자들이 자발적으로 커뮤니티를 구성하고 활동할 수 있는 장을 마련해줌으로써 활동이 연계되어 지속적으로 성장할 수 있는 발판이 되고 있다. 이는 50플러스세대를 정책의 대상일 뿐만 아니라 사회에서 긍정적이고 활발하게 기여하는 주체로서 위치 지우는 ‘당사자성’에 초점을 둔 것이다. 또한 서울시50

플러스정책의 의제를 발굴하고 체계적인 정책대안을 제시하기 위한 정책 연구 및 개발에도 힘쓰고 있으며, 적극적인 홍보 및 캠페인을 통해 50플러스세대 네트워크 확대 및 새로운 문화 창조와 인식 확산에 기여하고 있다.

각 연도별 서울시 주요 업무계획을 보면, 서울시의 연도별 50플러스 정책의 내용은 2015년 '장년층의 인생이모작을 본격적으로 지원하는 단계에서 체계적 지원을 위한 제도적 기반 마련, 장년층 일자리 지원 확대'에서 2016년 '장년층 인생재도약 지원정책의 체계화 단계에서 재단 출범, 장년층 수요 반영한 서울형 50플러스 사업 모델 확립(상담-교육-일자리 모델 확립), 50플러스 캠퍼스 및 센터 확충', 그리고 2017년 '장년층 대상 일자리와 복지서비스 연계의 선순환 체계를 구축하는 단계에서 50플러스 캠퍼스 및 센터 확충(계속), 50플러스 일자리 해설, 세대통합형 여가 인프라 구축' 등으로 점점 확대되어 가고 있다.

〈표 2〉 서울시 연도별 50플러스지원 정책 및 사업

구분	지원 내용
〈2015년도〉 베이비부머 인생이모작 본격 지원	▶ 50플러스캠퍼스 및 인생이모작지원센터 확충 – 은평 이모작지원센터를 확대하여 캠퍼스로 전환 – 인생이모작지원센터 확대 추진 : 노원, 영등포, 동작 ▶ 베이비부머 세대 일자리 지원 확대 – 공공일자리 확대, 50플러스일자리 엑스포 개최 ▶ 체계적 지원을 위한 제도적 기반 마련 – '서울특별시 장년층 인생이모작 지원에 관한 조례' 제정(2015.4.2.) – 2014년 어르신복지과 내 베이비부머정책팀 ⇒ 2015년 이모작지원과(인생이모작정책팀, 인생이모작사업팀, 인생이모작시설팀)로 변경
〈2016년도〉 50플러스세대의 인생재도약을 위한 체계적 지원	▶ 50플러스재단 출범 및 정착으로 사업 추진체계 조기 확립 – 50플러스정책을 견인하는 싱크탱크 : 연구조사, 콘텐츠 개발・보급 등 – 50플러스신문화 확산의 네트워크 허브 : 커뮤니티 지원, 공익 캠페인, 국내외 파트너십 구축 ▶ 다양한 중장년층 수요 반영 서울형 50플러스사업 모델 확립 – 맞춤형 원스톱 종합상담 구축운영 : 개별 욕구진단, 연계, 사후관리 – 단계별 맞춤형 교육과정 운영 : 제2인생설계, 경력개발, 자기계발 등 – 새로운 일자리모델 확립 : 협동조합 설립, 창업지원 등 ▶ 50플러스사업 실행기반인 중장년층 지원시설(캠퍼스 및 센터) 확충

구분	지원 내용
〈2017년도〉 50플러스일자리와 복지서비스 연계의 선순환 체계 구축	▶ 50플러스세대의 성공적 인생2막을 위한 교육·일자리 인프라 확충 – 맞춤형 교육을 통해 사회공헌 일자리에 적합한 태도와 능력 함양 – 50플러스캠퍼스 및 50플러스센터 확충 : 서부캠퍼스(은평), 중부캠퍼스(마포), 남부캠퍼스(구로), 도심권센터, 동작센터, 영등포센터, 노원센터 ▶ 증가하는 복지서비스 수요를 50플러스일자리로 해결 – 인력난 복지시설과 50플러스일자리 연계 : 2,000개 – 사회서비스와 어르신 일자리 연계·지원 : 56,000개 ▶ 세대통합형 여가 인프라 구축 – 노인종합복지관 및 경로당(500개소) 유휴공간을 지역주민에게 개방 – 노인대학을 '어르신 종합대학'으로 기능 전환, 평생학습 공간 구축

자료 : 연도별 서울시 주요 업무계획

서울시50플러스정책은 이제 시작한 단계이지만, 그 초기 성과라고 한다면, 50플러스세대를 둘러싼 이슈와 정책 방향에 대한 공감대가 확산되고 있다는 점이다. 서울시의 50플러스정책 모델은 확산되어 부산광역시, 울산광역시, 광주광역시, 인천광역시 등 여러 다른 지자체들에서 50플러스세대 관련 정책을 수립하고자 하는 움직임을 보이고 있다. 인구 고령화 및 베이비붐 세대의 대량 은퇴 등으로 서울시의 50플러스정책과 사업추진의 타당성이 다른 지자체의 유사사업 추진을 통해서 확인되고 있는 것이다.

예산 및 인식 부족 등으로 인생이모작 지원사업을 추진하는데 어려움을 겪고 있는 지자체도 존재하나, 서울시가 2015년 장년층 지원을 위한 조례('서울특별시 장년층 인생이모작 지원에 관한 조례')를 제정(2015.4.2.)한 이후, 대전광역시(2015.4.17.), 충청남도(2015.10.30.), 부산광역시(2016.7.9.), 경기도(2016.12.16.), 전라북도(2017.4.14.), 광주광역시(2017.7.1.), 제주도(2017.8.9.) 등의 광역자치단체가 장년층 인생이모작 관련 지원 조례를 제정하고 유사한 지원사업을 추진하고 있다.

〈표 3〉 전국 장년층 인생이모작지원센터 및 주요사업

지역	설치,지원/운영기관	주요 사업
서울특별시	서울특별시/ 50플러스캠퍼스 (권역별), 50플러스센터 (자치구별)	은퇴를 하였거나 은퇴전후 노인복지 수혜영역에 포함되기 전까지의 세대인 5060 장년층 대상 인생재설계 상담 및 교육, 일자리, 사회공헌 및 커뮤니티활성화 지원
대전광역시	대전광역시/ 배재대학교 산학협력단	예비노년층(50~64세)에게 맞춤형 정보 제공을 통하여 교육, 취업·창업, 사회공헌활동으로 연계. 연간2회 생애재설계아카데미, 시니어이모작아카데미(50플러스기자단/건강코디네이터/원예치료) 수료후 재능봉사 활동
경기도 부천시	경기도 부천시/ 복사골문화센터	제2인생 설계 교육 프로그램, 사회공헌·재능나눔 프로그램, 공공영역 취업예정자 교육 프로그램 운영, 커뮤니티 활성화 여건 조성, 공공·민간분야의 일자리 정보 제공
충청남도	충청남도/ 청운대학교 산학협력단	인생설계 아카데미, 카운슬러 양성 과정, 이모작 열린 학교 등 '제2인생 설계 교육 프로그램'과 구인·구직자 개발 및 알선 등 일자리 창출, 각종 동아리 활동 구성 및 활동비 지원 등 커뮤니티 활성화 사업과 사회공헌활동 지원 등
부산광역시	부산광역시/ 장노년일자리 지원센터	기존 부산고령인력종합관리센터 플러스 노인취업교육센터 통합. 맞춤형 교육, 여가, 취업, 창업활동 지원으로 50플러스 세대의 새로운 인생설계 지원
대구광역시 수성구	대구 수성구/ 범물·고산 노인복지관	범물노인복지관 : 50플러스상담센터, 50플러스행복노후설계, 50플러스행복사회공헌, 50플러스행복취창업 아카데미 운영 고산노인복지관 : 인생이모작 상담센터 및 아카데미 운영, 취창업훈련프로그램 운영
광주광역시 광산구	광주 광산구/ 더불어락 노인복지관	일자리, 배움, 복지, 소통 부문으로 나누어 은퇴 이후 노후준비진단서비스, 인생설계프로그램 운영, 재취업, 사회공헌 및 재능 나눔 프로그램 개발 등
울산광역시	울산광역시 내일설계지원센터/ 한국폴리텍대학 울산캠퍼스	기존 노인일자리지원센터 기능을 확대하여 중·장년층 은퇴이후 삶의 변화 인식 및 성공적인 사회참여를 위한 인생이모작 설계를 할 수 있도록 교육, 사회공헌활동, 재취업 지원사업을 진행

자료 : 각 지자체 인생이모작지원센터 홈페이지 외, 2017.6.

또한 현 중앙정부의 100대 국정과제에는 서울시50플러스정책의 내용이 반영되어(5060 신중년 정책) 전국적으로 확산화가 추진 중에 있다. 신중년재충전센터설치 발표(2017.6.) 및 신중년 인생3모작 기반구축계획 발표(2017.8.) 등을 토대로 서울시50플러스캠퍼스 및 센터를 모델로 신중년재충전센터를 전국에 설치할 계획이다.

그리고 제2회 대한민국 지방자치정책대상을 수상하였으며, 서울시 50플러스정책이 OECD 우수사례로 선정(2017.9.28.)되어 2018년 초 발간될 OECD 공공부문 혁신사례집에 소개될 예정이다(서울시 보도자료, 2017.9.29.). OECD 공공부문 혁신 사례에 선정된 서울시 50플러스정책의 요인은 50플러스당면과제를 진단 및 상담하고, 차별화된 교육 및 맞춤 지원을 하여, 배움의 결과가 일/활동/여가로 연결되는 통합적・체계적 지원시스템이라는 점, 그리고 50플러스당사자주도형 사업으로 추진된다는 점, 50플러스세대가 지속적으로 활동할 수 있는 복합문화공간 제공되어 그들의 커뮤니티가 활성화되고 있다는 점 등이었다.

4. 과제

확산되고 있는 정책의 타당성과 공감대들이 보다 중장기적인 성과로 이어지기 위해 서울시50플러스정책이 풀어야 할 것들은 무엇인가? 고용-복지-교육을 결합시킨다는 의미는 단순히 슬로건 차원에서 논의되거나 기관 내에서의 통합적 기능에만 머무는 것이 아니라, 기존의 일자리, 복지, 평생교육 영역과의 실질적으로 조율하고 협력한다는 의미이다. 이에 산적해있는 많은 과제들이 가운데서도 특히 중요한 과제는 협력적 거버넌스 체계를 구축하는 작업일 것이다. 고용-복지-교육 복합정책 모델로서 50플러스정책은 50플러스재단・캠퍼스・센터라는 기관 안에서 완결되기는 어렵다. 사회적 경제, 마을, 청년, 자원봉사, 교육, 복지, 일자리 등 다양한 영역의 이해관계자, 유관기관, 지역사회 50플러스당사자들과의 연계를 통해서 추진되어야 하며, 그 가운데 서울시와 50플러스재단이 50플러스정책 추진의 허브 역할을 해나가는 방안을 적극적으로 모색해야 할 것이다. 복합 기능을 지닌 허브로서의 새로운 영역을 만들어 나가는 것 못지않게 기존의 고용, 복지, 교육 영역들이 연계될 수 있는 실질적인 시스템을 구축하는 것이 50플러스 정책의 중요한 것이다.

거버넌스를 구축하는 과정은 정책과 관계된 다양한 주체들 간에 논의와 합의에 의해서 이루어질 수 있는 문제이다. 그러므로 민관산학연을 아우르는 50플러스 정책 협의체를 구성하고, 지속적인 건의와 모니터링이 가능한 운영을 통해 50플러스정책의 나아갈 방향을 함께 만들어 가야 할 것이다. 특히, 50플러스 유관기관 실무자간 협의체를 통해서 정기적인 상호 교류, 정보 공유 및 협력사업 추진 등이 효율적으로 이루어질 수 있도록 꾸준한 노력이 필요하다.

그 과정에서 서울시의 장년층 고용-복지-교육이 복합 정책의 거버넌스에 대한 물음을 던질 필요가 있다. 서울시50플러스 정책에서 고용-복지-교육의 결합이 구체적으로 어떤 차원과 방식으로 전개되고 있는가? 통합적 정책이라는 차별화에 맞게 통합적 거버넌스가 구축되어 있는가? 관련된 논의가 충분히 이루어지고 있는가? 서울시50플러스 정책은 이제 막 추진이 시작된 초기 단계의 정책으로서 그 성과를 논의하기에는 이른 단계이지만, 그럼에도 불구하고 정책의 성공은 그것을 실현하기 위한 시스템과 추진체제를 어떻게 구축해내는가가 관건이라는 점에서 이러한 질문에 끊임없이 답하는 과정이 필요할 것이다.

또 하나의 중요한 과제는 제반 정책 및 사업에 대한 성과분석이다. 2016-2017년에는 50플러스 인프라를 구축하고 50플러스의제 및 파트너 발굴, 다양한 파일럿 사업 운영을 추진하였다면, 2018년부터는 제반 사업에 대한 체계적인 관리와 성과분석을 통해 정책효과를 제고하는 방안을 마련해나갈 필요가 있다. 특히, 고용-복지-교육 정책간 연계 및 통합에 대한 성과분석과 50플러스세대 당사자 주도 사업에 대한 성과분석이 체계적으로 이루어질 필요가 있다. 이를 통해 서울시가 새롭게 시도하고 있는 고용-복지-교육 복합 모형이 보다 실효성 있게 추진될 수 있을 것이다.

제2부

사례로 보는 장년 고용

기업의 전직지원프로그램
김석란(한국직업자격학회)

보험업종 장년 인력의 생산성 추정과 정책적 시사점
김주섭(한국노동연구원)

장년고용정책의 업종별 전개상 비교분석
: 정년연장과 임금피크제에 대한 근로자들의 태도를 중심으로
박명준(한국노동연구원) · 김주현(충남대학교)

퇴직 전문인력 활용방안
오호영(한국직업능력개발원)

연구개발인력의 연령과 생산성
홍성민(과학기술정책연구원)

대학의 장년 취업 제도 및 현황(산학협력중점교수 제도를 중심으로)
박문수(한국뉴욕주립대학교)

기업의 전직지원프로그램

김석란(한국직업자격학회)

기업의 전직지원프로그램[1)]

I. 전직지원프로그램의 정의

1. 전직지원프로그램의 개념

전직지원프로그램(outplacement)은 퇴직자나 퇴직예정자의 재취업과 창업을 위해 제공되는 일련의 서비스 프로그램을 의미하며, 조직의 다운사이징(downsizing)에 따라 발생하는 퇴직자들을 위해 또는 조직구성원의 경력개발 차원에서 제공하는 프로그램이다(한국기업교육학회, 2010). 전직지원프로그램은 아웃플레이스먼트, 전직지원제도, 전직지원서비스, 전직지원 활동, 전직지원 교육 등의 용어와 혼용하여 사용되고 있다. 이들은 아웃플레이스먼트를 번역하여 사용하는 용어이며 재취업교육, 퇴직준비교육, 은퇴후 교육, 은퇴 준비교육 등은 동의어라고 간주하기는 어렵지만 유사하게 사용되고 있다(권대봉・김재현・이형민・이윤수, 2012).

전직지원프로그램을 정의하면서 등장하는 용어 중 전직은 직업이나 직무를 바꾸어 옮긴다는 뜻이며, 이직(separation)은 근로자가 자의 또는 타의에 의해 일시적이거나 영구적으로 고용이 종료되어 소속된 집단을 떠나는 것을 의미한다. 자의적 이직이란 사직을 말하며 근로자의 개

1) 김석란의 숙명여자대학교 박사논문 '기업 전직지원프로그램의 효과분석에 관한 연구'를 토대로 정리

인 사정으로 회사를 떠나는 것이다. 반면에 비자발적 이직이란 타의에 의해 조직을 떠나는 것으로 해고와 퇴직으로 구분되는데 해고는 고용주에 의해 이직이 결정되는 것이고 퇴직은 퇴직과 관련된 이익과 인센티브 및 기타의 원인으로 조직을 떠나기로 결정하는 것을 의미한다(정수진·고종식, 2011).

전직지원프로그램은 1960년대에 미국에서 처음 도입된 제도로서 기업들이 비용 감소와 인력 효율화를 위한 다운사이징 과정에서 퇴직자가 늘어나자 이들을 지원하고, 소송을 비롯한 문제를 해결하기 위한 방안으로 그 요구가 높아지기 시작했다(Redstorm- Plourd, 1998; 정동섭·박지근, 2003). 구조조정이 본격화되기 시작한 1980년대부터는 미국에서 일반화 되었고, 1980년대 초에는 유럽에서도 본격적으로 채택되었으며 일본의 경우에는 1990년대부터 확산되기 시작했다(김규동, 2001; 천영희 2002). 우리나라에서는 1997년 IMF이후 도입되기 시작하여 한국노바티스, 한국피앤지 등 외국계 기업에서 실시되었으며, 이후 대우자동차, 삼성생명, 한국전력 등 대기업과 공공부문을 중심으로 확산되었다(양안나, 2006).

이들 전직지원프로그램의 정의를 연구자별로 정리해보면 Healy (1982)는 개인에 초점을 맞춰 경력단절로 인한 심리적 불안을 줄이고 경력목표 달성을 위한 가능성을 높여, 계획적인 구직활동을 통해 되도록 신속하게 경력목표를 달성할 수 있도록 영향을 주는 것이라 정의했다. Meyer와 Shadle(1994)은 사업주가 경영상의 이유로 조직을 떠나는 퇴직자를 지원하기 위한 제도로서, 새로운 직무나 경력 또는 라이프 스타일에 대한 컨설팅이라고 정의하고 있다.

또한 Redstorm Plourd(1998)는 구직에 필요한 지식과 기술을 교육시키는 것에서부터 개인에게는 평생학습과 개인의 경력에 필요한 학습자원을 제공하여 개인의 변화관리를 지원하는 인적자원 개발 프로세스라 하였으며 이는 경영자에게는 구조조정에 따른 전직, 이직, 해고와 관련된 인적자원 계획에 대한 자문을 제공하고 잔류 근로자에게는 심리적 불안을 해소하고 새로운 환경에 적응하도록 상담을 제공하는 인적자원 관리 방법이라고 정의 하였다.

Pickman(1994)은 직업을 상실한 직원에게 효과적인 경력계획을 개발해 주고 새로운 직업을 찾도록 지원해 주는 과정"이라고 정의하였으며, O'Donnel(1992)은 퇴직자의 기술이나 능력을 평가하여 새로운 직장을 찾는 것을 도와주고 구직 기술을 제공하는 제도라 하였다.

이상과 같은 정의를 종합해보면, 전직지원프로그램은 퇴직하거나 퇴직예정인 근로자를 대상으로 계획적이고 전략적인 구직활동을 통해 신속하게 경력목표를 달성할 수 있도록 하고, 새로운 직무나 경력 또는 라이프스타일에 대한 체계적인 서비스를 제공하는 프로그램이다.

선진국에서는 퇴직자의 신속한 전직지원, 인적 구조조정과 퇴직관리를 원활하게 하기 위하여 전직지원프로그램이 인적 자원관리 활동의 일환으로 제도화되었으며, 최근에는 기술과 경제, 직무 태도, 문화 규범의 변화에 빠르게 대처하기 위한 수단으로 활용되고 있다(김정한·김동헌·오학수, 2001; Martin & Lekan, 2008). 특히 선진국에서의 전직지원프로그램은 경력개발, 직업탐구계획에 대한 상담부터 기업에 전직지원프로그램 제공을 위한 지원 기준, 개인 평가와 상담을 실시하고, 부가적으로 경력까지도 조사하고 지원하는 역할을 한다(Schuler, 1992; Doherty, Tyson, Viney, 1993; Paul, 1996; Amstrong, 2006; Stewart, Brown, 2009).

2. 전직지원프로그램의 목적

전직지원프로그램은 기업의 인력 조정에 따른 부작용을 최소화하는 방안으로 도입되었다(임운택, 2006). 퇴직자에게는 퇴직으로 인한 충격으로부터 심리적 안정감을 획득하고 신속한 대안 탐색을 위한 다양한 정보를 제공하며 잔류 구성원에게는 충격과 불안을 완화하여 조직충성과 직무몰입이 가능하도록 한다. 또한 정부는 상시 구조조정에 의한 노동시장의 유연성 확보와 재취업 활성화로 재정적 부담을 완화시킬 수 있다는 이점이 있다. 이처럼 전직지원프로그램은 퇴직자, 잔류구성원, 기업, 정부의 시각에 따라 그 목적이 서로 상이하다(임안나, 2006).

구조조정이나 인력감축으로 인해 퇴직하게 되는 퇴직자들은 심리적,

생리적 변화와 가족관계에 부정적 영향을 받게 된다(이규만·구관모, 2007). 퇴직자들은 심리적 상실감으로 적대감, 불안감, 소외감, 자아의 상실 등을 초래하게 되며(Donovan & Oddy, 1982; Hepworth, 1980), 자살률이 평균치 보다 높고 심장병, 암 등의 질환이 증가하여 입원율이 증가하게 된다(Layer, 1982). 이혼과 같은 가족관계의 파탄이나 부부간의 역할 전도 현상으로 가정불화가 나타나기도 한다(Leana & Ivancevich, 1987).

전직지원프로그램은 퇴직자의 심리적 불안감이나 스트레스를 조기에 극복하도록 하여 심리적 안정감을 갖도록 지원하며(Doherty, 1998; Hill & Thomas, 1991), 퇴직자 개인의 능력을 개발할 수 있는 기회를 제공하고 재취업이나 창업에 대한 실무적 지원을 통해 신속하게 경력목표를 달성하는데 도움을 준다(Harvey, 1994; Bonyton & Thomas, 1991).

또한 전직지원프로그램은 기업이 불가피하게 인력감축을 시행할 수 밖에 없었던 상황을 이해할 수 있도록 하며, 퇴직 이후에도 자신을 돌봐준다는 인식을 갖게 함으로써 기업에 대한 반감을 최소화하여 퇴직자가 기업에 갖는 이미지를 긍정적으로 만드는데 영향을 미친다(Hill & Thomas, 1991; 구관모, 2004).

구조조정 이후 잔류구성원에게는 '생존자 신드롬'이라고 하는 사기 저하, 스트레스 증가, 기업에 대한 분노와 불신, 조직몰입 저하, 미래 경력에 대한 불안감, 무력감과 동기 상실 등의 부정적 영향이 나타난다. 전직지원프로그램은 이들이 심리적으로 안정감을 획득하여 충격과 불안에서 벗어나고, 변화하는 환경에 대한 이해를 통해 미래를 준비하며 회사에 대한 신뢰회복과 사기 진작을 가져올 수 있도록 지원하고 있다(DeWitt & Mollice, 1998; 김창호·최용식, 2010).

전직지원프로그램은 인력 구조조정 이후 조직 아노미 현상과 조직 무기력 증 등의 후유증을 극복하게 하며, 기업이 적절하고 원활하게 조직변화와 구조조정이 가능하게 하며, 노사협의 시 협상력을 강화시키고 기업의 사회적 책임과 종업원을 중시하는 기업 이미지를 제고 시키는데 효과가 있다(김정한, 2001; 태원유 2001). 또한 해고자들로 부터의 소송 가능성을 배제할 수 있으며 퇴직자에 대한 도덕적 책임감과 부담을 경감시킬 수 있다(천영희 2002; 구관모 2004).

전직지원프로그램은 정부에게도 유익한 측면이 있다. 기업이 전직지원프로그램을 도입함으로써 노사 갈등으로 인한 사회적 비용을 최소화하고 사회 불안을 미연에 방지함으로써 사회적 안정을 도모하게 된다. 또한 퇴직자들이 신속하게 경력목표를 달성하여 재취업이나 창업에 성공함으로써 실업대책에 소요되는 비용을 절감할 수 있다. 더 나아가 국가 차원에서 인재를 효율적으로 활용할 수 있다는 이점이 있다(김정한, 2001; 임안나 2006).

3. 전직지원프로그램의 모형과 내용

전직 지원 프로그램은 퇴직자들이 퇴직으로부터 겪는 삶의 변화에 적응하는 것을 목적으로 하는 다양한 지원 프로그램으로 구성되어 있으며, 퇴직이 임박한 근로자를 대상으로 하는 생활설계 프로그램, 퇴직 예정인 근로자를 위한 퇴직준비 프로그램, 퇴직 예정 근로자 부부를 대상으로 하는 부부 퇴직준비 프로그램이 있다(박창동, 2014).

그리고 전직지원프로그램은 퇴직자의 성공적인 경력전환을 지원하는데 목적이 있으므로 기본프로그램의 구성은 재취업 지원과 창업 지원으로 구성되어 있으며 경력과 역량분석, 취업 관련 구직서류 작성법 등 전직지원 프로그램의 주요 내용은 유사하다(김석란·이영민, 2013a). 이처럼 전직지원프로그램은 재취업과 창업지원이 근간을 이루고 경력개발보다는 구인 구직 연계와 취업에 필요한 기본 서류작성에 더 집중되어 있다. 창업지원은 창업의 과정에서 발생할 수 있는 위험요인의 사전 인지를 위해 현장방문과 견학, 모의실습을 중점적으로 학습한다(김석란·이영민, 2013b).

한편 전직지원프로그램의 모형은 학습자 중심의 모형(Conroy, 1993; Mirabile, 1985)과 공급자 또는 운영자 중심의 모형(기영화, 2000; Aquilanti & Leroux, 1999; Kirk, 1994)으로 구분한다. 전직지원프로그램의 모형을 살펴보면 Mirabile(1985)은 개인의 퇴직에 대한 심리적 변화과정을 5단계로 제시하였다. 퇴직으로 인한 감정적 혼란을 극복하는 안정단계, 자신의 장단점과 경력을 분석하고 구직활동에 집중하는 성찰단계, 본인이 새롭게 개척해야할 분야를 명확하게 설정하는 명확화 단계, 설정된 경력목표에 맞는 새로운 직장을 탐색하는 방향설정단계, 퇴직을 새로운 능력 창출과 경력성장을 위한 기회로 인식하는 시각의 변화 단계로 설명한다.

Soukup, Rothman & Brisco(1987)의 모형은 기업의 관점에서 재정적 지원, 심리적 지원, 구직활동 지원으로 분류하였다. 1단계는 재정적 지원으로 퇴직 이후 경제적 어려움을 극복할 수 있도록 임금을 지속적으로 보전해 주고, 건강보험 유지, 실업수당과 퇴직이후 신용관리 등을 지원한다. 2단계는 퇴직자와 잔류구성원에 대한 심리적 지원이다. 퇴직자가 자존감을 회복하고 스트레스로부터 빨리 벗어날 수 있도록 지원하며, 가족 상담도 지원한다. 3단계는 구직활동 지원으로 퇴직자가 새로운 직장 또는 직업을 찾을 수 있도록 탐색과 추천을 진행할 뿐 아니라, 교육으로 새로운 경력을 열어 갈 수 있도록 지원하는 단계이다(권대봉, 2012).

Conroy(1993)는 구직활동 단계에 맞추어 진단, 준비, 마케팅, 공표의 4단계를 제시한다. 진단단계에서는 개인의 관심사나 전문 기술과 과거 경력을 진단하여 경력목표를 수립하고 준비단계에서는 구직을 위해 이력서를 작성하고 마케팅 전략을 수립한다. 마케팅 단계에서는 취업 서류를 제출하고 인터뷰를 거치게 되며 공표 단계에서는 개인의 성장과 발전에 도움을 주는 경력을 선택하고 취업제의를 수락한다.

Kirk(1994)의 전직지원서비스 모형은 퇴직자의 심리변화가 정상적이라는 인식을 전달하는 심리적 안정단계와 자기진단과 경력탐색을 통해 경력목표를 설정하고 구직활동에 대한 계획을 수립하는 경력개발단계가 진행된다. 이어서 구직활동 단계에서는 퇴직자의 네트워크 형성과 협상력을 강화시키고 실질적인 구직활동을 지원하게 된다. Gruber(1998)의 모형은 세 가지 활동을 추진하도록 제안하는데, 실직에 따른 충격으로부터 평상심을 회복하고, 자신이 추구해야 할 경력개발의 방향성을 정립하며, 적절한 구직활동을 하는 것이다.

Aquilanti와 Leroux(1999)의 전직지원프로그램 모형은 다양한 전직지원서비스 이론의 특성을 통합하여 심리적 안정, 자기개발, 구직활동,

지속적인 상담과 지원의 4단계를 제시하고 있다. 심리적 안정 단계에서는 퇴직자와 컨설턴트 사이에 라포(rapport)를 형성하고 전직지원 전 과정에서 퇴직자가 열심히 참여할 수 있도록 동기를 부여하고 격려를 해 주어야 한다(Pickman, 1997). 자기개발 단계에서는 성격, 직업흥미, 가치관, 보유기술과 능력, 경력 등에 대한 분석을 통해 경력목표를 설정하고 구직활동을 위한 스트레스 관리나 재정적인 계획을 세우게 된다. 구직활동 단계는 이력서를 작성하고 다양한 구직정보를 수집하여 다양한 재취업 방법을 활용하여 구직활동을 진행하는 과정이다. 지속적인 지원과 상담단계는 퇴직자가 전직지원 전 과정 동안 심리적인 변화를 겪기도 하고 어려움을 겪을 때 지원하고 격려해 주며, 경력목표 달성 후에도 지속적으로 지원하고 점검하는 내용으로 구성되어 있다.

삼성경제연구소(2001)가 제시한 모형은 3단계로 구성되어 있다. 1단계는 진단단계로 심리상담을 통해 상실감을 치유하고 도전의식을 고취하며, 개인의 핵심역량, 가치관, 적성 등을 분석하여 경력목표를 설정한다. 2단계는 준비단계로 재취업의 목표를 설정하고 이력서를 준비하며, 재취업에 필요한 전략을 세우고 면접이나 협상을 준비하는 단계이다. 3단계는 실행단계로 취업제안을 분석하고 취업할 회사를 선정하거나 창업을 경력목표로 설정한 경우 창업을 실행하는 단계이다.

삼성전자는 탐색, 준비, 실행, 안정화의 4단계로 프로그램을 구성하고 있는데 안정화 단계는 전직에 성공한 이후에 잦은 이직을 방지하고 새로운 조직에 빠르게 적응하여 성과를 낼 수 있도록 지원하는 내용을 포함하고 있다(김석란·이영민, 2013a).

퇴직자들에게 제공되는 전직지원프로그램의 내용은 심리안정 프로그램과 경력전환 지원프로그램, 행정지원서비스로 구성되어 있다(천영희, 2002). 심리적 안정 프로그램은 퇴직으로 인한 불안, 스트레스, 자존감의 하락 등을 해소하고 경감시키려는 목적으로 진행되며 퇴직을 직시하고 변화를 수용하는 데서 출발하여 상실감의 극복, 진단을 통한 향후 진로 결정으로 이어진다. 심리안정 프로그램에는 퇴직자의 배우자까지 포함하여 가정생활에 미치는 부정적 영향을 최소화 하는 것이 필요하다.

경력전환 지원프로그램은 진단을 통한 경력목표 설정, 재취업 서류

준비와 면접 준비, 창업을 위한 사업계획서 작성, 상권분석, 마케팅 전략 수립, 오픈 준비 등의 내용이 포함되며 행정지원서비스는 경력전환센터를 설치하고 비서 서비스와 컴퓨터, 전화 등의 사무기기를 제공한다(김정한 · 김동헌 · 오학수, 2001).

4. 전직지원프로그램의 효과

전직지원프로그램의 효과는 퇴직자와 기업, 잔류구성원에 대한 효과로 구분된다. 퇴직자에 대한 전직지원프로그램의 효과로 심리적 안정감과 구직효능감의 제고, 빠른 전직 성공이 대표적이다. 퇴직은 이혼이나 사별과 비슷한 강도의 사건이며 퇴직으로 인한 스트레스가 우울, 불안, 적대감 등을 발생시킨다고 주장한다(Defrank & Ivancevich, 1986). 퇴직은 사회적 퇴출이라는 인식을 갖게 됨으로써 외로움이나 비관적 감정, 사회적 격리감을 느끼기도 한다(Leana & Feldman, 1992).

퇴직자의 부정적 심리는 시간이 지남에 따라 변화가 나타나는데 Hopson과 Adams(1997)는 이를 7단계로 설명하고 있다. 먼저 부동화(immobilization)는 퇴직으로 인한 충격이 고조에 달하여 경력전환에 대한 체계적 계획 수립이 불가능한 단계이며, 두 번째는 최소화(minimization) 단계, 세 번째는 자기의심(self-doubt)으로 자신이나 자신의 능력을 의심하는 단계, 네 번째는 배출과 인정(letting go)으로 현실을 인정하면서 미래를 바라보기 시작하는 단계이다. 다섯 번째는 실험(testing out)으로 경력전환을 준비하는 단계이며, 여섯 번째는 의미탐색(search for meaning)으로 퇴직의 의미와 과거 자신의 업무를 분석해보는 단계이고, 마지막 내면화(internalization) 단계는 근본적인 문제의 해결은 자신만이 할 수 있다고 인식하는 단계이다(주용국, 2002).

Kubler-Ross의 고통모형은 사람들이 정신적인 쇼크를 받으면 5단계의 심리적 변화를 경험하게 되는데 충격과 부정, 분노, 거래, 우울, 수용의 심리상태를 퇴직자들도 겪게 된다(양안나, 2006).

전직지원프로그램을 경험한 퇴직자는 경험하지 않은 퇴직자보다 심리적 분노와 근심이 감소하고 심리적 안정을 찾는 것으로 나타났다

(Vinokur & Caplan, 1987; 정동섭 · 박지근, 2003). 성취프로그램에 참가한 퇴직자를 대상으로 실시한 연구에서도 불안, 우울 등의 심리적 요인들이 감소한 것으로 나타나 전직지원프로그램이 부정적인 심리상태를 완화하는 효과가 있는 것으로 볼 수 있다(김명언 · 장재윤 · 조성호 · 노연희, 2003).

구직효능감은 구직활동에 대한 자신감을 의미하는데 이는 구직활동을 성공적으로 수행할 수 있다는 자신의 능력에 대한 확신을 나타낸다(Vinkur & Price, 1996). 구직효능감은 구직 관련 기술을 습득하고 연습하면 높아지며(김명언 · 장재윤 · 조성호 · 노연희, 2003), 전직지원프로그램을 통해 구직효능감이 향상된 퇴직자들은 직무탐색활동이 증가하고, 구직효능감이 높은 사람들이 그렇지 않은 사람들에 비해 재취업률이 높은 것으로 나타났다(Eden & Aviram, 1993).

전직지원프로그램의 궁극적인 목적은 전직 성공이다. 정동섭, 박지근(2003)의 연구에서 전직지원서비스가 재취업이나 창업이라는 경력목표를 달성하는데 효과가 있는 것으로 나타났으며, 천영희(2002)의 연구에서도 경력전환 성과를 분석한 결과 전직지원서비스 참가자의 52%가 경력목표를 달성한 것으로 나타났다.

전직지원프로그램의 효과 중 기업의 관점에서 효과적이라고 할 수 있는 측면을 살펴보면 다운사이징 과정에서 인력감축을 진행하면서 기업이 퇴직자를 배려하는 철학과 의지가 중요하다는 점을 간과해서는 안되며 인력감축 전략뿐만 아니라 업무재설계와 체계적 변화전략이 필요하다고 주장한다(김정한 · 김동헌 · 오학수, 2001). 구관모(2004)에 의하면 전직지원서비스를 실시한 기업의 경우 생산성이 높아지는 것으로 나타났으며, 긍정적인 영향을 미치는 것으로 밝혀졌다. Brockner(1992)는 직업 상실의 위기에 놓인 구성원일수록 더 큰 노력을 기울인다고 주장하며, 이는 작업노력을 통해서 구조조정 대상에서 누락되기를 희망하는 의도로 볼 수 있다. 그러나 고용불안이 높은 기업일수록 목표를 달성하고자 하는 노력을 덜 발휘한다는 연구결과도 있다(Greenhalgh & Rosenblatt, 1984). 구관모와 이규만(2007)은 전직지원서비스가 조직몰입, 조직에 대한 신뢰, 작업노력에 부분적인 정의 영향을 미친다는 연구결과를 밝혔다.

구조조정이 잔류구성원에 대한 태도와 행동에 미치는 영향에 대해서 연구한 Brockner(1988)는 회사가 퇴직자에게 충분한 보상을 하지 않는다고 느낄 때 잔류구성원의 생산성과 조직에 대한 헌신이 낮아진다고 하였다. 우리나라의 경우에도 다운사이징 과정에서 분배적, 절차적 공정성이 잔류구성원의 직무성과와 이타적 행동, 조직에 대한 신뢰감에 긍정적인 영향을 미치는 것으로 나타났다(박상언, 2001). 이처럼 전직지원프로그램은 회사가 퇴직자들을 배려하고 있다는 의지를 표출함으로써 잔류구성원들의 불안을 감소시키며, 사기저하를 방지한다. 또한 구조조정 이후의 긍정적인 기업이미지를 관리하는 것에 도움을 주며, 회사에 대한 배신감을 감소시키고 퇴직자와의 선의의 동반관계를 유지할 수 있다는 효과가 있다(김규동, 2001).

5. 국내기업 전직지원프로그램의 운영현황

기업의 구조조정은 변화하는 글로벌 경제 환경에서 생존하기 위한 전략으로 반복되는 과정이다(Owens, 2008). 구조조정은 단순히 조직의 물리적 개편뿐만 아니라 인적자원의 탄력적 조정을 포함한다(최돈민 · 백은순 · 김태준, 2001). 기업은 21세기의 치열한 경쟁 환경에서 살아남기 위해 근로자를 인적자본의 측면과 혁신적 경영기법으로 축소해야할 비용요소로 간주하는 극단의 현상을 발견하게 된다(Locke & Kochan, 1995). 이러한 맥락은 소비자의 수요에 대응하여 노동시장의 기술과 수준이 변화되었으며, 이에 따라 근로자에게 요구되는 역량도 달라졌다는 것을 알 수 있다(Lebo, 1997). 따라서 사회, 경제적 변화와 더불어 급격하게 불안정화 된 노동시장에서 개인은 평생직장 대신 평생직업과 평생고용가능성을 지향해야 하는 실질적인 요구에 직면하고 있다(진성미, 2009). 이러한 환경의 변화에 따라 기업의 전직지원프로그램도 변화를 거듭해오고 있으며 내용 또한 다양해지고 다차원적으로 변모해 가고 있다(박창동, 2014).

인력 유동화 시대의 도래로 상시적 퇴직관리의 필요성이 증대되고 이에 따라 구조조정이 상시화 됨으로써 전직지원프로그램은 국민적 의식의 변화와 기업의 수요 증가, 효과의 확대를 경험했고 점차 생활설계 프로그램, 생애설계프로그램과의 접목을 통해 경력개발을 위한 제도로 발전해 가고 있다(박성수・황호영・김공수・이경근・전명숙・채준호, 2007; 김석란・이영민, 2013b). 또한 전직지원프로그램이 초기에는 퇴직자를 지원하는 제도로만 활용되었으나 최근에는 재직자의 사전적 교육프로그램으로서의 역할로 확대되는 사례들이 증가하고 있다(박창동, 2014).

전직지원 서비스 운영 주체는 4가지 형태로 나누어 볼 수 있다(김정한, 2002 : 구관모, 2003). 기업에서 퇴직자에게 직접적으로 전직지원 서비스를 실시하는 방안, 전직지원 컨설팅 기관에 위탁하여 퇴직자에게 실시하는 방안, 기업과 전직지원 컨설팅 기관과의 밀접한 연계 하에 전직지원 서비스를 실시하는 방안, 그리고 회사, 전직지원 컨설팅 기관, 정부기관과 지역사회가 공동으로 실시하는 방안이다.

첫째, 기업에서 자체적으로 전직지원서비스를 제공하는 방안은 회사의 기존 시설과 역량을 이용할 수 있기 때문에 비용을 절감할 수 있고, 대상자에 대한 상황 파악이 쉽다는 장점이 있다. 그러나 같이 일했던 동료로부터 서비스를 받는 것에 대한 퇴직자의 심리적 거부감과 위화감, 전문성의 결여, 회사에 대한 기대감 증가, 기업 내 인력투입으로 인한 기회비용의 발생 등이 단점으로 지적된다.

둘째, 전직지원 컨설팅 기관에 위탁하는 방안으로 컨설팅 기관의 전문적인 경험과 노하우를 활용하여 퇴직자의 경력 목표를 달성할 수 있도록 서비스를 신속하게 추진할 수 있는 장점이 있지만, 비용이 많이 들고 능력 있는 기관을 선정하기 까지 많은 시간이 소요되며, 회사의 기밀이 누설 될 수 있다는 단점이 있다.

셋째, 기업과 외부 컨설팅 업체가 공동으로 운영하는 방안으로 퇴직 대상자에 대한 전직지원 서비스를 컨설팅 업체에 일임하지 않고, 기업의 인사부서와 컨설팅 기관이 연계하여 직원들에게 서비스를 실시하는 방식이다. 이러한 방안은 퇴직자의 요구사항을 회사에서 수렴하여 최적의 서비스를 제공할 수 있고, 기업의 퇴직관리에 대한 노하우를 축적할 수 있다는 장점이 있으나 소규모 인력감축에 활용하기에는 번거로운 면이 있고 실무에서 기업과 컨설팅 기관과의 소통의 문제가 발생할 수 있다는 점이 단점으로 지적되고 있다. 넷째, 기업과 외부 컨설팅 기관, 그리고 정부기관과 지역사회가 공동으로 운영하는 방안이 있다.

어떤 운영주체를 선택하는 것이 전직지원프로그램의 효과를 제고시킬 수 있을 것인지에 대한 연구자들의 견해가 각각 다르게 제시되어 왔으나 차츰 상시구조조정 체제로 바뀌어 감에 따라 기업이 주도적으로 프로그램을 선택해야 한다는 입장이 제시되고 있다(Friedman 1995). 기업이 주도하여 전직지원프로그램을 도입함으로써 기업의 사회적 책임을 다하고, 퇴직으로 인해 위기에 처한 근로자들에게 적극적으로 서비스를 실시할 수 있다는 관점이다(김석란, 이영민, 2013b). 최근의 전직지원프로그램 운영기관을 공공 전직지원서비스 기관과 민간 전직지원서비스 업체, 기업 내 전직지원센터로 분류하고 있다(이상현, 2011). 기업의 경우 아직은 사후내응 수준에 버물러 있고, 삼성, 포스코, 현대, KT 등 일부 대기업이 상시적으로 전직지원센터를 운영하고 있다(태원유, 2012).

기업은 전직지원프로그램의 실행을 통하여 장기적으로 조직의 지속적 성장과 종업원의 행복을 추구하는 것을 목표로 한다(Bush, 1995). 안관영(2001)은 GE의 사례를 통해 모든 기업이 전직지원서비스를 형식으로 실행하는 것이 아니라 사명감, 비전, 원칙을 갖고 실행할 때 효과적이라고 주장한다. 기업이 종업원의 평생고용을 보장하기 어려운 시대를 맞이하면서 일시적, 임시방편적 퇴직관리의 방식이 아닌 상시적 퇴직관리를 통해 기업의 경쟁력 및 성과의 지속적 향상을 도모해야 하는 새로운 도전에 직면해 있다고 할 수 있다(박성수 · 황호영 · 김공수 · 이경근 · 전명숙 · 채준호, 2007).

II. A사 전직지원프로그램 사례

A사는 2001년부터 경력개발센터를 설치하고 전직지원제도를 도입하여 실시해오고 있다. 이후 2008년 글로벌 금융위기 등으로 퇴직이 상시화 되고 퇴직 이후 개인의 삶에 대한 기업의 사회적 책임이 강조되면서

2011년 8월 교육, 컨설팅 기능을 추가하여 경력컨설팅센터로 재편하였다. 2015년 이후에는 5개 관계사의 경력컨설팅센터가 통합되어 전직지원프로그램을 운영하고 있다.

A사 경력컨설팅센터의 전직지원프로그램은 대상에 따라 그리고 경력목표에 따라 차별화된 과정이 운영되고 있다. 퇴임 임원을 대상으로 하는 프로그램과 간부급 이하 퇴직자와 퇴직예정자를 대상으로 하는 프로그램이 진행되고 있다. 본 내용에서는 센터의 대표적인 프로그램이며 가장 많은 인원이 참여하고 있는 간부급 이하 퇴직자와 퇴직예정자를 위한 프로그램에 대해 기술하였다.

1. A사 전직지원프로그램의 목표

A사 전직지원프로그램은 퇴직자 및 퇴직예정자의 재직 시 직무와 직급, 연령 및 퇴직 후 경력경로 등을 고려하여 개발되었다. A사 전직지원프로그램 참여자들은 대기업에서 20~30년 근속한 퇴직자 및 퇴직예정자들로 그동안 외부노동시장에 대해 거의 관심을 갖지 않았으며, 퇴직 이후의 경력경로로 중소기업 재취업 이외에는 고려해보지 않은 경우가 대부분이다. 또한 오랜 기간 한 직장에서 근무를 했기 때문에 변화에 대한 대처능력이 떨어지고 유연성이 낮다는 특징을 가지고 있다. 그리고 중소기업으로 재취업하는 경우 조직문화, 시스템, 프로세스 등 대부분의 영역에서 격차가 존재하고 역할의 변화가 발생하면서 적응력에 문제가 생기게 된다. 더불어 재취업 경험이 거의 없으므로 인해 구직활동에 대한 지식이나 기술이 부족하다는 점, 그리고 이러한 큰 변화를 겪으면서 심리적인 불안이 증대되었다는 점 등이 대상의 특징으로 파악되었다(A사 내부보고서, 2014).

대상의 니즈와 특징을 반영하여 프로그램의 목표를 정리해 보면, 첫째 참가자의 80%가 50대라는 점을 감안하고 생애에서 가장 지출이 많은 시기임을 고려하여 빠른 재취업을 지원하며, 둘째 외부노동시장에서의 경쟁에 익숙하지 않은 참여자들에게 본인의 자산을 정리하고 전개, 표현하는 능력인 고용가능성(Hillage & Pollard, 1998)을 제고하는 것을 목표로 한다. 셋째, 대기업 조직에서 중소기업으로의 경력이동이 필요한 시점에서 관점을 전환하고 변화에 유연하게 대처하는 능력을 제고하며, 넷째 재취업 관련 지식과 기술을 습득케 하여 구직활동에 활용함으로써 실행력을 강화시키는 것을 목표로 한다. 다섯째 중소기업 재취업 후 적응력을 제고시키기 위해 중소기업 직무능력을 향상시키며, 여섯째 60세 이후의 삶을 위한 제2의 인생설계를 지원하고 일곱째 환경의 급격한 변화와 역할의 변화로 인한 심리적 불안정을 완화시키는 것을 목표로 한다.

〈표 1〉 A사 전직지원프로그램의 목표

퇴직(예정)자의 특징	프로그램의 목표
- 40대 후반, 50대의 나이로 자녀 학비 등 지출이 가장 많은 시기	- 빠른 재취업 지원
- 외부노동시장에 대한 정보가 없고, 노동시장 에서의 포지셔닝이 불명확 - 전문분야의 역량, 지시, 기술 등의 확보에 대한 정리가 안 되어 있음 - 자신에 대한 마케팅 능력 부족	- 고용가능성의 제고
- 프로세스나 매뉴얼에 의한 업무수행으로 유연성 부족 - 대기업에서 중소기업으로의 경력이동으로 조직문화, 시스템 등 조직간 격차를 경험하게 됨	- 개인의 변화관리 능력과 유연성 제고 및 관점의 전환
- 재취업을 경험해 본 적이 없음	- 재취업 기술 습득과 실행력 강화
- 대기업과 중소기업에서의 직무가 상이하고 역할이 변화됨에 따라 적응력이 떨어짐	- 중소기업 근무에 필요한 직무능력 개발을 통해 전직 후 적응력 제고
- 60이후의 장기적 경력에 대한 준비와 직업 이외의 생애 영역에 대한 설계가 필요한 시점	- 제2의 인생설계 지원 - 장기적 경력 설계
- 퇴직으로 인한 불안감과 미래에 대한 준비 부족으로 인한 정신적 아노미 현상	- 심리적 안정 획득

2. A사 전직지원프로그램의 내용

1) 전직지원프로그램의 구성과 특징

경력에 있어서 의사결정과 문제해결은 기본적으로 학습되고 연습될 수 있는 기술이며 따라서 이러한 내용이 학습된다면 자신의 경력관련 문제들을 스스로 해결해 나갈 수 있게 될 것이라고 보는 견해가 바로 진로 정보처리이론(Career information processing theory)이다. 진로정보처리이론에서 의사결정이나 문제해결의 과정을 의미하는 CASVE는 의사소통(communication), 분석(analysis), 종합(synthesis), 평가(valuing), 실행(execution)의 5단계로 구성된다. 의사소통 단계는 경력에 있어서 의사결정이나 준비가 필요하다고 느끼는 단계이다. 분석단계는 자신에 대한 이해와 직업에 대한 이해의 폭을 넓혀가는 단계로 자신에게 적합한 경로를 선택하기 위해 자신의 특성과 직업의 탐색을 학습하게 된다. 종합단계는 자신과 직업에 대한 이해를 바탕으로 적합한 대안을 선택하는 단계로 최종적으로 3~4개의 대안을 선정하게 된다. 평가단계는 최종으로 선택한 대안을 구체적으로 평가해 보는 단계이다. 마지막으로 실행단계는 우선순위에 따라 구체적인 준비에 들어가는 단계이다(황매향 외, 2013).

A사의 전직지원프로그램은 초기에 탐색, 준비, 실행, 안정화의 4단계로 구성되어 있었으나(김석란 · 이영민, 2013), 프로그램의 차수가 거듭되면서 좀 더 구체적이고 실질적인 단계들을 추가하는 과정에서 CASVE 과정을 전직지원프로그램에 적합하게 재편하여 현재는 5단계로 구성하고 있다.

A사 전직지원프로그램은 다음과 같은 특징을 가지고 있다.

첫째, 전직지원프로그램이 단기적 관점에서의 빠른 재취업을 위한 프로그램으로 운영된다는 측면(권대봉, 2006; 함흥안 · 이종건, 2010)과 전직지원을 생애경력 전환이 아닌 직장전환으로 인식하고 있다(Leana & Feldman, 1995)는 측면을 고려하여, 중고령 퇴직자의 자기계발과 삶의 질 향상을 지원하는 평생교육차원의 개념을 도입하여 전직을 효과적으로 유도할 수 있도록 구성하였다.

둘째, 최근 조직의 유연성과 고용 불안정성의 증대로 인해 비자발적 경력이동을 경험하게 되고, 한 직장에서의 고용안정성 보다 다양한 노동시장에서의 고용가능성을 강조하는 노동시장의 특징을 고려하여 무경계 경력, 프로틴 경력의 개념에 부합하는 경력탄력성의 제고에 초점을 맞추었다.

셋째, 대부분의 퇴직자가 퇴직 후 중소기업에 재취업하는 경로를 선택함에 있어 조직문화, 시스템, 환경 등에서 큰 차이를 경험하게 되는데 이를 극복하기 위해 관점의 전환에 중점을 두고 있다. Ingle(1999)의 연구에서는 전직경험을 통해 퇴직 전에는 몰랐던 것들을 알게 되고 퇴직자들을 이해하게 되면서 기존의 관점과 다른 새로운 관점을 갖는 것으로 나타났다. 따라서 전직지원 프로그램에 참여하는 과정에서 단순히 지식이나 기술을 습득하는 행위만이 아니라 낯선 환경에 적응하기 위한 관점의 전환도 고려되어야 한다는 점을 프로그램에 반영하였다.

넷째, 프로그램 중 인식의 전환이나 눈높이 조절 학습을 통해 마인드 셋은 진전 되었지만 실행이 미진하여 구직기간이 길어지는 한계를 보완하기 위하여 취업스킬 습득과 실행을 중점적으로 진행하는 전직 실행 프로그램을 운영하고 있다. 이는 퇴직자의 실직기간이 길어질수록 재취업 가능성에 부정적인 영향을 미치며(McFadyen & Thomas, 1997), 전직지원 프로그램이 조별활동, 개인/그룹 프로젝트 교육활동 같은 직접적이고 적극적인 학습경험을 제공해줌으로써 고용가능성을 제고할 수 있다는 점을 고려한 것이다.

다섯째, 퇴직자와 퇴직예정자의 고용가능성을 높이기 위해 Hillage & Pollard(1998), McQuiaid & Lindsay(2005), Groot & Maassen(2000) 등의 고용가능성 개념들을 프로그램에 반영하여 개발하였다.

A사 전직지원프로그램의 또 하나 특징이라고 할 수 있는 잡매칭 프로그램은 전직프로그램의 약점으로 지적되고 있는 재취업 알선을 목적으로 하는 프로그램으로, 센터의 잡마케팅 담당자들이 각 직무별로 역할을 분담하여 구인수요를 발굴하고 매칭하는 작업까지 진행한다. [그림 1]은 구인수요 발굴과 잡매칭 프로세스이다.

잡매칭 프로그램은 퇴직자가 작성한 이력서와 1:1 인터뷰를 통해 스펙을 정리하고, 재취업 희망 업종과 직급, 연봉 수준, 기업 선택을 위한 조건 등을 작성한 전직희망서를 토대로 타겟 범위를 정하고 타겟 기업을 정리한다.

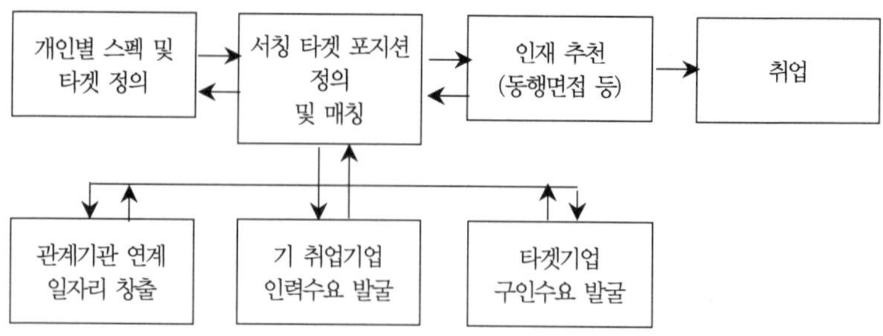

[그림 1] A사 구인수요 발굴 및 잡매칭 프로세스

이후 잡마케팅 담당자는 센터와 제휴한 기업들의 구인수요를 확인하거나 관계기관과 연계한 일자리 창출, 타겟 기업의 구인수요 발굴 등의 활동을 진행하게 된다. 담당자는 이러한 활동의 결과 획득한 포지션 정보를 대상자에게 전달하고 이력서를 보완, 수정하는 절차를 거쳐 해당기업에 지원하게 된다. 이 결과 면접의 요청이 올 경우 인터뷰 시뮬레이션과 면접 프레젠테이션 등의 준비를 거쳐 실제 면접에 참여할 수 있도록 하고 있다. 잡매칭 프로그램은 전직컨설팅 전문업체에서도 진행하고 있는 프로그램이지만 A사 경력컨설팅센터 잡매칭 프로그램의 특징은 15여 년 동안 지속적으로 회원사를 관리해 오고 있어 기업에서 구인수요가 발생할 경우 센터에 요청을 하는 시스템이 정착이 되어 있다는 점이다. 상호 신뢰관계가 구축되어 있는 상태에서 구인, 구직 요청이 이루어지고 있으며, 잡매칭 전문가 7명이 이를 진행하고 있어 양적, 질적으로 비교가 불가하다고 할 수 있겠다.

〈표 2〉 A사 전직지원프로그램의 구성

단계	내용
의사소통 (communication)	급격한 환경변화와 직업세계의 변화를 인지하고 퇴직 후 개인의 변화관리의 필요성 및 경력관련 의사결정과 재무장을 위한 준비가 필요함을 인식
분석 (analysis)	자신에 대한 이해와 경력에 대한 분석, 관련 업계의 동향과 외부노동시장에 대한 분석 및 제2의 인생을 위한 경력 결정을 위해 직업탐색 병행
종합 (synthesis)	분석단계에서 얻은 정보를 토대로 자신에 대한 재인식과 시장에서의 포지셔닝을 명확하게 하고 전직 전략 수립 및 제2의 인생 경력대안 도출

단계	내용
평가 (valuing)	전직 전략에 대한 평가, 점검 및 현실적인 구체화작업 진행, 제2의 경력대안에 대한 구체적 평가
실행 (execution)	전직을 위한 준비와 제2의 인생설계 및 경력대안에 대한 구체적 준비 진행

2) 전직지원프로그램의 내용

A사 전직지원프로그램은 프로그램의 목표를 달성하기 위해 퇴직 후 변화관리, 재취업 준비, 직무능력개발, 제2의 경력설계, 생애설계의 5개 모듈로 구성되어 있다. 프로그램에서 활용되는 교육방법으로는 강의와 워크 쉬트를 활용한 실습, 시뮬레이션, 1:1 컨설팅 등이 있으며, 프로그램에 대한 주요내용은 〈표 3〉과 같다.

〈표 3〉 A사 전직지원프로그램의 주요 내용

모듈	강좌명	학습목표	주요 학습내용
1. 퇴직 후 변화 관리	1-1. 퇴직 후 변화관리	직업세계와 주변 환경의 변화를 인지하고 적응전략을 수립할 수 있다	- 직업세계의 변화 - 퇴직 후 환경 변화 - 심리적 불안정에 대한 대처 - 재취업의 전망 - 재취업을 위한 준비
	1-2. 중소기업의 이해	중소기업의 현황 이해를 통한 진입전략을 수립할 수 있다	- 중소기업의 현황 - 중소기업의 오너, 조직, 문화 - 중소기업에서의 성과 - 중소기업 재취업을 위한 관점의 전환
2. 재취업 준비	2-1. 나의 강점 발견하기	직무수행 관련 강점을 도출하고 표현할 수 있다	- 강점의 정의 - 강점 도출 방법 - 성취업적 분석과 활용 - 역량의 도출과 표현
	2-2. 파워이력서 작성	이력서 작성법을 학습하고 이력서를 완성할 수 있다	- 이력서의 목적과 용도 - 취업용 이력서 작성 시 관점 - 이력서 항목별 작성 방법 - 자기소개서 작성법 - 이력서 지원 시 주의사항
	2-3. 성공하는 면접전략	철저한 면접 준비를 통해 실제 면접에 대한 대응을 할 수 있다	면접 자료수집(본인, 회사) - 예상질문 도출과 답변정리 - 면접 시 태도 및 복장 등 주의사항 - 면접 종료 후 활동

모듈	강좌명	학습목표	주요 학습내용
	2-4. 면접 시뮬레이션	실제 면접상황에 대한 대응법을 익힐 수 있다	- 면접질문에 대한 답변 준비 - 실제 면접상황 연출을 통한 실습 - 면접자, 피면접자, 관찰자 입장에서 피드백
	2-5. 재취업의 방법	재취업 성공을 위한 여러 방법들을 실제 구직활동에 활용할 수 있다	- 오픈잡 사이트와 활용법 - 서치펌 사이트와 헤드헌터 활용법 - 공공 전직지원 기관 활용법 - 구직활동 점검법
	2-6. 네트워킹 전략	구직활동에 네트워킹 방법을 활용할 수 있다	- 네트워킹의 중요성 - 구직활동에서 네트워킹 활용 - 네트워킹을 위한 준비 - 네트워킹의 실행
	2-7. 타겟마케팅	구직활동에 타겟마케팅 방법을 활용할 수 있다	- 타겟마키팅의 이해 - 타겟마케팅을 위한 준비 - 타겟마케팅의 실행방법 - 타겟마케팅 성공사례
3. 직무능력 개발	3-1. 중소기업 조직관리 스킬	중소기업에서 조직의 책임자로서 조직관리에 활용할 수 있다	- 중소기업 조직의 특성 - 조직관리의 정의 - 조직관리를 위한 효과적 관리스킬 - 조직관리를 위한 성과향상
	3-2. 중소기업 인사노무 전략	중소기업에서 인사 노무관련 문제 해결방안을 수립할 수 있다	- 중소기업의 인사노무 이슈 - 중소기업의 인사노무 사례 - 중소기업 인사노무 해법
	3-3. 제조프로세스와 혁신	중소기업 제조현장의 문제해결에 활용할 수 있다	- 중소기업 제조현장의 제조프로세스 - 중소기업 제조혁신 과제 - 중소기업 제조혁신을 통한 성과향상
	3-4. 실전 마케팅전략	중소기업 제품 판매전략을 수립할 수 있다	- 마케팅의 원칙 - 마케팅을 위한 상품분석과 시장분석 - 판매율 제고를 위한 마케팅전략 - 실전 마케팅전략 수립
	3-5. 중소기업 핵심성과 지표	중소기업 업무와 관련 성과지표관리와 측정을 할 수 있다	- 각 업무분야별 성과지표 - 성과지표의 이해 및 성과 측정 방법
4. 제2의 경력 설계	4-1. 일에 대한 정체성 찾기	직업에서 찾고자 하는 가치를 발견할 수 있다	- 직업에서 추구하는 가치 - 나의 직업가치 진단 - 나의 직업가치 확인과 직업 및 직무 환경의 선택

모듈	강좌명	학습목표	주요 학습내용
	4-2. 자기이해와 직업탐색	성격과 업무스타일의 이해를 통해 적합 직업 분야를 탐색할 수 있다	- 나의 성격과 업무스타일 진단 - 업무추진시 의사소통의 방법 - 가족관계에서의 의사소통 - 적합 직업분야의 접목
	4-3. 귀농귀촌 이야기	귀농귀촌을 제2의 인생 대안으로서 검토할 수 있다	- 귀농귀촌의 의미 - 농촌의 현실과 귀농귀촌 - 귀농귀촌의 이점 - 귀농귀촌을 위한 각종 정보
	4-4. 장기적 경력플랜	제2의 인생을 위한 대안을 검토하고 준비할 수 있다	- 대안탐색을 위한 각종 정보 - 대안의 검토 시 고려할 사항 - 제2의 인생을 위한 경력목표 설정
5. 생애 설계	5-1. 재무디자인	노후를 위한 3층 연금을 점검하고 준비할 수 있다	- 연금의 중요성 - 3층연금을 기반으로 한 노후설계 - 노후 기본 생활비 계산 및 연금액의 산정
	5-2. 부동산 운용전략	부동산 임대업을 통한 노후수입 창출을 계획할 수 있다	- 부동산의 종류 - 임대업을 위한 적합 부동산 점검 - 부동산 구입 시 입지와 법률 등 주의점
	5-3. 중년의 건강관리	중년의 건강의 중요성 재인식을 통해 건강관리 계획을 세울 수 있다	- 중년의 질병들 - 생활습관병의 발병 예방 - 건강관련 유의해야할 사항들 - 건강검진의 중요성
	5-4. 라이프 플래닝 워크숍	50이후 삶에 대한 생애 영역별 계획을 세울 수 있다	- 과거 삶에 대한 조망과 아쉬운 점 찾기 - 생애영역별 이슈요소 찾기 - 생애설계를 위한 자료수집 - 생애 각 영역별 목표 설정 - 단기, 중기 실행계획 세우기

보험업종 장년 인력의 생산성 추정과 정책적 시사점

김주섭(한국노동연구원)

보험업종 장년 인력의 생산성 추정과 정책적 시사점[1)]

I. 서론

급속한 고령화의 여파로 장년인력의 활용문제가 사회적 화두로 제기되고 있다. 주지하다시피 2013년 5월 22일 「고용상 연령차별 금지 및 고령자고용촉진에 관한 법률」의 전문이 개정되어 공포된 법률상에서 정년연령을 60세 이상으로 정하도록 명시함에 따라 개별 기업은 규모에 따라 순차적으로 정년을 연장하기에 이른다. 이러한 정년연장의 법적 강제는 개별기업의 인사관리에 적지 않은 영향을 미치게 되는데, 연공서열 중심의 인사관리가 일반화되어 있는 우리나라 기업에서는 특히 장년인력의 활용방안이 정년연장의 파고를 넘기 위한 가장 중요한 과제 중의 하나로 대두되었다.

경제학적 관점에서 볼 때, 정년연장이 개별 기업에 미치는 효과는 업종 특성에 따라 다르게 나타날 가능성이 크다. 여컨대 개별 기업에서의 기업특수적 숙련이 기업의 생산성에 있어서 중요한 부분을 차지하고 있을 것으로 예상되는 제조업의 경우에는 장년의 숙련도가 높은 경우가 많아 정년연장에 따른 개별 기업의 추가적인 비용발생이 그리 크지 않을 것으로 예상된다. 반면에 기업특수적 숙련보다는 경기에 민감하게 반응

1) 본 원고는 "고용연장에 따른 보험사 중장년 인력의 생산성과 활용방안"(2014, 노동경제학회)중에서 필자가 수행한 "보험업 인력현황 및 연령-생산성 추정"의 내용을 수정·보완한 내용임을 밝힌다.

하는 서비스업의 경우에는 정년연장으로 발생하는 추가적인 비용이 제조업의 경우보다 더 클 것으로 예상된다. 물론 이러한 업종별 특수성이 정년연장에 미치는 영향을 보다 구체적으로 파악하기 위해서는 데이터에 기반한 정밀한 분석이 선행되어야 할 것이다.

본 연구에서는 보험업종에서의 생산성과 임금과의 관계를 규명하고, 이를 바탕으로 고령화에 대비한 장년인력의 활용 방안을 제시하고자 한다. 이를 위해 서론에 이은 Ⅱ장과 Ⅲ장에서는 보험업종의 일반현황과 인력현황을 분석하고, Ⅳ장에서는 본 연구의 핵심이 되는 생산성과 임금과의 관계를 분석하며, 마지막으로 Ⅴ장에서는 분석결과에를 바탕으로 보험업에서의 장년인력 활용방안을 제시하고자 한다.

Ⅱ. 보험산업 현황

1. 최근의 보험 산업 경영현황

최근 보험업계는 전반적으로 위기의식이 팽배한 상태인 것으로 알려지고 있다. 삼성생명의 경우 2013년 매출은 19조 3000억원으로 2012년의 30조 3800억원에 비해 36.5% 감소하였고, 영업이익도 5,597억원으로 전년도의 1조 2,345억원에 비해 54.7% 급감하였으며, 이로 인해 삼성생명은 2014년 들어 대규모 구조조정을 시행하였으며, 이러한 삼성의 구조조정이 전체 보험업계에 큰 영향을 미치고 있는 것으로 보인다.

보험업계가 이렇듯 위기에 빠진 것은 경제 저성장, 저금리, 역마진 문제 등이 경영악화의 원인인 것으로 보인다. 보험업 특히 생명보험 업계의 업적 부진 원인은 저성장, 저금리에 따른 자산운용의 한계, 특히 생명보험사의 경우 과거에 고객들에게 약속한 높은 금리로 역마진 문제가 발생한 데서 찾을 수 있는데, 저성장·저금리 시대에 과다한 저축성보험 판매는 운용수익률 악화를 초래하였으며, 결국 보험업계의 자산성장세는 지속됐지만 수익성은 갈수록 악화되고 있는 것으로 나타나고 있다.

〈표 1〉 생명보험 주요 지표 추이

(단위 : 십억원, %)

구분	FY2008	FY2009	FY2010	FY2011	FY2012	FY2013
총자산	328,332 〈7.5〉	372,525 〈13.5〉	416,652 〈11.8〉	496,578 〈19.2〉	569,837 〈14.8〉	630,213 〈10.6〉
수입보험료	73,561 〈△2.0〉	76,957 〈4.6〉	83,007 〈7.9〉	88,588 〈6.7〉	115,309 〈30.2〉	111,324 〈△3.5〉
지급보험금	47,544 〈5.9〉	47,379 〈△0.3〉	53,709 〈13.4〉	52,518 〈△2.2〉	56,591 〈7.8〉	59,122 〈4.5〉
당기순이익	570 〈△72.9〉	2,455 〈330.7〉	4,009 〈63.3〉	3,382 〈△15.6〉	3,200 〈△5.4〉	3,156 〈△1.4〉

다음으로는 보험사들의 성과가 부진한 원인 중 하나로 공시이율 문제를 들 수 있다. 보험사는 공시이율에 따라 보험금을 지급하는데, 공시이율이 떨어지면 가입자에게 주는 보험금이나 중도해지 시 받는 환급금이 줄어들고, 반대로 공시이율이 높아지면 보험금과 해지환급금이 늘어나는 구조이다. 문제는 공시이율 움직임이 시중금리의 하락 속도를 따라가지 못한다는 점이다. 실제로 3년 만기 국고채 금리가 최근 6년 동안 2.23%포인트(2014년 3월말 기준) 내렸지만 삼성, 한화, 교보 등 '생보빅3'의 공시이율(저축성보험 평균)은 1.3%포인트 하락하는데 그치고 있다. 보험사로서는 저금리로 돈을 굴릴 데가 없는 상황에서 지급하는 이자가 높다 보니 수익 악화가 불가피한 상황이다.

보험 산업에 대한 소비자들의 불신도 경영악화의 큰 원인인 것으로 보인다. 고령화의 급속한 진전에 따라 사회적 위험 회피와 복지에 대한 욕구가 동시에 증가하여 보험 산업에 대한 기대가 커지고 있으나, 보험상품에 대한 의혹과 불신이 해소되고 있지 못한 상황이다. 아울러 최근 금융업권 개인정보 유출에 따른 비대면 영업의 제한 조치 등 또한 보험산업 전반에 부정적 영향을 주고 있다고 보여 진다.

보험 산업의 경영악화로 인해 10여 년 만의 대대적인 인력감축이 실행되고 있다. 삼성생명은 최근 500~600명을 자회사인 삼성생명 서비스로 이동시킬 예정이며, 이와 함께 원하는 직원들을 대상으로 삼성전자와 삼성화재 등 계열사 이동 및 전직지원 신청을 접수 중에 있다. 업계 2위인 한화생명도 2014년 6월 20년 이상 근무한 직원과 희망자를 대상으로 희망퇴직 접수하였으나, 그 인원이 기대치를 밑돌아 추가적인 접수 계획이다. 보험업의 경우 인적자원의 숙련 및 역량 수준에 대한 의존도가 높다는 점을 감안하면 무분별한 인력 구조조정은 경쟁력의 침식을 초래할 가능성이 높은 것으로 알려지고 있다.

〈표 2〉 보험업 주요 구조조정 현황

기업	구조조정 내용
삼성생명	임직원 총 6,700명 중 1,000명 감축
한화생명	20년 이상 직원 대상 전직지원 신청, 300명 감축
교보생명	15년차 이상 직원 대상 480명 희망퇴직자 확정
우리아비바 생명	입사 1년차 이상 직원 희망퇴직 (사실상 전직원 대상. 전체 인력의 1/3(100명) 감축목표)

2. 인력현황 및 전망

1) 보험업 분류체계

보험업은 장·단기에 발생할 수 있는 위험을 분산시킬 목적으로 하는 보험 또는 연금기금을 모금, 운영하는 산업 활동이며, 보험업(651), 재보험업(652), 연금 및 공제업(653)으로 분류된다. 보험업(651)은 생명보험, 손해 및 보증보험, 사회보장보험을 운영하는 산업 활동이며, 재보험업(652)은 생명 또는 비 생명보험회사의 위험을 일부 또는 전부 인수하여 보험 업무를 수행하는 제 2차 보험업자의 산업 활동이다.

연금 및 공제업(653)은 사업체 구성원의 복지와 대여에 사용하기 위한 공제기금을 운영하는 산업 활동(개인 공제업)과 사업체 상호 간의 협동 조직을 통하여 사업 활동에 필요한 각종 보증과 사업자금 융자 등을 하기 위한 공제 기금을 조성하여 운영하는 산업 활동(사업 공제업), 가입자가 퇴직 후에 소득보장을 받도록 현소득의 일부를 기금으로 공제하여 관리 및 운영하는 산업 활동(연금업)을 포함하며, 보험 및 연금 관련 서비스업(662)은 보험 및 연금운영과 밀접하게 관련되는 서비스 활동으로서, 보험대리, 중개 및 감정, 보험료 조정, 보험 산정, 보험 자문 등을 포함한다(이시균, 2010).

〈표 3〉 보험업의 분류체계

구분	내용
연구개발 분야	보험상품개발자
	연금연구원
	보험연구원
보험관리 분야	보험계리사
	손해사정사
	보험사무원
	사회보장보험관리원
	보험위험관리원
	보험관련인수심사원
보험영업 분야	보험모집인
	보험대리인
	보험중개인

출처 : 이만기(2008)

2) 보험업 인력 변화추이

아래 〈표 4〉에서 보는 바와 같이 2016년 현재 생명보험에는 26,304명, 손해보험에는 32,398명이 종사하고 있는데, 과거 10년의 인력 변화추이를 볼 때, 2010년을 기점으로 손해보험 종사자가 생명보험 종사자 수를 넘어서고 있다. 이는 보험업에서의 업황을 반영하고 있는 것으로 추정된다. 특히 금융위기가 도래하였던 2009년과 2010년 생명보험 종사자 수가 급격히 줄어든 것으로 나타나, 금융위기 여파가 주로 생명보험에 영향을 준 것으로 추정된다.

〈표 4〉 보험업 인력의 변화추이

(단위 : 명)

연도(3월 기준)	생명보험	손해보험
2005	25,412	22,051
2006	26,033	25,842
2007	26,899	25,865
2008	27,623	27,415

연도(3월 기준)	생명보험	손해보험
2009	28,301	28,279
2010	26,681	28,838
2011	26,589	28,998
2012	28,615	31,054
2013	30,436	32,838
2014	30,453	33,329
2015	27,521	33,298
2016	27,340	32,547
2017	26,304	32,398

출처 : 금융통계월보, 금융통계정보시스템

3) 보험업 종사자의 인력 현황 및 전망[2)]

보험업에서는 남성보다 여성 고용비율이 상대적으로 높으며, 50세 이상의 중고령자 비율이 낮은 것으로 조사되고 있다. 보험업의 성별-연령별 분포를 살펴보면 300인 미만 사업장에서는 남성이 36.2%, 여성이 53.8%로 여성 고용비율이 높은 것으로 나타났으며, 300인 이상 사업장에서는 남성이 55%, 여성이 45%로 남성과 여성의 고용비율이 엇비슷한 것으로 조사되고 있다. 연령별로는 40대 인력이 주축을 이루고 있으며, 50세 이후 인력이 감소하고 있는 것으로 나타난다.

〈표 5〉 보험업의 성별-연령별 분포

(단위 : %)

	300인 미만 사업체		300인 이상 사업체	
	남성	여성	남성	여성
10대	0.0	0.5	0.0	0.0
20대	6.8	8.4	3.0	29.6

2) 이 절에서는 보험업 종사자의 인력현황을 2014년 3월 경활 근로형태별 부가조사를 사용하여 분석하였음. 경활자료에서 보험업은 직종분류표 65, 66번에 속하는데, 직종분류 66번에는 증권중개업, 선물중개업 등이 포함되어 있어 비 보험업종의 식업이 일부 포함되어 있음. 직종 세분류별 인력현황이 공개되지 않아 이들 직종을 배제하지 못한 한계가 있음을 밝히는 바임. 한편, 경활 데이터에서의 보험업(직종분류 65,66) 비율은 1.71%이며, 통계청 자료에 의하면 취업자가 25,163,000명임을 감안하면 전체 보험업 종사자는 약 430,287명 (취업자수* 1.71%)인 것으로 추정됨. 경활자료 상의 직종분류는 부표 참조

	300인 미만 사업체		300인 이상 사업체	
	남성	여성	남성	여성
30대	26.3	23.6	45.5	25.9
40~44세	21.6	19.2	15.2	14.8
45~49세	18.2	17.3	18.2	14.8
50~54세	15.3	17.8	15.2	7.4
55~59세	6.4	8.2	3.0	7.4
60~64세	3.0	3.8	0.0	0.0
65~69세	2.5	1.2	0.0	0.0
전체	100.0	100.0	100.0	100.0

아래 〈표 6〉에서 보는 바와 같이 학력별로는 고졸 이상이 96% 이상을 차지하고 있으며, 전문대졸 이상은 55.5%로 전산업에 비해 고학력인 것으로 나타나고 있다. 특히 300인 이상 사업장의 경우 83.3%가 전문대졸 이상의 학력을 소지하고 있으며, 75.0% 정도가 대졸 이상의 학력을 가지고 있는 것으로 조사되고 있다.

〈표 6〉 보험업의 학력별-연령별 분포

(단위 : %)

	300인 미만 사업체				300인 이상 사업체			
	중졸 이하	고졸	전문대졸	대졸 이상	중졸 이하	고졸	전문대졸	대졸 이상
10대	0.0	0.7	0.0	0.0	0.0	0.0	0.0	0.0
20대	3.7	4.6	9.6	11.2	0.0	20.0	20.0	13.3
30대	0.0	16.8	38.5	30.3	0.0	20.0	40.0	40.0
40~44세	0.0	19.3	25.0	21.2	0.0	20.0	0.0	15.6
45~49세	3.7	23.2	10.6	15.8	0.0	20.0	40.0	13.3
50~54세	33.3	20.0	10.6	14.1	0.0	10.0	0.0	13.3
55~59세	33.3	8.9	4.8	4.1	0.0	10.0	0.0	4.4
60~64세	14.8	4.6	0.0	2.5	0.0	0.0	0.0	0.0
65~69세	11.1	1.8	1.0	0.8	0.0	0.0	0.0	0.0
전체	100.0	100.0	100.0	100.0	0.0	100.0	100.0	100.0

보험업의 종사상지위 분포를 보면, 300인 이상과 미만 사업장 간 격차가 큰 것으로 나타나고 있다. 300인 이상 사업장의 경우 상용직의 비율이 80%에 이르고 있으나, 300인 미만 사업장은 상용직이 29.2%에 불과한 것으로 조사되었다.

〈표 7〉 보험업의 종사상지위 분포

(단위 : %)

	상용직	임시직	일용직	고용원 있는 자영업자	고용원 없는 자영업자	무급가족 봉사자	전체
300인 미만	29.2	64.3	0.5	1.7	4.1	0.3	100.0
300인 이상	80.0	20.0	0.0	0.0	0.0	0.0	100.0

근로형태별로도 기업규모에 따른 차이가 큰 것으로 조사되었는데, 아래 〈표 8〉에서 보는 바와 같이 300인 이상 사업장의 경우 정규직이 76.7%에 이르고 있으나, 300인 미만 사업장의 경우 비전형 근로자 59.4%를 포함하여 비정규직 근로자가 62.0%에 이르고 있는 것으로 나타나고 있다.

〈표 8〉 보험업 임금근로자의 근로형태별 분포

(단위 : %)

	300인 미만	300인 이상
임금근로	100.0	100.0
- 정규직	38.0	76.7
- 비정규직	62.0	23.3
• 한시적	5.2	10.0
기간제	2.9	8.3
• 시간제	3.9	0.0
• 비전형	59.4	13.3
파견	0.3	0.0
용역	0.0	0.0
특수고용	58.9	13.3
가정 내	0.2	0.0
일일	0.0	0.0

주 : 1) 정규직과 비정규직 비율의 합은 100임.
2) 비정규직 구분은 배타적으로 정의되어 있지 않아 모두 더하면 100%가 넘음.

Ⅳ. 생산성-임금 프로파일 추정

1. 이연보상 임금체계(Deferred Payment Structure)

Lazear(1979)에 따르면 기업은 감시감독 비용(monitoring cost) 등을 줄이기 위해 생애에 걸친 임금곡선을 의도적으로 왜곡한다. 즉 젊을 때는 생산성보다 낮은 임금을 지불하고, 나이가 들면 생산성보다 높은 임금을 지불하는데, 생애 전체에 걸쳐 받은 평생임금의 현재가치와 평생 생산성의 현재가치는 일치시킨다는 것이다.

이러한 임금체계 하에서는 만약 근로자가 근무태만(shirking) 등으로 해고되게 되면, (젊었을 때 못 받고) 향후 추가로 받게 될 임금(deferred payment)을 포기해야 하므로 근로자가 근무태만을 할 유인이 감소하게 된다. 한편, 경력 년수가 늘어날수록 생산성보다 높은 임금을 받기 때문에 생애 전체에 걸친 임금의 현재가치 합과 생산성의 현재가치 합을 일치시키기 위해서는 강제정년(mandatory retirement) 제도가 불가피하다.

이연임금체계는 우리나라 기업이 채택하고 있는 대표적인 임금체계라고 볼 수 있는데, 이러한 임금체계 하에서는 정년연장에 따라 임금-생산성 격차만큼의 추가적인 비용이 발생하게 된다. 이러한 기업의 추가 인건비 부담으로 신규채용 감소 등의 문제가 발생할 가능성이 있으며 임금체계 개편, 중장년 인력의 생산성 향상 등의 문제가 기업이 당면한 핵심적 과제로 부각된다.

기업의 입장에서는 정년연장에 대비한 인사관리 상의 개편방안을 마련하기 위해서는 근로자의 생산성이 피크가 되는 연령대를 추정하는 것이 필수적인데, 이를 위해 임금피크제 등의 도입, 장년의 교육훈련을 통한 생산성 향상 프로그램의 도입 등이 대안으로 제시되고 있다.

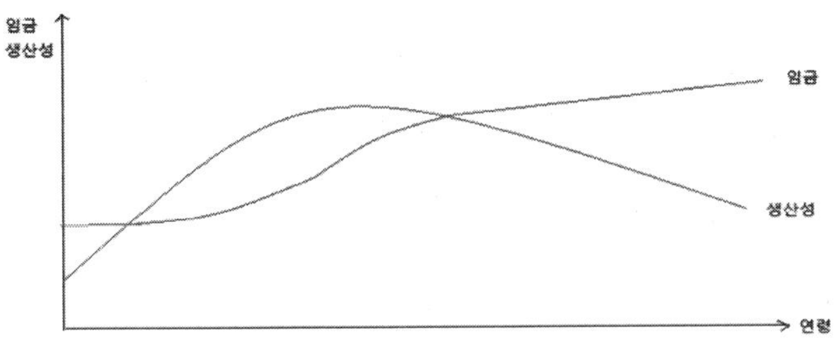

[그림 1] 근로자 생애(life-cycle)에 걸친 임금 프로파일

2. 근속-생산성-임금 프로파일의 추정

특정 개인이 특정 기업에서 근속하는 전 기간에 대한 임금정보와 생산성 정보를 사용하여 근속-생산성-임금 프로파일을 관찰 가능하다. 그러나 현실적으로는 이러한 데이터가 존재하지 않으므로 접근 가능한 데이터를 사용하여 근속, 생산성, 임금 간의 상관관계를 추정하는 것이 일반적이다.

본 연구에서는 임금구조기본통계조사 자료를 활용하여 근속년수에 따른 임금 프로파일을 사용하여 생산성 피크시점을 추정하고자 하는데, 개인의 근속과 임금, 생산성을 동시에 관측한 자료가 부재한 현실에서 근속과 임금을 동시에 조사한 임금구조기본통계조사 자료의 사용이 하나의 대안이 될 수 있다. 임금구조기본통계조사는 반복적 횡단면조사자료(repeated cross - section data)로서 특정 개인의 근속 기간 동안의 임금변화를 추적하고 있는 자료가 아니라, 매년 특정 근속기간에 해당하는 개인의 임금을 관측한 자료이다. 근속-임금 프로파일과 경력-임금 프로파일의 비교를 통하여 금융보험업 종사자들의 생산성 피크시점으로 추정하는 것도 하나의 방법이겠으나, 임금구조기본통계조사에서 경력에 대한 조사가 5년 이상 경력자에 대해서는 카테고리 변수로 지정되어 있다는 점, 경력의 대리변수로 일반적으로 사용하는 "exp = age-edu-6" 학교 졸업이후 경력단절이 없다는 비현실적인 가정에 기초하고 있어 현실을 제대로 반영하지 못할 가능성이 있다는 점 등을 고려하였다.

어수봉(2013)의 연구에서 밝히고 있는 바와 같이 보험업에서의 시장기능이 제대로 작동하고 있다는 가정 하에서는 근속-임금 프로파일은 연령별 생산성을 그대로 반영하는 것이다. 왜냐하면 특정연도에서의 임금은 당해 년도의 생산성과 일치되어야만 이윤극대화 조건이 성립되기 때문이다.

산업별 근속-임금 프로파일은 아래 [그림 2]와 같이 나타난다. 전체 산업의 경우 근속이 높아짐에 따라 임금이 상승하는 것으로 나타나고 있으며, 금융업의 경우에 있어서도 전산업과 대동소이한 형태를 띠고 있는 것으로 분석된다. 그러나 보험업의 경우에는 특이하게도 근속 17년을 기점으로 근속 상승에 따라 임금이 오히려 하락하고 있는 것으로 분석된다. 즉 보험업 시장에서는 근속 17년 근로자(평균 입직연령이 약 30세인 점을 고려할 때 30세에 입사하여 근속 17년에 이른 47~48세) 보험업 종사자의 평균임금이 여타 근속년수 근로자들에 비해 가장 많은 것으로 분석된다.

보험업에서 이러한 형태의 근속-임금 프로파일을 보이고 있는 것에 대해 다음과 같은 세 가지 가능성이 존재한다. 첫째, 임금구조기본통계조사 상의 근속-임금 분포가 보험업에서의 실제 대다수 개인의 근속-임금 프로파일을 반영하고 있을 가능성이다. 보험업과 같이 개인의 성과가 비교적 명확하게 관찰될 수 있는 업종에서는 호봉급보다는 성과급이 일반적일 수 있으므로, 이 경우 40대 후반이 생산성 피크 시점임을 시사한다. 둘째, 보험업 노동시장에서는 40대 후반을 기점으로 고임금자의 퇴출이 많아지게 되고, 따라서 40대 후반 이후에는 상대적 저임금 근로자의 시장 잔류율이 높아짐에 따라 근속-임금이 급격히 하락하고 있을 가능성이다. 최근 보험업의 업황 전망이 점차로 어려워지고 있고, 이에 따라 상시적 구조조정이 이루어지고 있는 것으로 보아 40대 후반 이후의 고임금 근로자들의 시장퇴출이 빈번할 가능성이 있으며, 이 경우 사용자측은 40대 후반을 근로자의 생산성 피크시점으로 판단하고 있음을 시사한다. 셋째, 위 두 가능성이 병존하여 나타나고 있을 가능성. 개별 기업들은 성과급 확대, 구조조정 상시화 등 다양한 양태의 전략을 사용하고 있으며, 이에 따른 결과일 가능성이 있다.

보험업의 경우 다음과 같은 특성이 근속–임금 프로파일의 특성을 결정하고 있을 가능성이 높아 보인다. 첫째, 앞서 설명한 바대로 보험업에서의 빈번한 구조조정 결과의 산물이라는 점이다. 둘째, 보험사 인력의 비정규직(임시직)화 경향이다. 셋째, 보험 업종 내에서의 고용지속성 저하이다. 보험사 인력은 전체 산업이나 금융업에 비해 퇴직 후 업종 내에서 전직할만한 포스트가 적다. 은행업 등 여타 금융권에서는 보험업에 비해 공공성이 강하고, 상대적으로 노동조합의 협상력이 강하여 조합원에 대한 고용보호가 강하게 이루어지고 있다. 특히 은행업의 경우 고령자 인사관리를 위해 2000년대 중반 이후 임금피크제 도입이 일반화되어 있는데 반하여, 보험업의 경우 업황이 좋지 않을 경우 구조조정 수단이 사용되어 왔다. [그림 3]에서는 1990년의 근속–임금 프로파일을 보여주고 있는 바, 이 당시에는 금융업과 보험업이 비슷한 형태의 프로파일을 나타내고 있는데, 당시에는 금융업과 보험업이 공히 호황 국면이었고, 인사관리 제도에 있어서도 유의미한 차이를 보이지 않았던 시점이다.

이러한 상황을 종합하여 볼 때 보험업에서의 생산성 피크 시점은 48세 전후일 것으로 추정된다. 이러한 상황에서 정년 60세를 맞이하게 되어 정년연장에 따른 기업부담이 다른 업종에 비해 월등히 높을 것으로 예상된다. 따라서 기업, 근로자, 정부 모두의 관심과 대응방안 마련 필요하다.

보험업 종사자들의 생산성 피크시점이 40대 후반(48세 전후)라는 본 연구의 추정결과는 다음과 같은 선행 연구결과와 부합한다. 함인희(2013)의 연구에서도 전국의 일반 사기업 정규직 근로자들을 대상으로 한 만25세 ~ 54세 남녀 1,076명에 대한 설문조사에서 경영기획, 국내영업, 고객지원(콜센터, A/S) 등의 직종에 있어서의 생산성 하락 시점은 대략 47세~48세인 것으로 조사되었다. 최기홍(2009)의 연구에서는 노동패널자료를 이용한 연령별 노동생산성 분석에서 최고 소득계층(교육년수 평균 14년, 월 급여 272.8만원)에서의 노동생산성 피크 시점은 40세 중후반인 것으로 추정하고 있다.

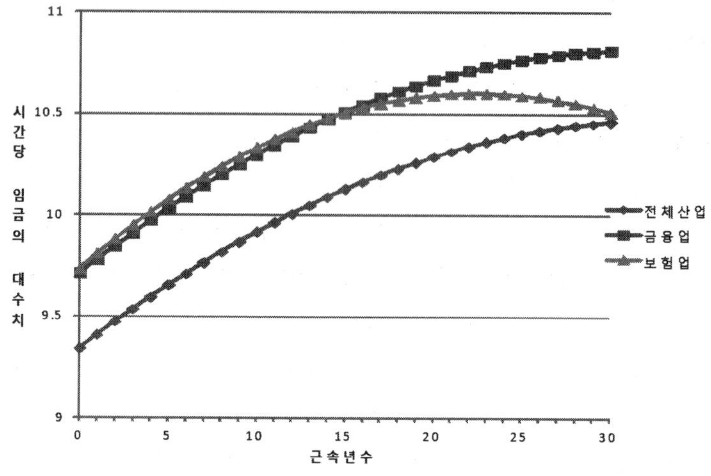

[그림 2] 전산업, 금융업, 보험업 근속–임금 프로파일 (2016년)

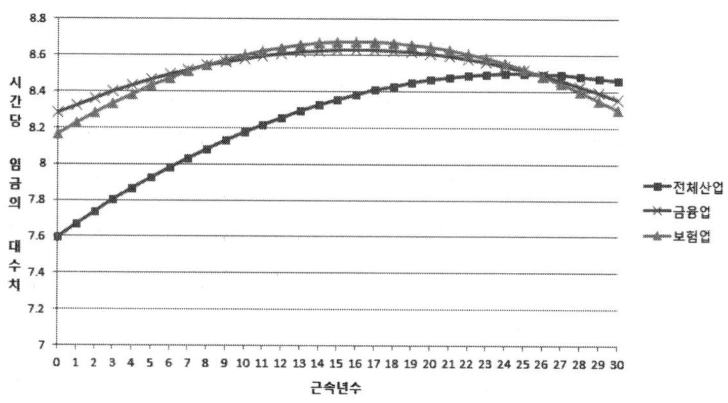

[그림 3] 전산업, 금융업, 보험업 근속–임금 프로파일 (1990년)

성별로는 근속–임금곡선이 생산성 곡선을 반영한다고 가정하였을 경우 여성의 생산성 피크 시점은 남성보다 대략 3~4년의 근속기간이 지난 후에 나타난다. 그러나 보험업에서 남성의 평균 입직연령이 30세, 여성의 평균 입직연령이 26세인 점을 감안하면 생산성이 피크가 되는 평균연령은 대략 47세~48세로 비슷한 것으로 분석된다. ([그림 4]~[그림 7] 참조)

한편 기업규모별 차이는 그다지 크지 않은 것으로 조사되었다.

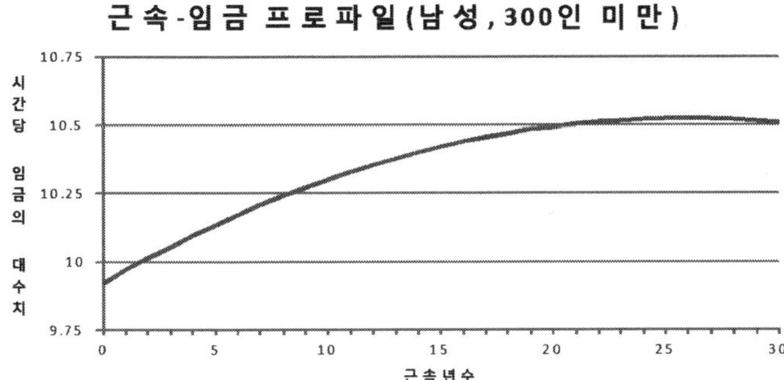

[그림 4] 보험업 근속–임금 프로파일(남성, 300인 미만 (2016년))

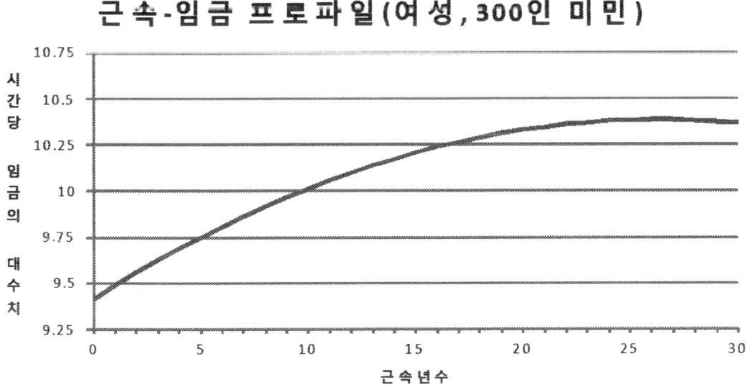

[그림 5] 보험업 근속–임금 프로파일(여성, 300인 미만 (2016년))

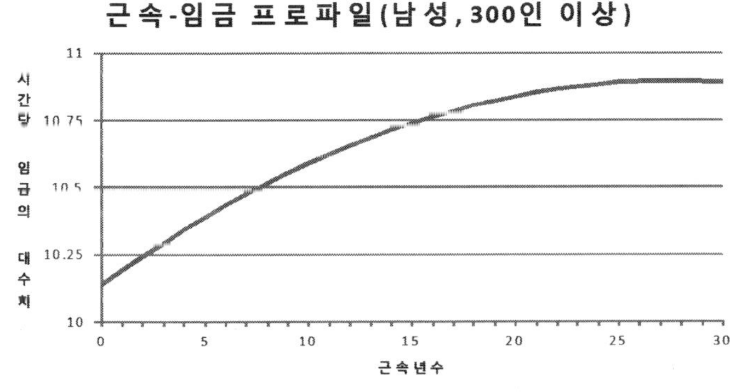

[그림 6] 보험업 근속–임금 프로파일(남성, 300인 이상 (2016년))

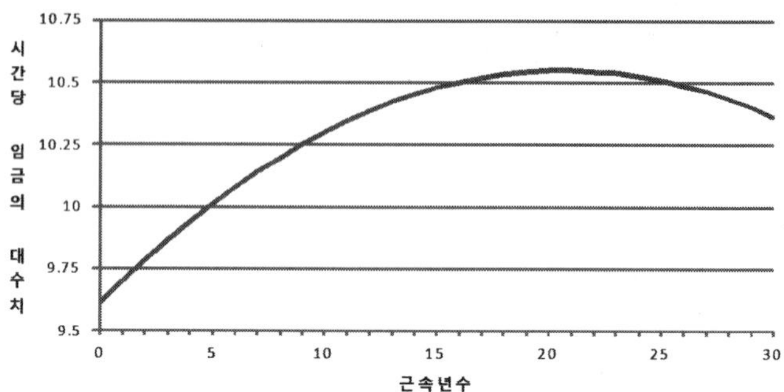

[그림 7] 보험업 근속–임금 프로파일(여성, 300인 이상 (2016년))

Ⅳ. 결론 및 장년인력 활용방안

보험업 근속–임금 프로파일은 타 산업에 비해 특이한 구조를 보인다. 이는 타 금융업과 비교해 보아도 상이한 형태를 띠고 있다. 이러한 보험업종에서의 특성은 장년 이후의 인력활용 방안 마련의 중요성이 다른 업종에 비해 매우 크다는 점을 시사하고 있다. 보험업의 경우 정년연장에 따른 장년 인력에 대한 인사관리체계 개편의 필요성이 매우 큰 것으로 판단된다. 60세로의 정년연장이 의무화된 상태에서 업황 악화에 따른 대응전략으로 구조조정 전략만을 고수할 경우 고학력·고임금 근로자 중심으로 많은 반발이 예상된다. 이 경우 노사관계 악화에 따른 추가적인 비용 발생 가능성이 농후하다.

정년 60세 시대 대비 보험사 중장년 인력의 활용을 위해 개인, 기업, 정부 모두의 노력이 긴요한 상황인 것으로 보인다. 기업은 지속고용의 노력을 기울여야 할 것이며, 개인은 본인의 역할 재점검 및 고용가능성 증대를 위한 자기개발 노력을 기울여야 하고, 정부는 중장년 인력 지속고용이 가능한 노동시장 환경조성을 위한 노력을 경주하여야 할 것이다. 보다 구체적으로 보험업종에서의 장년고용 활성화를 위한 정책방안을 제시하면 다음과 같다.

우선 가장 중요한 부분은 보험업종에서의 생산성 경로에 조응하는 임금체계의 설계이다. 한국기업의 임금체계는 연공급을 기반으로 하고 있어, 중장년 인력을 다수 유지할 경우 임금 부담이 현저히 증가한다. 장년 인력의 채용 및 계속 고용유지를 기피하는 가장 큰 이유는 고인건비에 따른 높은 임금을 감당하기 어렵고, 다른 연령대보다 낮은 생산성에서 기인한다.- 퇴직을 앞둔 장년층의 시급한 문제는 연공서열형 임금체계로 인해 고령자의 임금과 생산성 간의 괴리가 크게 증가한다는 점인데, 고정적 임금, 연공급 임금체계는 강제적 정년을 수반하고 장년 고용을 축소시키는 결과를 초래하여, 결과적으로 장년 인력에 대한 조기퇴직이 일상화되는 악순환을 초래하게 된다. 따라서 장년 인력의 고용 및 유지를 촉진하기 위해서, 근로자는 생산성에 부합하는 임금체계를 수용해야 하고, 기업은 계속 고용에 따른 임금부담을 완화하는 방안으로 임금피크제 도입이 절실하다.

임금 피크제는 고용 연장을 전제로 임금을 삭감하는 제도로서, 연공급 임금체계에서 성과주의 임금체계로 이행과정 중에 나타난 과도적이고 잠정적인 임금체계이다. 임금 피크제의 유형은 크게 정년보장형 임금피크제, 정년연장형 임금 피크제, 고용연장 임금 피크제로 구분된다. 2008년부터 임금 피크제를 도입한 금융회사인 H사의 사례를 보면 정년연장형으로 임금하락의 적정지점은 53.3세로 최종정년 시의 임금은 자신의 최고 연봉대비 52.9%가 적정한 수준이라고 생각 하고 있으며, 상위직급으로 올라 갈수록 적정 임금수준이 상대적으로 낮아지고 있으며, 45세 이상 55세 미안의 직장인들을 대상으로 특별퇴직제를 실시한다.

임금 피크제는 기업입장에서 중장년 인력의 고용 유지에 따른 부담을 덜고 근로자들은 고용 종료시점을 더 늦추기 위해 도입된 성격이 강하기 때문에 중장년 고용비율 제고에 유의한 영향을 미칠 것으로 예측된다. 임금 피크제는 생산성 하락에 맞추어 임금을 조정함으로써 기업은 해고의 유혹을 덜게 되고 개인의 고용 안정성은 증대된다는 장점이 있다. 임금 피크제는 기업은 기존의 숙련 인력을 계속해서 활용할 수 있으며 인건비의 탄력적 운용을 통해 일자리 창출에 기여한다. 대체적으로 단기 임금감소에도 불구하고 전체적인 생애소득은 증대하므로 안정적이고 행복한 노후생활 영위가 가능하다. 2014년 '장년층 고용안정 및 자영업자 대책'에 따르면 장년층의 고용안정을 위해 임금 피크제로 임금이 줄어드는 근로자에 대한 지원금이 연간 1080만원으로 확대된다.

직급제도의 정비와 함께 수당개념의 연공급을 최소화하고 성과에 기반한 보상 개념으로 전환하여 임금 피크제의 취지를 현실화하는 것이 필요하다. 장년 고용의 부담요인으로 작용했던 연공중심의 보상제도가 현재 중심을 이루고 있는데 정년전이라 할지라도 본인의 생산성이나 업무능력을 감안하여 보상수준도 조정될 수 있는 유연한 보상제도로의 수정이 필요하다. 이러한 관점에서 역할급과 같이 급여결정에서 연령이나 근속기준을 배제한 임금체계로 전환을 확대할 필요가 있다.

임금체계의 전환에 있어 노사 대화와 타협을 통한 합의가 이루어져야 하며 조직의 특성에 가장 적합한 제도를 도입할 필요가 있다. 임금피크제 도입에 따라 근로자 개인차원에서는 동기, 직무만족, 조직몰입도가 낮아질 수 있으므로, 고용안정과 일자리보장을 최우선으로 하는 회사 정책에 대한 이해도를 높이는 노력이 필요하다.

다음으로는 직책 임기제도 운영이 확산되어야 한다. 연공개념을 최소화하여 장년 인력의 계속 고용을 유지할 수 있도록 역할과 직무를 조정하는 것이 필요하다. 한국 기업의 직급제도는 직무보다는 인적가치를 중심으로 보상하는 특성이 있어 지속적으로 성장하는 기업의 경우에는 조직의 규모가 지속적으로 확장되고 이에 따라 경험이 축적된 고직급 관리자를 필요로 하는 반면, 성장이 정체된 기업에서 직급 상승은 기업의 인건비 부담을 가중시키게 된다. 성장이 정체된 기업은 승진의 범위와 규모를 축소하게 되고, 그 결과로 승격이 누락된 인력은 고용불안을 느끼게 되고, 생산성이 낮아지면서, 다시 기업성장이 정체되는 악순환이 발생하게 된다. 이러한 문제를 해결하기 위해서는 연공적 개념의 직급 및 승격 제도를 개선하여 연공에 관계없는 직책과 역할 중심의 직급제도로 변경하고, 추가적으로 전문직 관련 제도를 도입하여 계속 승격하지 않아도 자신의 전문분야에서 지속 성장할 수 있는 경로 제시가 필요하다. 연공에 관계없이 직책과 역할 중심의 인력관리 제도로 변경하되, 일정 직책과 직급에서는 직책 임기제도를 실시한 후 전문직 경로, 단순 관리직 경로, 대리점 근무 경로 등으로 유도하여, 중장년 인력의 고용안정을 유지하는 동시에 고용형태를 다변화하여야 한다.

직책 임기제도는 특정한 연령대(예, 50세)까지만 특정한 직책을 수행하도록 한정하거나, 특정 직책의 경우 임기를 두어 해당 임기 내에서만 업무를 수행하도록 조정하는 것이다. 직책 임기제도의 원활한 도입을 위해 50세 이후에는 근로자 개개인의 진로선택이 가능하도록 하고, 40세 생애전환기 때 역직 정년제도에 대한 앙케이드를 실시하여 수요를 파악하고, 전문적인 상담을 실시하도록 유도하는 것이 필요하다. 직책 임기제도는 유연근무 및 탄력근무의 활성화 및 시간선택제 근무 등 고용형태 다변화에도 기여할 것으로 기대된다.

경력경로 선택제도 시행 시, 급여조성 조기화에 따라 급격한 임금하락이 발생하고, 조직분위기가 위축되거나 동기부여가 낮아지는 등의 부작용도 예상되므로 이에 대한 대비가 필요하다. 직책 임기 제도를 기업 내에 자연스럽게 정착하기 위해서는 직책, 역할, 직무의 특성을 명확히 인식하도록 하고, 직무전환에 따른 역할변경에 사전 고지를 하도록 하며, 제도 편입 이전에 커리어상담 등을 통해 제도 운영의 긍정적인 면을 충분히 부각하는 노력이 선행되어야 한다. 직책 임기제도가 효과적으로 정착하기 위해서는 생애설계 모형에 바탕을 둔 개인의 커리어 설계 및 관리방안이 마련되어야 하며, 정례적인 상담을 통해 회사 인력관리 제도에 대한 이해를 높이는 노력이 필요하다.

마지막으로 적합 직무개발 및 사업부 배치가 필요하다. 기업에서 장년 인력을 활용하는데 있어 가장 큰 애로사항은 해당 기업의 장년 인력에게 적합한 직종 또는 직무를 발굴하거나 개발하는 것이다. 연령, 생산성, 임금 등을 고려하고, 직무가치를 평가하여 장년 인력에게 적합한 직무를 발굴하거나 개발하며, 재취업이나 출향 등을 대비하여 적합한 직종들을 개발하거나 발굴하는 것도 필요하다.

적합 직무 개발은 산업 및 기업의 특성에 따라 부서별 직무내용과 직종별 직무내용을 상호능력 비교하고, 능력과 지식과 같은 객관적 통계자료와 다양한 직무 정보를 활용하여 경력개발 가능 직무와 진입 가능 직무로 선정해야 하며, 외부 직업전문가와 회사 내 인사팀과 협업이 필요하다. 적합 직무 개발 및 배치를 통해 경험과 지식이 풍부한 장년 인력이 조직 내에서 자신의 역량을 발휘하고 생산 활동에 적극적으로 참여할 수 있는 기회를 제공할 수 있을 것이다. 이를 통해 개인에게는 참여의식을 고취시키는 한편 소외감을 감소시키고 기업에게는 인력 고령화에 따른 조직 생산성 향상 및 활력이 저하되는 문제를 개선시키는 효과를 줄 수 있을 것이다.

중장년층의 분야별 적합 직무 개발은 직무 수행을 위한 지식, 기술, 태도 및 미래 동향을 집중 분석하여 직무 난이도와 세부적인 내용을 토대로 직무 개발 및 발굴이 필요하다. 장년층의 적합 직무 개발 및 배치를 위해서는 프로세스가 중요하며 직무의 목적, 산업 공학적 고려, 인체공학적 고려 및 종업원의 특성을 고려하여 직무 설계를 할 필요가 있다. 장년층 전문 직무를 선정하는 데 있어서 우선 고려해야 할 사항은 종업원들의 신체적 정신적 능력이며, 특정 직무가 장년층에 적합한지에 대한 철저한 분석을 기초로 선정하여야 한다. 장년의 축척된 지식 및 전문기술을 흡수하기 위한 방편으로 기업은 특정 직무에 관한 인소싱(in-sourcing)을 고려할 필요가 있는데, 인소싱을 위해 기업은 직무를 분류하고 장년 인력에게 적합한 직무로 이동시킴으로써 장년 인력에게 적합한 직무를 제고해줄 뿐만 아니라 인력부족 현상을 방지할 수 있다. 인소싱을 활용하기 위해 직무에 대한 분류를 실시한 후, 직무를 직무기능, 직무군, 직무집단으로 분류하고 각 위치에 있는 장년 인력들을 얼마나 쉽게 이동시킬 수 있는지를 분류할 필요가 있다.

직무개발을 통해 적합한 직무가 선정되면 새로운 직무에 대한 교육을 실시하고 경영 환경에 따라 신규 업무를 개발, 적합한 장년 인력을 선발하여 전환 배치한다. 이를 위해 장년 인력의 직무수행능력을 정확하게 측정하기 위한 능력 평가, 역량평가를 실시한다.

직무분류체계를 활용함과 동시에 기업 내 인력의 고령화의 위기를 기회로 전환시키기 위해서는 교육 훈련 프로그램을 만들어 장년 인력들의 기술을 향상시키고 근로자의 경험을 최대한 활용할 필요가 있다. 장년 인력들에게 그들의 경력을 활용할 수 있는 직종 내에서 자문적 업무를 담당하는 일에 배치할 수 있도록 적합 직종을 확대하고 직종 내에서 적합한 업무를 구분하여 제시하여야 한다.

장년고용정책의 업종별 전개상 비교분석
: 정년연장과 임금피크제에 대한 근로자들의 태도를 중심으로

박명준(한국노동연구원) · 김주현(충남대학교)

장년고용정책의 업종별 전개상 비교분석
: 정년연장과 임금피크제에 대한 근로자들의 태도를 중심으로[1)]

I. 서론

장년화(aging)로 인하여 노동시장의 성격이 변화하고 있다는 것은 누구나 인정할 수 있는 사실이다. 그에 대해 기업들과 노동조합들이 일정하게 대응을 하고 있으며, 근로자들 역시 그에 대한 문제의식과 태도를 취하고 있는 상황이다. 장년화에 대한 정책적 대응에 대해 생산현장의 주체들은 어떠한 인식과 태도를 지니며 반응하고 있을까? 특히 정책적 세심함을 기하기 위해서는 주요 업종별로 장년화에 대한 노동자들의 태도 및 기업들의 대응이 상이할 수 있음을 고려하며, 그에 대한 양상을 파악해 갈 필요가 있다. 산업별로 인력들의 장년화 정도가 다르고, 산업적 필요와 노사관계의 대응에 따른 산업별 기업내부노동시장이 상이하게 구조화 되어 있으며, 노동조합이 그 안에서 어떠한 전략적 선택을 통해 권력자원의 증진을 도모하는지, 또 장년화에 대한 어떠한 전략적 선택을 해 왔는지 등이 동일하지 않기 때문이다.

그러한 요인들은 각 업종별로 근로자들의 장년화에 대한 인식을 상이하게 틀 지우고, 기업들의 대응양상 역시 다양하게 형성시키는 주요한 원인이 된다. 그렇다면, 장년화와 관련한 주요한 주제들에 대해 한국의

---

1) 이 글에서 장년화, 장년자, 장년인력이라고 하는 표현은 원래 고령화, 고령자, 고령인력으로 쓰였던 것을 본서의 취지에 맞게 바꾼 것이다.

생산주체들의 태도는 업종별로 어떻게 상이하게 나타나는가? 장년화에 대한 태도가 업종별로 그렇게 특화되는 양상이 정책의 수립에 있어서 지니는 함의는 무엇일까? 향후 장년인력에 대한 업종별 사회적 대화를 전개한다고 했을 때, 현실의 상이한 전개상은 어떠한 차별적인 방안을 요구할까?

현실의 연구에서는 어떤 인과 관계적 논구를 떠나서 주요 업종별로 장년화에 대한 노사 주체들의 태도와 대응은 어떻게 상이한지 자체에 대한 기본적인 상황 파악조차 체계적으로 이루어지지 못한 상태로 보인다. 이 연구는 그러한 한계를 극복하기 위한 초보적인 작업의 일환이라고 할 수 있다. 분석은 2015년에 수행된 조사결과를 토대로 하며, 해당 조사는 다양한 업종에 종사하는 근로자들에 대한 설문조사이다.[2)]

설문조사는 근로자 개인의 장년노동력 활용에 대한 요구를 파악하는 것을 기본적인 목적으로 수행되었다. 여기에는 개인 근로자를 대상으로 노동연장에 대한 요구와 조건, 산업별 장년자의 노동력 연장 상황과 인식에 대한 내용이 포함되었다. 조사는 2015년 9월 중순부터 10월 중순까지 약 한 달간 진행되었으며, 조사를 위해 배포된 1,300부의 설문지 중 872부가 수거되었고, 부적절한 응답을 제외한 설문지 856부를 분석에 사용하였다. 조사자 기본 특성을 보면, 평균 연령은 43.5세 정도이며 이들의 평균 근속연수는 16.1년 정도이다. 주관적 소득계층은 중간층이라고 응답한 경우가 50.3%이다. 조사대상자의 84.8%가 조합원이며, 상급노조에서 한국노총이 60.3%이고 민주노총이 35.93%였으며, 노조에 미가입한 경우가 3.9%라는 특징이 있다. 조사대상 종사자들이 속한 업종은 제조업이 53.0%이고 금융 15.8%, 공공부문 31.2%이다. 그리고 그들이 속한 기업규모는 500인 이상이 59.6%로 비교적 대기업에 근무하고 있는 개인 근로자를 조사대상으로 한 것이다.

---

2) 본 조사는 한국노동사회연구소에 의뢰하여 진행되었다. 조사의 결과는 한국노동연구원의 보고서로 2015년 말에 출간된 바 있다. 이 논문은 김주현(2015)에서 다룬 자료 및 수행된 분석결과를 바탕으로 하지만, 당시 활용된 분석 자료를 본고의 문제의식에 맞게 재분석한 것이다. 동시에 본고는 2016년 12월 제주도에서 개최된 바 있는 〈한중일 동북아 노동포럼〉에서의 발표를 위해 별도로 작성된 초고를 바탕으로 하며, 해당 발표문 가운데 일부를 본서의 취지에 맞게 별도로 구성한 것이다.

〈표 1〉 설문조사대상 : 업종별 규모

			조사대상 규모	
			N	%
전체			856	100.0
공공부문			267	31.2
민간부문	금융업		135	15.8
	제조업	전체	454	53.0
		자동차	101	11.8
		조선	41	4.8
		기계	47	5.5
		철강	58	6.8
		전자	15	1.8
		석유화학	156	18.2
		식품	36	4.2

크게 공공부문과 민간부문을 구별하고 민간부문 내에서는 대표적인 서비스업종인 금융업과 제조업을 다루었다. 일차적으로 이렇게 3대 업종을 구별하여(대분류) 비교분석을 수행한 후, 가장 범위가 큰 민간제조업 부문 내에서의 다양한 소업종별 차이들을 살펴보았다. 제조업 내의 소업종 중 크게 7개 업종에 관심을 기울였는데, 그것들은 자동차, 조선, 기계, 철강, 전자, 석유화학, 식품 등이다. 1차적으로 3대 업종의 차이들을 그려 보고, 제조업의 경우 그 다양성을 고려하여 좀 더 분화시켜 살펴보고자 했다.

이렇게 다양한 업종들의 경향을 이해하기 위하여 본 연구에서는 노동력의 장년화 및 그와 관련된 정책적 대응방안으로 크게 3가지 주제를 다루었다. 첫째는 장년자 내지 장년화 전반에 대한 의견과 태도 및 필요하다고 생각하는 장년인력 활용 방안에 대한 의견이다. 둘째는 정년제도와 정년연장에 대한 태도 및 대응이다. 한국의 장년자와 관련한 정책적 이슈에서 가장 부각되는 것은 기업들이 정년을 몇 세로 설정하고 있으며, 그것의 명목적인 규정과 실질적인 규정상의 차이에 있다. 나아가서 2016년부터 도입된 이른바 '60세 정년법'의 실행에 대한 기업들의 태도와 전략도 주요한 관심사이다. 셋째는 정년 60세법의 영향으로 최대의 정책이슈로 부각한 '임금피크제(peak wage system)'에 대한 태도와 그 도입 방안이다. 특히 정년에 대한 태도나 임금피크제에 대한 태도는 그것이 시행된 2016년 바로 직전의 상태를 짚은 것이라 일정하게 한계를 지니기도 하지만, 시행 이후에 대한 조사를 수행할 경우 그와 비교를 할 수 있는 점에서 역사적 가치를 지닐 수 있는 조사라고 볼 수 있다.

Ⅱ. 장년자에 대한 전반적 인식과 필요한 지원책

1. 장년자에 대한 인식

조사자료 분석결과 장년인력에 대해 한국의 근로자들은 대체로 긍정적인 인식을 하고 있는 것으로 나타났다. 〈표 2〉를 보면, '숙련도와 전문성', '리더십과 대인관계', '성실한 근무태도' 등 긍정적 질문에 대하여 조사대상자들은 대개 보통 이상으로 긍정적인 응답을 했다. 특히 장년인력의 숙련도와 전문성에 대해서는 평균 3.83점으로 대체로 '그런 편'이라는 쪽으로 기울었다. 동시에 '변화에 대한 적응력이 떨어진다'거나 '보수적이고 권위적이다'라는 부정적 물음에 대해서도 긍정성에 대한 평가들 보다는 낮았으나, 3점 내외의 보통에 해당하는 응답을 보였다. 특히 '체력적 문제로 직무에 충실하지 못하다'는 평가에 대해서는 평균 3.5점으로, 대체로 보통수준에서 긍정적인 의견들이 많았다.

이를 업종별로 비교해 보면, 금융업 종사자들이 다른 업종 종사자들보다 장년인력에 대해 보다 긍정적인 평가를 많이 하는 편이고 부정적인 평가도 덜 하는 편인 것으로 나타났다. 특히 그들은 장년자들이 '리더십과 대인관계가 뛰어나다'는 면을 높게 평가했다. 공공부문의 경우 긍정적인 평가는 두드러지지 않았는데, 다른 업종에 비해서 부정적 평가가 상대적으로 덜한 편으로 나타났다. 한편 제조업에서는 장년자들의 숙련도나 성실성에 대해서는 긍정적으로 평가하였으나, 부정적인 평가항목들에 대해서는 다른 업종들에서보다 훨씬 높게 수긍하였다. 이는 일단 제조업에 생산직들이 많고 그러면서 육체노동의 필요가 높은 것에 대한 반영이며, 나아가 상대적으로 장년화되어 있는 제조업 생산직 인력들이 보이는 문화적 경직성과 권위성을 근로자들이 전반적으로 꼬집는 것이라고 해석된다.

〈표 2〉 근로자들의 장년인력에 대한 전반적인 인식(5점 척도, 평균값)

			긍정적 평가			부정적 평가		
			숙련도가 높고 전문성이 있다	리더십과 대인관계 능력이 뛰어나다	근무태도가 성실하고 헌신적이다	건강이나 체력적인 문제로 직무에 충실하지 못한 경우가 많다	변화에 대한 적응력이 떨어진다	보수적이고 권위적이다
전체			3.83	3.58	3.63	3.50	3.07	2.92
공공 부문			3.78	3.62	3.42	3.28	2.78	2.63
민간 부문	금융업		3.89	3.82	3.73	3.51	3.01	2.80
	제조업	전체	3.84	3.49	3.73	3.62	3.26	3.12
		자동차	3.83	3.43	3.75	3.65	3.26	3.12
		조선	3.78	3.33	3.60	3.38	3.03	3.08
		기계	3.72	3.38	3.64	3.34	3.11	2.89
		철강	3.70	3.36	3.46	3.41	3.25	3.13
		전자	4.00	3.36	4.07	4.14	3.36	2.79
		석유화학	3.91	3.60	3.84	3.73	3.31	3.21
		식품	3.91	3.77	3.71	3.86	3.54	3.17

1) 전혀 그렇지 않은 편, 2) 그렇지 않은 편, 3) 보통, 4) 대체로 그런 편, 5) 매우 그런 편

제조업 안을 좀 더 들여다보면, 전체적으로 전자(4.0), 석유화학(3.91), 식품(3.91)업종에서 장년인력의 숙련도와 전문성에 대해 상당히 높게 평가했고, 조선(3.78), 기계(3.72), 철강(3.70) 등은 그에 비해 다소 낮은 평가를 내렸으나 여전히 높은 쪽이 다수였다. 리더십과 대인관계의 측면에서는 석유화학(3.6)과 식품(3.77)에서 상대적으로 평균 이상의 높은 평가를 했고, 나머지 업종들은 모두 제조업 전체 평균에 비해 다소 낮은 평가를 내렸다. 근무태도의 성실도 면에서는 대개 제조업의 업종들은 다들 긍정적인 평가가 있었는데, 그 중에서도 특히 전자(4.07)와 석유화학(3.84) 업종에서 높은 평가가 있었다.

장년자들에 대한 부정적 평가와 관련해 '건강과 체력으로 인한 직무 불충실'에 대해서 전자(4.14)에서 매우 강한 긍정적 인식이 두드러졌고, 식품(3.86), 석유화학(3.73) 등에서도 상대적으로 높게 긍정적인 값들이 나왔다. '변화에 대한 적응력 저하'에 대해서는 식품(3.54) 업종에서 상대적으로 가장 강하게 장년자들의 문제를 지적했고, 전자(3.36), 석유화학(3.31) 등도 부정적 인식이 강한 편이었다. 장년자들의 보수성과 권위성에 대해 제조업 내에서 상대적으로 가장 강하게 긍정을 한 업종은 석유화학(3.21)이었고, 식품(3.17), 철강(3.13), 자동차(3.12) 등도 다소 높은 값들을 보였으나, 전체적으로 다른 항목들에 비해서는 그렇게 높은 값들이 아니었다.

2. 장년인력 활용 지원을 위해 필요한 방안

장년자 정년 이후 근로에 가장 필요한 지원제도가 무엇이라고 근로자들은 보고 있는지 살펴보고자 했다. 그에 대한 대답으로 〈표 3〉에서와 같이 '장년인력의 기능-기술 향상을 위한 교육 훈련 지원', '장년인력 인사노무 컨설팅 지원', '장년인력 전직지원 및 고용지원서비스 강화', '장년인력의 눈높이를 낮추고 기업의 고용의사를 고취시키는 홍보', '장년인력 고용에 대한 정부의 금전적 지원', 그리고 '장년인력의 고용유지를 위한 작업환경 및 공정개선에 대한 정부 지원' 등을 제시해 주었다. 이에 대해서 전체적으로 '장년인력의 기능·기술 향상을 위한 교육 훈련 지원'이 가장 필요하다(34.0%)고 응답한 비율이 가장 높았다. 그 다음은 장년인력의 눈높이를 낮추고 기업의 고용의사를 고취시키는 홍보(18.2%)가 필요하며, 장년인력 전직지원 및 고용지원서비스 강화가 필요한 제도(16.5%)로 나타났다. 반면 장년인력 인사노무 컨설팅에 대한 지원의 필요성을 강조한 근로자들은 6.0%에 불과해 극소수에 머물렀다.

3개 업종을 비교해 보면, 장년인력의 기능향상을 위한 교육훈련 지원이 필요성을 가장 강하게 강조한 업종은 제조업(40.2%)이었고, 다른 두 업종들에서는 그에 대한 강조가 상대적으로 적었다(공공 26.0%, 금융 28.9%). 그에 반해 공공부문과 금융업에서는 '장년인력의 눈높이를 낮추고 기업의 고용의사를 고취시키는 홍보'(공공 21.5%, 금융 21.5%) 및 '장년인력 전직지원 및 고용지원서비스 강화'(공공 21.9%, 금융 21.5%) 두 조치를 제조업에 비해 훨씬 더 강조하는 모습을 보여 대조를 이루었다. 장년인력 고용에 대한 정부의 지원에 대해서 상대적으로 다른 두 업종들에 비해 제조업(15.4%)에서 조금 더 강조되었고, 장년인력 인사노무 컨설팅 지원의 필요성에 대해서는 다른 두 업종에 비해 금융업(10.4%)에서 다소 더 비중 있는 모습이 눈에 들어온다.

〈표 3〉 정년 이후 장년자자들에게 필요한 지원에 대한 근로자들의 의견

				장년 인력의 기능-기술 향상을 위한 교육훈련 지원	장년 인력의 눈높이를 낮추고 기업의 고용의사 고취 시키는 홍보	장년인력 전직지원 및 고용지원 서비스 강화	장년 인력의 고용유지를 위한 작업 환경 및 공정 개선에 대한 정부 지원	장년인력 고용에 대한 정부의 금전적 지원	장년인력 인사노무 컨설팅 지원	전체
전체			빈도	288	154	140	114	101	51	848
			%	34.0	18.2	16.5	13.4	11.9	6.0	100.0
공공 부문			빈도	69	57	58	43	22	16	265
			%	26.0	21.5	21.9	16.2	8.3	6.0	100.0
민간부문	금융업		빈도	39	29	29	14	10	14	135
			%	28.9	21.5	21.5	10.4	7.4	10.4	100.0
	제조업	전체	빈도	180	68	53	57	69	21	448
			%	40.2	15.2	11.8	12.7	15.4	4.7	100.0
		자동차	빈도	37	14	9	15	23	2	100
			%	37.0	14.0	9.0	15.0	23.0	2.0	100.0
		조선	빈도	37	14	9	15	23	2	100
			%	37.0	14.0	9.0	15.0	23.0	2.0	100.0
		기계	빈도	14	7	7	11	6	1	46
			%	30.4	15.2	15.2	23.9	13.0	2.2	100.0
		철강	빈도	32	6	4	4	2	10	58
			%	55.2	10.3	6.9	6.9	3.4	17.2	100.0
		전자	빈도	5	2	1	1	5	0	14
			%	35.7	14.3	7.1	7.1	35.7	.0	100.0

				장년 인력의 기능-기술 향상을 위한 교육 훈련 지원	장년 인력의 눈높이를 낮추고 기업의 고용의사 고취 시키는 홍보	장년인력 전직지원 및 고용지원 서비스 강화	장년 인력의 고용유지를 위한 작업 환경 및 공정 개선에 대한 정부 지원	장년인력 고용에 대한 정부의 금전적 지원	장년인력 인사노무 컨설팅 지원	전체
		석유화학	빈도	65	26	23	15	19	5	153
			%	42.5	17.0	15.0	9.8	12.4	3.3	100.0
		식품	빈도	10	7	5	5	8	1	36
			%	27.8	19.4	13.9	13.9	22.2	2.8	100.0

제조업 내에서의 소업종별 차이를 살펴보면 '장년인력의 기능 · 기술 향상을 위한 교육 훈련 지원'을 가장 강하게 강조하는 업종은 철강(55.2%)이 가장 두드러지며, 다음으로 석유화학(42.5%), 조선(37.0%), 자동차(37.0%) 등에서도 이를 강조했다. 반면, 식품(27.8%)의 경우 이에 대한 강조가 상대적으로 저조했다. 제조업 전반에서 장년인력 인사노무 컨설팅에 대한 지원을 강조하는 경향은 극히 저조했는데 철강(17.2%)의 경우만 이례적으로 그 비중이 꽤 높은 편이었다. 일부 제조업종의 근로자들은 정부의 장년인력 고용에 대한 금전적 지원이 있어야 한다는 것을 강조했는데, 대표적으로 전자(35.7%), 조선(23.0%), 자동차(23.0%), 식품(22.2%) 등이 상대적으로 두드러졌다. 그 밖에 기계업종(23.9%)에서 고용유지를 위해서 작업환경과 공정개선에 대한 정부의 지원이 필요하다고 역설한 비중이 상대적으로 높은 편이었고, 석유화학(15.0%)과 기계(15.2%)에서 전직지원 고용서비스의 필요성을 다른 업종들에 비해 강조한 이들의 비율이 높았다.

Ⅲ. 정년제에 대한 실태와 견해

1. 명목정년연령과 실제퇴직연령의 격차

대체로 한국에서는 명목상의 정년연령과 실제 퇴직연령 간에 차이가 있는 것으로 알려져 있다. 이러한 양상은 업종별로 어떻게 다르게 분포해 있을까? 〈표 4〉의 조사 결과를 살펴보면, 근로자들 중에 명목정년과 실질정년의 연령상에 별다른 차이가 없다고 답을 한 경우가 40% 정도이며 60% 정도는 차이가 있다고 답을 했다. 차이가 없다고 이야기한 경우가 가장 많은 업종은 공공부문으로 이 부문의 조사대상자들의 58.6%가 차이가 없다는 답을 했다. 실상이 어떻든 이 부문에서 취해지는 인력운영방식의 성격을 고려해 보았을 때, 이 정도의 차이를 지적하는 것도 주목할 만하다.

그에 반해 민간부문의 경우 전체 조사대상 556명 가운데 174명(약 31.3%)이 차이가 나지 않는다고 했고, 약 3분의 2는 차이가 있다는 것에 동의했다. 제조업에서는 조사대상자들의 37.4%가 차이가 없다는 답을 한 반면, 금융업의 경우 심지어 단지 12%만이 차이가 없다는 답을 해 88%가 차이가 난다고 인정을 한 셈이어서, 금융업에서 명목정년과 실질퇴직 연령간의 차이가 매우 보편화된 상황임을 드러냈다.

제조업에서의 양상을 세분해서 보면 다소간의 스펙트럼이 나타난다. 전자(7.1%)는 14명 중 1명만이, 식품(21.1%)의 경우는 33명 중 7명만이 차이가 나지 않는다는 의견을 표명해 해당 업종에서 명목정년과 실제퇴직연령의 차이가 있는 기업들이 많을 수 있음을 암시했다. 반면, 철강(49.1%)과 자동차(41.1%)는 양자의 차이가 나지 않는 쪽에 상대적으로 다수의 근로자들이 동의했다.

〈표 4〉 명목정년연령과 실제퇴직연령 차이여부

				차이가 나지 않음	차이가 남	전체
전체			빈도	328	491	819
			%	40.0	60.0	100.0
공공 부문			빈도	154	109	263
			%	58.6	41.4	100.0
민간 부문	금융업		빈도	16	117	133
			%	12.0	88.0	100.0
	제조업	전체	빈도	158	265	423
			%	37.4	62.6	100.0
		자동차	빈도	37	53	90
			%	41.1	58.9	100.0
		조선	빈도	15	23	38
			%	39.5	60.5	100.0
		기계	빈도	17	28	45
			%	37.8	62.2	100.0
		철강	빈도	27	28	55
			%	49.1	50.9	100.0
		전자	빈도	1	13	14
			%	7.1	92.9	100.0
		석유화학	빈도	54	94	148
			%	36.5	63.5	100.0
		식품	빈도	7	26	33
			%	21.2	78.8	100.0

2. 명목정년과 퇴직연령 차이의 이유

명목정년과 퇴직연령의 차이가 발생하는 이유에 대해 근로자들은 무엇이 주요하다고 간주하고 있을까? 〈표 5〉에서와 같이 명목정년과 실제퇴직연령 간에 차이가 발생하는 원인으로 크게 세 가지를 제시했는데 이는 자발성과 강제성상에 있어서 강도의 차이를 둔 것들이다. 첫째는 '노후를 위해 조금이라도 젊었을 때 전직하는 게 낫다고 판단해서 근로자들 스스로 일찍 퇴직을 한다'는 것이며, 둘째는 '승진 누락이나 성과부진 등에 따른 보이지 않는 압박을 버티기 힘들어서 근로자들이 일찍 퇴직을 한다'는 것이고, 셋째는 '기업측이 비용절감을 위해 일상적으로 희망퇴직을 강요하기 때문에 어쩔 수 없이 근로자들은 따라야 한다'는 것이다.

해당응답자 전체(N=491)를 놓고 보면, 차이가 있다고 답한 근로자들 가운데 스스로 노후를 고려해서 자발적으로 퇴직을 하는 경우는 15.7%에 불과해 대다수가 근로자들 스스로의 판단에 의해서보다, 배후에서 기업과 조직이 가하는 압력 때문에 불가피하게 조기퇴직이 발생함을 암시했다. 그 중에서도 승진누락이나 성과부진 등의 압박을 버티기 힘들기 때문이라는 의견은 양자의 차이가 있다고 답한 근로자들의 31.6%가 그 이유로 지적했고, 거의 절반에 가까운 대다수에 해당하는 47.9%는 기업 측의 희망퇴직 강요가 명목정년과 실질정년의 연령 간 차이를 발생시키는 주요한 이유라고 지적을 했다.

공공부문의 경우 차이가 있다고 말한 이들 가운데 대다수(45.9%)가 승진누락과 성과부진의 압박을 버티기 힘들기 때문이라고 답변한 반면, 상대적으로 희망퇴직에 대한 사측의 강요(25.7%)는 적었고, 자발적으로 자신의 노후를 고려해 퇴직한다는 쪽(19.3%)도 상대적으로 많았다. 이러한 양상은 금융업과 대조를 보였다. 금융업에서는 희망퇴직 강요를 차이의 이유로 지적한 사람이 58.1%로 반 이상을 차지하여 가장 큰 이유인 것으로 나타났고, 스스로 노후를 고려한 선택이라는 경우는 5.1%에 불과했다. 제조업의 경우도 금융업과 마찬가지로 희망퇴직 강요가 52.5%로 가장 많았으나, 금융업과 달리 스스로의 노후를 고려한 결정이라는 답도 18.9%를 차지해 적지 않게 나타났다.

〈표 5〉 명목정년연령과 실제퇴직연령 차이이유에 대한 근로자들의 의견

		차이 있다고 답한 빈도 전체	차이가 나는 이유			
			노후를 위해 조금이라도 젊었을 때 전직하는 게 낫다고 판단해서	승진 누락이나 성과부진 등에 따른 보이지 않는 압박을 버티기 힘들어서	기업측이 비용절감을 위해 일상적으로 희망퇴직을 강요하므로	기타
전체	빈도	491	77	155	235	24
	비율(%)	100.0	15.7	31.6	47.9	4.9

<table>
<tr><th colspan="3" rowspan="2"></th><th rowspan="2">차이 있다고 답한 빈도 전체</th><th colspan="4">차이가 나는 이유</th></tr>
<tr><th>노후를 위해 조금이라도 젊었을 때 전직하는 게 낫다고 판단해서</th><th>승진 누락이나 성과부진 등에 따른 보이지 않는 압박을 버티기 힘들어서</th><th>기업측이 비용절감을 위해 일상적으로 희망퇴직을 강요하므로</th><th>기타</th></tr>
<tr><td colspan="2" rowspan="2">공공부문</td><td>빈도</td><td>109</td><td>21</td><td>50</td><td>28</td><td>10</td></tr>
<tr><td>비율(%)</td><td>100.0</td><td>19.3</td><td>45.9</td><td>25.7</td><td>9.2</td></tr>
<tr><td rowspan="18">민간부문</td><td rowspan="2">금융업</td><td>빈도</td><td>117</td><td>6</td><td>38</td><td>68</td><td>5</td></tr>
<tr><td>비율(%)</td><td>100.0</td><td>5.1</td><td>32.5</td><td>58.1</td><td>4.3</td></tr>
<tr><td rowspan="16">제조업</td><td>전체</td><td>빈도</td><td>265</td><td>50</td><td>67</td><td>139</td><td>9</td></tr>
<tr><td></td><td>비율(%)</td><td>100.0</td><td>18.9</td><td>25.3</td><td>52.5</td><td>3.4</td></tr>
<tr><td>자동차</td><td>빈도</td><td>53</td><td>7</td><td>13</td><td>27</td><td>6</td></tr>
<tr><td></td><td>비율(%)</td><td>100.0</td><td>13.2</td><td>24.5</td><td>50.9</td><td>11.3</td></tr>
<tr><td>조선</td><td>빈도</td><td>23</td><td>5</td><td>4</td><td>14</td><td>0</td></tr>
<tr><td></td><td>비율(%)</td><td>100.0</td><td>21.7</td><td>17.4</td><td>60.9</td><td>0.0</td></tr>
<tr><td>기계</td><td>빈도</td><td>28</td><td>12</td><td>3</td><td>13</td><td>0</td></tr>
<tr><td></td><td>비율(%)</td><td>100.0</td><td>42.9</td><td>10.7</td><td>46.4</td><td>0.0</td></tr>
<tr><td>철강</td><td>빈도</td><td>28</td><td>7</td><td>9</td><td>12</td><td>0</td></tr>
<tr><td></td><td>비율(%)</td><td>100.0</td><td>25.0</td><td>32.1</td><td>42.9</td><td>0.0</td></tr>
<tr><td>전자</td><td>빈도</td><td>13</td><td>1</td><td>6</td><td>6</td><td>0</td></tr>
<tr><td></td><td>비율(%)</td><td>100.0</td><td>7.7</td><td>46.2</td><td>46.2</td><td>0.0</td></tr>
<tr><td>석유화학</td><td>빈도</td><td>94</td><td>15</td><td>25</td><td>51</td><td>3</td></tr>
<tr><td></td><td>비율(%)</td><td>100.0</td><td>16.0</td><td>26.6</td><td>54.3</td><td>3.2</td></tr>
<tr><td>식품</td><td>빈도</td><td>26</td><td>3</td><td>7</td><td>16</td><td>0</td></tr>
<tr><td></td><td>비율(%)</td><td>100.0</td><td>11.5</td><td>26.9</td><td>61.5</td><td>0.0</td></tr>
</table>

제조업 내에서 기계는 제조업의 평균적인 패턴에서 이탈을 하여, 노후를 고려한 자발적 선택이 42.9%를 차지해 매우 높았다. 철강(25%)과 조선(21.7%)의 경우도 20% 이상이 그러한 이유를 꼽아 상대적으로 높은 편이었다. 승진 누락과 성과부진의 압박을 상대적으로 높게 꼽은 업종을 보면, 전자(46.2%)가 가장 높았고, 철강(32.1%), 식품(26.9%), 석유화학(26.6%) 등도 평균 이상의 높은 값을 표출했다. 제조업종의 대부분 희

망퇴직의 강요에 대한 지적을 많이 했는데, 가장 높은 업종이 식품(61.5%)과 조선(60.9%)이었다. 상대적으로 철강(42.9%), 전자(46.2%), 기계(46.4%)의 경우는 그러한 비중이 높지 않았다. 이 세 업종의 경우 나머지 이유들에서 철강은 제조업의 보편적인 패턴을 따랐지만, 전자는 금융업과 유사한 패턴을 그리고 기계는 공공부문과 유사한 패턴을 보인 것이 차이점이었다.

3. 정년연장의 긍정적 효과

근로자들이 정년연장의 긍정적 효과와 부정적 효과에 대해 각각 어떠한 측면들에 강조를 두는지 업종별 차이를 살펴보고자 했다. 먼저 긍정적 효과에 대해서는 〈표 6〉에서 볼 수 있듯이 '숙련 노동력 유지를 통한 기업의 생산성 증가', '장년자의 풍부한 직무경험 활용을 통한 후진양성에 기여', '장년인력의 가계 경제 안정화', '고용안정화를 통하여 노동자와 기업 간 상호신뢰 제고', '장년인력의 임금과 기업복지 수혜 연장', '장년인력의 사회적 지위 유지' 등 6가지 항목을 제시했다. 응답한 근로자들은 '장년화의 가계 경제 안정화(33.5%)'를 가장 많이 꼽았고, 그 다음으로 '숙련노동력 유지로 기업의 생산성 증가(21.7%)'와 '후진양성에 기여(21.5%)'를 들었다. '장년인력의 사회적 지위 유지(2.5%)'나 '임금과 기업복지 수혜 연장(5.5%)'에 대해서는 소수만이 수긍하는 답을 했다.

장년화의 경제적인 안정화를 강조한 경향은 세 업종별에서 모두 나타났는데 그 중에서도 공공부문에서 그 부분을 주요하게 꼽은 비율이 가장 높았다(각각 공공 39.4%, 금융 36.6%, 제조업 29.2%). 숙련노동을 통한 생산성 증가의 측면에 대한 강조는 예상대로 제조업(30.7%)에서 동의 비율이 가장 높았는데, 이는 장년자 경제 안정화에 대한 응답률을 웃도는 수준이었다. 공공(11.7%)과 금융(11.2%)에서는 그에 대한 강조가 매우 낮아 제조업과 대조를 보였다. 다만 장년자의 경험을 통한 후진양성에 대해서는 세 업종 모두 유사한 수준에서 강조를 하면서 각각 금융업(25.4%), 제조업(21.2%), 공공부문(20.1%)의 순위를 보였다. 금융업의 경우 이 항목에 대한 강조가 상대적으로 높은 점이 두드러진다. 나머지 항목들에 수긍한 경우는 세 업종 모두 낮은 비율에 머물렀으나 다만 노사 간 신뢰제고의 항목에 대해서 금융업의 경우 20.9%로 상당히 높은 비율을 보인 것이 특징적이다.

제조업에서 전반적으로 숙련노동력 유지를 통한 기업의 생산성 증가에 대한 강조가 두드러졌는데, 그러한 경향이 가장 높은 업종은 철강(45.6%)이었고, 석유화학(37.0%)과 조선(36.6%), 식품(34.3%) 등도 그에 대한 강조가 높은 편이었다. 흥미롭게도 이러한 경향은 기계(14.9%)와 자동차(16.0%)에서는 이에 대한 의미부여가 상대적으로 매우 낮은 점이 눈에 띈다. 대신 두 업종 모두 장년자의 가계 안정화에 대한 의미부여가 매우 높았는데 기계(55.3%)의 경우 그에 대한 강조가 절대적으로 높았고, 자동차(32.0%)는 식품(34.3%)과 함께 상대적으로 그에 대한 높은 의미를 부여했다. 상대적으로 철강(15.8%)의 경우 이에 대한 강조가 매우 낮아 이례적이었고 조선(19.5%)과 전자(20.0%) 역시 낮은 편이었다. 장년자의 직무경험을 활용해서 후진양성에 기여하는 측면을 상대적으로 가장 강조한 업종은 조선(29.3%)이었고, 철강(28.1%)과 자동차(24.0%) 역시 상대적으로 높은 편이었다. 제조업종 중에서 노사 간 상호신뢰제고의 효과에 대해서 강조를 가장 높게 한 업종은 자동차(23.0%)였고, 전자(20.0%)가 그 뒤를 따라 높은 편이었다. 전제 표본 수가 많지 않아 그 타당성에 대한 점검이 필요하겠으나(15건 중 3건), 이례적으로 전자(20.0%)의 경우 장년인력의 임금과 복지수혜가 연장되는 측면에 의미부여를 하는 것으로 나타났다.

〈표 6〉 정년연장의 긍정적 효과에 대한 근로자들의 인식

				숙련 노동력 유지로 기업의 생산성 증가	장년자의 풍부한 직무경험 활용, 후진 양성에 기여	장년 인력의 가계 경제 안정화	고용 안정화를 통하여 노동자와 기업 간 상호신뢰 제고	장년 인력의 임금과 기업 복지 수혜 연장	장년 인력의 사회적 지위 유지	전체
전체			빈도	184	182	284	129	47	21	847
			%	21.7	21.5	33.5	15.2	5.5	2.5	100.0
공공 부문			빈도	31	53	104	43	23	10	264
			%	11.7	20.1	39.4	16.3	8.7	3.8	100.0
민간부문	금융업		빈도	15	34	49	28	5	3	134
			%	11.2	25.4	36.6	20.9	3.7	2.2	100.0
	제조업	전체	빈도	138	95	131	58	19	8	449
			%	30.7	21.2	29.2	12.9	4.2	1.8	100.0
		자동차	빈도	16	24	32	23	3	2	100
			%	16.0	24.0	32.0	23.0	3.0	2.0	100.0
		조선	빈도	15	12	8	3	1	2	41
			%	36.6	29.3	19.5	7.3	2.4	4.9	100.0
		기계	빈도	7	7	26	4	3	0	47
			%	14.9	14.9	55.3	8.5	6.4	.0	100.0
		철강	빈도	26	16	9	1	4	1	57
			%	45.6	28.1	15.8	1.8	7.0	1.8	100.0
		전자	빈도	5	1	3	3	3	0	15
			%	33.3	6.7	20.0	20.0	20.0	.0	100.0
		석유화학	빈도	57	29	41	20	4	3	154
			%	37.0	18.8	26.6	13.0	2.6	1.9	100.0
		식품	빈도	34.3	17.1	34.3	11.4	2.9	.0	100.0
			%	1.4	.7	1.4	.5	.1	.0	4.1

4. 정년연장의 부정적 효과

정년연장에 대한 부정적 효과와 관련해서는 〈표 7〉과 같이 크게 '기업의 총 인건비 상승', '조직 내 승진 정체', '구조조정 압력의 불가피한 강화', '기업의 업무 성과 저하', '신규인력 충원(청년고용) 제약', 그리고

'구성원 간 통합의 어려움 증대' 등 여섯 가지에 관해서 물었다. 전체적인 대답의 분포를 보면, 이 가운데 가장 주요한 난제로 근로자들이 지적한 것은 기업의 총 인건비 상승(28.7%), 신규인력 충원의 제약(23.4%), 그리고 조직 내 승진의 정체(21.4%) 등이었다. 반면, 구성원 간 통합의 어려움(2.8%)이나 기업의 업무 성과 저하(6.4%)에 대해서는 그다지 동의하지 않았다.

이러한 응답의 경향을 3대 업종으로 구분해서 살펴보았을 때, 공공부문은 정년연장의 부정적 효과로 조직 내 승진 정체(32.2%)를 가장 큰 문제로 지적하여, 공공부문 내부에 존재하는 정년연장으로 인한 문제점이 다른 업종과는 다른 독특한 상황에 있음을 암시했다. 상대적으로 제조업의 경우는 조직 내 승진 정체(13.2%)에 대해서 그다지 크게 지적하지 않았다. 반면, 기업의 총인건비 상승(31.4%)에 대해서 가장 높은 비율로 지적을 하였고, 구조조정 압력이 불가피하게 강화되는 측면(20.0%)과 신규인력의 충원 제약의 측면(28.9%)에 대하여 세 업종 중 가장 민감하게 반응을 보였다. 세 업종 모두 기업의 업무 성과 저하의 측면에 대해서 그다지 동의하지 않았고 구성원 간 통합의 어려움도 거의 인정하지 않았다.

〈표 7〉 정년연장의 부정적 효과에 대한 근로자들의 인식

				기업의 총 인건비 상승	조직 내 승진 정체	구조 조정 압력 불가피한 강화	기업의 업무 성과 저하	신규인력 충원 (청년 고용) 제약	구성원간 통합의 어려움 증대	전체
전체			빈도	239	178	144	53	195	23	832
			%	28.7	21.4	17.3	6.4	23.4	2.8	100.0
공공 부문			빈도	61	83	36	25	45	8	258
			%	23.6	32.2	14.0	9.7	17.4	3.1	100.0
민간부문	금융업		빈도	40	37	20	7	23	7	134
			%	29.9	27.6	14.9	5.2	17.2	5.2	100.0
	제조업	전체	빈도	138	58	88	21	127	8	440
			%	31.4	13.2	20.0	4.8	28.9	1.8	100.0
		자동차	빈도	28	11	16	8	31	1	95

				기업의 총 인건비 상승	조직 내 승진 정체	구조 조정 압력 불가피한 강화	기업의 업무 성과 저하	신규인력 충원 (청년 고용) 제약	구성원간 통합의 어려움 증대	전체
			%	29.5	11.6	16.8	8.4	32.6	1.1	100.0
		조선	빈도	12	6	5	2	11	2	38
			%	31.6	15.8	13.2	5.3	28.9	5.3	100.0
		기계	빈도	12	4	10	2	18	0	46
			%	26.1	8.7	21.7	4.3	39.1	0.0	100.0
		철강	빈도	20	12	15	2	8	0	57
			%	35.1	21.1	26.3	3.5	14.0	0.0	100.0
		전자	빈도	3	2	3	0	6	1	15
			%	20.0	13.3	20.0	0.0	40.0	6.7	100.0
		석유화학	빈도	59	19	27	4	42	3	154
			%	38.3	12.3	17.5	2.6	27.3	1.9	100.0
		식품	빈도	4	4	12	3	11	1	35
			%	11.4	11.4	34.3	8.6	31.4	2.9	100.0

제조업 내 업종별 차이를 보면, 자동차 업종의 경우 신규인력 충원의 문제(32.6%)에 대해서 가장 민감하게 문제로 지적했고 그 다음으로 기업의 인건비 상승(29.5%) 문제를 들었다. 이러한 경향은 조선, 기계 및 석유화학 업종의 경우도 유사한 패턴을 보였다. 이와 달리 철강부문의 경우 근로자들이 기업의 인건비 상승(35.1%)에 대해서 상당히 높은 강조를 하는 것은 유사했으나, 그 다음으로 주요한 문제로 구조조정 압력의 강화(26.3%)와 조직 내 승진 정체(21.1%)를 들었고 신규인력문제(14.0%)에 대해서는 그다지 큰 문제로 부각시키지 않았다. 이와 달리 전자업종의 경우는 신규인력 충원의 문제에 대해서 무려 40.0%가 문제로 지적하였고, 식품업종의 경우도 31.4%가 이 문제를 심각하게 인식했다. 식품의 경우 가장 다수는 구조조정 압력의 불가피한 강화(34.3%)를 들었다. 전자, 기계, 자동차, 식품 부문에서 신규인력 충원의 어려움을 부정적인 효과로 가장 다수가 들고 있는 것이 주목된다. 제조업 중에 업무성과의 저하 문제를 그나마 높게 든 업종은 자동차(8.4%)와 식품(8.6%)이었다.

Ⅳ. 임금피크제에 대한 실태와 의견

1. 임금피크제 도입의 필요성

<표 8>에서 볼 수 있듯이, 임금피크제 도입의 필요성에 대해서, 조사대상 노동자들의 61.8%는 그것의 도입에 대해 굳이 필요하지 않다는 부정적인 의견을 보였고, 그 안에서 전혀 불필요하다고 강하게 의견을 피력한 경우도 전체의 20%를 상회했다. 반면 반드시 필요하다고 하는 의견을 피력한 근로자들은 전체의 5.1%로 극소수에 불과했다. 이는 조사대상자들의 대부분이 노조원들이라는 특성을 고려해야겠지만 절대다수의 근로자들은 임금피크제의 필요성에 대해서 회의적인 모습을 보였다고 할 수 있다.

업종별로 비교해 보면 다소 상이한 양상들이 보여 진다. 공공부문의 경우는 임금피크제가 필요하지 않다는 의견을 가장 강하게 피력해 해당 업종의 조사대상자 가운데 64.2%에 달했고 필요하다는 의견은 35.7%에 불과했다. 이는 제도업도 유사해서 대체로 불필요하다는 쪽이 지배적이었는데(65.7%), 이는 세 업종 중에서 가장 두드러진 양상이었고, 그 중에서도 전혀 불필요하다는 의견도 28.2%를 차지하여 세 업종 중 가장 많았다. 제조업 노조원들의 임금피크제에 대한 반감이 큰 점을 암시하는 것으로 보인다. 이와 달리 금융부문의 경우 임금피크제의 도입이 필요하다는 응답이 55.3%로 상대적으로 다수가 긍정적인 의견을 두드러지게 표출했고, 불필요하다는 쪽은 44.8%에 불과했다. 이는 금융부문에서 임금피크제의 도입과 고용연장에 대한 희구가 보다 강한 상태에 있는 상황이라고 해석된다.

제조업 내에서 임금피크제의 불필요성을 가장 강하게 역설한 업종은 철강(75.4%), 자동차(74.7%), 조선(73.2%) 등이었다. 그 중에서 철강부문에서 임금피크제가 전혀 필요하지 않다고 응답한 비율이 45.6%로 눈에 띈다. 반면, 식품(47.3%), 전자(46.7%), 기계(43.5%) 등에서는 임금피크제의 도입의 필요성이 크다는 근로자들이 상대적으로 많은 부분을 차지했다.

〈표 8〉 임금피크제 도입의 필요성에 대한 근로자들의 의견

				필요			불필요			전체
				반드시 필요 [A]	가급적 필요 [B]	A+B	굳이 필요치 않음 [C]	전혀 불필요함 [D]	C+D	
전체			빈도	43	280	323	340	184	524	847
			%	5.1	33.1	38.2	40.1	21.7	61.8	100.0
공공 부문			빈도	9	86	95	119	52	171	266
			%	3.4	32.3	35.7	44.7	19.5	64.2	100.0
민간 부문	금융업		빈도	10	64	74	54	6	60	134
			%	7.5	47.8	55.3	40.3	4.5	44.8	100.0
	제조업	전체	빈도	24	130	154	167	126	293	447
			%	5.4	29.1	34.5	37.4	28.2	65.6	100.0
		자동차	빈도	6	19	25	40	34	74	99
			%	6.1	19.2	25.3	40.4	34.3	74.7	100.0
		조선	빈도	0	11	11	18	12	30	41
			%	.0	26.8	26.8	43.9	29.3	73.2	100.0
		기계	빈도	0	20	20	14	12	26	46
			%	.0	43.5	43.5	30.4	26.1	56.5	100.0
		철강	빈도	3	11	14	17	26	43	57
			%	5.3	19.3	24.6	29.8	45.6	75.4	100.0
		전자	빈도	1	6	7	5	3	8	15
			%	6.7	40.0	46.7	33.3	20.0	53.3	100.0
		석유화학	빈도	12	48	60	62	31	93	153
			%	7.8	31.4	39.2	40.5	20.3	60.8	100.0
		식품	빈도	2	15	17	11	8	19	36
			%	5.6	41.7	47.3	30.6	22.2	52.8	100.0

2. 임금피크제에 동반되어야 할 조치

기업들이 정년연장에 따른 임금피크제를 실시할 경우, 그것의 실행과 함께 가장 절실하게 동반되어야 할 조치가 무엇이라고 근로자들은 느끼고 있을까? 이러한 질문에 대해 〈표 9〉과 같이 조건 없이 실행, 정년 60세의 준수, 근로시간 단축, 그리고 직무배치 전환 등 4가지 의견을 제시해 보았다.

전반적으로 아무런 조건 없이 실행되어야 한다고 지적한 의견은 극소수(3.6%)에 불과했고, 대부분 일정한 조치가 조건부로 동반되어야 함을 강조했다. 그 가운데 60세 정년연령이 지켜져야 하고(40.9%), 근로시간의 단축이 이루어지는 것(39.7%)을 동반되어야 할 가장 중요한 조치로 근로자들은 꼽았다.

업종별로 비교해 보면, 제조업(47.2%)은 60세 정년 연령이 지켜지는 것이 임금피크제의 가장 중요한 동반조치라고 응답하였고, 금융(43.6%)과 공공부문(41.7%)에서는 근로시간 단축을 가장 중요한 동반 조치로 응답한 점이 인상적이었다. 직무배치전환의 필요성에 대해서는 금융업(21.8%)이 상대적으로 가장 많은 비율로 강조되었고, 제조업(12.1%)은 훨씬 적은 편이었다.

제조업에서 전반적으로 정년 60세의 유지를 임금피크제 도입의 필요성으로 강조했음을 언급했는데, 그 중에서도 식품(57.1%)과 조선(52.5%) 그리고 석유화학(49.7%) 등에서 그에 대한 강조가 특히 두드러졌다. 반면, 기계(46.3%)와 전자(50.0%)의 경우는 근로시간 단축에 대해서 더 강한 의미를 두어 제조업 전반의 흐름과 다른 양상을 보였다. 제조업 내에서 직무배치전환이 임금피크제에 동반되어야 하는 조치로 본 비율이 가장 많은 업종은 철강(19.3%)이었고, 조선(17.5%)과 자동차(15.5%)도 상대적으로 많은 편이었다.

〈표 9〉 임금피크제를 실시할 경우 동반되어야 할 조치에 대한 근로자들의 의견

			여타 조건 없이 무조건 실행 필요	반드시 정년이 60세 이상이어야 함	근로시간 단축이 적절히 동반되어야 함	반드시 직무배치 전환 필요	합계
전체		빈도	30	342	332	132	836
		%	3.6	40.9	39.7	15.8	100.0
공공 부문		빈도	10	94	110	50	264
		%	3.8	35.6	41.7	18.9	100.0
민간 부문	금융업	빈도	5	41	58	29	133
		%	3.8	30.8	43.6	21.8	100.0

				여타 조건 없이 무조건 실행 필요	반드시 정년이 60세 이상이어야 함	근로시간 단축이 적절히 동반되어야 함	반드시 직무배치 전환 필요	합계
	제조업	전체	빈도	15	207	164	53	439
			%	3.4	47.2	37.4	12.1	100.0
		자동차	빈도	2	46	34	15	97
			%	2.1	47.4	35.1	15.5	100.0
		조선	빈도	1	21	11	7	40
			%	2.5	52.5	27.5	17.5	100.0
		기계	빈도	0	17	19	5	41
			%	.0	41.5	46.3	12.2	100.0
		철강	빈도	3	21	22	11	57
			%	5.3	36.8	38.6	19.3	100.0
		전자	빈도	1	5	7	1	14
			%	7.1	35.7	50.0	7.1	100.0
		석유화학	빈도	7	77	59	12	155
			%	4.5	49.7	38.1	7.7	100.0
		식품	빈도	1	20	12	2	35
			%	2.9	57.1	34.3	5.7	100.0

V. 요약 및 함의

지금까지 분석한 내용은 사실상 이른바 정규직 1차 노동시장에 종사하는 이들을 대상으로 해서 장년고용과 관련한 실상과 태도를 업종별로 구별해서 살펴본 것이다. 시기상으로는 2016년 정년연장법의 공식적인 시행을 앞두고 있는 시점이라는 것, 그리고 정부가 그와 연계되어 임금피크제를 강하게 강조하던 시기였다는 특성을 지닌다. 아래에서는 앞서의 분석내용을 요약하고 그것의 정책적 함의를 간략히 정리하며 글을 마무리하겠다.

첫째, 조사자 대상자들의 장년자에 대한 전반적인 인식은 대체로 긍정적인 편이다. 숙련도와 리더십, 대인관계에 대한 평가, 그리고 성실한 근무태도에 대해 긍정적이었으며, 특히 고령 인력에 대한 인식 중 숙련도와 전문성에 대해서는 긍정의 경향을 보였다. 한편 변화에 대한 적응력이 떨어진다거나 보수적이고 권위적이라는 부정적인 물음에 대해서는 보통이라는 응답을 보였다. 다만, 체력적인 문제로 직무에 충실하지 못하다는 부정적인 인식에 대해서는 동의함으로써 장년자의 노화에 대해서는 우려를 나타내고 있다. 전체적으로 전 업종에서 체력저하 등의 이유로 직무에 불충실할 가능성을 높게 지적하는 면을 놓고 본다면, 이는 장년층의 건강과 체력을 보강하는 조치를 통해 그들이 지니고 있는 숙련성과 전문성의 활용을 더욱 이어가도록 할 필요성이 넓게 공감되고 있다는 것이다. 이러한 사실을 장년자 고용 정책에 반영할 필요가 있다.

둘째, 정년 이후의 고용과 생업을 위해 장년층에게 필요한 소치와 관련해 근로자들은 전반적으로 기능, 기술향상을 위한 교육훈련 지원의 필요성(34%)에 가장 목말라 했다. 그 다음으로는 퇴직자들의 고용을 장려하는 홍보활동(18.2%) 및 전직지원과 고용서비스의 강화(16.5%)가 강조되었다. 이는 근로자들은 퇴직 후에도 자신들의 능력을 기반으로 새로운 환경에 필요한 숙련을 갖추어 경제활동을 이어가고자 하는 의도가 강함을 의미한다. 업종별 비교를 보면, 두드러지는 면은 기능향상을 위한 교육훈련 지원에 대해 제조업(40.2%)에서 아주 강하게 강조한 점이다.[3] 반면 다른 두 업종들에서는 상대적으로 훨씬 덜한 점이었다. 대신 두 업종의 근로자들은 고용 장려 홍보활동과 고용서비스를 각각 제조업에서보다 더욱 더 강하게 강조함이 드러났다. 이는 업종별로 장년 고용을 위해 기대되는 상이 다른데, 특히 제조업의 경우는 그래도 생산직들의 숙련이 고용에서 갖는 의미가 큰 것으로 근로자들로부터 인정을 받고 있는 양상임을 반영한다. 그 밖에 제조업에서는 정부의 장년 고용에 대한 금전적 지원에 대한 강조(15.4%)가 다른 두 업종보다 두드러졌고[4], 금융업에서는 장년층 대상 인사노무 컨설팅 지원(10.4%)이 다른 두 업종보다 더 강조되었는데, 이 점들에 대해서도 별도로 답을 모색할 필요가 있다.

셋째, 명목정년과 실질퇴직연령의 격차에 대해서는 차이가 난다는

---

3) 특히 철강, 석유화학, 조선, 자동차 등에서 그러함.

4) 특히 전자, 조선, 자동차 식품 등에서 그러함.

쪽이 60%를 차지해 2016년 정년연장법 시행 직전의 상황이 어떠한지 보여준다. 그 중에 압도적인 업종이 금융업(88%)이었으며, 제조업도 높은 편이었다(62.6%). 공공부문은 오히려 차이가 나지 않는다고 하는 편이 더 지배적이었다(58.6%). 상대적으로 공공부문에서는 정년에 대한 제도적 보장이 강하게 작동하고 있는 현실을 반영한 것으로 보여 지고, 금융업의 경우 50대 이상의 종사자 비율이 급격히 낮아지는 현상을 본 조사에서 잘 말해 준다고 보여진다. 이는 정년연장법 시행 이후에 금융업에서 어떻게 새로운 관행을 만들지가 더욱 고민스러운 상황임을 암시한다. 제조업의 경우 차이가 있다고 답한 응답자 비율이 높은 업종은 전자(92.9%)와 식품(78.8%) 등이었고, 낮은 업종은 철강(50.9%), 자동차(58.9%) 등이었는데, 이는 노동조합의 역할 및 영향과 관련해서 일정하게 점검해 볼 필요가 있다.

넷째, 명목정년과 실질퇴직연령의 차이가 발생하는 이유에 대해서는 대다수가 사측의 희망퇴직 강요(47.9%)를 강조했고, 노후를 위한 자발적 퇴직(15.7%)을 가장 약하게 지지한 것이 두드러진다. 이러한 양상은 오늘날 양자의 차이 발생이 근로자들의 의지에 의한 것이 아님을 의미한다. 공공부문의 경우는 희망퇴직압력이 상대적으로 덜한 가운데, 승진누락과 성과압박(45.9%)을 가장 높은 이유로 꼽았다. 그와 달리 민간부문인 금융과 제조업은 희망퇴직 강요에 높게 공감했다(금융 58.1%, 제조 52.5%). 게다가 금융에서는 노후를 고려한 자발적 퇴직에 대해 거의 공감하지 않았다(5.1%). 제조업에서는 적지 않게 그러한 답을 이유로 꼽았고(18.9%), 이는 공공부문에서와 유사한 수준이었다(19.3%). 전반적으로 이러한 결과는 퇴직압박과 보상 사이에서 갈등하는 장년층의 양상이 업종별로 상이하다는 것을 보여주고, 정년 60세법의 시행 이후 현재 어떠한 차이가 나타났을지 더욱 더 귀추가 주목되게 한다.

다섯째, 정년연장은 대체로 근로자들에게 긍정적으로 받아들여지나, 그 이유는 업종별로 일정하게 상이하다. 대부분은 정년연장이 장년층의 가계안정화에 기여하는 측면(33.5%)에 가장 많이 공감한 반면, 숙련노동의 유지로 인한 생산성 증가(21.7%)나 후진양성에 기여(21.5%)에 대해서는 상대적으로 적게 공감했다. 이는 근로자들에게 정년연장의 의미가 자신들의 생계의 문제, 경제적인 이유에서 가장 직접적으로 찾게 됨을 의미한다. 가계안성화의 장점에 대한 강조는 공공부문(39.4%)에서 더욱 두드러졌고, 제조업(29.2%)은 상대적으로 낮은 편이었다. 대신 제조업에서는 숙련노동 유지를 통한 생산성의 증가(30.7%)가 타업종에 비해 압도적으로 높게 나타났다. 이러한 차이는 제조업 생산직이 장년층의 숙련에 의지하는 측면이 적지 않음을 암시하며, 그러한 정도는 상대적으로 공공부문에서 덜한 양상인 것으로 해석된다. 금융업의 경우도 가계안정화(36.6%)에 대해서 가장 의미부여가 강했으나 특이하게 정년연장을 통해 노사 간 신뢰 제고(20.9%)가 이루어지는 효과에 대해 타업종 보다 높게 공감한 면이 주목할 만하다.

여섯째, 정년연장의 부정성에 대해 근로자들은 대체로 인건비 상승과 신규인력 충원에서의 제약성, 그리고 조직 내 승진정체의 발생 등의 문제를 심각하게 인식했다. 반면, 구성원 통합이나 업무성과의 저하에 대해서는 강하게 수긍하지 않았다. 이러한 양상은 업종별로 다소 차이를 보였는데, 공공부문의 경우 승진 적체를 가장 심각하게 꼽았고, 금융과 제조는 인건비 상승을 가장 우려했다. 금융의 경우 특히 승진 적체에 대한 인식도 높은 편이었는데, 제조업은 그것에 대한 우려가 매우 낮았다. 반면, 제조업에서는 구조조정 압력이 커질 수 있음을 우려하는 목소리가 타 업종들에 비해 훨씬 높았다. 이러한 측면은 업종별 내부노동시장(승진, 보상체계)의 특성을 근로자들이 상이하게 인식하고 있는 모습을 반영하며, 정년연장의 부정성을 어떻게 업종별로 상이한 강조점을 두며 제어해 들어가야 할지에 대해 의미있는 실마리를 제공해 준다.

일곱째, 임금피크제 도입의 문제는 2015년 노동정책과 관련한 갈등에 있어서 핵심적인 영역을 차지했던 주제로, 조사대상 근로자들은 다수(61.8%)가 이에 대한 필요성을 부정했으나, 가급적 필요하다(33.1%)고 보는 이들도 나름 존재했다. 불필요성을 가장 강하게 피력한 업종은 제조업(65.5%)이었고 공공부문(64.2%)도 유사한 수준이었다. 그에 반해 금융업의 경우 '필요하다(55.3%)'는 편이 오히려 더 다수를 차지해 앞의 두 업종과 다른 경향을 나타냈다.

여덟째, 임금피크제가 도입될 경우 그에 동반되어져야 할 필요조치에 대한 근로자들의 의견을 물은 결과, 대부분(96.4%) 일정한 조치의 동반을 강조했고, 그 중에서 대다수는 60세 정년 준수(40.9%)와 근로시간 단축(39.7%)에 의미를 두었다. 즉 근로자들은 임금피크제가 그냥 도입되기만 해서는 안 되며 근로시간 단축과 정년보장을 장년층의 임금양보가 이루어지는 전제조건으로 정당하게 사고하고 있다는 것을 강조하고 있는 것이다. 이러한 양상은 업종별로 다소 차이가 나는데, 60세 정년보장을 강조한 업종은 제조업이었고(47.2%), 근로시간 단축을 가장 강조한 업종은 금융업(43.6%)이었다. 흥미로운 것은 근로자들의 경우 직무전환배치 등의 주제에 대해서 상대적으로 그렇게 우선순위를 높게 정하지 않고 있었고 그나마 금융업(21.8%)에서 그러한 측면을 강조해 금융업의 근로자들은 정년보장과 근로시간단축에 더해서 직무전환배치에 대한 요구와 가능성을 상대적으로 높게 지니고 있는 것임을 드러냈다.

퇴직 전문인력 활용방안

오호영(한국직업능력개발원)

퇴직 전문인력 활용방안[1)]

I. 서론

1. 연구배경의 배경 및 목적

우리나라 베이비붐 세대 인구(1955~63년생)는 732만 6천명이며, 이들은 신생아수가 한 해 약 100만명에 달할 정도로 두터운 인구계층을 형성하였다. 엄청난 규모의 인구집단을 형성한 이들은 출생, 취학, 상급학교 진학, 취업, 결혼, 출산, 부동산 구입 등의 생애단계의 모든 단계에서 한국사회에 커다란 변화를 촉발하여 왔다. 우리나라의 주된 일자리 퇴직 평균연령이 55세인 점을 감안하면 산업화의 주역이었던 베이비붐 세대의 대부분은 이미 퇴직하였거나 퇴직을 준비 중에 있다. 베이비붐 세대는 학교교육을 제대로 받은 첫 세대로서 산업화의 80년을 전후로 노동시장에 진출하여 고도성장기를 이끈 주역이었으며, 컴퓨터와 인터넷을 이해하고 활용한 첫 세대이며, 1997년 외환위기를 성공적으로 극복하는데 일조하였다.

베이비붐 세대들이 생애에 걸쳐 쌓은 전문성과 숙련, 노하우는 국가발전에 있어서 값진 자산으로 활용될 여지가 많으며, 이들이 축적한 인적자본의 활용 방안을 모색하는 것은 은퇴준비가 미흡한 베이비붐 세대

---

1) 이 원고는 오호영 외(2011)을 토대로 작성되었음.

에게 복지에 기대지 않고 자립할 수 있는 계기가 될 수 있다는 점에서 의의가 있다. 베이비붐 세대의 대규모 은퇴가 노동시장에 미칠 영향으로는 ① 생산가능인구의 감소와 노동력의 공급부족, ② 노동력의 전반적 고령화에 따른 생산성 저하, ③ 세대간 숙련 단절에 따른 경쟁력의 약화 등을 들 수 있다. 일본의 예를 보면, 단카이세대[2]의 대량 퇴직에 따른 기능인력 부족, 기능전수 문제, 고령 실업자 증가 등에 대한 우려가 증폭된 소위 '2007년 문제'가 제기 된 바 있다. 단카이세대 숙련 기술자의 대량퇴직은 제철, 제지, 자동차, 산업기계 등과 같이 노하우, 스킬, 경험 등의 중요성이 높은 제조업종에서 심각한 숙련단절의 문제를 야기하였다. 일본의 경우 베이비붐 세대의 기능, 지식, 노하우 전수가 필요하다고 느끼는 사람이 51.6%임에 비해 기능전수 노력이 충분히 수행되고 있다고 답한 사람은 2.7%에 불과하였다(정호성, 2007).

이 글의 목적은 베이비붐 세대 퇴직 전문인력의 대량 은퇴에 따른 전문인력의 부족, 숙련의 단절 등을 방지하고 이들이 생애에 걸쳐 쌓은 숙련, 지식, 노하우를 사회적으로 활용할 수 있는 방안을 모색함으로써 퇴직전문인력에게는 소득기회와 사회기여의 장을 제공하여 퇴직이후 삶의 질을 높이고 전문성이 취약한 중소기업에게는 경쟁력 제고의 기회를 제공할 수 있을 것으로 기대한다. 이하에서는 논의를 위한 주요 개념을 정의한 후에 외국의 퇴직전문인력 활용정책을 살펴보고, 퇴직전문인력 활용정책으로서 컨설턴트화 방안을 중심으로 정책과제를 제시한다.

2. 개념정의

1) 퇴직과 은퇴

일상생활에서 퇴직과 은퇴는 거의 동일한 용어로 혼용되고 있으나 본 연구에서는 양자를 구분하여 사용하며 퇴직에 초점을 맞추어 분석한다. 연금, 사회복지망이 잘 갖춰진 선진국의 경우에는 생애 주된 일자리로부터의 퇴직이 곧 경제활동으로부터의 은퇴로 연결되는 경우가 대부

---

2) '단카이(團塊)'란 '뭉쳐있는 덩어리'라는 뜻으로 일본에서는 베이비 부머라는 인구사회학적 용어로 사용되며, 2차대전 이후인 1947~49년 사이에 태어난 세대임.

분이지만, 우리나라는 정년퇴직(명예퇴직, 조기퇴직 등 포함)과 은퇴간의 시간간격이 넓기 때문에 퇴직과 은퇴의 구분이 중요하다. 본 연구에서 퇴직은 정년퇴직, 희망퇴직, 명예퇴직 등과 같은 사유로 생애 주된 일자리에서 물러나는 것을 의미하고, 은퇴는 그야말로 노동시장에서 완전히 퇴장하는 것을 말한다. 황수경(2011)에 따르면 우리 기업에서의 평균 정년퇴직 연령은 약 57세이고, 근로자의 평균 은퇴연령은 약 67세로 추정되며, 퇴직이후 약 10여년간 제2의 일자리에 근무하는 것으로 나타난다.

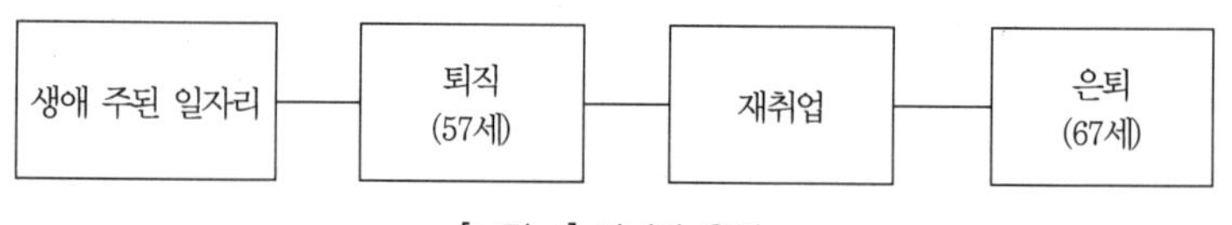

[그림 1] 퇴직과 은퇴

은퇴와 퇴직의 개념적 구분과 관련하여 검토되어야 할 것은 '생애 주된 일자리', '노동시장에서 퇴장' 등이다. 1997년 외환위기 이후 노동시장의 불안정성(instability)과 불안전성(insecurity)가 높아짐으로써 고용불안이 심화되었고 40대에 주된 일자리에서 퇴직하는 경우도 발생하고 있다. '주된 일자리'는 한 개인이 노동시장에 진입하여 퇴장하기까지의 전 과정을 생애사적으로 볼 때 소득, 근로기간, 고용안정성, 숙련형성 등의 관점에서 가장 양질의 일자리를 의미한다. '주된 일자리'에서 퇴직한 이후에는 노동시장에서 완전히 퇴장하거나 '주된 일자리'에 비해 보수, 근무여건, 고용안정성 등이 낮은 일자리에 재취업하는 것이 일반적이다.

2) 전문인력

전문직은 자신의 일에 대한 배타적인 권한을 소유하고, 일의 내용이나 조건에 관해 외적 간섭 및 통제를 받지 않는 특성으로 인해 산업사회의 노동력 구성에 있어 특수한 위치를 갖는 직업범주이다. 이 특성은 독점(monopoly)과 자율성(autonomy)으로 표현되는데, 독점은 "집단의 일원이 되었을 때 어떤 일을 하는 데 있어서 배타적인 권리를 주는 것"이며 자율성은 "내적인 일이나 개인적인 행동에 있어서 외부의 사회적 통제로부터 자유로운 것"을 의미한다(Rothman, 1987).

전문직의 특색에 대한 논의는 이론가별로 약간의 차이를 보인다. Greenwood(1957)는 체계적인 이론의 존재, 전문인의 권위, 사회적으로 인정받는 특권, 공식·비공식으로 강행되는 윤리요강, 전문가적 문화 등의 5가지를 전문직의 특성으로 정의한다. Goode(1960)는 전문직의 특성을 두 가지의 핵심적인 요소로 설명하였는데, 첫째, 장기적이고 세분화된 훈련을 통한 추상적 지식체계의 형성이고, 둘째, 사회에 대한 봉사 지향성이다. 홀(Hall, 1968)은 전문직의 특성을 직업전문성(professionalism)으로 보고 이에 대한 척도를 개발하였는데, 직업전문성의 하위 차원들은 전문조직에의 준거성(the use of the professional organization as a major reference), 공적 봉사심(belief in public service), 자기통제에 관한 믿음(belief in self-regulation), 소명의식(sense of the field), 자율성(autonomy) 등 네 가지로 구성하였다.

'전문인력'의 범위에 관한 법적 근거는 「고용상 연령차별금지 및 고령자고용촉진에 관한 법률」에 따라 중견인력난 해소를 위해 취업정보 및 취업관련서비스를 전문적으로 제공해 주는 '중견전문인력 고용지원센터'의 중견전문인력 범위에서 찾을 수 있다.[3] 이에 따르면 전문인력은 크게 경영, 제품·기술 개발, 우수 기술·기능인력, 안전·보건관리 등의 분야로 구분된다. 고용노동부의 '전문인력' 범위는 전문직에 관한 이론적 정의와 대체로 일치하는 것으로 볼 수 있으나, 이중 '우수 기술·기능인력' 중 기능장, 기능대회 수상자 등의 경우에는 전문가로서 가져야 할 체계적인 이론, 권위, 사회적 인정 등의 측면에서 다소 미흡한 것으로 판단된다.

---

3) 개정전의 고용보험법시행령 제16조(중소기업 전문인력활용 장려금)에 따르면 "고용노동부장관은 고용보험법 제20조와 「중소기업인력지원 특별법」 제21조제1항에 따라 「중소기업인력지원 특별법」 제3조에 따른 업종의 우선지원 대상기업에 해당하는 사업주가 기업의 생산성을 높이기 위하여 고용노동부장관이 정하여 고시하는 전문인력(이하 "전문인력"이라 한다)을 …"로 규정하고 있으며, 고용노동부 장관은 이 근거에 따라 매년 '노동부중소기업 전문인력 활용 장려금 지원대상 전문인력의 범위 및 장려금액 고시'를 정하였으나, (고용노동부고시 제2010 - 61호)에 의해 2011.1.1부로 폐지하였음.

Ⅱ. 외국의 퇴직전문인력 활용정책

1. 일본

1) 고령자 고용정책 개관

일본의 고령자 고용정책은 후생노동성을 중심으로 일원화된 수행체계를 구축하고 고령·장애자고용지원기구, 공공직업안정소, 실버인재센터, 고령자및중견전문퇴직인력사업단 등이 주축으로 작동된다. 2004년 고령자고용안정법의 개정을 통하여 60세 이후 연금개시 연령(65세)까지 고용확보 조치의 의무화를 단계적으로 시행하여 정년폐지, 정년 연장, 계속고용제도 등을 추진하였다. 일본 고령자 고용정책의 기조는 연금수급개시 연령까지 계속고용의 연장과 70세까지의 고용연장을 통해 고령화에 따른 노동력 부족을 해소하는 총참여사회의 건설에 있다.

지금까지의 계속고용제도는 65세까지 고용연장을 의무화하는 효과를 거뒀으나 경직적으로 운영되는 한계점이 있어 향후에는 법령으로 정한 상한인 65세를 넘는 계속고용을 추진하고, 보다 다양한 근무형태를 활용하며, 가급적 정년 때와 근접한 수준의 임금을 유지하도록 유도할 계획이다.

〈지금까지의 계속고용〉
① 60세 정년후 최고 65세까지 재고용
② 업무도 변하지 않고, 근무 시간도 풀타임
③ 정년 시의 60~70% 임금+연금·공적급부

⇨ ↑

〈새로운 계속고용의 형태〉
Ⅰ. 보다 길게 법령으로 정한 상한인 65세를 넘은 계속고용
Ⅱ. 보다 다양하게 다양한 근무형태를 활용
Ⅲ. 보다 일관되게 정년 때와 근접한 수준의 임금

① 후생연금 부분의 지급개시 연령 상향조정(2013년)
② 노동력 부족, 연금재정에 대한 사회적 우려

[그림 2] 일본의 고용정책 방향

일본정부가 추진하는 고령자 계속고용의 방향은 '보다 길게(고용기간)', '보다 다양하게(근무형태)', '보다 일관되게(임금수준)'로 요약된다. 고령자 계속고용을 통해 고용기간을 보다 길게 하기 위해서는 고령근로자의 체력을 고려한 배치전환이 필요하며 60세 이상의 고령자는 마무리

공정이나 검사 등 가벼운 작업을 담당하도록 하거나, 주야 2교대제 근무라면 주간근무에 우선적으로 배치하는 기업 내 인사관리 정책이 요구된다. 보다 다양한 근무형태는 근무시간의 탄력적 조정, 지리적 이동배치상의 유연성 등이 주요한 문제이다. 61~65세 고령근로자는 정규사원, 촉탁사원, 파트타이머 등으로 구분되며 '촉탁사원'은 인사이동이 수반되지 않는 전문직 사원으로서 간호사나 영선(營繕) 담당자, 방재·경비 담당자 등이 해당되고, '파트타이머'는 1일중 노동시간이 짧은 사원이다. 지리적 이동배치상의 배려를 위하여 고령근로자를 1) 전국 모든 사업소에 이동의 대상이 되는 사원, 2) 일정 지역내의 사업소만 근무하는 사원, 3) 해당 종업원 거주지 인근의 사업소만 근무하는 사원으로 구분하여 카테고리별로 상이한 인사노무관리 방식을 적용한다. 마지막으로 정년 전과 동일한 임금수준의 실현을 의미하는 '보다 일관되게'는 60세 정년 후의 임금수준을 정년도달 연령 임금의 100%를 무조건 지급하는 방식보다는 가급적 생산성이나 근무성과를 고려하여 차별을 받지 않도록 한다는 의미이다.

2) 중소기업 컨설팅 지원정책[4]

일본의 중소기업 컨설팅 지원정책은 APEC회원국들 중 가장 조직적이고 포괄적인 정책으로 평가받고 있으며, 크게 정부(지자체 포함)의 각종 지원 사업, 전담행정기구인 중소기업기반정비기구(SMRJ : Small & Medium enterprises and Regional innovation, Japan)를 통한 컨설팅, 그리고 민간부문(일본 중부산업연맹의 JMS표준프로그램)을 통한 컨설팅으로 구별하여 살펴볼 수 있다. 정부에 의한 지원사업은 상공회의소 등을 통한 수요자 대상의 각종 경영진단교육 등 다양한 방식으로 이루어지고 있으며 특히, 지자체의 경우 중소기업 지원센터를 중심으로 수요기업 대상의 지원 활동을 하고 있다. 중소기업지원센터는 2001년 시행된 중소기업 지원법(SME Support Law)에 따른 중소기업 진단사를 받은 전문가 그룹들 중심으로 활동하고 있다.

---

4) 이하의 내용은 중소기업청(2011) 참조.

SMRJ는 컨설팅 전담 독립 행정법인으로서 컨설턴트, 회계사, 기술자 등 3,000여명의 전문가 그룹을 확보하여 이들을 중소기업에 파견하여 컨설팅을 지원한다. JMS표준은 일본 산업계가 자체적으로 만든 기업 혁신 프로그램으로서 표준 인증을 통해 중소기업의 경영 컨설팅을 지원해주고 있다.

정부(지자체 포함)의 컨설팅 지원 사업은 다양한 형태로 진행된다. 상공회의소 등을 통해 중소기업 등의 창업과 경영 혁신을 위한 사업계획의 수립이나 시장조사 등을 지원하고, 중소기업 신제품 개발을 위한 시장조사, 판로개척 등을 지원하기 위해 상공회의소 등에 전문가를 파견하여 지원한다. 상공회 연합회 등을 통해 창업에 필요한 능력을 교육하는 창업학원, 경영혁신학원 등을 운영하고, 경영 지도원 등을 대상으로 인터넷 교육 실시 및 연수 및 평가시험 실시에 필요한 예산을 지원한다. 지자체는 중소기업지원센터를 중심으로 해당 중앙정부와의 유기적 협력을 통해 지역 실정에 맞는 지원 프로개발 개발 등에 주력한다.

〈표 1〉 중소기업지원센터의 컨설팅 주요 내용

구분	주요 컨설팅 지원 내용
전문가 파견 프로그램	- 경영, 기술, 재무, 법무분야의 전문가들을 장기적, 지속적으로 파견 - 컨설턴트 단순 파견 • 비용분담비율 : 기업(1/3), 정부(2/3) • 지원기간 : 월 4회 이내, 최대 2년간 가능 • 컨설팅 단계 수행 중 PM등이 회사 방문하여 수행에 대한 중간점검 실시 - 기업의 퇴직자 파견 • 비용분담 : 기업(1/3), 정부(2/3) • 기업 일부분에 문제 발생할 경우 활용 - 창업기업 인큐베이트 시설에 대한 컨설팅 지원 • 비용분담 : 시도(1/3), 중소기업공단(2/3) • 개별업체 대상이 아니라 인큐베이터 전체를 대상으로 사업 계획서 작성 등 폭넓은 지식 제공 및 전문가와 연결해 줌 - 주요활동 • 기업활동의 기반강화를 위한 인적자원 개발, 정보제공 서비스 • 프로젝트 향상을 위한 지도와 금융
인큐베이터 매니저 파견 프로그램	- 인큐베이터 기능을 가진 기관에 인큐베이터 매니저를 파견하여 입주기업들에게 사업계획 작성, 판매채널 확대, 특허전략 등에 관한 컨설팅 서비스를 제공

SMRJ은 현장 컨설팅을 통해 적시성 높은 지원을 하기 위한 전문가 파견을 실시하고 있다. 파견 빈도는 벤처기업 등의 성장을 지원하기 위한 경우에는 1년이내 기간에서 월 2~3회, 경영기반 강화를 위해서는 6개월~1년 이내에서 월 2~3회, 경영과제 해결을 위해서는 6개월내에서 월 2회정도이다. 파견 절차는 기업의 신청 → SMRJ의 예비조사 → 지원기업 선정 → 기업의 수요 조사 후 전문가 매칭 → 파견계획의 수립 및 통보 → 기업부담금 입금순으로 진행된다.

〈표 2〉 SMRJ의 전문가 파견제도 세부 내용

구분	전문가 파견제도 세부 내용
특징	- 경험이 풍부한 일류 전문가(중소기업 진단사, 회계사, 노무사, 변리사 등)를 파견 - 폭넓은 지원 범위와 장기간, 지속적인 회사 방문을 통한 충실한 지원
지원 대상	- 상장 등을 목표로 하는 벤처기업 - 경영혁신, 제2창업을 준비하고 있는 중소기업 - 경영기반 강화를 목표로 하는 중소기업 - 특정 경영과제 해결을 통한 경영 향상을 목표로 하는 중소기업
지원 내용	- 기업의 요구에 대응하여 지원범위를 정하고 회사 사정에 맞추어 파견 계획을 작성하며 그 계획에 따라 경영 진단 실시 • 경영 및 사업전략의 구축 지원 • 중장기 경영계획의 작성 지원 • 경영관리체제 구축 지원 • 특허 및 기술 등의 지원 • 주식공개, M&A등의 지원 등

중소기업에 대한 컨설팅 지원에서 핵심적 역할을 수행하는 것은 중소기업 진단사인데, 이들은 상기의 정부의 지원 사업 영역이나 SMRJ는 물론 독립적인 컨설턴트로 활동할 수 있으며 다음과 같이 운영되고 있다. 중소기업 진단사가 되기 위해서는 국가 공인인 일본중소기업진단사협회(JSMECA)의 자격 시험을 통과하여야 한다. 대학(법정내 등) 및 중부산업연맹, 일본생산성 본부 등에서 진단사 양성을 위한 교육프로그램을 실시하고 있으며, 대학은 경영학석사(MBA)과정과 연계하여, 비 대학 기관들은 6개월에서 1년간의 교육프로그램을 통하여 인력을 양성하고 있다.

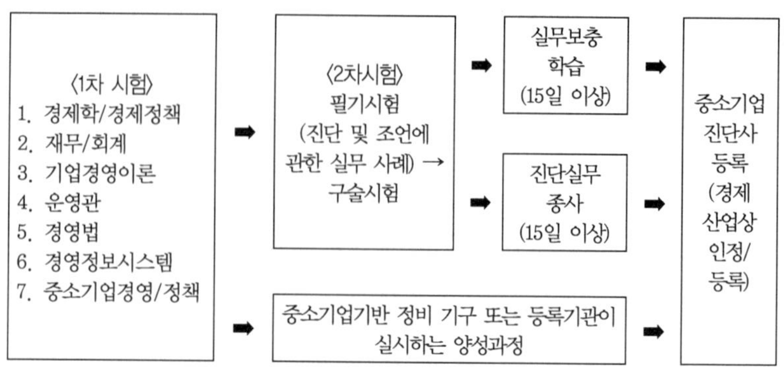

[그림 3] 중소기업진단사 시험 단계

3) 신현역(新現役) 매칭 지원사업[5)]

「신현역 매칭지원」 사업은 전국의 경제산업국[6)]에서 선정된 순회대응상담원이 사회공헌의욕을 가지고 있고 각자의 전문분야별로 등록된 「신현역(新現役)」(기업을 퇴직한 OB)들이 가지고 있는 풍부한 기술, 노하우, 네트워크 등을 자사의 과제해결에 활용하고 싶은 중소기업에 매칭을 해주는 사업이다. 동 사업은 2008년부터 실시해 왔으나 경제산업성의 사업재편에 의해 2010년 3월 5일부로 신현역의 신규등록을 종료하였으나, 2011년부터 新현역과 중소기업의 매칭지원은 「중소기업지원 네트워크 강화사업」의 일부로 계속 실시하고 있다. 신현역은 기업 등을 퇴직한 사람이나 퇴직을 앞두고 있는 사람 중 자신이 가진 경험, 지식, 노하우, 인적네트워크 등을 활용하여 지역·중소기업 등의 지원을 통해 중소기업의 활성화에 공헌하려는 희망을 가지고 데이터베이스에 등록되어 있는 사람을 의미한다. 신현역은 데이터베이스에 등록된 인재로 중소기업기반정비기구와의 고용관계가 아닐 뿐만 아니라 매칭 후의 지원에 있어서도 新현역이 중소기업에 고용되는 것을 목적으로 하지 않는다. 따라서 본 사업은 파견처와 노동자 사이에 고용관계가 성립되는 "노동자파견

5) 이하의 내용은 일본출장시 현지 전문가 면담, 수집자료 및 獨立行政法人中小企業基盤整備機構 신현역 매칭 지원사업 홈페이지(http://shingeneki.smrj.go.jp)를 참조하여 작성

6) 일본은 주요권역별로 경제산업국을 두고 있음.

법”에 의한 「노동자 파견사업」과 다르며, 구인자와 구직자 간에 고용관계를 알선하는 “직업안정법”에 의한 「직업소개사업」과도 상이하다.

현재 전문분야별로 등록된 약 1만명의 新현역 인재를 기업이 당면한 과제 해결에 OB들의 경험과 네트워크 등을 활용하려는 중소기업에 연결해주고 있다. 「新현역 매칭지원」 사업에서 가장 중요한 역할을 하는 것은 순회대응상담원이며, 이들은 「중소기업지원 네트워크 강화사업」을 실시하기 전에 전국에 산재한 경제산업국이 선정한 중소기업지원에 있어 전문지식과 풍부한 실적을 가진 인재들이다. 중소기업 지원기관만으로는 대응할 수 없는 고도의 전문적인 과제를 순회상담원이 지원기관과 같이 해결하고 있다. 순회대응상담원의 상담과 매칭에는 중소기업이 비용을 부담할 필요가 없으며, 순회대응 상담원은 중소기업지원 네트워크에 등록되어 있는 지원기관을 순회하면서 중소기업을 지원한다. 新현역 인재가 가진 노하우를 활용하여 중소기업 스스로는 대응할 수 없었던 경영과제를 해결할 수 있는 장점이 있으며, 상담기업은 新현역이 제시하는 실천적인 지원으로 과제해결 방법에 대한 이해가 촉진되어 사내인재의 육성에 도움이 된다.

2. 미국의 SCORE[7)]

1) 조직의 성격 및 사업내용

SCORE(Service Corp Of Retired Executives, www.score.org)는 풍부한 경험을 가진 전·현직 경영자들이 자원봉사자가 되어 중소기업 및 소상공인들에게 경영자문서비스를 제공하는 비영리단체이다. 1964년 창립 이래 성공과 기회를 추구하는 중소기업을 지원하여 강한 중소기업과 소상공인을 육성함으로써 강력한 지역사회 및 국가를 건설한다는 비전하에 다양한 활동을 수행하고 있다. SCORE는 전·현직 경영자 출신 자원봉사자들이 자신들의 사업 경험을 통해 얻은 지식과 노하우(Know-how)를 가지고 중소기업 및 소상공인에게 자문함으로써 지역사회 발전에 기여하고 있다. 창업준비, 법인설립, 사업계획, 자금조달, 마케팅 전략, 상

---

7) 이하의 내용은 SCORE 홈페이지(www.score.gor) 등을 참조하여 작성

품개발 등 비즈니스의 거의 모든 영역을 주제로 경영 정보를 제공하며, SCORE eNews(중소기업 최신 동향 및 정보), SCORE Expert Answers(중소기업 경영자를 위한 제안서) 등 2종류의 e-매거진을 발행하고, 웹사이트를 통해 2,000페이지 이상의 방대한 경영 지식을 제공한다.

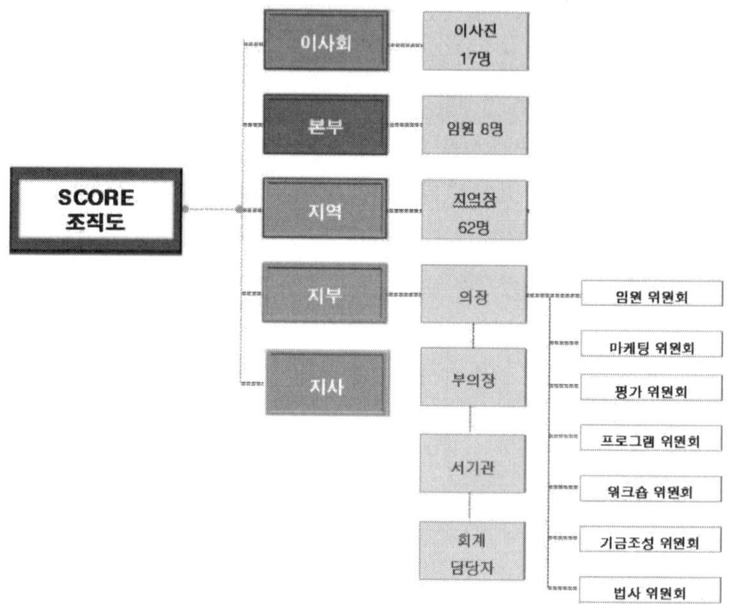

[그림 4] SCORE 조직도

SCORE는 1,200명 이상의 온라인 카운슬러가 600개 이상의 사업 분야에서 1년 365일 상시적인 온라인 상담하고 있으며 신속한 자문(온라인 문의 시 48시간 내 상담)을 통해 수요자들의 긴급한 요구를 충족시키고 있다. 각종 워크숍 및 세미나를 개최하고 있으며 오프라인 워크숍 시에도 20$~75$가량의 소액 비용으로 중소기업과 소상인들은 별다른 부담없이 창업과 비즈니스 관련 지식을 획득할 수 있다. 미국 연방 중기청(SBA)로부터 출연금을 지원받는 등 미국 정부와 유기적인 파트너십을 구축하고 있다.

조직 구조는 이사회와 본부, 지역, 지부, 지사로 구성되어 있으며, 중앙 차원에서는 이사회와 본부가 존재하며 SCORE 전체 차원의 계획, 관리, 운영을 담당하고 있다. 지역 차원에서는 지역별로 특화된 관리, 운영체제 구축을 통해 중소기업과 소상공인들에게 실질적인 도움을 준다. 이사회는 SCORE의 최고 의사결정 기구로서 SCORE의 사명과 목표를 수립하며, 매년 이사회를 개최하여 연간 사업계획 및 예산안을 승인하고 있다. 본부에는 8인의 임원이 있으며 이들은 조직 전체 차원의 사업계획 수립과 조정, 재무, 교육, 자원봉사자 관리, 파트너십 구축, 마케팅을 총괄하고 있다. 62인의 지역장(1개 주에 최소 1인의 지역장)은 관할 지역에 속해 있는 지부 및 지사를 관리하며, 지역장은 SCORE CEO가 SCORE의 자원봉사자 중에서 선발하며, 지역장은 자체적인 관리 기준에 따라 지역 및 지부를 관리하고 그 실적을 CEO에게 보고한다. 지부 및 지사에는 13,000여명의 퇴직 및 현직경영자가 자원봉사자로 활동하며, 전체 자원봉사자 중 온라인 자문을 담당하는 봉사자는 1,200여명이고, 전체의 20% 이상이 여성 및 소수 인종으로 구성되어 있다. 각 지부는 SCORE의 자원봉사자 중에서 선발하여 의장, 부의장, 서기관, 회계담당자 등 4개의 주요직책과 7개의 운영위원회를 구성한다. 의장은 지부가 SCORE의 정책, 절차, 목적 및 목표의 동일선상에서 운영될 수 있도록 전반적인 관리 책임을 진다.

2) 자원봉사단의 운영

자원봉사단의 운영은 크게 신규 자원봉사자의 선발, 역할부여, 오리엔테이션 등으로 나누어 살펴볼 수 있다. 자원봉사 희망자는 회원 가입서를 작성하여 해당 지역 지부에 신청하고, 지부는 현재 지부에 종사하고 있는 자원 봉사자들의 이력과 보유기술 수준, 인종과 민족성, 남녀비율 등을 고려하여 신규 자원봉사자를 선발한다. 자원봉사자의 역할로는 일대일, 유선 또는 온라인 자문을 제공하고, 지부의 행정적인 직무 및 워크숍 업무를 수행하며, 보유자질 및 기술을 활용하여 지부의 자금조달, 마케팅, 컴퓨터 활용, 사회적 역할 등을 지원한다.

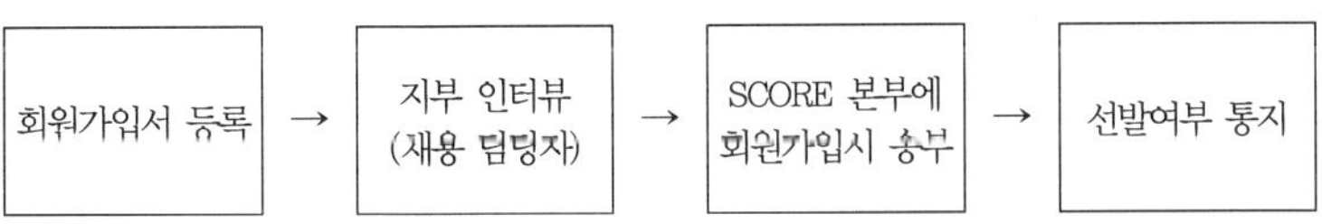

[그림 5] 신규 자원봉사자 채용절차

자원봉사자로 활동하기 위해서는 다음의 자격[8)]을 갖춰야 한다. 우선 활동을 수행할 수 있는 충분한 시간과 능력, 지부 활동의 참여의사 및 지도 능력, 이메일 계정의 보유 및 활용, SCORE 윤리강령에 동의 등이다. 신규 자원봉사자 심사 시 고려사항으로는 도덕성, 뛰어난 판단력, 대인관계 능력, 의욕, 열정, 실행력, 기술에 대한 지식과 탐구력, 평생교육에 대한 의지, 효과적인 커뮤니케이션 능력, 지도, 위원회 과제수행, 워크숍 참여, 행정과 기타 프로그램 등 지부의 활동에 참여하는 능력과 의지, 요청 양식의 기재 등 SCORE의 모든 프로세스를 준수하려는 의지 등이다. 자원봉사자로 채용되면 해당자는 오리엔테이션에 참석하여 SCORE의 조직체계와 각 지부의 역할, 지부 규정, SCORE 윤리강령, 지부 일일 지침, SCORE와 미국 연방 중소기업청(SBA)의 협력관계 및 협력사(기관) 소개, 자문 시 기업 정보에 대한 기밀유지 보장 등에 대하여 교육받는다. 신규 자원봉사자들은 기존 자원봉사자들 중 1인을 멘토로 지정받아 3개월의 수습기간을 거치며, 수습기간 중에는 공동 자문만 허용한다. 모든 신규 자원봉사자들은 유무선, 온라인 자문기법 및 기술, 자문보고서 작성, SCORE, SBA 등으로부터 자문기업에게 지원 가능한 자료, 자금, 정책 등에 대한 훈련을 받는다.

3) 자문

자원봉사자들의 자문은 현장자문과 온라인자문의 형태로 진행되며, 현장자문은 지부 또는 지사의 상담실에서 진행되는 자문과 봉사자가 직접 기업을 방문하여 자문하는 것을 포함한다. 현장자문을 희망하는 기업에서는 전화 또는 이메일로 지부에 신청하고 지부는 신청자의 주소에서 가장 가까운 지부 또는 지사에 자문일정을 예약하며, 지부는 자문신청 후 최대 2일 이내 신청자에게 회신하여야 하고, 자문은 준비시간을 포함하여 최소 30분 이상 진행된다.

---

8) 다음과 같은 경우 자원봉사자로서의 자격이 박탈됨
- 마찰을 일으키거나 SCORE 윤리강령을 따르지 않는 경우
- SBA에서 운영하는 타 중소기업지원기관에서 유급직원으로 종사하는 경우. 단, 의장의 경우, 예외를 요청할 수 있음
- 지원서에 이력 및 경력에 대한 허위내용을 기재한 경우

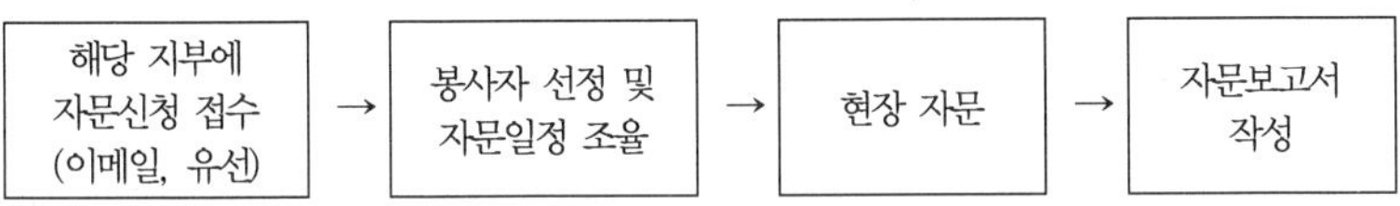

[그림 6] 현장자문 절차

온라인 자문은 재해 복구, 제조에서부터 미술품 판매에 이르기까지 600여 가지 분야의 스킬을 보유한 1,200여인의 자원봉사자가 온라인 자문에 참여한다. 온라인 자문은 연중 24시간 신청 가능하며 신청 후 48시간 내로 답변(이메일)을 받을 수 있다. 자원봉사자가 48시간 이내 답변하지 않을 경우, 72시간 이내에 자동 이메일이 재발송되며, 96시간 이후에는 다른 봉사자에게 신청 이메일이 발송된다.

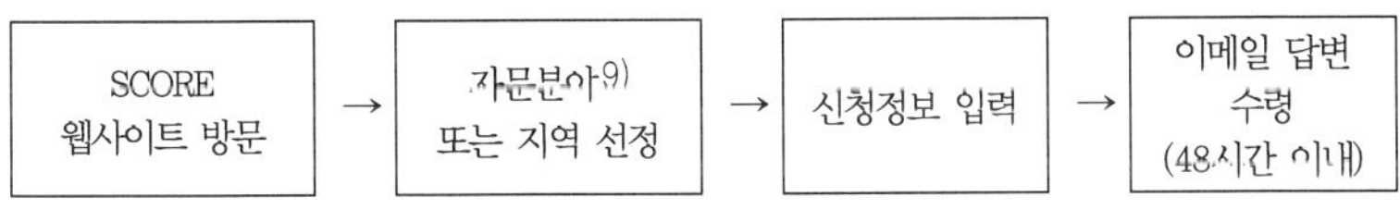

[그림 7] 온라인 자문절차

Ⅲ. 한국의 퇴직전문인력 활용

1. 고용노동부 중견전문인력 고용지원센터

고용노동부 중견전문인력 고용지원센터는 퇴직 중견전문인력에 대한 재취업 알선·상담을 통해 고용안정을 도모하고 전문인력 활용으로 중소기업 등의 경영애로를 해소하는데 기여하고자 비영리법인 및 공익단체 등을 중견전문인력 고용지원센터로 지정하여 운영하고 있다(2016년 현재 31개소).[10] 지정기관에 대하여 「중견전문인력 고용지원센터」 운영경비 등을 지원하며, 고용보험위원회에서 정한 업종에 해당하는 우선지원대상기업의 사업주가 사업경쟁력을 높이기 위하여 전문인력을 신규로 고용하거나 대기업으로부터 지원받아 6개월 이상 고용(사용)을 유

9) 약 600개의 자문분야 중 10개만 지정하여 신청할 수 있음
10) 한국무역협회, 노사발전재단, 전경련, 대한상공회의소, 대한은퇴자협회 등 31개소

지하는 경우 인건비의 일부를 지원하고 있다.

중견전문인력 고용지원센터의 주요 기능은 중견전문인력에 대한 구인·구직등록, 직업지도 및 취업알선 사업을 수행하여 구직회원에 대해서는 취업전략교육, 이력서컨설팅, 온라인 건강상담 등을 무료로 제공하며, 구인기업에 대해서는 기업이 원하는 인재상을 파악한 후 대기업 퇴직인력 등 전문인력을 탐색·알선하는 서치펌 수준의 채용대행서비스를 제공하고 있다. 이밖에도 중견전문인력의 중소기업에 대한 경영자문 및 자원봉사활동 등 지원 사업, 고령자 적응훈련사업 및 직업능력개발 훈련 프로그램 개발 및 보급사업, 사업주에 대한 고령자 고용관리에 관한 상담·자문·지원 및 정보 등 제공, 심층적인 고용서비스(심층상담·개인별 맞춤 서비스)가 필요한 구직자를 고용지원센터로 연결 등의 사업을 수행하고 있다.

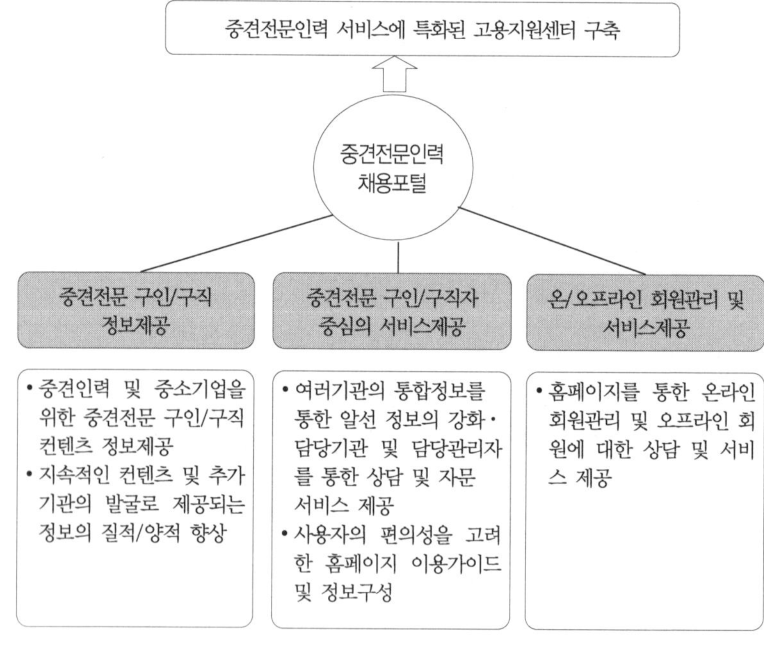

[그림 8] 중견전문인력 고용지원센터 운영

지원대상은 고용보험위원회에서 심의·의결한 업종[11]에 해당하는

11) 「제조업」 및 「지식기반서비스업」

우선지원대상기업의 사업주이며, 지원대상 사업주 해당여부는 회차별 사업계획서 제출 마감일 기준이다. 업종은 원칙적으로 한국표준산업분류표를 기준으로 판단하며 여러 업종을 영위하는 경우에는 주된 업종을 기준으로 하며, 주된 업종을 결정하는 기준은 근로자수, 임금총액, 매출액 순으로 적용된다. 지원요건은 사업주가 중견전문인력[12]으로서 실업상태인 사람을 고용보험 피보험자로 새로 고용하여 해당 전문분야에 근로하게 할 것을 요한다.

2. 중소기업청 비즈멘토 사업

중소기업청 비즈멘토 사업은 2011년 시행된 사업으로서 전문경력 퇴직자(시니어)의 경험과 지식을 활용하여 기업을 진단, 노하우를 전수함으로써 중소기업의 경쟁력을 향상시키고 퇴직자의 재취업을 촉진하는 것을 목적으로 한다. 중소기업청(지방청)에서 시니어 비즈멘토 파견희망기업을 모집하고 대·중소기업협력재단에서 D/B관리, 업체매칭, 구직알선 등을 담당한다. 참여중소기업이 지원을 필요로 하는 분야(경영, 기술)에 대하여 대·중소기업협력재단에서 기 확보한 퇴직인력 Pool을 활용하여 지원분야에 맞는 퇴직인력과 매칭해준다. 기 확보된 퇴직인력 Pool에 포함되지 않는 지원분야에 대해서는 관련 대기업에 참여중소기업 명단을 제공하여 지원 가능한 퇴직인력과의 매칭을 요청한다.

---

12) '고용상 연령차별금지 및 고령자고용촉진에 관한 법률 시행규칙' 제5조에서는 중견전문인력의 범위를 다음과 같이 구체적으로 명시하고 있다.
   1. 국가, 지방자치단체 등 정부기관의 4급 이상 직위에 재직한 기간이 3년 이상인 사람
   2. '고등교육법' 제2조에 따른 학교의 교원으로 재직한 기간이 3년 이상인 사람
   3. '정부출연연구기관 등의 설립운영 및 육성에 관한 법률' 제8조에 따라 설립된 연구기관, '과학기술분야 정부출연연구기관 등의 설립 운영 및 육성에 관한 법률' 제8조에 따라 설립된 연구기관의 연구원으로 재직한 기간이 3년 이상인 사람.
   4. 공공기관 등의 과장급, 상장기업의 부장급, 금융기관의 과장급 이상 직위에 재직한 기간이 3년 이상인 사람
   5. 각 군의 중령 이상의 계급으로 복무한 기간이 3년 이상인 사람.
   6. 그 밖에 제1호부터 7호에 준하는 사람으로서 고용노동부장관이 정하는 사람

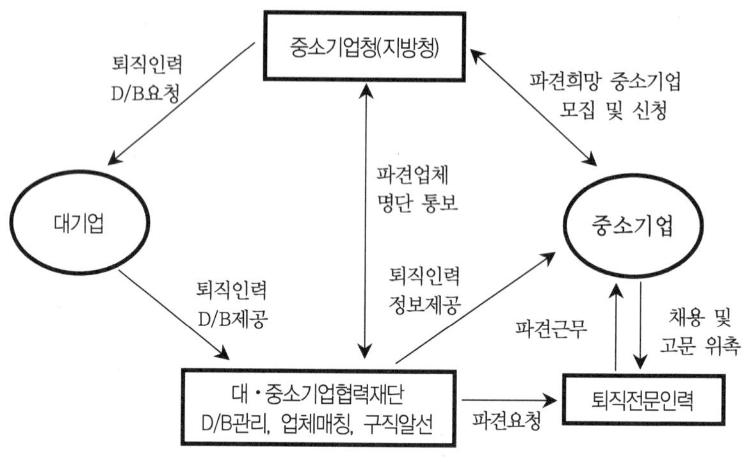

[그림 9] 시니어 비즈멘토 운영체제

멘토의 자격요건은 만40세 이상, 10년 이상 전문경력의 퇴직(예정)자[13]이며, 대기업, 상장기업의 경력 퇴직(예정)자는 우대한다. 모집분야는 마케팅·판로(국내), 생산기술, 경영관리, 무역·수출입 등으며, 중소기업의 수요가 높은 마케팅·판로 및 생산기술분야는 우대한다. 수요기업의 자격요건은 중소기업기본법 제2조의 규정에 의한 중소기업이며, 유흥업, 향락업, 음식업, 숙박업 등은 지원대상에서 제외한다. 자문의 방식은 단계별 자문으로 이루어지며, 예비자문, 본자문, 사후관리 등의 순으로 진행된다. 예비자문은 선택한 멘토가 기업의 수요에 적합한지 여부와 멘토가 신청기업의 요구사항을 구체적으로 파악하기 위한 사전면담이며, 본자문은 지정된 멘토가 중소·벤처기업의 경영애로 해소를 위한 맞춤형 경영진단 및 현장자문을 실시한다. 사후관리는 본자문 완료 후 자문결과 점검 및 문제점 파악, 성과측정 등을 위한 추가자문 지원(신청기업에 한해 진행) 등으로 이루어진다.

3. 중소기업 경영자문봉사단(K-SCORE)

2004년 출범한 중소기업 경영자문봉사단(K-SCORE : Korea Service

13) 비즈멘토 자격요건은 2010년까지는 대기업으로 제한하였으나, 2011년부터는 대기업 요건을 폐지하고 대기업, 상장기업 경력 퇴직(예정)자를 우대하는 방향으로 전환

Corps Of Retired Executives)은 전국경제인연합회에서 전직 경영자의 경륜과 경영노하우를 중소기업 경영지도에 효과적으로 활용함으로써 중소기업 경쟁력 제고에 기여하는 것을 목적으로 설립되었으며, 미국의 경영자문봉사단(SCORE)을 벤치마킹한 것이다. 조직현황을 살펴보면, 운영위원회, 분과위원회, 사무국 등으로 구성되어 있다. 운영위원회는 경영자문단의 운영규칙제 개정, 운영계획 수립, 경영자문단의 경영자문 범위 및 기준 등 주요 사항에 대하여 심의하고 결정한다. 분과위원회는 업종별, 기능별로 설치하며, 업종별 중소기업 현안에 대한 경영자문, 정부 및 경제단체의 업종별, 분야별 대중소기업 협력사업 자문 및 협력을 수행한다. 사무국은 중소기업 및 중소기업 자문관련 자료수집 및 분석, 중소기업의 자문 신청 접수 및 기록 관리 등 자문위원의 활동 지원 등을 수행한다.

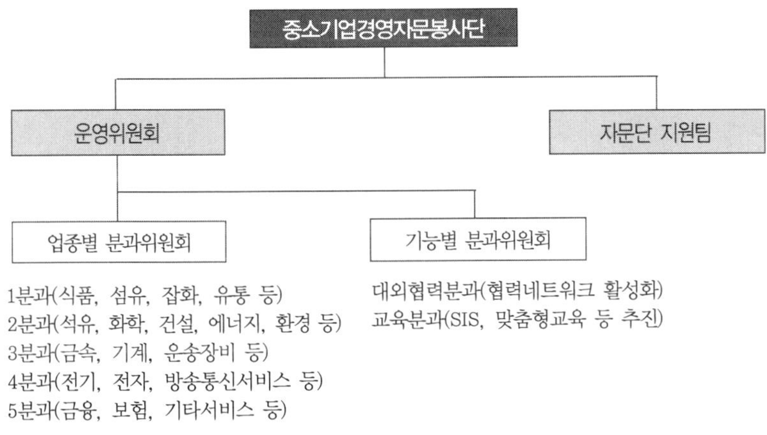

[그림 10] 중소기업 경영자문봉사단 조직도

주요 활동으로는 ① 경영자문(business advising) 제공, ② 비즈니스 멘토링, ③ 경영닥터제, ④「중견기업 키우기」 프로그램, ⑤ 중소기업 종합경영진단, ⑥ 지방순회 테마형 CEO-day, ⑦ 기업전담 경영멘토링, ⑧ 중소기업혁신스쿨 등이다. ① 경영자문(business advising) 제공은 중소기업의 관심사인 경영전략, 마케팅, 재무 등 경영전반에 대한 경영자문을 무료로 제공한다. ② 비즈니스 멘토링은 자문위원이 6개월에서 1년 기한의'비상근 고문(멘토)'이 되어 중소기업의 경영애로 해소와 개선과제를 도출하는 중장기 무료경영컨설팅 프로그램이다. ③ 경영닥터제는 대기업과 협력기업, 전경련 경영자문단이 삼각 협력체제를 구축하여 협력업체의 경영환경 개선과 경영애로의 해소를 추진하는 상생협력 컨설팅 프로그램이다.④「중견기업 키우기」 프로그램은 전경련 경영자문단의 자문을 받은 중소기업 중 성장가능성이 높은 유망 기업에게 중장기 경영자문을 제공하여 중견기업으로 육성시키는 것을 목표로 한다. ⑤ 중소기업 종합경영진단은 경영전략, 기술/생산, 마케팅, 인사, 재무 등 5개 분야의 자문위원들로 진단팀을 구성, 기업현장을 방문하여 기업 전반에 걸친 총체적 경영상태를 진단하고 경영진단 결과를 도출하여 부문별 경영진단을 토대로 취약분야에 대한 효과적인 보완방안을 도출하기 위해 기업에 피드백해준다. ⑥ 지방순회 테마형 CEO-day은 경영상담회, 맞춤형 교육, 경영자문 우수사례발표회의 개별추진사업을 통합하여 각 지역을 순회하며 중소 기업 CEO를 대상으로 종합 경영자문, 교육 서비스를 제공한다. ⑦ 기업전담 경영멘토링은 강소기업 육성을 목표로 3회 이상 자문받은 기업을 대상으로 자문위원이 주치의 역할 및 A/S 자문을 지속적으로 제공한다. ⑧ 중소기업혁신스쿨은 중소기업 CEO 및 임직원을 대상으로 하며, 중소기업이 필요로 하는 경영지식을 주제로 기업 CEO 출신 자문위원의 현장경험과 경영노하우가 살아있는 생생한 교육을 제공한다.

Ⅳ. 퇴직전문인력 컨설턴트화 추진방안

1. 범정부 차원의 「퇴직전문인력 종합정보네트워크」의 구축

우리나라의 고령인력 활용정책은 크게 고용노동부를 중심으로 하는 노동시장 내부의 고용정책과 보건복지부를 중심으로 하는 노동시장 외부의 사회적 일자리 개념으로 접근하여 왔다. 2001년까지는 보건복지부에서는 노인취업알선센터와 노인공동작업장을 설치하였고, 고용노동부에서는 고령자고용촉진법을 1991년에 제정, 고령자고용기준율, 고령자고용관련 장려금제도 등을 마련하고 고령자인재은행, 고령자고용정보센터운영, 고령자고용촉진장려금제도, 정년연장제도 등을 통해 고령자 취업정책을 추진하였다.

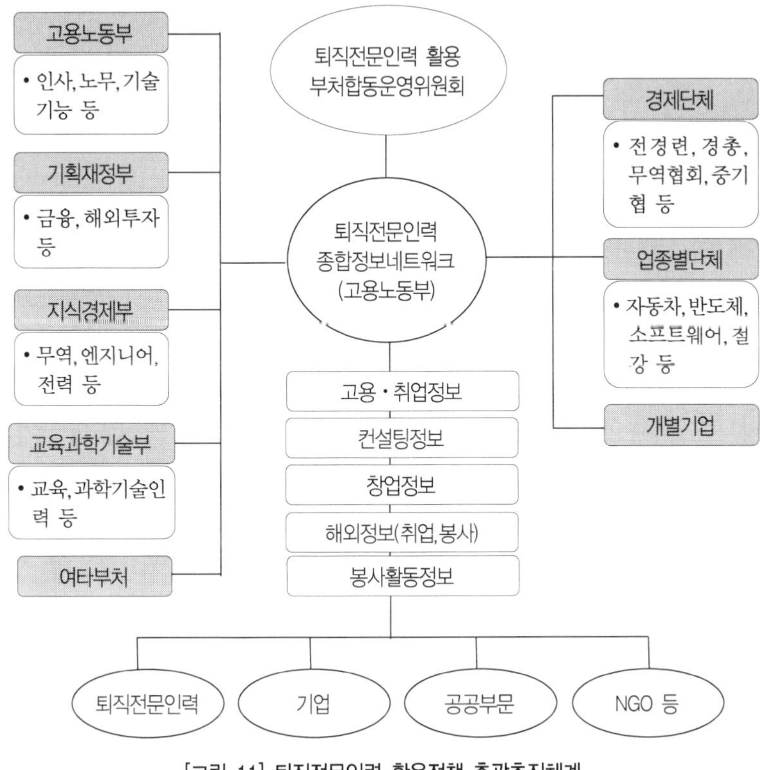

[그림 11] 퇴직전문인력 활용정책 총괄추진체계

부처별로 산재하여 있는 퇴직전문인력 활용 사업들이 효과적으로 추진되기 위해서는 정보인프라 및 DB 구축 등이 선행되어야 한다. 퇴직전문인력이 사회활동 기회를 원할 경우 고용은 고용노동부, 창업은 중소기업청, 해외자문 및 봉사활동 등은 외교통상부 국제협력재단(KOICA) 등으로 나누어져 있어 One-stop service가 불가능한 상황이다. 퇴직전문인력의 구인, 구직, 창업, 봉사, 자문, 상담 등에 관한 다양한 정보가 고용노동부, 보건복지부, 외교통상부, 지식경제부, 지자체 등에 산재하여 있으므로 정보이용자의 입장에서는 불편이 가중되고 있다. 각 부처가 독립적, 산발적으로 추진·확보하고 있는 정보제공시스템 및 고령자DB 등을 통합적으로 운영함으로써 정보이용자의 편의성을 높이고 국가적 차원에서 효율성을 제고할 필요가 있다. 중견전문인력을 컨설턴트로 활용하기 위해서는 교육단계에서부터 DB화하여 체계적으로 관리할 필요가 있으며, 경영·기술·노무 분야의 컨설팅 기관이 산재되어 있으므로 이를 통합한 DB구축을 통해 One-stop 서비스 기능을 강화해야 한다.

2. 분야별 특성에 따른 단계적 추진

퇴직전문인력 컨설턴트화는 등록제, 회원제, 채용제 등의 세 가지 대안에서 접근이 가능하다. 등록제는 현재 대부분의 일자리사업 추진방식과 유사하게 전문인력 구직 및 구인수요를 등록하도록 하고 중개기관에서는 매개기능을 위주로 사업을 수행한다. 현재의 고용센터나 중견전문인력고용지원센터에서 컨설팅에 관한 수요, 공급을 처리하는 정도의 업무를 부가하면 손쉽게 적용이 가능할 것이며, 사업수행기관에 대한 간접비용도 절감할 것으로 기대된다. 현행 일자리 중개 및 알선기관은 채용을 위주로 활동하고 있으므로, 컨설팅으로 업무영역을 확장하는 법적, 제도적 정비가 필요하다.

회원제는 퇴직전문인력 중 컨설턴트로서 활동할 수 있는 전문성과 역량을 갖춘 자를 일정한 자격조건, 인터뷰, 시험 등의 방식으로 선별한 후 기업의 신청수요에 따라 적합한 컨설턴트를 배정하는 방식이다. 회원제는 등록제에서 진일보된 형태로서 사업수행기관이 퇴직전문인력의 경력, 자격, 인터뷰, 시험 등을 통해 컨설턴트로서 적합성을 평가하여 우수한 전문인력만을 컨설턴트 회원으로 가입시키고 컨설팅 업무를 수행토록 한다. 사업수행기관은 컨설팅의 분야별 전문성을 고려하여 분야별로 공신력있는 경제단체, 업종별단체, 전문직종단체, 학회, 테크노파크, 대학 산학협력단 등과 같이 업계와 네트워크를 갖고 있으면서 공신력이 있는 기관을 대상 공모를 통해 지정하고 컨설턴트의 자격요건에 대해서는 분야별 특성을 반영할 수 있도록 사업수행기관에 일정한 범위내의 재량권을 부여한다.

채용제는 민간기업 혹은 사회적기업 형태의 경영컨설팅기업을 육성하고 이들로 하여금 퇴직전문인력을 컨설턴트로 채용하도록 하는 방안이다. 기존의 전문적인 경영컨설팅 기업을 비롯해서 퇴직전문인력이 설립하는 사회적 기업 형태까지 다양한 스펙트럼이 존재할 것으로 예상된다. 퇴직전문인력은 컨설팅기업의 근로자로서 활동하기 때문에 기업의 컨설턴트 선별, OJT 등을 통한 컨설턴트 역량개발, 기업차원의 컨설팅 역량 축적 등으로 컨설팅의 질적 수월성이 제고될 수 있다.

〈표 3〉 퇴직전문인력 컨설턴트화 방안

	1안) 등록제	2안) 회원제	3안) 채용제
내용	- 컨설턴트로 활동하고 싶은 퇴직인력과 컨설팅 수요가 있는 기업이 정보를 공개하고 matching 유도 - 상담/조언 등을 통한 기업수요에 적합한 컨설턴트 중개기능 수행	- 컨설턴트로 활동할 수 있는 일정자격 이상의 퇴직자를 선별하여 회원제로 관리하면서 기업에 소개 또는 파견 - 기업의 컨설팅수요에 대해 적극적 중개기능 수행	- 컨설턴트로 구성된 사회적 기업 또는 3~10인 창조기업을 설립 컨설팅기업이 퇴직자를 직접 고용하여 컨설팅 사업 수행
특징	- 기존 사업방식에 용이하게 접목 가능 - 고용센터, 중견전문인력고용지원센터 등 기존 조직 이용	- 분야별 퇴직전문인력 컨설팅재단을 설립하여 컨설팅 제공·자격요건, 인터뷰, 시험 등의 방식으로 선별하여 회원제 관리 - 컨설턴트는 프리랜서로서 활동	- 분야별 전문컨설팅기업 혹은 사회적기업이 퇴직전문인력을 근로자로 고용하여 컨설팅 서비스 제공 - 퇴직전문인력은 근로자로서 컨설팅기업에 취업하고 안정적 수입확보
자격	- 현재의 중견전문인력 요건 적용 - 컨설턴트로서 활동하는데 필요한 기본소양교육이수	- 현재의 중견전문인력 요건 적용 - 컨설턴트로서 활동하는데 필요한 기본소양교육이수 - 재단에서 시행하는 시험, 인터뷰 등 통과	- 현재의 중견전문인력 요건 적용 - 컨설턴트로서 활동하는데 필요한 기초교육이수 - 기업차원의 시험, 인터뷰 등 통과
양성	- 고용보험 직능훈련을 통한 기본소양교육	- 고용보험 직능훈련을 통한 기본소양교육 - 재단에서 실시하는 컨설턴트능력개발 훈련	- 고용보험 직능훈련을 통한 기본소양교육 - 회사차원의 OJT

	1안) 등록제	2안) 회원제	3안) 채용제
장점	- 기존 조직을 활용한 사업수행의 용이성 - 사업수행기관에 대한 재정지원 규모 절감	- 분야별로 공신력있는 기관의 참여 유도 - 컨설턴트 질관리 및 지속적 역량 개발	- 기업차원의 종합적이고 체계적인 컨설팅 - 컨설턴트 질관리 및 지속적 역량 개발 - 기업차원의 컨설턴트 양성 및 관리, 컨설팅 기법 등 축적
단점	- 컨설턴트의 질관리 - 컨설턴트 양성, 사후 관리 등 시스템 미비 - 퇴직전문인력 컨설턴트 개인의 역량에 주로 의존	- 사업수행기관에 대한 재정지원 규모 증가 - 사업수행기관의 모럴 헤저드 가능성	- 수익성 미확보시 기업 설립의 불확실성에 따른 사업추진 곤란 - 수익성 추구로 기업의 컨설팅 비용부담 증가 우려
적용 분야	- 해당분야에 공신력 있는 사업추진기관이 부재 - 컨설팅 시장성 밝지 않음	- 해당분야에 공신력있는 사업추진기관 존재 - 컨설팅 시장성 밝지 않음	- 컨설팅 시장성 밝음

3. 체계적인 컨설턴트 양성

퇴직전문인력은 특정분야에 대한 높은 전문성과 관리직 경력을 통해 배양된 조직관리 경험을 바탕으로 중소기업에게 부족한 지식, 기술, 노하우를 보완해줄 것으로 볼 수 있으나, 컨설팅 사업에 대한 이해, 컨설팅 제공 방법, 컨설팅 대상인 중소기업의 니즈분석 등 선행요소도 갖추어야 한다. 아울러 퇴직전문인력은 관련 직무경험은 풍부하지만 이직 이전의 직위나 장기간에 걸쳐 습득된 기업 풍토로부터 탈피하지 못할 가능성이 있기 때문에 새로운 직무환경에 대한 적응교육도 필수적이다. 컨설팅 분야에서 요구되는 직무내용에 적합한 직업능력을 강화하고 현장적응력을 높이기 위한 소양교육 및 지속적인 보수교육을 통한 컨설턴트로서의 전문성 향상을 지속적으로 담보할 수 있는 교육훈련 체계 구축이 필요하다.

퇴직전문인력의 특성에 따라 전문분야에 대한 교육은 별도로 필요하지 않겠으나 컨설팅에 대한 소양교육은 강화할 필요가 있다. 컨설팅에 대한 이해, 컨설팅스킬, 고객응대, 팀프로젝트, 문제해결능력 등 컨설팅에 필요한 내용 중심으로 교육과정을 개설하여 운영하는 것이 바람직하다. 퇴직전문인력의 특성과 수준에 적합한 강의 주제 선정, 현장감 확보 및 수요자 중심으로 조성하되 최신의 경영혁신기법 등을 중심으로 편성을 유도할 수 있을 것이다. 교육방법으로는 ① 기존 컨설팅대학원에 별도의 교육과정을 개설하여 운영하는 방안, ② 전직지원 프로그램에 컨설팅 교육프로그램을 운영하는 방안, ③ 중견전문인력 고용지원센터를 이용하는 방안 등을 검토할 수 있을 것이다.

4. 컨설턴트 자격화

중소기업 상담회사를 통한 컨설팅 업무를 수행하고자 할 경우에는 「중소기업창업 지원법 시행령」 제20조(중소기업상담회사의 등록요건)[14]에 따라 전문인력(컨설턴트) 및 시설기준을 충족해야 한다. 현행 규정에 따르면 중견전문인력의 범위와 창업지원법상 컨설턴트 자격간 중첩되는 부분이 있어 컨설턴트로 인정하는 것은 무리가 없을 것으로 판단된다. 현실적으로 일반 컨설턴트로 활동하는 것은 제약이 없지만 중소기업 상담회사에서 경영 및 기술컨설턴트로 활동하기 위해서는 경영 및 기술지도사 자격을 취득하거나 「중소기업창업 지원법 시행령」 〈별표 1〉의 제7항 규정을 적용하여 중소기업청장이 인정하도록 하는 방안이 있다.

자문이나 컨설팅의 경우 기존 현업에 종사하는 전문자격[15]이 존재하기 때문에 이들과 경쟁하기 위해서는 체계적인 교육은 필수적이다. 아울러 국가가 공인한 자격증을 소지한 사람 혹은 현업에 종사하는 컨설턴트들이 있기 때문에 기존 자격 취득에 준하는 교육훈련을 통해 자격 혹은

---

14) 「중소기업창업 지원법 시행령」에서 규정하고 있는 중소기업상담회사의 등록요건은 납입자본금 5천만원 이상, 전문인력 중 2명 이상이 상근할 것, 지식경제부령으로 정하는 부대시설을 갖춘 사무실을 보유할 것 등임.

15) - 경영지도사 : 중소기업 경영문제에 대한 종합진단(경영컨설팅)과 기업경영상의 인사·조직·노무·사무관리, 재무관리 및 회계, 생산, 유통관리, 판매관리, 수출입 업무 등에 대한 진단·지도, 자문, 상담, 조사, 분석, 평가, 확인, 대행 등 법적기능을 수행하는 전문자격제도임
- 기술지도사 : 중소기업의 기술문제에 대한 종합진단(기술컨설팅)과 공장자동화 및 공정개선기술, 공업기반기술, 부품소재개발, 시제품 등 신기술개발 등에 대한 진단·지도, 상담, 자문, 조사, 분석, 평가, 증명, 대행 등 법적기능을 수행하는 전문자격제도임.

퇴직전문인력의 능력에 대한 검증도 요구된다. 다만 현재 경영 및 기술지도사 수, 활용실태 등을 감안할 경우 컨설턴트를 대폭 늘리는 것은 부작용이 우려되므로 신중을 기할 필요가 있다. 따라서 퇴직전문인력 컨설턴트화는 컨설팅 시장의 여건이 성숙되기 까지는 고용노동부 등을 중심으로 정부지원사업을 개발・확대하는 것이 바람직할 것으로 사료된다.

연구개발인력의 연령과 생산성

홍성민(과학기술정책연구원)

연구개발인력의 연령과 생산성[1)]

Ⅰ. 연구배경

세계 경제가 점점 더 글로벌화되고 지식기반경제화 되면서, 연구개발인력의 경우 기업이나 국가경쟁력의 핵심 요소로서의 중요성이 더욱 커지고 있다. 앞으로 다가올 미래 사회는 다양한 지식을 체화하고 연결시키는 사람, 궁극적으로는 제품의 사용자나 사회적 니즈의 발산자 즉, 기술의 수요자이기도 한 사람이 핵심(홍성민, 2013)이 되는 사회라고 정의되어진다. 이에 Roland Berger(2011)에서는 2030년의 미래 환경변화를 전망하면서 글로벌 지식기반 사회의 본격화에 따라 인재확보를 위한 무한경쟁시대에 돌입한다고 예측하고 있다.

인력의 공급측면을 고려해 볼 때도 저출산 및 고령화라는 대표적인 인구구조의 변화 추세에 따라 우수한 인재를 확보할 수 있는 풀(pool)은 점점 더 줄어들 수밖에 없으며, 이로 인해서 인재 확보 경쟁 역시 점점 더 격화될 것이라고 판단된다. 특히, 연구개발인력처럼 지속적으로 새로운 기술을 창출하면서 기업이나 국가 경쟁력의 미래에 있어 가장 심대한 영향을 미칠 수 있는 인력의 경우 인재 확보 경쟁이 매우 격화될 것이라는 점은 매우 자명하다. 인력 이외에 다른 자원 자체가 매우 제한적이며

---

1) 어수봉 외(2013)에서 저자가 작성한 'R&D인력의 임금과 생산성' 장을 기본으로 가능한 자료를 업데이트하고 내용을 다소 보완함

2017년부터 15~64세의 생산가능인구도 감소하는 추세가 될 정도로 인구구조 변화도 급격한 우리나라의 경우 적절한 연구개발인력의 확보가 가지는 중요성은 세계시장의 경쟁에 점점 더 직면하고 있는 기업에게 있어 더욱 중요한 문제가 될 것이다.

우리나라는 세계에서 가장 빠르게 인구의 고령화가 이루어지고 있다. 평균 수명이 빨리 늘어나는 탓도 있지만, 저출산의 영향으로 젊은 층의 비중이 점점 줄어드는 효과가 같이 나타나기 때문이다. 우리나라 인구의 기대수명은 2017년 기준 82.6세로 2005년의 78.6세에 비해 3.8세나 높아졌다. 이러한 추세라면 2065년의 기대수명은 90세에 달할 전망이다[2]. 물론 지금 급속하게 이루어지고 있는 바이오 등의 기술 발전에 따라 이 시기쯤에는 이미 기대수명 100시대가 될 수도 있다. 반면, 우리나라 출산율은 기간에 따라 다소 변동이 있긴 하지만 2006년 1.12에서 2012년 1.30을 거쳐 2016년엔 다시 1.17로 낮아졌다. 기대수명이 높아져 고령자의 생존 가능성이 커지고, 출산율이 낮아져 현재 인구를 유지하는 수준에도 못 미치게 되자 결국 고령화 비율은 급속히 높아지고 있다. 2000년에 이미 65세 이상 고령인구 비율이 7.2%로 고령화 사회에 진입하였다. 2020년이면 고령인구 비율이 15.7%로 고령 사회에, 2030년이면 고령인구 비율이 20%를 넘는 초고령 사회까지 도달할 전망이다. 이 추세대로라면 2060년에는 고령인구 비율이 40.1%까지 증가할 전망이다. 결국 정년연장 등 제도적 대응뿐만 아니라 고령인구의 활용도를 높이는 다양한 방안이 마련되어야 할 시점이라고 할 수 있다.

2) 통계청, 국가통계포털, 장래 기대수명/전국

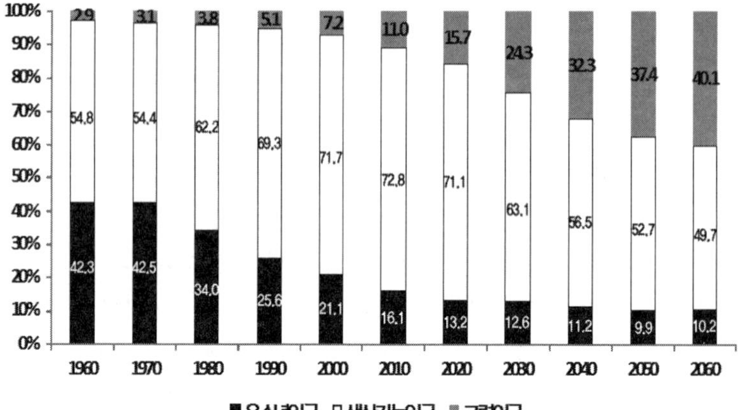

자료 : 통계청, 인구구조 추계 DB

[그림 1] 우리나라 연령별 인구구조 변화 추이와 전망

고령화 현상은 연구개발인력에 대해서도 마찬가지로 나타나고 있으므로, 기업 입장에서는 고령화와 정년연장이라는 두 가지 현상이 동시에 급격히 진행되는 경우 연구개발인력의 비용 대비 효과 즉 임금 대비 적절한 생산성을 확보하는 문제는 매우 심각한 문제로 다가올 가능성이 높다. 기술발전 추세가 빨라짐에 따라 지속적으로 새로운 기술이나 지식을 습득해야 생산성을 유지하거나 높일 수 있을 것으로 판단되는 연구개발인력의 경우 고령화 현상과 정년연장이라는 제도 변화가 결합되면 생산성과 임금의 격차가 고령화 현상이 진행되면 될수록 더욱 크게 나타날 가능성이 있기 때문이다.

특히 2001년 이래 핵심 연구개발인력인 연구원 수가 2.5배 증가하면서 2015년 45.3만 명에 달한 우리나라에게 있어 연구원의 연령구조 변화와 이에 따른 기업 부담 가능성은 향후 더욱 중대한 문제로 다가올 가능성이 높다고 할 수 있을 것이다.

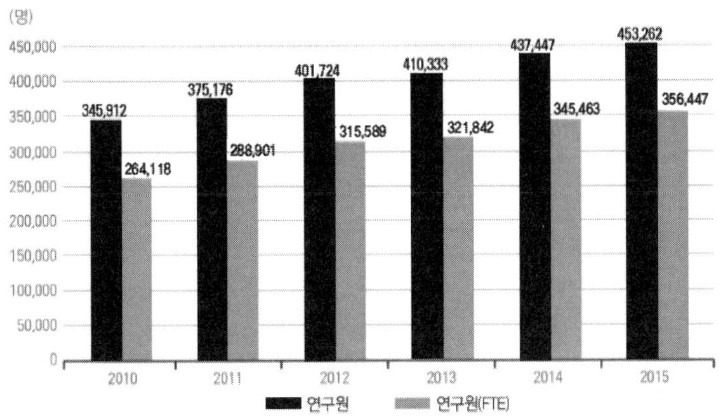

자료 : 한국과학기술기획평가원(2017), p.21에서 재인용

[그림 2] 우리나라 연구원 수 추이

이에 따라 이 글에서는 연구개발인력의 고령화에 따라 문제점이 나타날 가능성을 파악해보고 장년 연구개발인력의 활용도 제고를 중심으로 한 대응방안을 찾아보고자 한다. 이를 위해 우리나라 연구개발인력의 고령화 현상과 생산성 변화에 대한 분석을 시도하고 이를 기반으로 대응방안을 제언해 볼 것이다.

Ⅱ. 우리나라 기업 연구개발인력의 고령화 추세

우리나라 전체가 아니라 기업에서 고용하고 있는 연구원 즉, 핵심 연구개발인력의 규모는 다음의 표에 나타나듯이 2015년 현재 31.8만 명에 달해 10년 전인 2005년의 15.4만 명에 비해 2배 이상 증가할 정도로 급속히 커졌다. 이는 외환위기 이후 새로운 성장동력을 찾고자 하는 노력으로 우리나라 연구개발 규모가 급속히 증가한데다가, 개별 기업에서도 연구개발투자 노력을 지속적으로 강화해 온 데 크게 기인한다고 판단된다.

〈표 1〉 우리나라 연구개발주체별 연구원 수 추이

(단위 : 명)

구분	2005	2006	2007	2008	2009	2010	2011	2012	2013	2014	2015
공공기관	15,501	16,771	20,342	20,950	24,318	26,235	28,800	28,822	31,140	33,322	35,550
대학	64,895	65,923	83,123	82,077	88,554	93,509	95,750	96,916	97,319	99,317	99,870
기업체	154,306	173,904	185,633	197,023	210,303	226,168	250,626	275,986	281,874	304,808	317,842
계	234,702	256,598	289,098	300,050	323,175	345,912	375,176	401,724	410,333	437,447	453,262

자료 : 통계청, 국가통계포털, 연구개발활동조사 DB

이렇게 급격히 증가한 연구개발인력의 고령화 추세가 어떻게 나타나고 있는지를 파악하기 위해 2000년에서 2015년 사이의 연구원의 연령별 구조 변화를 먼저 전 산업에 대해 살펴보면, 다음과 같은 변화가 나타났다.

첫째, 연령별로 볼 때 가장 많은 연구원이 있는 계층은 30~39세로 그 비중이 2000년 52.8%로 과반 수가 넘었으며, 2011년에는 54.7%까지 증가하였다. 최근에는 고령화 추세에 따라 그 비중이 줄어들었지만 2015년에도 48.6%로 가장 많은 비중을 차지한다. 기업 연구개발인력의 핵심 연령계층은 여전히 30대이나 최근에는 그 비중이 줄었다.

둘째, 2000년의 경우 30대 다음으로 높은 비중을 차지한 29세 이하의 젊은 층은 33.4%나 기록하였지만 2011년에는 18.7%로 무려 14.6%p나 감소하였다. 2015년에는 그 비중이 다시 15.8%까지 하락해, 40대 연구원의 비중보다 11.9%p나 낮아졌다.

(단위 : %)

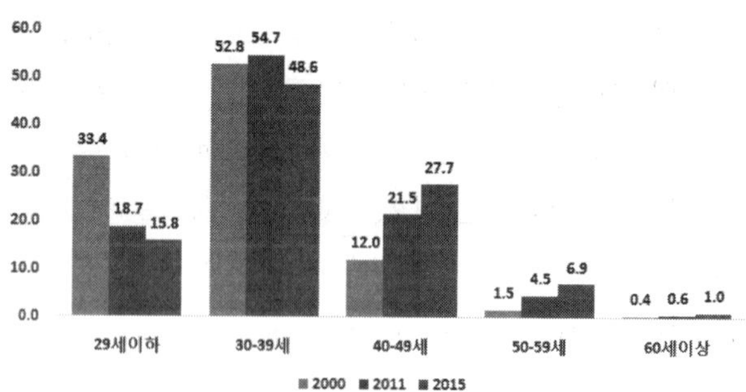

자료 : 한국과학기술기획평가원, 연구개발활동조사 각년도.

[그림 3] 연령계층별 기업 연구원 수 비중 추이(전산업)

셋째, 40대 기업 연구원의 비중은 2000년의 12.0%에서 2011년의 21.5%를 거쳐 2015년 27.7%까지 총 15.7%p나 증가하였다. 이러한 비중 증가에 따라 우리나라 기업에 있어서 40대 연구원은 이제 30대 다음으로 확실한 핵심 연령계층으로 부각되었다.

마지막으로 본격적인 장년세대인 50대는 같은 기간동안 1.5%에서 6.9%로, 60세 이상의 기업 연구원 수도 0.4%에서 1.0%로 증가하여 지난 15여년 동안 기업의 연구개발인력에서도 고령화 추세가 분명히 나타나고 있다.

결국 지난 15여년간 기업의 연령별 연구원 구성 변화를 살펴보면, 40대의 급속한 증가와 20대 이하의 급감이 두드러지는 가운데 본격적인 장년 세대인 50대의 증가도 뚜렷하게 나타나고 있다. 이러한 인력구조 변화의 주요한 원인은 크게 두 가지로 판단된다.

첫째, 중장기적으로 지속되고 있는 전반적인 인구의 고령화 추세 및 고학력화라는 공급측 요인이 크게 작용하였을 것이다. 먼저 2015년 현재 우리나라의 65세 이상 고령인구 비율은 12.8%이며, 이는 지난 1990년 5.1%에 비해 두 배 이상으로 급속히 늘어나고 있다. 더불어 14세 이하 유소년인구 비율은 같은 기간동안 25.6%에서 12.1%로 반 이상 감소한 것으로 파악되었다. 이러한 인구구조 변화는 절대적으로 젊은 층의 인력공급을 줄이고 있어서 연구개발인력에 있어서도 젊은 층 공급의 한계를 가져오고 있는 것으로 판단된다.

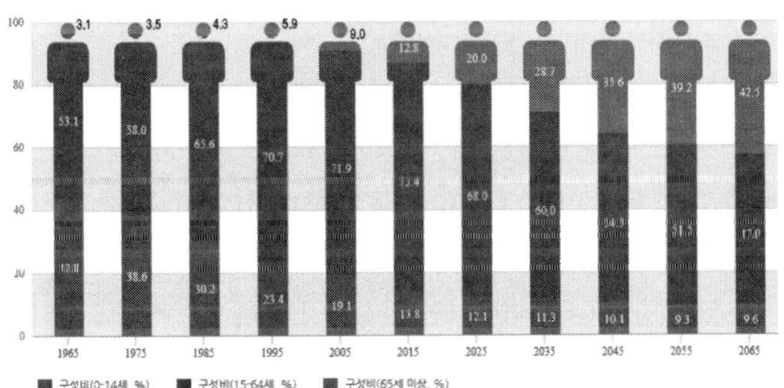

자료 : 통계청, 국가통계포털, 인구로 보는 대한민국, 연령구조에서 인용
(http://kosis.kr/visual/populationKorea/PopulationByNumber/PopulationByNumberMain.do?mb=N&menuId=M_1_4&themaId=D01, 2018.01.19)

[그림 4] 장래인구추계 : 연령별 인구 구성비

다음으로 대학 등 고등교육 진학률이 높은 고학력화 현상 역시 젊은 층의 노동공급을 줄이는 데 일조할 수 있다. 아래 그림에서 나타듯이 2000년과 2015년 사이 우리나라 총인구 가운데 대졸자 비중은 9.9%에서 18.5%로 8.6%p가 증가하였고, 같은 기간동안 석사학위자는 1.0%에서 2.5%로, 박사학위자는 0.2%에서 0.6%로 3배나 증가한 것으로 나타나고 있다.

단위 : %

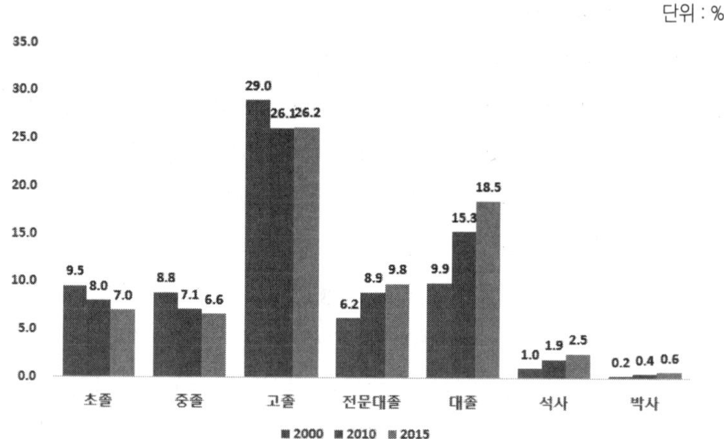

자료 : 통계청, 국가통계포털, 인구총조사 DB

[그림 5] 우리나라 학력별 인구구조 변화 추이

둘째, 이러한 공급측 요인뿐만 아니라 우리나라 기업의 연구개발인력 수요가 박사나 경력자 등 고급인력을 더욱 요구하는 방향으로 변화한 것도 연구개발인력의 고령화 현상을 촉진하는 요인이 되었을 것이다. 기업체 연구개발인력의 학위별 비중 변화를 살펴보면, 박사학위자 비중이 2000년 5.7%에서 2015년에는 6.8%로 상승하였다.

한편, 연구개발인력의 연령별 비중 변화를 기술변화가 가장 빠르게 나타나고 있는 산업 가운데 하나인 전자산업에 대해 분석해 보면 다음과 같은 특징이 나타난다.

첫째, 전자산업의 경우에도 30대 연구원의 비중이 과반 이상을 차지하면서 가장 많아 핵심 연령계층을 형성하고 있으며, 그 집중도는 전산업보다 높다. 전자산업의 30대 연구원 비중은 2000년 53.1%에서 2011

년 57.2%로 상승한 다음 2015년에는 51.3%로 다소 낮아졌지만 여전히 과반 이상을 기록하였다.

둘째, 29세 이하 연구개발인력의 비중은 2000년의 37.3%에서 2011년 22.1%를 거쳐 2015년에는 16.8%로 20.5%p나 감소하였고, 40대는 8.7%에서 27.6%로 18.9%p 증가하여, 청년층의 급속한 감소와 40대의 증가는 전산업과 마찬가지로 두드러졌다. 2011년까지는 20대 청년층 비중이 여전히 40대보다 높았으나, 2015년에는 완전히 역전되어 전산업과 마찬가지로 40대 연구원이 30대 다음가는 핵심 연령계층으로 부각되었다.

셋째, 같은 기간 50대 장년 연구원 비중도 0.7%에서 4.0%까지 늘었고 60대 이상은 0.1에서 0.2%로 증가하였지만, 빠른 기술발전에 대응하여야 하는 전자산업의 특성으로 인해 전산업에 비해 고령화 추세는 약하게 나타나고 있다.

(단위 : %)

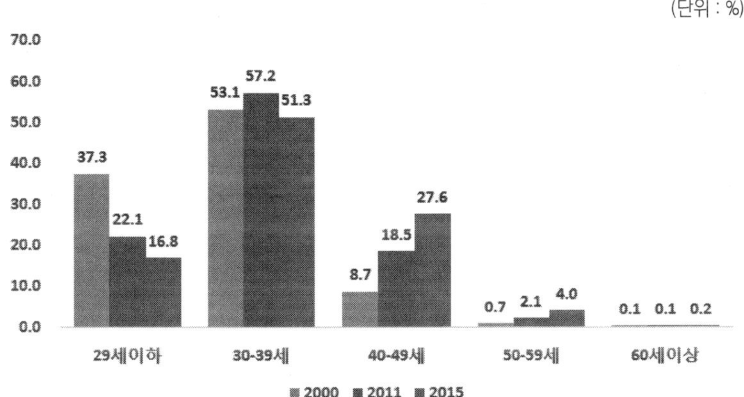

주 : 전자산업은 제조업 중분류의 '전자부품, 컴퓨터, 영상, 음향 및 통신장비'산업으로 2001년에는 전자장비(영상, 음향 및 통신) 산업에 해당. 산업분류의 개편으로 인해 시계열 단절이 발생하긴 하지만 세부 산업 구성 변화가 크지 않아 큰 문제는 없을 것으로 판단됨

자료 : 과학기술기획평가원, 연구개발활동조사 각년도.

[그림 6] 연령계층별 기업 연구원 수 비중 추이(전자산업)

결국 전자산업의 경우 급격한 기술변화 등 산업 특성으로 인해 좀 더 젊은 연구개발인력을 더 선호하는 경향이 커서, 고령화된 인력의 경우 다른 부문으로 이동했을 가능성이 더 높았기 때문에 50대 이상의 장년 인력 비중 변화는 전산업에 비해 다소 약했다고 판단된다. 그렇지만 전자산업에서도 청년층의 급격한 감소와 40대 비중의 증가는 마찬가지로 급속히 나타났으며, 점점 더 50대 이상 장년층 연구원 활용 문제가 부각될 가능성이 높다.

Ⅲ. 연구개발인력의 연공임금체계 현황

연구개발인력의 연령구조 변화와 고령화 추세를 살펴본 전 절에 이어, 여기에서는 연구개발인력의 연공임금체계가 어떻게 구성되어 있는지 파악해 보고자 한다. 연공임금체계가 강력하다면 이는 고령화 현상에 따라 기업의 비용부담이 매우 커질 가능성을 보여주기 때문이다.

이러한 연공임금체계를 명확히 살펴보려면, 같은 개인이 하나의 직장에서 지속적으로 근무하는 경우를 추적하여 분석하는 것이 가장 확실한 방법이나 패널조사 자체가 매우 적고 연구개발인력에 대해서는 대표성있는 패널조사가 이루어지지 않고 있는 우리나라의 현실에서 이러한 분석은 매우 어려울 수밖에 없다. 따라서 여기에서는 연구개발인력에 해당하는 직종을 사전적으로 정의[3]한 다음, 우리나라의 대표적인 임금조사인 고용형태별 근로실태조사를 바탕으로 해당 직종의 연령별 월평균임금을 데이터 확보가 가능한 2012년에 대해 횡단면 분석해보는 것으로 대체하고자 한다.

여기서도 먼저 전산업 전체 근로자의 연령별 월평균임금 구조를 파악해보면, 연령이 상승하면서 월평균임금 역시 지속적으로 상승하다가 50대 초반에서 최고액인 4,021천원을 기록하고 그 이후에는 다소 감소하는 추세를 기록하고 있다. 즉, 대체적으로 볼 때 전체 근로자에서는 55세를 기점으로 연공급적인 성격의 임금 상승이 멈추면서 하락하는 추세로 반전되기 때문에 고용형태의 변화가 나타나고 있다고 판단되고 있는 것이다.

다음으로 전자산업의 경우를 분석해보면, 전산업과 유사한 양태를

---

3) 여기서는 연구개발인력에 해당하는 직종을 과학전문가 및 관련직(21), 정보통신 전문가 및 기술직(22), 공학 전문가 및 기술직(23)으로 한정하여 분석하였다.

보이나 전자산업에 비해 좀 더 빠른 45~49세의 평균임금이 4,932천원으로 일차 피크를 기록한 점이 두드러진다. 즉, 일반적으로는 전산업에 비해 더 빠른 시기에 임금피크가 찾아오는 경향을 보이고 있다고 판단되는 것이다. 그 이후 50세 초반에 다소 하락하기 시작하지만, 50세 후반에는 다시 상승하는 등 다소 급격한 변동이 나타나고 있다는 점이 전산업의 경우와 크게 차이가 나타나는 점이다. 그런데 이러한 고령층에서의 임금 피크는 65세 이상에서도 다시 한 번 급격한 상승이 이루어지고 있어서 전자산업의 경우 고령자 계층에서 특이한 케이스가 존재하고 있다는 점을 보여주고 있다[4]. 즉, 전자산업의 근로자에게 있어서는 전산업에 비해 빠른 50대 초반부터 고용형태의 변화가 나타나고 있을 가능성이 높지만, 고연령층에서도 별도의 보상을 받을 수 있는 가능성도 있는 것으로 나타나는 것이다.

단위 : 천원

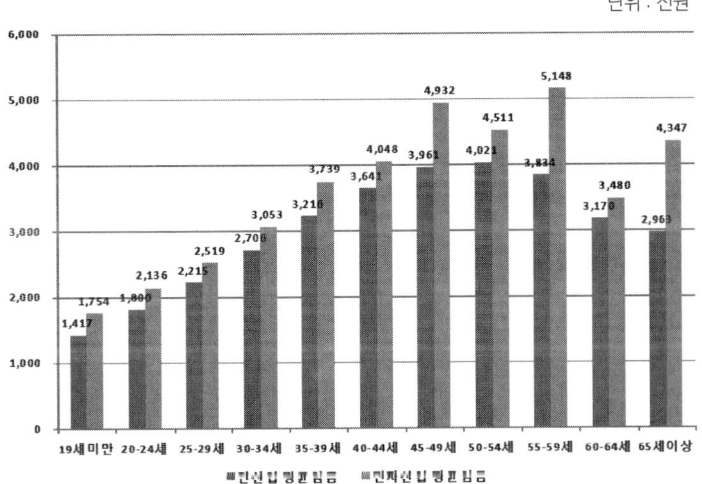

자료 : 고용노동부, 고용형태별 근로실태조사, 2012. 원자료에서 재산

[그림 7] 전직종의 연령대별 월평균임금 비교(2012년, 전산업 vs. 전자산업)

이러한 전자산업의 연령별 임금구조에서 나타나는 특성은 빠르게 성장하고 있는 산업임에 따라 상대적으로 관리직으로의 승진이 빠르고 고

---

4) 하지만, 전자산업으로 한정할 경우 그 표본의 수 자체가 줄어들어, 특이점이 크게 영향을 미칠 가능성이 커지기 때문에 이의 해석에는 주의를 기울여야 할 것이다.

령층에서도 상대적으로 임금이 높은 관리직이 많기 때문에 나타날 수 있는 현상이다. 이러한 점을 명확히 파악하기 위해 관리직과 그 외 직종으로 나누어 연령별 평균임금 변화를 살펴보았다. 그 결과가 다음과 같은 점이 좀 더 명확히 파악되었다.

첫째, 전자산업의 경우 관리직 이외 직종에서도 45~49세 평균임금이 4,374천원으로 피크를 이루어 전산업에 비해 상대적으로 빠르게 임금 피크가 나타나고 있다. 즉, 전산업 대비 빠른 임금피크는 관리직 요인에 의한 부분보다는 전자산업 연공급체계의 특징이라고 할 수 있다.

둘째, 관리직을 제외할 경우, 전자산업에서도 고령층에서의 2차 피크는 나타나지 않아 고령층의 2차 피크는 관리직 승진이 많은 산업 특성에 따른 현상임을 보여주고 있다. 즉, 관리직의 평균임금이 50대 후반과 60대 후반에 특히 높은 수준을 형성하고 있는데다가, 이들 연령계층에서는 관리직 비율도 각각 28.6%, 33.3%에 달해 전연령층 평균인 12.4%보다 매우 높게 나타남에 따라 관리직 변수가 2차 피크를 보이는 주요한 요인임을 보여주고 있다.

(단위 : 천원)

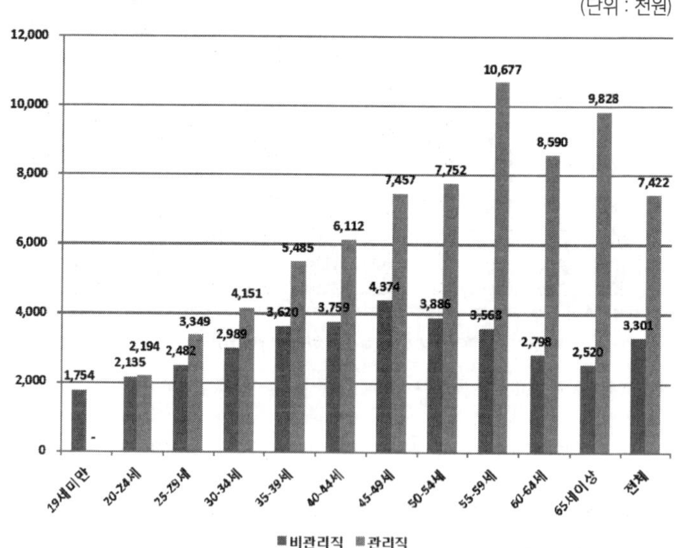

자료 : 고용노동부, 고용형태별 근로실태조사, 2012. 원자료에서 계산

[그림 8] 전자산업 관리직 및 비관리직의 연령대별 월평균임금 비교(2012년)

다음으로 직종분류를 바탕으로 연구개발인력의 경우만 별도로 추출해 분석해보면, 비연구직에 비해 연공임금체계가 더 강하게 나타나고 있는 점이 두드러지고 있다[5].

먼저 전산업 연구개발인력의 경우 전직종의 경우와 마찬가지로 50대 초반까지 지속적으로 임금이 상승하며, 20대 초반의 월평균 임금을 100으로 보았을 때 50대 초반의 수준은 264.0으로 나타나 비연구직의 220.7보다 훨씬 높게 나타났다.

또, 전자산업 연구개발인력의 경우에는 60대 초반까지 지속적으로 상대임금이 상승하는 추세가 나타나고 있어 연공임금 체계가 강력히 나타나고 있다고 판단되며, 50대 후반 이후 고령층에서 임금이 크게 점프하는 현상이 부각되고 있다. 이는 전자산업의 연구개발인력의 경우 연구개발 성과에 따라 발명보상 등으로 추가적인 보상을 크게 받을 가능성이 있다는 점을 보여주고 있다고 판단된다.

다만, 50대 후반 이후에는 샘플사이즈가 너무 적어[6] 특이값의 영향이 클 수 있기 때문에 해석상의 주의가 필요하다.

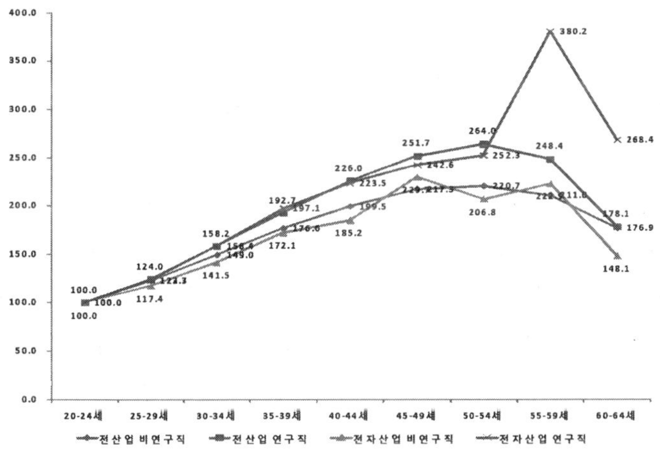

자료 : 고용노동부, 고용형태별 근로실태조사, 2012. 원자료에서 계산

[그림 0] 연구직과 비연구직의 연령별 상대임금 비교(2012년)

---

5) 이 분석은 전자산업 연구개발인력의 표본 수가 너무 적은 문제가 나타나 연령별로 볼 때, 20대 초반부터 60대 초반까지만 비교 분석한 결과이다.

6) 50대 후반 전자산업 연구직 샘플수는 7명, 60대 초반은 4명이었다.

단위 : 천원

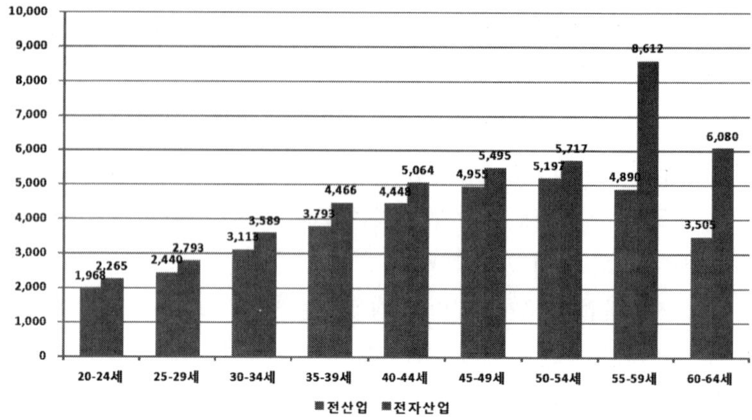

자료 : 고용노동부, 고용형태별 근로실태조사, 2012. 원자료에서 계산

[그림 10] 연구직의 연령계층별 월평균임금 비교(2012년)

Ⅳ. 연구개발인력의 연령별 생산성 분석

전체 노동시장에서의 연령-임금 곡선과 패널데이터를 활용한 개인의 연령-임금 곡선을 파악해 비교한 앞 장의 분석결과를 감안해 보면, 연구개발인력의 횡단면 자료를 활용해 분석한 연령-임금 곡선은 연공급 체계에 대한 반영이라기보다 연령-생산성 곡선을 투영하고 있는 것이라고 해석할 여지도 나타나고 있다. 이렇게 파악할 경우 연구개발인력의 생산성은 고령화현상에 불구하고도 지속적으로 유지되거나 더 높게 나타나는 경향이 있다고 판단할 수도 있으며, 특히 전자산업의 경우 커다란 연구개발 성과를 바탕으로 생산성이 더 높아질 가능성이 있다고 파악할 수도 있을 것이다.

이에 본 절에서는 연령-임금 곡선 이외의 방법으로 연구개발인력의 생산성을 분석한 기존 연구 결과를 소개하고 이를 바탕으로 연구개발인력의 연령별 생산성 변화가 어떻게 나타난다고 파악하는 것이 바람직할 것인지, 향후 장년 연구개발인력을 더 잘 활용하기 위해서는 어떠한 대응이 필요한 지에 대해 알아보고자 한다.

먼저, 연구개발인력의 연령별 생산성 변화에 대해 국제비교를 통해 조사한 결과를 살펴보면 다음과 같다. 이 조사는 최첨단 현장 연구개발인력의 연령별 생산성 변화에 대해 기업의 의견을 조사하는 형식으로 이루어졌으며 비록 그 연구결과는 1995년에 발표되어 상당히 오래된 결과이긴 하지만, 각 나라별 특성이 그 사이에 급격히 변화하진 않다고 판단되는 만큼 현재에 대해서도 충분히 시사하는 바가 있다고 여겨진다.

그 주요 결과를 살펴보면, 연구개발인력의 연령별 생산성에 대한 인식에서는 나라마다 차이가 나타나나 우리나라와 비슷한 일본의 경우 30대 후반에서 40대초반을 한계연령으로 파악하는 경향이 뚜렷하다.

즉, 영국이나 독일, 미국 등의 서구 선진국의 경우에는 연령과 최첨단 연구인력의 효과성과는 관계가 없다는 응답이 모두 70%를 넘어 연령이 문제가 되지 않고 연구성과만이 문제라는 응답이 압도적으로 높다. 반면, 일본의 경우에는 40대 초반이라는 응답이 30.8%로 가장 많고 그 다음이 30대 후반(29.2%)이었으며, 30대 초반이라는 응답도 17.2%에 달하는 것으로 나타난다.

이상의 조사 결과는 일본과 비슷한 연구개발 시스템을 갖고 있는 우리나라의 경우 40대 초반이면 연구개발인력의 생산성에 문제가 나타날 가능성을 시사하고 있는 것이다.

〈표 2〉 연령과 최첨단 현장 연구개발인력의 효과성과의 관계

연령 한계	영국	독일	일본	미국
30세 까지	1.0	1.0	2.2	0.9
30대 초반	2.7	0.8	17.2	1.4
30대 후반	5.8	4.4	29.2	2.2
40대 초반	5.3	5.2	30.8	2.2
40대 후반	3.9	7.0	4.7	1.9
50 이상	6.3	8.8	0.5	13.0
연령과 무관	75.5	71.8	14.7	78.5
전체	100	100	100	100
응답수	414	258	552	586

자료 : 국제 연구개발인력 설문조사; Philip Shapira(1995)에서 재인용

한편, 우리나라 출연(연)에 근무하고 있는 연구개발인력[7]에 대해 연령과 연구생산성에 대해 설문조사한 결과를 살펴보면 다음과 점이 나타났다.

첫째, 고령화에 따라 연구생산성이 저하되는가라는 설문에 대해서는 '아니다'라는 응답이 32.9%로 가장 많았지만, '그렇다'라는 응답도 32.3%에 달해 큰 차이가 없었다. 그 다음은 '보통이다'라는 응답이 22.6%였고, '전혀 아니다'라는 응답이 11.0%, '매우 그렇다'라는 응답이 1.3%의 순으로 나타났다. 결국 고령화가 연구생산성 저하를 가져오지는 않는다는 부정적인 응답이 43.9%로 더 많았지만, 긍정적인 의견도 33.6%에 달해 만만치 않게 나타났다. 흥미로운 점은 응답자의 '연령이 증가함에 따라 고령화에 따른 연구생산성 저하에 대해 부정적인 시각이 증가'하고 있다고 김광웅 외(2003)가 지적하고 있다는 점이다. 즉, 연구자 스스로 연령이 높아질수록 생산성에 문제가 없다고 인식하고 있으나, 젊은 연구자일수록 연령이 높아지면 생산성에 문제가 발생한다고 판단하는 경우가 많다는 점이 나타나고 있다.

〈표 3〉 고령화에 따른 연구생산성 저하 여부

응답	빈도(명)	비율(%)
① 전혀 아니다	17	11.0
② 아니다	**51**	**32.9**
③ 보통이다	35	22.6
④ 그렇다	50	32.3
⑤ 매우 그렇다	2	1.3
합계	155	100.0

자료 : 김광웅 외(2003)

7) 김광웅 외(2003)의 조사결과로 대덕연구단지에 입주하고 있는 정부출연연구기관 종사자 156명(설문응답자 기준)을 대상으로 한 2003년 설문조사 결과로, 응답자 분포는 연구개발종사자 58.4%, 연구기획 및 관리분야 종사자 37.7%, 기타 분야 3.7%이다. 학위별로는 박사 90.4%, 석사 7.7%, 학사 1.9%로 절대적으로 박사학위자가 많았다. 연령별로는 36~40세 7.1%, 41~45세 17.9%, 46~50세 34.0%, 51~55세 25.0%, 56~60세 13.5%, 61세 이상 2.6% 등이어서 40세 후반 및 50대 초반 비중 순으로 많았고 이들 두 연령계층의 합이 과반수를 넘는 특징이 있었다.

둘째, 연구생산성이 어느 연령대에서 급격히 감소한다고 생각하느냐는 설문에 대해서는 응답자의 41.4%가 '61~65세'라고 응답해 가장 많았으며, 그 다음은 '56~60세'(31.4%), '51~55세'(21.4%)의 순이었다. 즉, 연구자들은 50세 이후에는 연구생산성의 급감이 나타날 가능성이 높다는 인식을 갖고 있다는 점을 보여주고 있었다. 여기서도 김광웅 외(2003)의 지적에 따르면, '연령이 높아짐에 따라 연구생산성이 급격히 감소한다고 생각하는 연령도 상승'하고 있는 것으로 나타난다.

〈표 4〉 연구생산성의 급격한 감소 시기

응답	빈도(명)	비율(%)
① 40~45세	4	2.9
② 46~50세	4	2.9
③ 51~55세	30	21.4
④ 56~60세	44	31.4
⑤ 61~65세	**58**	**41.4**
합계	140	100.0

자료 : 김광웅 외(2003)

셋째, 연구생산성이 가장 높은 시기에 대한 조사 결과에 있어서는, 최종학위 취득 후 '6~10년'이라는 응답이 41.8%로 가장 높게 나타났으며, 그 다음은 '11~15년'(23.5%), '5년 이내'(22.2%)의 순이었다.

〈표 5〉 최종학위 취득 후 연구생산성 최고 시기

응답	빈도(명)	비율(%)
① 5년 이내	34	22.2
② 6~10년	**64**	**41.8**
③ 11~15년	36	23.5
④ 16~20년	18	11.8
⑤ 21~25년	1	0.7
합계	153	100.0

자료 : 김광웅 외(2003)

이상의 설문조사는 기업체가 아니라 출연(연)에 근무하는 박사학위 중심의 설문이라는 한계가 있긴 하지만, 우리나라 연구자의 연구생산성과 연령의 관계에 대해서는 역 U자의 관계가 나타나고 있다는 반증을 보여주고 있다. 즉, 고령화가 연구생산성에 미치는 영향에 대해서는 부정적인 의견이 많지만 그 반대 의견도 만만치 않고, 50대에 들어설 경우 연구생산성이 급격히 하락할 가능성이 있다고 응답한 의견이 상당히 나타나고 있다는 점, 최종학위 취득 후 6~10년 이전이 연구생산성의 최고점이라고 응답하는 비율이 64.0%에 달하는 점 등을 종합적으로 고려하면 결국 일반적으로 30~35세 사이에 박사학위를 취득하는 연구자의 경우 40~45세면 연구생산성의 최고점에 도달할 가능성이 높고, 50세 이후부터는 연구생산성이 급감할 것으로 판단되는 것이다.

이러한 점을 좀 더 명확히 살펴보기 위해 우리나라의 특허자료를 활용하여 연구개발인력(발명자)의 연령별 생산성 분석을 시도한 연구(김진영, 2012) 결과를 살펴보았다. 이 연구는 전체 발명자의 연령과 특허 수와의 관계를 음이항(Negative binomial) 모형을 이용하여 추정한 결과를 연령-생산성 프로파일로 보여주고 있다.

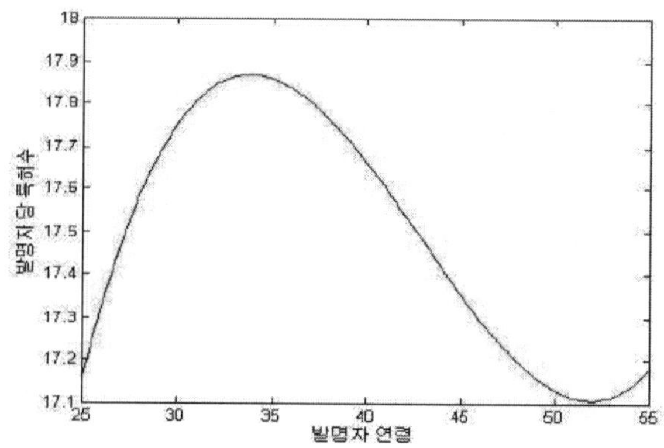

자료 : 김진영(2012)

[그림 11] 전체 개발자의 연령 생산성 프로파일

위의 그림에서 나타나듯이 이 연구 결과도 연령과 생산성 사이의 역U자 관계를 명확히 보여주고, 그 정점이 약 34세에서 형성되고 있는 것으로 나타나고 있다. 이를 산업별로 나누어 분석한 결과에서도, 컴퓨터나 전자, 통신 등의 전자산업의 경우 전산업과 마찬가지로 연령과 특허수 사이에는 역U자형 관계가 나타나고 있었다.

엄미정 외(2015)에서는 과학기술자의 연령-생산성 곡선을 SCI 연령 계층별로 SCI 논문 수라는 지표를 이용해 생산성을 구해보았다. 여기서도 40~50대를 정점으로 그 생산성이 하락하는 추세가 뚜렷이 나타나고 있다. 물론 이 분석을 한 연구에서 밝히고 있는 바와 같이 60세의 정년을 가진 출연(연)의 과학기술자와 65세가 정년인 대학 과학기술자의 논문 생산성의 최고점이 각각 40세와 50세로 나뉘어지고 있어, 정년의 존재 자체가 논문 생산성에 영향을 미치는 효과도 있을 수 있다. 하지만 그 보다는 대학원생 등 젊은 연구자의 활용 가능성 등이 미치는 영향도 무시할 수 없을 것이며, 객관적으로 최소한 양적 생산성이 장년 과학자가 될 경우 더 떨어질 것이라는 점을 부정하기는 어려울 것이다.

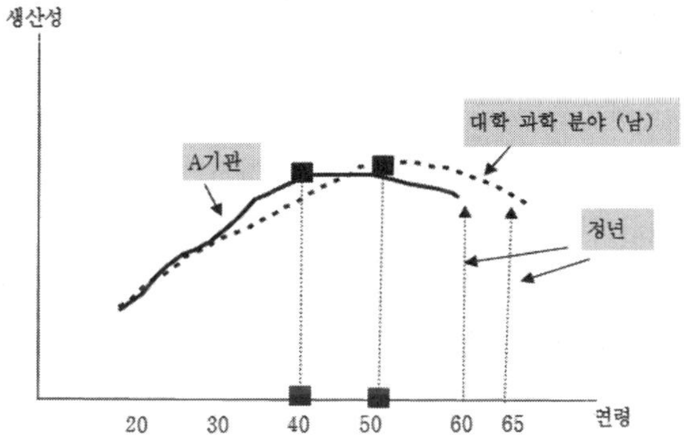

자료 : 엄미정 외(2015), p.78에서 재인용.

[그림 12] 연령-생산성 곡선 비교 : 출연(연) A vs 대학 과학 분야

이상의 기존 연구결과가 시사하는 바는 우리나라의 경우 연구개발인력의 생산성이 일반적으로 고령화가 시작된다고 판단되는 50대에 들어서기 이전에 떨어지기 시작할 가능성을 보여주고 있는 것이다. 이는 R&D 직무의 특성상 급속한 기술변화에 제대로 적응하지 못할 경우 성과를 창출하기 어려운 점을 많이 반영하고 있다고 판단된다. 특히 전자산업과 같이 기술변화가 빠르게 나타나는 경우 개인별로 우수한 성과를 창출할 수 있는 역량을 갖춘 몇몇 인력을 제외하면 전반적으로는 연령 증가에 따라 생산성의 하락이 심각할 수 있음을 보여준다.

V. 정책적 시사점

기본적으로 연구개발인력의 경우 특허 수 등으로 파악한 생산성의 최고점이 상대적으로 이른 30대 중반에서 40대 초반이면 도달할 가능성이 있는 것으로 나타나, 고령화 추세가 지속되고 임금의 유연성이 확보되지 못할 경우 상당한 기업 부담이 발생할 가능성을 보여주고 있다. 특히, 연령별 임금구조를 살펴보았을 때 상대적으로 비연구직에 비해 고령층의 상대임금이 더욱 높게 나타나는 점은 이러한 우려를 크게 하고 있다.

하지만, 현재 수준에서 연구개발인력의 고령화 수준은 심각하지 않은 상태여서 정년연장 등의 제도 변화가 지금 당장 심각한 문제를 유발할 것으로 판단되지는 않고 있다. 특히 기술변화가 빠른 전자산업의 경우 50대 이상 연구개발인력의 비율은 매우 미미한 수준에 그치고 있는 것이다. 이는 연구개발인력의 경우 스스로 나이가 들어감에 따라 연구생산성이 떨어지는 것을 느끼고 새로운 길을 찾거나 다른 직종으로 이동하는 현상이 나타나는데에도 기인하고 있다고 판단된다. 결국 지속적으로 연구직에 남아있는 경우에는 특별한 능력을 발휘하고 있어서 연공급이 아니라 능력급 차원에서 상대임금 차이가 나타나고 있는 가능성도 있는 것이다.

선진국의 생산성 조사 결과를 살펴봐도 미국이나 영국, 독일 등 임금이나 고용의 유연성이 확보되어 있는 상태에서는 연구개발인력의 생산성과 연령은 관계가 없다는 응답이 많다는 점도 연구개발인력의 고용과 생산성에 있어서 나타나는 특징을 반영하는 것으로 판단되고 있다. 물론 급속히 증가한 40대 연구개발인력이 그대로 현재의 고용이나 임금 수준을 유지하며 생산성 하락이 나타날 가능성이 높은 50대에 진입할 경우 이는 심각한 생산성과 임금의 괴리 문제를 가져올 가능성은 있다.

하지만 현재로서는 생산성과 임금의 괴리 문제보다 우리나라의 경우 장년 연구개발인력의 적절한 활용 문제가 더욱 중요할 수 있다. 이공계 대졸자 가운데 이공계 지식을 충분히 활용하는 이공계 전문직종에 종사하고 있는 비율을 연령계층별로 구해보면, 30대가 가장 높은 41%를 차지한 다음부터 점점 그 비중이 하락한다. 장년에 해당하는 50대에 32.7%로 급락한 후, 60세 이상이 되면 이공계 대졸 취업자 중 30%만이 이공계 전문직업에 종사하는 데 그치고 있다. 60세 이상 의약학 분야 대졸 취업자 가운데 관련 전문 분야에 종사하는 비율은 77%나 되고, 인문사회 분야에서도 37%를 기록하고 있음에 비하면 확실히 낮은 비중이다.

〈표 6〉 연령계층별 이공계 전문직업 종사자 비중(2013년 하반기)

	이공계 전문직업 종사자		이공계 전문직업 이외 취업자	이공계 대졸 이상 취업자
	인원(천명)	취업자 중 비중(%)	인원(천명)	인원(천명)
15~19세	1	6.6	16	17
20~29세	214	36.4	373	586
30~39세	503	41.0	723	1,227
40~49세	355	39.1	553	908
50~59세	149	32.7	306	455
60세 이상	31	30.4	71	101
전체	1,252	38.0	2,042	3,294

주 : 각 연령대별로 이공계 전공자 가운데 취업자 대비 이공계 전문직업 종사자 비율임
자료 : 2013 하반기 지역별 고용조사 원자료에서 계산; 홍성민(2015)에서 재인용

〈표 7〉 의약학 및 인문사회 대졸자의 연령대별 관련 전문직업 종사 비율(2013년 하반기)

	의약학 전문직업 종사자		인문사회 전문직업 종사자	
	인원 (천명)	취업자 중 비중(%)	인원 (천명)	취업자 중 비중(%)
15~19세	0	0.0	0.5	2.3
20~29세	73	65.8	134	18.0
30~39세	99	76.0	272	26.1
40~49세	76	76.6	315	31.2
50~59세	46	80.3	189	34.5
60세 이상	18	76.5	62	36.5
전체	313	73.5	974	27.5

주 : 각 연령대별로 의약학 및 인문사회 전공자 가운데 취업자 대비 해당 분야 전문직업 종사자 비율임
자료 : 2013 하반기 지역별 고용조사 원자료에서 계산; 홍성민(2015)에서 재인용

향후 인력 공급부족 시대를 맞이하여 고령 인력의 활용도를 높이는 방안에 대한 고민이 필요한 것이 현재의 상태이다. 즉, 우수한 인력은 지속적으로 자신의 노하우나 기술을 전수하고 신진 연구인력을 양성하고 지원하는 역할을 부여하여 연구인력으로 남아있을 수 있도록 하는 방안 고민도 함께 필요한 이중적인 문제에 대응하여야 하는 시대가 도래하고 있는 것이다.

이러한 분석 결과를 바탕으로 연구개발인력의 고령화에 대응하는 정책 방안(안)을 제시해 보면 다음과 같이 정리된다.

첫째, 장년 연구개발인력에게 맞는 역할을 부여하고 이들의 활용도를 높여 생산성을 제고하는 측면에서의 지원 제도가 필요하다. 예를 들어 기업의 장년 연구개발인력에 대한 직무 전환 배치 혹은 장년 연구자를 통한 신진 인력 OJT 실시 지원 등을 통해 이들의 활용도를 높일 수 있도록 지원하는 정책이 필요하다.

둘째, 연구개발인력의 경우 기본급은 낮추고 연구생산성이나 연구개발 성과에 따라 충분히 인센티브를 받을 수 있도록 능력급제를 강화하도록 기업을 지원하는 것도 연구개발인력의 생산성과 임금 사이의 괴리를 막는 주요한 방안일 것이다. 특히 장년 연구개발인력이라 해서 무조건 퇴출시키기보다 능력에 맞게 일을 하고 충분한 인센티브를 받을 수 있도록 지원하는 인력 활용도 제고 측면에서의 노력이 필요할 것이다.

마지막으로, 대규모 R&D 활동의 필요성 증대, 학제간 융합 추세 등에 따라 프로젝트 팀의 협업과 상호 의사소통의 중요성이 커지는 만큼 이러한 부분에서 유연성을 발휘하도록 장년 연구개발인력을 위한 교육훈련 프로그램 기획 및 실행 지원도 장년 연구개발인력의 생산성을 제고할 수 있도록 지원하는 주요한 방안일 것이다.

대학의 장년 취업 제도 및 현황
(산학협력중점교수 제도를 중심으로)

박문수(한국뉴욕주립대학교)

대학의 장년 취업 제도 및 현황
(산학협력중점교수 제도를 중심으로)

I. 개요

1. 문제제기

고령화가 심화되는 작금의 현실에서 장년의 재취업은 시대적인 사명이자 중요한 사회적 이슈이다. 사회경제적으로 평균 수명의 증가와 생애주기별 경력발전의 필요성이 제기된 것은 어제 오늘의 일이 아니다.

최근 장년의 인생 이모작에 대한 이슈가 더욱 강조되는 것은 사회경제적으로 장년의 역할이 새롭게 재정립되고 위상이 제고되어야 할 필요가 있기 때문이고, 동시에 장년에 걸맞는 일자리가 확충되어야 하기 때문이다. 장년에 걸맞는 사회경제적 취업제도가 제대로 정립되지 않고 있는 것이 가장 현실적인 문제이다. 장년의 오랜 경험과 노하우를 살릴 수 있는 적합한 재취업 일자리가 사회경제적으로 필요하나 우리 사회에서는 여전히 장년의 일자리는 사회적 소외계층이 찾는 허드렛 일자리를 중심으로 부각되고 있는 것이 사실이다.

선진국의 다양한 사례와 같이 사회경제적으로 장년의 사회경제적 역할이 존재한다. 하지만 우리나라에서는 장년의 일자리와 재취업은 등한시되고 청년층의 취업과 실업 문제에 지나치게 경도된 측면도 있는 것이 사실이다. 청년층의 실업이 큰 것 역시 사실이지만 장년의 일자리 역시 재정립될 필요가 있다.

이러한 차원에서 산업체 경험이 많은 장년층을 대상으로 대학에서 교원으로 임용하는 산학협력중점교수 제도와 현황을 분석하는 것은 의의가 있다고 판단된다. 대학에서의 교원의 역할인 교육, 연구 등은 장년의 경험과 노하우가 충분히 발휘될 수 있기 때문이다. 이러한 장년의 산업체 경험과 노하우를 대학에 전수하고, 활용하기 위해 대학 산학협력중점교수 제도를 추진·실행해 오고 있다.

이 제도를 심도 있게 분석함으로써 장년의 재취업 경로로서 교원(산학협력중점교수)을 이해할 수 있고, 이를 통해 실제 대학 현장에서 산학협력중점교수들의 수행하는 역할과 사례를 조사하여 앞으로 장년층이 대학으로의 재취업을 고려할 때 이정표를 제시할 수 있다고 판단된다.

본 연구는 Ⅰ장 개요를 통해 대학의 장년 취업제도로서 교원제도를 검토하고, 대학의 다양한 교원제도를 간단히 검토하고자 한다. Ⅱ장 대학의 산학중점교수 제도에서는 대학의 장년 취업제도로서 가장 대표적인 제도인 산학협력중점교수제도를 심도 있게 분석하고, Ⅲ장 대학의 산학협력중점교수 현황에서는 실제 현장에서 역할을 수행하는 산학협력중점교수의 규모와 역할, 만족도 등을 구체적으로 검토하고자 한다. Ⅳ장에서는 정책적으로 장년의 취업제도로서 부상하는 대학 산학협력중점교수 제도의 정책적 함의를 제시하고자 한다.

2. 대학의 교원제도의 유형[1)]

대학의 교원제도의 유형과 사례를 보면 다음과 같이 다양하다. 대학교원의 유형은 '법률상 대학교원의 종류', 교육과학기술부와 한국교육개발원에서 조사하는 '고등교육기관 교육기본통계조사'에 의한 구분, 대학의 실제 임용방법상의 구분 등으로 나누어 볼 수 있다고 할 수 있다.

법률상의 유형을 보면, 고등교육법상 대학에 두는 교원은 총(학)장, 교수, 부교수, 조교수, 전임강사로 구분할 수 있다. 대학은 대통령령(고등교육법시행령)이 정하는 바에 의거하여 위의 전임 교원 외에 겸임교원·명예교수 및 시간강사를 두어 교육 또는 연구를 담당하게 할 수 있다

1) 이석열. 2011. 대학교원 임용제도 선진화방안 연구. 교육과학기술부의 내용을 참조

(고등교육법 제14조, 17조 및 고등교육법시행령 제7조). 따라서 고등교육법상 대학교원의 종류는 대학의 장으로서 총(학)장, 교수, 부교수, 조교수, 전임강사, 겸임교원, 명예교수, 시간강사 등으로 구분할 수 있다.

법률상의 교원의 종류는 다음과 같이 제시할 수 있다.

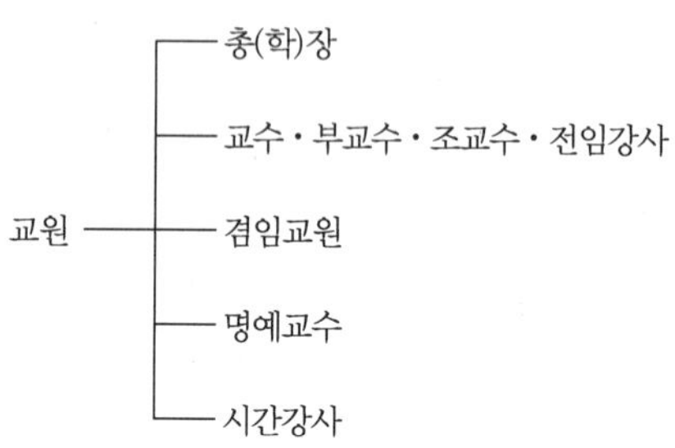

[그림 1] 법률상의 교원의 종류

법률상으로 볼 때, 교원의 종류에는 일반적으로 교원을 분류하는 데 사용하고 있는 전임교원과 비전임교원이란 용어 구분은 명시되어 있지 않다. 다만 일반적으로 교원의 분류할 때, 고등교육법 제14조(교직원의 구분)에 명시돼 있는 교원은 전임교원이고, 고등교육법 제17조(겸임교원 등), 고등교육법시행령 제7조(겸임교원 등)에 명시된 교원은 비전임 교원으로 판단하고 있을 뿐이다.

고등교육기관 교육기본통계조사를 통한 조사에 따른 구분을 보면 교원의 유형이 더욱 다양하게 구분된다. 교육부와 한국교육개발원은 매년 고등교육기관의 교육기본통계를 조사하고 있는데, 매년 교육기본통계조사에 제시된 '교원' 현황조사에 명시된 교원의 종류를 보면 총장 및 전임교원 현황, 겸임 및 초빙교원 현황, 기타 교원현황(겸임・초빙교원과 시간강사를 제외한 비전임교원), 시간강사에 대해 조사를 하고 있다.2)

2) 교육부. 2017 고등교육기관 교육기본통계조사 계획 및 지침서의 내용을 참조

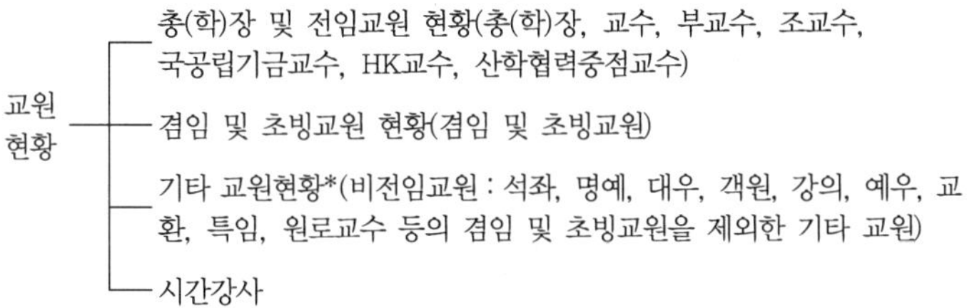

[그림 2] 교육기본통계조사의 교원의 종류

'전임교원'과 '비전임교원'이란 용어는 교육기본통계조사에서 사용되고 있다. 총(학)장 및 전임교원은 교수, 부교수, 조교수, 국공립기금교수, HK교수, 산학협력중점교수 등을 의미하고, 이는 대학교원 자격기준 등에 관한 규정(대통령령 제25050호, 2013.12.30 타법개정)에 의거 '교육공무원법' 또는 '사립학교법'에 의하여 교수, 부교수, 조교수로 임용되어 다음의 조건을 모두 충족하는 교원이라고 정의하고 있다.

좀더 세부적으로 검토해 보면, 근무기간을 1년 이상으로 정하여 임용되어 당해 대학에서 전일제로 근무하는 교원을 전임교원이라고 정의하고 있으며 구체적으로 4가지로 정의하고 있다.

첫째, 당해년도 공무원연금법 제3조, 사립학교교직원연금법 제2조의 규정에 따라 연금에 가입되고, 국민건강보험법 제6조에 의한 건강보험에 가입되어 있는 교원을 전임교원으로 정의한다. 국·공립 대학 교원의 경우 '공무원보수규정' 및 '공무원수당 등에 관한 규정', 사립대학의 경우 학교법인 정관의 교원에 관한 보수규정에 의하여 보수·수당 등을 지급 받는 교원이고, 전임교원으로 임용되었으나, 학과나 학부에 소속되지 않은 연구전담교수 및 산학협력중점교수, 연구소 소속 교원(인문한국사업 : HK, 중점연구소사업 등)의 경우도 전임교원으로 본다.

둘째, 국·공립대 기금교수이다. 대학의 '기금교수운영규정' 등에 의해 전임교원과 같은 처우로 계약된 기금교수의 경우로, 다음 조건을 모두 충족한 교원을 의미한다. '교육공무원법'에 의하여 임용되는 교수가 아니므로 공무원연금에 가입되어 있지 않으나, 국민연금법에 따라 국민연금에 가입된 교원이어야 하며 보수수준이 전임교원과 동일한(최소 조교수 수준) 전일제(full-time)근무 계약교원이어야 한다.

셋째, HK교수 유형이다. 국·공립대는 'HK교수 운영규정'등에 의해 전임교원 같은 처우로 계약된 HK교수가 기금교수와 동일한 조건을 충족한 교원, 사립대는 전임교원으로 임용된 교원을 의미한다.

넷째, 산학협력중점교수 유형이다. 산업체 경력자로서 산학협력을 통한 교육, 연구, 창업·취업 지원활동을 중점 추진하고, 산학협력 실적 중심으로 평가받는 교원(「고등교육법」 제15조제2항)을 의미한다.

비전임교원은 겸임 및 초빙교원, 기타 교원, 시간강사로 구분하고 있다. 겸임교원의 경우'대학교원 자격기준 등에 관한 규정'에 의한 교원의 자격기준을 충족하는 교원을 의미한다. 대학에서의 교수 및 연구내용이 원소속(본직)기관의 직무내용과 유사한 교원이고, 원소속(본직)기관에서 정규직원으로 상시(유사경력이 3년 이상)근무하고 있는 현직자이어야 하며 근무기간을 1년 이상으로 정하여 계약된 교원이어야 한다.

특히 겸임교원 제도의 도입 취지에 따라 순수 학술이론 과목이 아닌 실무·실험·실기 등 산업체 등의 현장 실무경험을 필요로 하는 교과목을 담당하기 위하여 임용된 교원이어야 하는 규정이 있다.

초빙교원은 '대학교원 자격기준 등에 관한 규정'에 의한 교원자격기준을 충족하는 교원한다. 그 조건은 근무기간이 1년 이상으로 계약된 교원이며 매월 정액으로 보수를 지급 받는 교원이고, 계약서 또는 고용조건에 퇴직금 지급이 명시되어 있는 교원이어야 한다. 또한 당해연도 국민건강보험법에 의하여 대학 직장건강보험에 가입되어 있는 교원을 의미한다.

기타 교원은 현재 본교에 재직 중인 전임, 겸임, 초빙교원을 제외한 교원을 의미하고, 시간강사 역시 현재 본교에 재직 중인 시간강사를 의미한다.

마지막으로 실제 대학에서 임용되고 있는 대학 교원의 종류는 이보다 더 확대된다. 신현석(2015)교수가 연구한 자료에 따르면,[3] 비전임교원을 대상으로 각 대학을 대상으로 조사한 결과를 살펴보면 대학의 설립주체(국공사립)나, 대학의 종류 및 규모 등에 관계없이 공통적으로 겸임

3) 신현석. 2015. 대학 비전임 교원제도개선방안 연구. 교육부정책연구보고서의 내용 참조

교원, 초빙교수, 명예교수는 법령에서 규정하고 있는 명칭으로 임용하고 있는 반면, 그 외의 비전임 교원은 대학마다 다른 명칭으로 운영하고 있는 경우가 많았다. 이에 따라 국립대학은 모두 21종의 비전임 교원을 임용하고 있었고, 사립대학은 이보다 더 많은 34종의 비전임 교원을 임용하고 있다.

국립대학의 비전임 교원의 종류는 총 21종이며 자세히 보면 겸임교원, 초빙교수, 명예교수, 기금교수, 객원교수, 석좌교수, 강의전담교수, 학술연구교수, 외국인교수, 특임교수, 산학협력중점교수, 원어민강사, 학연교수, 계약교수, HK교수, Fellow, 연구원, 전문경력인사, 기타교수, 연구교수, 전임평가사 등이다.

사립대학의 비전임 교원의 종류는 총 34종이며 겸임교원, 초빙교수, 명예교수, 기금교수, 객원교수, 석좌교수, 강의전담교수, 학술연구교수, 외국인교수, 특임교수, 산학협력중점교수, 원어민강사, 학연교수, 계약교수, HK교수, Fellow, 연구원, 전문경력인사, 기타교수, 연구전담교원, 교목교수, 예우교수, 교환교수, 방문교수, 외래교수, 대우교수, 상담교수, 회화전담교수, 진료교수, 임상간호교수, 기타전담교수, 교육전문연구원, Research Fellow, Fellow professor 등이다.

국립대학에 비해 사립대학이 많은 것은 사립대학의 교원 임용이 국립대학에 비해 자율성이 있고 정부 규제가 상대적으로 적은 사립대학의 특성을 반영한 것으로 판단된다.

대학의 교원의 유형이 대단히 다양하기 때문에 일반적으로 알려져 있는 유형은 전임교원과 비전임교원으로 쉽게 구분할 수 있다. 하지만 최근 대학에서의 산학협력의 중요성 강조와 산학협력친화형 인사제도의 확대는 산학협력중점교수의 규모를 크게 확장 시켰다. 먼저 대학에서의 산학협력 활성화 동향과 산학협력 친화형 인사제도에 대해 알아보자.

3. 대학의 산학협력 활성화와 대학 산학협력 친화형 인사제도의 확대

4차산업혁명과 개방형 혁신의 시대에서 대학에서의 산학협력 중요성이 증대되어 가고 있다. 그간의 대학 산학협력의 역사는 지난 15년간의 빠른 성장과정을 거쳤다고 할 수 있다. 먼저, 산학협력 역사의 중대한 전환점인 2003년 '산업교육진흥 및 산학협력 촉진에 관한 법률(이하 '산촉법')'의 전면 개정과 2003년 이후 지난 15년간 정부의 산학협력정책의 발전 과정이라고 할 수 있다.

사회 각 분야는 개방형 혁신체제로 정비하고, 산학연 협력의 중요성을 인식하며 이를 통한 경제 발전 및 사회적 혁신을 꾀하고자 노력하고 있다. 정부차원에서 과학기술을 통한 경제성장 및 사회 혁신에 기어코자 하는 목적으로 개별 부처가 다양한 산·학·연 협력 정책을 추진 중에 있다. 대학 역시 이러한 흐름 속에서 산업계의 수요에 부합하기 위한 노력을 경주하고 있고, 기존의 공급지향적인 연구 및 교육 활동뿐 아니라 다양한 산학연협력 활동을 수행하고 있다.

산학협력의 촉진은 우리나라에 국한된 현상은 아니다. 산학협력을 촉진하기 위해 선진 국가들은 각종 정책적 유인책들을 시행하고 있다. 미국의 경우 1980년 'Bayh-Dole법'을 계기로 다양한 산학연계 촉진 제도들이 등장하여 왔다. 이후, 협력 연구 촉진을 위한 다양한 법제도[4]가 정비되었으며 이러한 제도적 기반을 통해 산학협력을 촉진하게 되었고, 이러한 움직임들이 1990년대 미국의 신경제가 발현되는데 중요한 영향을 끼치게 된다. 미국은 대학을 중심으로 한 대학 주도형 벤처가 활발히 이뤄지고 있으며, 주립 및 사립대학을 중심으로 다양한 산학협력체계가 이루어지고 있다.

일본은 미국의 산업경쟁력 회복을 벤치마킹하면서 혁신주체 간 협력체계인 '산학관 협력 서미트'를 구성하여 산업계 수요기반 교육과정 개설하고, 대학 고급인력의 산업계 채용 확대 등을 추진하고 있다. 2000년 산업경쟁력강화법, 2004년 국립대학 법인화 등의 지속적인 제도 정비를 추진하였고 산학협력활동의 외형적 확대가 점차 가시화 되고 있다.

우리나라의 경우에도 1963년 산업교육진흥법이 제정된 이래 2003년에 산촉법으로 전면 개정됨으로써 명실상부한 산학협력의 제도적 기반

---

4) 기술이전기관의 설립(1980), Steven-Wydler 기술혁신법(Technology Act, 1980), 중소기업경영혁신법(SBIR, 1982), 국가협력연구법(National cooperative Research Act, 1984), 연방기술이전법(1986), 국가경쟁력기술이전법(1989)등이 제정됨.

을 구축하게 되었다. 지난 참여 정부 시절, 균형발전위원회가 마련한 '혁신주도형 경제주도를 위한 신산학협력(2004)' 계획을 토대로 대학의 산학협력에 대해 본격적인 정부 지원이 추진되었고, 또한 정부는 산학협력 촉진을 위해 대학에 대해 산학협력중심대학육성사업, 광역경제권 선도산업 인재양성 사업, 선도연구센터육성사업, BK21 사업, 대학교육역량사업, 전문대학교육역량강화사업 등 다양한 형태의 산학협력 관련 정부재정사업을 시행해 오고 있다.

산학협력은 법률적으로는 산학협력을 다자간 공식·비공식 활동(교육, R&D, 기술이전, 공동활용 등)에 초점을 맞추어 개념화하고 있다. '산업교육진흥및산학협력촉진에관한법률'(이하 산촉법)에서는 산학협력을 산업교육을 진흥하고, 산학연협력을 촉진하여 교육과 연구의 연계를 기반으로 산업사회의 요구에 따르는 창의적인 산업인력을 양성하며, 효율적인 연구개발체제를 구축하고, 나아가 산업발전에 필요한 새로운 지식·기술을 개발·보급·확산·사업화함으로써 지역사회와 국가의 발전에 이바지함을 목적으로 규정하고 있다. 산촉법 상 산학협력의 범위와 영역을 구체적으로 살펴보면, 1) 산업체의 수요와 미래의 산업발전에 따르는 인력의 양성, 2) 새로운 지식·기술의 창출 및 확산을 위한 연구·개발·사업화, 3) 산업체등으로의 기술이전과 산업자문, 4) 인력, 시설·장비, 연구개발정보 등 유형·무형의 보유자원 공동 활용 등이다.

법적 개념과 유사하게 정책적인 측면에서도 산학연협력에 대한 개념 논의가 있었는데, 교육과학기술부(2010)[5]에서는 산학협력 선진화 방안을 통해 산학연 활동 형태를 〈표 1〉과 같이 폭넓게 유형화하고 있다.

5) 교육과학기술부. 2010. 대학 산학협력선진화방안 정책방안

〈표 1〉 정책적 측면에서의 산학 협력 유형화

목적	유형
연구개발	공동연구(정부 R&D), 위탁연구, 파견연구, 초청연구 등
교육훈련	공학교육인증, 주문식 맞춤형 교육, 재학생 현장실습 및 인턴, 산업체 직원 재교육, 산업체 장학금 지원 등
기술이전 및 생산지원	대학과 연구기관의 기술이전, 생산현장 애로기술 해결, 연구 시설 공동이용, 창업보육센터 운영 등
인적교류	연구자의 교류 및 이동, 공동 세미나 등

이처럼 산학협력의 영역과 목적이 다양하기 때문에 다양한 정부부처들이 조직의 목표에 따라 여러 형태의 정책을 추진하고 있다. 보다 구체적으로 살펴보면, 4개 협력분야(기술개발, 인력양성, 기술이전, 장비공유 및 기반 구축)에서 교육과학기술부, 지식경제부, 중소기업청 등 3개 부처를 중심으로 26개 정책 프로그램이 운영 중에 있으며, 전 부처 측면에서는 9개 부처 35개 사업에 1조 4,619억원(2011년 기준)이 투자되고 있다.

이러한 대학 산학협력 활성화와 함께 대학 교원의 산학협력 친화형 인사제도가 확대되어 왔다. 대학에 대한 산학협력 변화에 대한 요구에도 불구하고, 대학교원에 평가가 지나치게 연구논문 위주라는 평가가 지배적이다. 대학교원의 평가는 SCI 등 논문 위주 연구성과의 편향 심화되어 있으며 대학 교수의 평가는 실용적 교육 및 연구성과보다는 SCI 및 국내 논문 등 이론위주 연구에 매몰된 측면이 강하다.

대학 내 교수의 업적평가, 신규교수 임용 등이 SCI 논문, 특허출원 등 이론편향적 연구성과 중심으로 편중되어 있기 때문에 이론편향적 연구성과 위주 교수평가제도는 산학협력 활동의 인센티브 부재, 실용적인 교육 체계 개선의 중요한 걸림돌로 작용한다고 판단된다. 산학협력 교육, 연구 등 산학협력 참여 교수에 대한 지원이 필요한 상황에서 산학협력 친화형 교수평가제도에 대한 검토는 시의적절하다고 판단된다.

따라서 대학 산학협력 활성화와 산학협력 친화형 교수평가제도의 확대 적용은 하나의 톱니바퀴와 같은 맥락으로 작동한다. 이를 통해 산학협력의 지속성 확보가 가능하다고 판단된다. 산학협력 중심의 교원 임용·평가를 통해 산업체 맞춤형 교육 및 연구, 산학협력 촉진으로 이어지는 산학협력의 선순환 구조 마련 필요한데 여기서 산학협력친화형 교수평가제도는 교수평가에서 산학협력 실적지표 반영 및 산학협력 중심형 평가유형을 도입하고, 일률적인 연구중심의 평가방식에서 탈피하여 산학협력 실적으로 평가 받는 제도를 의미한다.

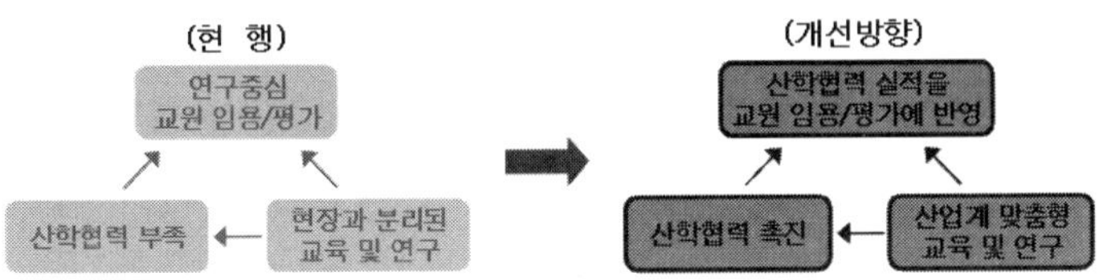

[그림 3] 대학 산학협력친화형 인사제도 개선을 통한 산학협력의 선순환 구조

2011년 발표한 교육부의 대표적인 대학 산학협력친화형 인사제도 정책6)은 크게 4가지의 유형으로 구분할 수 있다. 첫째, 산학협력 중점교수의 확대를 통한 산학협력을 전담하는 교원을 확대하는 것이다. 둘째, 교원의 산학협력 실적에 대한 정당한 평가를 수행하는 것이다. 셋째, 신규임용시 산업체 경력반영 비율을 확대하는 것이다. 넷째, 대학 평가 및 정보공시를 개선하는 것이다.

〈표 2〉 산학협력 촉진을 위한 대학 교수평가제도 개선방안의 주요 내용(2011.4)

중점추진과제	세부과제
1 산학협력 중점교수 확대	1-1. 산학협력중점교수 채용 확대
	1-2. 산학협력 친화환경 조성
2 산학협력 실적에 대한 정당한 평가	2-1. 산학협력으로 평가받을 수 있는 제도 확산
	2-2. 업적평가 시 산학협력 반영비율 제고
	2-3. 재임용·승진 시 산학협력 실적 활용
3 신규임용 시 산업체 경력 반영 확대	3-1. 산업체 경력의 인정범위 개선
	3-2 산업체 경력의 연구실적 환산율 제고
	3-3. 산업체 경력의 호봉반영 비율 제고
	3-4. 자율적 채용목표제 도입
4 대학평가 및 정보공시 개선	4-1. 정보공시에 교원 임용 및 평가시 산학협력 실적 반영비율 포함
	4-2. 대학평가에 산학협력 실적 지표 반영

6) 교육과학기술부. 2011. 산학협력 촉진을 위한 대학 교원인사제도 개선방안(안)

4. 대학의 산학협력중점교수의 성장

대학의 산학협력 활성화와 대학의 산학협력친화형 인사제도의 결과 대학 교원으로서 산학협력중점교수의 규모는 크게 성장하였다. 대학산학협력실태조사보고서에 따르면 2010년 50명에 불과했던 산학협력중점교수는 2012년 4,387명에서 2015년 6,976명으로 100 배 수준으로 성장하였다. 이러한 놀라운 성장세는 교육부의 제도적인 지원과 대학차원의 산학협력 활성화의 의지가 결합된 결과라고 할 수 있다.

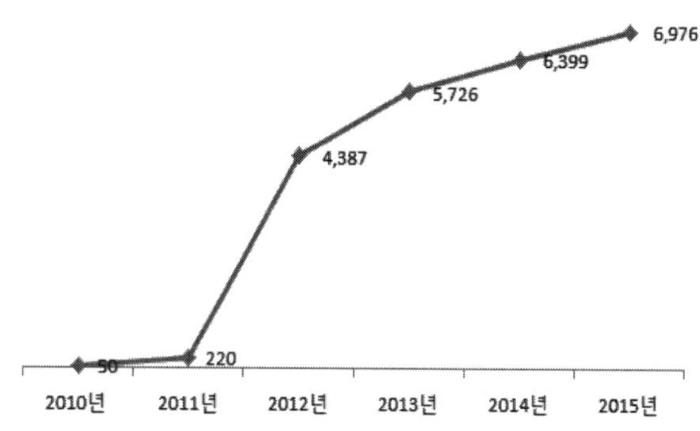

주 : 2016년 대학 산학협력실태조사보고서. 교육부 · 한국연구재단.

[그림 4] 연도별 대학 산학협력중점교수의 규모

II. 대학의 산학협력중점교수 제도

1. 도입 배경 및 개념

대학의 산학협력 생태계 구축을 위해 대학보유 지식의 성과확산과 산업체 수요를 반영한 현장맞춤형 교육형 산학협력의 중요성이 증가하는 추세에서 산학협력중점교수제도는 기획되었다.

'11년 교육부는 '산학협력 촉진을 위한 대학 교원인사제도 개선방안'을 발표하였으며, 이 제도를 배경으로 산학협력중점교수 제도가 적극 도입되었다. 이후 발표된 '산학협력 촉진을 위한 대학교원인사제도'에서도 산학협력중점교수 확대, 산학협력 활동에 대한 정당한 평가, 산업체경력

반영 확대, 대학평가 및 정보공시 개선 전략 등을 제시했고, 특히 산학협력중점교수제도의 확대를 강조하였다.

당시 산학협력중점교수 제도의 추진 배경을 보면 산학공동연구, 기술이전, 맞춤형 인력양성 등을 위한 정부 지원은 확대되었으나, 대학과 기업 간의 산학협력은 여전히 부족한 상황이었다.

또한 대학의 산업체 경력 전임교원 비율이 낮고, 산학협력 실적보다는 연구실적 중심으로 교원임용, 교원임용시 산업체 경력을 낮게 평가, 논문 중심의 평가로 교수별 특성을 고려하지 않은 획일적인 평가, 산학협력 교원에게 불리한 재임용·승진제도 등 산학협력 체제의 발전 지체된 상황에서 산업체 경험이 풍부한 전문가가 대학으로 진입하여 대학의 산학협력 활성화를 추구하는 것이 절실한 상황이었다.

대학의 경우 그간 교원의 임용과 승진 등의 절차가 유연성이 낮은 상황이었다. 이러한 문제점에도 불구하고 대학 자체의 변화 노력은 없는 상황이었다. 특히 연구중심의 교원 평가체계는 시대적 사명과 사회의 변화요구에도 불구하고 대학 자체적인 변화는 요원해 보였다. 따라서 고용의 유연성이 낮은 대학에 산업현장 경험자의 유입을 확대하여 기업 퇴직 임직원 등을 산학협력중점교수로 임용하고 이들을 중심으로 대학의 교원 임용과 승진 등의 인사제도의 변화가 필요한 상황이었다.

산학협력중점교수는 채용형 산학협력중점교수와 지정형 산학협력중점교수로 구분할 수 있다. 채용형 산학협력중점교수는 산업체 경력 10년 이상의 학칙에 의거해 산학협력중점교수로 새롭게 채용된 교수를 의미한다. 상대적으로 지정형 산학협력중점교수는 기존 교수 중 산학협력중점교수를 지정하고, 수업시수를 줄여 산학협력활동에 주력할 수 있도록 하고, 산학협력 실적을 통해 평가하고, 기존 교수 중 산학협력 활동을 위주로 하는 교수(산학협력중점교수)를 의미한다.

이러한 신규 채용형과 기존 교수 지정형 제도를 모두 만들어 대학 신규인력 유입과 기존 인력의 변화를 동시에 지원할 수 있는 여건을 마련하였다. 또한 대학 산학협력의 적극적인 활동을 보장하기 위해 교육적인 역할을 완화시켰으며 이를 위해 책임강의시수 감면, 산학협력 실적중심 평가 등 산학협력에 집중할 수 있는 여건을 마련하였다.

예를 들어 책임강의시수를 주당 3시간으로 감면하는 등 산학협력 활동을 하도록 배려하는 등의 제도적 보완을 진행하여 산학협력중점교수의 역할과 기능을 강화할 수 있는 제도적 기반을 완성하였다. 무엇보다 이 제도는 기존의 교수들보다는 신규 채용된 산업체 경력과 전문가의 대학 유입의 형태인 채용형 산학협력중점교수제도의 활성화에 많은 노력을 경주하였다.

≪산학협력중점교수 정의≫

- 산업체 경력자로서 산학협력을 통한 교육, 연구, 창업·취업 지원 활동을 중점 추진하고, 산학협력 실적 중심으로 평가받는 교원
- 산업체 경력이 10년 이상, 학칙 또는 정관으로 정하는 바에 따라 산학협력중점교수로 임용 또는 지정,
- 책임강의시수 30% 이상 감면 등의 기준 충족 필요

대학 산학협력중점교수를 정의하면 산업체 경력자로서 대학에서 산학협력을 통한 교육, 연구, 창업·취업 지원 활동을 중점 추진하고, 산학협력 실적 중심으로 평가받는 교원을 의미한다.

이들의 주요역할은 교육부문에서 현장(실무)중심형 강의, 수요자 맞춤형 교과목 개설 및 개편, 산업체 재직자 교육 등이 있고, 연구부문에서 산학공동연구의 기획 및 제안, 기술사업화 및 기술이전 지원 등이 있으며 취업 및 창업지원부문에서 현장실습, 기업연계네트워크 구축, 기업가정신 함양, 창업 및 취업동아리 지원 등이 있다. 마지막으로 대학 산학협력 정책 및 기획부문에서 대학 산학협력정책 기획, 산학협력 친화형 제도개선 등이 있다.

2. 주요 내용

1) 산학협력중점교수의 인정기준

앞서 산학협력중점교수의 정의를 산업체 경력자로서 산학협력을 통한 교육, 연구, 창업·취업 지원 활동을 중점 추진하고, 산학협력 실적 중심으로 평가받는 교원으로 하였다. 이에 부합하는 대학 산학협력중점교수의 인정기준은 다음과 같이 3가지 조건이 모두 충족시 인정되어야 한다. 이러한 인정기준을 대학 자율에 맡기지 않고 정부차원에서 규정화

하는 것은 정책적으로 산학협력중점교수의 역할과 기능이 중대하다고 판단했으며 무분별한 비전문가가 대학 내로 진입하는 문제를 방지하는 차원에서 진행되었다.

첫째, 인정기준은 산업체 경력이 10년 이상인 자이다. 산업체 경력이란 민간 산업체, 국가기관, 국가기관에 준하는 기관 등에서 대학에서 담당할 전공분야와 관련된 직무에 종사한 경력을 의미한다.

산학협력중점교수의 산업체 경력의 세부 내용을 보면 다음의 민간 산업체에서 대학에서 담당할 전공분야와 관련된 직무에 종사한 경력을 의미한다. 이 규정은 교육부 규정에 근거하여 제시하고 있다. 1) 공업, 기타 제조업, 광업, 운송업, 건설업종을 주된 사업으로 경영하는 기관으로서 공공기관이 확인한 업체, 2) 공업, 기타 제조업, 광업, 운송업, 건설업종 이외의 업종을 주된 사업으로 하고, 상시 근로자가 10명 이상인 기관임을 공공기관이 확인한 업체, 3) 대학에서 담당할 전공분야를 국가기관(시설 및 군경력 포함)에서 당해 전문지식을 필요로 하는 직무에 전임으로 종사한 경력, 4) 대학에서 담당할 전공분야를 국가기관에 준하는 기관(국영기업체 또는 공공단체)에서 전임으로 종사한 경력 등이 산업체 경력으로 인정된다.

또한 산업체 경력 10년 인정기준과 관련하여 다음과 같은 사유로 교원임면권자가 필요하다고 인정하는 경우 산업체 경력 10년 중 3년의 범위 안에서 경력기준의 완화가 가능하다. 단, 임용계약 시 경력완화 적용 사유 등 관련 자료를 첨부할 필요가 있다. 첫째, 기술 또는 제조기반 창업경험 1회 이상인 자, 둘째, 기술사, 변호사, 변리사, 공인회계사 자격증 소지자, 셋째, 석/박사 학위 소지자(산학협력연구과제수행을 위한 산중교수에 한하며, 석사는 2년 안에서 경력기준 완화 가능)이다.

둘째, 산학협력중점교수의 인정기준은 학칙 또는 정관으로 정하는 바에 따라 산학협력중점교수로 임용되거나 지정된 자이다. 여기서 말하는 대학 학칙 또는 정관으로 정하는 사항에는 ⓐ 산학협력중점교수의 임무, ⓑ 임용 또는 지정 방식 ⓒ 산학협력 실적 중심의 교수업적평가 및 재임용·승진 심사방법 등을 포함한다. 산학협력중점교수를 신규임용하거나 기존 전임교원 중에서 지정할 수 있으며, 기존 전임교원 중 지정하는 경우에는 산업체 경력 10년 미만이라도 지정 가능하다.

셋째, 대학 학칙에서 정한 책임강의시수를 30% 이상 감면받은 자이어야 한다. 산학협력에 집중할 수 있는 환경 조성을 위해서 책임강의시수에서 30% 이상을 감면해야 하며 비전임교원의 경우에도 전임교원의 책임강의시수를 기준으로 판단해야 한다.

2) 임용형태

산학협력중점교수의 임용형태는 전임교원으로 임용하는 것을 권장하며, 비전임교원으로 임용 시에는 전일제(full-time)로 근무하는 경우에만 산학협력중점교수로 인정하고 있다.

앞서 언급했듯이 산학협력중점교수의 임용 유형은 두 가지로 구분된다. 채용형 전임 산학협력중점교수와 지정형 산학협력중점교수이다. 전자는 최초 임용 시 산학협력 목적으로 채용된 전임교원 형태의 산학협력중점교수를 의미한다. 후자는 최초 임용 시에는 산학협력 목적으로 채용되지는 않았으나, 추후에 산학협력중점교수로 지정된 전임교원을 의미한다.

3) 임용 절차

대학 산학협력중점교수의 임용절차는 일반적인 대학 교원 임용절차와 동일하게 운영된다. 대학의 홈페이지 등을 통해 공고되어 평가와 선정의 과정을 거쳐 선발된다. 대학 산학협력중점교수의 임용에 대한 자세한 절차는 해당 대학 홈페이지를 검토하면 된다.

대학 교원의 일반적인 임용의 절차 관련 flowchart를 보면 이를 조금 쉽게 이해 할 수 있다. 교원의 임용과 승진, 정년보장 심사와 관련해서는 교원임용심사위원회 및 정년보장심사위원회 등이 절차를 두도록 하고 있다. 동위원회는 당해 대학이 정하는 정년보장교원심사 기준에 따라 해당 교원의 연구실적 등을 심사하여야 하며, 위원회의 구성 및 운영 등에 필요한 사항은 당해 대학의 장이 정하고, 정년까지 임용되는 교원의 정수는 당해 대학의 교원의 정원 범위 내에서 당해 대학의 장이 정할 수 있도록 하고 있다(교육공무원임용령 제5조의4).

교육공무원임용령 제5의4(정년보장교원의 심사)

① 대학에 대학인사위원회의 동의에 앞서 정년까지 임용할 교원을 심사하기 위하여 정년보장교원심사위원회(이하 이조에서 "위원회"라 한다)를 둔다.
② 위원회는 당해 대학이 정하는 정년보장교원심사기준에 따라 해당교원의 연구실적 등을 심사하여야 한다.
③ 위원회의 구성 및 운영 등에 관하여 필요한 사항은 당해 대학의 장이 정한다.
④ 정년까지 임용되는 교원의 정수는 당해 대학의 교원정원의 범위 내에서 당해 대학의 장이 정한다.

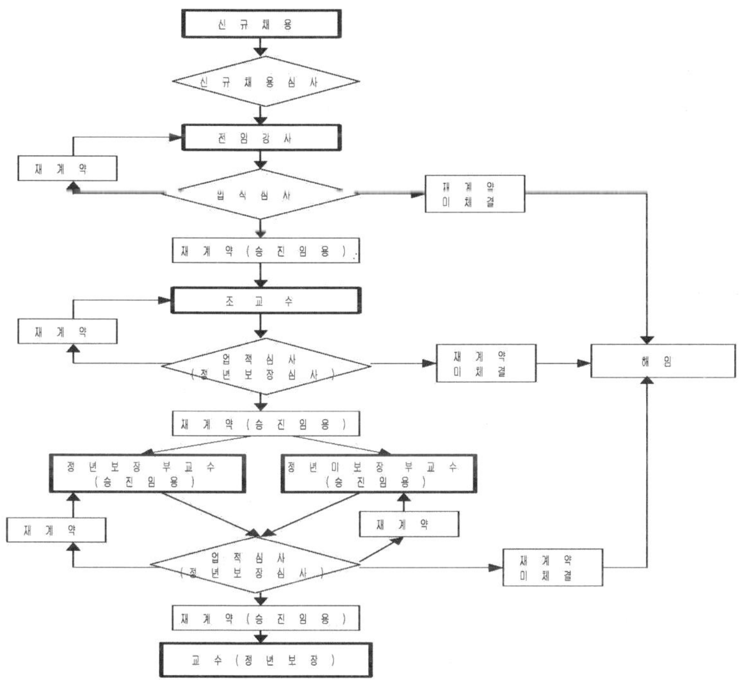

주 : 이석열. 2011. 대학교원 임용제도 선진화방안 연구. 교육과학기술부의 내용 참조

[그림 5] 대학 전임교원의 임용 및 승진(재계약) 절차의 개관

또한 산학협력중점교수의 임용 지원을 위해 2012년부터 전경련과 한국연구재단이 MOU를 맺어 전경련 산하 산업체 경력 전문가를 대학에게 채용 알선해 주는 기능을 수행하고 있다. 대표적으로 한국연구재단의 관련 홈페이지(https://professor.uicc.re.kr)를 통해 이러한 서비스를 확인 할 수 있다.

3. 산학협력중점교수의 역할 모델

산학협력중점교수의 임용 등이 완료되면 무엇보다 중요한 것은 교원으로서의 역할이 무엇보다 중요하다. 일반적인 전임교원이 교육, 연구, 봉사 등의 대학 교육의 목적과 부합하는 역할이 주어진다면 산학협력중점교수는 이와는 달리 산학협력에 좀 더 매진하도록 역할 모델이 수립되어 있다.

즉 대학 산학협력 체계 구축의 중요한 선도자로서의 역할이다. 즉 현장 노하우를 교육과 연계하기 위해 기업출신의 산학협력중점교수로 채용하여 '교육 → 창업 또는 기술개발 → 후학양성 → 기업성장'의 산학협력의 체계를 마련하는 데 역점을 두고 있다.

이는 대학 내 일반적인 교원과 산학협력중점교수의 역할이 다르기 때문이다. 산학협력중점교수의 경우 산학협력 목표에 걸맞는 역할 모델이 이미 개발된 상황이다. 이는 교육부(2012)가 제시한 산학협력중점교수 역할 모델에 제시되어 있다.[7)]

산학협력중점교수의 역할 모델은 산학협력중점교수의 역할이 교육, 연구, 취·창업지원, 정책 및 기획으로 4가지 영역으로 구분되며, 대학의 특성에 따라 중점역할을 결정하도록 지원하고 있다.

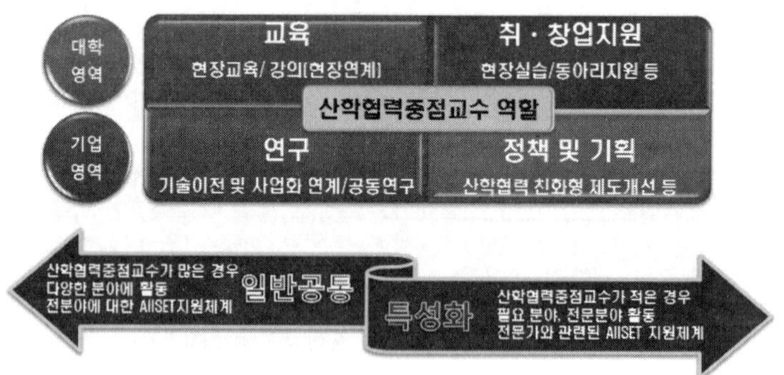

[그림 6] 산학협력중점교수 역할모델

7) 교육부. 2012. 산학협력중점교수의 역할 및 사례 자료집

구체적으로 산학협력중점교수의 역할 모델을 설명하면 다음과 같다. 교육부문에서는 지역 및 산업체와 연계한 교육과정에 대한 수요를 발굴, 기획, 개발 및 운영하고, 캡스톤디자인, 현장실습, 지역 및 기업연계 프로젝트, 창업 등의 교과, 비교과강좌 중심 전문화를 수행하는 데 주요한 역할이 있다.

교육부문의 역할에서는 또한 현장의 산업체의 니즈와 트랜드를 지속적으로 확인하여 교과과정에 반영하고, 지역 및 산업체, 창업가 등을 교육과정에 참여(멘토링, 특강 등)하는 매개체 역할을 하며 현장중심의 교육을 위한 다양한 방법론을 학습하고 접목한다. 대학의 산학협력 교육결과물의 성과 연계 역시 중요한 데 이에 대한 역할도 수행하고 있다. 예를 들면 전시회, 경진대회, 지식재산권 출원, 사업화시도 등의 과정이다.

취창업지원부문의 역할에서는 학생들의 진로상담, 취업지도, 창업지도등을 통해 취업과 창업 촉진, 취업 및 창업교육 과정 개발 및 운영, 취업 및 창업을 위한 기업발굴 및 네트워킹, 학생들의 캡스톤디자인, 현장실습 등을 취업 및 창업과 연계하는 등의 역할이 주어진다. 또한 대학 내 창업동아리 기획, 운영, 멘토링 등이 추진된다.

연구개발 및 사업화 지원부문에서는 기업의 기술개발 니즈를 도출하고 이를 대학의 역량, 국가 및 지자체등과 연계 하여 기술개발 추진하는 데 목표를 둔다. 또한 기술개발의 성과를 지식재산화하고 이를 기업에 기술이전하거나 사업화를 추진한다. 이 과정에서 학생들의 참여를 통한 현장맞춤형 인력양성을 진행한다.

마지막으로 정책기획과 기업 발굴의 역할에서는 전자는 대학 내 산학협력 친화형 인사제도 개선, 산학협력 조직 개편 등 대학 내 산학협력 정책 기획을 시행한다. 후자는 가족회사 발굴 및 산학관연 네트워크 형성, 산학협력협의회 구성 및 운영, 기업 니즈 발굴과 연계, 공용장비 활용 지원, 기술 및 경영 자문 등 제공을 통한 산학협력성과창출 등이 주요한 역할로 수행된다.

4. 산학협력중점교수의 주요 활동 사례

1) 교육 부문

산학협력중점교수의 주요 활동 사례 역시 각 역할 부문별로 구분하여 설명할 수 있다. 우선 교육부문에서는 기업출신(CEO, 임원 등) 산학협력중점교수가 직접 창업, 기업가 정신에 대해 강의하고, 산학연계과정에서 학생들이 필요로 하는 강의인력을 섭외하여 옴니버스식 학생 및 기업맞춤형 강의를 제공하는 데 많은 사례가 존재한다.

장년층의 많은 경험과 노하우가 적극 발휘될 수 있는 영역이라고 할 수 있다. U대학교의 사례를 보면 신규 채용된 산학협력중점교수는 비이공계 분야에서 산업체 요구에 맞게 국제학부로 학과를 새로이 개편하고, 개편된 학부에서는 학생들을 기업의 해외마케팅 코디네이터로 육성하고 있다. 실무교육과정의 개발과 실행에서 신규 채용된 산업체 경력자로서 산학협력중점교수 역할이 컸다. 또한 다양한 인턴십과 해외전시회 등 현장형 교육과정에서의 참여의 폭도 컸다.

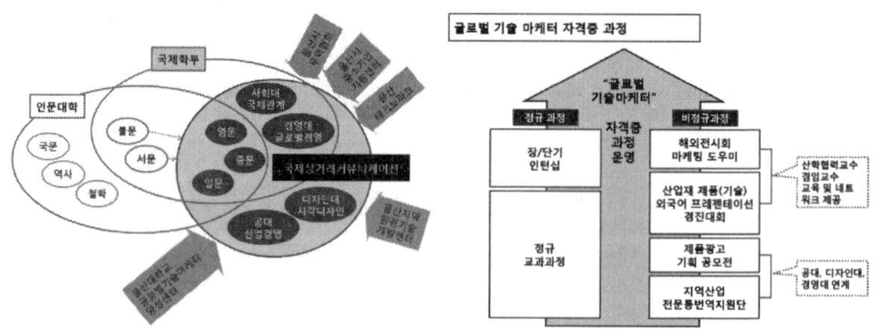

[그림 7] U대학교 국제학부 교육과정과 산학협력중점교수 역할

두 번째 사례로 H대학교의 산학협력중점교수는 학생들이 필요로 하는 실무형 강의를 옴니버스식 강좌로 진행하였다. 또한 실무형 강좌는 현장중심형, 창업중심형, R&D중심형 교육과정으로 나누어 학생들의 특성에 맞추어 강의를 진행하는 등의 사례가 있다. 이 과정을 이수할 경우 학생에게 클러스터 교육 인증서를 부여하는 등의 특전도 지원하였다.

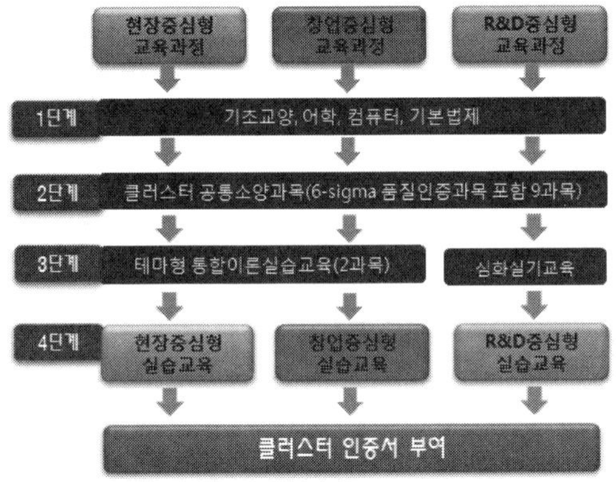

[그림 8] H대학교 클러스터 교육과정

세 번째로 D대학교의 사례는 산학협력중점교수 학과의 학생취업 전담제를 운영하고 있다. 이는 학과 전공세미나에 참석하여 진로지도 및 실무중심의 강의를 수행하는 것이다. 담당학과 학생들에게 진로멘토링, 현장실습, 취업/창업 지도하고, 재학생 뿐 아니라 졸업생도 지속적으로 취업 관리하는 역할이다.

[그림 9] D대학교 산학협력중점교수의 학생지도 및 취업전담제 운영

2) 취창업 부문

U대학교는 산학협력중점교수의 역할이 기업밀착형 산업체 장기인턴쉽 기획 및 운영에 집중되어있다. 여기서 말하는 산업체 장기인턴쉽은 기업수요확보 ⇨ 인턴쉽 기업 발굴 ⇨ 기업과 협의를 통해 프로그램 구성 ⇨ 인턴학생 공고 및 선발 ⇨ 현장업무수행 ⇨ 현장지도 및 평가 ⇨ 취업연계를 진행하는 과정이며 최소 1년간의 중장기 기간이 소요된다. 이때 산학협력중점교수는 기업 발굴, 학생 지도, 취업연계 등의 지속적인 과정을 수행한다.

[그림 10] U대학교 기업밀착형 장기 현장실습과 산학협력중점교수의 역할

J대학교의 경우 산학협력중점교수가 창업교육을 총괄하는 보직자의 역할을 수행하고 있다. 예를 들어 창업교육센터장, 창업지원단 교육팀장 및 창업교육 운영위원회 위원장을 겸임하고 있는 것이다. 기존 교원들 중 창업 경험이 없는 이들이 많아 창업 교육의 전문성이 보장되지 못한 것이 사실이다.

상대적으로 창업경험이 있고 창업교육을 잘 할 수 있는 산학협력중점교수가 채용되어 창업의식 개선부터 제도교육, 시뮬레이션까지 체계적인 창업교과목을 신규 개설하고 창업트랙 교육과정 개발 운영을 전담하였다.

또한 창업지원단 교육팀장 및 창업교육 운영위원회 위원장으로서 본교 학생뿐 아니라 지역거점의 창업교육을 선도하고 창업의식 개선을 위한 다양한 프로그램을 개발하는 등 창업문화 확산에 기여하는 등의 부수적인 역할도 수행하였다.

3) 연구 부문

연구개발 및 사업화와 관련한 산학협력중점교수의 활동은 과거 근무한 기업 및 연구소 R&D 경험을 활용하여 대학 내에서 이루어지는 산학 공동연구 및 지원 업무를 수행하는 데 역점을 두는 것이다. 관련된 예는 최근 많아지는 추세이다.

예를 들어 S대학교는 대학 내 R&D사업의 사업단장으로 기업 CEO를 초빙하여 산학공동연구를 진행한 바 있다. 대학의 거점 연구기관인 융합기술원 설립을 별도로 설립하고, 기업 CEO를 산학협력중점교수로 초빙하였고, 이를 중심으로 사업단을 운영하기도 하였다.

이러한 임용형태에서 산학협력중점교수는 기업의 연구소장, 현장전문가 등을 전임교원으로 채용하여 기술개발, 기술이전, 애로기술 해결, 대학의 장비활용 등 산학업체 맞춤형 연구지원 업무를 수행하는 것이 초점을 둔다. 유사한 사례로서 H대학교는 학연산클러스터가 구축되고 산학협력중점교수가 중심이 되어 기술연계 코디네이터, 장비활용 등 다양한 연구지원이 이루어지고 있다.

특히 H대학교에서는 산학협력이 가장 활성화되어 있는 장비활용센터를 중심으로 전문인력을 배치하고, 이에 관련된 관리 운영을 산학협력중점교수에게 맡겼다. 이후 경험이 많은 센터장을 중심으로 기업 수요맞춤형 전문분석을 실시하고, 장비활용센터 수익창출과 효율화에 기여한 사례가 있다.

추가적으로 D대학의 산학협력중점교수는 대학과 (주)두원중공업의 공동연구에서 참여 연구원으로 등록하여 기업맞춤형 기술개발과 현장실습을 연계한 바도 있다.

이러한 사례가 가능한 것은 2003년 ㈜두원중공업과 공동으로 두원기술연구소를 대학 내에 설립하여 산학협력 기반이 마련되었고, 이 연구소를 기반으로 자동차 가변압축기 개발 및 하이브리드 차량용 전동식 압축기를 개발 완료하였다.

이후 2012년부터 7명의 산학협력중점교수가 대학 내 두원기술연구소에서 연구개발 업무를 공동으로 시작하였다. 이를 통해 D대학 재학생을 개발과정에 학생연구원으로 참여시키고, 현장실습을 진행함으로써 현장맞춤형 인력양성에도 기여하였다.

4) 산학협력 정책 기획 및 기업 발굴

본 사례에서 역할 모델은 대학내에서 운영되는 산학협력 관련 정부 및 민간 프로젝트 컨설팅 및 정책적인 지원해 준 사례이다. B대학교의 산학협력중점교수는 산학관련 정부 프로젝트 추진 등 사업화 프로젝트 발굴 지원 및 지역내 산학협력 역량 및 수요 분석을 통한 산학협력 코디네이팅 및 운영관련 업무지원을 수행하였다.

이를 통해 산학협력중심대학사업 운영, 광역경제권인재양성사업, 지역 산학협력 및 인력양성사업 기획 및 운영 등 정부의 산학관련 사업에 참여하였다.

S대학교는 산학협력중점교수가 대학 가족회사(패밀리 회사)를 지원해 준 사례이다. 산학협력중점교수는 가족회사의 애로사항 해결을 위해 산-산 MOU추진, 기업부설연구소 설치 지원 등 지속적 기술 지원체계 구축한 바 있다. 기술지원체계로서 기술애로사항 파악하고, 기업 맞춤형 지원(기술도입을 위한 산-산 MOU추진, 기업부설연구소 설치 지원, 재직자 재교육 등)을 수행하였다.

유사한 사례로서 K대학의 경우 산학협력중점교수가 가족회사 네트워크를 활용하여 공용장비 운영을 체계화한 사례가 있다. 산학협력중점교수를 통해 가족회사와의 네트워크 형성하고, 공용장비 활용 기업회원제 프로그램을 개발하는 등 신규 프로그램을 활용하였다. 특히 대학의 60개 가족회사를 중점 관리 및 현장 밀착지원으로 신뢰를 형성하여 산학협력의 기반을 조성한 데 큰 기여를 하였다.

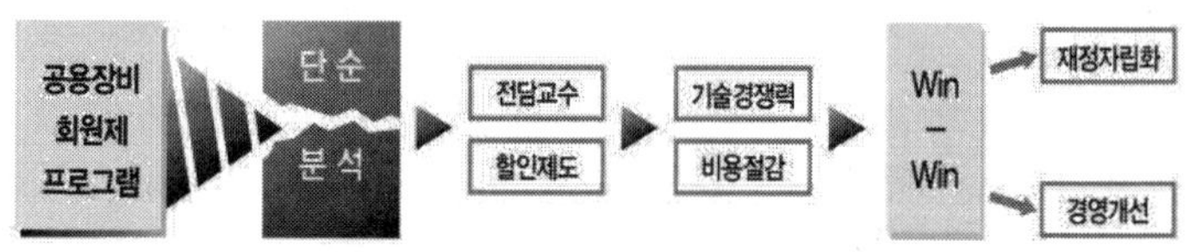

[그림 11] K대학의 산학협력중점교수 사례

III. 대학의 산학협력중점교수 현황과 대학 내 지원 체계

1. 산학협력중점교수의 현황[8)]

1) 산학협력중점교수의 규모

앞의 그림에서 확인했듯이 산학협력중점교수의 전체 규모는 2015년 9월 기준 총 6,976명(2015 대학 산학협력활동 조사보고서)이다. 이 중 장년층 재취업의 대표적인 경로인 채용형 산학협력중점교수의 규모는 2,887명(전임 2,410명, 비전임 374명)이다. 이를 다시 4년제 대학과 전문대학으로 구분하면 4년제 대학은 2,185명이고, 전문대학은 702명이다. 4년제 대학의 비율이 상대적으로 높은 것을 알 수 있다.

약 3천명의 육박한 산학협력중점교수가 전국 421개 대학에 근무하며 지속적으로 활동을 이어가고 있다. 점점 늘어나는 장년층 규모를 감안할 때 많은 숫자는 아니지만 대학이라는 괜찮은 일자리 관점에서 보면 결코 적지 않은 숫자라 판단된다.

2) 산학협력중점교수의 연령

산학협력중점교수의 가장 많은 연령대는 50대 후반, 60대이다. 전형적인 장년층 일자리라고 할 수 있으며 두 연령대를 합치면 50%에 육박한다. 2명 중 한명의 산학협력중점교수는 50대 후반의 장년층이 참여한다고 할 수 있다.

앞으로도 장년층의 산학협력중점교수 활용 폭은 커질 것으로 보인다. 사회 및 기업 경험을 충분히 쌓고 대학에서 그 경험을 바탕으로 학생 지도 및 산학협력 활성화를 해야 하기에 장년층의 기업 경험 및 노하우가 축적된 50대 후반 이후 장년층의 선호가 있을 수밖에 없는 실정이다.

---

8) 본 통계자료는 2015년 대학 산학협력실태조사보고서(교육부, 한국연구재단) 및 추가적으로 교육부에서 수행한 2017년 10월 채용형 산학협력중점교수 실태조사 현황자료(산학협력단장협의회 워크숍 발표자료)를 종합하여 제시하고 있다.

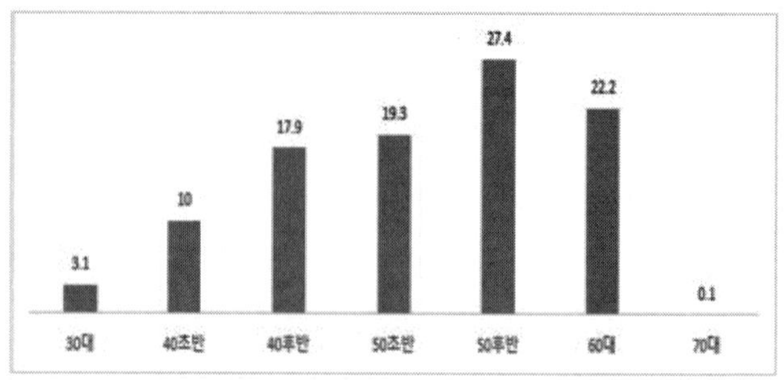

[그림 12] 산학협력중점교수의 연령 비율(%)

3) 산학협력중점교수의 채용 연도

산학협력중점교수의 가장 많은 채용연도는 2012년과 2017년이다. 교육부가 추진하는 산학협력관련 정책사업인 산학협력중심대학사업(LINC 사업)의 시작과 재출발 시기와 공고롭게 연계되어 있다. 이는 해당 사업이 산학협력중점교수의 역할을 강조하고 관련 재정 지원을 하고 있기 때문인 것으로 판단된다.

최근 5년간 산학협력교수의 채용은 지속적으로 늘고 있는 추세이며 최근 대학에서 산학협력중점교수의 채용 비율이 높아지는 것이 추세인 것으로 파악된다.

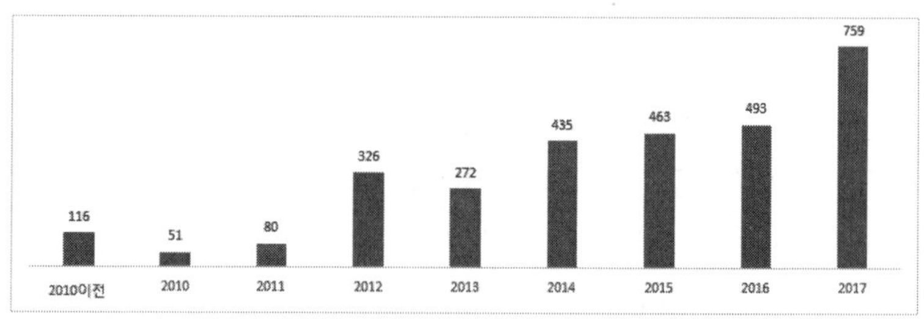

[그림 13] 산학협력중점교수의 채용연도 (명)

4) 산학협력중점교수의 급여 수준

장년층의 괜찮은 일자리 확보의 중요한 척도는 급여 수준일 것이다. 산학협력중점교수의 급여수준은 장년층의 괜찮은 일자리인가에 대한 의문을 풀어 줄 수 있는 척도라할 수 있다. 산학협력중점교수의 전체 대학의 평균 연봉은 4,115만원이며 일반 4년제 대학이 전문대학에 비해 조금 높고 국립대학이 사립대학에 비해 높은 것으로 조사되었다. 상대적으로 서울이 타 지역에 비해 급여 수준이 높은 것으로 나타났다.

이러한 수치는 산학협력중점교수 대우가 일반적인 대학의 전임교수에 비해 높지 않지만 장년층 일자리로서는 괜찮은 대우를 해 준다는 것을 확인할 수 있다. 이러한 수치는 한국경제연구원이 2017년 8월에 발표한 '2016년 임금근로자 연봉 분석'에 따르면 우리나라 근로자의 평균 연봉은 3387만원임을 감안할 때 근로자 평균 연봉에 비해 높은 수치라 할 수 있다. 국세청에서 발표한 자료도 비슷한 수준인 것을 감안할 때 산학협력중점교수의 대우수준은 현재 우리나라 전체 근로자 평균 연봉보다는 높은 것으로 파악된다.

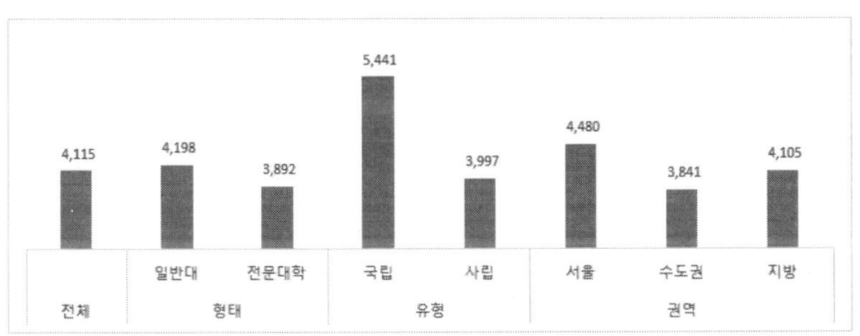

[그림 14] 산학협력중점교수의 급여수준 (만원)

5) 산학협력중점교수의 역할

산학협력중점교수의 역할은 주로 교육부문과 취업지원인 것으로 파악된다. 이는 산학협력 관련 강의시수를 책임지거나 학생들의 취업지도 등의 역할이 크다는 것을 확인할 수 있다. 기타 역할로는 정책기획 등의 역할, 연구개발, 기업지원 등의 역할이 있음을 확인할 수 있다.

여기서 확인된 통계 결과를 보면 산학협력중점교수의 초기 취지인 대학과 기업의 연계와 지원에 대한 역할 비율이 높지 않다. 산학협력중점교수의 기업체 노하우와 경험을 대학 내에서는 학생들에게 공유·활용하는데 집중하고 있음을 확인할 수 있다.

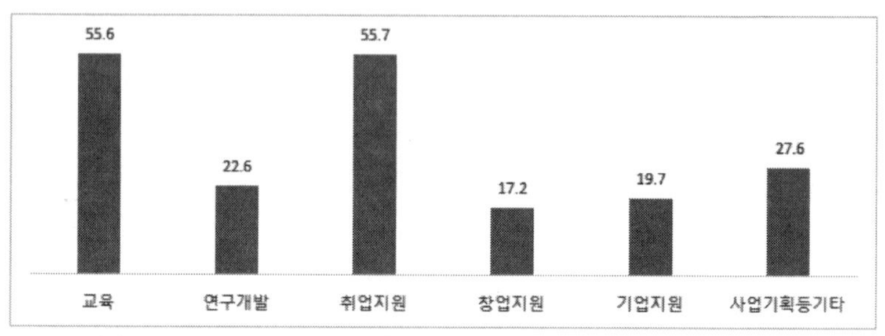

[그림 15] 산학협력중점교수의 역할 (중복응답가능, %)

2. 산학협력중점교수의 대학 차원 지원 체계

앞 절에서 산학협력중점교수의 전반적인 현황을 분석하였다. 약 3천명의 채용형 산학협력중점교수 중 상당수가 장년층으로 확인되었고, 일정한 연봉 수준을 받으며 교육부문과 취업지원 등 학생과 관련된 역할을 많이 수행하는 것으로 파악되었다. 본 절에서는 산학협력중점교수에 대한 대학 차원의 지원체계가 어떻게 구성되는 지 확인하겠다. 이를 분석하는 이유는 대다수의 경험을 기업체 등에서 쌓은 산학협력중점교수는 대학의 문화를 잘 모르기에 대학 내 역할 수행을 위한 안착 지원이 필수적이기 때문이다.

1) A 대학 사례 : 대학 재정 지원 및 학내 위원회 참여

A 대학의 경우 다양한 산학협력중점교수에 대한 지원제도가 있으며 특히 채용형 교원의 인건비 교비대응자금 지원 및 학내 위원회 참여 등의 실질적인 지원이 두드러진다. 산학협력중점교수에 대한 학내 자립화 및 개선을 위해 인건비 사업비 매칭 비율을 줄이고, 교비자금을 지원하여 해당 교원이 상대적으로 사업단의 성패와 상관없이 업무할 수 있는

기반을 마련하였다. 또한 학내 위원회에 참여하게 하여 다양한 학내 의제를 검토하고, 의사결정에 참여할 수 있는 기회를 주어 실질적인 성장 경로를 제시한 것으로 판단된다.

〈표 3〉 산학협력중점교수의 학내 지원 제도

항목		지원현황	지원실적
지원제도	물적 지원	• 연구실 및 회의실 등 전용공간 배정 및 리모델링 – 학교 신공학관(교수연구실/행정지원실) – 충무로관(단장실, 기업지원센터/창업 관련 시설)	• 신공학관 LINC공간 4실 배정 • 충무로관 LINC공간 1실 배정
		• 산학활동 지원을 위한 가구 및 기자재 지원 – 산학협력중점교원 정보화기기 지원(PC등) – 가구 등 집기 구입 지원	• 교원 PC, 노트북 지원 • 교원 연구실 집기 구입
		• LINC사업 산학공동 R&D 공간 지원 – 산학공동연구 엔지니어즈이틀리에 공간 지원	• 충무로관 5/6/7층 산학협동 교육/기술개발 1,391.89㎡ 공간 지원
	행·재정적 지원	• 채용형 교원 인건비 교비대응자금 지원	• 교비대응 1.4억 지원
		• 산학협력 활동 기술지도비 지원 – LINC사업 가족회사의 애로기술 지도시 관련 기술지도비 지원	• ALLSET지도 48건, 45,600,000원 • 기업 종합 건강진단 25건, 10,400,000원
		• 산학공동기술개발과제 수행 지원 – LINC사업의 기술개발과제 선정시 채용형/지정형 교원을 과제 책임자로 선정/수행 지원	• 기술개발 14과제 325,000,000원 지원
		• LINC사업 관련 위원회 위원 참여	• LINC사업위원회의 6회 • LINC센터장운영회의 15회 • LINC산학중점교원실무회의 12회
		• 대학 교수회의 참석 및 신임교원 소개 – 참여대학인 공과대학 전체교수회의에 관련제도 안내	• 2회 실시(2013.1학기/2학기)
		• 산학중점교원 업무관련 워크숍, 출장지원 – LINC사업 관련 워크숍 및 세미나 개최 – 교원연수 시행 – 산학협력 사업 관련 국외출장 지원	• 워크숍 3회 • 국외출장 3회

2) B 대학 사례

B 대학의 경우 산학협력중점교수의 행정적인 부분에서 지속적인 교육과 제도적인 차원에서 학내 위원회의 참여를 통한 일반교원과의 조화 증진에 힘썼다. 이는 대학 문화와 인력에 생소한 산학협력중점교수에게 대학의 일반교원과의 협력을 통해 대학에 실질적인 안착이 가능하도록 지원하는 배려와 제도적 지원이라고 할 수 있다.

추가적으로 B 대학의 경우 산학협력중점교수에 대한 학내 수요를 학내 조직별로 체계적으로 구분하고 있으며 그에 따른 필요유형을 제시하고 있어 이러한 학내 조직별 구체적인 역할과 필요 유형은 역할 모델 제시하였다.

〈표 4〉 산학협력중점교수 지원 내용

구분	내용
행정 지원	■ 산학협력교육원을 통한 지속적 업무 지원 ■ 전문성 강화를 위한 교육 및 학회 참가 지원
제도 지원	■ 공학교육혁신센터 산학위원회, 소속대학 위원회 참여를 통한 대학 내 일반교원과의 조화 증진 ■ 지정형 중점교수 책임학점 9학점 이하 유지 ■ 신규 채용을 통한 산학협력 교원 안정적 확보

Ⅳ. 대학의 장년 재취업제도의 정책적 함의

1. 장년취업지원센터와 대학간 산학협력중점교수 채용 및 임용관련 협력 강화

장년층 재취업지원관련 센터와 프로그램들이 다양하게 확대되고 있다. 노사발전재단 및 지자체 별도의 프로그램들이 우후죽순처럼 확대되는 추세이다. 하지만 대학과의 협력은 체계적으로 운영되지 않는 것으로 판단된다.

무엇보다 대학의 산학협력중점교수가 장년층의 괜찮은 일자리라는 이해와 홍보가 충분치 않은 것으로 판단된다. 물론 이는 부처간(교육부와 고용노동부 등) 차이에 따른 이해 부족으로도 볼 수 있다. 하지만 앞에서 분석하였듯이 대학 산학협력중점교수의 주요 임용 대상은 기업체 경험이 풍부한 장년층 전문가이다.

향후 장년층 취업지원 프로그램 및 지원센터와 대학간의 정보 교류와 협력이 된다면 대학에 필요한 적절한 경력을 확보한 산학협력중점교수를 신규 채용할 수 있는 기회가 마련될 것으로 기대된다. 아울러 장년층의 새로운 괜찮은 일자리로 자리매김할 수 있을 것으로 예상된다.

이를 위해서는 장년층 대상 취업지원 기능과 대학 산학협력단 등 산학협력 부문간 지속적인 협력을 통해 산학협력중점교수에 적합한 인재를 발굴하고 안착하는 데 많은 노력을 기울이는 것이 적절하다고 판단된다.

지역 기업협의체와 대학간 협력을 통해 지역 기업의 우수 경력자를 대학 산학협력중점교수로 임용한 사례가 있다. 울산지역의 경우 울산대학교와 지역 기업 협의체간 협력을 통해 지역 기업 퇴직예정 경력자들 울산대학교에 추천하고 이를 다년간에 걸쳐 임용된 사례가 있다.

이러한 사례와 같이 지자체 장년 취업지원 센터와 지원 프로그램에서도 대학과의 협력을 지속하여 우수한 기업체 경력을 가진 장년 재취업자를 대학 산학협력중점교수로 추천하고 안착을 지원하는 것도 필요할 것으로 판단된다.

2. 산학협력중점교수의 대학 내 위상 정립을 위해 학내 거버넌스 참여 확대

장년층이 대학 산학협력중점교수로 임용될 지라도 대학 내 문화와 상황을 충분히 이해하기는 쉽지 않다. 따라서 대학 내에서 산학협력중점교수의 역할과 위상이 정립되어야 제대로 된 안착이 된 것이라 할 수 있다.

이를 위해서는 산학협력중점교수의 역할 강화 및 위상 정립을 위해 학내 위원회 참여 등을 통한 의사결정 및 정보체계 등 거버넌스 참여가 중요하다고 판단된다.

산학협력중점교수의 역할 및 위상 강화를 위해서는 인건비 등 재정적 지원뿐 아니라 학내 산학협력 이슈에 대한 정보 비대칭을 완화하고,

정보 거래비용을 낮추는 정책이 필요하다고 판단된다. 이를 통해 대학 내 정보와 경험이 부족한 산학협력중점교수가 신속하게 대학에 안착하고 자신의 기업체 경험과 노하우를 활용하여 대학의 산학협력 발전에 기여할 수 있다.

앞서 논의한 A 대학과 B 대학의 사례와 같이 산학협력과 관련된 학내 위원회에 적극 참여함으로써 학내 의사결정 및 정보체계 내로 편입하고, 이를 통해 기존 교수들과의 조화와 협력을 유도하는 우수 사례가 존재한다. B 대학의 경우 산학협력관련 위원회 뿐 아니라 공학혁신센터 등 공과대학 발전 방향에도 참여하여 학과와 사업단의 동반성장을 지원하는 중개자 역할을 할 수 있도록 하고 있으며 이를 통해 실질적인 학내 역할 정립이 가능하다고 판단할 수 있다.

3. 장년대상 산학협력중점교수 대상 지속적인 교육 강화 및 경력경로 확대 지원

장년 대상 산학협력중점교수의 지속적인 교육을 통해 경력경로의 확보 및 기존 교원과의 조화 등 대학 문화에 대한 체계적인 이해 지원이 필요하다. 산학협력중점교수의 지속적인 교육이 필요한데 이는 산학협력중점교수의 스스로의 역할 정립과 동기부여, 학내 문화 이해, 기존 교수 및 행정원과의 조화 등의 다양한 필요성이 존재한다.

산학협력중점교수의 경우 제한된 산업업종의 전문화된 경력을 확보하고 있으나 대학의 경우 그간 접하기 어려운 조직 문화를 가지고 있고, 대학 관점의 산학협력에 대한 이해가 부족하면 그간 산업체 관점의 산학협력의 장점을 발휘하기에 한계가 있을 수 있다. 이를 개선하기 위해 산학협력중점교수에 특화된 문제해결 및 학내 문화 이래를 위한 산학협력 전문교육센터의 통합교육이 필요할 것으로 판단된다.

제3부

다가올 미래를 위한 준비

연령에 따른 직업능력의 변동

정동열(한국고용정보원)

연령에 따른 직업능력의 변동[1)]

I. 서론

스포츠 선수는 종목에 따라 차이가 있으나, 20대에 신체 능력의 정점에 이른다고 한다. 반면 실제 경기 운영능력 등 경기력은 오히려 30대에 정점에 이른다는 연구 결과가 있다. 이는 경기 운영 능력이 신체능력과 경기 경험, 운영의 노하우 등이 복합적으로 작용되는 결과라고 볼 수 있다.

사람은 누구나 원하든 원치 않든 나이를 먹게 된다. 또한 직업인으로서 근무 경력이 쌓이다보면 일반적인 경우 조직 내에서 성장을 하게 된다. 이 과정에서 우리는 시간의 흐름에 따라 신체적인 능력은 일정 순간 정점에 다다른 뒤 서서히 하향하게 되며, 반면 경험이나 일처리에 있어서의 대응 능력 등은 서서히 상향하게 된다.

이렇듯 연령이 높아짐에 따라 직업능력은 변화를 하게 된다. 과연 어떤 능력이 어떻게 변화하게 되어 전문성 향상에 영향을 미치는지 세부적으로 살펴볼 필요가 있다.

---

1) 본 내용은 근로자 직업력의 직종 및 연령별 차이분석(한국고용정보원, 2014) 보고서 내용 중 저자가 작성한 내용을 발췌하여 기술하였음.

II. 연령에 따른 경력개발 단계

직업인으로 연령의 변화에 따라 경력개발이 이루어진다. 또한, 이 과정에서 특정 단계별로 심리적, 신체적 변화 등이 발생하게 되며, 각 단계에서 직업능력은 어떻게 변화하게 되는지 살펴볼 필요가 있다. 이를 위해 경력개발 단계에 따른 직업능력의 변화를 고찰하여 일반화한 대표적 이론인 Hall의 경력단계 이론과 Levinson의 성인 생애단계 모형을 살펴보면 다음과 같다.

1. Hall의 경력단계 이론

Hall(1971)은 경력단계이론을 통해 연령에 따라 탐색기(25세 이하), 정착 및 전진단계(25세~45세), 유지단계(40대 중반 이후), 쇠퇴단계(65세 이후)로 구분하여 경력단계를 설명하였다. 특히, 이 모형에서는 조직 구성원들의 경력개발제도에 이 시기의 중요성을 부각시킴으로써 효과적인 인적자원관리를 할 수 있는 방향을 제시하였다. 이 과정에서 일반적으로 45세 이상의 특징으로 직업능력의 발전이 더디게 이루어지는 유지기에 접어든다는 점을 강조하고 있다. 이 때 유지기에 접어들면서 직업능력이 기존의 능력을 유지하지 못하고 급변하는 두가지 방향을 제시하고 있다. 첫째는 위기 의식을 반영하여 조직생활에서 지속적인 성장과 경력개발이 이루어질 수 있는 성장기이고, 둘째는 위기 의식을 극복하지 못하고 직업능력과 조직 내 적응이 하락하는 쇠퇴기로 상정하고 있다.

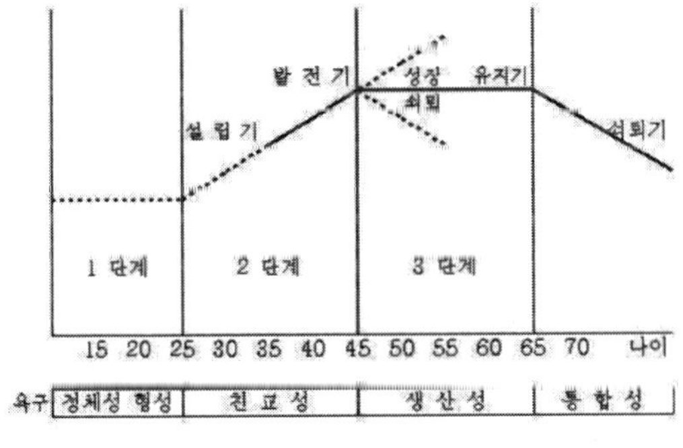

[그림 1] Hall의 경력단계 모형

이후 Hall(1993)은 기술의 가속화 추세와 함께 기술혁신의 주기가 짧아지는 점에 기안한 새로운 경력모형을 제시하였다. 이는 개인의 경력단계는 자연연령이 아니라 분야별로 3~5년에 걸쳐 탐색 → 시도 → 확립 → 숙달 → 탐색으로 이어지는 경력단계가 존재함을 주장하였다. 즉, 미래의 전문가에게는 사전에 전문지식을 중심으로 핵심역량을 가지면서 다양한 분야로 경험을 확대하여 시장에서의 가치인 경력 탄력성을 계속 유지하는 것이 중요하다는 주장이다. 이 모델을 통해서는 직업능력이 단순히 연령의 변화에 따라 이루어지는 것보다 기술이나 환경의 변화에 적응할 수 있는지에 따라 더 크게 영향을 받는다는 점을 나타내고 있다.

2. Levinson의 성인 생애단계 모형

Levinson의 성인 생애단계 모형을 보면, 사람의 생애단계를 성인 전단계, 성인 초기단계, 성인 중기단계, 성인 후기단계의 4가지로 구분하였고. 각 단계는 안정과 변환시기로 구성되었다. 이때, 안정시기는 6~7년 정도 지속되며 이 시기에 자신에게 중요한 삶의 가치를 성취하기 위한 목표를 추구하게 된다. 이러한 안정시기 이후에는 확립된 생애구조에 의문을 제기하고 재평가하며 자신의 삶에서 변화를 고려하기 위해 보통 4~5년 정도 지속되는 변환시기가 필요하다.

세부적인 단계별 경력개발을 보면, 초기 성인기에서 처음의 생애구조(22~28세)는 안정시기로서 두 가지 잠재적인 갈등과제에 직면한다. 첫째는 자신의 역할을 유지하면서 다른 역할을 시도하여 성인기를 탐색하는 것이고, 둘째는 정착해서 안정적인 생애구조를 만드는 것이다. 일부 사람들은 둘 중에 하나에만 치중하는 경우가 있는데 이 시기에는 어떠한 경우이든 나름대로 어려움이 있을 수 있다.

성인 중기는 중년 변환기(40~45세)로부터 시작되는데, 바로 전 시기에 강력하게 추구했던 생애구조를 혼란과 고뇌 속에서 재평가하게 된다. 그리고 이러한 중년의 변환기에는 남성의 80%와 여성의 85%가 보통의 또는 심각한 위기를 경험하였다는 연구 결과가 있다.

성인 후기 변환기(60~65세)는 성인 중기를 끝내고 성인 말기를 시작하는 시기이다. 신체적 퇴보가 급격하게 일어나고 가족과 친구중에서 죽는 경우가 발생하기 시작한다. 지위와 권력을 모두 잃게 되는 은퇴시기도 점점 가까워지게 된다. Levinson은 Erickson의 성인 말기에 대한 견해와 동일하게 이 시기에 반드시 수반되어야 하는 발달과제는 "단순한 성취가 아니라 생애 전반에 걸쳐 통합감을 얻는 것"이라고 말하였다. 이를 얻는데 성공한다면 성인 말기 동안에 고통이나 좌절없이 살 수 있다. 그러나 인생에서 의미와 가치를 충분히 찾지 못한다면 죽음에 이를 수도 있다.

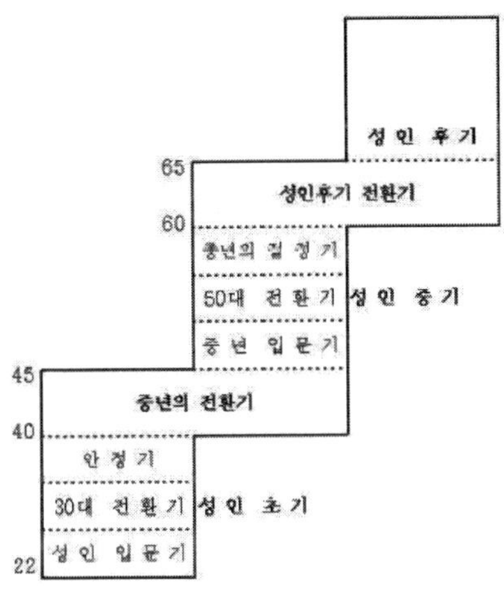

[그림 2] Leveinson의 성인 생애단계 모형

3. 종합 및 시사점

이상의 두 연구를 보면, 성인의 경우 연령이 높아짐에 따라 경력을 쌓게 된다. 이러한 과정에서 각 개인은 성장하게 되며, 동시에 직업능력도 성장하게 된다. 특히 두 이론에서 세부 내용에는 차이가 있지만, 성장에 따른 직업능력 증대는 명확하게 제시되어 있다.

이때 직업능력의 발달 정도는 연령이 많아짐에 따라 완만한 기울기로 증가하게 되며, 어느 단계에 와서는 기울기가 0에 수렴하게 된다. 이 시기에 각 개인은 변화되는 개인 및 사회에 대한 적응과 부적응에 따라 성장과 도태를 경험할 수 있다. 즉, 경력 구간에서 다음 구간으로 성장할 때, 위기 등을 극복하지 못할 경우 쇠퇴하거나 심지어 직업생활에서 실직하게 되는 경우가 발생할 수 있다.

따라서 이상의 이론적 논의를 볼 때, 각 개인은 연령이 증가함에 따라 경력이 증가하며, 그렇지 못 할 경우 직업생활에서 이탈하기 때문에, 현재 직업생활을 유지하는 경우에는 결과적으로 연령이 높아짐에 따라 경력 또는 숙련이 향상된다고 볼 수 있다.

III. 연령에 따른 직업능력 변화

모든 직업은 머리와 몸, 즉 정신적인 부분과 신체적인 부분의 결합을 통해 수행하게 된다. 일을 함에 있어서 머리로 판단하고 몸으로 시행하게 되는 것이다. 그러나 이 두 가지는 나이를 먹을수록 발전하거나 쇠퇴하게 된다. 특히 신체적인 능력은 연령의 증가로 인해 어느 순간부터는 유지 또는 감소하게 된다. 반면 정신적인 능력은 경험이나 학습 등의 영향으로 지속적으로 상승할 가능성이 있다. 이러한 연령에 따른 직업능력의 변화를 살펴보면 다음과 같다.

연령과 직업능력의 관계는 크게 연령효과(ageing effect)와 학습효과(practice effect)로 양분되어 나타난다(OECD, 2005). 이때, 연령효과는 연령이 높을수록 노화에 의하여 주의집중, 정보처리 속도, 추리, 단기기억력, 공간지각력이 감소하는 경향이 있다는 주장이다(Smith & Marsiske, 1997). 반면, 학습효과는 삶의 경험에 따라서 인지적 수행능력이 증가할 수도 있다는 견해로, 경험이 지식과 직업능력을 축적할 수 있다는 주장을 의미한다(Baltes, 1987).

〈표 1〉 연령효과와 학습효과

구분	내용
연령효과	연령이 높을수록 노화에 의하여 주의집중, 정보처리 속도, 추리, 단기기억력, 공간지각력이 감소
학습효과	삶의 경험에 따라서 인지적 수행능력이 증가할 수도 있다는 견해로, 경험이 지식과 직업능력을 축적

한편, 직업능력에서 개인에게 영향을 미치는 요인을 정보와 도구, 반응으로 구분해 볼 수 있다(Gilbert, 1978). 이때 정보나 도구의 경우 정보는 개인에게 필요한 기술이나 인지적 능력 등과 관련이 있으며, 이는 학습효과에 해당한다. 다음으로 도구의 경우 신체적 능력에 해당하는 것으로 연령효과에 해당하며, 동기는 개인의 직업능력과는 다르게 조직 차원의 보상, 개인의 동기 등과 연관이 있는 환경적 요인에 해당한다.

〈표 2〉 Gilbert의 행동공학 모형

구분	정보(차별적 자극)	도구(반응)	동기(반응강화 자극)
환경적 지원	데이터	도구	인센티브
	• 올바른 수행에 대한 적절하고 빈번한 피드백 • 기대되는 수행에 대한 기술 • 올바른 수행을 위한 분명하고 적절한 안내	• 인적요인에 부합하는 체계적으로 설계된 도구와 자료	• 수행에 상응하는 적절한 금전적 보상
개인 행동 범주	지식	능력	동기
	• 모범적 수행의 조건에 맞게 과학적으로 설계된 교육훈련 • 배치	• 최고 능력에 맞게 고려된 유연한 수행 스케쥴 • 신체상태 • 적응	• 일에 대한 사람들의 동기 평가 • 작업 상황에 맞는 사람들의 채용

다음으로 전문성 형성과 관련된 구성 요인을 종합해 보면, 전문성은 지식, 경험, 문제해결, 정의적・행동적 특성(직관, 창의성, 기타) 등으로 구성된다고 볼 수 있다. 이 때 전문성이 직업능력으로 발현될 경우, 직업능력은 단순히 현재의 지식이나 문제해결능력 등에 의해 결정되는 것이 아니며, 다양한 경험이나 경험을 통해 쌓아온 직관, 창의성 등에도 영향을 받음을 알 수 있다. 따라서 연령에 따른 직업능력 판단을 위해서는 단순히 현재의 지식, 신체능력뿐만 아니라 개인의 직업, 직무, 전문성 관련 종합적인 평가가 이루어져야 한다.

〈표 3〉 전문성 형성 관련 전통적인 구성요인

<table>
<tr><th colspan="2">구분</th><th>특성</th></tr>
<tr><td colspan="2">지식</td><td>• 분야 전문지식
• 인지적 지식, 비인지적 지식
• 전문성 수준이 높아질수록 점차 암묵지 증대
• 서술적, 절차적 지식 증대</td></tr>
<tr><td colspan="2">경험</td><td>• 다년간의 경험
• 현장에서의 실제적 경험
• 경험을 통해 암묵지 증대</td></tr>
<tr><td colspan="2">문제해결</td><td>• 기술을 의미하는 포괄적 개념
• 초보자는 구체적, 피상적 표상을 통해 표면적으로 문제해결 하는 성향
• 전문가는 조직화된 문제표상을 통해 심층적 문제해결하는 성향</td></tr>
<tr><td rowspan="3">정의적 · 행동적 특성</td><td>직관</td><td>• 점차 자동적, 직관적 수행
• 지식과 경험으로부터 형성</td></tr>
<tr><td>창의성</td><td>• 기존 지식이나 틀에 얽매이지 않는 맥락적 유연성
• 지속적으로 전략 조정
• 더 많은 가능성 고려</td></tr>
<tr><td>기타</td><td>• 자질, 태도, 가치, 흥미, 관심 등</td></tr>
</table>

자료 : 배을규, 동미적, 이호진(2011).

따라서 연령과 직업능력의 관계에 대한 선행연구는 학습효과와 연령효과 두 가지를 중심으로 고찰하며, 각각에 대한 장·단점과 논의에서 간과하고 있는 사항 등을 중심으로 살펴 볼 필요가 있다.

1. 연령과 직업능력에서의 학습효과

연령와 직업능력에서의 학습효과는 개인이 연령이 높아짐에 따라 경력을 쌓는 과정에서 숙련이나 경험 등을 통해 직업능력이 향상된다는 것이다.

중고령 임금근로자를 대상으로 한 김현동 등(2010)의 연구에서도 중고령임금근로자는 경험을 통해 체득한 업무숙련도가 높으며 비록 신체능력이 저하되어도 인지능력은 일정한 수준으로 유지되기 때문에 교육훈련개발 프로그램을 통해 학습할 수 있는 역량을 지니고 있다는 결론을 도출하였다.

한편, 연령에 따른 직업능력의 변화를 연구한 Bruce 등(1990)의 연구를 보면, 모든 응답자를 대상으로 한 결과에서는 연령이 증가할수록 직업능력은 증가하는 추세를 보였다. 그러나 세부적으로 직무를 중심으로 구분해 볼 때, 고차원적인 능력을 요구하는 사무직이나 기술직은 연령의 증가에 따라 직업능력이 향상한데 반해, 신체적 행동을 통해 단순기능직을 수행하는 사무직이나 기술직 또는 서비스직의 경우 연령이 증가함에 따라 직업능력이 감소하는 추세를 보였다.

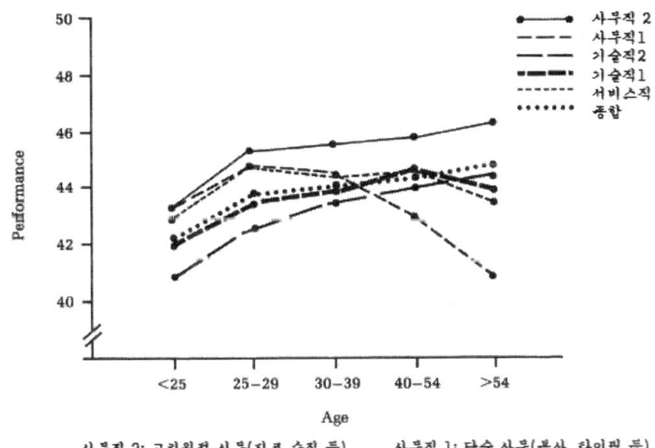

자료 : Bruce et al. (1990)

[그림 3] 연령에 따른 직업능력 변화 추이

반면, Timothy(1998)의 연구에 따르면 연령이 증가할수록 인문, 사회, 과학적 지식이나 계산 능력 등이 감소한다는 연구 결과도 있었다. 비록 이 연구에서 특정한 개인의 추적 조사가 아닌 연령대별로 추출한 응답자의 능력을 측정한 것이기 때문에 정확한 해석에는 한계가 있지만, 감소에 대한 추세를 확인할 수 있었다.

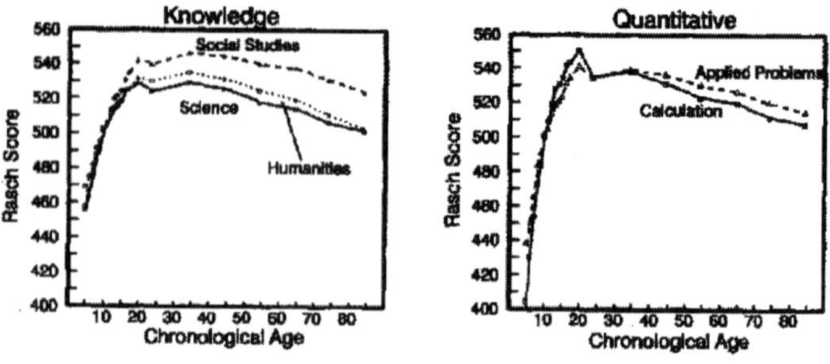

자료 : Timothy(1998)

[그림 4] 연령에 따른 지식 및 계산능력 변화

Ilmarinen와 Tuomi(1992)는 FIOH가 핀란드의지자체에서 일하는 중장년층(45세~62세) 근로자 4,255명(남 1,799명 + 여 2,456명)을 대상으로 연령 변화에 따른 작업능력의 변화를 4년 동안 추적 조사한 결과를 발표했다. 작업능력 점수의 평균치는 40점에서 30점으로 감소했고 이는 남녀 모두에 유사하게 나타났다. 남자의 경우 육체노동과 육체노동 + 정신노동의 경우에도 유사한 추세를 보이지만, 정신노동을 수행하는 근로자는 57세까지 체계적인 관계가 존재하지 않는다(ibid : 8). 여성의 경우 모든 직무수행자가 유사한 추세를 보이는데 평균점수는 육체노동을 하는 여성의 점수가 가장 낮고 정신노동 수행자가 최고 점수를 보인다.

남녀 모두 WAI 점수가 하락할 위험이 45세부터 나타나기 시작한다. 그 결정요인은 교육훈련에 참여 여부다. 정규 교육・훈련에 참여하지 않을 경우 45세경부터 WAI 점수가 거의 극적으로 낮아질 위험이 크다는 것이다. 45세라는 나이는 작업능력 변화의 장기적인 추세를 볼 때 중요한 의미를 가진다.

다음 그림은 다양한 연령대에 속한 사람의 작업능력에 대한 교차분석의 결과를 보여준다. 이에 따르면 연령집단 사이에 작업능력의 차이가 있다는 것과 연령의 증가에 따라 개인별 작업능력의 차이가 확대된다. 대부분 사람들의 작업능력은 나이와 무관하게 "좋음" 이상이다. 그런데 젊은이의 작업능력이 45세 이상의 작업능력보다 상대적으로 더 균질적으로 분포돼 있다. 45세 이상의 경우 작업능력이 "보통" 이하로 평가되는 사례가 많아지고, 55세 이상의 고령 근로자 사이에는 같은 연령대에서도 작업능력 점수가 양극단으로 나누어지는 현상도 나타났다.

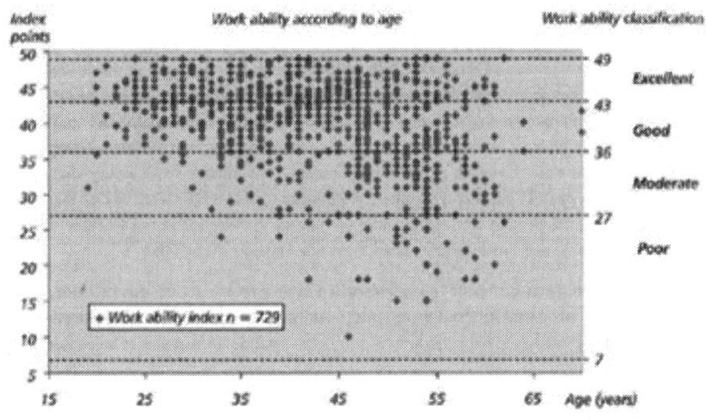

출처 : Ilmarinen et al.(2005) : 136, Fig. 13

[그림 5] 작업능력의 개인별 분포

WAI 점수가 45세경부터 낮아지기 시작한다는 것은 독일에서 최근 수행된 연구에서도 확인됐다. Prümper(2007)가 2006년 545명(여, 59.9%; 남, 40.1%)을 대상으로 연령대별 작업능력을 조사한 결과에 따르면 45세까지는 작업능력이 40점대로 유지되다가 45세를 넘어서면서 37점으로 급격히 떨어지는 것으로 확인됐다.

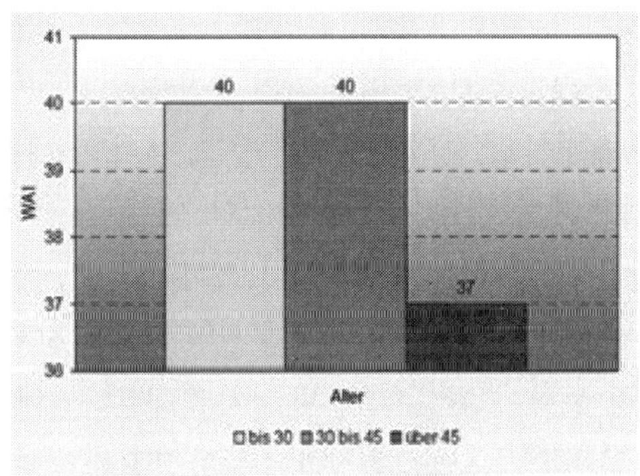

출처 : Prümper(2007)

[그림 6] 연령대별 작업능력

이상의 연구에서 볼 때, 연령이 증가함에 따라 개인의 인지 능력 등은 특정 시기 이후 감소 추세를 보이는 것으로 판단할 수 있다. 그러나 Bruce 등의 연구와 같이 지식, 수리능력 등을 복합적으로 요구하는 직무에서는 특정 능력이 감소함에도 불구하고 종합적인 경험이나 숙련 등을 통해 총제적인 직업능력을 증가할 수 있다는 것을 보여주고 있다.

2. 연령과 직업능력에서의 연령효과

직업능력에서의 신체적 특성을 보면, 신체적 직업능력은 다양한 용어로 표현되고 있는데, 체육이나 스포츠 등의 영역에서는 운동능력, 체력, 신체적성 등으로 표현되고, 일상생활에서는 일상생활능력, 직업생활에서는 작업능력 등으로 표현되고 있다. 한편, Kumar(1992)는 직무수행에 필요한 신체적 요소를 통증, 유연성, 유산소능력, 지구력, 정밀성, 민첩성, 근력, 관절 가동범위의 8개 하위요소로 구분하였다. 이 하위요소는 직무 수행 시 실제 작업을 수행하는 단계에서 주로 사용되며, 한 개의 요소가 다른 여러 개의 요소에 영향을 줄 수 있다. 또한 이들 요소는 각기 기준점이 있는데, 이는 직무 수행에 필요한 정도에 따라 결정되며 job requirement 혹은 physical demand로 표현된다.

Key(2000)는 직무수행에 필요한 신체능력을 유연성과 가동성, 근력과 에어로빅스로 나누었다. 이 때 유연성과 가동성을 직무를 수행하기 위한 기본적인 자세를 취하고, 여러 가지 동작을 수행하며 물체를 조작하는데 필요한 요소이고, 근력은 물체를 들고, 옮기고, 나르는데 필요한 요소를 의미한다. 또한 에어로빅스는 작업의 강도를 일정하게 유지하고, 지속적으로 작업을 수행하는데 필요한 요소이다.

Alston과 Mngadi(1992)는 직무 수행 상에 필요한 신체 활동을 크게 자세 능력, 이동 능력, 조작 능력의 세 가지로 구분하였으며, 이러한 신체 능력은 각 직무를 기준으로 특정한 수준이 필요하기 때문에, 작업평가 체계가 적어도 이러한 신체 능력의 수준은 정확하게 파악해야 한다고 하였다. 또한 개별 직무가 요구하는 신체강도와 능력 수준에 관한 정보들은 직업사전과 직업정보를 제공하는 자료에 이러한 사항이 반영되어야 한다고 하였다.

마지막으로 Rayson(2000)은 직무에서 필요로 하는 신체적 요구 수준(physical demand level)과 직무자의 능력을 일치시키는 것이 중요하며, 이를 위해서는 직무에 대한 정확한 분석과 이를 바탕으로 한 체력 관련 전략이 필요하다고 주장하였으며, 이는 질병으로 인한 퇴직, 결근, 이직 등과 직접적인 연관성이 있음을 주장하였다.

이상에서 제시하는 신체적 직업능력과 연령의 관계에 대한 연구를 보면, 근로자의 연령이 높아질수록 신체적 능력이 떨어지며 창의성과 업무동기가 낮아 젊은 근로자들과 비교하여 학습동기와 학습성과가 저하될 우려가 존재한다(Kubek, Delp, Haslett & McDaniel, 1996; Colquitt, LePine & Noe, 2000; Maurer, Weiss & Barbeite, 2003).

이와 같은 연령이 높아질수록 신체적 직업능력이 감소한다는 주장과 관련하여 다양한 관점에서의 논의가 진행되고 있다.

첫째, 연령이 증가함에 따른 신체적 변화는 육체적 활동에서 스피드나 파워를 감소시킨다(Wesrerkerp and Meijer, 2001; Douglas and O'Toole, 1992). 또한 이로 인해 신체적 활동을 요구하는 직업훈련을 실시할 경우, 훈련에 대한 집중력이 감소하게 된다(DiPietro et al,. 2006; Weir et al,. 2005). 이와 같은 논의는 연령이 증가할수록 신체적인 집중력이 감소하고 해당 능력을 발휘하는 데 한계를 나타낸다는 주장이다. 특히 이상의 주장은 물리적인 절대적 능력이 감소한다는 주장으로 운동선수의 은퇴 등의 연구에서 주로 주장 되어 오고 있다. 그러나 이와 같은 주장에는 성별에 따른 차이, 훈련정도에 따른 차이 등이 추가적으로 논의될 필요가 있다. 이는 연령에 따라 육체적 수행능력을 연구한 Vanina(2007) 등의 연구를 통해 쉽게 파악할 수 있다.

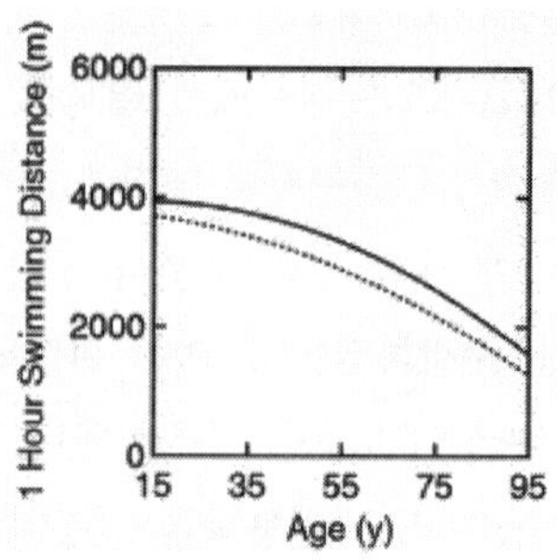

자료 : Vanina(2007).

[그림 7] 연령과 육체적 수행능력 관계

둘째, 신체적으로 나이가 들수록 신체적 활동에 대한 참여가 감소하기 때문에 이로 인한 신체적 직업능력이 감소한다는 것이다(Department of Health and Human Services Centers for Disease Control and Prevention, 2006). 이는 연령 증가에 따른 신체변화를 의미하는 것이 아니며, 신체 사용이 줄어들기 때문에, 관련한 직업능력이 감소한다는 주장이다. 일반적으로 경력개발이 이루어질 경우, 경력이 쌓여감에 따라 현장에서 사무직으로 이동하는 경향이 있다. 즉, 경력이 짧은 경우는 현장에서 생산직 등 육체적인 활동을 많이 하는 반면, 같은 작업장 내에서라도 경력이 높아질수록 관리・감독 등과 같이 정신적인 활동을 많이 하게 된다는 주장이다. 또한 이런 상황으로 인해 자연적으로 연령이 높아질수록 육체적 활동이 감소해 관련 직업능력이 도태된다는 주장이다.

마지막으로, 연령에 따른 직업능력 변동이 일반적인 문화에 의해 형성된다는 주장이 있다. 특정 연령대에 따라 사회・문화적인 행동 양식이 결정된다. 따라서 유사한 연령대에 있는 근로자는 해당 연령대에 기대되어지는 생활양식에 따라 활동하기 때문에, 이에 맞춰 신체적인 직업능력도 변동된다는 것이다(Spiroduso and Cronin, 2001).

Ⅳ. 결론

이상의 내용에서 볼 수 있듯 연령이 증가함에 따라 신체적 능력은 어느 시점을 기준으로 하향하게 된다. 다만 특정 직업에 지속적으로 종사하게 될 경우 그 직무에 필요한 능력은 물리적 능력과 노하우 등이 복합적으로 변화하여 향상 또는 유지하는 방향으로 변화가 가능하다. 또한, 이외에 경험을 통한 노하우, 사회적 네트워크 등을 통한 문제해결 능력은 정상적인 경우 경력이 쌓일수록 향상되게 된다. 이 밖에도 학습효과를 통해 통찰력이 쌓이게 되어 이를 바탕으로 직업능력의 상승에 긍정적인 영향을 미치게 된다.

한편, 신체적 능력의 변화가 이루어지더라도 연령의 증가에 맞는 직무가 주어지기 때문에 문제가 되지 않을 수 있다. 즉, 일반적인 조직 내에서는 연령의 증가에 따라 신체적인 활동이 이루어지는 직무보다는 전략을 수립하고, 조직의 방향을 판단하며 기획하는 업무로 이동할 가능성이 높다. 이러한 직무의 변화에 따라 필요한 신체적 능력은 자연스레 연령에 맞게 변화해 간다.

따라서 조직 내에서 장년의 직업경험, 다양한 노하우 등을 활용할 수 있는 방향으로 직무 배치가 이루어질 필요가 있다. 또한 HRD 관점에서 이들이 자신의 경력개발에서의 경험을 고찰 할 수 있는 기회를 제공하여 조직 내 학습이 선순환 될 수 있도록 지원할 필요가 있다. 이직이나 전직에 있어서는 향후 장년을 대상으로 기존의 직업경험, 다양한 경력 등을 적극적으로 활용할 수 있는 직업 제시, 컨설팅이나 교육 등의 업무를 부여할 수 있는 다양한 직업적 대안을 제시하는 것이 필요할 것이다.

장년의 자격제도

박종성(한국직업능력개발원)

장년의 자격제도

I. 장년의 관점에서 한국 자격제도 이해하기

1. 장년의 자격취득 연계 필요성[1)]

1) 장년층의 인구 현황

통계청(2015) 자료를 살펴보면 전체 인구에서 장년층(45세 이상)이 차지하는 비율이 〈표 1〉과 같이 점점 늘어나고 있다. 세부적으로 살펴보면, 2006년에는 전체 인구 중 32.7%를 차지하던 장년층이 2015년에는 42.8%를 차지하여 9년 사이에 약 10% 정도 증가하였다.

〈표 1〉 연령대별 인구 비율

연령대 \ 연도		2006	2007	2008	2009	2010	2011	2012	2013	2014	2015
15세 미만		18.7	18.1	17.5	16.9	16.3	15.8	15.3	14.9	14.5	14.0
15~29세		21.9	21.7	21.5	21.3	20.9	20.6	20.2	19.8	19.6	19.5
30~44세		26.6	26.2	25.9	25.7	25.5	25.4	25.2	24.9	24.3	23.7
장년	중년층 (45~54세)	14.9	15.5	16.0	16.3	16.6	16.7	16.8	16.9	17.0	17.0

1) 김인엽 · 김종욱 · 송기민(2017), 중장년의 일과 학습에 관한 연구, 한국직업능력개발원. 일부 내용 발췌하여 원고로 작성함.

연령대 \ 연도		2006	2007	2008	2009	2010	2011	2012	2013	2014	2015
층	베이비 붐 (55~64세)	8.8	8.9	9.1	9.4	10.0	10.6	11.1	11.6	12.2	12.9
	고령층 (65세 이상)	9.1	9.6	10.1	10.4	10.7	11.0	11.4	11.9	12.4	12.9
장년층(중고령층) (45세 이상)		**32.7**	**34.0**	**35.1**	**36.1**	**37.2**	**38.3**	**39.3**	**40.4**	**41.6**	**42.8**
합 계		100.0	100.0	100.0	100.0	100.0	100.0	100.0	100.0	100.0	100.0

출처 : 통계청(2015). 연령별(전국)추계인구.

2) 장년의 자격취득 필요성

장년의 범위는 연구의 목적에 따라 다양하게 규정할 수 있으나 사회 통념상 40대 중반에서 60대까지를 폭넓게 포함하기도 한다. 또는 일부 협의적으로 55세 이상부터 64세 미만까지를 장년의 범주로 설정하기도 한다. 장년의 대다수가 은퇴 이후에 재취업을 시도한다는 측면에서 장년층의 관점에서의 향후 진로를 설계에 도움을 줄 수 있는 자격제도를 살펴보는 것은 필요하다. 장년의 재취업은 이른바 생계형 재취업이 많다는 문제점과 영세자영업, 단순노무 등의 직종이 많다는 점을 문제로 지적하고 있다(강순희, 2016). 또한 장년층 직업능력 개발 프로그램들은 대부분 단순노무 직종이나 3D관련 업종에 집중되어 일자리가 제한적이라는 점이 문제점으로 지적하고 있다(민상기 외2015; 김인엽 외, 2017). 따라서 자격제도를 통해서 전문성 있는 일자리로의 연계가 검토되어야 한다.

장년에게도 개인적 적성지도와 진로・취업교육에 대해 균등한 교육기회를 제공하는 것이 필요하다(김용현 외, 2015). 평생교육은 취업과의 연계성을 고려할 때, 학위(Diplomas) 취득 목적보다는 오히려 자격증(Certificate) 취득의 목적으로 운영되는 것이 바람직하다고 할 수 있다(Collaway, A., 1973). 선행연구를 살펴보면 장년들의 재취업율을 높이는 방법으로 자격취득을 활성화 시키는 방법 등이 제시하고 있다. 그러나 장년들에게 제공되는 자격 자격취득 정보제공, 진로안내 등은 미비한 실정이다. 따라서 이에 대한 개선 검토가 필요하다고 할 수 있다.

2) 장년의 제2인생 설계

김인엽 외(2017)이 연구한 장년 재취업 측면의 델파이(Delphi) 조사 결과를 살펴보면 〈표 2〉와 같이 평생 교육의 자격 취득 연계가 재취업의 중요한 요소임을 알 수 있다. 장년 재취업 시 자격취득 연계 1, 2차 평균값이 모두 3.95로 비교적 높게 나타나고 있어서 재취업에서의 자격취득 연계는 매우 중요하다고 할 수 있다.

〈표 2〉 장년 재취업 영역 항목별 1차, 2차 평균값 및 중앙값

영역	항목	필요성 추정			
		평균값		중앙값	
		1차	2차	1차	2차
재취업 영역	A1. 중장년 의무 고용제	3.20	3.00	3.5	3.0
	A2. 유급학습 휴가제	3.95	3.85	4.0	4.0
	A3. 평생 교육의 자격 취득 연계	**3.95**	**3.95**	**4.0**	**4.0**
	A4. 중장년 NCS기반 채용	3.35	3.20	3.0	3.0
	A5. 평생교육사 양성 · 임용 · 연수 시스템 개선	3.85	3.70	4.0	4.0
	A6. 생애경력관리시스템 구축	4.25	4.20	4.0	4.0
	A7. 중장년 재취업 운영 및 지원기관 체계화	4.45	4.35	4.5	4.0
	A8. 단위 학교 평생교육관 운영	3.70	3.60	4.0	4.0
	A9. 중장년 재취업프로그램 홍보	4.25	4.30	4.5	4.5
	A10. 중장년 전용 직업실무교육기관 설립	3.95	4.00	4.0	4.0
	A11. 중장년 채용 기업 인센티브 확대	3.95	3.85	4.0	4.0
	A12. 평생교육바우처제	4.20	4.15	4.0	4.0

자료 : 김인엽 · 김종욱 · 송기민(2017), 중장년의 일과 학습에 관한 연구, 한국직업능력개발원.

또한 손유미 외(2015)[2]는 장년층을 대상으로 수요조사를 실시했는데 제2인생 설계를 위해 주로 준비하는 방법 중 자격증 취득 등 교육 훈련/기술익히기'가 주위사람과 의논, 창업준비와 함께 높은 비중으로 나타났다. 장년층에게 있어서 자격증 취득은 제2인생 설계를 위해 준비하는 방법 중 하나임을 알 수 있다.

2) 손유미 · 송창용 · 정재호 · 신성미(2015), 장년특화 훈련 활성화 방안 연구, 고용노동부. 일부 내용 발췌하여 원고로 작성함.

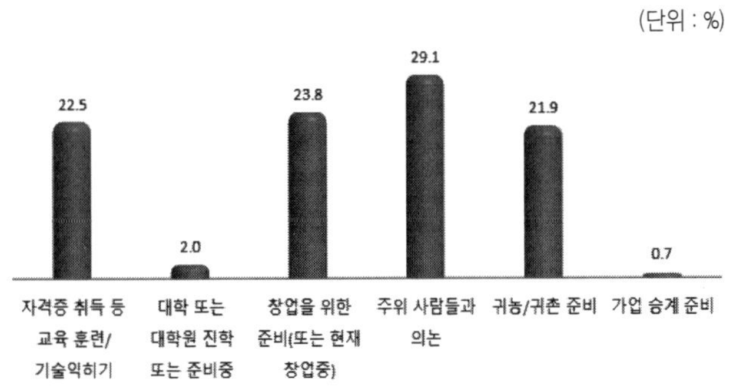

주 : 응답자 Base : 장년이후 제2인생 설계를 준비하고 있는 응답자 (n=151)

[그림 1] 제2인생 설계를 위해 주로 준비하는 방법

수요조사 결과를 〈표 3〉과 같이 세부적으로 살펴보면 40대에서'자격증 취득 등 교육훈련/기술익히기'가 29.7%로 가장 높게 나타났다. 특히 40대 기술・기능 직종에서는 제2인생 설계를 위해 주로 준비하는 방법으로'자격증 취득 등 교육훈련/기술익히기'가 36.0%로 매우 높게 나타나고 있다. 40대 사무직도 자격증 취득 등 교육훈련/기술익히기가 30.6%로 매우 높게 나타나고 있다. 본인의 현재 직장에서의 업무가 자격증 취득 준비 및 진로선택을 하는데 있어서 많은 영향을 준다고 할 수 있다.

또한 회사에 재직하는 분에 비해 구직중인 분들이'자격증 취득 등 교육훈련/기술익히기'가 32.1%로 가장 높게 나타나고 있고, 현재 생활 수준 유지가 되는 경우 보다 생활해결 시급한 수준의 사람일수록 자격증 취득 등 교육훈련/기술익히기'가 50%로 매우 높게 나타나고 있다. 따라서 장년층이라고 하더라도 현재 직장이 없고, 생활 유지가 어려운 사람들이 자격증 취득 등이 많은 관심을 갖는 것을 알 수 있다.

〈표 3〉 제2인생 설계를 위해 주로 준비하는 방법

(단위 : 명, %)

구분			빈도	자격증 취득 등 교육 훈련/기술 익히기	대학 또는 대학원 진학 또는 준비중	창업을 위한 준비 (또는 현재 창업중)	주위 사람들과 의논	귀농/귀촌 준비	가업 승계 준비
전 체			151	22.5	2.0	23.8	29.1	21.9	0.7
성별	남성		81	23.5	2.5	27.2	14.8	30.9	1.2
	여성		70	21.4	1.4	20.0	45.7	11.4	0.0
연령대	40대		74	29.7	1.4	24.3	25.7	18.9	0.0
	50대		77	15.6	2.6	23.4	32.5	24.7	1.3
재직 유무	재직중		123	20.3	2.4	23.6	29.3	23.6	0.8
	구직중		28	32.1	0.0	25.0	28.6	14.3	0.0
현(전) 직장	공공기관		19	31.6	5.3	5.3	36.8	21.1	0.0
	민간기업		132	21.2	1.5	26.5	28.0	22.0	0.8
현재 생활 수준	생활 유지		133	18.8	2.3	24.8	31.6	21.8	0.8
	생계해결 시급		18	50.0	0.0	16.7	11.1	22.2	0.0
학력 수준	고졸		48	16.7	0.0	20.8	25.0	35.4	2.1
	전문대졸		21	23.8	0.0	28.6	28.6	19.0	0.0
	대졸 이상		82	25.6	3.7	24.4	31.7	14.6	0.0
직종	사무		71	26.8	4.2	22.5	31.0	15.5	0.0
	기술기능		53	22.6	0.0	20.8	24.5	30.2	1.9
	영업		27	11.1	0.0	33.3	33.3	22.2	0.0
연령대_직종	40대	사무	36	30.6	2.8	25.0	25.0	16.7	.0
		기술·기능	25	36.0	.0	20.0	28.0	16.0	.0
		영업	13	15.4	.0	30.8	23.1	30.8	.0
	50대	사무	35	22.9	5.7	20.0	37.1	14.3	.0
		기술·기능	28	10.7	.0	21.4	21.4	42.9	3.6
		영업	14	7.1	.0	35.7	42.9	14.3	.0

주 : 응답자 Base; 장년이후 제2인생 설계를 준비하고 있는 응답자 (n=151)[3)]
자료 : 손유미 외(2015). 장년특화 훈련 활성화 방안 연구. 고용노동부.

3) 손유미 외(2015)의 장년특화 훈련 활성화 방안 연구에서 장년 특화 훈련활성화를 위한 수요조사결과를 일부 발췌하여 제시함. 2015년 조사 결과로 대한민국에 거주하는 만 45~54세 남녀 413명. 웹 조사 및 전화 조사 병행하여 조사한 결과임.

2. 한국의 자격제도 이해하기

1) 한국의 자격체계

한국의 자격체계는 [그림 2]와 같이 국가자격과 민간자격으로 구분된다. 국가자격이란 국가가 법률에 따라 부여하는 자격으로서, 개별법에 의한 국가자격(예 : 의료법에 의한 의사 등)과 국가기술자격법에 의한 국가기술자격(예 : ○○기술사, ○○○기사 등)으로 구분된다. 민간자격은 자격기본법에 의한 공인민간자격과 등록민간자격으로 구분되며, 근로자를 대상으로 검정을 시행하는 사내자격이 민간자격에 포함된다(박종성 외, 2016). 보통 장년들은 교육훈련과 연계하여 국가기술자격(예 : 전기기능사 자격 등)을 많이 취득하고자 노력하고 있으며, 일부 장년들은 공인중개사, 주택관리사 등과 같은 개별법의 국가자격 등도 제2의 인생을 준비하기 위해서 취득하고 있다.

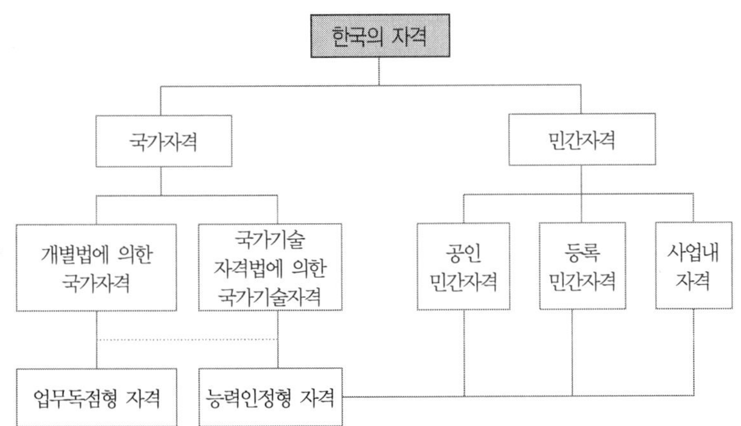

출처 : 1. 박종성 외(2009). 환경영향평가사 자격종목 개발에 관한 연구. 환경부 · 한국직업능력개발원.
2. 교육부(2011). 제2차 자격 관리 · 운영 기본계획(안)(2012~2016).
3. 박종성 외(2016). 연구실안전관리사 전문자격 신설을 위한 직무분석 연구. 미래창조과학부. 재인용

[그림 2] 자격의 체계

각 자격제도별 일반 현황을 살펴보면, 국가자격 중 국가기술자격은 현재 527종목으로, 자격종류는 자격의 수준에 따라 기술사・기능장・기사・산업기사 등으로 구분된다. 개별법의 국가자격[4]은 173직종이며, 자격 종류에는 변호사, 의사, 보건교육사 등이 있다. 민간자격 중 공인민간자격은 99개 종목, 등록민간자격은 27,860개 종목, 사업 내 자격 중 고용노동부 인정사내자격이 137개 종목으로 운영되고 있어 전체 민간자격 중 등록민간자격 종목 수가 차지하는 비중이 가장 큰 것으로 나타난다(〈표 4〉 참조).

업무독점형 자격은 해당자격이 없으면 그 업무에 종사를 할 수 없는 자격으로 면허성을 띄고 있는 자격과 관련법에서 의무적으로 고용하도록 하여 배치되는 자격이 업무독점형 자격이라고 할 수 있다. 면허성 자격은 의사, 변호사, 변리사, 건축사 등의 자격이고, 의무고용(직무형) 자격은 전기기사, 환경기사, 산업안전기사 등의 자격이라고 할 수 있다. 능력인정형 자격은 해당부분에 대한 일정한 지식, 기술, 기능을 소요하고 있음을 나타내는 자격을 말한다. 관련법에서의 활용성이 법으로 강제되지 않지만 노동시장에서 필요에 의해서 활용되는 많은 자격 등이 능력인정형 자격에 해당한다. 일반적으로 장년들에게 필요한 자격종목은 업무독점형 자격 및 능력인정형 자격이 모두 필요하지만 취업 및 창업을 고려한다면 업무독점형 자격이 매우 유리하다고 할 수 있다.

---

4) 국가자격이란 법령에 따라 국가가 신설하여 관리・운영하는 자격을 말한다(자격기본법 제2조). 그러나 국가기술자격법에 의한 국가자격은 국가기술자격으로 구분하면 되지만 개별법을 바탕으로 만들어진 국가자격은 국가기술자격과 구분하기 위해 개별법 국가자격, 국가전문자격, 기타 국가자격 등으로 용어를 다양하게 사용하고 있다.

〈표 4〉 한국의 자격제도 현황

(2017. 11월 기준)

구분		종목수	관련법	자격종류(예)
국가 자격	국가기술자격	527개	국가기술자격법 (고용노동부)	기술사・기능장・기사・산업기사・기능사, 워드프로세서 등
	국가전문자격	173개 직종*	86개 개별법령 (25개 부・처・청・위원회)	변호사(변호사법), 의사(의료법), 산업안전지도사(산업안전보건법) 등
민간 자격	공인민간자격	99개 직종* (61개 기관)	자격기본법(교육부) (15개 부・처・청・위원회)	실용수학, TEPS 등
	등록민간자격	27,860개 직종* (6,241개 기관)	자격기본법(교육부) (34개 부・처・청・위원회)	연구개발관리사, 심리상담사 등
	사업내 자격	137개 (68개 기관)	고용보험법 (고용노동부)	방재관리사, 하수처리EG 등

* 직종은 자격 종목의 수 1개 자격이 분야 또는 등급으로 세분화되어 있는 전체 개수임.

출처 : 1. 직업능력지식포털 http://www.hrd.go.kr.
2. 한국산업인력공단 Q-net http://www.q-net.or.kr
3. 민간자격정보서비스. http://www.qpi.or.kr.
4. 박종성 외(2011). 서비스산업자격연구(Ⅱ)-사업 및 배분서비스 중심으로. 한국직업능력개발원.
5. 김상호 외(2014). 민간자격 등록 및 공인제도 개선방안 연구. 한국직업능력개발원.
6. 교육부・한국직업능력개발원(2016. 8. 24). 제3차 자격관리・운영 기본계획(안).
7. 김덕기 외(2017). 평생직업능력인증을 위한 국가자격 통합관리체계 연구. 한국직업능력개발원(미간행) 자료.

Ⅱ. 장년의 관점에서 알아야할 국가자격 소개 및 활용 유형

1. 국가기술자격 제도

1) 도입 배경[5)]

국가기술자격의 경우 국가기술자격법이 제정되기 이전에는 1958년

5) 박종성 외(2016), 연구실 안전관리사 전문자격 신설을 위한 직무분석 연구, 미래창조과학부. 일부내용을 발췌하여 원고로 작성함

부터 시작된 각 사업법별 기술자격관리, 1967년의 직업훈련법에 기초한 기능검정제도, 1950년대 후반부터 민간 부문에 의한 사무관리분야 검정 등으로 나뉘어 관리되어 왔다. 그러나 1973년 12월 31일 국가기술자격 법령이 제정・공포되고, 동법시행령(대통령령 제7283호 1974년 10월 16일), 동법시행규칙(총리령 제 142호 1974년 12월 31일)이 공포됨으로써 통합적인 국가기술자격 제도가 확립되었고, 1975년부터는 이 법의 규정에 의해 모든 기술자격검정이 실시되도록 하고 있다. 국가기술자격법은 기술 및 기술 수준의 평가제도를 확립함으로써 기술자 및 기능자의 자질을 향상시키고, 이들의 사회적 공신력을 제고하였다. 또한, 기술자격취득자에 대한 우대 조치를 확대함으로써 기술인의 사회적 지위 향상과 기술 인력 활용 극대화를 도모하였으며, 기술자격검정을 통하여 기술교육과 직업훈련제도를 산업계의 요구에 부응할 수 있도록 하였다는데 큰 의의를 가진다.

2) 국가기술자격 관리・운영 체계[6)]

국가기술자격은 19개 소관부처(청, 위원회)별로 관장하고 있으며, 제도의 총괄관리는 「국가기술자격법」에 따라 고용노동부가 담당하고 있다. 국가기술자격의 관리체계는 「국가기술자격법」 개정('14. 5. 20.)으로 검정형과 과정평가형으로 검정방식이 개편됨에 따라 이원화되어 운영되고 있다(고용노동부, 2016 : 24). 우선, 검정형 및 과정평가형 국가기술자격제도는 고용노동부 장관을 위원장으로 하는 '국가기술자격 정책심의위원회'에서 제도의 중요한 사항에 대해 심의가 이루어지며, 제도 운영 총괄은 개별 부・처・청・위원회의 협조를 얻어 고용노동부가 담당하고 있다. 이와 함께 검정형 국가기술자격은 한국산업인력공단, 대한상공회의소, 한국원자력안전기술원, 영화진흥위원회, 한국콘텐츠진흥원, 한국방송통신전파진흥원, 한국광해관리공단, 한국인터넷진흥원 8개 기관에 위탁되어 자격검정이 시행된다.

---

6) 김덕기 외(2017). 평생직업능력인증을 위한 국가자격 통합관리체계 연구. 한국직업능력개발원(미간행) 자료. 일부내용을 발췌하여 원고로 작성함.

3) 알아야 할 응시자격 요건

자격 신설시 일반적으로 직무분석을 터해서 등급설정이 이루어지고 등급에 맞는 응시요건을 설정하게 된다. 자격직무분야에 따라서 등급이 단일등급인 자격종목이 있고 몇 개의 등급으로 나누어진 경우가 있다. 등급이 2~3개 나누어지는 경우는 산업현장에서 2~3개의 직무의 요구가 있는 경우라고 할 수 있다. 장년의 입장에서는 본인의 학력, 경력 등의 고려하여 자격시험에 응시해야 한다. 기술 분야의 대표적인 국가기술자격의 응시요건을 개략 살펴보면 [그림 3]과 같다. 기능사는 응시요건에 제한이 없으나 산업기사부터는 관련분야 전문대졸 등의 응시요건이 요구된다고 할 수 있다.

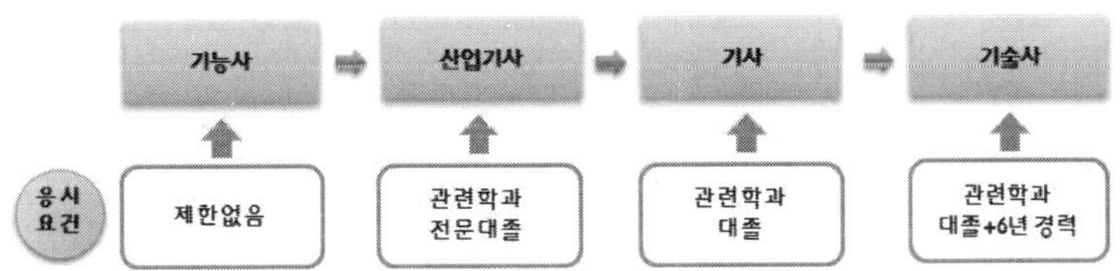

[그림 3] 국가기술자격 응시요건의 체계성

기능사는 응시요건에 제한이 없어 보통 중졸, 고졸자가 응시하고 산업기사는 관련학과 전문대 졸업자, 기사는 관련학과 대학졸업자가 응시한다. 기술사는 관련학과 대학졸업 후 6년의 경력이 요구된다. 장년의 관점에서 접근 할 수 있는 국가기술자격의 응시요건은 학력별로 구분되고 있어 본인의 관련분야 학력과 경력 등을 고려하여 자격취득 준비를 해야 할 것이다.

2015년 통계청 자료를 근거로 장년층의 교육수준을 살펴보면, 최근 5년 동안 중졸 이하의 비율은 지속적으로 감소한 반면, 고졸과 초대졸 이상의 비율은 증가하였다. 구체적으로 살펴보면, 중졸 이하 비율의 경우 2011년에는 48.4%로 2015년에는 40.3%로 감소하였다. 고졸 비율은 34.1%에서 37.7%로, 초대졸 이상의 비율은 17.5%에서 22.0%로 증가하였다. 학력 수준이 올라감에 따라 장년층에서 응시할 수 있는 자격등급의 범위는 늘어나고 있다고 할 수 있다. 현재 장년층에서 재취업을 위해서 준비하는 자격은 학력제한이 없는 기능사 시험에 많이 응시하는 것으로 나타나고 있으나 학력수준의 향상과 함께 상위 등급(산업기사 등)의 자격시험에도 많은 관심을 가질 것으로 보인다. 이처럼 장년층 전체의 교육 수준이 지속적으로 향상되고 있어 과거보다 장년층의 노동생산성은 전반적으로 향상되어질 것이다.

〈표 5〉 장년층(45세 이상) 교육수준별 비율[7)]

구분			연도		
연령대		교육수준	2011	2015	변화 (2015~2011)
장년(중·고령층) (45세 이상)		중졸 이하	48.4	40.3	-8.1
		고졸	34.1	37.7	3.6
		초대졸 이상	17.5	22.0	4.5
장년층	중년층 (45~54세)	중졸 이하	24.4	13.4	-11.0
		고졸	47.6	51.1	3.5
		초대졸 이상	28.0	35.4	7.5
	베이비 붐 (55~64세)	중졸 이하	54.4	42.3	-12.1
		고졸	32.6	39.3	6.7
		초대졸 이상	13.0	18.4	5.4
	고령층 (65세 이상)	중졸 이하	77.4	72.1	-5.3
		고졸	16.0	19.3	3.4
		초대졸 이상	6.6	8.6	2.0

출처 : 통계청(2015). 경제활동인구조사

2. 개별법의 국가자격 제도[8)]

1) 개별법의 국가자격

개별법의 국가자격은 의사나 변호사와 같은 면허성 자격을 의미하는 것으로 국가기술자격 이외에 25개 부·처·청 및 각종 위원회에서 86개 법률에 의거하여 관리·운영하고 있는 자격을 말한다. 이는 개별 부처의

7) 김인엽·김종욱·송기민(2017), 중장년의 일과 학습에 관한 연구, 한국직업능력개발원.

8) 박종성 외(2010), 서비스산업의 자격연구(Ⅰ) 및 2017년 제2차 민간자격관리자 연수 자료의 일부내용을 발췌하여 원고로 작성함. 또한 김덕기 외(2017). 평생직업능력인증을 위한 국가자격 통합관리체계 연구의 일부 내용을 발췌하여 원고로 작성함

필요성에 의해 신설·운영되고 있으며, 주무부처별로 관장하고 있다(〈표 6〉 참조). 이 중에서 보건복지부가 가장 많은 36개 자격직종을 관리·운영하고 있으며, 다음으로 국토해양부(23개), 문화체육관광부(19개) 순으로 자격을 관리·운영하고 있다.

〈표 6〉 주무부처별 국가자격의 종목 및 직종(2017년 8월 기준)

소관부처	직종수	국가자격 명칭
경찰청	4	경비지도사(기계, 일반) 자동차운전전문학원기능검정원, 자동차운전면허, 자동차운전전문학원강사
고용노동부	4	공인노무사, 산업안전지도사, 산업위생지도사, 직업능력개발훈련교사
공정거래위원회	1	가맹거래사
교육부	8	보건교사, 사서교사, 실기교사, 영양교사, 전문상담교사, 정교사, 준교사, 평생교육사
국방부	5	군항공교통관제사, 헬기정비사, 심해잠수사, 항공장구관리사
국토교통부	23	감정평가사, 건축사[9], 공인중개사, 교통안전관리자[10], 물류관리사, 사업용 조종사, 운송용 조종사, 운항사, 자가용 조종사, 주택관리사, 철도차량운전면허, 택시운전자격, 항공교통관제사, 항공기관사, 항공사, 항공운항관리사, 항공정비사, 화물운송종사자 등
금융위원회	4	공인회계사, 보험계리사, 보험중개사, 손해사정사
기획재정부	5	주류제조관리사, 세무사, 외국세문자문사
농림축산식품부	12	가축인공수정사, 경매사[11], 농산물검사원, 농산물품질 관리사, 수의사, 환지사, 말조련사, 재활승마지도사 등
문화재청	2	문화재수리기능자[12], 문화재수리기술자[13]
문화체육관광부	19	경주선수, 경주심판, 관광통역안내사, 국내여행안내사, 무대예술전문인, 박물관·미술관학예사, 사서, 생활스포츠지도사, 한국어교원, 호텔경영사, 호텔관리사, 호텔서비스사 등
방송통신위원회	2	무선통신사, 아마추어무선기사
법무부	2	변호사, 법무사

9) 건축사는 건축사와 건축사(예비) 등으로 분류되어 자격이 운영되고 있음.

10) 교통안전관리자는 교통안전관리자(도로), 교통안전관리자(철도), 교통안전관리자(항공), 교통안전관리자(항만), 교통안전관리자(삭도) 등으로 분류되어 자격이 운영되고 있음.

11) 경매사는 경매사(수산), 경매사(약용), 경매사(양곡), 경매사(청과), 경매사(축산), 경매사(화훼) 등으로 분류되어 자격이 운영되고 있음.

12) 문화재수리기능자는 문화재수리기능자(가공석공), 문화재수리기능자(대목수), 문화재수리기능자(도금공), 문화재수리기능자(드잡이공), 문화재수리기능자(목조각공), 문화재수리기능자(박제및표본제작공), 문화재수리기능자(번와와공), 문화재

소관부처	직종수	국가자격 명칭
보건복지부	36	간호사, 간호조무사, 건강가정사, 물리치료사, 방사선사, 보건교육사, 사회복지사1급, 안경사, 안마사, 약사, 영양사, 위생사, 응급구조사, 의무기록사, 의사, 의지·보조기기사, 임상병리사, 작업치료사, 전문의, 정신보건간호사, 정신보건사회복지사, 정신보건임상심리사, 조산사, 청소년상담사, 청소년지도사, 치과기공사, 치과위생사, 치과의사, 한약사, 한약업사, 한약조제사, 한의사 등
산림청	6	산림치유지도사, 산림기술자, 목구조기술가, 산림교육전문가 등
산업통상자원부	1	유통관리사
소방청	4	소방시설관리사, 소방안전교육사, 화재조사관
여성가족부	2	청소년상담사, 청소년지도사
원자력안전위원회	7	방사성동위원소취급자특수면허, 방사성취급감독자면허, 원자로조종사면허, 핵원료물질취급감독자면허 등
중소벤처기업부	2	경영지도사[14], 기술지도사[15]
특허청	1	변리사
해양경찰청	2	동력수상레저기구조종사
해양수산부	16	도선사, 구명정수, 기관사, 운항사, 통신사, 항해사, 등
행정안전부	1	행정사
환경부	4	정수시설운영관리사1급~3급, 환경측정분석사(수질, 대기)
계	173	

주 : 여기서는 동일한 자격명칭을 사용하는 자격종목의 경우 다른 분야, 또는 다른 등급이더라도 하나의 자격으로 취급함(예 : '문화재수리기능자'의 경우 가공석공, 대목수, 도금공, 드잡이공 등 다양한 분야에 걸쳐 동일한 자격명칭을 사용하므로, 여기서는 하나의 종목으로 취급).

수리기능자(보존처리공), 문화재수리기능자(석조각공), 문화재수리기능자(세척공), 문화재수리기능자(소목수), 문화재수리기능자(식물보호공), 문화재수리기능자(실측설계사보), 문화재수리기능자(쌓기석공), 문화재수리기능자(제작와공), 문화재수리기능자(조경공), 문화재수리기능자(철물공), 문화재수리기능자(칠공), 문화재수리기능자(표구공), 문화재수리기능자(한식미장공), 문화재수리기능자(화공), 문화재수리기능자(훈증공) 등으로 분류되어 자격이 운영되고 있음.

13) 문화재수리기술자는 문화재수리기술자(단청), 문화재수리기술자(보수), 문화재수리기술자(보존과 학), 문화재수리기술자(식물보호), 문화재수리기술자(실측설계), 문화재수리기술자(조경) 등으로 분류되어 자격이 운영되고 있음.

14) 경영지도사는 경영지도사(1차 공통), 경영지도사(마케팅), 경영지도사(생산관리), 경영지도사(인적 자원관리), 경영지도사(재무관리) 등으로 분류되어 자격이 운영되고 있음.

15) 기술지도사는 기술지도사(1차 공통), 기술지도사(금속), 기술지도사(기계), 기술지도사(생명공학), 기술지도사(생산관리), 기술지도사(섬유), 기술지도사(전기전자), 기술지도사(정보처리), 기술지도사(화공), 기술지도사(환경) 등으로 분류되어 자격이 운영되고 있음.

3. 민간자격 제도[16)]

1) 등록민간자격제도

민간자격 등록제도는 민간자격관리자[17)]가 민간자격을 관리·운영하고 있다는 것을 등록 관리기관에 등록하는 것으로서, 등록대장에 자격의 명칭 및 등급, 민간자격 관리운영기관에 관한 사항, 등록의 신청일 및 등록결정일 등을 기재하는 일련의 행정행위를 말한다. 등록제도는 「자격기본법」 제17조 및 동법 시행령 제23조에 의해 운영되는 제도로서 민간자격 금지분야[18)]를 제외하고는 민간자격을 신설 및 관리·운영하는 민간자격관리자는 한국직업능력개발원에 등록하여야 한다는 것을 의미한다. 등록제는 허가 및 인가의 성질을 갖는 여타 등록제와는 달리 민간자격관리기관의 자율성 및 독립성을 보장하고, 민간자격을 활성화하면서 민간자격에 대한 정부의 규제 및 개입을 최소화하는 데 운영 취지가 있다. 민간자격관리기관은 관리·운영하고 있는 자격을 의무적으로 등록해야 한다. 등록제도는 ① '민간자격 현황'을 파악 및 관리, ② 민간자격 등록관리를 통하여 '법률상 금지하는 민간자격의 신설 및 관리·운영 및 등록을 제한'함으로써 국민의 피해를 예방, ③ 민간자격에 대한 올바른 정보를 수집·제공하는 데 그 목적을 두고 있다(한국직업능력개발원, 2013). 민간자격 등록절차는 [그림 4]와 같다.

16) 심덕기 외(2013). 민간자격제도 질 관리 방안. 한국직업능력개발원. 일부내용을 발췌하여 원고로 작성함

17) 민간자격을 신설하여 관리·운영하는 자는 단순히 자격검정 업무의 일부를 관리·운영하는 자가 아닌 '민간자격을 발급하는 자'를 이미한다.

18) ① 다른 법령에서 금지하는 행위와 관련된 분야, ② 국민의 생명·건강·안전 및 국방에 직결되는 분야, ③ 선량한 풍속을 해하거나 사회질서에 반하는 행위와 관련되는 분야, ④ 그 밖에 민간자격으로 운영하는 것이 적합하지 아니하다고 심의회의 심의를 거쳐 대통령령으로 정하는 분야

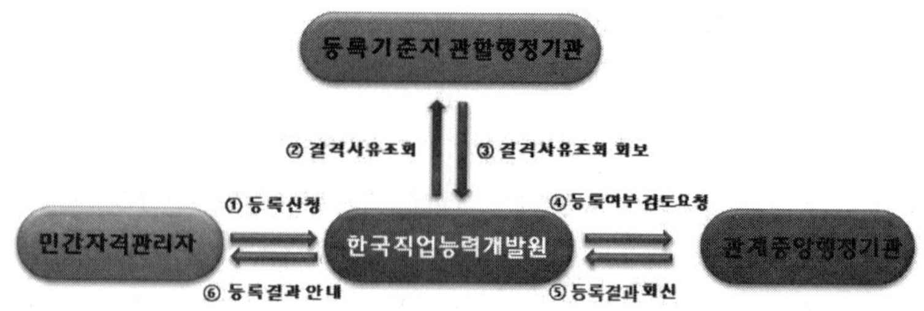

출처 : 한국직업능력개발원(2016), 7p

[그림 4] 민간자격 등록제도 운영절차

민간자격 등록은 자율적으로 발생한 법률사실 또는 법률행위를 대상으로 등록 의무를 부과한다는 측면에서 주민등록, 사업자등록 및 학원등록 등과 유사하다고 볼 수 있으나, 등록에 따른 품질인정 또는 재산권 및 독점권 등을 부여하지 않는다는 점에서 법인, 특허, 상표권 등의 등록과는 차이가 있다(한국직업능력개발원, 2013). 그러므로 등록 자체가 등록자격의 품질 또는 운영권한 등을 인정하는 것은 아니다.

민간자격은 병원관리사, 바리스타, 실버놀이지도사 등 28,690개 종목(2017년 12월 15일 기준)이 있으며, 자격명 검색은 민간자격 정보서비스 https://www.pqi.or.kr에서 확인할 수 있다.

2) 공인민간자격제도

민간자격 공인제도는 「자격기본법」 제19조에 의거 한국직업능력개발원에 등록한 민간자격 중 법인[19]이 운영하는 자격을 대상으로 사회적 수요에 부응하는 우수한 민간자격을 한국직업능력개발원(이하 '직능원')의 조사과정을 거쳐 국가가 공인해 주는 제도이다. 「자격기본법」에서는 '공인'을 검정기준, 검정과목, 응시자격 등 검정수준이 국가자격과 같거나 비슷한 민간자격을 동법에서 정한 절차에 따라 국가가 인정하는 행위

19) 1997년 공인제도가 도입될 당시에는 민간자격관리기관은 누구나 공인을 신청할 수 있도록 하였으나, 「자격기본법」 개정(2007.4.)을 통해 국가가 공인한 민간자격의 사회적 영속성과 공신력을 높이기 위하여 공인신청을 등록자격 중 법인이 관리하는 민간자격으로 제한하였다. 그러므로 개인 및 임의 단체 등에서 운영하는 민간자격은 공인신청을 할 수 없다.

로 정의하고 있다.

공인제도는 민간자격 간의 경쟁 체제를 도입하여 자격의 질을 향상시키고, 이 중 우수한 민간자격을 국민에게 널리 알려 자격취득 과정에 참여를 촉진시키기 위함이다. 결국 이 제도는 민간자격의 질 관리 사업이라 할 수 있으며, 궁극적으로는 우수 민간자격의 운영을 통해 국민 전반의 직업능력을 향상시키기 위한 시책이라 할 수 있다(정태화 외, 1998).

신규 공인을 위한 조사 절차는 [그림 5]와 같다. 이와 관련된 주요 주체들의 역할을 살펴보면, 조사를 총괄적으로 수행하는 한국직업능력개발원[20], 공인의 주체가 되는 주무부처, 조사 결과에 대한 심의기구인 자격정책심의위원회, 공인신청의 당사자인 민간자격관리자가 있다.

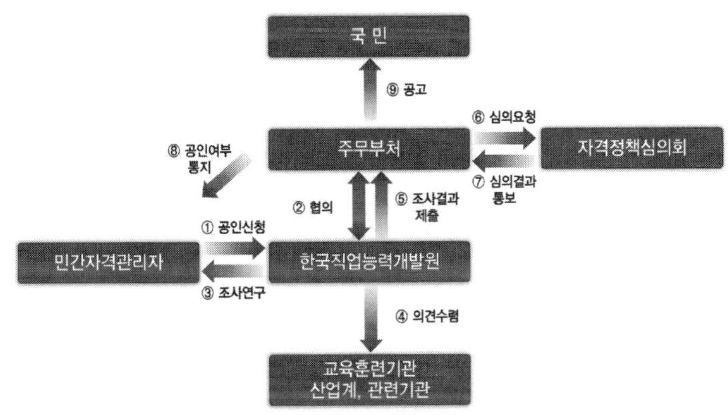

출처 : 박종성 외(2014). 민간자격 국가공인을 위한 조사연구 사업(2014). 한국직업능력개발원

[그림 5] 신규 공인을 위한 조사 절차

공인조사의 기본 방향은 '민간자격 난립에 따른 폐해 예방과 민간자격을 선도할 수 있는 우수한 민간자격 지원', '각종 전문직 단체와 업종별 협회 등 공익법인 또는 비영리단체의 민간자격 운영을 유도함으로써 민간자격의 공신력 강화 및 지나친 영리성 배제' 그리고 '국가자격 수준

20) 한국직업능력개발원은 자격기본법 제38조 및 동법 시행령 제34조의 위임·위탁 규정에 따라 민간자격 공인 조사를 위탁·수행하고 있음.

에 준하는 검정 기준, 방법, 절차 등의 적용을 통해 민간자격의 질 관리 제고'로 하고 있다.

Ⅲ. 장년층 일자리 실태 분석[21)]

1. 장년층 취업자 산업별 분포

1) 장년층 취업자 순위

장년층 취업자[22)]의 산업별 분포를 살펴보면, 음식점 및 주점업이(9.7%) 가장 높고, 그 다음은 소매업(자동차제외, 8.4%), 운송업(7.4%) 순으로 나타나고 있다. 특히 연령대가 높아질수록 취업자의 산업별 분포가 단순한 형태로 나타난다. 장년층 취업자의 성별 산업별 분포를 보면, 남성은 주로 운송업(12.0%), 전문직별 공사업(9.9%), 농업(6.2%), 소매업(5.8%), 건설업(5.5%) 순으로 분포해 있으며, 장년층 여성은 주로 음식점 및 주점업(17.7%), 소매업(자동차제외, 12.2%), 농업(7.4%), 기타 개인서비스업(6.9%), 사회복지 서비스업(6.6%), 교육서비스업(6.0%) 순으로 분포해 있다. 남성 취업자는 80% 이상이 22개 산업에 분포하고, 여성 취업자는 80% 이상이 상위 15개 산업에 분포되어 있다. 특히 여성 취업자의 산업별 분포가 남성 취업자의 산업별 분포보다 단순한 형태로 나타나고 있다.

〈표 7〉 취업자 산업 순위(전체, 50~64세)

순위	대분류	중분류		비율	누적비율
1	숙박 및 음식점업	56	음식점 및 주점업	9.7	9.7
2	도매 및 소매업	47	소매업;자동차제외	8.4	18.1
3	운수업	49	육상운송 및 파이프라인 운송업	7.4	25.5

21) 손유미・송창용・정재호・신성미(2015), 장년특화 훈련 활성화 방안 연구, 고용노동부. 일부내용을 정리하여 원고를 작성함

22) 장년층 취업자 산업순위 관련 자료는 50~64세 자료로만 살펴본 한계가 있음

순위	대분류	중분류		비율	누적비율
4	농업, 임업및어업	1	농업	6.7	32.2
5	건설업	42	전문직별 공사업	6.2	38.4
6	교육서비스업	85	교육 서비스업	4.8	43.2
7	사업시설관리 및 사업지원 서비스업	75	사업지원 서비스업	4.5	47.7
8	도매 및 소매업	46	도매 및 상품중개업	4.4	52.1
9	공공행정, 국방및사회보장행정	84	공공행정, 국방및사회보장행정	3.8	55.9
10	협회및단체, 수리및기타개인 서비스업	96	기타 개인 서비스업	3.8	59.7
11	건설업	41	종합 건설업	3.4	63.1
12	보건업	87	사회복지 서비스업	3.0	66.1
13	부동산업 및 임대업	68	부동산업	2.4	68.5
14	보건업	86	보건업	1.9	70.4
15	제조업	10	식료품 제조업	1.6	72.0
16	제조업	14	의복, 의복액세서리및모피제품제조업	1.5	73.5
17	제조업	29	기타 기계 및 장비 제조업	1.5	75.0
18	제조업	30	자동차 및 트레일러 제조업	1.5	76.5
19	제조업	25	금속가공제품제조업;기계및가구제외	1.4	77.9
20	협회및단체, 수리및기타개인 서비스업	94	협회 및 단체	1.3	79.2
21	협회및단체, 수리및기타개인 서비스업	95	수리업	1.3	80.5
22	사업시설관리 및 사업지원 서비스업	74	사업시설 관리 및 조경 서비스업	1.2	81.7
23	제조업	22	고무제품 및 플라스틱제품 제조업	1.1	82.8
24	금융 및 보험업	65	보험 및 연금업	1.1	83.9
25	기타소비생산활동	97	가구내 고용활동	1.0	84.9

자료 : 경제활동인구조사(2014) 원자료, 통계청

〈표 8〉 취업자 산업 순위(남성, 50~64세)

순위	대분류		중분류	비율	누적비율
1	운수업	49	육상운송 및 파이프라인 운송업	12.0	12.0
2	건설업	42	전문직별 공사업	9.9	21.9
3	농업, 임업및어업	1	농업	6.2	28.1
4	도매 및 소매업	47	소매업;자동차제외	5.8	33.9
5	건설업	41	종합 건설업	5.5	39.4
6	도매 및 소매업	46	도매 및 상품중개업	5.2	44.6
7	공공행정, 국방및사회보장행정	84	공공행정, 국방및사회보장행정	5.0	49.6
8	숙박 및 음식점업	56	음식점 및 주점업	4.1	53.7
9	사업시설관리 및 사업지원 서비스업	75	사업지원 서비스업	4.1	57.8
10	교육서비스업	85	교육 서비스업	4.0	61.8
11	부동산업 및 임대업	68	부동산업	2.6	64.4
12	제조업	29	기타 기계 및 장비 제조업	2.1	66.5
13	제조업	25	금속가공제품제조업;기계및가구제외	1.9	68.4
14	제조업	30	자동차 및 트레일러 제조업	1.8	70.2
15	협회및단체, 수리및기타개인서비스업	95	수리업	1.8	72.0
16	협회및단체, 수리및기타개인서비스업	96	기타 개인 서비스업	1.6	73.6
17	협회및단체, 수리및기타개인서비스업	94	협회 및 단체	1.4	75.0
18	제조업	22	고무제품 및 플라스틱제품 제조업	1.2	76.2
19	제조업	31	기타 운송장비 제조업	1.2	77.4
20	보건업	86	보건업	1.2	78.6
21	제조업	24	1차금속제조업	1.1	79.7
22	운수업	52	창고 및 운송관련 서비스업	1.1	80.8
23	전문, 과학및기술서비스업	71	전문서비스업	1.1	81.9
24	제조업	10	식료품 제조업	1.0	82.9
25	사업시설관리 및 사업지원 서비스업	74	사업시설 관리 및 조경 서비스업	1.0	83.9

자료 : 경제활동인구조사(2014) 원자료, 통계청

<표 9> 취업자 산업 순위(여성, 50~64세)

순위	대분류	중분류		비율	누적비율
1	숙박 및 음식점업	56	음식점 및 주점업	17.7	17.7
2	도매 및 소매업	47	소매업;자동차제외	12.2	29.9
3	농업, 임업및어업	1	농업	7.4	37.3
4	협회및단체, 수리및기타개인 서비스업	96	기타 개인 서비스업	6.9	44.2
5	보건업	87	사회복지 서비스업	6.6	50.8
6	교육서비스업	85	교육 서비스업	6.0	56.8
7	사업시설관리 및 사업지원 서비스업	75	사업지원 서비스업	5.2	62.0
8	도매 및 소매업	46	도매 및 상품중개업	3.1	65.1
9	보건업	86	보건업	3.0	68.1
10	제조업	10	식료품 제조업	2.5	70.6
11	제조업	14	의복, 의복액세서리및모피제품제조업	2.5	73.1
12	가구내고용활동및달리분류되지않은자가소비생산활동	97	가구내 고용활동	2.4	75.5
13	부동산업 및 임대업	68	부동산업	2.0	77.5
14	공공행정, 국방및사회보장행정	84	공공행정, 국방및사회보장행정	2.0	79.5
15	금융 및 보험업	65	보험 및 연금업	1.7	81.2
16	사업시설관리 및 사업지원 서비스업	74	사업시설 관리 및 조경 서비스업	1.5	82.7
17	협회및단체, 수리및기타개인 서비스업	94	협회 및 단체	1.1	83.8
18	제조업	26	전자부품, 컴퓨터, 영상, 음향및통신장비제조업	1.0	84.8
19	제조업	30	자동차 및 트레일러 제조업	1.0	85.8
20	제조업	22	고무제품 및 플라스틱제품 제조업	0.9	86.7
21	건설업	42	전문직별 공사업	0.9	87.6
22	제조업	13	섬유제품제조업;의복제외	0.8	88.4
23	제조업	29	기타 기계 및 장비 제조업	0.8	89.2
24	운수업	49	육상운송 및 파이프라인 운송업	0.8	90.0
25	금융 및 보험업	66	금융 및 보험 관련 서비스업	0.8	90.8

자료 : 경제활동인구조사(2014) 원자료, 통계청

2) 장년 훈련자 직종

취업을 하기 위해서 장년(50세 이상) 훈련생이 받은 과정의 직종을 보면 〈표 10〉과 같이 소수 직종에 몰리는 현상이 보다 뚜렷하게 나타나고 있다. 장년(50세 이상) 남성 훈련생이 경우, 상위 11개 직종에 80%, 17개 직종에 90% 비중을 차지하고 있고, 여성 훈련생이 경우, 상위 8개 직종에 90% 비중을 차지하고 있다. 장년 남성 훈련자의 상위 직종을 보면 건설관련 43.7%(건설 및 채광 14.5%, 건설마감 7.2%, 물품이동장비조작 6.9%, 용접 6.5%, 기계장비 4.5%, 건설구조 4.1%) 이며, 그 외 전공 3.2%, 전기 3%, 산업안전 1.2%, 자동차 정비 1.9%를 포함하면 건설 전기, 기계 관련하여 50% 이상 비중을 차지하고 있다. 장년 여성 훈련자의 훈련 상위직종을 보면 조리와 제빵 44.7%, 사무보조 15.4%, 의료복지 11.8%, 이미용 6.3%, 사회복지 3.4%, 공예 2.8% 등 임을 알 수 있다.

〈표 10〉 장년 훈련자 직종 순위(50세 이상)

(단위 : %)

남성 장년			여성 장년		
직종명	비율	누적 비율	직종명	비율	누적 비율
건설 및 채굴기계 운전원	14.5	14.5	주방장 및 조리사	41.8	41.8
비서 및 사무 보조원	11.5	26	비서 및 사무 보조원	15.4	57.2
주방장 및 조리사	9.4	35.4	의료복지 지원종사자	11.8	69
건설마감관련 기능종사자	7.2	42.6	이·미용및관련서비스종사자	6.3	75.3
물품이동장비조작원	6.9	49.5	의복 제조원 및 수선원	5.5	80.8
용접원	6.5	56	사회복지 및 상담 전문가	3.4	84.2
작물재배종사자	6	62	제과제빵원 및 떡 제조원	2.9	87.1
기계장비 설치 및 정비원	4.5	66.5	공예원·세공원·악기제조원및기타기능종사자	2.8	89.9
디자이너	4.3	70.8			
건설구조관련 기능종사자	4.1	74.9			
전공	3.2	78.1			
전기및전자공학기술자·연구원및시험원	3	81.1			
사회복지 및 상담 전문가	2.7	83.8			

남성 장년			여성 장년		
직종명	비율	누적 비율	직종명	비율	누적 비율
자동차정비원	1.9	85.7			
제과제빵원 및 떡 제조원	1.7	87.4			
회계 및 경리관련 사무원	1.3	88.7			
산업안전·에너지 등 공학 기술자·연구원 및 시험원	1.2	89.9			

자료 : 실업자 훈련 원자료 분석(2014)

2) 장년 취업률

장년 취업률 분석을 분석하면 50대 이상 취업률은 전체 취업률보다 대부분 낮게 나타나고 있다. 남성의 경우(비중 1% 이상의 경우) 전기관련직만 50대의 취업률이 높게 나타나 그 차이는 미미한 수준이다. 여성의 경우(비중 1% 이상의 경우) 의료복지지원직과 조리직종, 의복제조원 및 수선원, 재단재봉 및 관련기능종사자에서 50대 이상의 취업률이 높게 나타나고 있지만 그 차이는 거의 없는 실정이다.

〈표 11〉 성별 연령별 비중과 취업률

(단위 : %)

중분류	소분류	남성				여성			
		전체 비율	50대 이상 비중	취업률		전체 비율	50대 이상 비중	취업률	
				전체	50대 이상			전체	50대 이상
전체		100.0	100.0	38.7	34.0	100.0	100.0	37.0	32.3
경영, 회계, 사무 관련직	27 | 회계및경리관련 사무원	3.7	1.4	44.0	30.1	10.7	1.8	53.0	37.0
	29 | 비서및사무보조원	9.6	11.6	36.2	33.0	16.1	15.4	38.7	35.2
보건및의료 관련직	68 | 의료복지지원종사자	0.6	0.4	36.4	26.4	10.1	11.8	34.5	37.2
사회복지 및종교 관련직	71 | 사회복지및상담전문가	1.9	2.7	29.9	21.6	3.7	3.5	30.7	25.0

중분류	소분류	남성				여성			
		전체 비율	50대 이상 비중	취업률		전체 비율	50대 이상 비중	취업률	
				전체	50대 이상			전체	50대 이상
문화, 예술, 디자인, 방송관련직	85 | 디자이너	11.3	4.3	37.8	25.6	8.5	1.4	39.6	23.2
운전및운송 관련직	94 | 물품이동장비조작원	5.6	6.9	47.2	44.0	0.0	0.0	30.6	42.9
미용, 숙박, 여행, 오락및스포츠 관련직	121 | 이, 미용및관련서비스종사자	1.7	0.6	33.0	25.8	12.0	6.2	31.4	25.7
음식서비스 관련직	131 | 주방장및조리사	12.0	9.4	31.5	25.2	19.2	41.8	32.6	34.0
건설관련직	142 | 건설구조관련기능종사자	2.1	4.1	23.7	22.3	0.1	0.1	23.3	25.0
	143 | 건설마감관련기능종사자	3.5	7.2	32.9	31.0	0.3	0.8	30.4	26.4
	145 | 건설및채굴기계운전원	8.9	14.5	39.5	34.8	0.0	0.1	32.5	33.3
기계관련직	152 | 기계장비설치및정비원	2.0	4.5	49.5	46.3	0.0	0.0	20.0	0.0
	154 | 자동차정비원	4.7	1.9	36.5	30.3	0.0	0.0	27.2	14.3
	155 | 금형및공작기계조작원	1.4	0.3	59.8	53.3	0.1	0.0	50.0	66.7
재료관련직	164 | 용접원	5.6	6.5	40.7	35.8	0.0	0.0	46.6	54.5
섬유및의복 관련직	184 | 의복제조원및수선원	0.4	0.5	27.9	29.5	2.5	5.5	24.7	26.5
	185 | 재단, 재봉및관련기능종사자	0.2	0.2	27.1	25.9	1.3	2.2	25.6	26.1
전기, 전자 관련직	191 | 전기및전자공학기술자, 연구원및시험원	2.1	3.0	38.4	40.8	0.0	0.0	23.9	0.0
	192 | 전공	2.3	3.2	44.2	50.0	0.0	0.0	15.6	33.3
정보통신 관련직	203 | 소프트웨어개발전문가	1.5	0.2	32.7	16.3	0.1	0.0	38.6	0.0
	204 | 웹전문가	2.2	0.4	44.2	36.6	1.5	0.1	43.5	19.4
	205 | 데이터베이스및정보시스템운영전문가	2.2	0.1	52.7	26.3	0.1	0.0	51.2	0.0
식품가공	212 | 제과제빵원및떡제조원	2.8	1.7	36.5	28.8	4.2	2.9	29.0	24.2

중분류	소분류	남성				여성			
		전체 비율	50대 이상 비중	취업률		전체 비율	50대 이상 비중	취업률	
				전체	50대 이상			전체	50대 이상
환경, 인쇄, 목재, 가구, 공예	227 | 공예원, 세공원, 악기제조원및기다기능종사자	0.3	0.4	30.0	21.1	2.4	2.8	27.7	26.1
농림어업 관련직	231 | 작물재배종사자	1.8	6.0	37.0	36.9	0.2	0.8	29.5	28.7

주 : 음영표시는 장년취업률이 전체 취업률보다 높은 직종

또한 생산가능인구(15~64세)의 경우, 2010년에는 50세 이상 고령자의 구성비가 25%에서 2060년에는 36.40%로 점차 증가할 것으로 전망되고 있다. 이는 50세 이하 연령 집단의 생산가능인구가 일부 줄어든다는 것을 의미하는 바, 우리 경제의 지속 성장 가능성에 중요한 제약 요건으로 대두되고 있다.

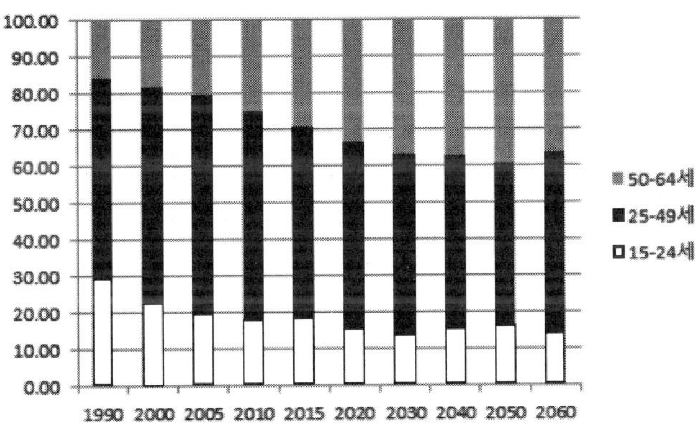

자료 : 최영섭 · 나동만 · 정재호(2016), 장년층 구인 · 구직 미스매치 해소를 위한 구인 · 구직자 실태조사 및 장년층취업지원 제도 개선방안 연구, 고용노동부

[그림 6] 연령계층별 생산가능인구(25~64세) 추이

3) 장년고용률[23)]

우리나라의 장년 고용률은 65.6%(2014년)로 경제협력개발기구(OECD) 평균(57.3%)을 상회하고 있다. 또한 시계열 상으로도 경제활동인구조사로 살펴본 50세 이상 장년의 고용율은 지속적으로 증가하고 있으며 50대만 고려시 70% 정도의 고용율로 20대보다 훨씬 높게 나타나고 있다. 따라서, 적어도 양적 측면에서 우리나라에서 장년층 취업이 외국에 비해 활발하다고 평가해야 할 것이다. 그러나 장년층의 높은 취업률이 사회보장의 미비 속에 경제적 압박에 의해 강제되는 것이고, 또한 실제 이들의 일자리가 이들이 축적한 인적자본을 효과적으로 활용하는 것이 아니라면 이같이 높은 취업률을 긍정적으로만 평가할 수도 없다. 따라서, 장년층의 생산적 활용에 대한 관심을 단순히 이들의 취업 자체가 아니라, 장년층이 축적한 인적자본을 본인들의 자발적 선택에 따라 제대로 생산적 활동에 투입하도록 하는 것으로 확대시킬 필요가 있다

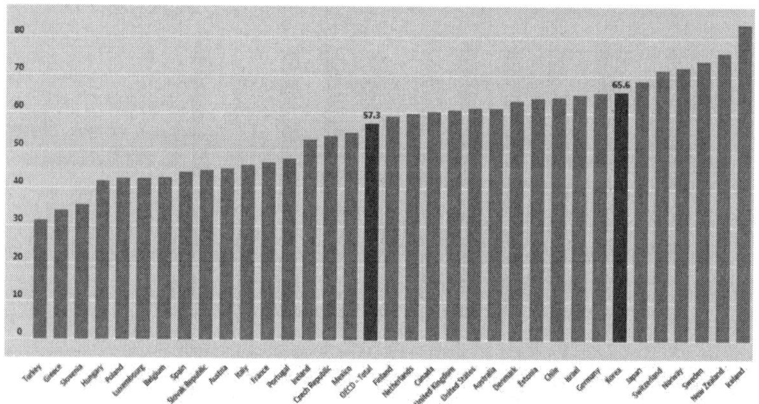

자료 : OECD Statistics, 2014.

[그림 7] OECD 국가들의 55~64세 고용률

---

23) 최영섭・나동만・정재호(2016), 장년층 구인・구직 미스매치 해소를 위한 구인・구직자 실태조사 및 장년층취업지원 제도 개선방안 연구, 고용노동부. 일부 내용을 정리하여 원고로 작성함.

Ⅳ. 자격의 활용성 분석[24)]

1. 자격의 활용성 평가 기준[25)]

1) 자격의 활용성 평가기준

자격관련 선행연구(박종성 외, 2010; 박종성 외, 2011, 정향진 외, 2012)에서 자격에 대한 활용성 평가를 실시하였다. 〈표 12〉에 제시된 각각의 지표에 대해 설문대상자들이 5점 기준으로 응답할 수 있도록 문항을 구성하였다.

〈표 12〉 기존 자격의 활용성 평가기준

평가기준	내용
취업 가능성	해당 직업 분야에서 일자리(취업, 창업)를 가질 수 있는 정도
고용 안정성	해당 직업 분야에서 지속적으로 일을 수행할 수 있는 정도
직무 전문성	업무수행에 필요한 지식·기술의 고유성 정도

2. 보건·의료 분야[26)] 자격의 활용성 분석[27)]

1) 보건·의료 분야 자격의 활용성 종합 비교

보건·의료분야 자격의 취업 가능성과 고용 안정성, 직무 전문성 등에 대한 활용성을 종합적으로 비교해 본 결과, 의사와 치과의사가 가장 높은 점수(4.86)를 얻은 것으로 분석되었다. 이들 자격은 세 가지 활용성 측정지표 모두 5점 만점에 4.8점 이상의 점수를 얻어 시장에서의 활용도가 매우 높은 것으로 나타났다. 다음으로는 한의사와 약사, 간호사,

24) 박종성 외(2010), 서비스산업의 자격연구(Ⅰ), 박종성 외(2011), 서비스 산업의 자격연구(Ⅱ), 정향진 외(2012), 서비스산업의 자격연구(Ⅲ)의 일부내용을 발췌하여 원고로 작성함.

25) 박종성 외(2010), 서비스산업의 자격연구(Ⅰ) - 보건 및 사회복지 서비스업 중심으로 -, 한국직업능력개발원. 일부내용을 발췌하여 원고로 작성함.

26) 이 연구는 보건·의료 및 사회복지 분야의 산업계 및 학계전문가를 대상으로 조사를 실시한 결과임, 보건·의료분야 전문가 142명, 사회복지분야 전문가 142명 총 284명의 응답을 분석하였음.

27) 박종성 외(2010), 서비스산업의 자격연구(Ⅰ) - 보건 및 사회복지 서비스업 중심으로 -, 한국직업능력개발원. 일부내용을 발췌하여 원고를 작성함.

물리치료사 등 전통적으로 선호도가 높은 자격들이 활용성 평가에서도 높은 점수를 받았다. 세 가지 활용성 평가지표들의 평균을 종합적으로 비교해 본 결과, 평균 3.5점 이상을 받은 자격들은 대부분 정부 부처에서 관할하고 있는 면허성 자격인 것으로 나타났다. 자격의 활용성 평가에서 높은 점수로 나온 자격종목을 장년층 관점에서 고려해야 한다. 그러나 장년층에서의 보건·의료분야 자격시험에 응시하고자 하는 경우 관련분야 전공이 필수적인 자격종목이 많다. 따라서 장년층에서 이 분야 취업을 하는 분은 간호사, 영양사, 안경사 등 이전에 자격을 취득하고 경력이 단절되었다가 다시 장롱자격(이전취득자격)을 가지고 취업을 하는 경우가 대부분이라고 할 수 있다.

〈표 13〉 보건·의료 분야 자격의 활용성에 대한 종합적 비교

구분	자격종목명	취업 가능성	고용 안정성	직무 전문성	문항 평균
국가	치과의사	4.88	4.83	4.88	4.86
국가	의사	4.86	4.83	4.90	4.86
국가	한의사	4.76	4.74	4.80	4.77
국가	약사	4.72	4.62	4.77	4.70
국가	간호사	4.68	4.54	4.63	4.62
국가	한약사	4.24	4.14	4.41	4.26
국가	물리치료사	4.26	4.00	4.41	4.22
국가	방사선사	4.12	4.01	4.42	4.18
국가	치과기공사	4.12	3.94	4.41	4.16
국가	치과위생사	4.21	3.95	4.21	4.12
국가	임상병리사	3.95	3.91	4.34	4.07
국가	정신보건간호사	3.91	3.86	4.14	3.97
국가	작업치료사	3.81	3.76	4.08	3.88
국가	응급구조사1.2급	3.80	3.65	4.07	3.84
국가	영양사	3.82	3.67	3.91	3.80
국가	간호조무사	3.90	3.62	3.52	3.68
국가	의무기록사	3.58	3.48	3.71	3.59
국가	안경사	3.71	3.35	3.68	3.58
국가	한약조제사	3.88	2.76	4.10	3.58
국가기술	임상심리사1.2급	3.39	3.40	3.86	3.55
민간	건강보험 관련 자격	3.48	3.41	3.74	3.54
국가기술	의공기사	3.34	3.39	3.71	3.48

구분	자격종목명	취업 가능성	고용 안정성	직무 전문성	문항 평균
민간	병원행정 관련 자격	3.42	3.30	3.65	3.46
국가	조산사	3.25	3.31	3.75	3.44
국가	의지・보조기기사	3.37	3.34	3.61	3.44
민간	인명구조 관련 자격	3.38	3.15	3.76	3.43
민간	간병지원 관련 자격	3.81	3.17	3.25	3.41
국가기술	의공산업기사	3.23	3.29	3.61	3.38
국가	의료관리자	3.21	3.22	3.48	3.30
국가기술	의료전자기능사	3.08	3.15	3.50	3.24
국가	위생사	3.23	3.13	3.36	3.24
민간	재활 관련 자격	3.10	3.01	3.48	3.20
국가	보건교육사	3.07	3.01	3.36	3.15
국가	안마사	3.15	3.00	3.18	3.11

3. 사회복지 분야[28] 자격의 활용성 분석

1) 사회복지 분야 자격의 활용성 종합 비교

사회복지 분야 자격의 취업 가능성과 고용 안정성, 직무 전문성 등에 대하여 종합적으로 평가해 본 결과, 가장 활용성이 뛰어난 자격은 사회복지사 1급인 것으로 나타났다. 그러나 사회복지사 2・3급의 경우는 세 가지 평가지표 중 어느 하나도 3.0점 이상의 점수를 받지 못하여 사회복지 현장에서의 활용성이 매우 낮은 것으로 밝혀졌다. 특히 사회복지사 3급의 경우는 민간자격에 비해서도 취업 가능성(1.98)이나 고용 안정성(1.96) 등이 낮아 자격의 존폐여부까지도 논의되었고 이후 폐지되었다. 장년층 중에서 사회복지 분야에 관심이 많은 분들은 이 분야 자격의 활용성 분석 결과를 참조하여 비교적 활용성이 높은 자격종목 취득에 도전해 보는 것이 필요할 것이다.

28) 이 연구는 보건・의료 및 사회복지 분야의 산업계 및 학계전문가를 대상으로 조사를 실시한 결과임. 보건・의료분야 전문가 142명, 사회복지분야 전문가 142명 총 284명의 응답을 분석하였음

〈표 14〉 사회복지 분야 자격의 활용성에 대한 종합적 비교

구분	자격종목명	취업 가능성	고용 안정성	직무 전문성	문항 평균
국가	사회복지사1급	3.80	3.53	3.63	3.65
국가	정신보건사회복지사1・2급	3.69	3.46	3.70	3.62
국가	정신보건임상심리사1・2급	3.54	3.42	3.58	3.51
국가	청소년상담사1・2・3급	3.42	3.35	3.47	3.41
국가기술	직업상담사1・2급	3.37	3.28	3.48	3.38
국가기술	소비자전문상담사1・2급	3.18	3.12	3.35	3.22
민간	학교・아동복지관련 자격	3.03	2.89	3.21	3.04
국가	건강가정사	2.95	2.83	2.85	2.88
국가	요양보호사1・2급	3.08	2.77	2.77	2.87
민간	재활 관련 자격	2.84	2.69	3.06	2.86
민간	복지보험 관련 자격	2.70	2.67	3.10	2.82
민간	발달장애 관련 자격	2.70	2.61	3.05	2.79
민간	심리상담 관련 자격	2.74	2.61	2.97	2.77
국가	사회복지사2급	2.78	2.63	2.69	2.70
민간	기타 자격	2.52	2.48	2.76	2.59
국가	사회복지사3급(폐지)[29]	1.98	1.96	2.06	2.00

4. 사업 및 배분 서비스 분야 자격 활용성[30]

1) 개별법의 국가자격 활용성

자격 활용도 분석결과 첫째, 사업 및 배분 서비스 분야 국가자격 중에서는 도선사 자격이 평균 4.25점으로 가장 활용도가 높은 것으로 나타났다. 다음으로는 변호사(4.15점), 공인회계사(4.13점), 감정평가사(4.12점) 등의 자격이 활용도가 높은 것으로 집계되었다. 정부 부처에서 관할하는 사업 및 배분 서비스 분야 국가자격의 활용도는 〈표 15〉와 같다.

29) 사회복지사 3급은 현재 폐지되었음. 폐지되기 전에도 활용성이 매우 미흡하였음.
30) 박종성 외(2011). 서비스산업자격연구(Ⅱ)-사업 및 배분서비스 중심으로. 한국직업능력개발원. 일부내용을 발췌하여 원고를 작성함

〈표 15〉 사업 및 배분 서비스업 국가자격의 활용도 비교

구분		분야별 순위	전체 순위	종합 평균
금융 및 보험업	손해사정사	1	21	3.66
	보험계리사	2	26	3.45
	보험중개사	3	41	3.03
부동산 및 임대업	감정평가사	1	4	4.12
	공인중개사	2	37	3.14
	주택관리사보	3	42	2.94
	가맹거래사	4	44	2.71
전문・과학 및 기술서비스업	변호사	1	2	4.15
	공인회계사	2	3	4.13
	변리사	3	5	4.07
	세무사	4	7	4.01
	건축사	5	9	3.94
	수의사	6	11	3.94
	관세사	7	15	3.86
	법무사	8	17	3.81
	공인노무사	9	23	3.55
	보세사	10	24	3.51
	기술지도사	11	34	3.19
	경영지도사	12	36	3.17
사업시설관리 및 사업지원	경비지도사	1	28	3.34
운수업	도선사	1	1	4.25
	기관사	2	6	4.03
	철도차량운전면허	3	8	3.97
	항공정비사	4	10	3.94
	항공교통관제사	5	12	3.91
	항해사	6	13	3.90
	항공공장정비사	7	14	3.88
	사업용조종사	8	16	3.86
	항공운항관리사	9	18	3.75
	항공기관사	10	19	3.71
	항공사	11	20	3.71
	감정사	12	22	3.56
	운송용조종사	13	25	3.49

구분		분야별 순위	전체 순위	종합 평균
	검수사	14	27	3.45
	물류관리사	15	29	3.34
	택시운전자격	16	30	3.28
	교통안전관리자	17	32	3.24
	소형선박조종사	18	33	3.23
	화물운송종사자	19	35	3.17
	검량사	20	38	3.12
	자가용조종사	21	40	3.07
	자동차운전면허	22	43	2.80
방송통신 및 정보서비스	무선통신사	1	31	3.24
	통신사	2	39	3.12
	아마추어무선기사	3	45	2.43

분야별로 살펴보면 전문·과학 및 기술서비스업 영역에서는 변호사(4.15점), 운수업 영역에서는 도선사(4.25점), 부동산 및 임대업 영역에서는 감정평가사(4.12점)가 평균 4.0점 이상의 높은 점수를 받은 것으로 나타났다. 이에 비해 금융 및 보험업 영역의 국가자격 중에서는 손해사정사(3.66점), 출판·영상·방송통신 및 정보서비스업 영역에서는 무선통신사(3.24점)가 활용성이 높은 국가자격인 것으로 집계되었다. 장년층 중에서 사업 및 배분 서비스분야에 관심이 많은 분들은 이 분야 자격의 활용성 분석 결과를 참조하여 비교적 활용성이 높은 자격종목 취득에 도전해 보는 것이 필요할 것이다.

2) 국가기술자격의 활용성

사업 및 배분 서비스업 관련 국가기술자격 중 활용성 평가 결과 가장 높은 점수를 받은 자격은 철도차량기술자 자격으로 평균 3.82점을 받은 것으로 나타났다. 다음으로는 철도차량정비기능장(3.75점), 정보통신기술사(3.69점), 항공기관기술사(3.61점), 철도차량기사(3.60점), 게임프로그래밍전문가(3.55점) 등이 평균 3.5점 이상의 점수를 받아 활용도가 높은 것으로 분석되었다. 사업 및 배분 서비스 분야 국가기술자격의 종합 활용도 평가 결과, 활용도가 높은 자격은 주로 운수업이나 방송통신 및 정보서비스업 관련 자격이었으며, 그 중에서도 기술사나 기능장 등 전문적 기술이나 기술을 요하는 자격의 활용성이 뛰어나다고 할 수 있다. 사업 및 배분 서비스업 분야 중 국가기술자격이 존재하지 않는 금융 및 보험업, 부동산 및 임대업 분야를 제외하고 각 영역별로 가장 활용성이 뛰어난 자격을 알아보면, 우선 사업시설 관리 및 사업지원 서비스업 영역에서는 비서 1급(3.19점), 전문・과학 및 기술서비스업 영역에서는 제품디자인기술사(3.38점), 운수업 영역에서는 철도차량기술사(3.82점), 출판・영상・방송통신 및 정보서비스업 영역에서는 정보통신기술사(3.69점)가 각각 분야별 1위를 차지한 것으로 분석되었다. 그러나 설문 조사 결과 사업 및 배분 서비스업 국가기술자격의 경우 정부 부처에서 관할하는 국가자격에 비하여 활용도가 다소 낮아 평균 4.0점 이상의 점수를 받은 자격은 없는 것으로 나타났다. 반면, 평균 2.5점 이하로 평가받아 활용도가 낮은 자격으로는 비서3급(2.55점), 워드프로세서 2급(2.46점), 컴퓨터활용능력 3급(2.40점), 워드프로세서 3급(2.14점), 전자계산기기능사(2.49점), 사진제판기능사(2.43점), 사진기능사(2.42점) 등의 자격이 꼽혔다. 이 중 대한상공회의소에서 관리・운영하고 있는 워드프로세서 2급과 3급, 컴퓨터활용능력 3급의 경우는 2011년 말 국가기술자격에서 제외되었다.[31]

사업 및 배분 서비스업 관련 국가기술자격 중 활용도가 낮은 자격은 주로 사업시설 관리 및 사업지원 서비스업 영역과 출판・영상・방송통신 및 정보서비스업 영역에 집중되어 있는 것으로 나타났다. 이는 이들 영역에 해당되는 자격들이 직무전문성을 요하는 고난이도의 기술자격이라기보다는 일반사무 영역에 속하는 자격이 많기 때문인 것으로 보인다. 사업 및 배분 서비스업 전 분야 국가기술자격의 종합 활용도와 순위는 〈표 16〉과 같다.

---

31) 2012년 이후 대한상공회의소 시행 전문사무분야 국가기술자격 워드프로세서와 컴퓨터활용능력 자격 등급 중 워드프로세서 2,3급과 컴퓨터활용능력 3급은 국가기술자격에서 제외되었다. 다만 한번 취득한 국가기술자격은 평생 유지되므로 2011년까지 취득한 워드프로세서 2,3급과 컴퓨터활용능력 3급은 평생 국가기술자격으로 인정된다.

〈표 16〉 사업 및 배분 서비스업 국가기술자격의 활용도 비교

구분		분야별 순위	전체 순위	평균
전문, 과학 및 기술 서비스	제품디자인기술사	1	10	3.38
	전산회계응용사1급	2	21	3.22
	시각디자인기사	3	22	3.20
	제품디자인기사	4	24	3.20
	제품디자인산업기사	5	26	3.17
	시각디자인산업기사	6	28	3.14
	컴퓨터그래픽스운용기능사	7	32	3.11
	웹디자인기능사	8	34	3.09
	전산회계응용사2급	9	35	3.09
	사회조사분석사1급	10	36	3.07
	컬러리스트기사	11	46	2.95
	사회조사분석사2급	12	52	2.90
	컬러리스트산업기사	13	54	2.89
	제품응용모델링기능사	14	58	2.88
	전산회계응용사3급	15	61	2.81
사업시설 관리 및 사업지원 서비스	비서1급	1	25	3.19
	컴퓨터활용능력1급	2	27	3.17
	비서2급	3	48	2.94
	컴퓨터활용능력2급	4	60	2.84
	워드프로세서1급	5	65	2.77
	비서3급	6	76	2.55
	워드프로세서2급(폐지)[32]	7	78	2.46
	컴퓨터활용능력3급	8	81	2.40
	워드프로세서3급(폐지)	9	82	2.14
운수업	철도차량기술사	1	1	3.82
	철도차량정비기능장	2	2	3.75
	항공기관기술사	3	4	3.61
	철도차량기사	4	5	3.60
	차량기술사	5	8	3.48
	철도차량산업기사	6	11	3.36
	철도차량정비기능사	7	14	3.32
	항공기관정비기능사	8	20	3.22
	항공장비정비기능사	9	29	3.13
	교통기사	10	57	2.88

구분		분야별 순위	전체 순위	평균
	교통산업기사	11	69	2.72
출판, 영상, 방송통신 및 정보 서비스업	정보통신기술사	1	3	3.69
	게임프로그래밍전문가	2	6	3.55
	통신설비기능장	3	7	3.49
	정보관리기술사	4	9	3.42
	게임그래픽전문가	5	12	3.33
	무선설비기사	6	13	3.33
	멀티미디어콘텐츠전문가	7	15	3.31
	게임기획전문가	8	16	3.30
	무선설비산업기사	9	17	3.29
	정보통신기사	10	18	3.27
	전자계산기기술사	11	19	3.23
	방송통신기사	12	23	3.20
	통신선로산업기사	13	30	3.12
	전파전자기사	14	31	3.12
	정보처리기사	15	33	3.10
	정보통신산업기사	16	37	3.07
	전자계산기조직응용기술사	17	38	3.07
	전자상거래관리사1급	18	39	3.06
	방송통신산업기사	19	40	3.04
	전파통신기사	20	41	3.03
	무선설비기능사	21	42	3.02
	정보처리산업기사	22	43	3.00
	전자출판기능사	23	44	2.96
	전파전자산업기사	24	45	2.96
	전파통신산업기사	25	47	2.94
	방송통신기능사	26	49	2.92
	전파전자기능사	27	50	2.91
	인쇄기사	28	51	2.91
	통신선로기능사	29	53	2.89
	전자상거래관리사2급	30	55	2.88
	전자계산기제어산업기사	31	56	2.88
	인쇄산업기사	32	59	2.87
	전자상거래운용사	33	62	2.79
	인쇄기능사	34	63	2.78
	텔레마케팅관리사	35	64	2.77

구분		분야별 순위	전체 순위	평균
	정보기기운용기능사	36	66	2.76
	전자계산기조직응용기사	37	67	2.75
	통신기기기능사	38	68	2.74
	전자통신기능사	39	70	2.72
	정보처리기능사	40	71	2.72
	전자계산기기사	41	72	2.66
	사무자동화산업기사	42	73	2.66
	영사산업기사	43	74	2.65
	영사기능사	44	75	2.60
	전자계산기기능사	45	77	2.49
	사진제판기능사	46	79	2.43
	사진기능사	47	80	2.42

3) 민간자격의 활용성

사업 및 배분 서비스업 관련 민간자격을 각각의 대표 영역별로 세분화하여 구분한 후 설문 조사를 실시하였다. 민간자격 중 활용도가 가장 높은 자격은 '정보보안 및 관리(평균 3.60점)' 영역에 해당되는 자격인 것으로 나타났다. 다음으로는 S/W개발(3.36점)과 방송 및 영상(3.27점), IT 프로젝트 감리 및 관리(3.23점), 광통신기술(3.23점), 통신네트워크관리(3.21점) 등의 순서로 자격이 잘 활용되고 있었는데, 이는 대부분 방송통신 및 정보서비스 영역에 속하는 자격이다. 분야별 활용도가 높은 자격을 살펴보면 사업시설관리 및 사업지원 서비스업 영역에서는 경호·경비 관련 자격의 종합 활용도가 높았으며, 전문·과학 및 기술서비스업 영역에서는 디자인·인테리어 관련 민간자격의 활용도가 높았다. 또, 금융·보험·부동산·임대업 영역에서는 외환관리 관련 자격들이, 출판·영상·방송통신 및 정보서비스업 영역에서는 정보보안 및 관리 관련 자격들이 비교적 활용이 잘 되고 있는 것으로 집계되었다. 그러나 민간자격의 경우 대부분 활용성 평가 점수가 2점대 후반~3점대 초반으로 나타나 국가자격이나 국가기술자격에 비하여 활용도가 낮은 것으로 분석되었다. 특히 2.6점 이하의 점수를 받아 현장에서 거의 활용되지

32) 워드프로세서 2, 3급은 현재 폐지되었음. 폐지되기 이전에도 활용성은 미흡하였음.

않는 자격으로는 운수업 영역의 '육상운송 관련 민간자격(통학버스 운전자격 등)'들과 부동산 및 임대업 영역의 '건물관리 관련 민간자격(건물종합관리사, 빌딩경영관리 등)'들이 해당되는 것으로 집계되었다. 사업 및 배분 서비스업 관련 민간자격의 분야별 활용도는 〈표 17〉과 같다.

〈표 17〉 사업 및 배분 서비스업 민간자격의 활용도 비교

구분		분야별순위	전체순위	평균
금융·보험·부동산·임대업	외환관리	1	7	3.17
	신용및여신관리	2	11	2.96
	기타금융관련	3	14	2.93
	건물관리	4	24	2.60
전문·과학 및 기술 서비스	디자인인테리어관련	1	8	3.13
	기업기술가치평가	2	15	2.92
	BIO상품개발	3	17	2.88
	주기환경관리	4	18	2.84
	조직관리	5	19	2.83
	경영기업컨설팅	6	20	2.81
	창업관련	7	22	2.77
사업시설관리 및 사업지원 서비스업	경호/경비	1	10	3.07
	사무지원(비서,OA포함)	2	12	2.96
운수업	기타운수업관련서비스업	1	21	2.77
	육상운송관련	2	25	2.58
출판·영상·방송통신 및 정보서비스업	정보보안 및 관리	1	1	3.60
	S/W개발	2	2	3.36
	방송및영상	3	3	3.27
	IT프로젝트감리및관리	4	4	3.23
	광통신기술	5	5	3.23
	통신네트워크관리	6	6	3.21
	네트워크운용및그래픽	7	9	3.08
	정보관리및기술	8	13	2.95
	PC정비	9	16	2.90
	정보검색	10	23	2.72

5. 개인서비스 업종별 자격 활용성[33)]

1) 개인서비스 업종별 자격의 활용성 현황

개인서비스업[34)]은 도·소매업, 숙박 및 음식점업 분야, 예술, 스포츠 및 여가관련 서비스 분야, 협회 및 단체 수리 및 기타 개인서비스업 분야로 구분된다. 첫째, 도·소매업 분야 자격의 경우 정부 부처가 관할하는 국가자격은 없으며, 국가자격기술이나 민간에서 운영하는 민간자격이 있다. 개인서비스업 국가기술자격으로는 가스 산업기사, 가스기능사, 보일러산업기사, 보일러기능사, 보석감정사 등의 자격 종목과 민간자격으로는 슈퍼터 자격이 있다. 이들 자격에 대한 활용도 평가 조사 결과 국가기술자격 종목들이 취업 가능성, 고용 안정성, 직무 전문성 등 모든 지표에서 평균 3.5점 이상의 점수를 얻어 비교적 활용이 잘되고 있는 것으로 밝혀졌다. 특히 보석감정사 자격의 경우, 취업 가능성과 고용 안정성은 4.13과 4.09의 높은 점수를 받았고, 직무 전문성 지표는 이 지표에서 가장 높은 점수를 받은 가스기능사(3.69) 다음인 3.60의 점수를 얻어 각 지표의 평균 이 3.94로 도·소매업 분야 국가기술자격 중에서 활용성이 가장 좋은 자격으로 분석되었다. 도·소매업 분야 국가기술자격들의 공통된 특징으로는 전반적으로 취업 가능성과 고용 안정성은 높은 편이지만 직무 전문성이 낮다는 점을 들 수 있다. 도·소매업 분야 민간자격인 슈퍼터 자격의 경우는 취업 가능성 3.88, 고용 안정성 3.76, 직무 전문성 3.33으로 비교적 활용이 잘되고 있는 것으로 나타났다.

둘째, 숙박 및 음식점업 분야 자격에는 정부부처 소관의 국가자격인 호텔관리사와 호텔서비스사가 있으며, 국가기술자격으로 조리산업기사(한식, 양식, 중식, 일식, 복어), 조리기능사(한식, 양식, 중식, 일식, 복어), 제과기능사, 제빵기능사, 조주기능사, 식육처리기능사 등이, 이외에 민간자격으로는 전통폐백음식전문가, 전통발효음식전문가, 제병관리

---

33) 정향진 외(2012). 서비스산업자격연구(Ⅲ)-개인서비스업 중심으로. 한국직업능력개발원. 일부내용을 발췌하여 원고를 작성함

34) 여기 제시된 자격들은 이 연구에서 규정한 개인서비스업의 개념 "개인이 서비스를 제공하여 고객의 요구를 만족시키는 일을 수행함으로써 수익을 창출하는 업"에 적합한 종목들만을 선별한 것임.

사자격증, 커피바리스타, 막걸리소믈리에, 한식메뉴개발사, 채식조리전문가, 찬품조리전문가, 푸드코디네이터 등이 있다. 숙박 및 음식점업 분야 전체로 볼 때, 자격의 활용성 지표 중 취업 가능성이 3.75로 고용 안정성(3.7)이나 직무 전문성(3.74)보다 높게 나타났으나 큰 차이는 없었으며, 자격 유형별로 취업 가능성을 살펴보면 국가기술자격이 3.93으로 정부부처 소관의 국가자격(3.69)이나 민간자격(3.50)보다 높은 점수를 보이고 있었다. 자격 유형별로 자격의 활용성을 살펴보면, 국가기술자격 종목들이 전체적으로 활용성이 좋게 나타났는데, 그 중에서도 복어조리기능사의 경우는 취업 가능성 4.04, 고용 안정성과 직무 전문성은 3.98로 이 분야의 다른 어떤 자격보다 활용성이 뛰어나다는 평가를 받았다. 숙박 및 음식점업 분야의 정부부처 소관 국가자격의 경우는 호텔관리사가 호텔서비스사에 비해 세 가지 지표 모두에서 좀 더 나은 평가를 받은 것으로 나타났다. 이 외에 민간자격 중에서는 커피바리스타(평균 3.82)가 다른 자격들에 비해 모든 지표에서 높은 점수를 얻어 활용성이 높게 나타났다. 민간자격의 경우는 취업 가능성보다는 직무 전문성(3.58)의 활용도가 높게 나타나 자격으로서의 효용성이 인정받은 것으로 분석되었다.

셋째, 예술, 스포츠 및 여가 관련 서비스업 분야 자격에는 정부부처 소관의 국가자격으로 경주선수, 경주심판, 관광통역안내사, 국내여행안내사, 동력수상레저기구조정면허가 있으며, 국가기술자격으로는 스포츠경영관리사 자격이 이에 해당된다. 민간자격으로는 레크리에이션, 골프그린키퍼, 골프캐디, 골프피팅사, 스키패트롤자격증, 체형관리사, 애견미용사, 핸들러, 퍼스널쇼퍼, 다우징수맥탐사, 양택감정사, 풍수지리사, 동영운명철학사, 국제작명이름상담사, 선물포장전문가 등이 있다. 국가기술자격인 스포츠경영관리사 자격은 이 연구에서 조사한 개인서비스업 국가기술자격 종목들 중 활용도 평균이 3.31로 가장 낮게 나타났다. 설문조사 결과 예술, 스포츠 및 여가 관련 서비스업 분야의 정부부처 관할 국가자격의 활용 정도도 다른 분야에 비해 비교적 낮은 편으로 나타났나. 국가자격 중에서도 경주선수의 경우는 모든 지표에서 3.0을 못 넘는 점수를 받아 가장 낮은 활용도를 보이고 있었으며, 관광통역안내사 자격이 모든 지표에서 가장 높은 점수를 받아 평균 3.66으로 비교적 활용도가 높은 것으로 분석되었다. 한편, 예술, 스포츠 및 여가 관련 서비스업 분야의 민간자격 활용도를 살펴보면, 애견미용사 자격이 전 부문 평균 3.56으로 비교적 활용도가 높게 나타났다.

넷째, 협회 및 단체, 수리 및 기타 개인서비스업 분야 자격에는 정부 부처 소관의 국가자격이 존재하지 않는다. 국가기술자격으로는 자동차정비산업기사, 피아노조율산업기사, 세탁기능사, 이용장 등을 포함한 22개의 자격이 있으며, 민간자격에는 가구설계사, 결혼상담관리사, 목욕관리사자격증, 어린이안전지도관리사, 열쇠관리사, 웨딩플래너, 자동차관리사, 장례관리사, 학교학생보호경비사, 가모관리사 등이 포함되어 있다. 이들 자격에 대한 활용도 평가 결과를 보면, 국가기술자격의 경우 취업 가능성과 고용 안정성에서 가장 높은 점수인 4.1과 3.98을 받은 위험물산업기사가 평균 3.94로 활용도가 좋은 것으로 나타났다. 이에 반해 세탁기능사 자격은 평균 3.47로 국가기술자격 중에서 비교적 낮은 활용도를 보였다. 전체 자격에 대한 부문별 점수로 보면 직무 전무성의 평균이 3.54로 취업 가능성(3.86)과 고용 안정성(3.74)에 비해 낮게 나타나 자격으로서의 효용성은 상대적으로 떨어진다는 분석이 나왔다. 민간에서 운영하는 민간자격의 경우에는, 장례관리사(조사당시 민간자격이였으나 이후 국가자격으로 신설됨)가 모든 지표에서 높은 점수를 받아 자격 활용도가 다른 민간자격들에 비해 상대적으로 높게 평가되었다. 각 지표별 점수에서는 취업 가능성이 3.47로 고용 안정성이나 직무 전문성에 비해 높게 나와, 자격증의 보유 여부가 취업에 어느 정도는 영향을 미친다는 것을 알 수 있었다. 장년층 중에서 개인 서비스분야에 관심이 많은 분들은 이 분야 자격의 활용성 분석 결과를 참조하여 비교적 활용성이 높은 자격종목 취득에 도전해 보는 것이 필요할 것이다.

<〈표 18〉 개인서비스 업종별 자격의 활용성

분야	구분	자격종목명	취업가능성	고용안전성	직무전문성	평균
도·소매업 분야	국가기술 자격	가스산업사	3.95	3.86	3.60	3.80
		가스기능사	3.98	3.93	3.69	3.87
		보일러산업기사	4.02	3.93	3.56	3.84
		보일러기능사	3.95	3.84	3.47	3.75
		보석감정사	4.13	4.09	3.60	3.94
	민간자격	민간자격	3.88	3.76	3.33	3.66
숙박 및 음식점 업 분야	국가기술 자격	조리산업기사(한식)	3.97	3.85	3.97	3.93
		조리산업기사(양식)	3.95	3.91	3.95	3.94
		조리산업기사(중식)	3.99	3.95	3.96	3.97
		조리산업기사(복어)	4.02	3.94	3.98	3.98
		한식조리기능사	3.96	3.89	3.86	3.90
		양식조리기능사	3.88	3.92	3.82	3.87
		중식조리기능사	3.89	3.84	3.80	3.84
		일식조리기능사	3.95	3.83	3.83	3.87
		복어조리기능사	4.04	3.98	3.98	4.00
		제과기능사	4.03	3.91	3.89	3.94
		제빵기능사	4.05	3.88	3.83	3.92
		조주기능사	3.67	3.62	3.7	3.66
		식육처리기능사	3.67	3.65	3.74	3.69
	국가자격	호텔서비스사	3.66	3.56	3.6	3.61
		호텔관리사	3.72	3.7	3.67	3.70
	민간자격	전통발효음식전문가	3.51	3.5	3.64	3.55
		전통폐백음식전문가	3.5	3.44	3.66	3.53
		제병관리사	3.46	3.47	3.56	3.50
		커피바리스타	3.85	3.81	3.8	3.82
		막거리소믈리에	3.31	3.3	3.45	3.35
		한식메뉴개발사	3.51	3.44	3.54	3.50
		채식조리전문가	3.41	3.46	3.44	3.44
		찬품조리전문가	3.43	3.42	3.53	3.46
		푸드코디네이터	3.54	3.53	3.57	3.55
예술, 스포츠 및 여가 관련 서비스업 분야	국가기술 자격	스포츠경영관리사	3.34	3.21	3.38	3.31
	국가자격	경주선수	2.85	2.8	2.94	2.86
		경주심판	3.01	3.01	3.1	3.04
		관광통역안내사	3.69	3.64	3.66	3.66

분야	구분	자격종목명	취업가능성	고용안전성	직무전문성	평균
		국내여행안내사	3.44	3.02	3.25	3.24
		동력수상레저기구조정면허	3.13	3.01	3.09	3.08
	민간자격	레크리에이션	3.29	3.11	3.2	3.20
		골프그린키퍼	3.28	3.22	3.14	3.21
		골프캐디	3.34	3.29	3.19	3.27
		골프티핑사	3.22	3.2	2.98	3.13
		스키패트롤	3.41	3.2	3.18	3.26
		체형관리사	3.5	3.26	3.16	3.31
		애견미용사	3.72	3.49	3.48	3.56
		핸들러	3.21	3.04	3.1	3.12
		퍼스널쇼퍼	3.1	3.03	3.04	3.06
		다우징수맥탐사	3	2.84	3.09	2.98
		양택감정사	3.1	3	2.94	3.01
		풍수지리사	2.96	2.91	3.15	3.01
		동양운명철학사	3.1	2.98	3.14	3.07
		국제작명학이름상담사	3.06	2.92	2.93	2.97
		선물포장전문가	3.31	3.26	3.16	3.24
협회 및 단체, 수리 및 기타 개인서비스업 분야	국가기술자격	자동차정비산업기사	3.86	3.78	3.63	3.76
		건설기계정비산업기사	4.02	3.84	3.57	3.81
		궤도정비산업기사	3.84	3.92	3.54	3.77
		기계정비산업기사	3.92	3.87	3.62	3.80
		자동차정비기능사	3.95	3.79	3.52	3.75
		자동차차체수리기능사	3.81	3.66	3.38	3.62
		자동차보수도장기능사	3.85	3.77	3.52	3.71
		건설기계정비기능사	3.82	3.69	3.48	3.66
		궤도장비정비기능사	3.69	3.76	3.4	3.62
		기계정비기능사	3.86	3.71	3.42	3.66
		농기계정비기능사	4.03	3.5	3.26	3.60
		설비보전기능사	3.72	3.65	3.29	3.55
		위험물산업기사	4.1	3.98	3.73	3.94
		위험물기능사	3.93	3.85	3.64	3.81
		피아노조율산업기사	3.72	3.66	3.93	3.77
		피아노조율기능사	3.59	3.54	3.8	3.64
		세탁기능사	3.66	3.49	3.25	3.47
		미용장	3.95	3.86	3.68	3.83
		이용장	4	3.82	3.96	3.93

분야	구분	자격종목명	취업가능성	고용안전성	직무전문성	평균
		미용사(피부)	3.88	3.73	3.48	3.70
		미용사(일반)	3.88	3.67	3.52	3.69
		이용사	3.79	3.69	3.31	3.60
	민간자격	가구설계제도사	3.26	3.21	3.14	3.20
		결혼상담관리사	3.37	3.35	2.96	3.23
		목욕관리사	3.42	3.38	3.36	3.39
		어린이안전지도관리사	3.54	3.47	3.27	3.43
		열쇠관리사	3.51	3.33	3.43	3.42
		웨딩플래너	3.48	3.41	3.48	3.46
		자동차관리사	3.47	3.36	3.28	3.37
		장례관리사	3.79	3.65	3.79	3.74
		학교학생보호경비사	3.41	3.42	3.08	3.30
		가모관리사	3.48	3.43	3.14	3.35

Ⅴ. 장년층의 자격 선택 잘하기

1. 자격의 법적 요건[35]

자격의 활용은 관련법에서의 법적 요건에 따라 활용성 정도가 다르게 나타난다고 할 수 있다. 정부에서는 보통 관련법 개인의 면허부여/(배타적)직무권한 부여, (특정 직무의)의무 고용・배치(특별 채용 포함), 채용・승진・보수 가산점 등의 다양한 형태로 자격의 활용성을 〈표 19〉과 같이 제시하고 있다. 〈표 19〉는 2007년 한국직업능력개발원의 기본연구로 실시된 과제에서 도출한 국가자격의 활용 유형을 12가지로 구분하여 제시하였다(김현수 외, 2007)

35) 김현수 외(2007), 자격의 활용성 강화를 위한 법제도 개선방안, 한국직업능력개발원. 일부내용을 발췌하여 원고를 작성함

〈표 19〉 국가자격의 활용 유형

(단위 : 개, %)

구분	활용 유형	관련 조문개수	비율
1	(특정 직무의)의무 고용・배치(특별 채용 포함), 채용・승진・보수 가산점	416	18.1
2	각종 위원회 등에 임명・위촉	415	18.0
3	학생선발/특별전형/시험・선발 가산점	4	0.2
4	창업 지원/창업자금 대부	0	0.0
5	회사/영업의 인허가/면허/지정/신고/등록/제한/영업권 설정/사무소개설	182	7.9
6	시험면제/(교육, 소집 등)의무면제	51	2.2
7	포괄적 우대/활용시책(선언적)	106	4.6
8	재정(비용)지원/세금감면/노임단가가산/장려금지급/(업무・자격)수당지급	33	1.4
9	(응시(특별채용포함), 지원, 입회, 등록, 신고, 단체설립 등) 요건・기회 부여	168	7.3
10	개인의 면허부여/(배타적)직무권한 부여/유사명칭 사용금지	857	37.2
11	인정(개인)	19	0.8
12	선임/임용	53	2.3
	합계	2,304	100.0

자료 : 김현수 외(2007),자격의 활용성 강화를 위한 법제도 개선방안, 한국직업능력개발원

2. 자격의 활용 조문 분석[36)]

국가자격의 활용 순위를 살펴보면 〈표 20〉과 같이 전문자격인 의사, 변호사, 공인회계사가 가장 높은 것을 알 수 있다. 국가자격의 종목별 활용 현황을 살펴보면 활용규정이 전혀 없는 자격종목에서부터 474개 활용관련 조문빈도를 가지고 있는 의사까지 있다. 장년층에서 재취업을 위한 자격종목을 선정할 때 관련법에서의 활용조문 빈도가 높은 자격종목을 선정하는 것이 재취업 시 매우 유리함을 알 수 있다. 자격종목이 가지고 있는 전문성 이외에 관련법에서의 활용조문에 의해 자격종목의 활용정도가 달라진다고 할 수 있다. 따라서 개별법의 국가자격일수록,

36) 김현수 외(2007), 자격의 활용성 강화를 위한 법제도 개선방안, 한국직업능력개발원. 일부내용을 발췌하여 원고를 작성함

그리고 관련 법률에서의 활용조문정도가 많을수록 자격의 활용성이 높아진다고 볼 수 있다. 따라서 장년층에서 재취업을 위한 자격종목 선정이 이에 대한 검토가 반드시 이루어져야 할 것이다.

〈표 20〉 국가자격의 활용 순위[37]

(단위 : 개, %)

순위	활용유형 / 국가자격	1	2	3	4	5	6	7	8	9	10	11	12	합계	비율
1	의사	66	26	0	0	20	1	16	13	0	328	1	3	474	25.0
2	변호사	14	201	0	0	6	3	8	0	10	67	2	29	340	18.6
3	공인회계사	22	51	1	0	12	3	4	0	9	111	3	1	217	11.9
4	변리사	5	11	0	0	4	1	0	0	6	157	0	1	185	10.1
5	전문의	5	15	0	0	26	0	4	0	0	17	0	4	71	3.9
6	건축사	13	5	0	0	3	2	2	0	4	19	1	1	50	2.7
7	약사	20	4	0	0	7	1	3	3	1	5	0	3	47	2.6
8	사회복지사	13	5	0	0	3	1	2	0	15	4	0	0	43	2.3
9	세무사	7	14	0	0	1	2	1	0	7	7	0	2	41	2.2
9	영양사	13	0	0	0	1	4	2	0	16	3	0	2	41	2.2
11	수의사	12	8	0	0	3	3	1	2	1	8	1	0	39	2.1
12	한의사	10	6	0	0	2	1	1	1	4	8	0	1	34	1.9
13	간호사	3	2	0	0	1	1	0	2	15	4	0	1	29	1.6
14	치과의사	6	7	0	0	3	0	4	0	0	7	0	0	27	1.5
15	항해사	12	5	0	0	0	4	0	0	3	0	2	0	26	1.4
16	응급구조사	12	2	0	0	3	0	0	0	1	3	1	0	22	1.2
17	관세사	9	2	0	0	4	2	0	0	0	4	0	0	21	1.1
18	감정평가사	1	12	0	0	2	1	0	0	2	2	0	0	20	1.1
18	공인노무사	2	5	0	0	3	2	1	0	2	4	1	0	20	1.1
20	위생사	11	5	0	0	1	1	0	0	0	1	0	0	19	1.0
20	물리치료사	11	5	0	0	1	1	0	0	0	1	0	0	19	1.0
20	임상병리사	10	0	1	0	3	1	0	2	0	2	0	0	19	1.0
20	운항사	6	2	0	0	0	1	0	0	3	7	0	0	19	1.0
24	방사선사	5	0	0	0	6	0	0	0	2	3	0	1	17	0.9

37) 이전에 실시한 결과(김현수 외(2007), 자격의 활용성 강화를 위한 법제도 개선방안, 한국직업능력개발원)로 일부 자격종목별 활용조문빈도는 변화가 있겠지만 자격종목별 경향성을 파악하기 위해 제시함.

순위	활용유형 국가자격	1	2	3	4	5	6	7	8	9	10	11	12	합계	비율
25	법무사	7	1	0	0	2	0	2	0	1	3	0	0	16	0.9
25	청소년지도사	4	2	0	0	0	0	4	5	1	0	0	0	16	0.9
27	정교사	2	0	0	0	1	1	0	0	3	7	1	0	15	0.8
27	간호조무사	2	0	0	0	0	0	1	0	11	1	0	0	15	0.8
27	한약사	3	0	0	0	6	0	4	0	0	2	0	0	15	0.8
27	통신사	1	1	0	0	0	3	1	2	3	4	0	0	15	0.8
31	산업안전지도사	0	2	0	0	6	0	0	0	0	6	0	0	14	0.8
31	기관사	5	1	0	0	1	0	6	0	0	0	0	1	14	0.8
33	산업위생지도사	0	0	0	0	8	0	0	0	0	4	0	0	12	0.7
34	소방시설관리사	1	2	0	0	3	0	1	0	1	2	0	1	11	0.6
35	경영지도사	0	0	0	0	4	1	0	0	2	1	2	0	10	0.5
35	사서	6	0	0	0	0	1	1	1	1	0	0	0	10	0.5
35	조산사	5	1	0	0	0	0	0	0	2	2	0	0	10	0.5
38	작업치료사	6	0	0	0	0	0	0	0	2	1	0	0	9	0.5
39	항공정비사	2	0	0	0	0	1	0	0	3	1	0	1	8	0.4
39	보건교사	3	1	0	0	0	0	4	0	0	0	0	0	8	0.4
39	사서교사	2	0	0	0	0	0	4	0	2	0	0	0	8	0.4
39	보건교육사	3	1	0	0	0	0	4	0	0	0	0	0	8	0.4
39	한약업사	0	0	0	0	2	0	4	0	0	2	0	0	8	0.4
39	치과위생사	6	0	1	0	0	0	0	0	0	0	0	1	8	0.4
39	보육교사	0	2	0	0	0	0	0	0	5	1	0	0	8	0.4
39	청소년상담사	0	2	0	0	0	0	3	0	2	1	0	0	8	0.4
47	사업용조종사	4	0	0	0	0	0	0	0	2	1	0	0	7	0.4
47	운송용조종사	3	0	0	0	0	0	0	0	3	1	0	0	7	0.4
47	항공공장정비사	2	0	0	0	0	1	0	0	3	1	0	0	7	0.4
47	항공사	5	0	0	0	0	1	0	0	1	0	0	0	7	0.4
47	방사성동위원소 취급자일반면허	0	0	0	0	4	0	0	0	0	3	0	0	7	0.4
47	방사선취급감독자 면허	2	0	0	0	3	0	0	0	0	2	0	0	7	0.4
47	손해사정사	0	3	0	0	1	0	1	0	0	2	0	0	7	0.4
47	직업능력개발훈련 교사	3	0	0	0	2	0	1	1	0	0	0	0	7	0.4
55	치과기공사	4	0	1	0	1	0	0	0	0	0	0	0	6	0.3

순위	활용유형 국가자격	1	2	3	4	5	6	7	8	9	10	11	12	합계	비율
56	공인중개사	1	0	0	0	2	0	0	0	2	0	0	0	5	0.3
56	항공교통관제사	3	0	0	0	0	0	0	0	1	1	0	0	5	0.3
56	전문상담교사	1	0	0	0	0	0	3	0	1	0	0	0	5	0.3
56	기술지도사	0	0	0	0	1	1	0	0	1	1	1	0	5	0.3
56	무선통신사	3	0	0	0	0	1	0	0	0	1	0	0	5	0.3
61	항공기관사	2	0	0	0	0	1	0	0	0	1	0	0	4	0.2
61	실기교사	0	0	0	0	0	0	2	0	2	0	0	0	4	0.2
61	준교사	0	0	0	0	0	1	0	0	0	0	3	0	4	0.2
61	평생교육사	4	0	0	0	0	0	0	0	0	0	0	0	4	0.2
61	가축인공수정사	3	0	0	0	0	0	0	0	0	1	0	0	4	0.2
61	의무기록사	4	0	0	0	0	0	0	0	0	0	0	0	4	0.2
61	도선사	1	2	0	0	0	0	0	0	0	1	0	0	4	0.2
68	주택관리사	0	0	0	0	2	0	0	0	0	1	0	0	3	0.2
68	자가용조종사	2	0	0	0	0	0	0	0	0	1	0	0	3	0.2
68	원자로조종감독자 면허	1	0	0	0	1	0	0	0	0	1	0	0	3	0.2
68	원자로조종사면허	1	0	0	0	1	0	0	0	0	1	0	0	3	0.2
68	보험계리사	1	0	0	0	1	0	0	0	1	0	0	0	3	0.2
68	경매사	1	0	0	0	0	0	2	0	0	0	0	0	3	0.2
68	안마사	1	0	0	0	1	0	0	0	0	1	0	0	3	0.2
68	행정사	1	0	0	0	1	0	0	0	0	1	0	0	3	0.2
68	수산질병관리사	0	0	0	0	0	0	2	0	0	1	0	0	3	0.2
68	소형선박조종사	1	0	0	0	0	1	0	0	1	0	0	0	3	0.2
78	교통안전관리자	0	0	0	0	0	0	1	0	0	1	0	0	2	0.1
78	경비지도사	2	0	0	0	0	0	0	0	0	0	0	0	2	0.1
78	자동차운전전문 학원 강사	0	0	0	0	2	0	0	0	0	0	0	0	2	0.1
78	자동차운전기능 검정원	0	0	0	0	1	0	0	0	0	1	0	0	2	0.1
78	자동차운전면허	0	0	0	0	0	0	0	0	0	2	0	0	2	0.1
78	방사성동위원소 취급자특수면허	1	0	0	0	0	0	0	0	0	1	0	0	2	0.1
78	영양교사	2	0	0	0	0	0	0	0	0	0	0	0	2	0.1
78	보험중개사	0	0	0	0	0	0	0	0	0	2	0	0	2	0.1
78	농산물품질관리사	0	0	0	0	0	0	1	0	1	0	0	0	2	0.1

순위	활용유형 국가자격	1	2	3	4	5	6	7	8	9	10	11	12	합계	비율
78	환지사	1	0	0	0	0	0	0	0	0	1	0	0	2	0.1
78	관광통역안내사	0	0	0	0	0	0	0	0	2	0	0	0	2	0.1
78	호텔경영사	0	0	0	0	0	0	0	0	2	0	0	0	2	0.1
78	호텔서비스사	0	0	0	0	0	0	1	0	1	0	0	0	2	0.1
78	안경사	0	0	0	0	1	0	0	0	0	1	0	0	2	0.1
78	정신보건임상심리사	1	0	0	0	0	0	0	0	0	1	0	0	2	0.1
78	정수시설운영관리사	1	0	0	0	0	0	0	0	1	0	0	0	2	0.1
78	유통관리사	0	0	0	0	1	0	0	1	0	0	0	0	2	0.1
78	소방안전교육사	1	1	0	0	0	0	0	0	0	0	0	0	2	0.1
78	아마추어무선기사	0	0	0	0	0	1	0	0	0	1	0	0	2	0.1
78	문화재수리기술자	0	0	0	0	1	0	0	0	0	1	0	0	2	0.1
78	문화재수리기능자	0	0	0	0	1	0	0	0	0	1	0	0	2	0.1
78	의료관리자	1	0	0	0	0	0	0	0	0	1	0	0	2	0.1
78	검량사	0	0	0	0	0	0	0	0	2	0	0	0	2	0.1
101	물류관리사	0	0	0	0	0	0	1	0	0	0	0	0	1	0.1
101	택시운전자격	0	0	0	0	0	0	0	0	0	1	0	0	1	0.1
101	항공운항관리사	0	0	0	0	1	0	0	0	0	0	0	0	1	0.1
101	철도차량운전면허	0	0	0	0	0	0	0	0	0	1	0	0	1	0.1
101	화물운송종사자격	0	0	0	0	0	0	0	0	0	1	0	0	1	0.1
101	핵연료물질취급감독자면허	0	0	0	0	1	0	0	0	0	0	0	0	1	0.1
101	핵연료물질취급자면허	0	0	0	0	1	0	0	0	0	0	0	0	1	0.1
101	보세사	1	0	0	0	0	0	0	0	0	0	0	0	1	0.1
101	주조사	1	0	0	0	0	0	0	0	0	0	0	0	1	0.1
101	농산물검사원	0	0	0	0	0	0	0	0	0	1	0	0	1	0.1
101	경륜선수·심판	0	0	0	0	0	0	0	0	0	1	0	0	1	0.1
101	경정선수·심판	0	0	0	0	0	0	0	0	0	1	0	0	1	0.1
101	무대예술전문인	1	0	0	0	0	0	0	0	0	0	0	0	1	0.1
101	호텔관리사	0	0	0	0	0	0	0	0	1	0	0	0	1	0.1
101	국내여행안내사	0	0	0	0	0	0	1	0	0	0	0	0	1	0.1
101	경기지도자	1	0	0	0	0	0	0	0	0	0	0	0	1	0.1
117	생활체육지도자	1	0	0	0	0	0	0	0	0	0	0	0	1	0.1

순위	활용유형 / 국가자격	1	2	3	4	5	6	7	8	9	10	11	12	합계	비율
117	한국어교원	0	0	0	0	0	0	1	0	0	0	0	0	1	0.1
117	박물관, 미술관 학예사(준학예사)	0	0	0	0	0	0	1	0	0	0	0	0	1	0.1
117	한약조제	0	0	0	0	0	0	0	0	0	1	0	0	1	0.1
117	의지・보조기기사	0	0	0	0	1	0	0	0	0	0	0	0	1	0.1
117	정신보건간호사	0	0	0	0	0	0	0	0	0	1	0	0	1	0.1
117	정신보건 사회복지사	0	0	0	0	0	0	0	0	0	1	0	0	1	0.1
117	화재조사관	1	0	0	0	0	0	0	0	0	0	0	0	1	0.1
117	감정사	0	0	0	0	1	0	0	0	0	0	0	0	1	0.1
117	검수사	0	0	0	0	1	0	0	0	0	0	0	0	1	0.1
117	동력수상레저기구 조정면허	0	0	0	0	0	0	0	0	0	1	0	0	1	0.1

자료 : 김현수 외(2007), 자격의 활용성 강화를 위한 법제도 개선방안, 한국직업능력개발원

3. 장년층 자격 선택 방법

장년층의 자격선택 방법은 [그림 8]과 같이 검토되어야 할 것이다. 관신분야 자격의 전문성 및 관련법에서의 활용성을 검토하고, 본인의 관심분야 자격을 선택하는 것이 필요하다. 본인의 관심분야 자격은 우선 국가자격을 먼저 고려하고 국가자격이 없는 경우 민간자격을 고려하는 것이 필요하다. 또한 본인의 학력과 전공을 고려하여 자격거시험에 응시할 수 있는 요건을 검토해야 한다. 이후 자격종목을 선정하고 나면 이에 대한 교육 및 학습방법을 선택하고 자격시험 응시준비를 거쳐 시험을 응시하면 됨 것이다. 자격시험에 합격한 후 취득한 자격증을 가지고 재취업을 위한 노력을 해서 제2의 인생을 설계하도록 한다.

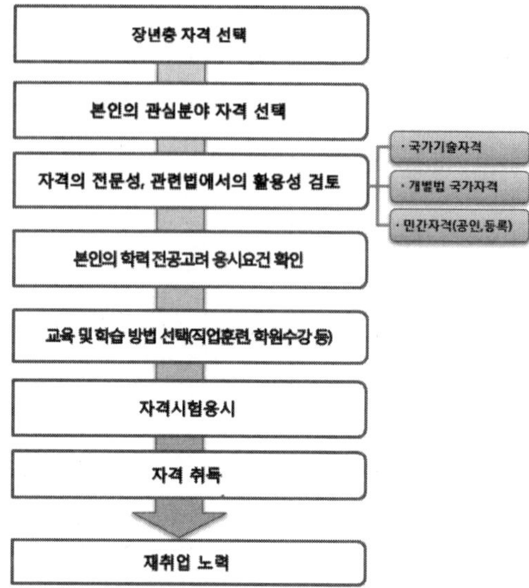
장년층 자격 선택
본인의 관심분야 자격 선택
자격의 전문성, 관련법에서의 활용성 검토
· 국가기술자격
· 개별법 국가자격
· 민간자격(공인,등록)
본인의 학력 전공고려 응시요건 확인
교육 및 학습 방법 선택(직업훈련, 학원수강 등)
자격시험응시
자격 취득
재취업 노력

[그림 8] 장년층 자격 선택

미래사회에 대응하는 장년평생교육 방향과 과제

권재현(국가평생교육진흥원)

미래사회에 대응하는 장년평생교육 방향과 과제

I. 들어가며

한국사회의 고령화는 급진전하고 수많은 도전과제를 양산하고 있다. 이로 인해 사회고령화는 한국 국가정책 수립의 핵심 고려사항이 되어왔고, 특히 지난 10여년 사이에는 5년 단위의 범부처 차원의 국가정책으로서 '저출산고령화대책'(이하 '대책)이 수립·추진되고 있는 중이어서, 현재는 2016년부터 2020년까지를 범위로 한 제3차 계획을 구현중에 있다.

주지하다시피 고령사회 정책은 매우 광범위한 속성을 지니고 이 모두를 한 자리에서 다루기에 무리가 있다. 가령 고령화는 사회구성원 고령자 비중의 증가를 의미하고, 여기에는 저출산과 수명연장이라는 두 가지 상대적 원인이 작동한다. 현재 한국사회에서 이 두 가지는 동시에 나타나고 있으나, 엄밀히 말해 이 둘은 독립적 현상이다. 더욱이 각각이 직접 연결되어 있는 경제, 사회, 교육, 문화 등의 사회부문은 그 자체로도 덩치가 큰 영역으로 이들 하나하나를 따로 다루기에도 벅차다.

한편 글로벌하게 작동하는 사회문화적 변화가 한국 사회에 몰려오고 있다. 소위 제4차 산업혁명이라 불리는 이 양상의 일부는 이미 우리 삶에 가까이 다가온 상태이다. 정보통신기술의 혁신으로 촉발된 이 양상은 무인화와 융복합이라는 특이성을 지닌다. 현재의 산업사회가 임금노동과 전문화에 기반하고 있음에 비추어 보면 제4차 산업혁명은 현재 사회의 근본적인 변화를 요구하고 있음은 두말할 나위 없다.

이 모든 문제가 마치 삼각파도처럼 동시다발적으로 진행될 것이라 예견되고 있고, 한국 사회는 이 파고에 맞서야 하는 도전에 직면해 있다. 대책은 매우 근본적인 수준에서 광범위한 영역을 포괄해야 하고, 주요 내용을 제시하는 정도의 상당한 추상성을 지닌다. 즉 각 세부내용은 별개의 정책 구상을 요구하고, 그 실천 측면에서 각 영역 간 균형을 요구하는 등 상당히 까다로울 수밖에 없다. 이 모든 것은 수많은 고찰과 논의를 필요로 하고, 하나의 연구나 검토로 대체할 수는 없을 것이다.

이 장에서는 미래사회에서 직면할 다양한 문제 중 특히 평생교육 특히 장년평생교육의 입장에서 그 방향과 과제에 초점을 맞추고자 한다. 고령화에는 저출산과 수명연장의 두 가지 요인이 있으나, 특히 고령층은 제4차 산업혁명에 따른 혁명적 수준의 사회변화에 취약할 수밖에 없다. 한편, 고령사회화에 성공적으로 대응하려면 개별 정책에 부여하는 내용과 방법론 등에 대한 가치 설정의 방향성과 판단준거를 중시할 수밖에 없다. 정책 가치의 방향성과 판단준거를 갖추는 것은 추가적인 이점을 가져다주는데, 현재 시행되는 정책이 미처 고려하지 못한 부분을 파악하고 보정해 갈 수 있다는 점이다. 더욱이 현재의 이슈는 아직 예견의 수준에서 다루어지고 있어 방향성 탐색의 가치는 더 크다.

이상의 배경 속에 첫째, 고령사회를 비롯한 우리 사회의 현황과 미래 전망에 들어있는 주류 관점을 확인한 뒤, 둘째, 그 속에서 장년평생교육에 대한 의미를 챙겨보고, 셋째, 장년평생교육과 관련하여 현재까지 알려진 정보를 토대로 장년평생교육 정책의 방향성을 정비하기로 한다.

Ⅱ. 한국 사회의 미래 전망에 대한 기존 관점 검토

1. 저출산 고령화 현상과 이를 바라보는 관점

「제3차 저출산·고령사회 기본계획」은 한국사회 인구와 관련하여 다음과 같이 개괄하고 있다. 우선 지난 30년 이상 한국사회는 합계출산율 2.1 미만의 저출산현상을 경험하고 있고 특히 지난 15년간에는 합계출산율이 1.3 미만인 초저출산현상이 지속되어 세계 최하위 수준의 출산율을 보이고 있다. 또한 의료기술의 발달로 평균 수명은 지난 45년간 20세 증가하였고, 앞으로 45년간에도 현재보다 7세 추가될 것으로 예상되는 등 장수사회, 고령사회가 확실시되고 있다. 둘째, [그림 1]처럼 베이비붐 세대가 노년층에 진입하는 2020년부터는 인구고령화가 가속하여 2030년 장년인구는 24.3%, 2050년 37.4%로 증가할 뿐 아니라 2031년부터는 총인구 감소 현상도 나타날 것으로 예상된다. 요컨대 2017년 현재는 한국인구의 최고봉 직전에 있는 셈이다.

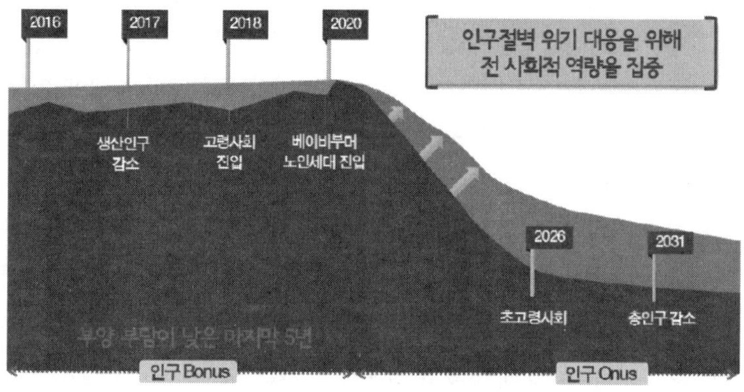

출처 : 대한민국정부. 「2016~2020 제3차 저출산 · 고령사회 기본계획 : 브릿지 플랜 2020」. p.8.

[그림 1] 한국 사회의 고령화 전망

고령사회로 전환이 가져오는 효과는 무엇인가? 기본계획은 무엇보다도 저출산 효과를 우려한다. 즉, 저출산에 따른 "노동력 부족"과 이에 따른 "미래사회의 위험"을 강조한다. 16세~64세의 생산가능인구 비중이 총인구 대비 73.0%('15년), 63.1%('30년), 52.7%('50년)으로, 25~49세의 핵심근로인구 비중은 총인구 대비 38.3%, 31.1%, 23.8%로 줄어든다고 예상한다. 이는 숙련노동력 감소와 노동생산성 저하로 이어진다. 한편, 수명연장 효과 즉 고령인구와 직접적 관련을 지을 경우, 기본계획은 사회보장 부담 증가에 따른 국가 재정 악화를 우려한다. 현재 추이를 따른다면 국민연금 적립기금은 2060년에 소진되고, 건강보험은 2025년에 고갈된다고 본다. 이로 인하여 공공사회복지지출은 2013년 GDP 대비 9.8%에서 2040년에는 OECD의 현재 평균 수준인 22.6%, 2050년에는 26.6%로 급증한다. 한국 장년빈곤율이 현재 49.6%로 세계 최하위 수준인 상태에서, 연금제도가 성숙되더라도 2050년 공적연금의 기여도는 가계수요의 45% 이하에 불과하고, 총소득이 생애효용기준에 미치지 못하는 가구 비중이 60% 수준에 이를 것으로 본다.

사회고령화에 대한 한국의 정책적 대응은 그 대상에 따라 새로운 세대를 위한 정책과 고령 세대를 위한 정책으로 나뉜다. 그 중 고령 세대와 관련한 정책 기조의 특징은 고령 집단을 대상화하는 경향이 상하세 드러난다는 점이다. 가령, 정부의 저출산 고령화 대책에서 고령화 대응 정책의 기조로 "안정된 노후를 위한 공・사 소득보장체계 강화", "건강・여가・사회참여・안전 등 고령자 삶의 질 향상 여건 확충", "생산인구 감소 대비 여성, 중・고령자, 외국인력 활용 방안 모색", "고령친화산업, 인구다운사이징 위기 대응 등 고령친화경제로의 도약" 등이 있다. 그런데 그중 "생산인구 감소 대비 여성, 중・고령자, 외국인력 활용 방안 모색"이나 "고령친화산업, 인구다운사이징 위기 대응 등 고령친화경제로의 도약"에서 고령 집단은 정책의 목적이 아닌 수단이 되고 있다. 생산인구가 감소하니 중・고령자를 적극 활용해야 한다는 것이 그것이고, 새로운 부의 창출을 위해 고령자 중심의 시장을 확대한다는 것이 이들 정책의 기본 관점이다.

얼핏 대상 목적적으로 보이는 "건강・여가・사회참여・안전 등 고령자 삶의 질 향상 여건 확충"조차 고령 집단을 정책 수단화 또는 대상화하는 경계에 맞닿아 있다. 가령, '고령자 운동 활성화'를 위한 주요 정책 내용은 시설 확대 외에 "운동프로그램에 꾸준히 참여한 장년에 대해 점수를 부여하고, 누적점수에 따른 상품(3만원)지급"이다. 참여의 동기를 중시하기보다 요구하는 특정 수행에 대한 대가를 지불한다는 점에서 고령세대를 정책 목적이 아닌 대상화한다. "고령자 정신건강관리 강화"의 주요 정책 내용으로 "정신건강 선별 검사 실시", "장년 자살고위험군을 선별하여 사례관리 등 자살예방 서비스 제공” 등을 제시함으로써 관심의 초점이 장년의 삶의 질에 앞서 자살율 감소에 있음을 짐작할 수 있다. ‘고령자 자원봉사지원체계 강화’조차 “참여고령자 자원봉사실적의 상시관리”를 강조한다. 정책에서 고령자 집단의 대상화 현상은 교육 부문에서도 발견된다. “고령자 교육 기반 확충”의 세부 내용을 보면, “정보화 교육으로 세대간 화합” 등을 추구하는데 이 둘의 연결고리가 쉽게 이해되지 않으며, 고령자를 대상으로 한 건강·여가프로그램 교육 지원은 “장년이용시설(경로당·마을회관 등) 방문”을 통하여 이루어짐으로써 서비스 경로가 우선된다. 이러한 대상화 관점은 소위 웰-다잉(Well-dying) 교육에서 부각되는데, 그 취지가 “장년의 살아온 삶을 마무리”하는 데에 있다.[1] 이러한 진술은 그 경솔함을 넘어 고령 집단에 대한 정책적 관심이 어디에 놓여 있는지를 짐작할 수 있게 한다.

정리하면, 고령사회화는 한국사회의 미래에 커다란 위협요소로 작용하고 있음은 분명하다. 그런데 그 위험을 바라보는 눈은 경제적 관점에 입각한 바가 크다. 그리고 이에 대한 대응은 비록 사회문화적인 영역의 것일지라도 고령 집단을 수단화, 대상화하는 경향이 있다. 이러한 방향성에서는 고령자의 삶의 총체성, 주체성을 찾아보기 어렵다. 물론, 한국사회는 자본주의경제를 근간으로 작동하고 있고, 삶의 상당 영역을 금전으로 대체할 수 있다는 점에서 경제 문제는 매우 중요하고, 고령사회화에 대한 대응은 모든 세대의 삶과 연결되어 있다는 점에서 고령 집단만을 목적으로 할 수도 없다. 하지만 정책의 최종 목적은 국민의 인간으로서 존엄성 유지에 있음을 무시해서는 아니 된다. 인간의 존엄은 사고팔 수 있는 것도 아니고, 정책 수단의 대상이 되는 것도 곤란하다. 이런 점에서 저출산 고령화 현상 속에서 고령자 집단을 존엄한 인간적 삶의 주체로 바라보는 관점에서 정책을 다루려는 노력이 더욱 요청된다.

1) 웰-다잉 교육은 취지는 삶을 마무리하는 것이 아니라 지나온 삶에 대한 회고를 통하여 새로운 삶의 가치를 발견하는 데에 있음을 상기하자.

2. 제4차 산업혁명과 이를 바라보는 관점

제4차 산업혁명은 최근 한국사회의 화두로 부각되는 새로운 현상이다. 증기기관의 발명으로 시작한 산업혁명은 이제 IoT와 대용량 컴퓨팅 등에 힘입은 새로운 혁명을 맞고 있다. 특히, 지금은 다소 가라앉았지만, 한국인은 '알파고'의 바둑대결을 통하여 어느 국가보다 큰 충격을 받았다. 그리고 제4차 산업혁명이 직전에 이르렀고 조만간 우리의 삶을 크게 바꾸어 놓을 것임을 지금은 수많은 한국인이 인식하고 있다.

한국에서 '지능정보화' 사회를 지칭할 때 다루어질 수 있는 다양한 테크놀로지가 있다. 첫째, 사물인터넷(IoT; Internet of Thisng)의 실용화이다. 정보네트워크에 연결만 되어 있다면, 그 기계의 종류와 위치에 상관없이 하나의 체계 안에서 연동하여 작동할 수 있다. 더욱이 3D 프린팅 기술이 급격히 발전하여, 수년전 어느 외국의 박람회장에서는 공장의 설계도면을 이용하여 자동차 부품과 외장을 직접 '프린팅'하고, 이를 조립하여 시운전하는 모습을 보여주기도 하였다. 뿐만 아니라 최근에는 소위 스마트시티(smart city) 건설에 대한 다양한 논의가 학계에서도 활발히 일어나고 있다.[2)]

둘째, 알파고의 예에서처럼 인공지능(A.I.; Artificial Intelligence)이 발전하고 있다. 여전히 범용화까지는 갈 길이 제법있지만, 큰 발전을 이루고 있다. 알파고는 이미 바둑의 신이 되어 바둑계를 떠났고, 최근에는 A.I를 적용하고 인터넷 연동하는 스피커가 경쟁적으로 출시되고 있을 정도이다. 더욱 놀라운 것은 IoT와 A.I.를 결합하여 기계 간 공유학습을 일으키기 시작했고, 기계의 학습속도는 기하급수적으로 빨라지고 있다.

셋째, 이런 테크놀로지는 자동차, 로봇 등에 실세로 구현되기 시작했다. 이제 무점원점포, 자동주행차량에 관한 소식은 식상해졌다. 로봇분야에서도 자동차 공장에서나 연상되던 로봇팔 정도가 아니라, 함께 걷고 대화하며 운동도 할 수 있는 휴머노이드 수준으로 올라서고 있다.

---

2) 각종 학술DB에서 제목을 smart city로 검색할 경우에도 수많은 논문들이 나온다. 참고로, 한국에서는 이미 유비쿼터스 시티 또는 U-city라는 명칭으로 10여 년 전에 학술적, 정책적 관심 대상으로 올라와 있는 상태였다.

넷째, 최근에는 인체와 직접 연동하는 기술들도 적극 개발되고 있다. 이미 10여 년 전 영국에서는 장님의 혓바닥에 시각정보를 제공하는 칩을 이식하는데 성공한 것으로 알려져 있다. 최근에는 항공기 조종사 훈련 시뮬레이터 정보를 전기신호로 변환하고 이를 인간의 두뇌에 직접 제공하여 조종사의 학습 속도를 높이는 모습이 소개되기도 하였다. 아직 초보단계이지만 영화 '토탈리콜'에서나 볼 수 있었던 인간의 인지와 기억 조작이 가능해지고 있다.

다섯째, 앞의 기술들을 실현하는 데 여전히 필요한 기초 산업이 있는데, 대용량 컴퓨팅이다. 현재의 기술로는 전산능력이 불충분하여 위의 기술의 완벽한 구현은 곤란하다. 하지만 이조차 조만간 해소될 것으로 보인다. 올해 초 삼성전자는 3진법이 가능한 반도체를 개발하였다고 알렸다. 더 혁명적 기술로서 양자컴퓨터도 이미 개발 완료 단계에 이르고 NASA 등 일부 기관이 시범운영 중에 있다. 놀라운 것은 현재 개발 중인 양자컴퓨터의 성능만으로도 슈퍼컴퓨터가 수십억 년 들여 계산할 것을 단 1초 만에 끝낼 수 있다는 점이다.

물론 위의 다섯 가지는 제4차 산업혁명의 전조를 암시하는 극히 일부 단상에 불과할 뿐이다. 그럼에도 불구하고 각종 테크롤로지의 발전 국면은 서로 융복합하는 방향으로 달리고 있고, 결과적으로 공상과학영화에서나 보던 상황들이 현실로 작용할 것이다.

그렇다면, 이들 변화양상이 가져올 미래에 대한 한국사회의 관점은 무엇인가? 올해 초 발표된 「제4차 사업혁명에 대응한 지능정보사회 중장기 종합대책」의 전망은 산업구조의 변화, 고용구조의 변화, 삶의 모습·환경 변화로 요약된다. 첫째, 산업구조가 변화를 강조한다. 데이터·지식이 산업의 새로운 경쟁원천으로 부각되고, 소위 "~페이" 등의 플랫폼 및 생태계 경쟁 중심으로 산업체계가 개편될 것이며, 결과적으로 시장에서 다수가 선택한 플랫폼만 살아남는 승자독식 현상이 나타날 것이므로, 산업계에서 선도자 전략이 요청된다는 것이다. 둘째, 고용구조의 변화를 강조한다. 각종 테크놀로지의 발전과 융합은 자동화와 전문화로 이어지고, 기존의 일자리는 상당수 사라지고 새로운 역할의 일자리가 생겨날 것이다. 특히 과거와는 달리 A.I.의 발전은 의사, 법률가, 금융 트레이더 등 고도의 전문직종의 일자리조차 없애거나 이들의 역할을 바꿀 것이라고 전망한다. 결과적으로, 전통적 평생직장이 사라지고 탄력적 고용이 확대되는 등의 고용형태 변화는 불가피하다고 본다. 셋째, 삶의 모습·환경 변화가 예상된다. 각종 서비스의 비용감소와 품질 향상으로 삶의 편의성은 높아질 것이고, 기존 시스템을 보완하여 생활환경의 안전성이 높아진다. 다만 역기능도 간과할 수 없는데, 양극화 심화, 분쟁 증가, 개인정보 유출, 인간 소외 등의 우려도 예상된다.

정리하면, 제4차 산업혁명에 따른 미래 전망에서 보이는 관점은 고령화에 따른 미래 전망에서 살핀 관점과 크게 다르지 않다. 산업체제와 고용구조의 변화 등 경제의 관점에서 제4차 산업혁명을 바라본다. 부분적으로 삶의 편의성 등에 관한 예견이 있기는 하지만, 관심의 중심부에서 벗어나는 것이 사실이다. 인공지능 기술이 발전한다고 했을 때 인간의 일자리 상실을 가장 우려하는 것이 단적인 예라 할 것이다. 물론 '산업혁명'이라는 명명 자체가 경제적이므로, 경제의 관점이 주로 작용한다는 점은 위화감을 느끼는 경우는 많지 않을 것이다. 그런데 제4차 산업혁명이 가져올 미래는 경제와 생활 편의가 모두일까? 영국의 산업혁명이 가져온 결과는 젠트리 계층 몰락, 도시노동자 문화 형성 등 경제를 넘어 정치, 사회, 문화 등에 일파만파로 번졌음을 상기할 필요가 있다.

3. 현재와 미래를 바라보는 기저 관점에 관한 새로운 요청

한국사회 운영의 주요 원리는 크게 두 축으로 이루어진 것으로 이해할 수 있다. 하나는 자본주의라는 경제적 관점이고, 다른 하나는 민주주의라는 사회정치적 관점이다. 물론 각각을 바라보는 수준에는 차이가 있을 수 있다. 하지만 한국사회의 운영에서 이 틀을 무시하는 경우는 없다고 이해한다.

앞서 살폈듯, 고령사회를 둘러싼 한국 정책은 경제논리, 즉 자본주의적 가치에 입각한 관점을 특히 중시하는 모습을 보인다. 고령사회의 어두운 전망은 한국의 사회적 가치 생산의 약화와 국민 대다수의 소득불균형에 초점을 맞춘다. 제4차 산업혁명은 불난 집에 기름을 얹는 격이어서, 일자리의 축소와 고용불안정 확대를 강조한다. 이래저래 '가난'과 '삶의 부침'을 부각한다. 반면, 한국사회의 또다른 운영 원리로서 민주주의 관점에서 바라본 미래전망은 찾아보기 어렵다. 마치 고령사회의 효과는 민주사회로서 한국사회에 고려할 만한 것이 못 된다고 보는 것 같다. 아니면 국가가 고령사회로 전환된 한국사회의 민주성에 기여할 수단이 별로 없기 때문일지도 모른다.

자본주의와 민주주의는 전혀 다른 영역에서 출발한 이념이지만, 하나의 사회적 삶에서 서로 경쟁하기도 또는 협력하는 관계를 유지한다고 보는 것이 타당하다. 즉 자본주의와 민주주의는 이 둘을 채택한 어느 사회에서나 공생관계에 있다. 학문분야 중 정치경제학은 그 출발이 과격하기는 하였으나, 이러한 관계성을 이해하고자 한 지적(知的) 노력이라는 점은 주지의 사실이다. 이런 입장에서 보면, 미래전망이 온통 경제적 관심만 집중하는 것이 오히려 이상하다.

자본주의와 민주주의의 공생 관계를 인정한다면, 우리는 새로운 차원으로 넘어가는 단서를 포착한 셈이다. 각각이 상호의존 속에 스스로를 조정한다면, 그 조정의 목적에 대하여 질문할 수 있기 때문이다. 즉 목적과 수단이라는 가치의 문제에 직면한다. 당연히 질문의 맥락은 자본주의 또는 민주주의에 도구적 가치를 부여하고 있다. 그러므로 질문은 이들이 받들고 있는 목적을 드러낼 것을 요구하고, 그 목적은 사회구성원의 개별적, 집단적 삶 그 자체에 해당한다. 요컨대 인류가 형성해 온 수많은 가치는 인간의 삶 그 자체의 안녕을 추구한다고 보고, 이를 위한 각종 도구의 적절성을 살필 수 있게 된다.

안녕한 삶에 관한 논의는 고래로 꾸준히 전개되어 왔다. 제도적으로 정의, 존엄, 공정 등이, 민주주의 이념에서는 평등, 인권 등이, 사회문화적으로는 삶의 질, 사회의 질 등이, 그리고 굳이 경제적으로 표현하면 풍요, 부(富) 등이 이에 관한 표현 방식이고, 각각은 서로 다른 입장에서 개인과 사회의 안녕한 삶을 다룬다. 그리고 앞서 살핀 우리의 미래를 바라보는 관점에는 풍요와 부가 우선하고 있다. 이 속에서는 정의로운 미래, 존엄한 미래, 심지어 한국 사회의 두 가지 운영 원리 중 다른 한 축인 민주성의 관점에 속한 평등, 인권 등의 관점조차 스며들기 어렵다.

이러한 상황에서 미래의 국민은 유기화된 경제 체계 즉 현재로서는 상상조차 힘든 엄청난 테크놀로지에 의해 구축된 플랫폼 시스템, 그래서 인간의 의지로부터 이미 독립하여 스스로 변화하는 경제 시스템에서 우왕좌왕 수밖에 없는 가녀린 존재일 뿐이다. 소위 "탄력적 고용 확대"는 이에 대한 점잖은 표현이다.

새로운 관점 요구가 기존 관점의 무시로 여겨져서는 곤란하다. '배부른 돼지와 배고픈 소크라테스'의 비유와 이에 대한 단일 선택은 강요일 뿐이다. 인류의 삶은 지난 수차례의 산업경제의 혁명적 변화를 거치면서 시스템과 융합되었고, 이 시스템은 이제 우리의 일상을 규율하고 있다. 그 대표적인 예가 시간이다. 시간은 더 이상 자연적인 것이 아니다 (Davies, 1995). 해가 뜨고 지고, 지구가 태양 주위를 한 바퀴 도는 것을 기준으로 삼던 시간은 18세기 기계시계의 대중화를 거치면서 사회시스템의 한 축이 되었고, 20세기 원자시계의 발명은 시간의 기준을 원자의 진동 횟수로 조작기준을 바꿈으로써 더 이상 자연적이지 않게 되었다. 그리고 인터넷처럼 글로벌 전산망 속에서, 가령, 현재를 사는 많은 이들에게 낮과 밤의 구분은 더 이상 중요한 것이 아니다.[3] 그러므로 제4차 산업혁명을 수반한 미래는 우리의 삶을 산업경제 시스템 속에 더 융합시키는 쪽으로 나갈 것이 분명하다.

한편, 우리의 삶과 산업경제 시스템 간 더 깊은 융합이 경제 외적 관점의 접근을 더 크게 허용할 것이라는 점 또한 분명하다. 이제 과거에는 공상영화에서나 있었던 새로운 삶의 양식들이 탄생하고 있고, 이에 대한 사회적 가치 판단을 요청하고 있기 때문이다. 가령 최근 자율주행차량에 의한 사고가 있었고 이에 대한 책임소재가 이슈로 부각되기도 하였는데, 그 공방 속에는 자율주행차량 제조자, A.I. 및 네비게이터 개발자, 운전자 및 피해자 등이 있다. 한편, 최근 인간형 또는 동물형 로봇이 상용화되었고, 사람들 사이에는 반려동물처럼 "반려 로봇"의 관념이 형성되고 있다. 사람이 물질적 가치 이상의 가치를 투여하는 대상이 된 것이다.

---

3) 당장은 특히 국제금융거래전문가, 글로벌기업의 임직원 등을 중심으로 하지만, 한국사회가 개방 정도가 커질수록 전통적 시간개념이 무의미한 사람들은 늘어날 수밖에 없다.

그렇다면 이 로봇을 누군가가 부쉈고 그 가족이 정서적으로 심각한 피해를 입었다면, 그 가해자 책임은 물질적 피해보상으로 끝나는 것인가 그 이상이 될 것인가? 만약 인지와 기억을 조작할 수 있는 소위 "학습 모자"가 상용화되어 학생의 학습 수준을 향상시킬 수 있게 된다면 또는 치매환자의 기억 보조장치로 사용하려 한다면 그것을 사회적으로 허용할 수 있는가? 만약 이 모자를 이용하여 인간에게 거짓기억을 심거나 또는 성격을 바꾼다면 그 책임은 누구에게 있는가? 이런 문제는 당장의 문제는 아니다. 하지만 전혀 불가능한 것도 아니어서 관련 기술이 조금씩 공개되고 있다. 당장 10년 후에 관련 기술이 개발된다면, 고령사회에서 우리 구성원들은 어떤 가치관을 갖고 대응해야 하는가?

최근에는 이와 유사한 논의가 본격적으로 전개되는 양상이다. '로봇의 생산력에 대하여 세금을 물릴 수 있는가?' 이러한 질문은 유럽을 중심으로 확산되고 있다. 로봇에도 세금을 물려야 한다는 주장이 설득력을 얻기 시작했으나, 한국 사회에서 이에 대한 사회적 논의는 일어날 기미를 보이지 않는다. 극히 최근에는 줄기세포를 주입하여 척추 손상에 의한 하반신불구 치유 가능성 등 실용성에 입각한 연구성과가 발표되고 있다. 하지만 한국의 제도는 줄기세포 활용에 대하여 매우 엄격하여 이와 관련한 연구는 착수조차 할 수 없다. 그럼에도 불구하고 이들은 한국 사회가 언젠가는 마주해야만 하는 중요한 변화이자 도전이다.

당장 우리의 현실을 생각해 볼 수도 있다. 최근 '탈원전'이 한국사회의 큰 이슈로 부각되었다. 이에 대하여 정부는 소위 '숙의민주주의' 접근을 시도하였고, 국민들로부터 매우 현명한 답변을 들었다. 원전의 위험이 매우 크고 탈원전론 및 환경론의 주장이 매우 강력하였음에도 불구하고, 원전을 둘러싼 찬반 양쪽 전문가들의 논리를 수차례 확인하고 숙고한 결과 국민들은 당분간 원전이 필요하다는 결론을 내린다. 흥미로운 점은 이러한 최종 결론에 이를 때까지 의견은 반전을 거듭했다는 점인데, 이는 사회 이슈를 둘러싼 다양한 정보를 습득하고 우리의 삶의 의미로 전환해 가는 치열한 모습을 드러냈다는 점에서 집단적 학습과정 즉 평생학습의 한 과정이라 할 수 있다.

이처럼 앞으로 우리 사회는 이러한 예기치 않는 수많은 가치갈등 상황을 직면할 것이고, 만약 우리 사회가 민주적이라면 이에 대한 가치 판단은 결국 국민의 몫이다. 더불어 현재의 인구변화 추이대로라면 고령사회에서 그 판단의 상당 부분은 고령자들의 현명함에 더 크게 의존하게 될 것이다. 요컨대 미래사회에서 평생교육 관점은 다른 어느 부문보다 중요한 사회운영의 핵심원리로 작동할 필요가 있다.

Ⅲ. 한국 장년평생교육의 주요 현황과 문제점

1. 장례인구 추계에 비춘 평생교육 수요와 참여 걸림돌

통계청의 장래인구추계에 따르면, 인구 고령화는 지속되어 65세 인구는 2020년 15.6%에서 2030년 24.5%로, 2040년에는 32.8%가 될 섯으로 예상된다. 즉, 지금은 한국 인구 중 7명 중 1명이 장년이지만, 2030년에는 한국인 4명 중 1명이, 2040년에는 3명중 1명이 64세 이상의 장년이 된다는 것이다(〈표 1〉 참조).

〈표 1〉 한국 장래인구추계

		2010	2020	2030	2040	2050	2060
전체 인구수		49,554,112	51,973,817	52,941,342	52,197,882	49,432,752	45,245,985
인구 구성비	24세 이하	29.4%	23.8%	20.1%	18.6%	17.6%	16.6%
	25~34세	15.6%	13.3%	11.4%	9.0%	8.5%	9.1%
	35~44세	17.5%	14.9%	13.1%	11.6%	9.5%	9.4%
	45~54세	16.6%	16.8%	14.6%	13.3%	12.3%	10.5%
	55~64세	10.1%	15.5%	16.3%	14.7%	14.0%	13.4%
	65세 이상	10.8%	15.6%	24.5%	32.8%	38.1%	41.0%
	65~74세	6.0%	0.0%	14.4%	15.9%	15.1%	15.0%
	75~84세	3.2%	5.2%	7.3%	12.5%	14.7%	14.8%
	85세 이상	0.7%	1.5%	2.8%	4.5%	8.3%	11.2%

주 : 중위 추계(기본 추계 : 출산율-중위 / 기대수명-중위 / 국제순이동-중위) 값
출처 : 통계청. 장래인구추계. 2017. (국가통계포털)

현재의 개념으로 미래를 예단하는 것은 위험하다. 특히 〈표 5〉의 인구추계 효과를 보건대 머지않아 장년에 대한 정의 자체가 바뀔 수 있다. 이에 따라 생산 가능 연령도 조정이 될 수도 있다. 그러므로 장년인구의 변화에 따라 장년평생교육이 어찌된다고 보는 것은 섣부른 판단일 수밖에 없다. 그럼에도 불구, 한국사회의 고령화는 급진전할 것이 명약관화한 상태에서 장년평생교육의 수요는 급증할 것임은 분명하다.

여기서 이슈는 급속히 늘어나는 장년평생교육에 대한 정책적 수요가 얼마나 될 것인가 하는 점이다. 이에 대해서는 정책적으로 여러 가지를 고려할 수밖에 없다.

첫째, 평생교육 수요에 대한 국가의 대응에 관한 것이다. 이러한 대응은 두 가지 이슈를 포함하는데, 그 하나는 학습자로서 국민에 대한 대응이고 다른 하나는 평생교육 추진 주체로서 지방자치단체와에 대한 대응에 관한 것이다.

국민의 '수학권'(修學權)에 대한 국가의 개별 대응은 현재 수익자부담의 원칙 속에 이루어진다. 앞서 살폈듯, 헌법이 인정하는 국민의 수학권은 국가 재정이 허용하는 범위 안에서 수행하는 것인데, 여기에는 의무교육으로서 학교교육이 포함되어 있어 국가의 교육재정 중 절대액이 투입되고 있다. 그러므로 국가의 책무 한계가 모호한 평생교육에 대한 재정 투입은 상대적으로 약화될 수밖에 없고, 국가는 평생교육에 소요되는 비용에 대해서는 기본적으로 학습수요자가 부담해야 한다는 원칙을 견지하게 된다.

한국 평생교육을 관통하는 수익자부담의 원칙은 학습수요자 포착 자체를 어렵게 하는 중요한 원인으로 해석될 수 있다. 한 예로 장년의 여가활동유형에서 교육활동의 위치를 챙겨볼 수 있다. 박근수(2011)는 한국복지패널 1차년도 자료를 활용하여 60세 이상 응답자의 여가활동을 유형화하였다. 그는 장년여가유형에 대한 쟁점지표로 '고용활동', '가사활동', '보호활동', '교육활동', '레져활동', '봉사활동' 등 6가지로 설정하고 잠재집단분석을 실시하였고, 그 결과 '일 중심형', '가사 중심형', '레져 중심형' 3가지 유형을 추출하였다. 그러나 이 과정에서 교육활동은 어느 한 유형에도 효과를 미치고 있다고 보기 힘듦을 발견하게 되는데,

교육활동에 참여하지 않는 사람의 비중이 워낙 높아 통계적으로 유의미한 분류가 곤란할 정도였다.[4] 요컨대 수익자부담의 원칙에 따라 경제적으로 빈곤한 장년은 참여하고 싶어도 참여하지 못하는 사람들도 많이 생길 수 있고, 또한 평생교육에 참여하고 싶다는 사실 그 자체를 망각 또는 회피해버리는 상황이 발생한다고 볼 수 있다.

만약 장년 평생교육을 공공의 차원에서 확대할 필요를 지니고 그 수요를 파악하고자 한다면, 적어도 장년 평생교육에 관한 한 국가의 재정부담 원칙은 수정될 필요가 있다. 장년평생교육을 이슈로 놓고 본다면 '장년'의 사회경제적 특성을 고려할 수밖에 없다. 앞서 '저출산・고령사회 대책'이 지적하고 있듯 현재로서도 장년의 빈곤율이 49.6%에 이르고 있고, 2050년에는 가계를 제대로 꾸리기 어려운 장년가구가 60% 수준에 이를 것으로 보인다. 이런 상황에서 장년평생교육에 수익자부담의 원칙을 고수하는 것은 곤란하다. 경제적으로 생계 자체가 곤란한데 평생교육에 참여하는 것은 사실상 불가능할 수 있다.

한편, 평생교육진흥에서 지방자치단체와 역할 분담의 문제도 중요한 고려사항이 될 수 있다. 현재 한국의 교육제도는 지방교육자치제도를 근간으로 한다. 교육에 대한 지방의 고유성을 인정하고 지방이 독자적으로 교육을 운영하도록 하고 있다. 다만 의무교육 등 학교교육에 대해서는 지방의 재정상황의 한계를 인정하여 국가가 특별교부 등의 형태로 지방교육을 적극 지원한다. 반면, 평생교육은 그러하지 않다. 지방평생교육에 대한 자치는 상대적으로 엄격히 유지되고 있다. 가령, 국가의 〈지방교육재정교부금법〉은 국가의 교부금을 사실상 학교교육에 사용되도록 하고 있고, 평생교육에 사용할 근거를 명확히 마련하고 있지 않다.[5] 뿐

4) 교육활동 참여자가 세 가지 여가활동유형에 속할 확률은 일 중심형 1.0%, 가사중심형 0.5%, 레저 중심형 3.0% 수준이다. 반면 교육활동 미참여자가 각 유형에 속할 확률은 100%를 기준으로 한 나머지인데, 일 중심형 99.0%, 가사중심형 99.5%, 레저 중심형 97.0%이다. 통계 분석에서 이런 쏠림 현상은 교육활동 미참여자가 압도적 다수이기 때문에 발생한 것이다. 극소수의 참여 사례수만으로는 확률을 따지기 곤란하기 때문이다.

5) 이런 제도적 한계는 국가 평생교육재정의 한계로 이어진다. 가령, 2015년의 정부 세출결산 내역에 따르면, 교육을 장 단위에서 편성하고 있는 부처는 교육부(51조 7,252억원)와 미래창조과학기술부(2,178억원) 두 곳이다. 관 단위의 '평생직업교육' 예산으로 교육부는 2,452억원을 미래창조과학부는 약 300억원을 편성한다.

만 아니라 〈지방재정법〉 역시 평생교육 재정에 대한 국가와 지방자치단체 간 역할 구분을 설정하고 있지 않다. 되돌려 말하면 평생교육은 법령에 따른 지방행정사무일 뿐이라는 것이다. 재정에 어려움을 겪는 지방자치단체의 입장에서 국가가 그 실천을 적극 고려하지 않는 사업에 자체 재원만으로 사업을 추진하는 것은 결코 쉬운 일이 아니다.

정리하면, 장년평생교육에 대한 수요자는 앞으로 급증할 것으로 예상된다. 하지만 현실적으로 장년인구의 급증이 장년평생교육의 정책적 수요와 직접 연결된다고 말하기 곤란하다. 이제까지 평생교육 정책은 수익자부담의 원칙에 입각하여 운영되어 오고 있고, 이로부터 경제적 여유가 불충분한 장년의 평생교육 수요는 음지에 숨어 구체적으로 드러나지 않는다. 이에 따라 무엇이 어떻게 중요한지 재정적 수요 판단도 곤란하다. 요컨대 장년평생교육의 정책적 수요 예측은 국가와 지방자치단체 등 공공영역의 재정부담에 대한 범위를 구체화한 후에나 가늠해 볼 수 있을 것이다.

2. 장년여가 및 평생교육과 관련한 소통의 부재

삶의 의미를 형성해 가는 노력에 대한 지원 행위를 평생교육으로 정의할 경우, 한국의 평생교육이 성공적으로 운영되고 있는지에 대해서는 상당한 의문이 든다. 이를 바라보는 관점이 교육과정 운영 그 자체에 매몰된 경향이 있기 때문이다.

이러한 현상은 장년여가에서도 나타난다. 가령, 2016년 '장년실태조사'는 장년의 여가와 평생교육을 구분한다. 그런데 그 세부 분류는 참으로 흥미롭다. 즉, 장년여가와 관련해서 '주된 여가활동' 영역에는 '문화예술참여활동'이 있고 그 아래 다시 '악기연주·노래교실', '미술활동(그

그런데 각 항을 살피면, 교육부는 '인적자원정책 기반 강화' 27억원, '평생직업교육체제구축' 387억원, '국제교육협력증진' 893억원, '국립국제교육원 지원' 797억원, '산학연협력활성화' 267억원이다. 미래창조과학부의 평생직업교육체제구축 항의 세부 명목은 '여학생공학교육지원'과 '산업기술인력양성'이다. 요컨대 국민 일상의 평생교육과 관련한 재정은 교육부의 '평생직업교육체제구축' 밖에 없고, 그 금액은 2015년 국가 재정 약265조원의 약 0.015%, 교육 재정(장 단위)의 0.075%에 불과하다.

림, 서예 등)', '춤·무용' 등이 있다. 또다른 중분류에는 '스포츠참여활동'이 들어 있다. 그런데 이들은 현실적으로 장년들이 이 과정에 참여하면서 관련 기술과 기법을 배우고, 연습으로 익히는 과정을 포함한다. 그 자체로 하나의 평생교육과정이다.[6] 한편, 평생교육 프로그램 영역을 보면, 하위 분류로 '건강관리/운동', '예술문화', '어학', '인문학', '정보화', '취업/직업' 등으로 구분한다. 여가활동과 평생교육프로그램 참여 사이에 경계가 모호성은 각각이 지닌 개념에 대한 혼란을 반영한다.[7] 이러한 나열식 조사는 교육과정 운영현황 파악 이상의 가치를 지니기 힘들다.

만약 장년에 대한 정책적 기대가 성공적 노화를 조장하는 데에 있다면, 프로그램 분류 중심의 관점은 성공적이지 못하게 된다. McGuire · Boyd · Tedrick(1996)은 노년의 성공적 노화는 선상, 의미 있는 활동, 남들에게 필요한 것, 재정적 안정성 등 네 요인의 함수관계에 의해 결정되는 것으로 보았는데, 평생교육은 이들 네 가지 요인 중 의미 있는 활동에 속한다. 즉, 평생교육 참여 실태는 프로그램 유형과 함께 참여자가 이에 대하여 부여하는 의미를 파악함으로써 고려할 수 있다. 이와 관련하여 민웅기(2010)는 다음과 같이 언급한다.

"여가 참여를 제약하는 근본적인 원인은 '소통의 부재'로 볼 수 있다. 개인의 관심이나 흥미부족, 지식 부족 등의 여가 내적제약요인은 그동안 여가를 즐기지 못한 것에서 비롯된 사회화 과정의 문제이며, 이는 결국 여가콘텐츠에 대한 교육 부재와도 관련이 있다. 다양한 경제적, 사회적 자본의 부족, 여가시설의 부족, 여가시설에서의 접근의 어려움 등의 구조적 제약요인의 경우, 여가 시설 및 프로그램에 접근할 수 있는 소통수단이 부족했기 때문에 나타난다."

---

6) 사실, 문화예술관람활동도 평생교육적 작용이 일어나는 영역이기도 하나. 특히 최근 문화수준의 향상에 따라 많은 박물관과 미술관 등에 '도슨트' 또는 '큐레이터'가 관객에게 작품에 대한 이해를 높이는 활동을 하고 있다. 이러한 활동은 확실히 평생교육적이다.

7) 이러한 혼란은 장년실태조사에 국한된 것이 아니다. 심지어 평생교육개인실태조사 역시 프로그램 단위의 판별을 우선시한다. 다만, 이 조사는 차이가 있는데, 평생교육 프로그램 참여에 대한 동기와 효용성 등을 제한적으로나마 확인하고 있다. 아쉽게도 평생교육실태조사의 자료를 이 발표에서는 적극 사용하기 곤란하다. 현재까지 공개된 자료는 그 조사대상을 25~64세로 제한하고 있기 때문이다. 장년평생교육에서 다루기에는 그 연령이 지나치게 낮다.

이런 상황에서 평생교육의 효과를 따지는 것도 사실 어색하다. 그 효과가 무엇인지도 모른 채 “다들 하니까” 운영하는 경우가 많기 때문이다. 즉 평생교육을 일종의 시혜로 바라보는 소통 없는 운영을 하는 경우가 많다. 누군가는 ‘소통 없는 운영’에 대하여 거부감을 갖는 경우도 있을 것이다. 왜냐하면 현장에서는 최소한의 수요조사를 근거로 각종 프로그램을 운영하고 있기 때문이다. 하지만 관점을 달리한 수요조사는 없는 것보다는 낫겠지만, 소통이 없는 것과 마찬가지이다. 이들이 어떤 프로그램을 희망한다고 했을 때, 그 배경을 알아야 이에 적절한 교육내용과 강사 등을 찾아볼 수 있기 때문이다. 만약 학습자가 개설 프로그램의 성격을 물어 온다면 어떤 대답이 가능하겠는가?[8)]

이러한 소통 부족은 기관이나 시설 단위에서만 일어나는 것은 아니다. 전형상(2017)은 16개 광역자치단체의 시정/도정 백서를 분석하였는데, 그 결과, 현재 운영하고 있는 정책은 장년정책 수요 또는 현황과는 거리가 있다고 지적한다. 장년복지와 관련한 지자체 정책은 사회복지, 장년복지, 보건, 의학 등 생활기반지원에 관한 것이 대부분인데 반하여, 보건복지부의 ‘장년실태조사’ 자료에 장년들은 휴식적 측면의 여가를 가장 많이 사용하였다(보건복지부, 2014). 또다른 조사연구에 따르면 장년 여가정책 영역의 상대적 중요도는 여가프로그램, 여가시설, 여가전문인력, 여가행정, 여가지원의 순서로 나타나기 때문이다(고미영, 송재호, 오상훈, 2010).

소통부재 속에서 프로그램의 질을 확인할 방법도 없다. 발표자의 경험에 따르면, 도서관, 복지관, 주민자치센터 등 평생교육 프로그램 개설은 주민의 평생교육적 수요를 적극 고려하고 있지 못하다. 수강신청자가 줄어들면 폐지하고, 다른 시설에서 인기 있다거나 주민대표 또는 수강생들에게 필요한 프로그램을 물어 다수 나오면 개설하는 식이다. 이 과정에서 시설 밖 주민의 평생교육 수요는 발 디딜 틈이 없다.

---

8) 이러한 문제는 단지 ‘장년실태조사’만의 문제는 아니다. ‘평생교육개인실태조사’에서도 유사한 문제점을 안고 있다. 후자는 평생교육적으로 다소 진보적인데, 부족하나마 각 프로그램 참여의 동기와 만족, 효과, 장애요인 등을 확인하고 있다. 아쉽게도 이 자료는 25세부터 64세까지 성인을 대상으로 한 까닭에 이번 발표에 큰 도움이 되지 못 한다.

소통부재는 수료생의 평생교육적 성과에 대한 포착도 어렵게 한다. 학습자가 평생교육 프로그램 참여를 통해 어떤 변화를 경험하고 있는지 이해하는 경우를 찾아보기 힘들다. 만약 변화를 감지하고 있다면, 후속 평생교육 프로그램에 대한 검토가 이루어질 수밖에 없다. 하지만, 대개의 경우 교육 프로그램 편성에 변화가 없다. 질이 담보되지 않은 상태에서 평생교육 프로그램 운영의 효과를 따지는 것은 정책적 판단을 위한 결정적 단서를 제공하기도 어렵다.

이러한 현상의 원인으로, 평생교육 관련 공공 재정 확보의 난점은 물론이려니와, 평생교육 프로그램 운영을 평생교육으로 바라보는 관점의 부족도 하나로 여겨진다. 앞서 다루었듯, 평생교육 교육과정 즉 프로그램은 그 자체가 목적으로 이해되어서는 곤란하다. 이것은 일종의 수단이고 그 목적은 삶의 의미 확장에 있다. 그러나 현장에는 이러한 관점에서 평생교육 실천을 일궈갈 전문가 집단이 부족하다.

〈표 2〉 공공영역 기관유형별 평생교육사 배치비율 및 재직 현황(2015년)

(단위 : 개, 명, %)

기관유형		전체 기관 (A)	평생교육사 배치기관 (B)	배치비율 (C=B/A *100)	평생교육사 자격소지자 (D)	기관당 평생교육사수 (E=D/A)
평생교육 전담·지원 기구	국가평생교육진흥원	1	1	100.0	45	45
	시도평생교육진흥원	15	15	100.0	80	5.3
	시군구평생학습관	514	51	9.9	218	0.4
소계		530	67	12.6	343	0.6
지방 자치단체	시도청, 시군구청	245	141	57.5	272	1.1
	교육청, 교육지원청	193	20	10.3	101	0.5
소계		438	161	36.7	373	0.9
총계		968	228	23.5	716	0.7

* 출처 : 교육부·국가평생교육진흥원(2015). 2015년 공공영역 평생교육사 자격소지자 재직 현황 조사 결과보고서. 서울 : 국가평생교육진흥원; 강대중 외(2017). 평생교육사 자격제도 발전방안 연구. p.54에서 재인용

〈표 2〉는 공공영역에서 평생교육 전문가 집단의 활동 규모를 보여주는데, 〈평생교육법〉이 정하고 있는 소위 '평생교육전담지원기구'와 시도 및 시군구 지방자치단체 등 최소한의 범위에 국한한 자료를 보여준다.

그런데 이들 모두를 합한 968개 기관 중 평생교육사를 한 명이라도 배치·활용하고 있는 기관은 228개 기관(23.5%)에 불과하다. 이 모두를 통털어 살피면 평생교육사 자격 소지자는 716명이고, 기관당 0.7명이 배치되어 있는 셈이다. 학습자들과 직접 마주하는 시군구 평생학습관의 경우 두 곳에 1명조차 배치하지 못 한 것은 큰 문제가 아닐 수 없다. 〈평생교육법〉에 의한 기관 상황이 이럴진대, 운영 근거가 다른 장년회관, 장년복지관, 주민자치센터, 도서관, 문화원 등 각종 유관시설의 상황은 더 열악할 수밖에 없다. 요컨대 정책적으로나 실천적으로 평생교육의 가치를 구현할 수 있는 인적 기반이 불충분하고, 이는 소통부재의 근본적 원인으로 작용하고 있다.

3. 장년평생교육 실천과 관련한 몇 가지 단서들

장년평생교육 운영의 문제가 여럿 보인다고 관련 정책이나 프로그램의 폐기는 곤란하다. 앞서 살폈듯, 평생교육은 국민의 기본적 권리로서 헌법에 반영되어 있다. 또한 놀랍게도, 많은 참여자들이 평생교육 프로그램 참여 경험의 효과를 긍정하고 있다.[9] 결국, 장년평생교육이 지닌 현재의 한계를 극복하고 더욱 효과적인 사회서비스로 거듭나는 것이 현명한 대안이다. 따라서 이하에서는 발표자가 그동안 검토하고 발견한 자료 중에서 장년평생교육 정책을 추진할 때 고려할 수 있는 몇 가지 정보를 제시해본다. 다만, 여기서 사용된 자료 중 다수는 대개 최고령이 64세 또는 65세의 노년초기에 속하여, 장년 평생교육에 관한 정확한 정보를 제공하는 것은 아니다. 그럼에도 불구하고, 대개의 조사가 적어도 연령 증가에 따라 일관된 경향성을 지니고 있으므로 장년평생교육에 대한 참고자료 정도의 가치는 충분하다고 본다.

첫째, 장년의 평생교육 참여에 관한 사항이다. 이 중에는 참여율, 참여시간량, 그리고 삶 만족도 등과의 관련성 등을 챙겨볼 수 있다.

평생교육 참여와 관련하여 특히 장년들의 참여율에 관한 사항을 우선 살필 수 있다. 다른 연령에 비하여 상대적으로 많이 낮다. 〈표 3〉과

9) 평생학습개인실태조사는 항상 이를 보여준다.

[그림 2]는 한국성인의 비형식교육 참여율을 연도와 연령대별로 구분하여 정리한 것이다.[10)]

〈표 3〉 한국성인 비형식교육 참여율(연령별-연도별)

	2012	2013	2014	2015	2016
25~34세	32.0%	30.8%	39.4%	44.2%	41.7%
35~44세	34.8%	29.9%	38.2%	41.3%	38.0%
45~54세	33.6%	25.3%	32.3%	36.7%	31.2%
55~64세	31.2%	25.1%	28.9%	31.8%	26.4%
전체	33.1%	28.0%	35.2%	39.1%	34.2%

* 출처 : KEDI 평생학습개인실태조사. 연도별.

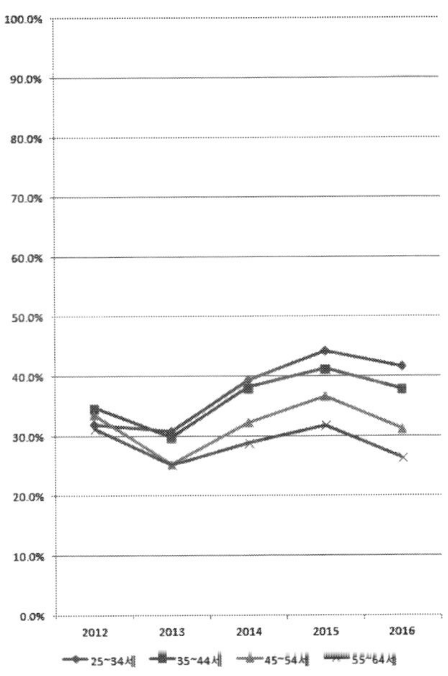

[그림 2] 한국성인 비형식교육 참여율(연도별-연령별)

널리 알려져 있지만, 한국의 평생교육 참여율은 OECD 국가 중 중하 수준에 있어 전체적으로 개선의 여지가 크다. 그런데 그 중에서도 연령

10) 비형식교육은 영어로 Non-formal education(NFE)이다. 통상, 학교교육을 형식교육(Formal education, FE)라 하고, 학교밖의 각종 교육을 비형식교육이라 이해할 수 있다.

대가 높아질수록 참여율은 상대적으로 낮다. 특이한 것은 이러한 현상이 고정적이지 않다는 점이다. 즉, 2012년의 경우 연령대별 편차가 크지 않았지만, 그 이후에는 연령대별 편차가 커지는 경향이 보인다. 그 결과, 2016년에는 55~64세의 비형식교육참여율(26.4%)는 참여율이 가장 높은 25~34세 집단에의 63.3%에 불과하다.

한국 장년의 평생교육 참여량의 질도 상당히 떨어지고 있다. '평생학습개인실태조사'에 따르면, 55~64세 집단의 비형식교육 참여 시간량은 2012년 120.1시간에서 불과 4년 후인 2015년에는 80.7시간으로 줄어든다(2012년 대비 32.8% 감소)(〈표 4〉 참조). 이들의 비형식교육 참여 시간 감소 경향은 다른 연령층에 비해 매우 일관되고 급격하다는 점에서 더 큰 문제를 지닌다([그림 3] 참조).

〈표 4〉 한국성인 비형식교육 참여 시간량 (연령별-연도별)

	2012	2013	2014	2015
25~34세	121.5	134.6	139.7	130.4
35~44세	102.6	123.3	111.8	84.2
45~54세	108.2	113.0	93.9	95.4
55~64세	120.1	111.6	99.9	80.7
전체	111.7	122.0	113.5	100.0

주 : 2016년 자료는 정비 중이어서 미포함
* 출처 : KEDI 평생학습개인실태조사. 연도별.

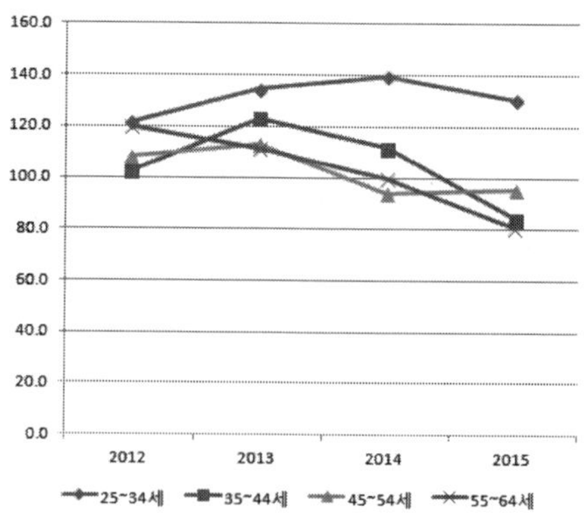

[그림 3] 한국성인 비형식교육 참여 시간량 (연령별-연도별)

장년이 경험하는 평생교육 참여 장애요인에 관한 사항도 점검할 필요가 있다. 다소 복잡하지만, 〈표 5〉는 2015년 '평생학습개인실태조사'에서 참여 장애요인이 참여 여부에 미치는 효과를 이항로지스틱 회귀분석한 얻은 참여 기대값으로서, 참여하고 싶은 평생교육 내용이 있는 사람 중 각 장애요인을 겪을 때 비형식교육 참여 집단에 속할 확률(가능성)을 보여준다. 최고령 집단인 55~64세 집단에서 프로그램 관련 정보가 불충분하면 비형식교육 참여 확률이 27.8%로 떨어지고, 동기・자신감 부족을 느끼면 35.4%로 떨어진다. 또한 인근에 교육시설이 없을 경우에는 비형식교육 참여 확률이 68.9% 밖에 되지 않는다. 반면, 희망 교육 프로그램은 개설되어 있지 않더라도 대안적 교육 프로그램을 찾아 참여하는 경향이 있다.[11)]

둘째, 장년들의 역량에 관한 사항을 고려할 필요가 있다. 각종 역량 중 생활문해, 정보문해, 학습준비도 등에 관한 사항을 따져볼 수 있다.

문해의 현대적 의미는 단순히 글자를 읽고 쓸 줄 아는 상태를 넘어 사회적・문화적으로 요청되는 기초생활능력을 의미하고, 일상성을 강조하기 위해 생활문해 등의 용어를 적극 사용하고 있다.[12)]

〈표 5〉 참여장애요인 경험을 한 집단이 비형식교육 참여자가 될 기댓값(연령대별)

NFE 참여 장애요인	25~34세	35~44세	45~54세	55~64세
동기 자신감 부족	60.5%	n.a.	64.0%	35.4%
시간 부족(가족 부양 등)	n.a.	140.4%	n.a.	n.a.
교육시설이 가까이 없음	n.a.	167.3%	n.a.	68.9%
비용부담(경제적 여유 부족)	68.1%	n.a.	n.a.	n.a.

11) 물론 이런 해석은 해석에 필요한 다양한 수치 검토를 생략하고 있어 기댓값의 의미를 과대설명하는 비판에 취약하다. 하지만, 기댓값 자체는 그대로이므로 현재 논의 맥락에서 잘못된 정보는 아니다.

12) 같은 맥락에서 〈평생교육법〉 제2조 제3항은 문해교육의 제도용어인 '문자해득교육'을 "일상생활을 영위하는 데 필요한 문자해득 능력을 포함한 사회적・문화적으로 요청되는 기초생활능력 등을 갖출 수 있도록 하는 조직화된 교육프로그램"으로 정의한다.

NFE 참여 장애요인	25~34세	35~44세	45~54세	55~64세
프로그램 관련 정보	86.6%	n.a.	n.a.	27.8%
희망 교육 프로그램 미개설	339.2%	348.7%	n.a.	476.2%
인원 초과	200.1%	n.a.	3.476	n.a.
기타	66.0%	n.a.	n.a.	n.a.

주 : n.a. : 통계적으로 유의미하지 않음(not available).
* 출처 : KEDI 2015년 평생학습개인실태조사.

그런데 2014년에 실시한 '성인문해능력조사'에 따르면, 한국 18세 이상 성인 중 생활비문해상태 즉 "일상생활에 필요한 기본적인 읽고, 쓰고, 셈하기가 불가능한 수준"의 성인이 264만명 수준(18세 이상 성인인구의 6.4%)에 이른다(〈표 6〉 참조). 그 중 70세 이상의 장년층에서는 일상생활에 무리가 없는 문해력을 갖춘 인구가 다섯 명 중 한 명 수준에 불과하다.[13]

〈표 6〉 성인문해능력 수준 및 그 비율

구분	정의	수준별 구성비(%)			
		전체 (18세 이상)	60세~ 69세	70세~ 79세	80세 이상
수준1	일상생활에 필요한 기본적인 읽고, 쓰고, 셈하기가 불가능한 수준	6.4	10.9	37.8	63.0
수준2	기본적인 읽고, 쓰고, 셈하기가 가능하지만 일상생활을 영위하기에는 미흡한 수준	6.0	14.9	22.9	17.8
수준3	가정생활과 여가생활 등 단순한 일상생활의 문제를 해결할 정도의 문해력은 있지만 공공생활과 경제생활 등 복잡한 일상생활의 문제 해결에는 미흡한 수준	16.2	29.1	18.2	11.3
수준4 이상	일상생활을 영위하는 데 충분한 문해력을 갖춘 수준	71.5	45.1	21.1	7.9

* 출처 : 국가평생교육진흥원(2015). 「2014년 성인문해능력조사」. (국가승인통계 제42001호)

13) 이와 관련하여 발표자가 들은 어느 비문해 장년의 경험담을 소개할 필요를 느낀다. 한글을 겨우 읽고 쓸 줄 아는 수준의 비문해 장년이 어느날 딸과 집 밖에서 만나기로 약속을 한다. 전국에 유통망을 갖춘 유명 모 제과점 앞에서 만나기로 했는데, 시간이 되어도 장년은 나타나지 않았다. 자녀는 인근을 이리저리 둘러봤고, 가까스로 장년을 찾은 뒤 타박했다. 왜 엉뚱한 곳에 있느냐고. 이 때 그 장년은 이렇게 답했다. "***** 간판을 못 찾겠던데?" 자녀가 장년과 함께 확인해 보니, 그 제과점의 간판에는 한글 하나 없이 모두 알파벳만 적혀 있었다. 한글을 읽고 쓸줄 아는 것이 문해의 전부가 아니다.

정보문해는 미래 사회의 변화와 밀접한 관계에 있다. 당장 은행에서 전통적인 통장 발급을 멈춰가고 있고, 순순한 인터넷은행이 생겨나고 있다. 인터넷을 이용한 거래도 활발해져서 소비생활이 인터넷으로 급속히 이동 중에 있다. 정보문해력을 충분히 갖추지 못 하면 일상생활 자체가 불가능해지고 있다. 그럼에도 불구하고, 한국인의 정보문해력은 세계 최하위 수준에 머물고 있다. 특히 연령이 올라갈수록 그 정도가 심각한데, 한 예로서 55세 이상 한국인의 컴퓨터 활용능력은 극단적이어서 '컴퓨터 활용 능력 없음' 판정을 받은 경우가 93.8%나 된다. 컴퓨터를 제대로 다룰 줄 아는 사람이 사실상 없다는 뜻이다.

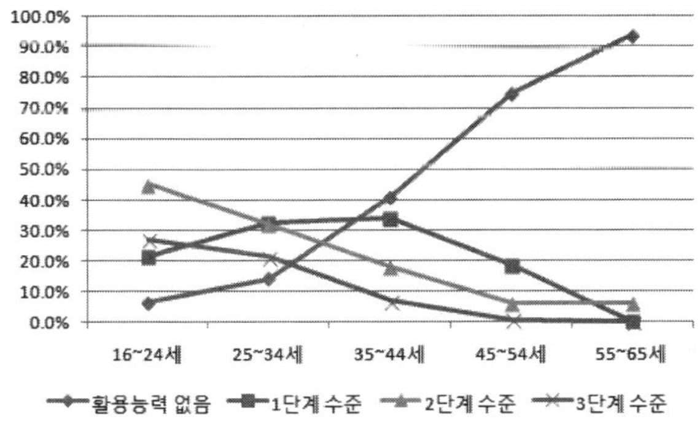

출처 : OECD, PIAAC 조사 결과

[그림 4] 한국인의 컴퓨터 활용 능력

한편, 장년 집단의 학습준비도를 생각할 수 있다. 여기서 학습준비도는 새로운 상황에 직면하였을 때 학습 행위를 수행할 것이라 여겨지는 속성으로 볼 수 있는데, OECD의 PIAAC에서 이를 개발, 공개하였다.[14] 그런데 한국인의 학습준비성은 참여국 중 최하위 수준에 머물고 있다. 이를 연령대 별로 세분할 경우 한국은 연령이 높아질수록 학습준비도가

14) OECD PIAAC은 이를 챙기기 위하여 여섯 가지 문항을 활용하여 학습준비성 값을 추출하였는데, 이를 소개하면 다음과 같다. "나는 새로운 아이디어를 듣거나 읽으면 이를 적용할 수 있는 실제 상황을 떠올려 본다", "나는 새로운 것 배우기를 좋아한다", "나는 새로운 것을 접하는 경우 이미 알고 있는 것과 관련지으려고 한다", "나는 어려운 문제를 속속들이 파헤쳐 이해하는 것을 좋아한다", "나는 서로 다른 아이디어가 어떻게 연결되는지 파악하는 것을 좋아한다", "나는 어떤 일이 잘 이해가 되지 않으면 이를 보다 잘 이해하기 위해 추가적인 정보를 찾는다".

급격히 떨어지고, 55세~65세 집단에 이르면 참가국을 통털어 유일하게 1점 미만의 최하위를 기록한다([그림 4] 참조).[15] 이러한 결과는 특히 한국의 장년들은 사회 및 생활의 변화에 대한 적응이 쉽지 않을 수 있음을 시사한다.

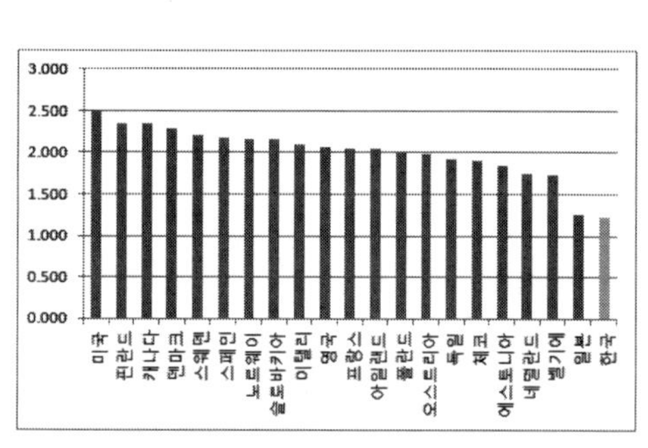

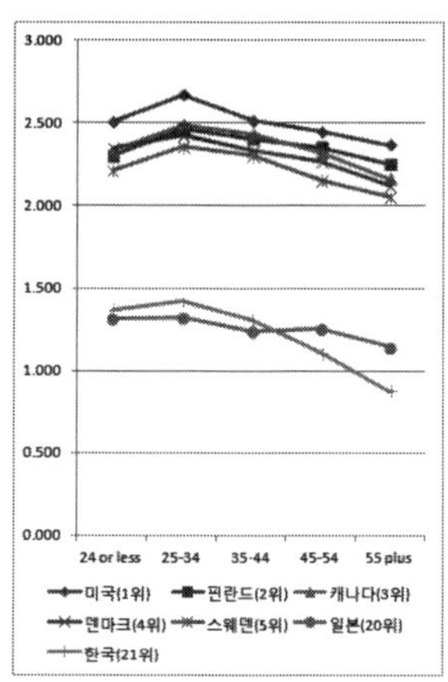

주 : 국가별 PIAAC 자료는 외국인도 포함하고 있어 내국인을 구분할 필요가 있음. ① 국내 출생자로서 모국어가 능통한 경우, 또는 ② 국외 출생자로서 18세 이전에 국내로 이주하였고 모국어에 능통하되 최종학력이 외국의 것이 아닌 사람으로 제한
출처 : OECD PIAAC 국가별 자료 분석

[그림 5] PIAAC 참여 참여 국가별 내국인 '학습준비도'의 전체 평균 및 연령대별 평균

셋째, 장년 평생교육 참여 효과에 관한 사항이다. 먼저, 비형식교육 참여 여부는 의료서비스 수혜 시간, 건강상태 인식, 삶 만족도 등과 유의미한 관계가 있다. 2014년 생활시간조사 자료에 따르면, 65세 이상 장년 중 비형식교육 참여 집단은 미참여 집단에 비하여 의료 서비스를 받는 시간이 약 15.5%(약 1.2분) 적고, 자신의 건강상태에 대하여 10.5% 높게 평가하고 있다. 또한 자신의 삶에 대하여는 비형식교육 참여 집단이 미참여 집단보다 약 8.9% 높게 평가하고 있다(〈표 7〉 참조).

---

15) PIAAC의 자료를 별도 분석결과, 학습준비도에 대한 연령의 효과는 사실 크지 않다. 대신 학력, 가정배경, 성별, 참여한 비형식교육 종류수 등의 효과가 의미있게 나타나고 있다. 이렇게 볼 때 학습준비성이 낮은 것은 단순히 노화 효과로 보기보다는 가정과 사회환경에서 학습 환경의 조성 정도와 관련지어 생각할 필요가 있다.

〈표 7〉 비형식교육 참여-미참여 집단 간 '의료 서비스 받기 시간' 및 '삶 만족도' 평균 비교

구분	영역	비형식 교육	사례수	평균	평균차
65세 이상	의료 서비스 받기(분)	참여	230,729	6.827	-1.248
		미참여	6,156,785	8.075	
	건강상태 인식	참여	230,729	3.279	0.311
		미참여	6,156,785	2.968	
	삶 만족도	참여	230,729	3.251	0.267
		미참여	6,156,785	2.984	

주 : 의료받기 서비스는 실측정 시간량(분)이고, 건강상태 인식과 삶 만족도는 각 5점 척도 (점수가 높을수록 긍정)로 측정한 값.
출처 : 통계청. 2014 생활시간조사.

또한 평생교육 참여가 지닌 치매 등 정신건강나 언어력에도 효과를 지니고 있음이 의학 및 심리학 연구로 알려지고 있다. 교육이 치매와 직접 또는 간접적 연관을 가지고 있다는 연구는 이미 제법 알려져 있고, 대개는 초등학교학력부터 따지는 경향이 있는데, 학력이 높을수록 치매 가능성이 낮음을 확인해준다. 이와 더불어 몇몇 연구는 비문해자를 포함하기도 하는데, 이들에 따르면 비문해자는 치매와 관련 있는 의미유창성이 특히 취약하다는 보고와(이진경, 강연구, 2016), 비문해 및 저교육 장년들이 개념 형성에 특히 취약하다는 보고도 있다(문혜성, 최진영, 2004). 이는 장년의 새로운 것을 배우는 행위가 두뇌활동에 영향을 미치고, 그 결과 치매 가능성을 줄여주고 있음을 뜻하고, 더불어 문해교육이 특히 큰 효과를 발휘할 수 있음도 시사한다.

넷째, 장년 여가와 삶의 질이 지닌 심리적 특성이다. 흔히 심리적으로 중년을 넘어서면 시간을 바라보는 관점이 바뀐다고 알려져 있다. 앞으로 살 날보다 죽을 날이 더 가깝게 느껴지고, 이러한 인식은 삶의 태도를 소극적으로 만드는 계기로 작용하기 쉽다.[16] 그런데 소극적 여가생활은 삶의 만족도를 크게 낮춘다. 민경선(2014)은 2014년 생활시간조사 자료를 분석한 결과, 비활동적 여가생활 유형의 집단은 교제활동형

16) '이제 금방 떠날텐데'라는 생각은 삶에 대한 태도를 소극적으로 이끈다. 새로운 일을 벌리기는 것을 귀찮거나 싫은 것으로 만든다. 또한 이제까지의 삶을 되돌아보고 자신의 삶에 대한 가치를 부여하고자 한다.

집단에 비하여 삶의 만족도가 절반 이하에 불과하다고 보고한다.

장년의 여가와 삶에 긍정적 효과를 주는 요인을 살펴볼 필요가 있고, 많은 연구가 사회적 지지를 강조하고 있다. 가령, 신성일과 김영희(2013)는 장년의 삶에 효과를 미치는 사회환경 변인군의 특성을 살폈는데, '친구 및 이웃의 지지'의 효과가 가장 크고(.927), 그 뒤를 이어 '사회적 지지'(.914), '여가참여'(.886), '사회활동 참여'(.811) 등의 순서로 효과를 보였다. 반면 '지역사회복지서비스'(.732)와 '의료서비스'(.269)는 그 효과가 상대적으로 떨어졌다. 리해근과 하규수(2012)의 연구에서도 장년의 일상생활 요인 중 사회적 지지의 효과가 가장 크고(β=.329), 뒤이어 여가활동(β=.194), 의사소통(β=.052)이 정적 효과를 미치는 것으로 나타났다. 장년의 삶의 질에서 주변인들의 사회적 지지는 장년이 자신의 삶을 긍정하게 하는 중요한 요인이 된다. 요컨대, 장년의 사회적 참여와 사회적지지 획득은 장년평생교육에서 고려해야할 주요 단서 중 하나다.

Ⅳ. 평생교육의 고령 친화성 제고를 위한 정책 방향과 과제

1. 평생교육에 대한 시각 전환 : "기본적 인권"으로서 삶의 의미 형성 지원

평생교육에는 다양한 실천 분야가 섞여 있고 그만큼 다양한 관점이 내부 경쟁을 하는 양상을 지닌다. 〈대한민국헌법〉은 교육의 가치에 대하여 인문학적으로는 자유주의에 기반한 자아실현의 추구(학문의 자유, 문화권), 경제적으로는 생계 수단 획득(생존권), 정치적 의사표현을 위한 가치 확장(언론 · 표현의 자유, 참정권), 인간다운 삶의 추구(생활권, 행복추구권) 등을 포괄하는 "기본적 인권"으로 인정하고 있고, 평생교육의 실천은 이들 가치가 서로 얽혀 사회상황에 맞추어 작동하고 있다.

한국의 교육 정책은 그동안 이들 다양한 관점 중 특히 경제적 가치에 초점을 맞추었고, 비교적 큰 성공을 거둔 것으로 평가받는다. 근대화 과정에서 성취한 학교교육은 한국 경제 성장의 원동력이 되었고, 직업교육은 급변하는 노동시장에서 노동력의 전환을 유도하여 한국사회 자체의 급속한 변화와 치열한 국제 경쟁 속에서 한국사회가 표류하지 않도록 도움을 주었다. 2000년 들어 교육 담당부처의 명칭도 교육인적자원부로 바뀔 정도로, 국가인적자원개발과 교육은 동일시되다시피 하였고, 이는 평생교육에도 그대로 적용되고 있다. 물론 이러한 관점은 여전히 우세하게 작동 중인데 선취업후진학, 국가직무표준의 시행 등 굵직굵직한 평생교육 유관 정책은 경제적 관점에서 출발한다. 한국의 경제적 기반과 치열한 국제 경쟁 속에서 살아남기 위한 한 방법으로 평생교육이 경제 발전에 기여해야 한다는 점은 부정할 수 없는 일이다.

그런데 고령사회의 진전과 제4차 산업혁명으로 예상되는 미래사회는 경제적 관점이 전부일 수만 없음을 일러준다. 누군가는 정년을 늦추는 등 일하는 기간을 연장하면 크게 해소될 것이라 할지 모른다. 하지만 노동 시간을 감축해 가는 국제추세 속에서 한국인은 언제까지 일을 해야 하는가? 또한 사회경제가 어디로 튈지 예측조차 힘들어지는 제4차 산업혁명의 시대에 앞으로 예상되는 막대한 고령인구에게 얼마나 능동적이고 '쓸 만한 일자리'(decent job)을 만들어 낼 수 있을 것인가? 학력과 무관하게 고용율이 60% 수준에 고착된 한국사회의 현실에서(반가운, 2016) 평생교육에 대한 경제적 접근이 한계에 봉착하고 있다.

사회다양성 확대, 사회적 소수자의 사회참여 확대 등이 미래한국의 평생교육에 중요한 이슈가 되고 있다. 장년과 관련해서 이러한 경향은 더욱 두드러진다. 현시대의 장년은 근대화, 산업화 과정에서 흔히 볼 수 있던 소외성을 크게 극복하였다. 신체적으로 병약한 존재가 더 이상 아니어서, 환갑 나이 갖고서는 장년으로 인정받지도 못 한다. 아직 갈 길이 멀지만 경제적으로 여유있는 장년들이 늘어가고 있다. 장년 인구의 절반은 빈곤층에 속할 정도로 갈 길이 여전히 멀지만, 연금 등 자신만의 경제력을 확보하고 있는 장년들이 늘고 있다. 이들은 자신의 건강과 경제를 바탕으로 당당히 사회에 참여하고 있고, '파고다족'으로 보이길 거부한다.

고령사회로서 우리의 미래사회는 단순히 장년이 많은 사회가 아니다. 물론, 고령사회에서 장년인구는 과거 어느 시대보다, 그리고 미래의 어느 세대보다도 큰 비중을 차지할 수밖에 없다. 한국의 경우, 앞으로 10년 정도가 지난 2030년만 해도 네 명 중 한 명이 65세 이상의 장년이고, 2040년 경에는 세 명 중 한 명이 65세 이상이 될 것으로 예상된다. 그런데, 미래사회는 사회가치의 근본적 변화가 병행하는 사회일 것으로 예상된다. 이제까지 사람과 사람, 계층과 계층 간의 관계가 사회가치의 근간이 되었으나, 제4차 산업혁명의 시기에는 기계와 사람 간의 관계가 부각될 수밖에 없다. 근대산업사회의 윤리와 가치는 근본적으로 해체되어, 기계가 개입된 윤리와 가치를 형성할 수밖에 없다. 이 점에서 평생교육은 노동시장 진입을 위한 단순 수단이 아닌, 사회변화를 이해하고 인간의 지적·문화적 존중하며, 그 토대 위에서 우리 삶의 양상과 방향을 설정해가는 삶의 목적 달성에 도달하는 경로로서 요구될 것이다.

한편, 고령사회에서 장년의 사회참여는 사회적으로 큰 영향력을 발휘할 것이 분명하나, 그 시점에서 이들의 인식이 과연 후세대와 얼마나 소통하고 있을지 의문이 들 수밖에 없다. 지난 10여년 사이 한국의 장년계층은 광우병파동, 한미FTA, 촛불혁명 등 장년계층은 당당히 자신의 의견을 사회에 표출하였고, 한국사회의 주요구성원으로서 위치를 확보해가고 있다. 이들은 직접 목도한 경험을 바탕으로 자신이 살아온 한국의 변화를 걱정하고, 후세대의 안위를 걱정한다. 또한 그렇다고 장년의 사회적, 정치적 위치가 확고한 것은 아니다. 장년층의 의견이 소위 젊은 세대와는 달라 세대간 소통 문제가 발생하고 있다. 이로 인하여 젊은이는 젊은이대로, 장년은 장년대로 서로에게 불만을 쌓아가고 중이다. 더욱이 한국성인의 '학습준비도'가 세계 최하위 수준인 점을 감안하면, 앞으로도 장년계층에 포섭될 각 세대가 사회·문화·경제적으로 급격한 변화 속에서 후세대와 충분히 소통할 수 있는 여력을 갖출 필요가 있다. 더 이상 평생교육이 경제적 관점에만 치우쳐서는 안 될 중요한 이유다.

다만 미래 고령사회에서 한국 장년의 평생교육 참여는 양분될 가능성이 농후해 보인다. 자조력(自助力)을 갖춘 장년은 전체 장년의 절반 수준에 머물 것으로 예상된다. 즉 장년의 절반은 최소생계도 취하지 못

할 수도 있다. 이런 상황에서 모든 장년의 행태를 자조적(自助的) 상황에 입각해 따지는 것은 무리이다. 이들 역시 비중있는 사회구성원으로서 사회적 욕구를 지니고 있을 것이나, 사회문화의 변화 속도를 따라잡고 사회를 이끄는 새로운 가치를 창출하기에는 어려움을 겪을 것이다. 최근 스칸디나비아 3국을 중심으로 한 북유럽협의회(Nordic Council of Ministers)의 성인교육의 의무화(mandatory) 제안(Nielson, 2016)은[17] 이러한 맥락에서 한국에 시사하는 바가 크다.

2. 프로그램 개발 운영 : 공학적 가치를 넘어 삶의 지평 확대로

평생교육이 지닌 삶의 목적 지향성을 정책적으로 인정한다면, 평생교육 교육과정 즉 프로그램에 대한 공학적 속성은 상대적으로 약화된다. 공학은 실천에서 효과와 효율의 극대화를 추구한다. 즉 어떤 실천이 이루어야 할 목표를 설정하고, 최소한의 노력으로 그 목표를 달성하고자 한다. 평생교육 교육과정을 이런 눈으로 바라볼 경우, 평생교육의 가치는 내용전문가가 설정한 교육내용이 얼마나 많이 전달되었는가에 따르게 된다. 그런데 이는, 학습자가 삶의 목적을 그 내용의 습득에 두는 것이 아닌 이상, 삶의 목적에서 벗어날 수 있다.

학습자는 평생교육 프로그램에 참여할 때 단순히 교육과정을 충실히 따르고자 하는 것만은 아니다. 누군가는 친구와 어울리기 위해서 참여하기도 하고 또 그냥 배우는 것 자체가 좋아서, 또는 새로운 직업을 탐색하는 목적에서 평생교육에 한다.[18] 공공의 영역에서 많은 이들에게 평생교육 교육과정은 내용 그 자체가 목적이 아니라, 참여자의 삶의 의미를

---

17) 스웨덴의 노동장관인 Nielson은 노동의 입장에서 평생교육의 의무화를 제안하기는 하였으나, 노동시장 정책과 사회정책 간 구분의 모호성을 인정함으로써 성인교육 의무화가 지닌 사회정책으로서 가치를 남기고 있다. 즉, 스웨덴은 세계 최상위의 시민참여형 평생교육 운영 국가이고, 직업교육의 부족과 보완 필요성을 느끼고 있는 것이다. 한국과 정반대의 상황에 있다할 것이나 그 절충을 요구한다는 점은 유사하다.

18) Cyril Houle의 「The Inquiring Mind」(Madison : University of Wisconsin Press, 1961)은 이러한 통찰을 가져다준 고전이다. 이후 평생교육 관련 많은 조사와 연구는 평생교육 참여동기가 삶의 목적과 관련된 경우가 많이 있고, 교육과정에 대한 참여와 수료는 삶의 목적을 위한 계기의 하나라는 점을 명확히 인식하고 있다.

형성하는 하나의 계기 또는 도구의 성격을 지닌다. 따라서 평생교육 참여의 권위와 가치판단은 학습자 자신에게 있다. 이는 교육과정의 권위가 교수설계자 또는 교육제공자에게 있는 통상의 교육과는 차별성을 지니는데, 통상의 교육은 교육과정(curriculum)이 설계되어 있어 한 번 발을 디디면 이 과정을 모두 마칠 때까지 '달려야만' 하는 필연성을 지닌다.[19)]

평생교육을 삶의 목적에 맞추는 순간, 평생교육 실시자 또는 운영자는 어려움에 봉착하게 된다. 아무리 훌륭한 내용전문가라 할지라도 참여자의 삶의 목적에 들어맞는 '맞춤형' 평생교육과정을 구성한다는 것은 사실상 불가능하다. 참여 동기가 교육과정 목표와는 다를 수 있을뿐더러, 교육참여 과정에서 학습자가 교육과정에 부여하는 삶의 의미가 바뀌는 경우가 종종 있기 때문이다.[20)] 요컨대 참여자 다수는 선택을 할 수 있고, 언제든지 주어진 경로에서 이탈할 수 있음을 인정해야만 하고, 이 경우 교육과정 그 자체의 의미를 회의하게 만든다.

평생교육 프로그램 운영자 또는 강사의 기예(技藝, art)는 이 지점에서 드러난다. 운영자 또는 강사는 학습자의 참여 과정을 신중히 그리고 꾸준히 살피게 되고, 학습자에게서 나타난 의미의 변화를 포착한다. 그리고 그 순간 교육 운영자는 학습자에게 새로운 목표의식을 갖도록 자극한다. 즉, 학습자에 대한 근원적 관리가 일어난다(김신일, 2004). 따라서 삶의 목적에 비춘 장년평생교육은 교육과정 그 자체보다는 그것이 추구하는 목적을 인식하는 것이 우선한다.

미래 고령사회에서 장년평생교육의 목적은 곧 장년이 미래사회에 사

---

19) 교육과정(敎育課程)을 의미하는 영어 curriculum은 '경주마로' 또는 '달리다'의 뜻을 가진 라틴어 currere에서 출발한 것으로, 딴 곳을 보지 않고 목표까지 주어진 길을 곧장 달려가는 과정의 의미를 지닌다. 이 때 학습자의 목표 달성은 학습자가 아닌 교사 또는 교육제공자에 의해 판단된다. 물론 평생교육의 영역에서도 커리큘럼을 강조하는 경우가 여럿 있는데, 자격 관련 교육이나 다수의 직무연수 등이 이에 속한다. 하지만 공공의 장년평생교육에 대한 학습자의 입장은 이런 종류의 교육과는 다소 거리가 있다.

20) 변환학습(transformative learning)은 이런 특징을 이해할 수 있는 단서를 제공해준다. 학습자는 삶의 맥락에서 자신의 경험을 재해석하고 새로운 의미를 형성한다. 평생교육 참여자는 교육의 내용에 대하여 자기 경험과 연관지어 사고하고, 이 과정에서 자신의 경험에 대한 새로운 이해 즉 변환학습이 이루어질 경우 교육 프로그램에 부여하는 의미 역시 바뀌게 된다.

회구성원으로서 얼마나 주체적으로 참여해 나갈 수 있는가와 관련이 있다. 미래의 고령층은 더 이상 전통적 소외계층으로 치부될 수 없다. 장년 계층은 활동적 시민으로 성장할 것이 충분히 예상된다. 더불어, 전통적 관념으로 미래의 장년을 대할 경우, 인구 절반에 가까운 구성원을 소외계층으로 바라보는 모순을 갖게 된다. 장년의 주체성을 인정하고, 다만 사회문화의 변화와 개인의 삶의 맥락에서 장년에게 평생교육적으로 필요한 것이 무엇인지를 가늠해볼 필요가 있다.

첫째, 일상생활의 문해력에 대한 관심이 필요하다. 과거 시대적 상황은 모든 국민에게 최소한의 교육도 제대로 제공하지 못 하였음을 인정해야 한다. 그럼으로써 현재 70세 이상의 인구 중 절대다수가 현대사회 생활양상을 따라잡기조차 어려울 정도의 비문해 상태임을 이해하고, 이들에게 필요한 문해력을 챙겨주는 것은 국가의 '의무'가 된다.

문해교육의 대상을 학교를 다니지 못 한 저학력자로 한정하는 것은 실로 잘못된 일이다. 1960년대의 한국사회와 1990년대의 한국사회, 그리고 2017년 지금의 한국사회의 모습을 비교해 보라. 각각은 똑같이 한국사회라 불리지만, 그 양상은 전혀 다른 사회이다. 1960년대 중등교육을 받은 장년과 현시점에서 중등교육을 이수한 성인이 이해하는 사회현상이 다르고, 다룰 수 있는 생활 기기(器機)의 양이 다르다. 2014년 '성인문해조사'에서 18세 이상 성인 중 264만명이 절대적 비문해자이다. 절대적 비문해를 벗어났어도 일상생활에 불편을 겪을 수 있는 수준의 문해능력 소지자가 9백만명을 넘는다. 이들을 합치면 1,200만명에 육박한다. 18세 이상 한국 성인 네 명 중 한 명의 문해력이 충분치 않다고 할 때, 이들 모두가 초등학교도 제대로 못 다닌 저학력자라고 생각하는 것은 문해가 지닌 시대적 상대성을 간과한 것에 불과하다.

둘째, 같은 맥락에서 정보문해교육도 절실하다. OECD의 PIAAC 자료에 따르면, 한국의 55세 이상 65세 이하 성인 중 93.8%가 컴퓨터 활용능력이 없는 것으로 나타난다. 이 자료가 더욱 충격적인 것이 PIAAC 조사는 컴퓨터 기반 조사를 원칙으로 하고 있어서, 조사 전에 컴퓨터 활용 능력을 별도로 확인한 결과라는 데에 있다. 즉 실증조사 결과라는 것이다. 이러한 문제는 제4차 산업혁명을 수반한 미래사회에서 치명적일

수 있다. 이를 예견해주는 것이 세계최하위로 나타난 PIAAC 조사의 문제해결력 점수인데, 이 역시 인터넷환경에서 문제상황을 해결하는 역량을 중심으로 측정한 것이다.[21]

셋째, 위의 두 가지가 일상에서의 기능을 더 강조한 것과 달리, 변화에 호기심을 갖고 새로운 학습에 대한 자신감 또는 자존감을 갖도록 도와줄 필요가 있다. 이는 두 가지 측면에서 필요하다. 먼저, 평생교육 참여 장애요인의 해소 전략으로서 지닌 가치이다. 2015년 '평생학습개인실태조사'에 따르면, 학습에 대한 심리적 동기 즉 자신감 부족이 고령층에게 상당히 중요한 평생교육 참여 장애요인으로 작동하고 있다. 즉 55세~64세 성인 중 평생교육 프로그램에 참여하고 싶어도 자신감 부족을 경험한 세 명 중 두 명이 평생교육 참여를 포기하고 있고, 이러한 경향은 연령이 높아질수록 더욱 심해질 것으로 예상된다. 평생교육에 관한 선진국에 해당하는 독일, 영국 등의 평생교육 주요 정책 목표 중 하나가 참여장애요인의 극복이라는 점은 한국 평생교육에서도 주의깊게 생각해볼 일이다. 한편, 변화에 대한 호기심을 갖도록 하는 것은 앞으로 나타날 급속한 사회변화 양상에 적극 대응하도록 돕는 효과가 있다. 주지하다시피, 한국인의 학습준비도는 세계 최하위수준이고 특히 다른 나라에 비하여 연령 증가에 따라 감소폭이 크고 그 경향도 일정하다. 즉, 현재의 자료는 한국인의 경우 나이가 들수록 새로운 변화와 학습 필요성에 덜 민감하다. 이는 앞으로 미래사회에서 삶의 유지와 발전에 걸림돌로 작용할 것이 분명하다.

그런데 학습지향성의 증진에 관한 방법론은 아직까지 충분한 상태가 아니다. 다만, 개별적으로는 교육제공자에 의한 학습에 대한 심리적 고취를 생각할 수 있고, 다른 하나는 문화자본(cultural capital) 또는 사회적 자본(social capital)의 개념을 생각해볼 수 있다. 전자는 학습을 조장하는 각종 캠페인, 행사, 그리고 사례의 홍보·공유의 방법을 생각할 수 있다. 가령, 최근 비문해에 대한 사회적 인식이 바뀌고 있다. 글자

---

21) 참고로, PIAAC의 문제해결력 검사와 관련하여 한국의 55세 이상 집단의 점수는 1점도 채 안 되는데(이론적으로는 4점 만점 기준), 이는 발표자가 확인한 22개국 자료 중 유일하다.

를 모른다는 수치심으로 자신이 비문해자임을 꼭꼭 숨기던 사람들이 스스로 비문해자임을 드러내고 문해교육에 적극 참여하고 있다. 각종 문해교육 행사와 함께 TV 방송을 통해 비문해에 대한 거부감이 크게 줄었기 때문이다. 한편 문화자본 또는 사회적 자본은 하나의 환경으로서 작용한다. 실제로 학습준비도는 학력이 높을수록 그리고 가정배경이 학습과 관련이 있을수록 높은 경향을 보인다. 이런 점에서 국민의 학습준비도를 높이는 전략으로서 국민의 학습 경험을 유도할 수 있는 다양한 공공시설의 확충과 이를 경험하도록 유도하는 것을 생각해 볼 수 있다.

넷째, 장년평생교육은 장년 개인과 집단에 대한 사회적 지지를 강화하는 방향으로 진행될 필요가 있다. 먼저, 장년 내부의 사회적 지지가 필요하다. 서로 비슷한 가치와 생활양식을 공유하는 사람들 간에 자신의 정체를 확인하여 인생 전반에 대한 긍정을 강화하는 것이다. 둘째, 어린 세대의 존중이 반영된 사회적 지지를 고려할 필요가 있다. 이는 상이한 특성의 다양한 집단이 공존하는 사회구성원으로서 자신의 위치를 확인할 수 있도록 돕는다.

이와 관련하여 고려할 수 있는 한 가지 방법론으로 학습동아리가 있다. 학습동아리는 소수의 인원이 하나의 관심사에 대하여 모여 상호학습 또는 전문가 초빙 학습 등을 하는 모임이다. 흔히 동호회로도 불리기도 하지만, 상호학습의 기회가 없는 순수한 취미활동 동호회와는 성격을 달리한다.[22] 학습동호회는 회원들 간 사회적 지지를 기반으로 한다는 점에서 장년의 삶의 의미를 목적으로 다루는 평생교육에서 중요한 위치에 있다. 실제로 스웨덴에서 학습동아리는 국민의 삶이자 현대의 스웨덴 사회구조를 형성하는 가장 중요한 역할을 했다고 평가된다. 스웨덴은 학습동아리 지원법령을 제정하여 지난 100여년간 국가가 지집 예산을 지원하고 있는데, 2015년에 국가가 지원한 학습동아리수만 27만 여개, 그 참여자 수는 168만 여명에 이른다.[23] 스웨덴 국민 세 명 중 한 명이 학습

22) 통상의 동호회는 회원들 간 학습을 조장하는 기능을 함께 하고 있다는 점에서 순수 취미동호회는 관념적인 것일 수 있다.

23) 이를 위해 국가-지방자치단체가 비슷한 수준의 재정 부담을 하고 있는데, 2007년에는 정부는 총 비용의 절반 수준인 약 24억 스웨덴크로나(한화 약 3,200억 원)을 지원하였다.

동아리에 참여하고 있는 셈이다.

학습동아리에 관심을 갖는 또다른 이유는 장년세대를 넘어선 사회적 지지를 확보할 수 있기 때문이다. 학습동아리의 활동은 단순한 학습 행위에 그치지 않고, 사회적 실천으로 전이하는 경향을 지닌다. 가령, 독서모임 동아리가 지역사회 인형극동아리로 확대발전하기도 하고, 악기동호회는 지역사회 공연 문화를 만들어간다. 학습동아리는 주체적으로 진화하는 속성을 지니며, 약간의 지지만으로도 스스로 동기화된다. 이 과정에서 장년 세대는 다른 세대와 접촉하여 서로에 대한 이해를 도모하고, 세대간 존중과 대화의 계기를 마련할 수 있다.

3. 평생교육을 위한 환경 조성 : 학습사회의 지향

2000년대 들어 '학습사회'라는 말이 재조명되고 있다. 이 말은 20세기 중반부터 간혹 언급되어 오기는 했으나, 그 의미의 변천 속에서 현재는 일상에서 학습지원 기제를 자체에 내장한(embedding) 사회로서 의미를 갖추고 있다.[24] 학습사회의 관점에서 학습지원을 위한 국가 기제는 적어도 네 가지 범주로 나누어 살펴볼 수 있다. 기제를 관리하고 운영하는 사람에 관한 것이 그 하나다. 또한 국민이 학습에 참여할 수 있는 공간과 기회를 제공하는 물리성(또는 하드웨어)과 평생교육 참여가 사회적 의미를 가질 수 있도록 조장하는 각종 시스템(또는 소프트웨어)가 있다. 더불어, 이들 제반 여건이 원활히 작동하도록 힘을 부여하는 재정이 있다.

첫째, 학습사회를 지향하는 평생교육 환경 요소의 하나로 사람을 들 수 있다. 국민이 평생교육에 참여할 수 있도록 격려하고, 학습자의 변화를 포착하여 새로운 활동으로 나아갈 수 있도록 방향을 제시하며, 이에 관한 새로운 학습기회를 마련하는 역할을 한다. 과거 사회적 지원이 불

24) 학습사회의 비유는 크게 세 가지 부류로 나뉜다. 첫째, 학교교육이 풍성히 이루어지는 학력사회 즉 고학력사회, 둘째, 사회가 필요로 하는 주제와 내용을 구성원에게 학습을 조장·강요하는 사회, 셋째, 구성원의 자유로운 학습을 지원하고 그 결과 스스로 진화하는 사회이다. 저자의 입장은 세 번째에 속하는데, 현재 예상되는 미래사회 환경에서 가장 효과적인 사회상이라 본다.

충분한 시기에 이러한 역할은 누가 따로 하는 것이 아니라 학습자 스스로에 의해 이루어졌고, 서로를 격려하는 형태를 취하였다. 친구 또는 이웃이 학습을 권유하고, 학습의 과정마다 뒷풀이 등의 형태로 정체감 또는 연대감을 유지하며, 프로그램이 마칠 때 발표회, 공연, 평가회 등을 통하여 각각의 성취를 격려하였다. 하지만 장년의 여가 선택과 스스로 발전을 요청하는 미래고령사회는 장년의 평생교육 참여를 개인에게 의존할 것이 아니고, 학습사회로서 적절한 역할을 수행할 전문가의 활동이 필요하다. 많은 국가에서 이러한 역할을 수행하는 인력을 확보하고 배치하고 있다. 가까운 일본에는 사회교육사가 있다. 10여년 전에 호주를 비로한 서구의 일부 국가가 자체의 전문 인력 체계를 한국에 "수출"하려는 시도도 있었다. 최근 한국의 민간 영역에서 퍼실리테이터라는 존재가 부분석으로 이 역할을 수행하며 입지를 넓히는 중이다.

한국은 〈평생교육법〉으로 '평생교육사' 자격 제도를 갖추고 있다. 그리고 법령에 따라 최소한의 인력을 평생교육진흥원과 평생학습관 등 평생교육시설에 배치하도록 하고 있다. 그런데 앞서 살핀 바와 같이 현장에서 이들의 배치가 충분하지 않은 것이 사실이다. 수많은 평생교육 유관 시설을 운영하는 시도와 시군구가 평균 1.1명의 평생교육사를 배치하고 있다. 전국에 평생교육 프로그램을 운영하고 있는 주민자치센터만 해도 수천곳에 이르지만, 여기서 평생교육사의 활동은 언감생심이다. 교육청과 교육지원청의 경우 다양한 방식으로 평생학습관을 설치 또는 지정하고 있음에도 불구, 이들이 배치하고 있는 평생교육사는 평균 0.5명에 불과하다. 이러한 현실은 평생교육 실천이 평생교육 프로그램의 단순 운영에 초점을 맞추고, 주민의 개인과 공동체 삶의 의미를 확장하는 데에 제 역할을 하지 못하는 상황으로 이어진다. 장년평생교육 정책에서 나타나는 "소통부재" 현상은 그 한 가지 단면에 불과하다(전형상, 2017).

인력의 부재가 평생교육 운영의 효과와 효율성에 미치는 영향은 상당할 수 있다. 가령, 지역사회에는 평생학습관, 주민자치센터, 문화원, 시민회관, 도서관, 여성센터 등 평생교육 프로그램을 운영하는 다양한 교육시설이 있다. 그런데 이들의 평생교육 실천 간에는 소통이 충분하지 않다. 그 결과 첫째, 각자의 평생교육 프로그램은 그 대상에 다소 차별성이 있을지라도 그 주제와 내용은 유사한 경우가 많다. 둘째, 주민이 자신에게 필요한 평생교육 프로그램을 찾고자 하여도, 다른 기관의 프로그램 내용과 그 참여자가 어떤 특징이 있는지 제대로 상담을 해주지도 못 한다. 셋째, 평생교육 참여자의 변화 양상에 적절한 피이드백을 제공해주지 못 하고, 프로그램 종료와 함께 참여자와의 관계가 끊어지는 경우가 허다하다. 평생교육 프로그램의 형식화와 도구화가 상당히 진행되어 있는 상태다.25)

둘째, 평생교육과 관련한 공공영역의 하드웨어 즉 전달체계를 생각해 볼 수 있다. 한국의 수많은 법령이 국민을 위한 평생교육 역할을 규정하고 있다. 일반성인 국민을 대상에 포함하고 있고, 표제에 '교육'을 포함하고 있는 법령만 해도 〈평생교육법〉, 〈독서문화진흥법〉, 〈문화예술교육진흥법〉, 〈사회복지사업법〉, 〈근로복지기본법〉, 〈경제교육지원법〉, 〈국민안전진흥기본법〉, 〈법교육지원법〉, 〈산림교육의 활성화에 관한 법률〉, 〈식생활교육지원법〉, 〈장애인등에 관한 특수교육법〉, 〈근로자직업능력개발법〉, 〈환경교육지원법〉 등이 있다. 법명 본문에만 평생교육 기능을 담고 있는 경우 또는 주민자치센터처럼 평생교육시설로 널리 알려져 있으나 법령에 의하지 않는 경우를 포함하면 그 수는 훨씬 더 많다.

이렇듯 다양한 전달체계가 있고, 또 〈평생교육법〉이 전달체제의 연계를 강조하고 있음에도 불구, 정작 각 시설의 연계는 사실상 이루어지지 않는다. 〈평생교육법〉은 법대로 한계를 지니고, 다른 법령에 의한 각 시설은 고유의 사명 또는 기능을 수행하면서 평생교육을 수행하기 때문이다. 먼저, 〈평생교육법〉 제3조는 "평생교육에 관하여 다른 법률에 특

25) 주민자치센터는 이러한 문제를 태생적으로 안고 있는 경우일수 있다. 주민자치센터가 도입되던 2000년대 초, 주민자치센터가 평생교육 프로그램을 운영하는 이유는 명확했다. 부분적으로는 공공서비스의 일환이기도 했지만, 근본적으로는 지역주민이 한 자리에 모으는 도구로 여겼다. 주민자치를 위해서 주민자치센터에 주민이 모여야 한다는 것이다. 그러므로 관할지역의 주민들이 관심 있어 할 각종 평생교육 프로그램 개설은 있었으나 그 운영과정에서 주민에 대한 배려는 충분하지 못 했다. 주민자치센터의 평생교육 프로그램 관리는 주민자치회의 역할로 규정되어 있으나, 주민센터의 공무원이 주민자치센터 운영 지원의 일환으로 겸무를 보는 경우가 많다. 부가 업무에 공을 들이기는 어렵다.

별한 규정이 있는 경우를 제외하고는 이 법을 적용한다"고 하여 다른 법률과 관계를 규정하고 있다. 이 조문은 법 제정 당시 기존의 법령과의 충돌을 우려한 것일 수 있으나, 〈평생교육법〉 제정 이후 많은 "특별한 규정"의 법령이 생기게 된 것과도 무관하지는 않아 보인다. 한편 〈법교육지원법〉은 〈평생교육법〉 제2조에 의한 평생교육시설을 그 대상으로 다루면서 정작 그 원리를 관장하는 '법문화진흥센터'는 별도로 설치하는 독특한 구성을 지닌다. 각 사회부문의 이해관계가 스며들어 연계보다는 분절화 현상이 더 부각된다.

평생교육 전달체제의 분절화의 결과는 평생교육 실천의 난맥을 불러온다. 가령, 각 법령이 독자적으로 실효성을 지니기 위해서는 고유한 전달체제를 구축해야 하는데, 이는 시설 중복과 자원의 낭비를 가져오기 십상이다. 한편, 고유 전달체제를 갖추지 못 한 경우 시설의 공유를 고려해야 하는데 각 부문의 이해관계가 얽히면서 평생교육 기회를 갖기 어려운 경우도 발생한다. 정부 각 부처가 국민을 위한 좋은 평생교육 프로그램을 개발하더라도 이를 구현할 기회를 갖지 못 하는 경우가 발생하는 것이다.

이러한 비효율을 극복하는 두 가지 대안적 선택지가 있다. 하나는 〈평생교육법〉을 근간으로 하여 공공의 평생교육 전달체계로서 새로운 개념의 평생교육 시설을 운영하는 것이다. 다른 법령에 의한 교육이 가능하게끔 교육시설 운영에 여유를 두고, 그 여유를 활용하여 다른 법령에 의한 평생교육 프로그램을 운영하는 것이다. 특이하게도 한국은 UNESCO가 국제적으로 설정하고 있는 교육표준(ISCED; International Standard Classification of Education) 중 ISCED4 단계에 해당하는 시설 유형이 공식화되어 있지 않다.[26] ISCED4 단계의 교육시설은 중등교육을 마친 사람에게 학력과는 무관하게 중등교육 수준 이상의 다양한 교육을 제공한다. 독일의 시민대학(Volkshochschule) 등 유럽의 대다수 국가는 이 시설들을 제도로서 운영하고 있고, 이들 시설은 국민의 평생교육의 주요 전달체제로서 기능을 수행하고 있음은 주지의 사실이다. 한

---

26) OECD의 PIAAC 조사 결과에 따르면, 22개의 참여국 중 ISCED4 단계를 인식하지 않는 국가로 한국 외에 체코가 있다.

편, 다른 선택지는 각 법령에 의한 운영주체가 상호연계된 관리시스템을 구축하는 것이고, 이는 자연히 평생교육 환경 조성에 관한 소프트웨어 구축 즉 세 번째 고려사항으로 이어진다.

셋째, 학습사회로서 평생교육 환경 조성과 관련하여, 평생교육 참여가 사회적 의미를 확장할 수 있도록 하는 소프트웨어의 구축을 고려할 수 있다. 평생교육 환경으로서 소프트웨어로는 교육 프로그램 운영 정보 관리, 시설 정보 관리, 강사 정보의 관리, 학습결과의 관리 등이 있다.

교육 프로그램 운영 정보 관리는 소프트웨어 중에서도 특히 강조되는 사항이다. 지금 이 순간에도 한국사회에는 수많은 교육 프로그램이 운영되고 있다. 이들 프로그램에 대한 정보를 개인이 일일이 확인하고 자신에게 맞는 것을 찾기란 불가능에 가깝다. 이러한 한계를 극복하고자 하는 시도가 일부 진행되고 있는데, "평생학습포털 늘배움"도 그 중 하나이다. 하지만 이와 관련한 여러 시도 중 아직 평생교육 프로그램 정보를 충분히 제공해주는 경우는 없어 보인다. 서로의 교육제공 기준이 다르고, 좀더 정확히 말하면, 교육 프로그램 컨텐츠에 대한 체계적 관리가 이루어지지 않기 때문이다. 어느 시설은 교육목적 및 목표, 운영기간, 차시별 운영계획, 교육 프로그램의 주요 대상, 강사 등에 관한 정보를 세밀하게 제공하지만, 어느 시설은 프로그램 명칭과 운영기간 등 최소한의 정보만을 정비한다. 그도 그럴것이 평생교육 프로그램을 관리할 인력도 또 그 전문성도 충분하지 않기 때문이다. 이런 상황에서 상세정보를 모두 관리하는 것은 운영담당자에게 과중한 업무를 맡기는 격이다. 이런 문제를 극복하는 것이 교육제공자들이 연계한 정보공유 시스템을 구축하는 일이다.

공유하는 정보의 유형에는 강사도 있다. 물론 강사 개인의 동의가 우선되어야 하는 것이지만, 강사 정보의 공유와 관리는 여러 이점을 지닌다. 교육 프로그램 운영 관리자 입장에서 볼 때, 교육 프로그램 개발 과정에서 강사 확보에 드는 발품을 줄여주고, 그만큼 교육의 진행과 학습자의 변화에 관심을 쏟을 수 있다. 학습자는 강사 정보를 확인함으로써 교육과정 참여 여부를 판단하는 데 도우을 받는다. 셋째, 국가 차원에서 갖는 이점인데, 강사의 보수교육 참여를 유도하고, 단순한 내용전문가에서 벗어나 평생교육적 관점에서 국민의 삶의 질 향상에 더 효과적인 역할을 하도록 이끌 수 있다.

학습결과의 관리도 중요한 정보체계이다. 학습결과의 관리는 평생교육적으로 두 가지 의미를 지닌다. 무엇보다 학습자 자신에게 학습의 성과를 확인하고, 새로운 학습 또는 새로운 삶의 진로를 지향할 수 있는 계기를 마련해준다. 한편, 학습결과 관리 체계는 사회적 인정에 필요한 신호기제로서 역할을 하기도 한다. 이러한 학습결과 관리 체계로 학점은행제도나 학습계좌제가 있고, 각각은 교육 프로그램 참여 결과에 대한 공공에 의한 확인 기능을 충실히 수행하고 있다.

끝으로 평생교육 기반이 충실히 운영되도록 하는 재정적 고려가 필요하다. 앞서 언급했거니와, 아쉽게도 한국 평생교육은 국가나 지방자치단체나 평생교육 재정 확보를 위한 제도 적 근거를 충분히 갖추지 못 하였다. 그 결과 한국의 평생교육 재정을 정확히 파악할 방도가 없다. 평생교육과 관련한 시책임에도 평생교육 재정으로 반영되지 않은 채 운영되는 경우가 있는 반면, 평생교육 재정으로 분류는 되어 있으나 실상 평생교육의 성질을 지니지 않은 경우도 있다.[27] 분명한 것은 한국의 평생교육 재정은 교육 수요에 비하여 그다지 큰 것은 아니라는 점이다. 재정의 큰 축에 해당하는 평생교육 전문가의 배치가 제대로 이루어지지 않았고, 또한 교육 프로그램 운영도 대개 수익자부담의 원칙을 충실히 적용하고 있다는 점 등은 평생교육재정 규모가 적은 것을 충분히 설명해 준다. 하지만 이것이 반드시 바람직한 것만은 아니다. 불충분한 재정은 그만큼 평생교육 운영의 질적 저하를 불러일으키거나 또는 국민의 평생교육 참여 장애요인으로 작용하기 때문이다. 현재까지 파악된 자료에 따르면, 한국의 평생교육 정책으로 가용한 재정은 대략 400억원 안팎으로 여겨진다. 한편, 독일의 경우 시민대학만 1000여 개 운영하고 있고, 여기에만 약 1조2천억 원이 투입되고 있다. 또한 평생교육 관련 예산은 13조원을 넘어 독일 교육재정의 7.5%를 차지할 정도이다. 스웨덴의 경우

27) 물론 이런 문제는 비단 한국만의 문제는 아니다. 서구 선진국을 비롯하여 많은 국가가 같은 문제를 안고 있고, 평생교육이 현대사회의 기간체제로 성장하기 위해서는 여전히 갈 길이 멀다 할 것이다.

학습동아리 지원 제도 운영에만 국가가 3천억 원을 넘게 투자하고 있고, 평생교육 부문에 투입하는 예산을 모두를 합하면 1조4천억 원 수준에 이른다. 이러한 차이는 결국 평생교육 참여율 등의 평생교육 분야의 국가 격차와 국민의 역량 격차로 이어지고 있다.[28)]

Ⅴ. 마치며

한국은 광복 이후 국가발전의 기저전략으로 학교교육의 확대를 줄곧 추구해 왔다. 이는 국가전략이었을 뿐 아니라 자식의 안락한 삶을 바라는 부모 세대의 자기희생적 선택이었고, 그 선택은 성공적이었다. 한국사회는 지난 반세기 넘게 급격히 성장해왔고, 먹거리조차 외국의 원조를 받아야 하던 입장에서 이제는 세계를 선도하는 입장에 서 있다.

그동안 한국사회는 선진국의 경험사례를 모방하는 것만으로도 충분한 성장을 이룰 수 있었다. 하지만 국제적 위상을 달리하게 된 오늘날 한국 사회는 모방이 더 이상 정답과 동일시될 수 없음을 깨닫고 있다. 우리는 국가들 서로 경험하지 못한 새로운 세계를 함께 걸어가기 시작하였고, 우리의 경험이 외국의 참고 사례가 될 수 있음을 경험하고 있다. 또한 어느 특정인의 영도(領導)와 이를 집단 추종하던 과거의 행태에서도 탈피하고 있다. 공론의 장에서 머리를 맞대어 삶의 양식을 가꾸어 가고, 스스로 삶의 의미를 확장해 나가갈 필요를 느끼고 있다. 고령사회로 진화, 그리고 제4차 산업혁명이 끌고 올 사회문화혁신 등은 전인미답의 길로서 다양한 관점에 의한 접근을 요청하고 있다.

새로운 관점의 접근은 미래한국 사회의 평생교육에도 적용된다. 과거 어린 세대가 새로운 문물을 익히는 것만으로도 사회 발전이 충분히 가능했지만, 이제는 기성세대 역시 새로워져야 한다. 기존의 평생교육 정책 관점에서 중핵의 위치를 공고히 했던 경제적, 직업적 관점은 이제

28) 외국의 자료는 각국이 UNESCO의 CONFINTIA VI를 위해 보고한 자료로서 2008년에 작성한 것이다. 평생교육 관련 정보는 아직 국제적으로 빈번한 소통 대상은 아닌 한계가 있다.

그 지위를 내려놓고, 다른 가치들과 조화를 이뤄야만 할 때가 되었다. 사회의 경제적 발전도 중요하지만 고령사회에서 장년인구의 삶의 질 저하, 세대간 갈등, 혁신적 문물변화에 대한 적극적 대응 필요성 등 경제적 가치만으로는 해소할 수 없는 일들이 예상된다.

그러므로 고령사회에서 장년의 평생교육은 생활문해력과 정보문해력 신장을 위해 지속 노력할 필요가 있고, 장년의 지속 참여를 유도하는 차원에서 국민 개인의 자존감 및 학습준비도 신장을 위한 평생교육 운영이 중요하다. 하지만 이보다 더 중요한 것은 누구나 평생교육에 참여할 수 있는 환경을 조성하는 것이다. 한국은 지난 40여년 동안 헌법을 위시하여 각종 관련 법령을 정비하였고, 이제 그 체제의 뼈대가 현실에 드러나기 시작하였다. 이 뼈대에 살을 입히는 일이 시작될 필요가 있고, 그것의 지향은 '학습사회'이이야 할 것이다.

인력 고령화와 기업의 장년 근로자 활용 전략

이영민(숙명여자대학교)

인력 고령화와 기업의 장년 근로자 활용 전략[1)]

I. 서론

최근 한국은 저출산과 고령화라는 심각한 사회적인 문제에 직면해 있다. 합계 출산율이 저하되고 인구 구성원의 연령이 증가하고 있다는 현상은 정치, 경제, 사회, 문화 전반에 걸쳐 긴급하게 대응해야만 하는 위기상황이다. 표면적으로 인구가 감소하고 있는 결과 자체로 귀결될 수 있지만, 심층적으로 현상을 파악해 보면 산업구조와 생산가능인구의 변화, 연금체제와 복지서비스의 개편, 소득분배와 국가재정 안정성 등의 이슈와도 밀접하게 관련이 있다(엄동욱·배노조·이상우, 2005; 이삼식, 2016). 특히 인력을 채용하고 관리하는 기업 입장에서 저출산과 고령화 현상은 신사업 기회 확대라는 긍정적인 측면보다는 노동 생산성 하락, 임금 증가, 승진 적체, 대량 퇴직, 숙련기술 사장, 인력관리의 경직성 증가, 새로운 인적자원관리 체제의 구축 등과 같은 기회비용이 증가할 것으로 예측되고 있다.

인구구조 변화의 심각성을 인식한 정부에서는 현재 상황을 타개하기 위해 다양한 입법조치, 사업집행, 사회문화 개선을 주도하고 있다. 고령

---

1) 본 원고는 이영민 등(2016). 전직지원 및 유급휴가훈련 개선방안 연구, 이영민(2015). 생산가능인구 감소시대에 대비한 장년 연구개발 인력 활용 모델 연구, 이영민(2012). 인력 고령화 추세에 따른 기업의 인적자원관리 대응 방안 등의 논문 및 보고서 내용을 발췌, 수정, 보완하여 작성하였음.

비율을 감소시키기 위해서 먼저 전 세계 최저 수준인 합계 출산율을 OECD 평균 수준 이상으로 높이는 법적, 제도적 개선 노력을 하고 있다. 또한 중·고령 근로자의 대규모 은퇴에 대비하여 산업, 경제 전반의 충격을 완화하고자 금융과 조세제도 개선, 소득감소를 보전하기 위한 기업의 정년연장과 중·고령 근로자의 재취업 유도, 연금과 의료보험 등 사회보장보험 제도의 개편 등을 추진하고 있다(윤덕룡·이동은, 2016; 원종학·김종면·정병힐·우석진, 2008). 특히 생산가능인구의 다수를 차지하고 있는 1955년~1963년 사이에 출생한 베이붐 세대(Baby Boom Generation)의 경우, 자녀양육과 노부모 봉양을 위해 적절한 은퇴 준비가 되어 있지 않아 심각한 사회문제가 제기되어, 이들에 대한 다양한 지원책을 시급히 개발하고 있다.

산업 전반에 걸쳐 인력 고령화 추세에 직접적인 영향을 받는 일부 기업들은 정부의 직접적인 제도 개선 노력과는 별개로 인적자원관리 측면에서 다양한 해결책을 적극적으로 모색하고 있다. 그러나 다수의 기업들은 인력 고령화가 초래할 부정적인 결과들에 대한 인식이 부족하고, 체계적인 회사정책 마련에도 소극적이다(송병준, 2009a; 조범상, 2006; 최숙희, 2008; 홍길표·최종인·장승권, 2008). 아울러 노동조합의 경우, 회사가 인력 고령화를 인력조정의 동인으로 활용할지 모른다는 회의적인 시각이 상존하고 있고, 임금보전을 전제로 한 정년연장의 관점에서만 바라보기를 기대하고 있다(이찬영·태원유·김정근·손민중, 2011). 연공서열에 의존한 기업의 경직적인 인적자원관리시스템으로는 인력 고령화 추세에 선제적으로 대응하기에 미흡하다는 비판도 제기되고 있다(서진홍, 박우성, 2014).

본 원고의 목적은 산업계 전반에서 진행되고 있는 인력 고령화의 현황과 그에 따라 파생되는 문제점들을 살펴보고, 이를 해결할 수 있는 방안들을 기업의 전략적 인적자원관리 측면에서 제안하고자 하였다. 연구문제는 다음과 같다. 첫째, 기업의 인력 고령화 추세는 어떠한가? 둘째, 기업의 인력 고령화가 초래하는 문제점들은 무엇인가? 셋째, 기업의 인력 고령화에 대응하기 위한 장년 근로자 활용 방향과 전략은 무엇인가? 이 연구를 통해, 기업이 인력 고령화라는 추세를 인지하고, 선제적으로 대응할 수 있는 방법들을 마련하며, 관련 정부 부처가 기업을 위해 지원해야 할 사안들을 판단하는데 참고가 될 수 있기를 기대한다.

II. 기업의 인력 고령화 현황

1. 인력 고령화 추세

인구구조의 변화는 경제와 산업 전반에 영향을 미치는 중요한 요인이다. 한국의 인구는 청년층의 늦은 노동시장 진입, 높아지는 초혼 연령, 양육부담 등에 따른 합계 출산율의 저하와 질병을 퇴치하는 의료기술 발달, 생활습관과 영양상태의 호전, 사망률의 감소 등에 따른 고령인구의 증가로 인해 급격히 노령화되는 추세이다. 노령화 추세를 살펴보기 위한 방식에는 첫째, 전체 인구 대비 65세 인구의 비율을 중심으로 살펴보는 방법이 있다. 한국은 2000년 그 비율이 7% 이상인 고령화(高齡化) 사회(ageing society)에 진입하였고, 2017년에는 14%인 고령(高齡) 사회(aged society), 2026년에는 그 비율이 20% 이상인 초고령(超高齡) 사회(super-aged society)로 진입할 것으로 예측되고 있다.

둘째, 인구의 노령화지수(ageing index, 老齡化指數)가 있다. 이는 국가 인구중 고령인구의 비율을 체계적으로 산출하기 위한 방식으로 전체 인구중에서 15세 미만 인구 대비 65세 이상 인구의 비율을 산출하여 계산한다. 2010년 한국의 15세 미만 유년인구 1명이 65세 이상의 고령인구 1명을 부양하는 비율은 67.7로서 유소인구 100명당 65세 이상 인구가 68명을 부양해야 하는 것으로 나타났다. 1980년에는 11.2, 2008년에는 59.3이었던 비율이 급격히 상승하였다. 그런데 이 비율이 급격히 증가하여 2030년에는 213.8, 2050년에는 429.3으로 나타나서, 2050년에는 유년인구 1명이 고령인구 4명을 부양해야 하는 급격한 인구구조 변화가 예상되고 있다(김정한, 2005; 이찬영·태원유·김정근·손민중, 2011).

선진국들의 경우 이미 고령사회에 진입한 국가들이 많이 있기 때문에 한국의 인구구조 변화가 특별하지 않은 것처럼 인식될 수 있다. 그러나 여타 선진국들보다 한국 고령인구 증가 속도 자체가 매우 빠르게 진행되고 있어 심각한 사회문제로 인식해야 한다. 예를 들어, 미국의 경우 7% 고령화 사회에서 14% 고령사회로 진입하는데 72년이 소요되고, 프랑스의 경우 115년, 영국은 46년이 소요되는데 비해, 한국은 17년만 소요될 것으로 예측되었다. 특히 초고령사회 진입의 경우 한국은 다른 선진국보다 매우 빠른 9년 만에 고령사회에서 초고령 사회로 진입할 것으로 예측되었다. 현재 전체 인구의 20%가 65세 인구로 초고령 사회에 진입한 일본보다도 빠르게 인구구조가 변화하는 것이다.

인구구조의 변화는 산업에서 핵심적인 생산을 담당하고 있는 15세~64세의 생산가능인구(Population in Working Ages)의 감소를 초래하고 있다. 우리나라의 생신가능인구는 2010년 2020만명인데, 2016년에는 3,704만명(전체 인구의 72.9%)을 정점으로 2060년에는 2,187만명으로 급격하게 감소할 것으로 예상되고 있다. 특히 전체 인구중에서 생산가능인구가 차지하는 비율은 2010년 72.8%에서 2030년 63.1%, 2060년에는 49.7%로 급격하게 감소할 것으로 예상되고 있다. 또한 한국경제의 핵심 노동력인 25세~49세 사이의 인구는 2009년부터 감소를 시작하여 2020년~2030년까지 연평균 1.7% 수준에서 감소할 것으로 전망되고 있다.

생산가능인구 수의 급격한 감소를 유발하는 동인은 베이비 붐 세대(baby boom generation)의 은퇴이다(박경하, 2011; 장지연・신동균・신경아・이혜정, 2009). 베이비 붐 세대는 한국전쟁 이후 1955년부터 1963년 사이에 태어난 사람들로서, 이 기간중 한국의 전체 인구수는 빠르게 증가하였다. 미국의 경우, 2차 세계대진 이후 1946년부터 1964년에 태어난 세대 코호트를 베이비 붐 세대라고 하는데, 대략 7,700만명 규모로서 2010년 기준 전체 인구의 30%를 차지하고 있다. 일본의 경우, 2차 세계대전 이후 1946년에서 1949년에 태어난 세대 코호트를 '단카이 세대'라고 하는데, 대략 680만명으로서 2010년 기준으로 전체 인구의 5% 수준을 차지하고 있다. 한국, 미국, 일본의 베이비 붐 세대들은 전쟁 후 국가재건과 경제개발 시기에 태어나 어려운 시기를 거치면서 국가의 주된 생산인력으로 성장한 세대들이라는 공통점이 있다.

한국의 베이비 붐 세대는 한국사회와 경제발전에 중요한 역할을 담당하였으나, 부모봉양과 자녀양육을 동시에 책임져야 하는 '끼인 세대(sandwich generation)'이다. 즉, 늙어가는 부모의 경제적인 지원을 책임져야 하는 동시에, 사회적으로 경제적 자립을 이루지 못한 자녀들을 돌봐야 하는 숙명적인 입장에 처해 있다. 베이비붐 세대가 고령인구로 진입하는 2020년~2028년경에는 한국의 생산가능인구는 연평균 30만명씩 급속히 감소하면서, 25세~49세의 핵심노동력이 차지하는 비중도 2010년 61.5%에서 2030년 48,8%로 12.7% 감소할 것으로 예측되는 등 인구구조의 변화가 경제 전반에 영향을 미칠 것이다. 또한 2013년까지 베이비 붐 세대가 50대 진입 이후, 고령층 노동력은 2010년 820만명에서 2030년까지 1158만명으로 증가할 것으로 예상된다.

베이비 붐 세대의 은퇴는 생산가능인구의 감소, 세수와 저축률 감소, 의료비의 증가, 복지 서비스에 대한 확대 요구 증가, 연금 지출 확대, 숙련 노동력 부족, 기업경쟁력 약화, 부동산 등 자산가치의 하락, 전통적인 가족체제의 해체, 산업구조의 개편, 고령자 일자리 발굴과 지원, 창업과 휴·폐업 증가, 귀농과 귀촌 활성화 등의 사회적인 변화를 수반할 것이다(송인주, 2008; 이혜정·장지연, 2009; 장지연, 2003). 특히 은퇴에 따른 고령인구의 증가는 결과적으로 잠재적인 성장률의 감소로 이루어질 것으로 예측되고 있다. 베이비붐 세대중 1955년생들이 일반적인 기업의 정년연령인 55세에 다다르는 2010년부터 1963년생들이 은퇴하기 시작하는 2018년 이후에는 지속적으로 잠재성장률이 낮아질 것으로 예측되고 있는데, 2019년부터 2030년까지는 2000년부터 2010년(약 4.1%) 3%대로 하락하고 2030년 이후는 2%대로 하락할 것이다. 이러한 충격에 대비하고자 해외 선진국들은 고령근로자에 대한 법과 제도 개선, 정년 연장을 통한 고령인력의 일자리 유지, 연금 수급 개시 연령 연장, 복지시스템의 개편 등을 추진하고 있다(이재홍, 2010; 박윤희, 2010).

2. 기업 인력 고령화의 추세와 문제점

베이비 붐 세대를 중심으로 하는 인력의 고령화 추세는 전체 산업과 업종별, 기업 규모별로 다르게 전개되고 있다(송병준, 2009a,b; 이찬영·태원유·김정근·손민중, 2011). 아래 〈표 1〉에 따르면 한국 근로자의 평균 연령은 2008년 이후 꾸준하게 증가하는 것으로 나타났다.

〈표 1〉 근로자의 평균 연령, 평균 근속년수

년도	2008	2009	2010	2011	2012	2013	2014	2015	2016
평균연령	38.0	38.5	39.0	39.6	39.9	40.5	40.4	41.1	41.5
평균연령 전년대비증감	0.2	0.5	0.5	0.6	0.3	0.6	-0.1	0.7	0.4
평균근속년수	5.9	6.2	6.2	6.1	6.2	6.4	6.0	6.2	6.4
평균근속년수 전년대비증감	0.0	0.3	0.0	-0.1	0.1	0.2	-0.4	0.2	0.2

자료 : 고용노동통계 고용형태별 근로실태조사, 사업체 노동력 실태조사 2016

전체 산업의 근로자 평균 연령과 근속년수와 더불어, 업종과 기업 규모별로도 일부 특정시기를 제외하고는 평균 연령과 근속년수는 꾸준히 증가하는 것으로 나타나고 있다. 먼저 업종별 추세의 경우, 한국 산업의 근간인 제조업종은 2016년 기준 평균 연령이 41.2세로 나타났고, 근속년수의 경우에도 5.3년으로 나타났다. 건설업종은 2016년 기준 평균 연령은 47.8세였고, 근속년수는 1.8년이었다. 금융 및 보험업의 경우, 2016년 기준 평균 연령은 43.1세였고, 평균 근속년수는 5.1년으로 나타났다.

〈표 2〉 산업대분류별 근로자의 평균 연령, 평균 근속년수

산업대분류별	2016	
	평균연령(세)	평균근속기간(년)
총 계	42.9	4.5
광업	49.6	7.3
제조업	41.2	5.3
전기/ 가스/ 증기 및 수도사업	41.6	9.3
하수/ 폐기물처리원료재생 및 환경복원업	48.2	4.7

건설업	47.8	1.8
도매 및 소매업	39.9	3.0
운수업	46.2	5.4
숙박 및 음식점업	37.1	1.3
출판/ 영상/ 방송통신 및 정보서비스업	37.7	5.5
금융 및 보험업	43.1	5.1
부동산업 및 임대업	51.0	3.3
전문/ 과학 및 기술서비스업	40.1	4.6
사업시설관리 및 사업지원서비스업	44.6	2.3
공공행정/ 국방 및 사회보장행정	43.5	11.3
교육서비스업	41.5	10.0
보건업 및 사회복지서비스업	44.8	3.4
예술/ 스포츠 및 여가관련서비스업	38.4	3.7
협회 및 단체/ 수리 및 기타개인서비스업	43.9	5.3
기타	47.5	4.4

자료 : 고용노동통계 고용형태별 근로실태조사, 사업체 노동력 실태조사 2016

인구의 고령화로 인해 퇴직과 개인연금 시장의 확대, 실버산업의 비즈니스 기회 창출 등과 같은 경영환경의 긍정적인 측면도 나타나고 있다(Beatty & Visser, 2005). 특히 기업의 인력관리와 활용 측면에서는 평균 연령과 근속년수 증가에 따라 숙련된 인력이 지속적으로 증가하고, 이들의 이직률도 낮게 나타나서, 인적자본의 개발과 관리 효용성이 증대될 수 있다. 또한 중·고령 근로자들의 높은 숙련수준 외에도 조직몰입과 직무 충실성의 증가, 원만한 대인관계, 성실한 근무태도, 일에 대한 열정과 책임감, 폭넓은 사회적 네트워크, 신입직원들에 대한 존경 받는 롤 전략 역할 수행 등의 효과성을 기대할 수 있다(Czaja & Sharit, 2009). 중·고령 근로자를 별도로 채용하는 경우에는 고용형태나 근무조건에 대한 원만한 협의가 가능하고, 비교적 낮은 임금에 숙련도가 높은 인력을 획득할 수 있는 장점도 있다.

Leibold과 Voelpel(2006)은 중·고령 근로자를 활용할 경우 다양한 장점들을 기대할 수 있다고 주장하였다. 먼저 이들의 높은 직업의식과 윤리로 인해 일을 믿고 맡길 수 있고, 정확하고 신뢰할 수 있는 성과를 산출할 수 있으며, 확실한 지식, 스킬, 태도에 기초하여 일을 하기 때문에 실수가 적으며, 일에 대한 책임감, 양심, 책무성도 높다. 또한 조직에 대한 충성심, 헌신, 열정이 남다르며, 이직 가능성이 낮아 핵심인력으로 기업 인력을 확보하는데 유리하며, 협업을 통해 직무를 수행할 때 뛰어난 팀워크와 태도를 보이며, 서로 다른 배경을 가진 사람들과도 합심하여 일을 할 수 있는 능력이 높다. 지역에 기반하여 연고를 가지고 있어 지역기업을 위한 훌륭한 자원이 되며, 젊은 근로자들에 대한 롤 전략이나 멘토로 활동할 수 있으며, 삶과 일에 대한 다양한 경험을 통해 성과를 높일 수 있다.

한편으로는 기업이 중·고령 근로자에 잘못된 가정과 신화를 가지고 있다는 주장도 제기되고 있다(Dychtwald, Erickson, & Morison, 2006; Leibold, Voelpel, 2006). 고령 근로자는 일과 관련된 내면의 상처가 많고, 고령 근로자는 모두 동일한 사고방식과 행동을 하며, 고령 근로자는 새로운 프로세스나 스킬을 배우려는 의지가 없다고 인식되고 있다. 또한 고령 근로자는 새로운 접근방법이나 테크놀로지를 회피하고, 기억력이 떨어지며, 곧 일을 그만 둘 것이기 때문에 교육에 투자할 가치도 없다는 생각이 만연해 있다. 아울러 고령 근로자는 덜 생산적이고, 고객들에게 무뚝뚝하며, 융통성도 없다고 인식되고 있다는 점이다. 다수의 연구자들은 이러한 잘못된 가정과 신화 때문에 중·고령 근로자들이 작업현장에서 차별적인 대우를 받고 있다고 주장하였다(Shultz & Adams, 2007).

그러나 급속한 고령화에 따른 임금의 상승, 노동생산성의 감소, 고령인력 친화적인 근무환경 마련, 정년연장에 대한 근로자의 요구, 인건비 부담에 따른 숙련인력의 재고용 주저, 연공서열형 인사관리시스템에서의 인사적체, 기업문화의 변화 등과 같은 부정적인 측면도 지속적으로 부각되고 있다(박준성, 2009; 송병준, 2009a; 최옥금, 2011). 특히 급격한 고령화에 따라 인건비를 감당하기 위해 청년층에 대한 채용을 축소하고 숙련 고령인력에 대한 재취업도 실시하지 않는 등 다른 연령대의 노동인력 수급에도 부정적인 영향을 미치고 있다. 또한 직무에 대한 열정이나 의지가 젊은 시절보다 낮아지고, 새로운 지식이나 스킬을 학습하려는 능동적인 노력이 젊은 근로자들보다 낮다는 비판적인 시각도 상존해 있다.

기업이 인력 고령화 관련하여 전략적 인적자원관리 측면에서 당면하고 있는 문제점들을 상술하면 다음과 같다. 첫째, 노동생산성의 감소와 관련이 있다. 고령화에 따른 생산성 하락의 경우 50대 이상 취업자의 비중이 1% 상승하면 노동생산성은 0.21% 하락하는 것으로 나타나고 있는데, 2010년 대비 2020년에는 고령화 진전에 따라 전반적인 노동생산성이 1.8% 이상 감소할 것으로 예상되고 있다(송병준, 2009b; 송창용・박보경, 2011; 엄동욱, 2009). 구체적으로 다른 조건들이 동일할 경우, 50대 이상의 취업자 비중은 2010년 31.8%에서 2020년 40.7%로 증가할 것이고, 이에 따른 생산성 하락 폭은 -1.8%에 이를 것이며, 50대 이상의 취업자 비중이 더욱 증가하는 2020년에는 그 비중이 40.7%에서 2030년 47.1%로 증가하면서 생산성 하락 폭은 -1.3%에 이를 것으로 예측이 되고 있다.

둘째, 임금상승과 평가보상의 문제점이 부각되고 있다. 인력의 고령화에 따라 근로자는 임금 인상 욕구가 증하고 고용안정에 대한 요구도 높아지게 된다. 그러나 기업들의 경우, 이에 따른 인건비와 관리비용 증가 및 시설, 장비 개선 등의 비용을 부담해야 한다. 또한 보험 및 자녀교육비 등의 부가급여(fringe benefit)의 경우 중고령 인력이 젊은 인력에 비해 상대적으로 고용비용이 더 소요되는데, 기업들은 임금만큼 보험, 교육비 등 부가급여의 부담도 심각하게 인식하고 있다(송병준, 2009). 중・고령 근로자에 대한 임금 인상은 노동생산성을 반영하지 않고 연령이나 근속연수를 기본으로 임금을 조정하고, 숙련수준, 역량, 직무가치, 업적평가에 따른 결과반영도 미비한 채 이루어지고 있다(류성민, 김선웅, 2008). 연령대별 임금과 생산성 비교 조사 결과에서도 연령이 높을수록 생산성보다 임금 증가가 높게 반영되는 것으로 나타났다(김정한, 2008).

셋째, 정서적, 신체적 문제이다(Barnes-Farrell & Matthews, 2007). 고령화된 인력들의 경우, 새로운 일에 대한 의욕이나 호기심이 적고, 변화에 대한 적응력이 떨어지고, 작업능력이나 능률이 낮은 것으로 인식되고 있다. 또한 체력문제로 힘든 작업이 곤란하며, 이에 따라 보임, 배치, 처우설정이 어려우며, 작업지시가 곤란하고, 대인관계에 있어서 협조성이 결여되었다는 비판도 제기되고 있다. 생산성에 비해 임금이 너무 높고, 중·고령 근로자가 근무할 경우, 사고가 자주 발생한다는 비판적인 의견도 있다.

넷째, 인적자원관리와 조직문화의 불안정성 증가이다. 기업들은 중·고령자 근로자를 고용유지하는데 있어 가장 큰 문제점중 하나로 역량 부족 문제를 제기하고 있다(이경희·이요행, 2011; Maurer, 2007; Russell & Visser, 2005). 중·고령 근로자가 보유한 역량과 기업의 요구 역량 간에 불일치(mismatch)가 일어나고 있으며, 정년연장 실시를 결정할 때도 역량문제로 노사관계의 마찰이 발생하기도 한다. 또한 인력수급 측면에서는 중·고령 근로자가 일시에 대량 퇴직을 하면서 노동공급 자체가 감소하며, 다시 대규모 채용과 구조조정을 반복하는 등의 인적자원관리 상의 불안정성이 증가하게 된다.

아울러 연공서열형 임금체계와 인력구조 개편이 쉽지 않으면서, 고임금 근로자의 양산과 인사 적체 현상이 빈번하게 나타난다(박준성, 2009; 엄동욱·배노조·이상우, 2005). 승진자 부족, 승진 탈락, 승진 불가 인력의 승진시스템의 불확실성이 높아지고, 인사적체에 따라 조기퇴직이 장려되면서 정년제도 자체가 유명무실해질 가능성도 높아진다. 인사적체 현상이 나타나면, 유능한 핵심인력들은 다른 기업으로 이직할 가능성이 높아지며, 승진자 선정과 발표 시에도 객관적이고 합리적인 기준이 제시되지 않으면 기업 구성원들의 잠재적인 불만이 증가하고, 회사 충성도에도 부정적인 영향을 미칠 수 있다.

다섯째, 경영진과 관리자들이 인력 고령화에 대한 인식이 부족하고, 업종이나 기업 규모별로도 인력의 고령화에 대한 인식에 괴리가 나타나고 있다(Finkelstein & Farreell, 2007). 특히 저임금 업종이나 영세한 중소기업들의 경우, 중·고령 인력이라고 할지라도 젊은 인력들과의 임금수준 격차가 크지 않기 때문에 심각하게 받아들이지 않는 경향이 있다(송병준, 2009a). 심각하게 인식하는 기업조차도 장기고용 관행과 경직적인 노사관계로 인해 중·고령 인력의 인위적인 인력조정이 어렵기 때문에 포기하는 경우도 있다. 주요 업종별 고령화 실태조사 결과, 인력 고령화에 대한 심각성에 대해 5점 만점에 자동차 업종은 3.5점, 조선업종은 3.6점, 일반기계업종은 2.9점, 섬유 업종은 3.1점 수준으로 보통 수준인 것으로 나타났다.

III. 기업의 장년 근로자 활용 전략

1. 전략 구성을 위한 방향

장년 근로자를 활용하기 위한 전략 구성의 방향과 원리는 박영범과 채창균(2014), 안종태 등(2013), 엄미정 등(2011)의 선행연구에서 제시한 장년 근로자 활용방안들을 토대로 개발하였다. 장년 근로자의 특성을 고려한 방향으로는 성과위주의 인사평가 도입, 고용 안정성 중심으로의 전환, 장년 친화적 인력관리 체계 수립, 장년 근로자 활용을 위한 다양한 제도들의 정합성 확보, 사회적 공감대 형성을 통한 장년 근로자 활용의 확산을 도모하고자 하였다. 이러한 원리와 방향을 토대로 장년 근로자를 체계적으로 활용할 수 있는 전략들을 도출하였다. 본 연구에서 제시한 전략 구성을 위한 방향은 다음과 같다. 첫째, 지속적으로 생산성을 향상 시킬 수 있도록 성과 위주의 인사평가체계를 갖추어야 한다. 장년 근로자들이 지속적인 생산성 향상과 연령에 바탕을 두지 않는 실적 위주의 보상을 실시하기 위해서는 성과 위주의 평가체계 구축이 선행되어야 한다.

둘째, 장년 근로자의 지속적인 자기개발 기회 확대와 업무활동 보장을 위해서는 특정 기관 중심, 정년보장 중심의 인력 관리시스템을 일할 수 있는 기회 제공 중심의 일자리 보장 중심으로 전환해야 한다. 즉, 장년 근로자가 어느 기관, 어느 프로젝트에서 어떤 역량을 발휘하든지, 지속적인 고용 안정성이 유지되고, 이를 통해 창의적인 업무수행이 가능하도록 제도적인 장치를 마련할 필요가 있다. 예를 들어, 50대 중순에 퇴직을 하여 타기관에 전직을 할 경우라도 자신의 기존 업무를 연속적으로 수행할 수 있다면, 일자리가 보장된 것으로 판단할 수 있다.

셋째, 장년 근로자에게 친화적인 인력관리시스템을 구축해야 한다. 장년이 되었을 경우, 연구개발, 생산관리, 설계 등에 몰입할 수 있는 지위나 경력경로를 제공하거나 전문 관리직으로 승진하여 행정지원을 실시할 수 있도록 경력경로를 다변화해야 한다. 경력정체가 발생하지 않고, 장년 근로자가 자신에게 적합한 경력경로를 선택하고, 이에 맞는 평가보상시스템을 갖춘다면 장년 근로자에게 보다 친화적일 것이다. 또한 50대 이후 제2 인생을 위한 준비와 전직을 위해 근로시간을 단축한다든지, 정년퇴직 후에 계약을 통해 계속해서 일할 수 있는 기회를 제공한다면, 장년 근로자들의 동기부여와 사기진작에도 도움이 될 것이다.

넷째, 장년 근로자들을 활용하기 위한 다양한 고용연장 조치, 보조금 시급, 인력관리 제도들의 정합성을 높여야 한다. 중장년 근로자 활용에 대한 현장의 다양한 요구를 반영하고, 변화하는 작업환경에 대응하기 위해서 도입한 다양한 제도와 사업들을 면밀하게 검토하여, 중장년 근로자 활용을 위해 실효성 있게 적용하도록 노력해야 한다. 이미 실행 중인 제도들도 검토하여 중장년 근로자를 위한 맞춤형 제도로 재설계하는 시도도 필요하다.

다섯째, 정부, 기업, 공공기관 등 장년 근로자를 활용하는 다양한 주체들의 공감대 형성과 파트너십 확산이 필요하다. 장년 근로자 활용에 대해 회의적인 시각을 가진 기업 경영층의 인식전환도 필요하고, 연공서열적인 사회문화 속에 장년 근로자를 수용하기 위한 사회문화 시스템 전반의 혁신도 필요하다. 특히 이들 주체들의 장년 근로자 활용에 대한 긍정적인 지향점을 통일하고, 바람직하지 못한 여건은 개선하며, 사회문화적인 혁신과 운동 차원의 개선노력을 병행해야 한다.

〈표 3〉 장년 근로자 활용을 위한 방향

방향	내용
성과위주 인사평가	장년의 생산성을 지속적으로 유지하기 위한 실적 위주, 성과 위주의 인사평가 및 보상
고용 안정성 중심 전환	특정기관 중심, 정년보장 중심에서 일할 수 있는 고용기회의 확대, 일자리 보장

장년 친화적 인력관리	경력경로 다변화, 근로시간 단축, 정년퇴직 후의 고용기회 부여 등 추진
제도간의 정합성 확보	고용연장 조치, 보조금 지급, 인력관리 제도들의 정합성 확보
사회적인 공감대 형성	정부, 기업, 공공기관, 대학이 장년 근로자 활용에 대한 공감대 형성

2. 전략 1 : 내부 정년 달성형 전략

장년 근로자가 60세 정년 시까지 자신이 일하던 기관에서 퇴직을 할 수 있도록 지원하는 전략이 '내부 정년 달성형전략'이다. 장년 근로자를 고용한 기업, 공공기관, 민간기관 등의 경우, 생산성이나 임금 문제로 인하여 장년 근로자를 지속적으로 고용하는데 부담을 가지게 되어, 인력구조조정을 추진하거나 일정정도 보조금을 지급하여 자발적인 퇴직을 유도하는 경우가 있다. 또한 기관들은 장년 근로자가 확대되면서 인력의 고령화현상이 나타나고, 이에 따라 조직문화가 연공서열적으로 고착화되어 창의적인 생산활동이 불가능해질 것으로 우려하고 있다.

정년연장에 따라서 생산성의 저하, 임금의 급격한 상승, 수직적인 연공서열 문화의 고착, 적절한 직무배치의 곤란, 신규 채용의 저조, 건강악화와 작업환경 개선 미비 등과 같은 다양한 문제들이 나타날 수 있다. 그러나 안정적인 일자리의 확보, 기관들의 사회적 책임, 장년세대에 대한 사회적인 배려, 장년 근로자들에 대한 보상, 신구세대간 지식, 노하우 전수 등의 긍정적인 측면을 고려하여 기관 내부에서 정년을 달성할 수 있는 제도를 설계할 필요가 있다.

기관 내부에서 60세 정년을 달성하기 위한 내부 정년 달성형 모형에는 임금 피크제를 중심으로 한 임금체계 재설계, 일정 연령에서 직책을 그만두는 역직정년제도, 장년 근로자를 위한 적합 직무 배치 및 조정 등이 포함된다. 첫째, 고정적 이고 연공서열적인 임금체계로 인해 중장년 근로자들의 조기퇴직이 일상화되고 있는데, 이를 극복하기 위해 이들의 생산성에 부합하도록 임금 피크제를 실시해야 한다. 임금 피크제는 정년연장을 전제로 한 지금의 임금체계를 효과적으로 개편하기 위한 방안이 될 수 있다.

임금 피크제는 장년 근로자의 안정적인 작업환경과 고용유지를 위해 필수적으로 도입해야 하는 제도이다. 임금 피크제는 기관 및 조직의 특성이나 문화에 따라 크게 3가지 형태로 구분할 수 있다. 특정한 연령대(예, 50세, 55세 등)에 이르렀을 때, 임금상승이 중지된 채, 정년 60세까지 임금이 그대로 유지되는 형태, 특정한 연령대부터 정년 시까지 매년 5~10%씩 고정적으로 임금이 삭감되는 형태, 특정한 연령대(예, 50~52세)까지는 30%, 그 이후에는 격년별로 20%, 15%, 10% 형태로 지속적으로 감액하는 형태의 피크제가 가능할 것이다. 인력의 생산성에 맞게 계단식 임금조정을 하거나, 성과급 비율을 높이는 응용된 형태의 운영도 가능할 것이다.

둘째, 연공개념을 최소화하면서 장년 근로자들의 고용을 유지하기 위해 직책, 역할, 직무 등을 조정하는 역직 정년제도가 내부 정년달성의 한 방안이 될 수 있나. 한국의 직급제도는 직무자체의 가치보다는 인적 가치를 중요시 하는 연공서열 중심의 직급 및 승격제도이다. 이러한 제도 하에는 승진을 하지 못하거나 인사적체가 발생할 경우, 장년 근로자들은 정년을 보장받기 어려운 상황이다. 따라서 일정한 직책과 직급에서는 정년제도를 적용한 후, 일정 연령 이후에는 직책이나 직급이 없는 평범한 인력으로 경력경로를 선택하는 것이 정년보장을 위해서 중요하다.

역직 정년제도의 경우, 50세 이후의 장년들을 대상으로 실시하고, 특정한 연령대나 직급에 이르렀을 때, 해당 직책을 더 이상 수행하지 않는 형태의 제도 운영방식이다. 장년 근로자의 생산성과 관리능력을 고려하여, 특정한 연령부터 는 직책이나 보임을 하지 않고, 일반 인력으로 활동하도록 하는 것이다. 역직 정년제도와 임금체계를 병렬적으로 운영하여, 앞서 제시한 임금 피크제를 실질적으로 운영할 수도 있을 것이다. 역직 정년제도는 특정 연령 중심의 운영 이외에도 직능 자격, 역할 등급, 역량 등급제 등과 같은 직급 체계 설계를 고려하여 운영할 수 있을 것이다. 예컨대, 인력의 역량이나 역할을 고려하여 역직 정년제도나 직책 임기제도를 운영하는 것도 한 방안이 된다.

셋째, 생산성, 연령, 임금 등을 고려하고, 직무가치를 평가하여 장년 근로자들에게 적합한 직무를 발굴하거나 개발하도록 하는 적합 직무개발과 배치가 한 방안이 될 수 있다. 장년의 직무 수행 능력을 평가하여,

이들에게 적합한 직무로 배치하는 것이다. 전문지식과 숙련된 기술이 필요한 직무의 경우, 이들의 직무 수행능력과 전문성을 고려하여 전문직으로 임용하는 것도 가능하다. 기존의 직무들중 장년에 적합한 직무를 발굴하거나, 기존 직무를 분할하여 새로운 직무로 개발하는 것도 가능하다. 그런데 직무배치 시에는 해당 기관의 취업규칙이나 인사규정 정비가 필요하고, 장년 근로자의 의지나 동기가 낮아질 수도 있으므로, 사전에 직무에 대한 안내와 배치사유 등을 명확하게 설명하는 절차가 필요하다.

3. 전략 2 : 외부 연계 정년 달성형 전략

외부 연계 정년 달성형 전략은 내부에서 장년 근로자들을 고용하고 정년을 유지시키는 모형이 아니라, 특정한 조직과 관련된 외부기관들과 연계하여, 장년 근로자들의 업무 기회를 확대하는 방안이다. 이 전략에는 인력의 출향제도 활성화, 협동조합 활용 등의 방안이 있다. 출향제도는 노동인력 재배치의 한 방안으로, 한 조직에서 근로하던 인력을 다른 조직에 일시적 혹은 영구적으로 배치하는 방법이다. 출향제도는 장년 근로자와 모 기관의 계약관계와 고용유지 수준에 따라 재적 출향과 전적 출향제도로 구분할 수 있다. 재적 출향은 자신의 기관이나 기업 소속을 유지하면 서 자회사, 지역 기관 등의 관계 회사에서 일정기간동안 근무하는 것으로 의미하고, 전적 출향제도는 출향을 보내는 기관이나 기업과 고용관계를 종료시키고, 출향 가는 자회사 및 관련 기업 등과 새로운 고용관계를 맺고 그 조직에서 근무하는 형태이다.

예컨대, 장년 근로자가 특정 프로젝트 수행을 위해, A라는 기관에서 소속이 된 상태에서, B 기관으로 일시적으로 파견되어 근무하면 재적 출향이 되고, A 기관과 관련된 지역의 기관으로 원적을 이동하면 전적 출향 제도가 된다. 장년 근로자가 특정한 연령이나 직급에 이르렀을 때, 전적 출향제도를 통해 지속적으로 작업활동 기회를 보장할 수 있을 것이다. 대학이나 공공기관들의 경우, 기술이전을 실시했던 중소기업이나 장년 근로자를 원하는 기관들을 중심으로 출향하는 것을 지원해야 한다. 출향 시에는 원소속 기관의 동의도 있어야 하고, 직급이나 임금을 상승시키도록 하고, 기술유출을 대비한 보안문제 등을 해결해야 한다. 특히 민간기업에서 전적 출향제도를 활용할 시에는 기술유출의 문제를 명확히 해결해야 하고, 출향기관으로 전적 시에 다수가 관리직의 업무를 수행해야 할 가능성도 있으므로, 사전교육이 이루어져야 한다.

전적 출향제도가 인력의 외부고용을 활성화할 수 있는 대안적인 방법이라면, 협동조합은 최근 과학기술계의 주목을 받는 외부 연계를 통해 정년 달성방법이다. 협동조합을 통해 장년 근로자의 지식과 경험을 사회와 공유할 수 있는 방안을 모색할 필요가 있다(이진규, 2013). 협동조합은 실제 위탁과제를 수행하거나, 기술이전, 생산화 지원 등을 하거나, 장비 운영 및 측정 서비스 등의 연구개발 지원도 가능할 것이다. 또한 기업문화 홍보 등 문화 확산에도 기여하는 협동조합을 구성할 수 있을 것이다. 장년 근로자들이 퇴직 전, 협동조합 발굴과 육성에 참여할 수 있도록 교육프로그램을 운영하도록 하면, 실패의 가능성을 줄이면서도 안정적으로 평생 일할 수 있는 기회를 확보할 수 있을 것이다. 또한 장년 근로자들만 참여할 수 있는 장년 협동조합을 정책적으로 육성하고 지원한다면, 외부기관과 연계하여 정년을 달성할 수 있는 가능성을 높일 수 있을 것이다.

4. 전략 3 : 정년 연장형 전략

정년 연장형 전략은 재고용형 인력 활용 전략로서, 정년 60세 연장 후에도 계속적으로 일할 수 있는 기회를 확보하는 것이다. 현재도 공공 기관들의 경우, 정년이 61세인 경우도 있으나 대다수의 민간 기업들은 50대 초반에 퇴직이 이루어지고 있는 실정이다. 따라서 정년 60세 이후에도 지속적인 고용 기회를 확대하기 위해서는 재직 단계에서 다양한 역량평가 제도를 통해 우수한 인력들은 정년 60세 이후에도 계속해서 일할 수 있는 기회를 제공해야 한다. 다만 재고용 전략의 경우, 공공기관, 대학, 민간기업의 급격한 인건비 상승으로 이루어져서 제도의 활성화 자체가 어려울 수 있으므로 몇 가지 원칙을 정하여 제도를 운영할 필요가 있다.

먼저 45세에서 50세 이후 장년기에 진입하는 경우, 명확한 직무평가를 통해 현재의 능력과 향후 발휘할 수 있는 역량의 정도를 파악할 필요가 있다. 이러한 평가결과를 토대로 정년 이후에도 재고용이 가능한지 여부를 판단할 수 있을 것이다. 다음으로 정년 이후 재고용이 신규 인력의 채용 저하로 이어질 수 있으므로, 임금 피크제나 성과 연동형 급여체계를 구축할 필요가 있다. 그리고 재고용 시에는 기존 직무를 계속 수행할 수 있도록 하되, 지속적인 역량개발 기회를 제공할 필요가 있으며, 직무가 재배치되는 경우, 기존에 정해진 계약기간 외에도 고용계약기간을 증가시켜 직무배치에 따른 만족도 저하와 직무수행 성과도출의 미비를 상쇄할 필요가 있을 것이다.

정년 연장형 전략은 기존에 논의되던 인력의 정년 연장의 논의선상에서 이루어질 필요가 있다. 현재 장년 근로자들의 정년연장은 특정한 일부 기관에서만 이루어지고 있거나, 객관성이 부족한 선발관리 체계 하에서 일부 인력들 에게만 제공되고 있는 문제점들도 있다. 또한 정년 연장의 평가 기준이나 임금 및 연금제도 등이 표준화되어 있지 않아서 불공정한 선발과 특혜 소지의 가능성마저 상존하고 있다. 따라서 장년 근로자의 노하우 활용이라는 기본 전제 하에서 이들의 생산성에 수반할 수 있는 정년 연장형 전략을 갖출 필요가 있다. 채용 및 선발, 임금 및 보상, 역량개발, 직무배치 등의 인력관리 요소들을 두루 고려하여 제도를 설계하고 운영할 필요가 있다.

5. 전략 4 : 전직지원형 전략

기업들은 장년 근로자의 지속적인 고용을 통해 인력 관리 비용이 증가하는 것으로 판단하고 있다. 특히 민간기업들의 경우, 사업 또는 조직 재구축으로 기업의 경쟁력을 강화하려는 상황 하에서 장년 근로자의 보유와 활용 부담이 높기 때문에 상시적인 구조조정을 실행하고 있다. 그러나 장년 근로자를 강제로 조정하는 데는 한계가 있으며, 구조조정을 한다고 하더라도 퇴직 예정 인력에 대한 조직 차원의 배려가 미흡하다면 고용불안감이 확산되어 재직 중인 인력들에게도 부정적인 영향을 미칠 것이고, 이는 결국 기업 경쟁력을 약화시키는 요인이 될 것이다.

기관들은 전직지원을 통해 퇴직 예정 인력의 새로운 출발을 지원하고, 이를 통해 인력 효율화에 따른 반감을 최소화하면서 기관의 생산성을 지속적으로 유지할 수 있을 것이다. 이를 위해 대표적으로 활용할 수 있는 제도가 전직지원 제도이다. 이 제도는 퇴직에 대한 심리적・재정적 도움과 함께, 조기에 재취업할 수 있도록 각종 구직활동 지원을 의미한다. 일반적으로 전직지원제도는 해고로 인한 심리적인 충격을 경감시켜주는 심리적인 지원과 함께 해고자가 재취업할 수 있도록 다양한 종류의 전문적인 지원을 제공하는 과정이다. 최근에는 퇴직 예정자들에 대한 일시적인 퇴직 지원 외에도 장기교육이나 학습휴가 제도 등의 사전 지원도 함께 제공하는 것이 일반적인 추세이다.

특히 한정된 직무 중심의 능력개발 및 경력개발 교육프로그램에서 탈피하여 기본적인 경력을 바탕으로 심화된 경력을 개발할 수 있는 장기 교육 프로그램의 개발에 대한 요구가 높아지고 있다. 이를 위해 퇴직 희망자에 대해서는 일정 기간동안 유급으로 능력개발 기회 및 학습 휴가 제도를 제공함으로써, 장년 근로자의 고용 가능성을 제고하고 평생 경력개발이 가능하도록 지원해야 한다. 또한 퇴직 전 일정 기간동안 이직, 또는 창업을 준비할 수 있도록 유급 휴가를 제공하여 단순 장기교육 프로그램과는 차별화된 서비스를 제공해야 한다. 지금까지 제시한 장년 근로자의 활용전략과 내용을 요약하면 아래와 같다. 이러한 유형과 각각의 내용을 고려하여, 공공기관, 대학, 기업들은 인력관리 제도를 개선하고, 단계 적으로 유형별 지원방안을 실행할 수 있을 것이다. 무엇보다도 정년 60세 체제를 제대로 수용하면서도, 기관의 책무성을 높일 수 있도록 제도 개선을 실시해야 한다.

〈표 4〉 전략별 내용

전략	내용
내부 정년 달성형 전략	임금 피크제, 여지 정년제도, 직무개발과 배치 등을 통해 기관 내부에서 지속적인 생산 활동 기회를 부여
외부 연계 정년 달성형 전략	전적 출향제도, 사회적 협동조합 등을 활용하여 원 소속 기관과 연계한 생산 활동 기회를 제공
정년 연장형 전략	재고용을 전제로 직무평가, 임금제도 개선 등을 통해 지속적인 생산 활동이 가능하도록 하는 여건 부여
전직지원형 전략	퇴직 예정 장년 근로자들에 대한 취업과 창업 서비스를 제공하고, 전직기회를 확대하여 지속적인 고용이 가능하도록 지원

Ⅳ. 제언

기업이 인력 고령화에 대비하기 위해서는 개별 기업 차원의 노력도 중요하지만, 저출산과 고령화 이슈가 사회와 국가에 미치는 부정적인 영향을 감안하여 정부 차원의 제도 개선과 기업 지원이 절실히 요구되고 있다. 무엇보다도 연령 증가에 따른 고임금 체계 유지가 기업의 중·고령 근로자 고용 유지에 가장 중요한 영향요인이라는 점을 감안해 볼 필요가 있다. 기존의 연공주의에 바탕을 둔 임금체계를 혁신하지 않고서는 인력 고령화에 적극적으로 대응하는데 한계가 있다는 점이다. 직종, 고용형태, 숙련수준, 근속년수 등을 종합적으로 고려하여 개별 기업의 적합한 임금체계를 설계하고, 이를 실행할 수 있는 매뉴얼 개발과 컨설팅을 실시해야 한다. 특히 중소기업의 경우, 정부와 관련 협회를 통해 정년 연장에 따른 기업들의 인력 고령화에 대비한 인적자원관리시스템 차원에서 이 문제를 접근해야 한다.

기업들은 고령화되어 가는 근로자들의 숙련수준을 고려하고, 이들이 지닌 지식과 스킬 등의 경험을 젊은 근로자들과 공유할 수 있는 기회를 제공하도록 해야 한다. 또한 중·고령 근로자들의 전문성과 경험에 적합한 직무를 개발하고, 해당 직무에서 오랫동안 일할 수 있도록 해야 한다. 다만 이들의 건강 상태가 직무 수행에 영향을 미칠 수 있거나 해당 직무가 고령화된 근로자의 건강 상태에 지대한 영향을 미칠지 여부를 세밀하게 검토하는 것이 필요하다. 숙련 근로자의 전문성을 기업의 유용한 자원으로 활용할 수 있는 여건 마련과 환경 조성에 관심을 기울여야 한다.

퇴직이 예상되는 중·고령 근로자들을 위해서는 제3의 인생을 개척할 수 있도록 지원할 필요가 있다(손종칠, 2010; 홍백의·김혜연, 2010). 이들이 퇴직 후 계속 일하기를 원한다면 재취업 기회를 알선하고, 새로운 사업을 하고자 한다면 창업기회를 마련하는 것이 중요하다. 개별 기업 차원에서 이러한 은퇴 후 프로그램 운영이 어렵다면, 협회나 단체 혹은 기존에 정부가 운영하는 재취업, 창업, 전직 관련 사업들을 확대하고 프로그램들을 다양화할 필요가 있다. 최근 많은 주목을 받고 있는 귀농과 귀촌 프로그램 등을 활용하는 것도 좋을 것이다.

기업들이 인력 고령화에 대응하면서 이들이 제3의 인생을 열 수 있도록 지원하는 것은 기업의 사회적 책임을 높이는 기회가 될 수 있다. 또한 정년을 맞이할 때까지 기업에서 열정적으로 근무한 근로자들에 대한 지속적인 서비스 차원에서 이들의 만족도를 지속적으로 유지하는 것으로써, 고객관리 차원에서도 중요한 이슈이다. 무엇보다도 기업이 채용과 핵심인력 유지에 관심과 자원을 투입했던 노력들을 인력의 퇴직관리에도 적용함으로써 기업의 인적자원관리 혁신에도 도움이 될 것이다. 또한 이들이 퇴직을 한 이후에도 기업 활동에 중요한 지지원이 될 수 있고, 기업에 근무했던 사람들이 사회적 네트워크를 형성하여 지속적으로 기업에 중요한 조언과 정보를 제공할 수 있을 것이다. 인력의 고령화에 대한 기업의 관심이 지속적으로 필요한 이유이다.

중고령자 고용정책과 향후 추진 방향

조정윤(글로벌스킬자격연구원)

중고령자 고용정책과 향후 추진 방향

Ⅰ. 중고령자 고용촉진 관련법령

고용노동부는 중장년 및 고령자의 취업지원과 관련하여 「고용상 연령차별금지 및 고령자고용촉진에 관한 법률」(이하 고령자고용법)을 제정하였다. 고령자고용법은 합리적인 이유 없이 연령을 이유로 하는 고용차별을 금지하고, 고령자(高齡者)가 그 능력에 맞는 직업을 가질 수 있도록 지원하고 촉진함으로써, 고령자의 고용안정과 국민경제의 발전에 이바지하는 것을 목적으로 한다. 동 법은 '고령자 고용촉진 기본계획 수립', '고용상 연령차별금지', '정부의 고령자 취업지원', '고령자 고용촉진 및 고용안정', '정년' 등의 내용을 포함하고 있고 세부내용은 아래 〈표 1〉과 같다.

〈표 1〉 고령자고용법령 세부내용

구분	법령 세부내용
고령자 고용촉진 기본계획 수립	제4조의3(고령자 고용촉진 기본계획의 수립) - 고용노동부장관은 고령자의 고용촉진에 관한 기본계획을 관계 중앙기관의 장과 협의하여 5년마다 수립하여야 하고, ①고령자의 현황과 전망, ②고령자의 직업능력개발, ③고령자의 취업알선, 재취업 및 전직지원 등 취업 가능성의 개선방안, ④그 밖에 고령자의 고용촉진에 관한 주요시책과 관련한 사항이 포함되어야함

구분	법령 세부내용
고용상 연령차별금지	**제4조의4(모집・채용 등에서의 연령차별 금지)** - 사업주는 ①모집・채용, ②임금, 임금 외의 금품 지급 및 복리후생, ③교육・훈련, ④배치・전보・승진, ⑤퇴직・해고 등과 관련하여 합리적인 이유 없이 연령차별을 금지함
정부의 고령자 취업지원	**제6조(고령자에 대한 직업능력 개발훈련)** - 고령자의 고용을 촉진하고 직업능력의 개발・향상을 위하여 고령자를 대상으로 직업능력 개발훈련을 실시하여야 함 **제11조의4(고령자 고용촉진을 위한 사업)** - 고령자의 고용촉진을 위하여 ①사회적 일자리의 창출, ②자영업 창업지원, ③취업박람회 지원, ④고령자 고용정책 수립과 제도개선에 필요한 조사와 연구 등의 사업을 제시함
고령자 고용촉진 및 고용안정	**제15조(우선고용직종의 선정 등)** - 고령자와 준고령자를 고용하기에 적합한 직종을 선정하고, 선정된 우선고용직종을 고시하여야 함 **제16조(우선고용직종의 고용)** - 국가 및 지방자치단체, 공공기관은 우선고용직종에 고령자와 준고령자를 우선적으로 고용하여야 함
정년	**제19조(정년)** - 근로자의 최소한의 정년을 60세 이상으로 정하였음 **제19조의2(정년연장에 따른 임금체계 개편 등)** - 정년을 연장하는 사업 또는 사업장의 여건에 따라 임금체계 개편 등 필요한 조치를 하여야 하고, 고용지원금 및 임금체계 개편 컨설팅을 지원받을 수 있음

출처 : 국가법령정보센터(2017). 고용상 연령차별금지 및 고령자고용촉진에 관한 법률 재구성

그 밖의 중장년 고용 촉진을 지원하는 법률에는 「고용정책기본법」, 「고용보험법」, 「근로자직업능력개발법」 등이 있다(〈표 2〉 참조)

〈표 2〉 그 밖의 중장년 고용촉진 지원 법률

법령	관련조항
고용정책기본법	제25조 청년, 여성, 고령자 등의 고용촉진 지원
고용보험법	제21조 고용조정의 지원 제23조 고령자 등 고용촉진의 지원
근로자직업능력개발법	제3조 직업능력개발 훈련의 기본원칙

출처 : 국가법령정보센터(2017). 고용정책기본법, 고용보험법, 근로자직업능력개발법.

Ⅱ. 중고령자 고용 촉진 기본계획

1. 제1차 고령자 고용촉진 기본계획(2007~2011)

정부는 고령자고용법에 근거하여 「제1차 고령자 고용촉진 기본계획(2007~2011)」을 시행함에 따라, '연령에 관계없이 능력이 있는 한 계속 일할 수 있는 사회구현'을 목표로 '60세 이상 고용확보', '고령자 재취직 촉진', '다양한 취업기회 제공', '고령자 친화적 여건조성' 4개 전략과 이에 따른 9개 과제를 추진하였다.

〈참고〉 제1차 고령자 고용촉진 기본계획 세부전략 및 과제

① 60세 이상 고용확보
- 고령자 고용연장 기피요인 해소, 고령근로자 안전·보건 증진, 60세 이상 정년연장 추진

② 고령자 재취직 촉진
- 직업능력개발 기회 확대, 기업의 고령인력 채용 지원, 퇴직근로자 재취업지원 강화, 고용지원서비스 기반 확충

③ 다양한 취업기회 제공
- 적극적 사회적 일자리 창출 및 창업 지원

④ 고령자 친화적 여건조성
- 연령차별 해소·고령자 친화적 분위기 조성·사회보험 개편

「제1차 고령자 고용촉진 기본계획(2007~2011)」의 추진결과 및 평가는 크게 '고용연장 부문, 능력개발 부문, 재취업지원 부문, 인프라 부문'으로 나눠볼 수 있다. 첫째, 고용연장 부문에서는 '06년 임금피크제 보전수당 도입과 '10년 지원제도 정비 등을 통해 임금피크제 도입 사업장 및 지원제도 이용률이 증가하였으나, 300인 이상 기업의 정년은 10년간 57세 수준에서 정체되어 있고, 연봉공급 체계 개편을 지원하는 임금피크제도 확산 속도가 둔화되는 한계를 보이고 있다. 둘째, 능력개발 부문에서는 우선선종직종 훈련, 내일배움카드제 지원 등을 통해 중고령층의 재직·실직시 직업훈련 참여율이 증가하였다. 하지만 기업은 능력개발 훈련 기대효과가 적고, 실직 고령자는 즉시 재취업을 원하는 경우가 많아 50세 이상 직업훈련 참여율은 10%수준에 그치는 것으로 나타났다. 셋째, 재취업지원 부문에서는 민간 취업지원기관 확대·개편 등 민간의

전문성을 활용한 고령 실직자 재취업 지원이 강화되어 고령자(55세~64세) 고용률이 '06년(59.3%)에서 '11년(63.8%)까지 4.5%p 상승하였다. 다만, 고용서비스 기능이 분절적으로 이루어져 중고령자의 다양한 수요에 부응하지 못하고, 노동시장에서 고령층에 적합한 일자리도 많지 않은 상황이다. 넷째, 인프라 부문으로는 '09년 3월 모집 · 채용, '10년 1월 임금 · 훈련 · 해고 등 고용상 전 과정에서 연령차별 금지를 확대하여 사회적 여건 조성에 기여하였다. 그러나 전문 인력이 자신의 경험을 사회에 기여할 수 있는 기회가 부족하고, 급속한 고령화에 따른 국민연금 · 퇴직연금 등 노후 소득 안정을 위한 지원이 확대될 필요성이 제기되었다.

2. 제2차 고령자 고용촉진 기본계획(2012~2016)

정부는 1차 계획의 성과를 평가 및 보완하는 동시에 가속화되는 고령화 시대에 대비하여 「제2차 고령자 고용촉진 기본계획(2012~2016)」을 부처합동[1]으로 마련 및 시행하였다. 「제2차 고령자 고용촉진 기본계획(2012~2016)」은 '더 많은 고령자가 더 오래 일할 수 있는 여건 조성'을 비전으로 ① 세대간 일자리 함께하기 지원 강화, ② 주된 일자리에서 오래 일하기 지원 확대, ③ 퇴직준비 · 능력개발 지원 강화, ④ 조기재취업 및 일자리 지원 확대, ⑤ 사회공헌 일자리 등 사회기여와 재능나눔 지원 활성화, ⑥ 고령사회 대비 제도 · 인프라 정비라는 6대 정책과제를 설정하였다. 첫째, '세대간 일자리 함께하기 지원 강화'를 위해 숙련경험 · 기술전수 활성화와 상생 일자리 지원 강화, 사회여건 조성 및 노사협력 강화를 제시하고, 둘째, '주된 일자리에서 오래 일하기 지원 확대'를 위하여 고비용 임금체계 개선, 자율적 고용연장 지원 강화, 단계적 정년연장, 적합 일터 환경 조성을 계획하였다. 셋째, '퇴직준비 · 능력개발 지원 강화'를 위해 퇴직 · 전직지원 강화, 직업훈련 지원제도 정비, 근로자 주도 직업능력개발 강화를 제시하였고, 넷째, '조기 재취업 및 일자리 지원 확대'를 위해 저소득 · 취업애로 계층에 취업 능력 향상 프로그램을

1) (2012년 기준) 고용노동부, 기획재정부, 교육과학기술부, 외교통상부, 행정안전부, 지식경제부, 농림수산식품부, 보건복지부, 여성가족부, 중소기업청

제공, 틈새 일자리 제공, 퇴직 전문인력의 중소기업 재활용, 창업지원 강화, 귀농·귀촌 지원을 강화하였다. 다섯째, '사회기여 및 재능나눔 지원 활성화' 하고자 사회공헌 일자리 제공, 교육기부·해외파견 등을 활발히 하고, 여섯째, '고령사회에 대비한 제도·인프라 정비'를 위해 퇴직연금 활성화, 모집·채용상 연령차별 예외 인정, 고용보험 제도 개선, 고령자 연령기준 조정을 계획하였다([그림 1] 참조).

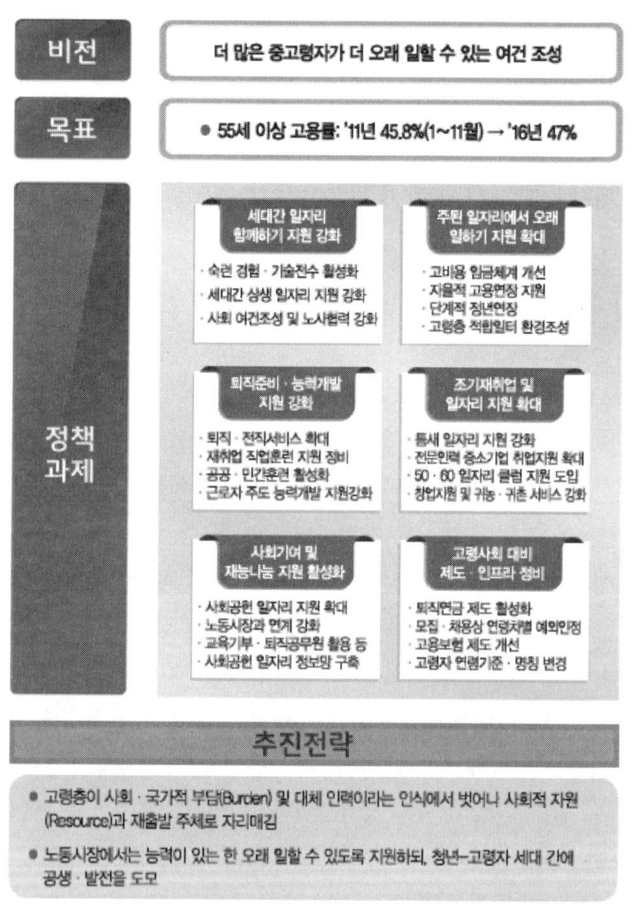

[그림 1] 제2차 고령자 고용촉진 기본계획 정책비전 및 전략

Ⅲ. 중고령자 고용 촉진사업 추진현황

정부는 2014년부터 각 부처별로 중장년층을 대상으로 다양한 일자리를 제공하는 사업을 추진하고 있다. 사회공헌적 일자리를 마련하여 퇴직한 실무경력 보유자 및 전문 인력을 적극적인 활용을 목적으로, 2014년 기준, 고용노동부, 미래창조과학부 등 총 13개 부처청에서 18개 일자리 사업을 지원하고 있다. 정부부처별 중장년층 대상 일자리 사업의 종류는 다음 〈표 3〉과 같다.

〈표 3〉 정부지원 중장년층 대상 일자리 사업의 종류

부처	일자리 사업명
고용노동부	산업현장 교수단, 건설현장 안전 지킴이, 사회공헌활동 지원
보건복지부	노인일자리
인전행정부	지역 공동체 일자리
문화체육관광부	문화관광해설사, 이야기 할머니
환경부	환경지킴이
산림청	공공산림가꾸기, 산림서비스 도우미
미래창조과학부	퇴직 과학기술자 활용 사업(테크노 닥터), 고경력 과학기술인 활용 지원
산업통상자원부	경력 연구인력 채용
교육부	산업체 우수강사 채용 지원
농림출산 식품부	마을사무장 채용 지원
중소기업청	전통시장 상인조직역량강화 사업
기획재정부	장년 국제개발 컨설팅 참여 사업
외교부	KOICA중장기 자문단 파견사업

출처 : 고용노동부(2014). 중장년 재취업을 위한 정부지원제도 안내서 재구성.

예를 들어 외교부의 KOICA중장기 자문단 파견사업을 구체적으로 살펴보면, 개발도상국의 경제사회 발전 및 개발에 필요한 경제개발, 행정제도, 보건의료, 농업발전 및 도시개발 등 8대 분야에 대한 정책자문을 주요 내용으로 국내 관련 분야 실무 경력 10년 이상을 보유한 자를 파견하여 활동하도록 하는 사업이다. 추진 사례로는 한국 IBM 기술지원팀장 출신이 방글라데시 다카대학교에 파견되어 컴퓨터교육 분야 자문을 제공하였고, 경남대학교 영어교육부 교수 출신이 에콰도르 고등교육과학기술혁신부에 파견되어 교육 분야 자문을 실시하기도 하였다.

〈참고〉 KOICA 중장기 자문단 파견 사업 추진 사례

- (지원대상) 개발도상국에 정책자문, 지식전수 및 의료활동을 통해 대상국의 경제·사회개발 및 빈곤퇴치에 기여할 수 있도록 관련 분야 실무 경력 10년 이상을 보유한 자
- (활동내용) 개발도상국의 경제사회 발전 및 개발에 필요한 경제개발, 행정제도, 보건의료, 농업발전 및 도시개발 등 8대 분야에 대한 정책자문을 주요 내용으로 활동
- (지원내용) 네팔, 라오스 등 35여개국에 경제, ICT, 보건, 농업 등 분야에 1년간 정책자문 등 실시(1인당 생활비, 주거비, 활동실비 등 월 4,000불 지급)
- (추진사례)
  - 산림과학원 연구사 출신이 르완다 국립농업축산대학교에서 임업 분야 자문 제공
  - 한국 IBM 기술지원팀장 출신이 방글라데시 다카대학교에서 컴퓨터교육 분야 자문
  - 경남대학교 영어교육부 교수 출신이 에콰도르 고등교육 과학기술혁신부에서 교육 분야 자문

고용노동부는 「2016 고용노동부 사업 및 제도」를 발간하여, 현재 추진 중인 '중장년 60+일하기 및 재취업 촉진 사업'을 안내하고 있는데, 사업의 주요 내용은 지원 대상에 따라 사업주와 구직자로 나눌 수 있다.

사업주 대상 사업에는 정년연장 및 고령자를 일정비율 이상 고용하는 사업주를 지원하는 사업인 '고용연장지원금'과 임금피크제 도입 사업장의 근로자를 대상으로 감소된 임금의 일부를 지원하는 사업인 '임금피크제지원금'이 있다. 또한, 중고령자 비중이 높은 사업장을 대상으로 기업의 자율적인 인사관리제도 개편 등을 지원하기 위해 '장년친화직장만들기 지원사업'과 장년층 미취업자를 대상으로 취업인턴제 실시 및 고용하는 사업주를 지원하는 사업인 '장년고용지원금'이 있다(〈표 4〉 참조).

〈표 4〉 고용노동부 중장년 고용 촉진 사업 현황(사업주 대상)

사업명	사업목적
고용연장지원금	정년연장 및 고령자를 일정비율 이상 고용하는 사업주를 지원함으로써 장년의 고용안정 및 고용유지 도모
임금피크제지원금	임금피크제 도입 사업장 소속 근로자에게 감소된 임금의 일부를 지원함으로써 장년 근로자의 고용연장 및 기업의 임금부담 완화
장년친화직장 만들기 지원사업	60세 정년제가 실질적인 장년 근로자의 고용안정과 기업 경쟁력 제고로 이어질 수 있도록 기업의 자율적인 인사관리제도 개편 등을 지원
장년고용지원금	장년층 미취업자를 대상으로 취업 인턴제 또는 고용하는 사업주를 대상으로 지원하여 기업이 의욕과 경쟁력 있는 인력 채용 기회를 제공

출처 : 고용노동부(2016). 2016 고용노동정책-2016 고용노동부 사업 및 제도 재구성.

다음은 고용노동부의 사업주 대상 사업별로 지원금의 종류와 지원 기준 등을 구체적으로 살펴보겠다.

첫째, '고용연장지원금'은 취업이 상대적으로 곤란한 고령자를 일정 비율 이상 고용하거나, 정년연장 또는 정년 퇴직자를 계속 고용하는 사업주를 지원함으로써 장년의 고용안정 및 고용 유지를 도모하기 위하여 추진되었다. 지원금의 종류에는 ① 정년연장지원금, ② 정년퇴직자 재고용지원금, ③ 60세 이상 고령자고용지원금이 있다. '정년연장지원금'은 정년연장을 60세 이상으로 한 상시 300인 미만 사업주를 대상으로 하고, 1인당 월 30만원씩 정년연장기간에 따라 지원하는 것으로 정년폐지 또는 1~3년 미만 연장할 경우 1년 동안, 3년 이상 연장할 경우 2년 동안 지원 한다. 또한 기존의 정년을 폐지하거나, 60세 이상으로 1년 이상 연장한 사업장에 18개월 이상 근무한 고령자를 정년연장으로 계속 고용하는 경우 지원 가능하다. '정년퇴직자 재고용지원금'은 정년퇴직자를 이직시키지 않고 재고용하는 상시 300인 미만 사업주를 대상으로 하고, 재고용 1인당 월 30만원씩 정년연장기간에 따라 지원하는 것으로 1~3년 미만 재고용할 경우 6개월 동안, 3년 이상 재고용할 경우 1년 동안 지원한다. 또한 정년을 55세 이상으로 정한 사업장에서 18개월 이상 계속근무 후 정년이 도래한 자를 퇴직시키지 않거나, 정년 퇴직 후 3개월 이내에 1년 이상 재고용하는 경우 지원 가능하다. '60세 이상 고령자고용지원금'은 60세 이산인 자를 다수 고용한 사업주를 대상으로 업종별 지원기준율(1~23%) 초과 1인당 분기 18만원을 지원하는 것으로 정년이 미설정 된 사업장에서 고용기간 1년 이상인 60세 이상 근로자를 업종별 지원기준율을 초과하여 고용하는 사업자의 경우 지원된다.

둘째, '임금피크제 지원금' 사업은 임금피크제 도입 사업장 소속 근로자에게 감소된 임금을 일부 지원함으로써 장년 근로자의 고용연장 및 기업의 임금부담을 완화하는 목적으로, 지원금 종류에는 ① 임금피크제 지원금, ② 근로시간단축지원금이 있다. '임금피크제지원금'은 정년을 60세 이상으로 정한 임금피크제 도입 사업장의 55세 이상 임금피크제 적용 근로자를 대상으로 피크임금 대비 90% 이하로 감액되는 부분을 연 1,080만원 한도로 지원한다. 18개월 이상 근무하고, 55세 이후 일정 시점부터 10% 이상 임금 감액한 경우 지원 가능하다. '근로시간단축지원금'은 소정근로시간을 단축하면서 임금이 감소된 50세 이상 근로자 및 사업주를 대상으로 근로자에게는 근로시간 단축 전후 임금 차액의 1/2을 최대 2년간 연 1,080만원 한도 지원하고, 사업주에게는 근로시간 단축 적용 근로자 1인당 최대 2년간 월 30만원 간접 노무비를 지원한다. 18개월 이상 근무한 자로서 주당 소정근로시간을 32시간 이하로 단축하면서 임금 감액한 경우 지원 가능하다.

셋째, '장년친화직장만들기 지원 사업'은 60세 정년제가 실질적인 장년 근로자의 고용안정과 기업 경쟁력 제고로 이어질 수 있도록 기업의 자율적인 인사관리제도 개편을 지원해주는 사업으로 만 50세 이상 장년 미취업자를 채용한 고용보험법상 우선지원 대상 기업에게 지원하며, 인턴 채용 기업에게 인턴기간(최대 3개월) 중 월 60만원 지원, 정규직으로 채용하는 경우 6개월간 월 65만원을 추가 지원한다.

넷째, '장년고용지원금' 사업은 장년층 미취업자를 대상으로 기업 인턴 기회를 제공함으로써 현장적응력을 높이고, 정규직으로의 취업가능성을 제고하며 기업에는 의욕과 경쟁력 있는 인력 채용 기회를 제공하는 것을 목적으로 한다. 만 50세 이상 장년 미취업자를 채용한 고용보험법상 우선지원 대상 기업을 대상으로 인턴 채용 기업에게 인턴기간(최대 3개월) 중 월 60만원 지원하고, 정규직으로 채용하는 경우 6개월간 월 65만원을 추가 지원한다.

고용노동부가 추진 중인 구직자 대상 사업에는 퇴직인력의 사회적기업 및 비영리단체 등에서 사회공헌 활동을 지원하는 '사회공헌활동 지원'과 중장년이 양질의 일자리로 조기에 재취업할 수 있도록 경력 재설계, 기업맞춤 직업훈련 등을 제공하는 '중장년 취업아카데미', 종합 전직지원서비스 제공하여 중장년층의 고용안정 및 취업촉진을 도모하는 '중장년 일자리희망센터', 중장년 취업알선 프로그램으로 '고령자인재은행'이 있다.

〈표 5〉 고용노동부 중장년 고용 촉진 사업 현황(구직자 대상)

사업명	사업목적
사회공헌활동 지원	퇴직인력의 사회적기업 및 비영리단체 등에서의 사회공헌 활동 지원
중장년 취업아카데미	중장년이 양질의 일자리로 조기에 재취업할 수 있도록 경력 재설계, 기업맞춤 직업훈련 등을 제공하여 은퇴 후 건강하고 활기찬 제2의 삶을 영위할 수 있도록 지원
중장년 일자리희망센터	주된 일자리에서 퇴직(예정)하는 40세 이상 중장년층에게 종합 전직 지원서비스 제공하여 중장년층의 고용안정 및 취업촉진을 도모
고령자인재은행	민간의 무료직업소개사업을 수행하는 비영리법인 또는 공익단체를 고령자인재은행으로 지정하여 고령자 고용안정 및 인력수급 활성화 기여

출처 : 고용노동부(2016). 2016 고용노동정책-2016 고용노동부 사업 및 제도 재구성.

다음은 고용노동부의 구직자 대상 사업별로 지원금의 종류와 지원 기준 등을 구체적으로 살펴보겠다.

첫째, '사회공헌활동 지원'은 베이비부머 세대 은퇴에 따라 전문성과 경력을 보유한 퇴직(예정) 중고령자와 재정구조가 열악한 비영리단체, 사회적기업 등의 전문 인력 수요를 매칭하여 사회서비스를 확산하고 고령화 문제에 효과적으로 대응하기 위한 사업이다. 생계보다는 사회공헌에 관심이 많고, 전문인력이 필요한 사회적기업, 비영리단체 등에서 재능을 활용할 수 있는 퇴직자 등을 대상으로 식비·교통비 등 실비 및 활동 수당을 지급한다. 참여시간은 월 120시간 이상으로 연간 최대 480시간 이내로 정하고, 1일 4시간 이상 사회공헌 활동을 제공한 일수에 비례하여 일비 8천원(식비 5천원, 교통비 3천원)을 지급하고 있다.

둘째, '중장년 취업 아카데미'는 중장년이 양질의 일자리로 조기에 재취업할 수 있도록 경력 재설계, 기업맞춤직업훈련 등을 제공하여 은퇴 후 일을 통해 건강하고 활기찬 제2의 삶을 영위할 수 있도록 지원함을 목적으로 한다. 만 45세 이상의 중장년 실업자 또는 재직근로자 중 전직 예정자를 대상으로 경력설계에서 기업맞춤 취업훈련 및 취업지원 서비스까지 무료로 지원하고, 교육과정은 아래 [그림 2]와 같이 경력설계 커리어코칭, 기본역량강화교육, 기업맞춤 취업훈련, (전문적)취업지원으로 구성되어 있다. 기본역량 강화교육은 중장년의 경우 곧바로 신기술 습득이 어려운 점을 감안하여 본격적인 취업훈련 전에 인문사회·ICT 등 다양한 수준의 기본 역량을 강화할 수 있도록 교육을 지원하는 것이고, 기업맞춤 취업훈련은 기업 수요에 맞춘 특화된 취업 훈련을 제공한다. 그리고 (전문적)취업지원은 훈련과정 이수자에 대해서 채용이 연계된 기업 또는 관련 기업에 재취업이 이루어지도록 집중 관리 · 지원하는 것이다.

출처 : 고용노동부(2016). 2016 고용노동정책-2016 고용노동부 사업 및 제도.

[그림 2] 중장년 취업아카데미 지원 체계

교육은 훈련대상 유형에 따라 훈련시간과 교육과정이 다르게 구성된다. 재직자는 30시간 이상 훈련하며 교육과정 내 맞춤훈련과정 생략이 가능하다. 구직자는 일반과 특화에 따라 각각 200시간, 250시간 교육을 받아야하고, 모든 교육과정을 필수로 이수하여야하고, 특히 특화 유형은 현장실습이 20시간 이상 포함되어야 한다. 2016년 기준, 훈련과정을 운영하는 기관은 재직자 대상 총 10개 기관, 구직자(일반) 대상 총 31개 기관, 구직자(특화) 대상 총 22개 기관이 운영 중에 있다(고용노동부, 2016).

〈표 6〉 중장년 취업아카데미 훈련 유형

유형(훈련대상)		훈련시간	교육과정
재직자		30시간 이상	맞춤훈련과정 생략가능(기타 과정 모두 필수)
구직자	일반	200시간 이상	모든 과정 필수
	특화	250시간 이상	모든 과정 필수(현장실습 20시간 이상 포함)

출처 : 고용노동부(2016). 2016 고용노동정책-2016 고용노동부 사업 및 제도.

셋째, '중장년 일자리희망센터'는 주된 일자리에서 퇴직(예정)하는 40세 이상 중장년층에게 재취업 및 창업, 생애설계지원, 사회참여 기회 제공 등의 종합 전직지원서비스를 제공하여 중장년층의 고용안정 및 취업촉진을 도모하기 위한 사업이다. 지원대상은 만 40세 이상의 중장년으로 전직 및 재취업지원에 필요한 서비스를 무료로 제공하고, 정부에서 시행중인 중장년과 관련한 서비스를 직접 제공하거나 안내하는 역할을 한다. 제공되는 서비스 세부내용으로는 취업능력향상을 위해 경력진단,

직업심리검사, 면접·이력서 작성기법 등을 제공하고, 전문인력채용지원금을 활용한 알선, 일반 알선, 동행면접, 중소기업현장체험단 활동 참여 등 재취업 알선을 지원한다. 또한 직업체험 및 훈련인 장년인턴, 사회공헌일자리, 직업훈련제도 등을 안내하고 창업교육, 귀농·귀촌제도 등에 대한 안내 또한 진행하고 있다. 2016년 기준, 중장년 일자리 희망센터는 전국 31개 기관이 지정되어 있다(고용노동부, 2016).

넷째, '고령자인재은행'은 고령화 사회로 고령인력의 경제활동 참여 비중이 증대됨에 따라 고령자의 고용 촉진 및 취업기회 확대를 위해 민간의 무료직업소개사업을 수행하는 비영리법인 또는 공익단체를 고령자인재은행으로 지정하여 고령자 고용 안정 및 인력수급 활성화에 기여를 목적으로 한다. 만 50세 이상의 준·고령자를 대상으로 구인·구직등록, 직업지도 및 취업알선, 직업상담 및 재취업상담, 직무능력향상교육 실시, 정부의 고령자 관련 서비스 정보 제공 등을 지원하고 있다. 2016년 기준, 전국 총 49개소 고령자인재은행이 지정되어 있다(고용노동부, 2016).

그 밖의 고용노동부의 중장년 고용 촉진을 위한 지원 프로그램에는 '평생학습 지원, 폴리텍대학 베이비부머 특화과정, 내일배움카드제, 장년 취업 인턴제, 시니어 창업 지원' 등이 있고, 각 프로그램별 세부적인 방법과 내용은 다음 〈표 7〉과 같다.

〈표 7〉 그 밖의 고용노동부의 중장년 고용 촉진을 위한 프로그램

프로그램 종류	세부방법 및 내용
평생학습 지원	- (대상) 베이비부머 또는 소외계층 등 - (방법) 대학에서 직업교육이 필요하거나, 학위보다 직업·자격이 더 필요한 성인 학습자에게 지역산업과 연계된 일자리 특화 프로그램을 제공(비학위과정) - (내용) 교육과 커리어플래너와 전문멘토가 취업처 확보, 학습자 개별 1:1 맞춤형 취업·진로 설계와 학습 및 경력 상담 등을 실시 ※ 유형별로 '지역산업 밀착형 일자리', '경력 개발 파이프라인형 일자리', '공유가치 창조형 일자리'로 구분되며 전국 총 10개 대학이 평생학습중심대학 육성사업(비학위과정)에 참여하고 있음

프로그램 종류	세부방법 및 내용
폴리텍대학 베이비부머 특화과정	- (대상) 만 45~62세의 실업자, 전직예정자, 영세자영업자 - (방법) 국비 무료 직업훈련 제공(매월 훈련수당 20만원, 교통비 5만원 지급) - (내용) 산업설비, 산업디자인, 정보통신, 기계, 인쇄, 건축시공, 전기, 건축 등의 훈련분야로 구성되어 있고 전국 폴리텍대학 캠퍼스별로 훈련과정을 운영하고 있음
내일배움카드제	- (대상) 실업자 및 영세 자영업자 - (방법) 계좌발급일로부터 1년간 200만원 범위 내에서 실훈련비를 지원하고, 실업자는 훈련비 외 출석률 80% 이상인 경우 훈련 장려금(최대 11.6만원)을 별도 지원 받음 - (내용) 실업자 및 영세 자영업자 등에게 내일배움카드를 발급하고 일정 금액의 훈련비를 지원함으로써 직업능력개발훈련에 참여할 수 있도록하며, 직업능력개발 훈련 이력을 종합적으로 관리하는 제도임
장년 취업 인턴제	- (대상) 인턴신청일 현재 미취업 상태에 있는 만 50세 이상자 - (방법) 실시기업에 대해 인턴기간 중 약정임금의 50%를 지급하고, 정규직으로 전화시 6개월간 추가 지원 - (내용) 중장년 구직자에게 중소기업 인턴 연수를 통해 정규직으로 채용될 수 있는 기회를 제공하는 가 운영되고 있음
시니어 창업 지원	- (대상) 40세 이상 퇴직자, 퇴직예정자, 예비창업자 - (방법) 지자체·대학의 유휴공간을 활용하여 창업을 준비하는 시니어에게 사무공간, 전문가 자문·상담 교육 등을 제공하는 오프라인 창업지원센터로 활용 및 시니어 창업스쿨을 통해 시니어의 경력, 전문성 등 역량을 활용한 시니어 적합 창업분야 실전창업교육 실시

출처 : 고용노동부(2014). 중장년 재취업을 위한 정부지원제도 안내서 재구성.

Ⅳ. 향후 정책추진 방향

신정부 중고령자 주요 정책추진 내용을 살펴본 결과, 신정부에서는 신중년 일자리 확대정책 추진을 위해서 1) 인생 이모작 설계를 지원하고 2) 노인 일자리를 80만개로 확대하려는 정책 추진을 예정하고 있어 중고령자 관련 정책의 강화가 예상된다. 노인 일자리 수당을 인상하고, 65세 어르신에게 실업급여를 지원하는 등 실질적인 경제적인 이득이 될 수 있는 정책을 추진할 예정이다. 신정부의 신중년 일자리 관련 정책의 세부내용은 아래 〈표 8〉과 같다.

〈표 8〉 신정부 신중년 일자리 관련 정책 세부내용

신정부(2017 ~) 대선 공약집 '신중년 일자리'
○ 노인 일자리를 80만개까지 확대(2017년 43만개) - 아동 등하교길 안전 지킴이, 우리 동네 야간 안전 지킴이, 우리 지역 환경 지킴이, 급식도우미, 보육도우미, 택배수령 대행서비스 등 사회적 수요가 큰 분야를 중심으로 일자리 확대
○ 노인일자리 수당을 2020년까지 월 40만원으로 인상, 중장기적으로 60~70대 초반 인구를 위한 mini-job 형태의 노인 일자리 육성 - 노년부양비의 급증 추세를 고려하여 파트타임 근무형태, 월 100만원 내외 임금의 mini-job 육성
○ 65세 이상 어르신에게도 실업급여(고용보험) 적용
○ 인생이모작 설계 지원 - 인생이모작 준비를 위한 '신중년 근로시간 단축제' 도입 - 신중년 전용 폴리텍 설립, 창업지원 프로그램 도입 - 신중년 노후준비와 재충전을 위한 '신중년 재충전센터' 전국 설치 - 귀농귀촌인을 위한 공공임대농지, 공공임대주택 공급 - 은퇴자 일자리 매칭 시스템 구축

출처 : 고용노동부(2016). 2016 고용노동정책-2016 고용노동부 사업 및 제도 재구성.

현재 시행중인 중고령자 고용정책 측면에서 정책추진 실효성을 높이기 위한 향후 정책추진 방향을 제시하면 다음과 같다.

○ 고령자고용법 등 중장년 고용촉진을 위한 법제도의 적극적 시행 기재 마련

2016년부터 「고령자고용진법」에 의해 300인 이상 기업을 대상으로 전직원 전직 지원서비스 의무화가 이루어졌다. 즉, 명예퇴직이나 해고에 앞서 퇴직을 준비하기 위한 사전훈련 및 전직지원서비스 등을 선행하도록 정하고 있다. 이것은 노사간 갈등을 줄이고 이직의 성공률을 높여 노사 양측에 모두 도움을 주는 제도로서 이직이 잦은 소기업에 더욱 적극으로 도입할 필요가 있는 것으로 평가된다(장인성, 2017). 또한, 2007년부터 '고령자 고용촉진 기본계획'을 마련하여 범 정부차원의 고령자 정책추진을 위한 플랫폼이 마련되어 부처간 협력에 기반한 정책추진이 이루어지고 있다. 이와 같이 고용부는 중장년 고용촉진 및 고용능력개발을 안정적으로 추진하기 위한 정책이 법령에 근거하여 추진될 수 있도록 하여 동 정책추진의 지속성을 담보할 수 있도록 하고 있다. 향후 중고령자의 고용촉진관점에 좀 더 실효성있는 정책추진이 필요하므로 이를 위한 구체적인 실행방안 마련과 이의 적극적인 추진을 담보할 수 있는 실행기재 마련이 요구된다.

○ 중고령자 대상 교육훈련 프로그램 이수결과가 생산성 제고로 연계

중고령자 직업훈련 등 평생학습 참여 프로그램 내실화를 통한 생산성 제고가 필요하다. 전 생애 진로개발 관점에서 생애설계를 조기에 실시할 수 있도록 관련 지원정책을 강화해야 하고, 이를 위해서는 생애 진로발달 관점에서 일과 삶의 균형과 의미를 찾기 위한 교육훈련의 제공을 고려하여야 하며 이때 소프트 스킬 함양을 위한 교육훈련을 제공함으로써 장기적이고 지속 가능한 고용능력 제고를 도모하는 정책추진이 필요하다(김은석외, 2016). 또한, 중고령자 참여 교육훈련 프로그램의 양질 취업처 연계 기능 강화를 위한 정책추진 강화하여야 한다. 한국무역협회의 경우, 중견전문인력 대상으로 해외 재취업을 알선해 주는 것과 같이 전문성을 활용하여 중장년일자리희망센터에 참가하는 기관의 강점과 지역 특성을 살린 센터별 특화된 프로그램 제공 강화가 필요하다(김은석외, 2016). 현재 정부가 시행중인 '중장년 취업 아카데미'에서 기본역량 및 기업맞춤 취업훈련과 동시에 관련 기업에 재취업이 이루어 질 수 있도록 취업지원까지 원스톱 서비스를 진행중이나, 훈련과정을 운영하는 기관을 점차 다양화시키고 확대시킬 필요가 있다. 그리고 중고령자 일자리 확대정책이 중고령자 직무수행능력개발 사업과 긴밀하게 연계되어 추진됨으로써 중장년의 직무수행능력이 해당 기업의 생산성 향상으로 이어져 궁극적으로 중고령자 채용에 기업이 능동적으로 참여할 수 있도록 하는 여건 마련이 필요하다.

○ 중고령자 일자리 확대를 위한 다양한 정책 추진

중고령자 일자리 확대를 위해 민간뿐만 아니라 공공부분에서 다양한 일자리 창출을 위한 정책을 지속적으로 강화해야 한다. 중장년 대상 고용서비스 제공 기관간 유기적인 업무협조를 강화하기 위한 연계성을 높이고, 기관간 정보를 통합적으로 관리・운영하기 위한 정책추진 강화가 필요하다. 예를 들어 고용부의 중장년 일자리희망센터를 중심으로 다양한 부처와 지방자치단체에서 전개되고 있는 중장년 대상의 고용서비스와 관련된 사업을 종합적으로 조율하고 제공하는 시스템을 갖추어야 할 것이다(김은석 외, 2016). 공공적 성격의 사회적 요구가 많은 일자리를 적극적으로 개발하여 중고령자 일자리 창출과 아동 안전지킴이, 환경 지킴이 등 사회적 필요간 매치가 전제된 일자리 다양화 정책추진이 강화[2] 되어야 한다. 한국의 공공서비스(보건, 복지, 교육 등) 공급은 선진국에 비해 부족한 상황으로, 향후 삶의 질을 제고하는 공공분야 서비스의 확대와 이를 담당할 인력의 공급을 장년노동 수요 창출의 기회로 삼을 수 있다(장인성, 2017). 따라서 현재 시행중인 '사회공헌활동 지원'과 같이 중고령자와 사회적기업 매칭을 통해 고령화 문제에 대한 대비와 사회서비스 확산을 동시에 해결할 수 있는 방안 강화 및 확대가 필요하다.

○ **중고령자 경험학습 또는 선행학습 결과를 자격(qualification)으로 평가인정**

중고령자를 대상으로 한 직업능력개발 결과의 평가인정 관점에서 경험학습(experiential learning) 및 선행학습(prior learning) 결과에 대한 평가인정 시스템 구축 및 운영이 필요하다. 중고령자의 다양한 일경험과 선행학습결과를 NCS(National Competency Standards) 기반으로 체계적으로 평가인정하기 위한 시스템을 조기에 구축하고 이를 시행하기 위한 정책은 개인과 국가의 시간과 노력, 경비를 줄이기 위한 접근이다. 이와 함께 중고령자 참여 교육훈련의 결과가 다양한 형태의 자격취득으로 연계되도록 하는 정책을 강화시켜야하고, 이와 함께 중고령자의 생애설계 단계별로 취득할 수 있는 다양한 자격(직업자격, 나노(nano) 학위 등)을 별도로 개발하기 위한 노력도 요구된다. 경험학습 또는 선행

2) 중장년층 구직자 역량진단과 고용서비스 연계방안(김은석 외, 2016)에서 주장하고 있는 중장년층의 특성을 감안할 때 정규직 형태의 일자리 재취업에만 한정하지 않고 다양한 사회적 일자리의 대안 경로를 모색하는 것이 필요하다는 주장과 일맥상통함

학습 결과에 기반한 중고령자의 역량을 공식적인 형태의 자격으로 인정함을 통해서 중고령자의 인생 이모작 설계 및 이행에 실질적인 도움이 될 수 있도록 하여 이들이 재취업이나 전직을 위한 필요 자격취득시 불필요한 중복학습에 참여하지 않도록 하여야 할 것이다.

붙임1 한국의 OECD 국가대비 고용률과 중고령자 노동시장 현황

한국의 OECD 국가 대비 고용률을 45~54세를 기준으로 살펴보면, 전체 OECD 국가의 2000년부터 2016년까지의 45~54세 고용률 변동범위는 74.6~77.4%에 이르고 있으며 이 기간 동안의 고용률 상승률은 3.3%p로 나타났다. 2016년 기준, OECD 주요국(프랑스, 독일, 일본, 한국, 영국, 미국)의 45~54세 고용률은 77.2~86.2% 수준을 보였다.

2016년 기준, 45~54세 고용률에 있어서 한국(79.1%)은 OECD 평균(77.4%)보다 높은 고용률을 보이고 있고, 2000년부터 2016년 한국의 고용률 상승률이 7.6%p로 독일(11.0%p) 다음으로 높은 증가를 나타내고 있으며, 영국(5.8%p), 일본(4.9%p), 프랑스(4.0%p), 미국(-4.2%p)에 비해 높게 나타났다. 이는 OECD 평균 고용률 상승률(3.3%p)보다도 높은 수준으로, 한국의 고용률(45~54세) 증가가 OECD 평균 고용률 증가 추이보다도 빠른 속도로 이루어지고 있음을 알 수 있다(〈표 1〉 참조).

〈표 1〉 한국의 OECD 국가 대비 고용률(45~54세 기준)

(단위 : %, %p)

time / country	2000	2001	2002	2003	2004	2005	2006	2007	2008	2009	2010	2011	2012	2013	2014	2015	2016	2000 ~ 2016 상승률
France	78.3	79.3	79.4	79.7	80.4	81.2	81.6	82.2	83.1	82.6	83.1	82.6	82.0	81.6	81.5	81.0	81.5	4
Germany	77.6	77.8	77.7	78.6	77.2	77.7	78.7	80.6	81.5	81.5	82.4	83.8	84.4	84.7	84.8	85.4	86.2	11
Japan	80.6	80.5	79.9	80.3	80.6	81.1	81.8	82.4	82.4	81.7	82.0	82.1	82.2	82.9	83.3	83.8	84.6	4.9
Korea	73.5	73.8	75.0	73.0	74.0	74.2	75.1	75.6	76.2	75.6	76.0	76.6	77.2	77.9	78.7	79.1	79.1	7.6
United Kingdom	78.7	79.5	80.0	80.7	80.8	81.4	81.8	81.5	82.0	80.8	80.6	81.0	81.0	81.4	82.7	82.6	83.3	5.8
United States	80.5	79.8	78.8	78.8	78.7	78.9	79.4	79.4	78.5	75.8	74.9	75.0	75.2	75.2	76.0	76.6	77.2	-4.2
OECD countries	75.0	74.9	74.6	74.8	74.8	75.3	76.0	76.5	76.6	75.3	75.3	75.6	75.8	75.8	76.2	76.8	77.4	3.3

출처 : OECD stat 홈페이지(http://stats.oecd.org)

한국의 OECD 국가 대비 고용률을 55~65세를 기준으로 살펴보면, 전체 OECD 국가의 2000년부터 2016년까지의 55~64세 고용률 변동범위

위는 47.8~59.2%에 이르고 있으며, 이 기간 동안 고용률이 전반적으로 상승하는 추세를 보이고, 2016년 기준 OECD 주요국(프랑스, 독일, 일본, 한국, 영국, 미국)의 55~64세 고용률은 49.9~71.4% 수준으로 나타났다.

2016년 기준, 한국의 55~64세 고용률은 66.1%로 일본(71.4%), 독일(68.6%) 다음으로 높은 고용률을 보이고 있고, OECD 평균 고용률(59.2%)보다도 높은 수준을 보인다. 더불어 한국은 2000년에도 55~64세 고용률이 57.8%로 나타나 이미 일본(62.8%) 다음으로 높은 고용률을 보여 이를 통해 장년층의 고용구조가 비교적 튼튼하다는 해석이 가능하다(〈표 2〉 참조).

〈표 2〉 한국의 OECD 국가 대비 고용률(55~65세 기준)

(단위 : %)

Time / country	2000	2001	2002	2003	2004	2005	2006	2007	2008	2009	2010	2011	2012	2013	2014	2015	2016
France	34.3	36.5	39.3	37.0	37.8	38.5	38.1	38.2	38.2	38.9	39.7	41.4	44.5	45.6	47.0	48.8	49.9
Germany	37.6	37.9	38.6	39.0	41.8	45.5	48.1	51.3	53.8	56.1	57.7	60.0	61.6	63.6	65.6	66.2	68.6
Japan	62.8	62.0	61.6	62.1	63.0	63.9	64.7	66.1	66.3	65.5	65.2	65.1	65.4	66.8	68.7	70.0	71.4
Korea	57.8	58.3	59.5	57.8	58.5	58.7	59.3	60.6	60.6	60.4	60.9	62.1	63.1	64.3	65.6	65.9	66.1
United Kingdom	50.4	52.1	53.4	55.9	56.2	56.7	57.3	57.3	58.1	57.6	56.9	56.7	58.0	59.6	60.8	61.8	63.6
United States	57.8	58.6	59.5	59.9	59.9	60.8	61.8	61.8	62.1	60.6	60.3	60.0	60.7	60.9	61.3	61.5	61.8
OECD countries	47.8	48.3	49.3	50.0	50.6	51.7	52.7	53.5	54.0	53.7	53.9	54.4	55.5	56.3	57.3	58.1	59.2

출처 : OECD.stat 홈페이지(http://stats.oecd.org)

2017년 6월 기준 한국의 경제활동인구는 27,929천명으로 고용률은 61.4%, 실업률은 3.8%로 나타났다. 인구계층별로 고용률과 실업률을 살펴보면, 40~49세의 고용률은 79.8%로 가장 높고, 실업률은 2.1%로 가장 낮게 나타났고, 특히, 40대 후반 중장년층(45~49세)의 고용률 81.5%, 실업률 1.8%로 전체 인구 중에서 경제활동이 가장 활발한 것을 알 수 있다.

중장년층 고용률을 세부적으로 살펴보면, 40~49세 전체 고용률은 79.8%로 40~44세는 77.9%, 45~49세는 81.5%, 50~59세의 전체 고용률은 75.6%로 50~54세는 78.3%, 55~59세는 72.9%, 60세 이상의 고용률은 41.6%로 60~64세는 62.1%, 65세 이상은 32.7%로 각각 나타났다. 중장년층 실업률은 3%가 넘지 않아 전체 실업률보다 낮은 수치를 보이고 세부적으로 살펴보면, 40~49세 전체 실업률은 2.1%로 40~44세는 2.6%,, 45~49세는 1.8%, 50~59세의 전체 실업률은 2.5%로 50~54세는 2.4%, 55~59세는 2.5%, 60세 이상의 실업률은 2.3%로 60~64세는 2.5%, 65세 이상은 2.2%로 각각 나타났다(〈표 3〉 참조).

〈표 3〉 연령별 경제활동인구

(단위 : 천명, %)

연령계층별	15세 이상 인구 (천명)	경제활동 인구 (천명)	취업자 (천명)	실업자 (천명)	비경제 활동 인구 (천명)	경제 활동 참가율 (%)	실업률 (%)	고용률 (%)
계	43,764	27,929	26,860	1,069	15,834	63.8	3.8	61.4
15 - 19세	2,910	283	256	26	2,628	9.7	9.2	8.8
20 - 29세	6,455	4,225	3,776	449	2,230	65.5	10.6	58.5
20 - 24세	3,026	1,578	1,397	181	1,447	52.2	11.5	46.2
25 - 29세	3,429	2,647	2,379	268	783	77.2	10.1	69.4
30 - 39세	7,484	5,838	5,649	189	1,647	78.0	3.2	75.5
30 - 34세	3,507	2,732	2,626	106	775	77.9	3.9	74.9
35 - 39세	3,977	3,106	3,023	83	872	78.1	2.7	76.0
40 - 49세	8,307	6,772	6,627	145	1,535	81.5	2.1	79.8
40 - 44세	3,969	3,171	3,090	81	798	79.9	2.6	77.9
45 - 49세	4,338	3,601	3,537	64	737	83.0	1.8	81.5
50 - 59세	8,255	6,398	6,240	158	1,857	77.5	2.5	75.6
50 - 54세	4,144	3,326	3,245	81	818	80.3	2.4	78.3
55 - 59세	4,111	3,072	2,995	77	1,039	74.7	2.5	72.9
60세 이상	10,353	4,414	4,312	103	5,939	42.6	2.3	41.6
60 - 64세	3,153	2,008	1,957	51	1,145	63.7	2.5	62.1
65세 이상	7,200	2,406	2,354	52	4,794	33.4	2.2	32.7

출처 : 통계청(http://kostat.go.kr)

중년층(40~54세) 실업률 및 고용률 추이를 살펴본 결과, 2005년부터 2016년 전반에 걸쳐 중년층(40~54세) 실업률은 전체 실업률에 비해 약 0.8~1.6%p 낮은 수준으로 나타났다. 또한, 중년층 고용률은 2005년 75.8%에서 2016년 78.7%로 꾸준히 증가하고 있고, 이는 2005년부터 2016년에 걸쳐 59~61% 수준을 보이고 있는 전체 고용률을 훨씬 웃도는 수치이다([그림 1] 참조).

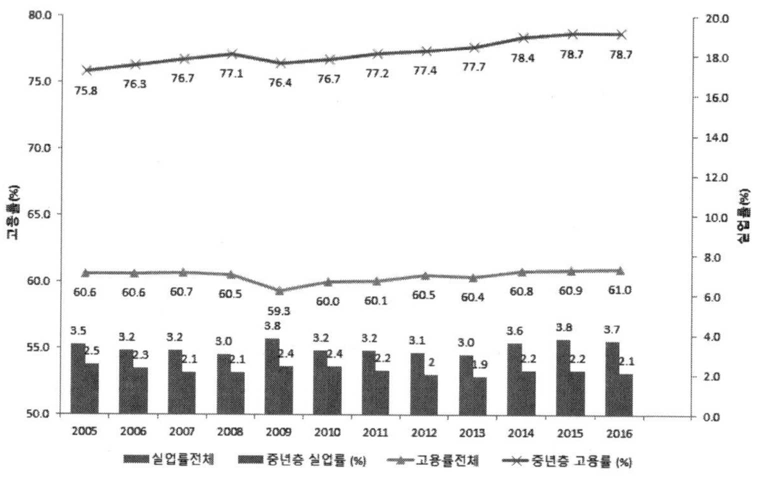

출처 : 통계청(http://kostat.go.kr)

[그림 1] 중년층(40~54세) 실업률 및 고용률 추이

중년층(40~54세) 인구와 비경제활동비율 추이를 살펴보면, 중년층 인구는 2005년 11,130천명에서 2013년 12,688명까지 꾸준히 증가하다 2014년부터 감소 추세로 돌아서 2016년 기준 12,572천명으로 조사되었다. 중년층의 비경제활동인구는 2005년 2,480천명에서 2012년 2,648천명으로 증가 추세를 보이다가, 2013년부터 감소하여 2016년에는 2005년과 비슷한 2,461천명을 기록한다. 전반적인 중년층 인구의 증가로 인해 중년층 비경제활동비율은 대체로 감소하는 것으로 나타났다([그림 2] 참조).

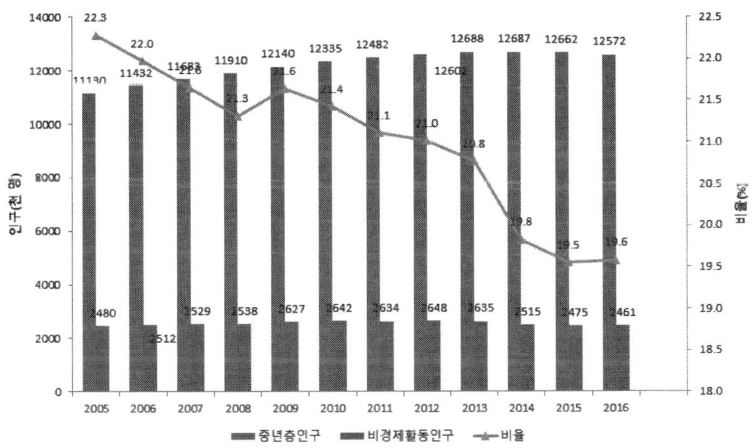

출처 : 통계청(http://kostat.go.kr)

[그림 2] 중년층(40~54세) 인구와 비경제활동비율 추이

고령층(55~64세) 실업률 및 고용률 추이를 살펴본 결과, 고령층 고용률은 2014년(67.3%)과 2016년(66.7%) 사이 일시적으로 고용률이 감소하는 경향을 보였으나, 2005년 5월 60.4%에서 2017년 5월 68.3%로 꾸준한 증가 추세를 보였다. 2005년 5월 기준 고령층 고용률은 전체 고용률보다 0.2%p 낮은 수준이었으나, 2017년 5월 기준 전체 고용률에 비해 7.0%p 높은 수준을 보이고 있으며, 그 차이가 큰 폭으로 커지고 있다.

2005년부터 2017년까지 장년층(55~64세) 실업률은 전체 실업률에 비해 약 0.7~1.2%p 낮은 수준으로 나타나고 있는데 이는 고령으로 인해 취업할 의사가 없는 고령층이 경제활동인구에 포함되지 않았기 때문으로 해석할 수 있다([그림 3] 참조).

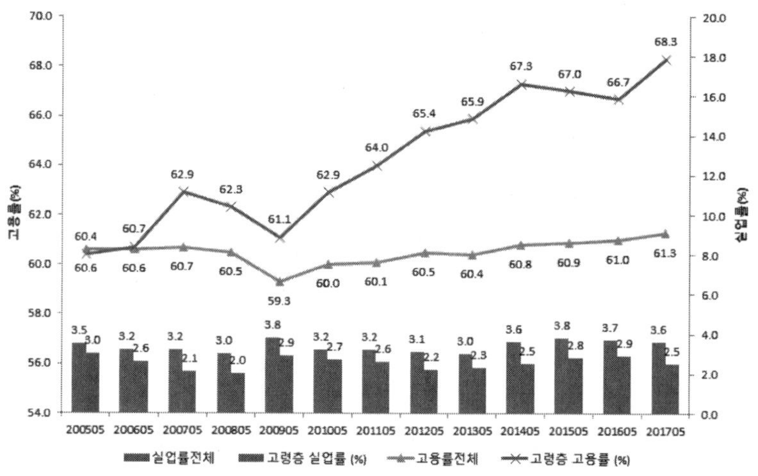

출처 : 한국고용정보원 통계홈페이지(http://statistics.keis.or.kr)

[그림 3] 고령층(55~64세) 실업률 및 고용률 추이

고령층(55세~64세) 인구와 비경제활동비율 추이를 살펴본 결과, 고령층 인구는 2005년 5월 4,251천명에서 2017년 5월 7,233천명으로 꾸준히 증가하고 있고, 고령층의 비경제활동인구 역시 2005년 5월 1,603천명에서 2017년 5월 2,164천명으로 증가하는 추세를 보인다. 단, 고령층 인구 증가에 따라 고령층의 비경제활동인구도 증가하고 있음에도 고령층 비경제활동 비율은 계속 감소하고 있다. 이는 노후 자금 확보, 일에 대한 의지 등 여러 이유로 장래에도 수입이 있는 일자리를 갖기를 원하는 고령층이 점점 증가하기 때문으로 사료된다([그림 4] 참조).

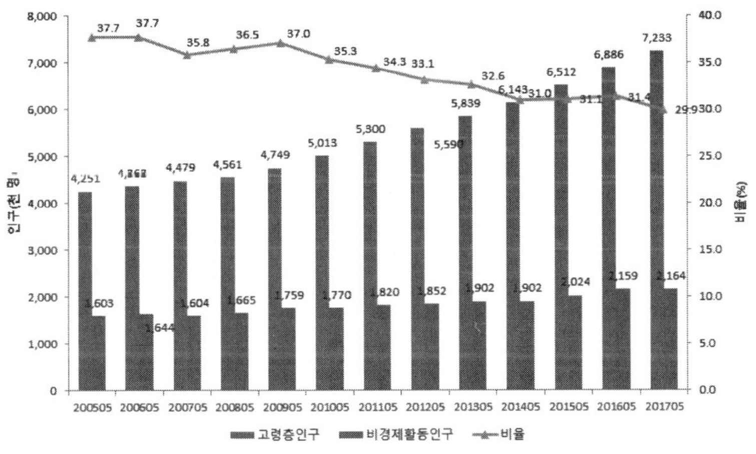

연월	고령층인구	비경제활동인구	비율
200505	4,251	1,603	37.7
200605	4,362	1,644	37.7
200705	4,479	1,604	35.8
200805	4,561	1,665	36.5
200905	4,749	1,759	37.0
201005	5,013	1,770	35.3
201105	5,300	1,820	34.3
201205	5,590	1,852	33.1
201305	5,839	1,902	32.6
201405	6,143	1,902	31.0
201505	6,512	2,024	31.1
201605	6,886	2,159	31.4
201705	7,233	2,164	29.9

출처 : 한국고용정보원 통계홈페이지(http://statistics.keis.or.kr)

[그림 4] 고령층(55~64세) 인구와 비경제활동비율 추이

고령층(65~79세) 실업률 및 고용률 추이를 살펴보면, 2005년부터 2017년까지 65~79세 고용률은 35.6%에서 38.3%의 수준으로 같은 기간 동안의 전체 고용률에 비해 훨씬 낮은 수준이다. 2005년부터 2017년까지 고령층 실업률은 전체 실업률에 비해 약 1.6~2.5%p 낮은 수준으로 이는 고령으로 인해 취업할 의사가 없는 고령층이 경제활동인구에 포함되지 않았기 때문으로 해석할 수 있다([그림 5] 참조).[3]

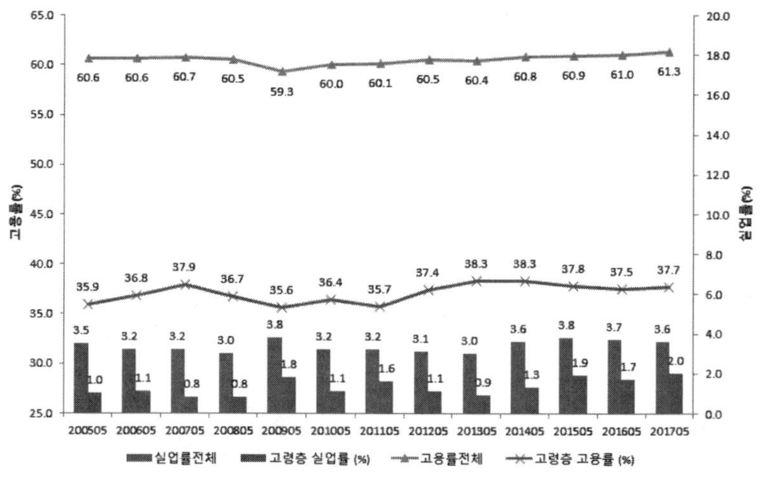

출처 : 통계청(http://kostat.go.kr)

[그림 5] 고령층(65~79세) 실업률 및 고용률 추이

---

3) 출처 : 한국고용정보원 통계홈페이지(http://statistics.keis.or.kr)

고령층(65세~79세) 인구와 비경제활동비율 추이를 살펴보면, 65~79세 고령층 인구는 2005년 5월 3,849천명에서 2017년 5월 5,684천명으로 꾸준히 증가하고 있다. 고령층의 비경제활동인구 역시 2005년 5월 2,452천명에서 2017년 5월 3,500천명으로 증가하는 추세를 보인다. 고령층 인구 증가에 따라 고령층의 비경제활동인구도 증가했으나, 고령층 비경제활동 비율은 2005년 63.7%에서 2017년 61.6%로 감소하여 일자리를 갖기를 원하는 고령층이 점점 증가하는 것으로 판단된다([그림 6] 참조).

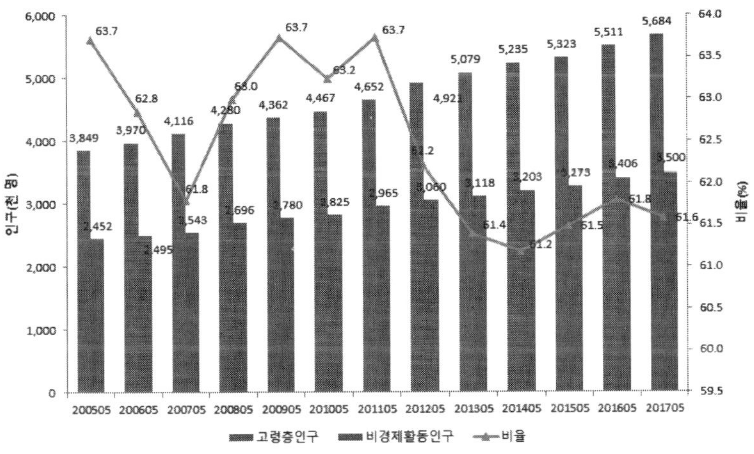

출처 : 통계청(http://kostat.go.kr)

[그림 6] 고령층(65~79세) 인구와 비경제활동비율 추이

장년에 대한 노동법상 차별적 규율방식의 문제점과 근로시간단축을 통한 일자리 확대방안 모색

권혁(부산대학교)

장년에 대한 노동법상 차별적 규율방식의 문제점과 근로시간단축을 통한 일자리 확대방안 모색[1)]

I. 문제의 소재

1. 이른바 55세 이상 장년자들의 고용 촉진을 위해 제정된 고용촉진법이 도리어 장년 근로자들에게 족쇄로 작용하는 문제가 발생하고 있다. 예컨대 어느 지방자치단체가 '공공 부문 비정규직 고용개선 추진대책'을 수립하고, 무기계약직으로의 전환조치를 취하였으나, 정작 이러한 전환조치에서 장년인 기간제 근로자의 경우는 배제되었다. 대부분의 지방자치단체가 이러한 조치를 취하면서 '출산휴가・육아휴직 등의 업무대체자나 만 55세 이상 장년자, 초단시간 근로자 등은 무기계약직 전환에서 제외된다'는 규정을 두고 있기 때문이다.[2)]

실제로 현행 기간제 및 단시간 근로자 보호 등에 관한 법률은 '2년을 초과해 기간제 근로자를 사용할 경우 무기계약 근로계약을 체결한 것으로 본다'고 하면서도 장년자고용촉진법에 따른 장년자(만 55세 이상)는 적용 제외 사유로 명시하고 있다. '만 55세 이상자에 대해 2년의 기간을 초과해도 기간제 근로자로 사용할 수 있다'는 형식의 입법조항은 입법기

1) 이하의 글은 권혁, "'연령'만을 기준으로 한 노동법상의 규정과 연령에 따른 차별 : 기간제법 상의 장년근로자에 관한 규정을 중심으로" 한국노동법학회, 노동법학 제48호, 2013. 12의 내용을 수정하고 보완한 것임.

2) 다만, 서울시는 지난해 5월 55세 이상 기간제 근로자를 전원 무기계약직으로 전환했다.

술적으로 문제가 아닐 수 없다. 단지 '연령'이라는 요소만을 가지고, 고용안정의 기회를 배제하는 것은 자칫 연령에 따른 불합리한 차별이 아닌가 하는 의문을 초래하고 말기 때문이다.

이러한 문제를 해명함에 있어 우리에게 매우 중요한 시사점을 던져줄 수 있는 사례가 독일에서 있었다. 유럽법원의 2005년 11월 22일 자 소위 '망골트 (Mangold)사건' 판결이 바로 그것이다. 당시 유럽법원은 일정한 연령에 도달하였다는 이유만으로 기간제 근로에 관한 노동법적 보호로부터 배제시키는 것은, 유럽공동체법(Gemeinschaftsrecht)을 위반하는 것이라고 판시하였다.[3] 즉, 유럽입법지침 2000/78/EG 제1항과 제2항에서 말하는 소위 '연령'에 따른 직접적인 차별적 처우로 본 것이다. 이에 따라 독일 기간제 관련 법률은 개정을 필요로 하는 상황에 처하게 되있던 바가 있있다.

2. 다른 한편 저출산 장년화에 대한 고민은 심각하다. 이는 선진유럽국가에서 있어서도 이미 제법 오래된 것이다. 특히 독일은 1932년에 이미 장년화사회에 진입하였다. 이후 불과 40년이 지난 1972년에 기어코 장년사회에 진입하였고, 2008년에는 '초장년사회'가 되었다.[4] 현재의 추세대로라면 2030년에는 독일 인구가 7,500만 명으로 줄어들게 되고 그 중 28%가 장년자가 차지하게 될 것이라고 한다. 2050년에는 인구의 1/3이 60세 이상자, 1/6만이 20대로 될 것으로 추산되고 있다.[5] 2016년 기준 장년인구의 비중은 34%에 이를 것으로 보인다. 과연 저출산장년화 시대에 장년근로자에 대한 일자리 정책에 대한 고민도 매우 중요한 시대가 아닐 수 없다.

---

3) EuGH 22.11.2005 -C-144/04 - DB 2005, S.2638ff.

4) '초장년사회'란, 총인구 중 65세 이상 인구 비중이 20%를 넘는 상태를 말한다(이윤경, 독일의 장년자 사회참여 현황 및 정책, 보건복지포럼, 2012. 5 참고). 초장년사회에 진입한 국가로는 일본과 독일, 이탈리아 정도라고 할 수 있다.

5) Schmid, Josef, Beschäftigung älterer Arbeitnehmer : Probleme undHandlungsmöglichkeiten - Vortrag bei der Anhörung der Enquetekommission"Demographischer Wandel : Herausforderungen an die Landespolitik" am 21.2. 2005 im Landtag von Baden-Württemberg(조성혜, "독일의 장년자 고용촉진법제",노동법학, 2009에서 재인용)

II. 현행 단시간 및 기간제 근로자보호 등에 관한 법률(이하 '기간제법') 상의 장년자에 관한 규정의 내용과 문제점

1. 기간제법 상 보호의 대상 범위

현행 기간제법 제4조에서는 "①사용자는 2년을 초과하지 아니하는 범위 안에서(기간제 근로계약의 반복갱신 등의 경우에는 그 계속근로한 총기간이 2년을 초과하지 아니하는 범위 안에서) 기간제근로자를 사용할 수 있다."고 규정하고 있다. 이른바 기간제 근로관계에 대한 법적 규제를 상한기간제한의 방식으로서 구현하고 있는 것이다. 따라서 사용자가 제1항 단서의 사유가 없거나 소멸되었음에도 불구하고 2년을 초과하여 기간제근로자로 사용하는 경우에는 그 기간제근로자는 기간의 정함이 없는 근로계약을 체결한 근로자로 본다고 규정되어 있다(기간제법 제4조 제2항).

그런데 최대2년의 상한기간제한을 적용받지 않는 예외도 명시해 두고 있다. 즉, 기간제법 제4조 제1항 단서에 따르면, "다만, 다음 각 호의 어느 하나에 해당하는 경우에는 2년을 초과하여 기간제근로자로 사용할 수 있다. 1. 사업의 완료 또는 특정한 업무의 완성에 필요한 기간을 정한 경우 2. 휴직・파견 등으로 결원이 발생하여 당해 근로자가 복귀할 때까지 그 업무를 대신할 필요가 있는 경우 3. 근로자가 학업, 직업훈련 등을 이수함에 따라 그 이수에 필요한 기간을 정한 경우 4. 「장년자고용촉진법」 제2조제1호의 장년자와 근로계약을 체결하는 경우 5. 전문적 지식・기술의 활용이 필요한 경우와 정부의 복지정책・실업대책 등에 따라 일자리를 제공하는 경우로서 대통령령이 정하는 경우 6. 그 밖에 제1호 내지 제5호에 준하는 합리적인 사유가 있는 경우로서 대통령령이 정하는 경우"라고 규정해 두고 있다.

2. 장년자와 기간제 근로관계

1) 장년자의 개념 범위

여기에서 주목해 보아야 할 것은 바로 기간제법 제4조 제1항 단서 상의 제4호이다. 현행법 상 「장년자고용촉진법」 제2조 제1호의 장년자와 근로계약을 체결하는 경우에는 별도의 상한기간을 정함이 없이도 얼마든지 기간제 근로관계를 형성할 수 있다고 한다. 이때 장년자는 55세 이상인 자를 말한다. 장년자고용촉진법 시행령 제2조에서는 장년자 및 준장년자의 개념을 정의내리고 있다. 이에 따르면 장년자는 55세 이상인 사람으로 하고(동조 제1항), 법 제2조 제2호에 따른 준장년자는 50세 이상 55세 미만인 사람으로 한다고 규정하고 있기 때문이다(동조 제2항).

2) 기간제법 제4조 제1항 제4호의 입법취지

결국 55세 이상인 자와의 근로계약은, 근로관계존속기간에 대한 합의를 함에 있어 그 상한에 대한 규제가 따로 없으며, 따라서 얼마든지 기간제 근로자로서 근로를 제공하도록 할 수 있다. 적어도 55세 이상인 장년자의 경우는 해고보호법리의 적용이 사실상 배제되어 있는 것이라고도 할 수 있다.

이러한 데에는, 장년자의 경우에는 이미 근로의 기회를 충분히 향유하였다는 관점에 배경에 깔려 있다. 따라서 이러한 장년자의 경우, 고용안정이라는 법적 이익보다는 근로의 기회제공이라는 차원에서의 법적 이익이 더 중요하다고 보고 있는 것이다. 이러한 점에서 보면 기간제법 제4조 제1항 제4호 규정은 상한기간제한의 예외로서 일응 설득력이 있어 보인다.

3. 여전히 남는 문제점

그런데 여기에서 간과된 것이 있다. 그것은 바로 우리 헌법 제11조에서 규정하고 있는 평등의 원칙을 위배하고 있는 것은 아닌지 의문이 있다. 즉, 현행 헌법 제11조에 따르면, “①모든 국민은 법 앞에 평등하다. 누구든지 성별·종교 또는 사회적 신분에 의하여 정치적·경제적·사회적·문화적 생활의 모든 영역에 있어서 차별을 받지 아니한다."고 규정하고 있다.

55세 이상의 경우는 별도의 규제없이 기간제 근로관계를 지속할 수 있도록 한 현행 기간제법 제4조 제1항 제4호는 단지 '연령'만을 기준으로 하여 인간을 '달리' 취급하는 것이 된다. 그렇다면 이러한 입법형식은, 자칫 헌법 상 모든 인간은 평등하다고 하는 원칙을 침해하고 있는 것은 아닌지 하는 의문을 유발하게 된다.

이하에서는 독일에서 발생한 망골트 사건을 살펴보고, 독일에서의 입법개정과정과 그 추이를 소개함으로써, 현행 기간제법 제4조 제1항 제4호의 위헌성을 검토해 보기로 한다.

III. 독일 장년 기간제 근로자 관련 법 규정의 내용과 연혁

1. 사유제한방식과 그 예외

독일은 단기근로법 제14조에서 사유통제방식을 취하고 있다. 즉, 정당한 원인이 존재하면 기간제 합의가 존중된다. 이때 정당한 원인의 개념에 대해 입법자가 명문으로 정의내린 바는 없다. 따라서 정당한 원인 표지를 적극적으로 설명하기 보다는 정당성 여부에 대한 판례와 학설을 통해 구체적 사정에 따라 개별적으로 판단될 수밖에 없다.[6] 또한 정당한 원인이 존재하는 한 기간제 근로계약관계의 갱신 횟수나 그 총 기간에 제한이 없다. 따라서 정당한 원인 하에서 이미 체결된 기간제 근로계약관계가 이미 종료한 이후라도 또 다른 정당한 원인이 존재한다면 반복하여 기간제 근로계약관계를 체결할 수도 있음은 물론이다.[7]

---

6) MünchHbArbR-Wank, § 116 Rdn. 49.

7) BAG NZA 2005, 357; BAG AP Nr.13 zu TzBfG § 14. 이러한 측면에서 종래 판례와 학설에서 주로 문제되어 온 이른바 연쇄근로계약은 정당한 원인이 존재하는 한 문제될 여지가 없게 되었다. 다만 그 정당성 판단의 요건이 보다 엄격할 필요가 있다고 본다. 이에 관하여는 뒤에 다시 설명하기로 한다.

기간제 근로계약의 정당한 원인과 관련하여 동 규정 제2문에서 8가지의 경우(Tatbestände)를 예시적으로 규정해 놓고 있다.[8] 이는 이미 종래 판례[9]를 통해 인정되어 온 것을 입법화한 것이다. 우선 i) 일시적 인력고용의 필요성이 존재하는 경우와 ii) 직업교육이나 훈련의 필요에 의해 기간제 근로계약이 필요한 경우 그리고 iii) 기존 근로자에 대한 대체근로 차원에서 이루어지는 기간설정은 정당한 것이라 한다.[10] 그 밖에도 iv) 업무의 내용이 특수하여 일정한 기간 동안에만 영업이 이루어지는 경우[11]나 v) 수습기간으로 평가될 수 있는 기간동안의 기간 설정은 정당하며[12] vi) 근로자의 인신 상 사유에 기해 기간설정이 요구되는 경우[13]나 vii) 국가 예산 차원에서 인정된 경우, 그리고 마지막으로 viii) 법정적 화해(gerichtlicher Vergleich) 차원에서 인정되는 기간제 근로계약은 정당하다[14]고 한다.

---

8) BAG AP Nr.14 zu § 14 TzBfG; ErfK-Müller-Glöge, §14 TzBfG, Rdn. 9.

9) BAG AP Nr.76 zu § 620 BGB Befristeter Arbeitsvertrag; BAG AP Nr. 204 zu § 620 BGB Befristeter Arbeitsvertrag.

10) 이때 대체인력의 투입은 건강이나 휴가 또는 출산 등으로 근로자가 업무에 직접 투입되지 못하는 경우 뿐만 아니라, 정규 근로자의 업무가 당분간 보조될 필요가 인정되는 경우와 같은 간접적 대체필요성(Mittelbarer Vertretungsbedarf) 하에서도 정당한 원인이 존재하는 것으로 평가될 수 있다고 한다(BAG NZA 2001, 1069).

11) 이른바 계절사업체(Saisonbetrieb)가 그 대표적인 예가 될 수 있다(BAG AP Nr.1 zu § 620 BGB Saisonarbeit).

12) 수습기간 차원에서의 기간제 근로계약은 주로 수습기간의 기간적 합리성이 문제된다. 즉, 수습기간을 이유로 기간을 정하였으나 수습의 목적에 비해 지나치게 긴 기간을 설정하는 것은 사실상 기간통제의 법리를 유월하는 것이 되기 때문이다.

13) 일신상의 사유에 기간 설정과 관련하여 종래 동 규정이 입법화되기 이전부터 법원에서 주로 다투어진 문제는 과연 근로자가 스스로 원하여 기간을 설정하는 경우에도 일신상의 사유에 기한 경우로서 정당한가에 관한 것이었다. 이에 대해 근로자의 요청이 객관적으로 진정하며 사용자에 의해 사실상 영향을 받지 않은 것이라고 신뢰될 수 있는 경우에는 그러한 기간설정도 정당하다는 것이 연방노동법원의 입장이었다(BAG AP Nr. 91 zu §620 BGB Befristeter Arbeitsvertrag).

14) 이 원인요건과 관련하여 종래 법정 이외에서 이루어진 화해(außergerichtlicher Vergleich)의 경우에도 이를 이유로 기간제 근로계약관계의 형성이 정당하다고 볼 수 있겠는가가 문제되었었다. 이에 대해 대체로 사적 합의로서 화해는 이에 해당되지 않는다는 것이 법원의 종래 입장이라고 할 수 있다(BAG AP Nr. 4 zu §57 a HRG; BAG AP Nr. 53 zu §620 BGB Befristeter Arbeitsvertrag).

2. 장년근로자에 대한 기간제 근로관련 규제의 완화

앞서 본 바와 같이 독일 기간제법 제14조 제3항에서는 장년근로자의 경우에 합리적 사유의 제시 없이도 기간제 근로계약을 체결할 수 있도록 하고 있다. 즉, 장년자의 경우, 합리적 사유없이 기간제 근로계약 체결의 당사자가 될 수 있도록 함으로써 장년자인 경우 기간제 근로관련 노동법적 보호의 대상에서 배제하고 있다.[15] 이렇게 장년을 원인으로 한 기한통제법리의 적용 예외를 인정한 것은 장년근로자의 재취업을 촉진하고자 하는 노동정책적 판단에 따른 것이다.[16]

이는 장년자의 실업문제를 기간제 근로계약 체결에 의해 어느 정도 완화하기 위하여 도입된 것으로서, 독일의 고용정책적 목적을 보여주는 규정이라고 할 수 있다. 특히 젊은 근로자의 경우에는 장차 종사하게 될 직장에 대한 안정적 보장이 매우 중요하므로 해고제한법리와의 관계에서 기한설정의 부작용을 심히 고려하지 않을 수 없으나 장년 근로자의 경우는 상대적으로 그러한 위험이 덜하다고 할 수 있다. 나아가 오히려 이들에게 있어서는 단기간이라도 자신의 노무를 제공할 기회를 가짐으로써 인격적 실현의 기회를 보다 넓게 향유하는 것이 사실상 더욱 중요하다. 연령을 근거로 한 기한통제법리의 예외 인정에 대해 심각한 법리적 저항없는 이유가 여기에 있다.[17]

이러한 고용정책적 목적이, 연령에 근거한 다른 근로자와의 차별 논란을 어느 정도 잠재우고 있다.[18] 특히 59세 이상에서 53세 이상으로

---

15) 종래 취업촉진법(§ 1 II BeschFG) 상에서는 60세로 하고 있었으나 58세로 낮추었다. 또한 기한근로법 제14조 제3항에서 한시적으로 2006년 6월 1일까지는 이러한 기한통제법리의 예외가 52세가 넘은 근로자의 경우에도 적용된다고 규정하고 있다. 이러한 규정은 독일의 노동시장에 있어 고질적인 인력의 비탄력성과 실업의 문제를 해결하기 위한 정책적 판단에 따른 것이다(Sievers RdA 2004, 291 (303)). 그 외에도 이에 관하여 자세히는 Bauer NZA 2003, 30 ff.; Koberski NZA 2005, 79ff. 참고.

16) Preis, NZA 2005, 714 (716); Schlachter NZA 2004, 352 (358); Bauer, NJW 2001, 2072 (2073).

17) 다만 이 규정 내용에 대하여 일정한 연령을 근거로 근로자의 직장보장이익을 차별하여 보호하는 것은 부당한 차별에 해당한다는 비판도 있다(Kittner/Däubler/Zwanziger, TzBfG, §14 Rn.179).

18) BT-Drucks. 15/25, S.40; BT-Drucks. 14/4374, S.20.

장년자 개념을 넓힌 것도 기간제 근로계약관계 형성을 통해 고용을 확대하려는 독일 입법자의 의도에 따른 것이었다. 이와 관련하여 몇 차례 법률의 개정이 있었다. 주로 몇 세 이상을 본법에서 이야기 하는 장년자로 보아, 기간제 근로계약 체결의 예외를 인정하는 것이 타당할 것인가를 두고 개정이 이루어졌다.

3. 장년자 개념 관련 법률 개정 과정과 그 내용

1) 독일 고용촉진법 상의 장년자

종래 독일고용촉진법(§ 1 II BeschFG) 상에서는 장년자에 대한 취업에 관한 적용대상자를 60세로 하고 있었다.

2) 단기법 입법 당시 시점에서의 장년자

독일 최초 단기법 상에는 제14조 제3항에 따라, 만53세 이상의 근로자에 대하여는 예외적으로 기간제 근로계약을 자유롭게 체결할 수 있도록 하였다.[19] 다만 이 규정은 2006년 12월 31일까지 한시적으로 적용될 수 있도록 하였다. 이 법 규정에 따르면, 만53세 이상의 근로자에 대하여는 합리적 사유없이도 기간제 근로계약을 체결할 수 있도록 하되, 사용자가 해당 근로자와 기존에 기간의 정함이 없는 근로계약을 체결하고 있었던 경우가 문제된다. 이러한 경우에 해당 근로자와 무기 근로계약이 종료된 시점과 기간제 근로계약을 체결하는 시점 사이에 최소한 6개월의 기간이 경과하여야만 비로소 기간제 근로계약의 체결을 허용하였다. 그리고 이때 기간제 근로계약의 기간이나 갱신 횟수에 대한 별도의 제한을 두고 있지 않았다.

3) 2007년 단기법 개정 시점에서의 장년자

2007년 1월 1일 부터는 장년근로자의 기준이 만 52세로 상승하였다. 다만 사용자가 기존에 같은 근로자와 무기근로계약을 체결하고 있었던 경우에는 – 종전과 마찬가지로 – 무기근로계약이 종료된 시점과 기간제

19) BGGl. I S.4607.

근로계약을 체결하는 시점 사이에 최소 6개월의 기간이 경과했으면 기간제 근로계약을 체결할 수 있도록 하였다.

4) 2007년 5월 1일 개정 독일기간제법 상의 장년자

하지만 이내 2007년 5월 1일 다시 규정이 개정되어, 만53세 이상으로 환원되었다. 동법에 따르면 만53세 이상의 장년근로자에 대해서는 객관적인 사유의 존재 없이도 기간제 근로계약을 최대5년까지 체결할 수 있다. 다만, 기간제 근로계약을 체결하지 직전 최소 4개월간은 어떠한 근로관계도 맺고 있지 않아야 한다.

4. 독일 기간제법 제14조 제3항의 내용과 입법취지

1) 규정의 내용

독일 기간제법에서는 장년자의 경우, 합리적 사유 없이 기간제 근로계약 체결의 당사자가 될 수 있도록 하였다(제14조 제3항). 동조항 제1문에 따르면, 만약 근로자가 기간제 근로계약을 체결하는 시점에서 만53세에 이르렀고, 해당 기간제 근로계약에 따른 근로관계 개시일 이전 4개월 동안 사회법 제3편 제119조 제1항 제1호에서 의미하는 소위 '무고용상태'에 있었거나, 사회법 제2편에 의거 전직단기근로수당을 수령하고 있었거나 또는 사회법 제3편 상의 공공근로조치에 참여하고 있었다면, 최대 5년의 기간을 내용으로 하는 기간제 근로계약을 합리적 사유의 제시없이도 체결할 수 있다고 규정하고 있다. 다만 이때 최대 5년을 초과하지 아니하는 범위 내에서 기간제 근로계약은 회수에 상관없이 갱신될 수 있다(단기법 제14조 제3항 제2문).

2) 입법목적

앞서 언급한 바와 마찬가지로, 독일 기간제법 제14조 제3항에서는 장년근로자의 경우에 합리적 사유의 제시 없이도 기간제 근로계약을 체결할 수 있도록 하고 있다. 장년근로자의 경우 기간제 근로계약을 체결함에 있어서는 정당한 원인이 존재할 필요가 없다는 것이다.[20] 이렇게 장년을 원인으로 한 기한통제법리의 적용 예외를 인정한 것은 장년근로자의 재취업을 촉진하고자 하는 노동정책적 판단에 따른 것이다.[21]

즉, 장년자의 실업문제를 기간제 근로계약 체결에 의해 어느 정도 완화하기 위하여 도입된 것으로서, 독일의 고용정책적 목적을 보여주는 규정이라고 할 수 있다. 특히 젊은 근로자의 경우에는 장차 종사하게 될 직장에 대한 안정적 보장이 매우 중요하므로 해고보호법리와의 관계에서 기한설정의 부작용을 심히 고려하지 않을 수 없으나 장년 근로자의 경우는 상대적으로 그러한 위험이 덜하다고 할 수 있다. 나아가 오히려 이들에게 있어서는 단기간이라도 자신의 노무를 제공할 기회를 가짐으로써 인격적 실현의 기회를 보다 넓게 향유하는 것이 사실상 더욱 중요하다. 연령을 근거로 한 기한통제법리의 예외 인정에 대해 심각한 법리적 저항없는 이유가 여기에 있다.[22]

Ⅳ. 장년자에 대한 예외 규정과 유럽입법지침 간의 부조화문제

1. 규정의 위법논쟁과 해석원칙

1) 구단기법 제14조 제3항

구 단기법 제14조 제3항 1문에 따르면 자유롭게 기간제 근로계약을 체결할 수 있는 경우로서, 만59세 이상인 자로 규정하고 있었으나, 이제

---

20) 종래 취업촉진법(§ 1 II BeschFG) 상에서는 60세로 하고 있었으나 58세로 낮추었다. 또한 단기법 제14조 제3항에서 한시적으로 2006년 6월 1일까지는 이러한 기한통제법리의 예외가 52세가 넘은 근로자의 경우에도 적용된다고 규정하고 있다. 이러한 규정은 독일의 노동시장에 있어 고질적인 인력의 비탄력성과 실업의 문제를 해결하기 위한 정책적 판단에 따른 것이다(Sievers RdA 2004, 291 (303)). 그 외에도 이에 관하여 자세히는 Bauer NZA 2003, 30 ff.; Koberski NZA 2005, 79ff. 참고.

21) Preis, NZA 2005, 714 (716); Schlachter NZA 2004, 352 (358); Bauer, NJW 2001, 2072 (2073).

22) 다만 이 규정 내용에 대하여 일정한 연령을 근거로 근로자의 직장보장이익을 차별하여 보호하는 것은 부당한 차별에 해당한다는 비판도 있다(Kittner/Däubler/Zwanziger, TzBfG, §14 Rn.179).

이 규정은 더 이상 적용되지 않는다. 현행 단기법 제14조 제3항에 의거, 합리적 사유 없이도 기간제 근로계약을 체결할 수 있기 위해서는 해당 근로자가 만53세에 이르러야 한다. 59세 이상에서 53세 이상으로 다시 환원되었기 때문이다.

2) "연령만을 기준으로 한 차별?"

유럽법원은 특히 연령차별의 근본적인 금지는 국제법적으로는 물론이고 각 회원국의 공통적인 헌법적 전통에 바탕하고 있다. 이러한 점을 고려한다면, (연령을 통한) 차별금지야 말로 유럽공통체법체계 상의 일반원칙으로 볼 수 있다.[23] 이러한 점을 고려할 때 단기법 제14조 제4항에서 '연령'을 기준으로 하여, 기간제 근로계약관계를 자유롭게 형성할 수 있도록 하는 예외를 인정하는 것은, 기간제 근로에 관한 유럽입법지침의 관점에서 볼 때, 조화적인 입법은 아니라고 판단하는 것은 어려운 일이 아니다.[24]

2005년 11월 22일 자 소위 '망골트 (Mangold)사건' 판결에서, 유럽법원은 독일 (구)단기법 제14조 제3항 4문이 유럽공동체법(Gemeinschaftsrecht)을 위반하고 있으며, 자국내 법원에 의해 해당 규정이 적용되는 일이 없어야 한다고 판시하였던 바가 있었다.[25] 구 단기법 제14조 제3항 4문에서 보듯이 사용자들에게 만53세 이상인 자와는 자유롭게 기간제 근로계약을 체결할 수 있도록 허용하는 것은 유럽입법지침 2000/78/EG 제1항과 제2항에서 말하는 소위 '연령'에 따른 직접적인 차별적 처우에 해당된다. 이로써 해당 법규는 유럽입법지침 2000/78/EG 의 제6조 제1항에 의거 그 입법적 정당성을 인정할 수 없다고 한다.[26]

---

23) EuGH 22.11.2005 -C-144/04 - DB 2005, S.2640.

24) 이와 같은 비판적 지적은 이미 많은 독일 노동법학자에 의해 지적된 바 있었다(Blanke, AiB 2000, S.735; Däubler, ZIP 2001, S.224; Schlachter, RdA 2004, S.356; Sievers, RdA 2004, S.301ff.).

25) EuGH 22.11.2005 -C-144/04 - DB 2005, S.2638ff.

26) EuGH 22.11.2005 -C-144/04 - DB 2005, S.2639.

2. 유럽법원 EuGH 22.11.2005 -C-144/04 판결(망골트사건)

1) 사건개요

독일의 뮌헨지방노동법원은 당시 56세인 원고 망골트(Mangold)씨가 2003년 6월 26일에 로펌의 대표 변호사인 피고 헬름(Helm)씨와 2003년 7월 1일자로 효력을 발생시키는 근로계약을 체결하였다. 이 근로계약의 주된 내용은 다음과 같았다. 우선 "근로관계는 2003년 7월 1일에 개시되고 2004년 2월 28일이 도과되면 종료된다."고 하여 기간제 근로계약으로서의 본질을 가지는 것이었다. 그리고 근로계약 당시 근로자인 망골트의 나이는 56세였으므로, 당시 독일 기간제법(TzBfG)의 제14조 제3항 제4문에 따라 장년근로자에 해당되고, 따라서 합리적 사유없이도 기간제 근로계약을 체결이 가능하였다. 이러한 기간제 근로계약 체결의 양 당사자는 위에서 설명한 바와 같이 특정 일자를 기간으로 정하여 두고 있다.

원고인 변호사 망골트는 이러한 기간제 근로계약에 대하여, 그 허용근거가 비록 독일 기간제법 제14조 제3항에 명시되어 있지만, 이 규정은 1999년 6월 28일 유럽입법지침 1999/70/EG와 고용 및 직업에서 평등대우의 실현을 위한 일반적인 범주의 확정을 위한 2000년 11월 27일 유럽입법지침 2000/78/EG에 조화될 수 없다고 주장하였다.

이에 대해 피고 측은 기간제 근로와 관련하여 유럽입법지침은 (i) 기간제 근로에 대한 객관적인 사유를 요구하는 것이나 또는 (ii) 기한이 정하여진 근로계약 내지 근로관계의 연장의 최대한으로 허용된 기간을 정하는 방식, (iii) 그리고 그 갱신의 최대 횟수를 확정하는 것을 입법방안으로 회원국에 제시하고 있음을 전제하고, 다음과 같이 주장하였다. 독일 기간제법 제14조 제3항 4호 §14III 4문은 장년인 근로자에게 합리적 사유의 제시라고 하는 요건을 배제하도록 명시하고 있는 바, 이는 이러한 장년근로자에게는 노동시장의 관점에서 일자리를 찾는 것이 어렵기 때문에, 이들에서 고용의 기회제공은 그 자체로서 중요한 것으로 보아야 한다는 점에서 정당하다고 주장하였다.

이에 뮌헨지방노동법원은 Art. 234 EG 에 의하여 절차를 중단하고,

본 사건을 판결하기에 앞서, 유럽법원에 유럽공동체법과 독일 기간제법 제14조 제3항의 조화 여부에 대하여 심판을 제청하기에 이르렀다.[27)]

2) 유럽법원의 판단

우선 유럽법원은 뮌헨지방노동법원이 판결에 앞서, 유럽법원에 유럽 차원에서의 상위 협정과 국내법 간의 조화성 여부를 물을 수 있을까에 대하여, 이를 긍정하였다. 즉, 회원국들의 국내법원이 그 판결을 내리기 위해 필수적으로 해석이 요구되는 것이라면 Art.234 EG에 따라 유럽공동체 협약(EG-Vertrag) 상의 제반 협정과의 조화 여부에 대하여, 각국 법원은 유럽법원에 그 판단을 요청할 수 있다고 한다.[28)] 특히 회원국의 국내 법원에 의해서 제청된 질문이 공동체법 규정의 해석과 관계된다면, 유럽법원은 기본적으로 거기에 대해서 판단할 의무가 있다는 것이다. 이것은 회원국 국내 법원의 판결절차에 협력함으로써, 유럽협약국의 사법제도에 기여하여야 할 유럽법원의 의무라고 보았다.

다음으로 유럽법원은 53세 이상인 근로자와는 합리적 사유없이 기간제 근로계약을 체결하도록 한 것이 유럽입법지침 2000/78의 Art. 6 I 상의 평등대우위반 즉, 연령에 따른 차별로 보아야 하는 것은 아닌지에 대하여 판단하여야 했다. 유럽법원은 연령을 근거로 한 불평등대우의 구성요건이 (차별기준으로서) 충족되어 있는지를 판단하면서, 다음과 같이 설시하였다. 즉, 유럽입법지침 2000/78 이 Art. 1 에 따라 고용과 직업선택에 있어 차별을 막도록 하고 있는데, 그 중에서 연령을 기준으로 한 차별도 중요한 규율대상이었다. 그런데 독일 기간제법 제14조 제3항은 사용자로 하여금 53세 이상인 근로자와는 무제한적으로 기간제 근로계약을 체결할 수 있도록 하고 있는바, 이는 직접적으로 연령에 기인한 차별대우인지 여부가 판단되어야 했다.

원칙적으로 유럽입법지침 2000/78/EG 는 자체적으로 차별적 처우의 합리적 정당화사유를 예정하고 있는바, 예컨대 연령으로 인한 차별대우에 관해 지침 2000/78 Art. 6 I 은 회원국이 그러한 차별대우가 "객관

27) ArbG München, NZA-RR 2005, S.43.

28) Urt. v. 21. 3. 2002, Rs. C-451/99, Cura Anlagen, Slg. 2002, I-3193, Rd.22.

적이며 적절하고, 국내법의 범위 내에서 특히 고용정책, 노동시장 그리고 직업교육의 분야로부터 적법한 목적이 파악될 수 있는 적합한 목적을 통해서 정당하고, 목적에 도달하기 위하 수단이 적절하고 필수적이라면, 차별을 의미하지 않는다."고 명시하고 있다. 즉 목적적 정당성을 통해 차별적 처우의 정당성을 주장할 수 있다. 또한 이러한 목적적 정당성에 더하여 그 수단이 비례성 요건을 충족하여야 한다. 즉, 목적의 수행에 적합하고 비례적인 수단(verhältnismäßige Mittel)이 동원되어야 한다는 것이다. 이러한 원칙이 충족되는 한, 그 구체적인 법규정의 내용에 관하여는 유럽연합 회원국들은 노동 및 사회정책의 범위에서 목적에 도달하기 위한 조치를 선택할 때 광범위한 재량(Ermessensspielraum)을 보유한다.

그런데 당시 독일 기간제법 제14조 제3항을 두고 유럽법원은, 해당 규정이 단지 53세에 이르기만 하면, 모든 근로자에게 획일적으로 기간제 근로계약을 체결할 수 있도록 하고 있는 바 이는 문제라고 보았다. 즉, 53세에 이른 장년구직자라고 하더라도 그가 근로계약의 체결 전에 실직상태였는지 그리고 얼마동안 실직상태였는지 여부를 전혀 고려하지 않는 것은, 입법재량의 범위를 유월한 것이라 본 것이다.

또한 법규정으로서 예외로 한 연령제한이 당시 노동시장의 구조 및 관련자의 개인적 상황과 관련하여, 추구된 정책적 국가목표를 수행하는 데 적절하고 필요적이며 비례적인 수단이라고 평가할 수 있는지도 명백하게 입증되지 아니하였다고 보았다.

이에 따라 유럽법원은 독일 기간제법 상의 장년자 기간제 근로계약 체결에 대한 규정을 두고, 유럽입법지침 2000/78 Art. 6 I 에 위배된 것으로서 정당화될 수 없다고 판결하였다. 이에 덧붙여 유럽법원은 유럽공동체법이 각각의 국내법의 모순되는 규정을 적용하지 않도록 하면서, 유럽공동체법의 효력을 각 회원국의 국내 법원이 보장하는 것은 국내법원의 의무이다. 따라서 연령으로 인한 차별금지에 대한 법적 분쟁이 계류 중인 국내 법원으로서는 유럽입법지침을 위배한 규정을 국내법원 판결에서 적용하지 말아야 한다는 것이다.

3. 유럽법원의 판결 취지와 이후 독일 법원의 입장

1) 고용증대정책과 입법의 적정성과 필요성 원칙 간의 관계

물론 유럽연합은 개별 회원국에게 자국의 구체적인 고용정책적 목표와 상황에 부합하도록 허용하고 있다. 하지만 유럽법원은 오로지 실업상태에 놓여 있는 장년자들을 고용시장에 내 보내 직업활동을 할 수 있도록 일자리를 제공하기 위한 정책적 목적만으로 해당 규정의 연령에 따른 차별취급적 성격을 희석시키는 어렵다고 보았다.[29]

요컨대 내국법이 오로지 해당 근로자의 연령을 지표로 삼아 기간제 근로계약체결을 허용하고 있지만, 이러한 연령제한에는 해당 국가의 노동시장에 비추어 장년자의 고용확대가 매우 필요한 상황이거나 그러한 구조적 체계 하에 놓여 있다는 확실한 입증이 있어야만 한다고 보아야 한다. 이러한 입증이 없는 한, 그러한 법규정은 내국법 입법의 재량범위(Ermessensspielraum)를 유월하는 것으로 보아야 한다는 것이 유럽법원의 입장이다.[30] 따라서 구 단기법 제14조 제3항 제4문은 추구된 목표의 달성에 적합하여야 하고(적정성의 원칙 : Grundsatz der Angemessenheit)과, 그 목표달성에 필요한 것이어야 한다(필요성의 원칙 : Grundsatz der Erforderlichkeit)는 두 가지 내국법 입법 원칙에 반하는 것이라고 할 수 있다.

2) 독일 법원의 입장

유럽법원은 특히 연령차별의 근본적인 금지는 국제법적으로는 물론이고 각 회원국의 공통적인 헌법적 전통에 바탕하고 있다. 이러한 점을 고려한다면, (연령을 통한) 차별금지야 말로 유럽공통체법체계 상의 일반원칙으로 볼 수 있다.[31] 이러한 근거에 바탕하여, 구단기법 제14조 제3항 제4문의 규정을 내국법원이 적용하여서는 안된다는 유럽법원의 지적에 따라 독일연방노동법원은 유럽법원의 이러한 입장을 받아들여, 구

29) EuGH 22.11.2005 -C-144/04 - DB 2005, S.2639.

30) EuGH 22.11.2005 -C-144/04 - DB 2005, S.2640.

31) EuGH 22.11.2005 -C-144/04 - DB 2005, S.2640.

단기법 제14조 제3항 제4문을 내국법원에서 적용하지 말도록 하였다.32) 더욱이 2005년 11월 22일 이전에 체결된 기간제 근로계약의 경우에는 신뢰보호(Vertrauensschutz auf Befristungsabreden) 차원에서 달리 파악될 여지도 있었지만, 독일연방노동법원은 이러한 신뢰보호원칙에 상관없이 해당 규정의 적용을 배제하였다.33)

V. 판결의 효력 : 독일 기간제법 개정

1. 규정의 내용 : 단기법 제14조 제3항의 다양한 요건 부가와 해석방식

장년자에 대한 고용기회 확대를 목적으로 한 장년자고용확대법(Gesetz zur Verbesserung der Beschäftigungschancen älterer Menschen) 제1조에 근거하여, 2007년 현행 단기법 제14조 제3항이 새롭게 도입되었고, 동 규정은 2007년 5월 1일에 발효되었다.34)

동 규정에 따르면, 만53세 이상인 자가, 기간제 근로계약을 체결하여 근로관계를 개시하는 시점으로부터 적어도 4개월 동안 실업상태에 놓여 있어야 한다. 다만 전직을 위한 단시간근로수당을 받았거나 사회법 제2권 또는 제3권에 의거하여 공개적으로 지원되는 고용조치에 참가한 경우에 한하여 단기법 제14조 제3항 제1문에 따라 합리적 사유없이도 최대 5년의 기간 동안 기간제 근로계약을 체결할 수 있게 된다. 동법 제14조 제3항 제2문에 의하면 총합 5년의 기간까지 동안 기간제 근로계약은 횟수에 상관없이 그 갱신이 허용된다고 한다.

2. 해석방식

다만 이때 유럽법원의 입장에 부합하는 해석이 필요하다. 즉, 만53

32) BAG DB 2006, S.1738.
33) BAG DB 2006, S.1738.
34) BGBl. 2007 I S.538.

세 이상인 자에게 기간제 근로계약의 체결을 자유롭게 허용하는 것은, 장년의 구직자가 종전에 비해 매우 어렵고, 기업 입장에서 연령에 따라 기간제 고용의 가능성이 높아지면, 장년자에 대한 채용이 수월하게 될 것이라는 확신 하에서만 고려될 수 있어야 한다.[35]

VI. 장년자와의 기간제 근로계약 체결의 형식과 내용

1. 장년자와의 기간제 근로계약 체결의 형식

단기법 제14조 제3항 제1문 상의 장년자 예외 규정은, 소위 목적을 기한으로 삼는 목적 기한부(Zweckbefristung) 기간제 근로계약체결에 적용될 여지는 없다. 즉, 이러한 예외로서 인정되는 기간제 근로계약은 일자를 기간으로 정하게 되는 일자기한부 기간제 근로계약관계에만 적용된다. 이러한 점은 독일 기간제법 제14조 제2항 상의 최초 고용의 경우에 대한 예외나 동조 제2항a의 경우(즉, 창업 시의 예외)와 동일하다.[36] 그로 인해 나이로 인한 객관적 근거 없는 목적기한은 배제된다.

2. 장년자와의 기간제 근로계약 체결의 내용

1) 최대 5년

장년을 이유로 하여 합리적 사유없이도 기간제 근로계약을 체결하는 경우, 이때 기간제 근로계약의 최대 존속기간은 5년이다.[37] 이렇듯 최장기간을 정하여 두는 방식은 기간제 근로에 관한 EGB-UNICE-CEEP-일반협정(Rahmenvereinbarung) 중 기간제 근로에 관한 1999년 6월 28일자 유럽입법지침(1999/70/EG) 상의 권고에 따른 것이다. 최대 기간을 정하는 방식 외에도 동 지침에서는 계약 갱신의 횟수를 제한하는 방식을 취하기도 하고, 합리적 사유의 존재를 전제로 하는 입법방식도 권장하고 있다.[38]

---

35) BT-Drucks. 16/3793, S.7.
36) Boecken/Joussen, TzBfG, 2. Aufl., 2010, S.341.
37) Boecken/Joussen, TzBfG, 2. Aufl., 2010, S.341.
38) Boecken/Joussen, TzBfG, 2. Aufl., 2010, S.341.

2) 갱신 횟수 : 제한 없음

장년을 이유로 한 기간제 근로계약 체결에서, 만약 당사자가 5년에 미치지 않는 기간 동안을 합의로써 정할 수도 있다. 이러한 경우에 해당 기간이 도과하면서, 총합 5년 이내의 범위에서 기간제 근로계약을 갱신하는 것도 가능하다(단기법 제14조 제3항 제2문). 이러한 점은 단기법 제14조 제2항 제1문상의 경우와 동일하다고 할 수 있다. 하지만 갱신의 최대 횟수를 제한하고 있는 최초고용 시의 예외 유형(단기법 제14조 제2항 제1문)과는 다르다. 즉, 장년근로자와의 기간제 근로계약을 허용하고 있는 단기법 제14조 제3항 제2문에서는 총합 5년의 범위 내인 한 그 갱신의 횟수를 제한하고 있지는 않다.

3. 예외 인정의 전제요건 검토

1) 만53세 이상일 것

단기법 제14조 제3항 상의 예외가 적용되어, 합리적 사유없이 기간제 근로계약을 체결할 수 있기 위해서는 해당 근로자가 만53세가 되어야 한다. 이 때 연령의 산정이 필요한 시점은, 기간제 근로계약을 체결한 시점이 아니라, 실제로 근로를 제공함으로써 근로계약관계가 실질적으로 개시된 시점이다. 바로 그 시점에서 해당 근로자가 만53세에 이르러야 하는 것이다.[39] 즉, 독일식 문장 해석에 따를 경우, 소위 '52세가 완전히 끝나야 한다는 것인데, 보다 구체적으로는 독일민법 제187조 제2항 제2문과 제188조 제2항에 따라, 해당 근로자의 53회 생일 전날이 지나는 것을 말한다. 만53세로 한 데에는 53세 그 이상의 연령대에서의 구직자가 직업을 얻기가 매우 어렵다는 것는 고용정책적 판단을 바탕으로 하게 된다.[40]

2) 4개월 이상의 미고용 상태일 것

현행 단기법 제14조 제3항은, 연령을 유일한 기준으로 제시하고 있

39) MünchKommBGB/Hesse, §14 TzBfG Rn 99; KR/Lipke, §14 TzBfG Rn 490.
40) BT-Drucks. 16/3793, S.7ff.

지는 않다. 이 요건에서 4개월은 최소기간(Mindestzeitraum)요건이다. 연령에 따른 차별처우로 평가되지 않아야 하기 때문에, 대안적으로 충족될 수 있는 부가적인 전제들을 담고 있다.[41] 해당 근로자가 기간제 근로계약을 체결하기 이전 4개월 이상을 미고용(Beschäftigungslosigkeit) 상태에 놓여 있었을 것이라는 요건을 추가한 것이다.

(1) 실직의 개념

실직상태란, 독일 사회법 제3권(SGB Ⅲ) 제119조 제1항 제1문에서 정의된 바와 같이 '고용관계에 놓여 있지 않다'는 것을 의미한다. 이러한 미고용상태(Beschäftigungslosigkeit)와 실직(Arbeitslosigkeit)은 구별되어야 한다. 실직이란, 생계 유지를 위한 일체의 활동을 하지 못하고 있음을 의미하는 데 반해, 미고용상태란, 종속적 노동을 하고 있지는 않지만, 생계활동을 다른 범주에서 하고 있는 경우를 포함한다. 미고용상태이기는 하지만 실직하지 않은 사람들이 존재할 수 있다.[42] 예를 들어 적성확인 조치와 사회법 제3권 제77조에 따라 구직전망을 개선하기 위한 직업훈련이나 재교육에 참여하는 사람들 역시 단기법에서 의미하는 미고용상태의 근로자가 된다.[43] 이것들은 사회법 제3권 제119조 제1항의 의미에서 실직상태는 아니지만, 사회법 제3권 제119조 제1항 제1문에 따라서 고용이 없는 상태이기 때문이다. 또한 미고용상태는, 근무 내지 활동시간이 주당 15시간에 미치지 못하는 경우에도 긍정된다. 아울러 사회법 제3권(SGB Ⅲ) 제119조 제3항에 따라, 자영적 활동이나 친족의 사업에 참여하여 활동한 경우(mithelfender Familienangehöriger)에도 고용관계에 놓여 있었다고 보지 않는다.[44]

(2) 시간적 무공백성(Nahtlosigkeit)

이때 4개월 간의 실직상태는 기간제 근로계약을 체결하는 시점과 연

41) EuGH 22.11.2005 -C-144/04 - DB 2005, S.2640.
42) BT-Drucks. 16/3793, S.7.
43) BT-Drucks. 16/3793, S.7.
44) BT-Drucks. 16/3793, S.9.

결되어 있어야 한다.[45] 즉, 기간제 근로계약을 체결하는 그 시점 바로 이전부터 4개월 동안 미고용상태에 있어야 하는 것이다.[46] 예컨대 기간제 근로계약을 체결하는 시점 이전에 4개월 이상의 미고용상태에 있기는 하였지만, 계약 체결 직전에 근로계약을 체결한 바가 있는 경우라면, 이 요건을 충족한 것으로 볼 수 없게 된다.

(i) ——4개월 이상 미고용————→←————기간제 근로계약————→

(ii) —4개월 이상 미고용————→←—고용—→←—기간제 근로계약—→

해당 근로자가 과거 4개월 이상의 미고용상태에 놓여 있다고는 하지만, (i)의 경우여야하지, (ii)는 허용될 수 없다.

3) 연결금지원칙의 배제

특이한 점은, 장년자에 대한 기간제 근로계약 체결의 예외인정에는 연결금지의 원칙이 적용되지 않는다는 점이다. 이점은 구(舊)단기법 제14조 제2항 제2문과 다른 점이다. 따라서 장년자로서 기간제 근로계약을 체결하게 되는 근로자가 이미 사전에 동일한 사용자와 -기간의 정함이 있든 아니면 기간의 정함이 없었든 - 근로계약관계에 놓여 있었다고 하더라도 이는 기간제 근로계약을 체결하는 데 방해가 되지 않는다. 즉, 장년의 근로자와 기간제 근로계약을 체결함에 있어서는 합리적 사유가 없음은 물론 그 이전에 해당 근로자와 사용자 간에 근로관계가 있었던가 여부는 문제되지 않는다. 오로지 일정한 연령에 달하고, 사전 미고용기간 요건만 충족하면 된다.[47] 즉, 과거 일정한 근로관계 유지 사실이 있더라도 제14조 제3항 상의 장년자 기간제 근로계약은 새로운 근로계약 체결의 토대가 되며, 이러한 경우 합리적 사유 없이도 최장 5년의 기간 내에서 근로계약을 체결할 수 있게 된다.[48]

45) ErfK/Müller-Glöge, §14 TzBfG Rn 111d; APS/Backahus, §14 TzBfG Rn 435c.
46) BT-Drucks. 16/3793, S.8, S.10.
47) BT-Drucks. 16/3793, S.10.
48) Boecken/Joussen, TzBfG, 2. Aufl., 2010, S.344.

VII. 독일의 정년 연장 정책과 일자리 정책 간의 관계

1. 독일에서의 법정 정년(Altersgrenze)의 의미

근로계약관계는 원칙적으로 기간의 정함이 없는 근로계약임이 원칙이다. 다만 독일에서 정년(Altersgrenze)은 우리나라와 같은 근로계약의 일괄적 종료시점으로서의 의미 보다는 퇴직연금을 100% 수령할 수 있는 연령을 의미하는 것으로 봄이 타당하다. 결과적으로 연급수급혜택을 누리는 시점에서 근로관계의 종료가 이루어진다는 점을 감안할 때 사실상 연금지급개시시점이 곧 우리나라 식 '정년'과 유사한 기능한다고 볼 수 있다.

2. 정년 연장 정책의 시대적 배경

과거 1980년대 직후 독일은 지속적인 실업률에 시달렸다. 이렇듯 고도실업에 허덕일 때 독일은 실업률 저하를 위해 장년자에 대한 조기 은퇴를 유도하는 정책을 취해 왔다. 청년 일자리 확보를 위해, 조기퇴직을 권장하는 구조였다. 1970년대 이후 독일의 노동력 수요가 감소함에 따라 발생한 실업문제를 해결하기 위해 마련된 것이다. 이 제도를 통해 (i) 장년근로자들은 조기에 퇴직하게 되었고, (ii) 연금수급연령 또한 원칙적으로 65세였으나 60세에도 연금수급이 가능하도록 하였다. 이에 따라 독일은 1990년대까지만 해도 조기 퇴직에 대해 연금혜택은 물론이고 명예퇴직에 따른 위로금을 지급하였다. 실제로 1990년대 초만 하더라도 조기은퇴정책은 청년세대와 장년자 사이에 일자리나누기라는 긍정적 효과를 가져왔다고 긍정적으로 평가되었다.[49] 하지만 최근 상황이 바뀌었다. 저출산 장년자 문제로 독일은 새로운 변화에 직면하였다. 우선 독일은 장년화에 따른 연금 및 건강 보험, 실업보험 재정의 적자 누적이 사회적 문제로 대두되었다.

---

49) 조성례, 독일의 장년자 고용촉진법제, 2009, 노동법학 제29조, 2009. 3, 290면.

3. 연금재정의 악화

실제로 독일은 연금으로 생계를 유지하는 인구가 2천만명 정도로 파악되고 있다. 이는 전체 인구 8천만명의 4분의 1에 해당하는 수치이다. 하지만 출산율이 여성 1인당 1.39명으로 최저 수준이어서, 2030년 이후부터는 근로자2명이 1명을 부양해야 하는 구조가 되며, 그 이후인 2050년에는 1.3 : 1의 비율로 사회연금부담율이 증가할 것이라는 예측이 나오고 있다. 2000년대에 들어서면서 출산율이 다시 감소하기 시작해 2005년에 이르러 1945년 이후 최저를 기록했다.[50] 이러한 추세가 지속될 경우 2030년 경 독일의 노인 인구는 28%에 이를 것으로 보인다.[51] 장년자의 확대는 곧 공적 연금재정의 악화를 의미하므로, 독일은 조기퇴직은 막으려 나서게 되었다. 조기퇴직에 따른 연금재정 악화의 문제를 해소하고자, 근로자들의 조기퇴직에 대해서는 연금액을 삭감하는 방식으로 불이익을 주고 있다. 즉, 조기퇴직 기간 1개월 당 0.3% 연금액 삭감하는 방식을 취하고 있다. 이는 다른 한편 정년을 마치고 연금을 받는 경우에는 연금혜택이 높아지는 셈이 된다. 이로써 조기에 공적 연금에 의존하는 일이 없도록 하고, 가능한 한 근로를 통한 소득에 의존하도록 유도하는 정책을 취하였다.

4. 정년연장 조치

조기퇴직 유인제는 종국적으로 (i) 기업을 위시하여 독일 전체의 경험과 지식을 상실시켰으며, (ii) 이른 연금수령으로 인해 연금체계가 재정적 부담을 안게 되는 결과를 낳은 것으로 평가된다. 오늘날 독일의 정년 연장 관련 제도 변화는 연금 등 재정부담에 기인하고 있음은 앞서 설명한 바가 있다. 이에 부수하여 독일의 숙련 근로자의 일자리 지속을 지원하기 위한 조치로서도 의미를 가진다. 이를 위해 장년자의 고용확내 차원에서 정년 이후에도 근로를 계속하는 경우에 연금삭감액을 최소화

50) DW-WORLD, 2006. 3. 17.

51) 조성혜, 독일의 노후 소득 보장법제 및 요양보험, 한국의료법학회지, 제16권 제2호, 38면 이하.

함으로써, 근로관계를 유지하는 데 따른 금전적 혜택이 실질적으로 높게 나타나도록 제도방향성을 정해 놓은 상황이다.

5. 장년근로자의 근로시간 단축을 통한 일자리 지속

1) 근로시간단축청구권

독일 기간제법 제8조에서는 상시 15명 이상을 고용하고 있는 사업장[52]에서 일하고 있는 근로자가 최소한 6개월 이상 근로관계를 계속하고 있는 경우에 근로시간단축을 요구할 수 있도록 하고 있다(독일 기간제법 제8조 제1항 및 제7항). 이때 근로자의 근로시간 단축 요구는 근로자가 사용자와의 상담시간을 가지면서, 특정한 시간대에 근로가 어렵거나, 그 시간대 근로가 특별히 선호되는 상황을 밝히는 것으로도 충분하다.[53] 다만 이러한 근로시간 단축이 실행되는 경우, 해당 근로자의 임금이 그에 비례하여 감소될 수 있는 것은 물론이다.[54]

근로시간 단축을 근로자가 요구하면, 사용자는 경영상의 합리적 이유가 없는 한 근로자의 근로시간단축 요구에 응하여야 한다. 그리고 근로하고자 하는 시간대의 요구에 대하여도 이를 수락하여야 한다. 근로자의 근로시간 단축요구권에 응하지 아니할 수 있는 경영상의 합리적 이유란, 근로시간의 단축이 사업장 내 조직이나 작업과정, 안전 등을 본질적으로 침해하여 이를 해소하는 데 많은 비용이 들게 되는 위험이 있는 경우에 인정된다. 단체협약으로 근로시간 단축의 거부사유를 정할 수 있다.[55]

52) 직업교육 중인 근로자는 근로자 수 산정에서 제외된다.

53) BAG 23. 11. 2004, 9AZR644/03.

54) BAG v. 17. 5. 2000 – AP BAT § 34 Nr. 8. 우선 근로자는 단축하고자 하는 근로시간의 범위(양), 예컨대 '4시간 단축' 등을 근로시간 단축을 요구하는 시점으로부터 3개월 이전에 명확히 하여 사용자에게 요구하여야 한다. 이 경우 근로자는 본인이 희망하는 근로시간의 분배('오전' 또는 '오후')에 대하여도 명확히 하여야 한다(독일 기간제법 제8조 제2항). 사용자는 근로시간 단축을 요구하는 근로자와 충분히 협의하여야 할 의무가 있으며, 나아가 근로시간의 배분에 관한 노사 간 합의도 필요하다(독일 기간제법 제8조 제3항).

55) 단체협약으로 근로시간 단축의 거부사유를 정할 수 있다. 단체협약의 적용범위 내에 있는 단체협약의 적용을 받지 않는 사용자와 근로자는 근로자계약으로 거부사유를 정한 단체협약을 별도록 적용하기로 합의할 수 있다(독일 기간제법 제8조 제4항). 사용자는 근로시간의 단축과 그 배분에 대한 결정을 적어도 근로자가 근로시간 단축을 희망한 날로부터 1개월 이전에 서면으로 이를 근로자에게

2) 장년자단시간법(Altersteilzeitgesetz)의 체계

장년자들은 자신의 건강 상 이유나 은퇴 이후의 생활 준비를 위해 전일근로의 일자리보다는 임금을 적게 받더라도 전일제 근로보다는 단시간 근로를 선호할 수 있다. 장년자들이 탄력적 근로시간제를 적극적으로 활용하여 소득이 있는 업무에 종사하면서 연금 등을 지급받도록 하면 연금보험의 재정적 부담도 줄어들 뿐 아니라 장년자 역시 임금과 연금을 동시에 지급받아 비교적 풍족한 생활을 할 수 있게 된다.[56] 대표적으로 장년자단시간근로(Altersteilzeit) 제도가 이에 해당한다.

독일은 장년자단시간근로를 통해서 장년근로자가 영리(소득)생활로부터 연금수급연령으로 원만하게 진입할 수 있도록 해야 한다(동법 제1조 제1항)는 원칙을 선언하면서, 만55세 이상 장년근로자가 늦어도 2009년 12월 31일부터 그들의 근로시간을 단축하고, 이로써 일자리를 잃은 다른 근로자의 채용을 가능케 하는 경우, 정부가 재정적 지원을 하도록 하는 법체계를 구축했다(동법 제1조 제2항). 즉, 사용자가 장년자단시간법이 정하는 바에 따라서 근로시간을 단축한 장년근로자에게 지원금(임금보전금 및 연금보험료)을 지급한 경우에 연방노동청이 사용자에게 지원금을 다시 지급하는 방식을 취하고 있다(동법 제4조 및 제3조 참조).

- 55세 이상 근로자
- 근로시간을 2분의 1로 단축
- 사용자는 근로시간단축으로 줄어든 임금액의 최소한 20%에 해당하는 금액을 근로자에게 추가로 지급[57]

통지하여야 한다. 사용자와 근로자가 근로시간의 단축에 관한 제3항 제1문에 따른 합의를 도출하지 못하였고, 또한 사용자가 근로자가 희망한 근로단축 개시일 1개월 전에 서면으로 근로시간 단축을 거부하지 아니한 경우에 근로시간은 근로자가 희망한 범위로 단축된다(독일 기간제법 제8조 제5항). 사용자가 근로시간 단축에 동의하였거나 정당한 이유로 이를 거절하는 경우에, 근로자는 적어도 그 후 2년이 도과된 이후에만 다시금 새롭게 근로시간의 단축을 요구할 수 있다(독일 기간제법 제8조 제6항).

56) 조성혜, 독일의 장년자 고용촉진법제, 노동법학, 2009, 296면.

57) 사용자는 법 소정의 요건을 충족하면 최대 6년 간 노동청으로부터 위의 사용자가 추가 부담한 금액을 환급받게 됨. 예컨대 장년자단시간근로제 실시로 인하여 생긴 일자리에 노동청에 등록된 실업자 등을 채용하는 경우 등

3) 근로시간 단축에 따른 지원 대상 장년근로자 범위

앞서 언급한 바와 같이 만55세 이상이고, 1996년 2월 14일 이후 노령연금을 받을 수 있는 시점에 이르기 전 기간 동안에 만약 근로시간을 2분의 1로 단축하기로 사용자와 합의하였고 또한 그러한 단시간근로가 개시되기 직전 5년 내에 최소1080일간 사회보험가입의무가 인정되는 일자리에서 근로관계를 지속하였을 것이 요건이다.

4) 재정 지원

사용자는 장년근로자가 단시간 근로에 돌입하게 되는 경우 단체협약이나 근로자대표 등과의 합의를 바탕으로 하여, 장년단시간 근로자에게 통상 근로시간에 비례하여 지급되어야 할 임금에다가 최소한 20% 이상의 금액을 추가로 지급하여야 한다. 나아가 해당 장년단시간 근로자를 위하여 단시간 근로시간동안 - 비록 50% 근로시간이 줄어들었음에도 불구하고 - 통상의 임금액의 80%에 해당하는 법정 연금보험액을 지급하게 된다. 하지만 이러한 금액지원은 한시적으로 독일 정부의 재정지원으로 메워지게 된다. 이하에서 설명한다. 이에 대해 연방노동청은 최대 6년의 기간 동안 사용자에게 다음 금액을 상환하여 지급하게 된다. 첫 번째는 장년단시간근로자에게 추가적으로 지급된 통상의 임금에 대한 20%에 해당하는 금액을 지원하게 된다. 나아가 장년단시간 근로자를 위해 통상적 임금의 80%에 해당하는 연금보험료납입액 만큼을 역시 최대 6년간 사용자에게 재정지원하게 된다.

6. 시사점

먼저 독일 장년자단시간법은 그 규율내용에서 확인되는 것처럼, 고용의 보장과 고용의 지원을 함께 달성하려는 데 취지가 있다. 사용자와 근로자는 단체협약을 통해서 장년자의 근로시간을 단축함과 동시에 그 만큼의 일자리를 창출하여 실업감소에 이바지할 수도 있게 된다. 이른바 청년과 장년근로자 사이에서 일자리 나누기가 제도적으로 원활하게 이루어지도록 함은 물론이고, 장년자의 경력단절을 예방하고자 한 것이다.

이로써 장년근로자는 다른 청년 근로자와 달리 굳이 전일제 근로로 인한 부담을 덜 수 있으며, 사용자 역시 장년근로자의 일자리를 유지시키면서도 청년근로자를 채용할 수 있는 여력이 생길 수 있다. 이는 사용자가 장년근로자의 경력와 전문성을 단시간에 집중적으로 활용할 수 있어서 그 효율성면에서도 도움이 될 수 있을 것으로 보인다.

더욱 주목하여야 할 점은, 이러한 장년자의 근로시간 단축에 대해 추가적으로 소요될 비용에 대해 상당부분 국가재정적 지원이 이루어지도록 하였다는 사실이다. 이러한 데에는 장년자의 일자리 유지가 연금수령개시시점까지 이어지도록 하는 것이 국가의 사회보장적 책임이행이라는 당위성이 자리하고 있다.

VIII. 입법론적 평가

1. 현행 독일 기간제법 제14조 제3항이 과거 단기법 규정을 비판적으로 평가한 망골트 사건판결[58]을 충분히 반영하여, 연령을 기준으로 한 차별 논쟁을 완전히 비켜가도록 한 것인지에 대하여 의문을 제기하는 견해도 여전히 있다.[59] 이들에 따르면 특히 본 규정이 특별히 예외적으로 허용한 연령 범위가 비례성(Verhältnismäßigkeit) 가진 것이며, 그러한 차별을 합리화할 만한 인적 범주(Personenkreis)의 제한을 충분히 실현하도록 하는 것이 필요하다고 한다.[60] 그럼에도 불구하고, 독일 법원과 그 입법자들이 '연령'만을 기준으로 하여 노동법적 보호를 함부로 배제하는 것은 위헌적 소지가 있음을 인식한 점, 그리고 그러한 위헌성을 제거하기 위해 다양한 실체적 요건을 추가한 점은 우리에게 시사하는 바가 매우 크다고 본다.

우리나라의 경우 원칙적으로 연령이나 성별에 따른 차별을 매우 경계하고 있으면서도 아직도 '연령'은 매우 손쉬운 차별 근거로 작동하는

58) EuGH 22.11.2005 -C-144/04 - DB 2005, S.2638ff.

59) Boecken/Joussen, TzBfG, 2. Aufl., 2010, S.342.

60) Boecken/Joussen, TzBfG, 2. Aufl., 2010, S.342.

경향이 있기 때문이다. 대표적인 경우가 바로 장년자에 대한 경우이다. 장년자에 대한 기간제 근로보호 등 노동법적 보호를 배제하는 것에 대하여는 당연한 것처럼 생각하여 문제삼지 않고 있다.

망골트 판결 사례에서 보듯이, 장년자의 경우 고용의 기회가 제공되는 것이 고용안정이익 보다 더 큰 의미가 있다는 것 그 자체를 부인하기는 어렵다. 하지만 장년인 근로자의 노동법적 보호배제를 내용으로 한 노동법 규율의 입법형식은 매우 섬세하게 갖추어져야 하는 문제라는 점을 우리에게 보여주고 있다. 단지 '연령'만을 유일한 기준으로 하여 노동법적 보호의 범위를 손쉽게 획정하는 입법형식은 헌법상 연령에 의한 차별로서의 위헌소지가 있음을 결코 간과해서는 안된다.

2. 장년근로자에 관한 한 고용안정에 따른 이익 보다는 고용의 기회제공에 관한 이익을 고용정책적 관점에서 더 크게 평가한 독일 입법자의 판단은 우리에게도 시사하는 바가 크다. 장년자 일자리 문제가 심각하게 대두될 것이 분명하다면, 장년자의 일자리 유지가 기업에게도 유리하게 비춰질 수 있어야 한다. 나아가 고용경직성에 대한 부담을 덜어야만 고용에 대한 의욕이 높아질 수 있다. 이러한 점에서 향후 장년자에 대한 정년연장 등의 정책이 입법제도적으로 구축되는 과정에서, 고용유연성의 필요성과 조화함으로써 실질적으로 장년근로자의 일자리 지속을 지원할 필요가 있다.

장년여성 일자리정책의 이슈와 과제

백인화(서울특별시 서부여성발전센터)

장년여성 일자리정책의 이슈와 과제[1)]

I. 서론

인구감소, 고령화, 성장동력 부재에 따른 저성장 등의 문제들이 시급히 해결해야 할 국가적 과제로 대두되고 있다. 여성인력 활용제고는 이를 해결할 지속가능한 전략 중 하나로, 정부는 여성의 잠재적인 활용가치에 주목하고 여성을 효과적으로 지원하고 노동시장으로 유인하기 위한 정책을 펴 오고 있다. 그러나 각종 정책에도 불구하고 지난 10년간 큰 변화가 없는 여성 고용률 제고를 위해서는 적극적이고도 집중적인 정책 추진이 필요하며 이러한 정책은 다양한 분야에서 다양한 각도로 발굴되어야 한다.

OECD(2014)는 우리나라가 2018년부터 잠재적 노동력 인구가 감소할 것으로 예측하면서 지속가능한 성장을 위해서는 인적자본, 특히 여성인력 활용이 효과적으로 이루어져야 한다고 권고한 바 있다. 특히 우리나라 여성의 낮은 고용률의 주요 원인은 경력단절로 분석되고 있다. 이는 개인적인 교육투자의 회수 불가능 문제와 노동시장 내에서는 고급인력의 활용과 수급이 원활치 않아 경력단절 기간이 길어질수록 재취업 시의 직종이 하향하거나 저임금의 일자리로 이동하게 되는 이중구조 현상

1) 본 원고는 백인화(2016)의 경력단절 여성베이비부머의 구직결정 요인분석(숙명여자대학교)을 토대로 수정, 보완하였음

을 초래하고 있다. 따라서 정부가 여성경제활동 참여확대를 추진하는 상황에서 여성 고용문제의 핵심은 결혼, 육아, 돌봄으로 일을 그만두는 여성들의 경력단절을 막는 것이며, 경력단절이 일어났다면 다시 노동시장으로 복귀하는 재취업에 지원정책의 초점이 맞춰지겠지만 향후에 다시 경력단절을 겪지 않는 예방적 차원의 관점이 필요하다.

장년여성의 경제활동과 관련된 문제들은 노동시장 요인뿐 아니라 가족 구조, 가족 내 의사결정 구조, 가족 관계, 사회·문화적 요인들과 밀접한 관련성을 가지며 변화해 간다. 따라서 일하는 여성의 문제는 노동시장 외에도 가족, 양육, 사회적 지지, 직업 가치관, 취업지원정책 등의 영역이 종합적으로 고려되어야 한다.

최근 수년간 장년여성일자리 관련 지원정책이 마련되었고 취업지원기관도 대폭 증대되고 있지만, 고용률의 증가는 미미한 실정이다. 장년여성의 경제활동을 위해서는 여성의 사회적 접근성을 용이하게 하고, 기관과 부처별 협업을 통한 통합된 전달체계를 구축해야 한다. 중장기적으로는 고용 효과성이 높은 기업 수요에 맞는 현장 중심의 교육훈련과 고용 서비스에 재정을 투입하여 실질적 경제 혜택이 가능한 체감할 수 있는 정책을 실현해야 한다.

II. 장년여성의 일자리 특징

1. 인구 및 여성경제활동 현황

최근 우리나라는 합계출산율 1.172명(통계청, 2016)으로 세계 최저 출산율을 기록하였고, 65세 이상 인구가 전체인구의 14.3%92018. 1)가 넘는 고령사회(Agod Socioty)를 거쳐 2026년에 20%가 넘는 초고령 사회(Post-Aged Society)로 진입할 것으로 예측되고 있고(행정안전부, 2017), 기대수명은 82.4세에 이르고 있다.

〈표 1〉 연령별 인구 구성비

(단위 : 천명, %)

구분	계1)	0~9세	10~19세	20~29세	30~39세	40~49세	50~59세	60세 이상
〈 여성 〉								
2000	22,917	3,102	3,227	3,860	4,094	3,423	2,174	3,037
2010	24,150	2,228	3,130	3,166	3,868	4,089	3,316	4,352
2015	24,820	2,309	2,916	3,391	3,782	4,293	4,017	4,112
(구성비)	(100)	(9.3)	(11.7)	(13.7)	(15.2)	(17.3)	(16.2)	(16.6)
〈 남성 〉								
2000	23,068	3,473	3,529	4,086	4,186	3,526	2,145	2,124
2010	23,841	2,386	3,481	3,428	3,927	4,116	3,249	3,255
2015	24,886	2,179	2,673	3,023	3,612	4,190	3,992	5,216
(구성비)	(100)	(8.8)	(10.7)	(12.1)	(14.5)	(16.8)	(16.0)	(21.0)

자료 : 통계청, 「인구주택총조사보고서」 5년 주기, 「2010 인구주택총조사 전수집계 결과(인구부문)」

일반적으로 여성인력개발은 여성인적자원을 양성, 배분 및 활용하여 인적자원의 가치와 효용을 증대시키기 위한 제반 활동을 말한다(2008, 강경종). 여성 인적개발의 배분 및 활용의 관점에서 보면 가장 중요한 초점은 경제활동참가율(laber force participation rate)과 고용률(employment-population ratio) 이라고 할 수 있다.

하지만 우리나라의 여성 경제활동 참가율은 전체 경제활동참가율 63.2%(2017. 11), 고용률 61.2%(2017. 11)에 못미치는 53%(2018. 1)로, OECD 평균 여성경제활동 참가율인 60.2%에 비해 7.2%p나 낮은 수준으로 10년 동안 정체를 보이고 있다.

출처 : 통계청 「경제활동연구조사」

[그림 1] 여성경제활동인구 및 참가율

〈표 2〉 여성경제활동인구 및 참가율

(단위 : 천명, %)

구분	2008년	2009년	2010년	2011년	2012년	2013년	2014년	2015년
15세 이상 여성인구	20,273	20,496	20,741	20,976	21,254	21,513	21,718	21,956
여성경제 활동인구	10,139	10,076	10,256	10,416	10,609	10,802	11,149	11,370
여성경제 활동참가율	50.0	49.2	49.4	49.7	49.9	50.2	51.3	51.8

2. 여성 취업 현황

성별 취업자 추이를 살펴보면([그림 2]), 전체 취업자 증가폭은 지난 2017년 평균 320천 명 정도를 유지하고 있는 가운데, 여성 취업자 증가폭이 2017년 3월부터 남성 취업자 증가폭을 꾸준히 상회하고 있으며, 특히 2017년 들어 여성 실업자 및 비경제활동인구가 감소하면서 전체적으로 여성 노동시장은 활성화되고 있다.

(단위 : 천 명, 작년 동월 대비)

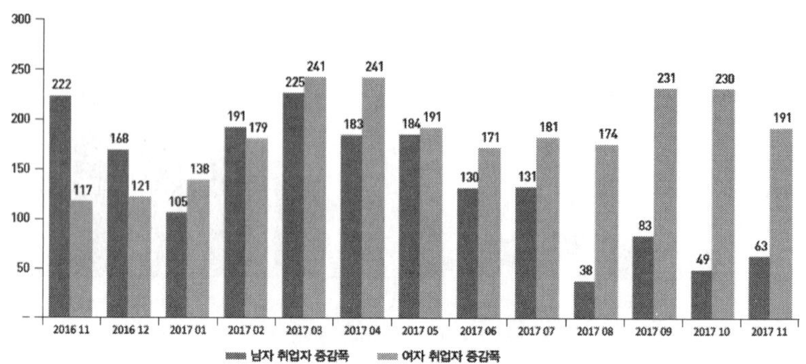

자료 : 통계청, 경제활동인구조사 원자료, 각년월

[그림 2] 성별 취업자 증감 추이

또한 여성 생산가능인구 증감폭(146천 명 증가)보다 여성 취업자 증감폭(191천 명 증가)이 크게 나타났는데, 2016년 동월과 달리 생산가능인구 증가폭은 줄었으나 취업자 증가폭은 증가하여 여성 경제활동인구는 1,182만 9천 명, 취업자는 1,148만 5천 명으로 꾸준히 증가하고 있다. 여성 경제활동참가율은 53.0% 수준을 유지하고 있으며 여성 고용률은 미세하나마 지속적으로 상승하여 51.4%를 나타내고 있다.

〈표 3〉 여성 경제활동 추이

(단위 : 천 명, %, 전년 동월 대비)

구분		2014년 11월		2015년 11월		2016년 11월		2017년 11월	
			(증감)		(증감)		(증감)		(증감)
생산가능인구		21,802	(216)	22,027	(225)	22,193	(216)	22,338	(146)
경제활동인구		11,297	(298)	11,495	(198)	11,657	(298)	11,829	(172)
	취업자	10,969	(238)	11,178	(210)	11,295	(238)	11,485	(191)
	실업자	328	(60)	317	(−11)	362	(60)	344	(−19)
비경제활동인구		10,505	(−82)	10,532	(27)	10,536	(−82)	10,509	(−26)
경제활동참가율		51.8		52.2		52.5		53.0	
고용률(15~64세)		50.3 (55.5)		50.7 (56.6)		50.9 (56.7)		51.4 (57.4)	

자료 : 통계청, 경제활동인구조사 원자료, 각년월

여성 장년층은 경제활동인구 증감폭보다 취업자 증가폭이 크며, 실업자 또한 감소하였고, 여성 장년층의 비경제활동인구는 전년 동월 대비 10만 8천 명 감소하는 등 55세 이상 여성 장년층이 전년 동월 대비 23만 8천 명 증가하며 여성 취업자 증가를 주도하고 있다.

여성 상용직과 고용주(고용원이 있는 자영업자)의 경우 계속 증가 추세를 보이고, 임시직은 2016년 이후 지속적으로 감소하고 있으며, 여성 상용직과 여성 고용주는 전년 동월 대비 각각 4.3%, 7.2% 증가하며 높은 증가율을 보이고 있다.

〈표 4〉 종사상지위별 여성 취업자 현황

(단위 : 천 명, %)

	2014년 11월	2015년 11월	2016년 11월	2017년 11월
임금근로자	8,298 (3.5)	8,626 (4.0)	8,692 (0.8)	8,846 (1.8)
상용근로자	4,622 (5.1)	4,828 (4.5)	5,034 (4.3)	5,248 (4.3)
임시근로자	2,991 (1.6)	3,182 (6.4)	3,091 (−2.9)	3,022 (−2.2)
일용근로자	685 (2.2)	617 (−9.9)	567 (−8.1)	576 (1.6)
비임금근로자	2,670 (−1.7)	2,551 (−4.5)	2,602 (2.0)	2,639 (1.4)
자영업자	1,604 (0.1)	1,556 (−3.0)	1,597 (2.6)	1,659 (3.9)
고용원이 있는 자영업자	363 (3.1)	372 (2.5)	387 (4.0)	415 (7.2)
고용원이 없는 자영업자	1,241 (−0.7)	1,184 (−4.6)	1,210 (2.2)	1,245 (2.9)
무급가족종사자	1,067 (−4.3)	996 (−6.7)	1,005 (0.9)	980 (−2.5)

주 : (　　)안은 전년 동월 대비 증감률
자료 : 통계청, 경제활동인구조사(kosis.kr)

여성 청년층은 상용직과 임시직이 모두 감소하였고, 여성 장년층은 상용직 및 임시직이 모두 증가 하였고, 장년 여성 상용직은 전체 여성 취업자 증감의 83.6%(15만 9천 명)를 차지하는 한편, 장년층 여성 임시직은 작년 동월 대비 14만 6천 명이 줄어들어 장년층 여성의 종사상지위 구성이 변화하고 있음을 보여주고 있다.

장년층 여성의 경우 제조업, 도매 및 소매업, 교육 서비스업, 보건업 및 사회복지 서비스업 등의 산업에서 상용직은 증가하고, 임시직은 감소하는 양상을 보이고 있는데, 장년층 여성 상용근로자는 제조업(6만 명), 보건업 및 사회복지 서비스업 (3만 8천 명), 교육 서비스업(3만 3천 명) 등에서 주로 증가하였다(2018. 1 고용브리프, 고용정보원).

〈표 5〉 연도별 40세 이상 여성경제활동참가율

(단위 : %)

연령별	2008년	2009년	2010년	2011년	2012년	2013년	2014년	2015년
40~49세	65.8	65.4	65.8	66.2	65.9	65.9	66.7	67.6
50~59세	57.1	57.1	57.9	58.7	59.1	60.4	62.3	63.2
60세 이상	27.9	27.4	26.9	27.1	28.4	29.0	29.8	30.0

출처 : 통계청 「경제활동인구조사」

통계청에 따르면 50대 여성 경제활동인구는 지난해 기준으로 253만 7천 명으로 10년 전인 2005년(143만 2천 명)에 비해선 110만5천명이 증가했고, 60대 이상 여성 경제활동인구는 2005년 104만 명에서 지난해 158만 2천명으로 54만 2천명 증가했다. 50~60대 여성의 경제활동인구가 부쩍 늘어난 것은 해당 연령대 인구가 늘어난 영향도 있지만, 그간 자녀를 뒷바라지하느라 노후 준비를 하지 못한 베이비붐 세대들이 노후 자금을 마련하기 위해 일터로 나선 영향이 큰 것으로 보인다(정경희, 2012). 따라서 증가하는 장년 여성일자리 사업과 지원체계는 중장기적으로 고용 효과성이 높은 고용서비스와 직업훈련이 제공되도록 개선되어야 하고, 나은 일자리로의 연계가 시급히 해결해야 할 과제이다.

이는 여전히 우리나라의 성별 임금격차가 OECD 평균을 훨씬 상회하고 있기 때문이다〈표 6〉.

〈표 6〉 성별임금격차

(단위 : %, 2015)

한국	OECD	호주	캐나다	덴마크	핀란드	프랑스	독일	일본	영국	미국
37.2	14.5	13.0	18.6	5.8	18.1	9.9	17.1	25.7	17.1	18.9

출처 : OECD employment outlook 2017

3. 장년여성의 구직관련 이론

장년여성의 구직활동, 재취업 관련 선행연구들을 토대로 장년여성들의 들의 구직활동에 의미 있는 요인들을 여성 노동시장 이론을 중심으로 살펴본다.

여성의 노동시장 진입에 관련된 대표적 이론이며 노동시장 내에서 수요와 공급 측면에 초점을 두고 개인의 선택문제로 설명하는 인적자본이론, 차별적 기호이론과 통계이론, 혼잡가설과 여성 개인의 생애주기는 다분히 가족생애주기와 관련 있음을 설명하는 가족생애주기이론, 노동공급형 모델인 가계생산모델이론, 그리고 사회·구조적 관점으로는 노동시장에서 정보 자체가 불완전하다는 전제하에 제시된 직업탐색이론, 네트워크를 통한 정보제공으로 최근 그 중요성이 증가한 사회적 네트워크이론, 노동시장 안에서 어느 위치에 속해있는가에 초점을 둔 이중노동시장이론 등이 있다.

장년여성의 노동시장 관련 이론들을 정리하면 〈표 7〉과 같다.

〈표 7〉 장년여성 관련 노동시장 이론

관점이론		내용	분석틀	구성요소	결정요인
개인적 접근	인적 자본 이론	인적자본투자가 적으면 노동시장에서의 직업선택의 폭이 그만큼 줄어들게 되어 제한된 직업에 상대적으로 많은 여성이 몰리게 되는 집중현상이 초래될 수 있으며, 경력단절이 있는 경우에는 일정기간 동안 인적자본의 마모(depreciation)가 있을 것으로 예상	학력, 연령, 소득향상	시장 활동, 직업훈련, 건강한 신체 유지, 노동시장 정보수집	임금
	차별적 기호 이론	고용주들이 지닌 개인적 편견에 의해 여성은 남성에 비해 불리한 대우를 받을 수 있음	개인이 가진 잘못된 신념, 선호수준	고용주에 의한 차별, 종업원에 의한 차별, 소비자에 의한 차별	개인적 편견, 기호
	통계적 차별 이론	노동시장 내 여성의 낮은 지위는 노동시장의 불완전한 정보(성별, 연령, 학력, 경력)에 의해 발생하는 차별임	대체비용, 훈련비용, 성별, 연령대, 학력수순, 경력	대체비용, 훈련비용	성, 연령, 학력, 경력

관점이론		내용	분석틀	구성요소	결정요인
가족적 접근	가계 생산 모델 이론	시장노동, 순수한 여가, 다양한 비시장 활동에 대한 시간배분(allocation of time)으로 기혼 여성의 노동공급을 설명, 시간과 가사노동의 투입을 통한 재화와 서비스를 만드는 생산주체라는 점을 강조	시장노동, 여가, 비시장 활동간의 시간배분, 가계내 생산	시장 임금, 유보임금, 가정내 노동, 여가	자녀의수, 남편 및 가구의 총소득, 여성의 유보임금
	생애 주기 이론	여성은 결혼, 출산, 육아 등의 생애사건과 관련하여 삶의 과정이 구분됨	연령대, 혼인시기, 출산시기, 자녀의수	생애 사건, 결혼여부, 취업상태	연령, 취업, 혼인, 출산, 자녀
구조적 접근	이중 노동 시장론	여성이 받는 불평등한 대우는 개인적 실패가 아닌 노동시장의 구조적 요인	고용안정성 수준, 임금수준, 직업훈련 기회정도	노동시장의 불완전성과 불평등성	고용형태, 임금
	직업 탐색 이론	일자리를 찾는 실업자의 행동은 유보임금에 의해 결정됨	유보임금 수준	유보임금, 일자리 정보	유보임금
	네트워크 이론	공식, 비공식네트워크의 범위	구직성과	정보	인간관계

자료 : 임현선(2013), 하애란(2010), 백인화(2016)를 참고하여 재구성

4. 장년여성의 경력단절

우리나라 여성 노동시장을 이야기할 때 기혼(장년여성) 여성의 경력단절 현상을 언급하지 않을 수 없다.

혼인연령이 높아지면서 30대에 가사와 육아문제로 많은 여성들이 노동시장을 떠날 수밖에 없는 현실이 계속되고 있다(김복순, 2012). 여성의 경력단절과 인적자원의 유휴화 현상에 따른 M자형 현상은 고용률 또는 경제활동 참가율로 나타나고, 점차 고원형(plateau)으로 전환되어 가는 모습을 보이고 있다(금재호, 2011).

경력은 개인의 일생동안 일과 관련하여 경험하고 거쳐 가는 모든 과정을 의미한다(이미영, 2012). 즉, 경력은 한 개인의 평생에 걸친 직업

혹은 직무관련 경험으로서 개인의 직업발달과 그 과정을 가리키는 포괄적 용어이다. 경력은 개인이 몰입하는 특정 전문영역 또는 직종을 의미하는 동시에 개인이 직업 생활을 영위하면서 겪게 되는 동일 혹은 상이한 일의 경험, 일에 대한 전문성 또는 장기간 수행한 일의 과정 등을 모두 포함하는 개념이다(HRD용어사전, 2010). 따라서 여성의 경력의 단절 현상을 극복하는 일은 국가의 여성인력 활용 면에서 중요한 일이다.

경력단절[2)]여성의 재취업에 대한 관심이 고조되고 있는 이유는 저출산, 고령화 시대를 맞아 생산성 있는 미래 노동력을 확보하고자 하는 국가적 차원의 요구 때문이다(은혜경, 2010). 그러나 이러한 높은 관심에도 경력단절 여성의 재취업은 용이하지 않다. 이는 경력단절 여성의 재취업을 방해하는 다양한 장애물이 존재하기 때문인데, 실제적으로 경력단절 여성들은 제한적 고용 기회, 차별, 가사 및 자녀 양육 책임, 여성에 대한 고정관념, 준비 및 기술 부족, 자신감 부족 등을 진로장애요인으로 자각하고 있다(오은진 외, 2008).

(단위 : %)

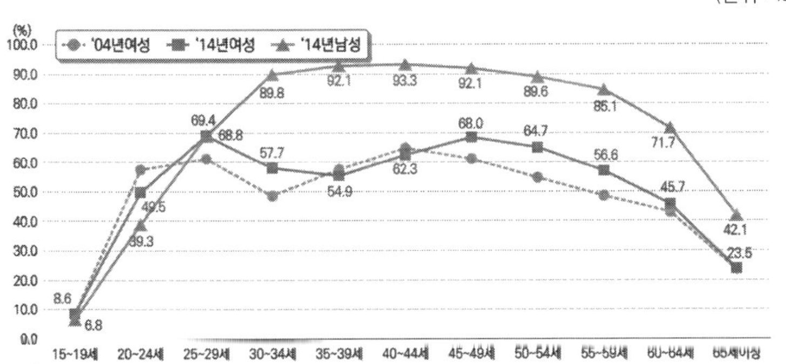

자료 : 통계청, 경제활동인구조사(2004년, 2014년)

[그림 3] 성별 연령별 고용률

2) 경력단절(Career-breaks) : 「경력단절 여성 등 경제활동촉진법」에서는 '경력단절 여성 등' 이라 하며 임신·출산·육아와 가족구성원의 돌봄 등의 이유로 경제활동을 중단한 여성뿐만 아니라 이 외에 경제활동을 한 적이 없는 여성 중에서 취업을 희망하는 여성까지 확장하고 있다(여성가족부, 2013). '경력'이란 개인이 생애동안 직업 또는 일과 관련해 경험하는 다양한 체험을 의미하는데 '경력단절'이란 취업단절, 불연속 취업, 진로단절 등과 같은 의미로 쓰인다.

현 「경력단절 여성등의 경제활동 촉진법」3)에서는 경력단절 여성 등에 대해 "임신, 출산, 육아와 가족 구성원의 돌봄 등을 이유로 경제활동을 중단하였거나 경제활동을 한 적이 없는 여성 중에서 취업을 희망하는 여성"(제2조 1호)으로 규정한다. 이 정의에 따른 결혼 임신, 출산, 자녀교육, 육아 등의 이유로 경력을 단절한 "경력단절 여성"의 규모는 200만명 수준으로 나타난다(여성가족부, 2017).

이런 관점에서 본다면 "경력단절 여성 등"의 정의를 현재의 비취업자뿐 아니라 경력단절 고 위험군과 예방적 처방이 필요한 집단으로까지 확대해하여 정책 수혜집단을 현실화 시킬 필요가 있다(민무숙, 2012). 경력단절이라는 부분이 한 시점에 고정되어 있는 것이 아니라 시간 의존적 변수라는 점에서 경력단절의 위험에 처해있는 여성들에 대해서도 정책 수혜가 이루어져야만 한다.

우리나라에서 경력단절 여성의 규모와 관련해서 공식적인 자료가 집계된 것은 2012년 지역별 고용조사의 부가조사 경력단절 문항이 추가되어 전국적인 규모가 파악되기 시작하면서부터이다. 경력단절 여성의 규모는 사실상 가족 내 주 돌봄자의 역할을 수행하기 위해 일자리를 그만둔 규모를 합치면 경력단절 여성들의 규모는 더 증가한다.

〈표 8〉 경력단절 여성의 규모와 추이

(단위 : %, 명)

시점	경력단절 여성전체		결혼준비		임신,출산		자녀교육 (초등학생)		가족돌봄		육아	
	인원	비율	인원	비율	인원	비율	인원	비율	인원	비율	인원	비율
2011	1,900,181	100	893,355	47.0	380,456	20.0	81,050	4.3	-	-	545,320	28.7
2012	1,978,410	100	927,692	46.9	478,579	24.2	79,393	4.0	-	-	492,745	24.9
2013	1,955,244	100	897,78	45.9	413,771	21.2	72,320	3.7	-	-	571,366	29.2
2014	2,139,350	100	822,249	38.4	435,974	20.4	92,532	4.3	162,041	7.6	626,554	29.3

자료 : 한국여성정책연구원 성인지통계정보시스템 GSIS(2015)DB; 통계청 지역별고용조사

3) 「경력단절 여성 등의 경제활동 촉진법」 : 이 법은 경력단절 여성등의 경제활동 촉진을 통하여 여성의 경제적 자립과 자아실현 및 국가경제의 지속적 발전에 이바지함을 목적으로 2008년 6월 제정되었으며, 여성가족부장관과 고용노동부장관은 공동으로 매5년마다 경력단절 여성등의 경제활동촉진에 관한 기본계획을 세워야 한다.

경력단절 여성의 연령별 분포를 살펴보면, 30~39세 111만6천 명(52.2%), 40~49세 63만9천 명(29.9%), 50~54세 19만2천 명(9.0%), 15~29세 19만1천 명(8.9%) 순으로 나타났고, 경력단절 여성의 절반 이상이 전문대졸 이상의 학력을 소지하고 있으며 고졸이 40.0%이고 중졸 이하는 3.7%에 그친다.

경력단절 기간을 살펴보면 4명 중 1명이 10~20년 미만의 경력단절의 기간을 갖고 그 다음으로 5~10년 미만인 여성이 22.3%이다. 경력단절 기간이 20년 이상인 비중은 10.6%에 이른다. 대체로 경력단절 기간이 장기화되는 경향이 뚜렷하며 이로 인해 경력단절 이후 재취업하기가 쉽지 않을 것임을 추측할 수 있다.

〈표 9〉 기간별 경력단절 여성

(단위 : 천명, %)

경력단절 여성	1년 미만	1~3 미만	3~5년 미만	5~10년 미만	10~20년 미만	20년 이상
2,139 (100.0)	245(11.4)	307(14.3)	334(15.6)	477(22.3)	550(25.7)	227(10..6)

자료 : 통계청, 지역별 고용조사 경력단절 여성 통계, 2015년 상반기 원자료

장년여성의 주된 경력 단절사유는 결혼, 육아, 임신·출산, 자녀교육 순으로 나타난다. 2014년 경력단절 여성의 일자리 중단 사유를 살펴보면 결혼준비가 89만3천 명으로 38.4%로 가장 비율이 높고, 육아가 29.3%, 임신·출산이 20.4%이다. 2014년에 새로 추가된 가족 돌봄 통계가 7.6%를 차지하여 가족 돌봄도 여성의 경력단절에 주요한 이유 중의 하나임이 밝혀졌다. 고령사회로 인한 노인 돌봄과 장애인 가족의 돌봄 등 가족 돌봄이 또한 여성의 취업에 큰 지장을 주고 있음이 나타난다. 50~54세 여성의 31.9%, 45~49세 여성의 19.1%가 가족 돌봄으로 인해 경력이 단절된 것으로 나타나, 해당 연령 여성의 경력을 유지하기 위해서는 가족 돌봄에 대한 정책적 개입이 필요함을 보여준다.

〈표 10〉 연령별 경력단절 사유

(단위 : %, 명)

구분	전체		결혼 준비	임신 출산	자녀 교육 (초등)	가족 돌봄	육아
전체	2,139,350	100.0	38.4	20.4	4.0	7.6	29.3
15~19세	620	100.0	69.7	28.5	0.0	0.0	1.9
20~24세	24,033	100.0	36.6	37.7	0.0	0.7	25.1
25~29세	166,643	100.0	39.9	30.4	0.5	1.9	27.2
30~34세	541,384	100.0	35.5	27.7	1.2	1.4	34.1
35~39세	574,988	100.0	34.7	22.1	4.5	2.4	36.3
40~44세	415,146	100.0	40.5	15.1	8.2	8.0	28.1
45~49세	224,291	100.0	46.1	9.8	7.0	19.1	18.0
50~54세	192,244	100.0	43.1	7.1	4.9	31.9	12.9

자료 : 한국여성정책연구원. 성인지통계정보시스템 GSIS(2015)DB. 통계청(2014). 지역별고용조사 2014년 재분석

현재 「경력단절 여성 등의 경제활동 촉진법」은 경력단절을 경험한 이후 여성들이 빠르게 재취업을 할 수 있도록 돕는 "경력단절 여성 취업 지원서비스 강화"사업에 방점이 있다. 그러나 경력단절 여성 중 50% 이상은 5년 이상의 경력단절 기간을 보내는 것으로 나타나며 이러한 경력개발의 손실로 인해 임금, 고용지위, 고용 안정성 등의 기준에서 질 낮은 일자리로의 취업이 불가피해 보인다.

경력단절 이후 첫 일자리의 고용상태는 상용직의 비중이 87.2%에서 58.6%로 상당히 낮아지면서 상대적으로 임시·일용직의 비중이 증가하고 있다.

재취업 여성이 이전의 일자리와 비교하여 근로조건을 결정하는 중요한 변수의 하나인 종사상의 지위 변화를 살펴보면, 이전 일자리에서 정규직이 75.7%, 비정규직이 17.3%, 비임금근로자(자영업자, 무급가족 종사자)가 7.0%인 반면 새로 얻은 일자리의 경우 정규직이 20.1%, 비정규직이 59.4%, 비임금 근로자가 20. 5%로 비정규직화가 상당히 진행되었음을 알 수 있다. 종사상의 지위별로 교차분석을 하면 정규직이었던 여성이 다시 정규직을 얻은 비율은 13.0%로 절반에 그친다. 즉 이전에 정

규직인 여성이 다시 정규직을 얻는 비율이 16.0%, 비임금 근로자가 다시 취업한 비율이 44.0%, 비정규직이 40.0%로 나타나, 이전의 일자리가 비정규직이나 비임금 근로자였던 여성이 정규직으로 취업을 하기는 어려운 것으로 보인다. 또한 경력단절 당시 일자리의 사업장 규모를 보면 경력단절 이후에 재취업한 첫 일자리의 경우 10인 미만의 사업장에 취업하는 비중이 상당히 증가하고, 반대로 100인 이상의 사업장에 취업하는 비중은 절대적으로 감소하고 있어서 경력단절 이후에 재취업을 하는 경우에는 대체로 소규모 사업장으로 취업이 몰리고, 보다 근무조건이 나을 수 있는 대규모 사업장으로의 진출이 어려움을 알 수 있다.

〈표 11〉 이전 일자리와 재취업 일자리의 종사상의 지위 변화

(단위 : %, 명)

구분		재취업시			계	
		정규직	비정규직 (특수고용포함)	비임금		
이전 일자리	정규직	119 (22.1)	316 (58.6)	104 (19.3)	539 (100.0)	75.7
	비정규직 (특수고용포함)	16 (13.0)	87 (70.7)	20 (16.3)	123 (100.0)	17.3
	비임금	8 (16.0)	20 (40.0)	22 (44.0)	50 (100.0)	7.0
계		143 (20.1)	423 (59.4)	146 (20.5)	712 (100.0)	100.0

자료 : 한국여성정책연구원(2007~2014). 여성가족패널조사, 원자료 분석

이는 경력단절 여성을 구인하고자 하는 업체들의 요구에서도 명확하게 드러난다(여성가족부e-새일시스템[4], 2013). 노동시장에서 구인-구직의 미스매치가 심각하면 결과적으로 구직자는 구인처의 요구에 따라 본인의 희망직업, 임금 등을 하향 조정하여 취업을 할 수밖에 없는 구조적 문제를 겪게 된다(김영옥, 2015).

가까운 미래에 한국사회에 도래할 변화 중에서 거스를 수 없는 내세

4) 「경력단절 여성등의 경제활동촉진법」에 의거 운영 중인 여성새로일하기센터의 직업상담, 구인·구직, 직업교육, 취업지원, 사후관리 등을 통합관리 하는 경력단절 여성 취업지원시스템.

라고 간주될 수 있는 것은 여성의 경제활동참여 증가와 가족의 변화로 볼 수 있는데 여성경제활동은 향후 10년간에도 전반적인 증가세를 이어갈 것으로 전망된다(김태홍, 2012).

따라서 여성의 노동시장 진출이 확대되기 위해서는 가족 내 여성의 역할이 변화되어야 하고, 여성의 노동시장 진출과 시장임금의 획득은 다시 가족 내 여성의 역할 및 가족구조 그 자체에 변화를 초래하므로, 여성의 경제활동 참여 증가와 가족의 변화는 서로 순환적 인과관계에 있다고 할 수 있다. 이러한 상호 강화적 두 추세는 거스르기 어려운 관성을 가지고 우리 사회에 관철될 것으로 전망됨에 따라 그것에 수반될 여러 가지 위험요인을 사전에 파악하여 대비하여야 한다(김태홍, 2012).

〈표 12〉 경력단절 여성 관련 선행연구

연구자(연도)	연구대상	연구방법	연구결과
주성희 (2016)	생애전환을 목표로 하는 40~50대의 여성12명	근거이론적 접근연구	생애진로전환과정을 근거이론으로 인과적 조건, 중심현상, 맥락적 조건, 중재적 조건에 따른 행동과 상호작용의 결과도출
김을란 (2015)	중년여성 상담자	현상학적 연구	경력단절 중년여성 상담자의 본질과 구조이해
이정숙 (2014)	직업훈련 참가여성 600여명	면담과 실증적 분석	나이가 많을수록, 고학력, 막내 자녀 연령 7세 미만일때 시간제 선호
문란영 (2013)	경력단절 경험이 있고 재취업 후 2년 이상 근무자	근거론적 연구	경력단절 여성의 재취업 과정을 분석하여 실체이론 개발
임현선 (2013)	2007년 시점 만19세~64세까지 여성	생애유형별 경력전환 여성패널을 이용한 연구	여성인적자원개발정책 수립시 여성의 생애단계유형·특성고려 필요 경력개발과 관련하여 여성, 교육시장, 노동시장의 욕구반영 필요
정명혜 (2013)	20년 이상 경력을 지속해 온 중년기 기혼 여성	근거이론적 질적 연구	경제적 자립과 자기개발을 위해 경력지속, 경력목표와 성장환경, 사회적 지지, 경력지속에 밀접한 관련
서미경 (2010)	취업중인 50~64세 중고령 여성 6명	비구조화된 인터뷰를 통한 현상학적 연구	중고령여성의 생애적 특성에 기반한 노동력 특성파악(숙달된 노동) 중고령여성에게 전문화·세분화된 서비스 제공과 포용의 정책 제시

은혜경 (2010)	경력단절 후 성공적으로 재취업한 기혼 여성 25명	개념도 방법을 통한 질적연구	진로유연성을 경험적으로 확인·적용 범위 확장·이론적 토대 마련, 진로상담 목표설정과 프로그램개발에 시사점 제공, 재취업의 질적측면 강조
김가율 (2007)	한국노동패널 1~7차(1998~2004) 자료 9,510개	마르코/계모형, 동일성검정, 사건사분석의 이산시간 다항 로짓모형을 활용한 실증 분석	경제활동과 관련된 비취업자의 상태를 실업, 경계실업, 순수비경제활동으로 파악, 각 범주들의 생애주기에 따라 경제활동에 중요한 영향을 끼친점을 재확인
윤혜경 (2007)	직업교육 참여 경험이 있는 13명의 고학력 중장년 여성	질적 사례 연구 방법	고학력 여성들의 '인생구조전환' 파악도록 통합적 교육체제 구축 고령화시대의 새로운 직업진로 탐색이 가능

5. 여성일자리 정책과 사업성과

정부는 이러한 여성의 잠재적인 활용가치에 주목하고 이들 효과적으로 지원할 정책방안들을 마련해 왔다. 양성평등 관점에서 여성인력의 능력을 개발하고 조직의 성과를 높이며 국가적으로는 경쟁력을 높이기 위하여 여성인적자원개발이라는 아젠다를 수립하여 행정적, 재정적 지원과 양성 측면을 강조한 정책 지원방안뿐만 아니라 양성된 여성인적자원이 현장에서 적절하게 고용되고 활용될 수 있는 사회문화 인프라 구축과 법·제도개선을 동시에 추진하였다(이영민, 2012).

1990년 이후 여성 여성인력개발정책과 주요사업의성과를 범정부별로 요약하면 〈표 13〉과 같다.

〈표 13〉 정부별 여성 일자리정책과 주요사업 및 성과

구분	배경	관 련 법	주요정책
문민정부	• 여성의 사회참여 필요성대두 • 고용보험법 제정으로 실업급여도입	• 남녀고용평등법 • 여성발전기본법 • 고용보험법	• 근로여성복지기본계획 • 여성고용차별해소 • 여성공무원할당 • 공기업의여성고용 인센티브제 실시 • 근로여성의 직업지도 직업훈련에 대한 조치
국민의정부	• IMF외환위기 • 대기업구조조정으로 인한 상용고위기에서 자영업자, 여성·비정규직의 위기로 전이	• 남녀고용평등법 • 남녀차별금지 및 구제에 관한 법률	• 제1차 여성정책기본계획 • 제1차국가인적자원개발 기본계획
참여정부	• 소득2만달러시대로의 도약의 발판으로 여성잠재인력활용 필요성대두 • 저출산·고령화사회의 지속가능한 성장동력으로서의 여성	• 여성발전기본법 • 인적자원개발법 • 근로자직업능력개발법	• 제2차 여성정책기본계획 • 제2차 국가인적자원개발 기본계획
이명박정부	• 2008년말 미국의 금융위기로 전세계적으로 파급 • 여성을 중심으로 불안정고용층에 직접적인 영향을 끼침	• 경력단절 여성등의 경제활동촉진법	• 제3차 여성정책기본계획 • 제1차경력단절등의 여성경제활동촉진 계획 • 직업능력개발훈련계좌제
박근혜정부	• 그리스·스페인 등의 재정위기 심화로 인한 고용시장불안 • 중국경제성장의 경직우려	• 경력단절 여성등의 경제활동촉진법 • 양성평등기본법 (2015.7)	• 제2차 경력단절 여성등의 경제활동 촉진계획 (2015~2019) • 제2차 여성인력개발 종합계획(2011~2015) • 내일배움카드제
문재인정부	• 경력단절현상 예방 필요성 증가 • 여성경활률·고용률 증가 미미 • 저출산·고령화 가속 (여성인력활용 필요) • 모성보호 및 일·가정 양립실천 애로	• 경력단절여성 등의 경제활동촉진법 • 양성평등기본법 • 일·가정양립에 관한 법률	• 가족친화인증의무화 (2017.3) • 적극적 용개선조치(AA) 지원 • 대체인력 채용지원서비스 • 시간선택제고용·전환 지원

구분	담당부처	훈련대상	성과
문민정부	• 노동부근로여성국 • 근로여성정책과 • 여성고용지원과	• 미혼여성 (실업계여고) • 기혼 여성 (주부)	• 여성의 노동시장 참여 욕구가 지속적으로 증대 • 미혼여성과 청년층 위주의 교육에서 기혼 여성과 중·장년층 여성인력이 훈련대상으로 접근 • 안성여자기능대학 등 여성전용직업훈련시설 설치 • 주부의 취업을 위한 '일하는여성의 집' 설치 • 여성관계입법과 정책수립의 기본방향 정립
국민의정부	• 노동부 • 여성부	• 재직자 • 실업여성 • 여성가장 • 전업주부	• 복지차원에서 취약여성으로 한정되던 교육대상을 일반여성으로까지 확대 • 훈련기관의 확장과 재정 지원 확대 (여성인력개발센터대거설치) • 여성직업훈련의 중요성에 대한 전반적인 인식전환
참여정부	• 노동부 • 여성가족부 • 교육인적자원부 • 지방자치단체	• 신규실업자 • 전직실업자 • 전업주부 • 공단밀집지역 거주여성	• 직업상담사파견 • 네트워크 활성화 • 공단형 여성새일지원본부 설치
이명박정부	• 노동부 • 여성가족부공동사업 • 노동부 • 지방자치단체	• 전체여성 • 경력단절 여성	• 2009년초 대량실업 사태를 겪는 여성들에게 one-stop 취업지원기능이 강화된 새일센터사업 • 경력단절 여성의 경제활동참여를 위한 직업훈련과 양질의 고용서비스 제공 • 여성새로일하기센터 100개소 지정
박근혜정부	• 고용노동부· 여성가족부 공동사업 • 고용노동부 • 지방자치단체	• 고학력경력 단절여성 • 경력단절 여성 • 고령자·취약 계층 • 청년여성	• 여성새로일하기센터 147개소 지정·운영 • 고용복지플러스 • 지역맞춤형일자리지원사업 • 취업성공패키지 • 시간선택제 일자리지원사업 • 대체인력뱅크사업
문재인정부	• 고용노동부 • 여성가족부 • 보건복지부 • 지방자치단체	• 경력단절여성 • 청년여성 • 60세 이상 노인 • 신중년	• 여성새로일하기센터 155개소 지정·운영(2021년까지 175개소) • 고용복지플러스센터 30개소 • 지역산업맞춤형일자리지원사업 • 고령자인재은행·취업성공패키지

자료 : 백인화(2016)를 보완하여 재구성함

Ⅲ. 여성새로일하기센터

현재 장년여성과 관련한 주요 일자리 정책으로 여성새로일하기센터(이하 새일센터) 사업이 있다. 새일센터는 「경력단절 여성등의 경제활동 촉진법」에 따른 경제활동촉진계획에 의거, 여성가족부와 고용노동부, 지자체와의 공동협력 사업으로 현재 비경제활동인구로 남아있는 경력단절 여성의 노동시장 진입을 적극 장려하여 여성의 경제적 자립을 돕고 나아가 우리나라 경제활동인구를 증가시켜 국가경쟁력 향상을 목적으로 한다. 따라서 상대적으로 취업활동에 취약한 경력단절 여성에게 직업의식 및 직업능력과 구직기술 등을 교육하여 더욱 적합한 일자리로의 진입을 돕고, 나아가 노동시장에서의 이탈을 예방하는 데 기여하고 있다. 새일센터는 구직여성들을 대상으로 직업상담, 직업교육훈련, 취업연계 및 취업 후 사후관리 등 4단계의 서비스 제공으로 경력단절 여성을 위한 One-stop 취업지원 서비스를 운영한다. 주요 사업으로 찾아가는 취업지원 서비스, 직업교육훈련, 집단상담을 비롯한 구직자 상담, 새일여성인턴・결혼이민여성 인턴, 일・가정양립지원 서비스 등을 포함하고 있다. 여성새로일하기센터의 취업실적은 2011년 117,370명, 2012년 227,924명, 2016년 153,797명에 이른다(2013년에 워크넷과 e새일시스템 통합으로, 취업자의 근로형태 현황 분류방식이 변경됨).

여성새로일하기센터의 이용자를 연령별로 분석해 보면, 2016년 기준으로 40대가 54,508명(35.4%), 50세 이상이 60,152명(39.1%)로 40대 이후 장년여성의 이용률이 72%를 상회하고 있다.

〈표 14〉 연령별 이용자 분석

(단위 : 건)

구 분	취업인원	30세 미만	30~39세	40~49세	50세 이상
2011	117,370	9,127 (7.8%)	21,944 (18.7%)	43,011 (36.6%)	43,288 (36.9%)
2012	122,610	9,744 (7.9%)	20,812 (17.0%)	44,950 (36.7%)	47,104 (38.4%)

구 분	취업인원	30세 미만	30~39세	40~49세	50세 이상
2013	107,652	9,918 (9.2%)	19,248 (17.9%)	40,694 (37.8%)	37,792 (35.1%)
2014	129,632	12,837 (9.9%)	22,552 (17.4%)	48,694 (37.6%)	45,549 (35.1%)
2015	140,040	13,695 (9.8%)	22,986 (16.4%)	52,728 (37.7%)	50,631 (36.2%)
2016	153,797	15,036 (9.8%)	24,101 (15.7%)	54,508 (35.4%)	60,152 (39.1%)

자료 : 중앙여성새일지원본부, 2017

직종별 취업자는 사무회계(19.9%), 보건의료(14.4%), 이미용・숙박・음식(12.0%), 사회복지(10%) 직종으로 취업이 활발하게 이루어지고 있다.

〈표 15〉 직종별 취업자 분석

(단위 : 건)

구분	취업 인원	취업자 분석(직종별)									
		사무 회계 관리	건설 기계	영업 판매	교육 연구	이미용 숙박 음식	전기 전자	보건 의료	경비등 서비스	사회 복지	기타
2011	117,370	26,825 (22.9%)	1,580 (1.3%)	5,717 (4.9%)	8,000 (6.8%)	10,915 (9.3%)	2,809 (2.4%)	13,937 (11.9%)	17,688 (15.1%)	10,626 (9.1%)	19,273 (16.4%)
2012	122,610	27,001 (22.0%)	2,189 (1.8%)	6,541 (5.3%)	9,543 (7.8%)	12,775 (10.4%)	4,138 (3.4%)	13,246 (10.8%)	15,560 (12.7%)	12,575 (10.3%)	19,042 (15.5%)
2013	107,652	23,019 (21.4%)	2,928 (2.7%)	5,396 (5.0%)	8,334 (7.7%)	12,442 (11.6%)	4,585 (4.3%)	13,296 (12.4%)	8,383 (7.8%)	13,615 (12.6%)	15,654 (14.5%)
2014	129,632	28,607 (22.1%)	3,908 (3.0%)	7,008 (5.4%)	10,171 (7.8%)	15,503 (12.0%)	4,879 (3.8%)	17,115 (13.2%)	10,416 (8.0%)	14,223 (11.0%)	17,802 (13.7%)
2015	140,040	31,410 (22.4%)	4,669 (3.3%)	7,472 (5.3%)	10,663 (7.6%)	16,540 (11.8%)	4,878 (3.5%)	18,472 (13.2%)	11,106 (7.9%)	15,142 (10.8%)	19,688 (14.1%)
2016	153,797	30,598 (19.9%)	5,595 (3.6%)	7,812 (5.1%)	10,200 (6.7%)	18,442 (12.0%)	5,383 (3.5%)	22,117 (14.4%)	13,172 (8.6%)	15,511 (10.1%)	24,880 (16.2%)

자료 : 중앙여성새일지원본부, 2017

새일센터는 연간 700여개의 직업훈련과정을 운영 중이며, 연간 1만 4천 여 명의 교육인원이 참가하고 있다. 일반 교육과정과 함께 전문적인 기술지식과 장기 고강도 훈련이 요구되는 고부가가치직종(IT, 콘텐츠, 디자인, 문화예술・경영, 지식정보 등)의 전문 인력을 양성하고 고품질 일자리 창출을 연계하고 있다.

<표 16> 연도별 직업훈련 현황

연도	과정 수	교육인원(a)	수료현황		취업
			수료인원(b)	수료율(c=b/a)	
2011	309개	7,084	6,567	92.7%	3,899
2012	410개	9,140	8,412	92.0%	5,143
2013	680개	15,145	14,041	92.7%	8,089
2014	651개	15,094	14,124	93.6%	8,599
2015	779개	16,689	15,596	93.5%	10,537
2016	690개	14,066	13,232	94.1%	–

* '13년부터 교육수료생의 취업자 수는 훈련 수료 후 6개월 이내 취업자로 산정('16년 취업자 수는 '17.6.30일 기준으로 '17.6월말 집계)

자료 : 중앙여성새일지원본부, 2017

Ⅳ. 정책과제 및 제언

2010년부터 1차 베이비붐 세대가 본격적으로 은퇴하기 시작하였고, 이들 세대가 취약계층으로 편입될 가능성이 커지면서, 숙련 노동력의 유실로 노동생산성 저하와 사회적 비용 증대가 불가피해 보인다. 이를 해결하기 위해서는 베이비붐 세대의 축적된 지식과 경험을 사회 전반에 활용할 수 있는 방안이 모색되어야 하는데, 구체적인 방법으로는 베이비붐 세대의 특징을 고려한 다양한 일자리를 지원하고 고용 유지를 지속하는 방안과 새로운 대안적 일자리를 발굴해 내는 것을 들 수 있다(한국직업능력개발원, 2011).

그러나 현재 일자리 창출과 관련된 방안들은 일자리 자체에 초점이 맞춰져 있고, 경제활동 경험이 있는 남성들을 대상으로 하고 있다. 따라서 한국 사회에서 장년여성을 생산적 계층으로 인식하는 사회적 분위기가 중요하다. 장년여성의 특징과 현황을 바탕으로 정책적 제언을 기술해 본다.

첫째, 경력단절을 경험한 장년여성은 재진입 초기에 직업의식의 부재에서 오는 어려움에 직면하게 되는데, 막연한 경제활동에 대한 동경이나 욕구만으로는 지속적이고 안정된 경제활동을 영위하기가 어렵다. 대부분의 경력단절 여성들은 취업 결정에 갈등을 겪으며 경력변화를 앞두고 직업인으로서의 자아정체성 변화를 경험하기 때문이다. 취업을 결정하는 단계에서 취업을 포기하려는 유혹을 극복하고 가정과 일 사이의 갈등을 타협하는 과정을 겪게 된다.

따라서 직업훈련 과정에 직업 가치관과 함께 목표의식, 하고 싶은 일에 대한 인식과 선택, 취업 필요성에 대한 확신을 강화시킬 필요가 있다. 경제활동 진입을 끊임없이 시도하는 여성인력이 경제활동에 참여하기 위해서는 취업 대비 교육, 직무능력 향상, 직무 소양 교육, 직업의식에 대한 필수 분량을 충분히 확대해 경력개발과 취업능력을 제고하고 직업에 대한 소명 의식과 일의 가치를 공유하여 직업으로의 복귀기간을 단축시키고, 재이탈을 감소시켜야 한다.

둘째, 장년여성의 재취업이 성공적으로 이루어지기 위해서는 적정 수준의 임금수준이 보장되는 일자리로 연계할 수 있어야 한다. 더욱이 고학력 경력단절 여성들은 자신의 역량, 지식을 활용한 의미 있는 일이라는 인식이 낮을 경우, 더 이상 사회에 재진입하지 않으려고 하는 L커브 현상을 설명할 수 있다. 따라서 과거 다년간 직장 경력을 가진 이들을 사회로 이끌기 위해서는 의미를 찾을 수 있고, 많은 금전적 수입이 없더라도 자신의 경력과 지식을 활용하여 사회에 공헌할 수 있는 의미 있는 일자리를 만들어 내는 것 또한 중요하다. 장년여성의 경력단절 기간, 이전 직장경력, 사회경험, 개인의 인적자본 및 취업경험을 활용할 수 있는 구직욕구에 부합하는 다양한 분야의 실효성 있는 방안이 제시되어야 한다.

셋째, 장년여성의 구직활동은 노후 준비가 덜 된 경우 경제적 이유에서의 구직 희망자가 많아, 노후까지 일해야 하는 어려움에 처할 것으로 예상된다. 여성 일자리 정책은 사회/가족 복지적 차원과의 연계가 필요하다. 우리나라의 취업정책과 대안이 경제적, 규모, 사회적 측면에서 낮은 단계에 머물러 있음을 선행연구에서 지속적으로 지적되어 왔었다. 중·장년기의 경제 수준은 다가오는 노인의 삶에도 밀접한 관련이 있으므로 이미 고령화 사회에 진입하여 인구절벽에 처한 우리나라로서는 시급한 대책이 강구되어야 한다. 대다수의 장년여성들은 결혼 및 육아로 일자리를 그만두게 되지만, 가족경제와 자녀 양육 때문에 어쩔 수 없이 구직활동을 하고 있다. 특히 장년여성들은 구직 결정 시 연령과 학력에 관계없이 생계형, 즉 부양가족, 노후 준비가 구직의 계기가 되는 점을 미루어 향후 가계의 보조 수입원이 아닌 적극적 수입원으로의 의식 전환이 필요하다. 장년여성의 경제활동 참여는 여성의 삶의 질 제고에 기여할 수 있는 중요한 변인으로의 의미를 지닌다. 삶의 질에 영향을 미치는 부분은 객관적, 주관적인 요소들을 포함하여 개인의 삶과 직결된 다방면의 모든 요소를 포함하고 있는데, 기업에는 사회보험료 등 세제혜택을, 장년여성에게는 실질적 경제혜택이 배분되도록 연말정산 시 세액감면 등의 정책이 요구된다.

넷째, 정보, 상담, 교육 등 여성취업 정책의 충분한 공급은 장년여성 구직활동 적극성에 긍정적 영향을 미치는 요인 중 하나다. 따라서 여성이 주변에서 쉽고 빠르게 다양한 정보를 접하고 적절한 상담을 받을 수 있도록 해야 하며, 여성취업에 대한 적극적인 홍보와 지원이 활발히 이루어져야 한다.

155개소에 이르는 새일센터를 활용하여 상담에 주력할 수 있도록 직업상담사의 추가 배치와 여성베이비부머의 특성을 고려한 단계별 심화과정 운영으로 동기를 부여할 기회를 마련해야 한다.

이를 위해서는 정부의 재정지원이 충분히 공급되어 기존 인프라를 업그레이드 하고, 업무 담당자의 사명감을 증대시키고, 고용의 안정성을 보장해야 한다. 또한 여성발전센터, 여성인력개발센터, 여성능력개발센터, 여성비전센터, 여성회관 등 유사 업무를 진행하는 기관의 명칭을 정비하고, 공통된 슬로건을 가져 여성들의 접근을 용이하게 할 필요가 있다.

다섯째, 장년여성의 구직활동을 이끌어 내기 위해서는 사회적 지원과 지지, 그리고 적극적인 정책적 지원이 필요하다. 사회적 지지는 주위 사람들과의 공감대를 형성하고, 어려울 때, 고민이나 감정을 공유하고 염려해 주는 사회적 관계의 형성이다. 사회적 지지와 가족의 지지는 재취업을 위한 구직활동에 긍정적 영향을 미치는 것이 확인되었으므로, 장년여성의 삶의 변화와 심리적 갈등을 심층적으로 이해하고 가족, 동료, 강사, 상담사 등으로부터 자신이 지지를 받고 있다는 인식을 제고시킬 수 있는 사회적 분위기의 조성과 노력이 필요하다.

여섯째, 최근 수년간 베이비부머, 중장년, 고령자 일자리 관련 지원 정책이 마련되고 취업지원기관도 대폭 증대되고 있다. 현 정부가 여성경제활동 참여 확대를 추진하는 상황에서 여성 고용문제의 핵심은 결혼, 육아로 일을 그만두는 여성들의 경력단절을 막는 것이다. 만일 경력단절이 일어났다면, 다시 노동시장으로 복귀하는 재취업에 초점이 맞춰지겠지만 향후에는 다시 경력단절을 겪지 않는 예방적 차원의 관점이 필요하다. 취업 실적에 급급한 교육훈련은 저임금, 불안정한 고용 상태로 여성들을 내볼게 되기 때문이다. 대부분의 취업정책이 단순한 실적위주의 평가에 머물지 않아야 하고 여성새로일하기센터, 고용복지플러스센터, 일자리플러스센터, 고령자취업알선센터, 고령자인재은행, 취업성공패키지 사업, 노인일자리 사업, 인생이모작센터 등 산재해 있는 기관들에 대한 통합적인 관리 시스템이 필요하다. 이를 위해서 통합 전산망을 정비하고 기관과 부처별 협업을 통한 통합된 전달체계 구축이 필요하다. OECD 선진국의 최근 동향은 고용과 복지 서비스를 하나의 브랜드로 통합하여 수요자 중심의 통합적 서비스가 전달되도록 하는 데 정책의 초점을 맞추고 있다.

그러나 우리의 현실은 부처 간의 칸막이 등으로 복지와 고용 서비스가 분절적으로 제공되어 적절한 서비스가 충분히 제공되지 못하고 있는 실정이다. 따라서 장년여성을 정책 대상으로 규정하고 여성인력활용에 관한 문제를 다양한 부처에서 협력, 해결하여 경력단절 장년여성의 노동시장 진입을 용이하게 해야 한다. 특히 장기 경력단절 여성의 경우 사회보험 체계에 들어오지 않는 단시간 일자리를 선호하는 경향이 높은데, 이는 정규 노동시장에 대한 두려움 때문으로, 초기에는 비정기적 일자리에 진입하지만 일부분은 이를 발판으로 여러 번의 이직을 통해 정규 일자리로 안착하는 사례도 상당히 발견된다.

결과적으로 서비스 종류는 유사하지만 대상이 구분되고 서비스를 제공하는 방식이 독특한 여성전문 취업지원기관의 강점이 전체 주류 고용 서비스 안에서 지속 가능하도록 지원하고, 핵심 고객을 누구로 할 것인지에 대한 구체적 사례관리를 할 수 있는 체계성을 갖춘 프로그램을 정비하며, 서비스의 유사성에 의한 중복 논란도 대상자의 차별화를 통해 정리되어야 한다.

여성의 경제활동과 관련된 문제들은 노동시장 요인뿐 아니라 가족 구조, 가족 내 의사결정 구조, 가족관계, 사회·문화적 요인들과 밀접한 관련성을 가지며 변화해 간다. 따라서 일하는 여성의 문제는 노동시장 외에도 가족, 양육, 젠더 정체성 등의 영역을 통해 종합적으로 진단해야 정확한 판단이 가능하다. 또한 통계적 측면에서 관측되지 않는 개인의 이질적 문제를 극복하고 정교한 진단을 통해 여성 수요자 중심의 정책이 시너지 효과를 낼 수 있도록 정부의 적극적이고 실효성 있는 고용정책의 시도가 필요하다.

정부의 가장 큰 역할은 정책의 전달 경로인 사업체와 수혜자인 장년 여성들에게 정책을 고르게 전달하기 위해 수혜자가 공감하는 일자리 사업과 지원체계 등이 수요자인 기업 현장과 맞는 교육훈련과 고용 서비스를 시행해야 한다. 사각지대가 발생할 경우, 이를 해소하기 위한 제도적 보완이 따라야 하고 미시적인 정책개선을 통해 여성인력활용제도 모델을 정착시키고 확산시킬 필요가 있다. 이를 위해서는 정책 현장의 모니터링을 강화하고, 지속적인 환류가 함께 이루어져야 한다.

일본 사례를 통해 미래를 보다
: 일본의 고령자 고용정책과 효과

오학수(일본 노동정책연구・연수기구)

일본 사례를 통해 미래를 보다
: 일본의 고령자 고용정책과 효과[1)]

Ⅰ. 머리말

우리나라는 세계에서 가장 급격한 인구 변화를 경험하고 있는데, 그것은 저출산 고령화의 영향이다. 출산율은 1990년대 들어와 거의 매년 낮아져 2001년 1.30으로 일본의 1.33보다 낮아졌는데, 그 후 일관하여 일본보다 낮다. 고령화는 아직 일본보다 낮은 단계이지만 일본보다 급격히 진행되고 있다. 65세 이상 인구가 전체인구에 차지하는 비율이 7%에서 14%에 도달하는 기간이 일본의 경우 24년이 걸렸는데, 우리나라는 17년밖에 걸리지 않았다. 앞으로 고령화의 속도는 더욱 빨라질 것으로 예측된다.

저출산 고령화는 인위적으로 바꾸기가 힘들다. 왜냐하면, 저출산 고령화가 경제, 사회적 요인외에 개개인의 삶, 프라이버시에 관계되기 때문이다. 그런 측면에서 저출산 고령화 정도를 완화하거나, 그것에 적응해야 한다. 문제는 고령자가 어떻게 생활을 유지할 수 있도록 할 것인가가 매우 중요하다. 고령자의 생활유지에 필요한 연금, 의료, 병간호 등 사회복지 비용을 어떻게 확보할 것인가가 가장 중요한 과제인데, 최고의 해결책 중 하나는 가능한 한 고령자가 스스로 오랫동안 일할 수 있는 환

---

1) 이글은 다음 고용노동부 발간 보고서의 제4장에 "주요국의 장년고용 지원금 제도 – 일본을 중심으로,"라는 제목으로 게재된 것을 일부 수정 보완하여 서술형으로 고친 것이다. 고용노동부, 『장년 고용지원금의 고용효과 분석 및 장년 고용안정을 위한 중장기 정책방향』, 2017.11.

경을 만드는 것이다. 그러면 복지 수혜 기간이 줄어 복지수요를 줄일 수 있기 때문이다. 그런 측면에서 고령자 고용확보가 저출산 고령화에 가장 중요한 정책 중 하나일 것이다.

일본은 오래전부터 고령자 고용확보 정책을 전개해 왔다. 1986년 [고연령자 고용안정법]을 제정하여 기업에 60세 정년 달성에 노력하도록 의무 규정한 것을 시작으로, 1998년 60세 정년제 법제화, 2006년 65세까지 고령자고용확보 조치, 2013년 65세까지 희망자 전원 고용확보조치, 그리고 최근 생애 현역사회 실현 정책이 그것이다.

이 글은 일본의 고령자 고용정책과 그 효과에 관하여 살펴보기로 한다. 일본에 대한 이해를 높이고, 앞으로 우리나라의 고령자 고용정책에 조금이나마 시사가 되길 기대한다.

Ⅱ. 일본 고령자 고용의 추이와 현황

1. 일본 고령자 고용의 추이

일본은 세계에서 가장 고령화 속도가 빠르다. 65세 이상의 인구가 전체 인구에 차지하는 비율이 1970년 7.1%로 고령화 사회가 되었는데, 1994년 14.04%로 고령사회, 2007년 21.5%로 초고령사회로 진입하였다. 이 같은 고령화는 현재까지 세계에서 가장 빠른 속도이다. 2017년 현재 65세 이상의 인구가 전체 인구에 차지하는 비율이 27.7%이다. 후술하는 일본 정부의 고령자 고용정책에 힘입어 60세 이상 고령자의 경제활동인구는 매년 증가하고 있다. 60~64세이 경제활동인구는 2000년 426만 명이었으나, 거의 매년 증가하여 2011년 637만 명으로 정점에 달하였다. 그 후 감소하여 2016년 541만 명이다. 한편, 65세 이상 경제활동인구는 2000년 493만 명에서 매년 지속해서 증가하여 2016년 786만 명으로 그간 59.4% 증가하였다([그림 1] 참조).

한편, 경제활동참가율은 60~64세 연령층은 2000년 55.5%에서 거의 매년 증가하여 2016년 65.8%로 그간 10.3% 증가하였다. 65세 이상 연령층은 2000년 22.6%에서 약간 증감하여 20% 전후를 기록하였는데, 2016년 22.7%로 최고수준에 도달하였다.

60~64세 연령층의 경제활동참가율은 전체 연령층의 그것보다 2009년을 기점으로 높아졌다. 2016년 60~64세 연령층의 경제활동참가율은 상기한 바와 같이 65.8%로 전체 연령층의 경제활동참가율 60.0%보다 5.8% 포인트 높다. 60대 초반의 고령자는 다른 연령층과 거의 다름없이 노동시장에 참여하고 있다고 말할 수 있다.

단위 : 만명, %

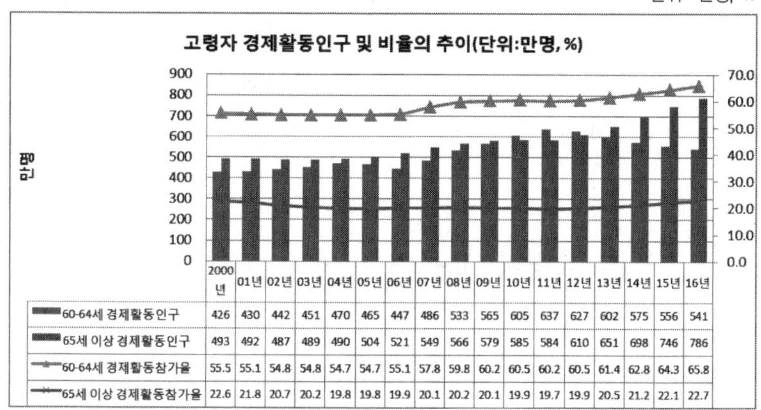

	2000년	01년	02년	03년	04년	05년	06년	07년	08년	09년	10년	11년	12년	13년	14년	15년	16년
60-64세 경제활동인구	426	430	442	451	470	465	447	486	533	565	605	637	627	602	575	556	541
65세 이상 경제활동인구	493	492	487	489	490	504	521	549	566	579	585	584	610	651	698	746	786
60-64세 경제활동참가율	55.5	55.1	54.8	54.8	54.7	54.7	55.1	57.8	59.8	60.2	60.5	60.2	60.5	61.4	62.8	64.3	65.8
65세 이상 경제활동참가율	22.6	21.8	20.7	20.2	19.8	19.8	19.9	20.1	20.2	20.1	19.9	19.7	19.9	20.5	21.2	22.1	22.7

출처 : 총무성[노동력 조사]각년.

[그림 1] 고령자 경제활동인구 및 비율의 추이

2. 일본 고령자 고용의 현황

일본 기업은 후술하는 바와 같이 [고연령자 고용안정법]에 따라 종업원에 대해 65세까지 고용확보조치를 취해야 하는데, 후생노동성의 2016년 [고연령자 고용상황]에 의하면 99.5%의 기업이 동 조치를 하고 있다. 고용확보조치는 많이 정년폐지, 정년연장, 계속고용제도 중 하나를 선택해야 하는데, 2016년 현재 그 비율을 보면, 정년폐지 2.7%, 정년연장 16.1%, 계속고용제도 81.3%로 계속고용제도가 압도적으로 높다. 계속고용제도를 도입하는 기업 중, 65세까지 희망자 전원을 대상으로 하는 기업과, 경과 조치대상자 중 계속고용 대상자[2]를 한정하는 기업으로 나누어진다. 전자가 68.6%이고, 후자가 31.4%였다.

한편, 희망자 전원을 65세까지 고용하는 기업은 74.1%인데, 어떤 제도를 통하여 그렇게 하고 있는지를 보면, 계속고용제도가 55.5%로 가장 많고, 65세 정년제 16.0%, 정년폐지 2.7%였다. 31~300명까지의 중소기업이 301명 이상의 대기업보다 각각의 비율이 높았다. 즉 종업원 전원을 65세까지 고용하는 기업의 활용제도를 보면, 중소기업의 경우, 계속고용제도 56.7%로 대기업의 45.1%보다 11.6% 포인트 높고, 65세 이상 정년제는 16.9%로 대기업의 8.2%보다 8.7% 포인트 높고, 그리고 정년폐지는 2.9%로 대기업의 0.5%보다 2.4% 높았다. 중소기업이 고령자 고용에 적극적임을 알 수 있다.

한편, 최근 65세 이상의 고령자 고용이 늘고 있는데 그 상황도 보기로 한다. 65세 이상의 고령자를 고용하고 있는 기업이 어떤 제도로 그렇게 하고 있는지 보면,정년폐지 2.7%, 65세 정년 14.9%, 66~69세 정년 0.1%, 그리고 70세 이상 정년 1.0%였는데, 모든 제도의 비율에 있어서 중소기업이 대기업보다 높다. 66세 이상의 고령자 중 희망자 전원을 계속고용제도로 고용하고 있는 기업은 4.9%인데, 그 가운데 66~69세까지 계속 고용하고 있는 기업은 0.3%, 70세 이상이 4.5%였다. 66세 이상 희망자 전원을 계속 고용하는 기업 대부분은 70세 이상까지 고용하고 있다고 말할 수 있다.

한편, 과거 1년간(2015년 6월 1일에서 2016년 5월 31일까지) 60세 정년제를 두고 있는 기업에서 정년 도달자가 어떠한 선택을 했는지 보면, 당해 기업에서 계속해서 고용된 자는 82.9%였고, 당해 기업에서 계속 고용을 희망하지 않고 정년퇴직한 자는 16.9%, 그리고 계속 고용을 희망했지만 고용되지 않은 자는 0.2%였다. 60세 정년을 맞이한 자가 당해 기업에서 계속 고용을 희망하면 거의 전원이 고용되고 있다고 말할 수 있다.

---

2) 고연령자고용안정법에서는 희망자 전원을 계속고용해야하는 연령을 2013년부터 3년마다 1세씩 연장하도록 경과조치를 두고 있다. 그로 인해 2016년3월말까지 61세, 2019년 3월말까지 62세, 2022년 3월말까지 63세, 2025년 3월말까지 64세이다. 즉, 2017년 10월 현재, 기업은 종업원이 계속고용을 희망하면 전원 61세까지 고용해야 하는데, 62세 이상에 대해서는 일정한 기준을 충족하는 고령자에 한해서 65세까지 계속고용할 수 있다.이러한 기준은 노사협정이나 취업규칙 등에 명기해야 한다.

Ⅲ. 정년연장과 65세까지의 고용확보 정책

1. 60세 정년연장 정책[3)]

일본에서 60세 정년연장이 제기된 시기는 1970년대로 거슬러 올라간다. 일본의 노동성(현, 후생노동성)은 1967년부터 [고용대책 기본계획]을 작성하고 있는데, 동 계획에서 60세 정년연장이 처음 등장하는 것은 1976년 [제 3차 고용대책 기본계획]이다. 동 계획에서 [60세까지는 기업의 정년연장 촉진 등으로 고용의 안정에 노력한다]라고 60세 정년연장 촉진의 필요성을 제기하였다.

60세 정년연장의 필요성은 정년연령을 명기하지 않은 1968년의 [제2차 고용대책 기본계획]에서 다음과 같이 밝히고 있다. 즉 [55세라는 연령은 아직 노동능력을 가진 연령이고, 경제/사회적 사정의 이유로 대부분 사람이 재취직을 희망하고 있다. 그러나 적성과 능력에 맞는 재취직이 쉽지 않아 정년 전후의 고령자에 생활불안을 초래하고 있다]고 정년연장의 필요성을 지적하고 있다. 고령자의 노동능력을 활용하면서 그들의 경제적 생활불안을 해소하는 형태로 적성과 능력에 맞는 직장으로서 동일 직장에서 계속 근무할 방안이 정년연장이라는 선택이었다.

일본 정부는 1971년 [중고연령자 등 고용촉진법]을 제정하고, 73년에는 [60세를 목표로 정년 연장을 추진한다]라고 각의 결정하였을 뿐만 아니라 같은 해 [고용 대책법]에서는 정년연장을 국가의 시책으로 명시하였다.

일본 정부는 1986년 [고연령자 고용안정법]을 제정하여 기업에 60세 정년을 노력 의무로 규정하였다. 그 후 8년 뒤인 1994년에서는 60세 정년을 의무화하여 1998년 4월부터 시행하였다. 일본 정부가 1976년 [제3차 고용대책 기본계획]에서 60세 정년연장을 제기하고 실제로 1998년 60세 정년이 시행되기까지는 22년이 소요되었다.

일본의 많은 기업은 정부의 60세 정년 의무화 이전에 노사가 자율적으로 정년을 60세로 연장하였다. 구체적으로 보면 [그림 2]와 같다. 정년

---

3) 오학수(2014)[일본의 정년제와 중고령 인력 활용 방안], 안종태 편저[정년 60세시대 인사관리 이렇게 준비하자]호두나무에서 인용. 동 논문에는 구체적인 60세 정년제 사례도 기재되어 있다.

제도를 가진 기업이 정년연령을 몇 살로 설정하고 있는지 보면, 1976년의 경우 60세 이상은 35.9%에 불과하고, 55~59세 15.9%, 그리고 55세 이하 47.6%로, 55세 이하가 약 1/2에 달하였다. 그 후 55세 이하는 지속해서 감소하고, 55~59세는 소폭의 증감을 거듭하면서도 경향적으로 감소하였는데 반해, 60세 이상은 지속해서 증가하였다. 그 비율은 1984년 52.1%로 절반을 넘었고, 정년을 의무화한 94년은 84.1%, 96년은 88.3%로 60세 정년 시행 전에 약 90%의 기업이 정년을 60세 이상으로 정하였다.

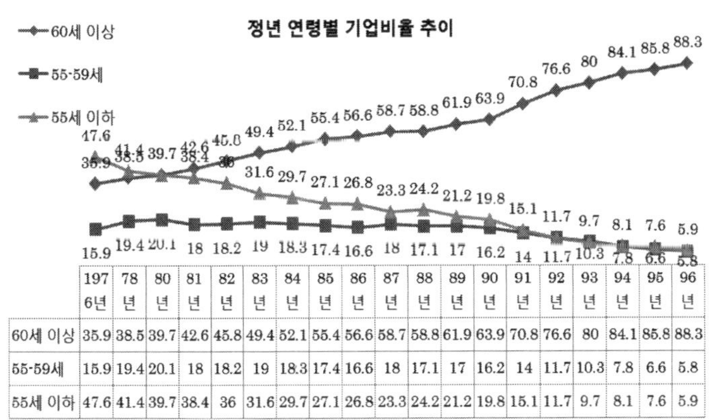

	1976년	78년	80년	81년	82년	83년	84년	85년	86년	87년	88년	89년	90년	91년	92년	93년	94년	95년	96년
60세 이상	35.9	38.5	39.7	42.6	45.8	49.4	52.1	55.4	56.6	58.7	58.8	61.9	63.9	70.8	76.6	80	84.1	85.8	88.3
55-59세	15.9	19.4	20.1	18	18.2	19	18.3	17.4	16.6	18	17.1	17	16.2	14	11.7	10.3	7.8	6.6	5.8
55세 이하	47.6	41.4	39.7	38.4	36	31.6	29.7	27.1	26.8	23.3	24.2	21.2	19.8	15.1	11.7	9.7	8.1	7.6	5.9

자료 : 노동성[고용관리조사보고]각년

[그림 2] 정년 연령별 기업비율 추이

2. 65세까지의 고용확보 정책

일본 정부는 급속히 진행되는 고령화에 대응하고, 연금제도 등 사회보상 시스템을 유지하기 위하여 연금 수령연령을 늦추어 왔다. 전 국민이 가입하는 정액 부분인 노령기초연금의 경우, 1994년 [후생연금보험법]을 개정하여 수령연령이 2001년부터 3년 마다 60세에서 1세씩 늦추어 2013년에는 65세가 되었고, 고용된 자가 가입대상인 보수비례인 후생연금의 경우 2000년 같은 법을 개정하여 2013년부터 같은 형태로 늦추어져 2025년에 65세가 되어야 연금을 받을 수 있다.[4)]

4) 이 같은 연금수령연령 연장은 남성에 해당되는데, 여성의 경우 남성보다 5년 늦게 똑같이 적용되도록 하였다.

일본 정부는 연금 수령연령의 상향조정으로 기존의 정년 60세 이후 연금 수령 때까지 소득 공백을 메꾸기 위하여 정년연장을 하였다. 전술한 바와 같이, 1986년 [고연령자 고용안정법]을 개정하여 60세 정년의 노력 의무화하였고, 1994년 같은 법을 개정하여 정년 60세를 의무화하여 98년 시행하였다.

일본 정부는 65세까지의 계속 고용도 추진하였는데, 1990년 정년 도달 자가 희망하면 정년 후 재고용을 노력 의무화하고, 2004년 같은 법을 개정하여 기업에게 65세까지 고용확보조치를 취하도록 2006년 시행하였다. 고용확보조치는 기업이 3개의 선택지 중의 하나를 선택해야 한다. 즉, 정년의 폐지, 정년 연장, 계속고용제도의 도입이다. 이때 고용확보조치는 기업이 노동조합과의 단체협약이나 취업규칙으로 계속고용의 대상자를 건강 등의 객관요소로 한정할 수 있었다. 그러나 2013년 한정제도가 폐지되어,[5] 기업은 희망자 전원을 65세까지 계속 고용하게 되었다.

재직 노령연금제도는 공적연금을 수령할 수 있는 자가 60세 이후 피보험자로서 일하면서 연금을 수령하는 경우 연금액과 임금 등의 합계액이 일정 기준액을 넘으면 연금의 일부 또는 전부를 지급 정지 하는 제도이다. 이를 통하여 연금재정을 절약하고 있다.

동 제도는 재직 노령자의 연령(65세 미만과 이상)을 기준으로 2가지로 나누어진다. 먼저 65세 미만의 경우, 당해 고령자의 총보수액(월급여+과거 1년간 상여급÷12, 이하 [총]으로 표기)과 연금의 기본월액(이하, [기]로 표기)의 합계가 28만 엔 이하와 초과로 구분된다. [총]+[기]가 28만 엔 이하의 경우 연금은 전액 지급된다. 즉, 60세 이후의 월급여와 연금을 합한 금액이 28만 엔 이하의 경우 연금의 일부 또는 전부가 지급 정지되지 않는다.

[총]+[기]가 28만 엔을 초과하는 경우 이하의 산식으로 연금이 감액

---

5) 후생노동성의 조사에 의하면, 정년도달자가 계속고용되는 비율이 특정한 기준을 두지 않고 희망자 전원을 계속고용하는 제도를 둔 기업의 경우 80.5%인데, 기준을 둔 기업의 경우 67.8% 낮았다. 반면 정년으로 이직하는 자의 비율은 전자의 경우 19.5%인데 반해, 후자는 29.2%였고, 또한 후자의 경우 정년도달자가 계속고용을 희망하였지만 기준에 해당되지 않아 이직한 비율도 3.0%였다. 연금수령연령의 연장으로 60세 정년이후 계속고용되지 않은 고령자의 수입공백 문제를 해소하기 위하여 고령자 재고용 한정제도를 폐지하였다.

된다. 총월보수액과 연금의 기본월액이 각각 46만 엔, 28만 엔 이하와 초과로 나뉘어서 다음과 같이 4가지 유형으로 나누어진다. 먼저 총보수월액이 46만 엔 이하이면서 연금의 기본월액이 28만 엔 이하와 초과를 기준으로 나뉘어진다. 28만 엔 이하의 경우 연금의 기본월액이 총보수월액과 연금의 기본월액의 합계에서 28만 엔을 뺀 금액의 1/2이 감해져 기급된다. 예를 들어 ①총월보수액이 30만 엔이고 연금기본 월액이 15만 엔의 경우 다음 산식이다. 즉 (30+15−28)으로 17×1/2 로 8.5만 엔이 연금기본 월액으로부터 감액되는데 그로 인해 6.5만 엔의 연금만 지급되어 총월보수액 30만 엔과 합하여 36.5만 엔이 된다. 하기의 〈표 1〉의 경우로 총월보수액 30만 엔, 그리고 연금의 기본월액 30만 엔의 경우, 총월보수액의 1/2의 금액(15만 엔)이 연금기본액(28만 엔)으로부터 감액되어 13만의 연금민 지급되어 총월보수액 30만 엔과 합하여 43만 엔이 된다. 46만 엔 초과의 경우 〈표 1〉의 산식에 따라 연금이 감액되고 있다.

〈표 1〉 총보수 월액과 기본월액의 합계가 28만 엔 초과의 경우 연금지급 정지액

총보수 월액 상당액(총)	기본월액(기)	기본월액으로부터 감하는 액
46만 엔 이하	①28만 엔 이하	(총+기−28만 엔)×1/2
	②28만 엔 초과	총×1/2
46만 엔 초과	③28만 엔 이하	(26만 엔+기−28만 엔)×1/2+(총−46만 엔)
	④28만 엔 초과	46만 엔×1/2+(총−46만 엔)

자료 : 후생노동성 홈페이지(www.mhlw.go.jp)

65세 이상의 경우, 국민 모두에게 적용되는 노령기초연금은 전액 지급되는데, 직장인에게 적용되는 보수 비례의 후생연금은 다음과 같이 지급이 감액된다 즉, 월보수액+기본월액이 46만 엔 이하의 경우에는 후생연금은 감액되지 않는데, 46만 엔을 초과하는 경우, 초과분의 1/2이 감액된다.

이처럼 60세 이상 고령자의 경우, 월급여 수준에 따라 연금지급중지(감액)이 시행되어 연금재정의 건전화를 꾀하고 있다. 연금지급중지 때문에 60세 이상 고령자가 취업하지 않는 현상은 앞서 살펴본 바와 마찬가지로 최근에는 거의 없는 것으로 보인다.

Ⅳ. 고령자 고용 지원금 정책

일본 정부는 60세 이상 고령자 고용을 촉진하기 위하여 다양한 지원 정책을 시행하고 있는데 구체적으로 살펴보기로 한다.

1. 고령자계속고용급부금

60세 이상 65세 미만의 고령자가 당해 기업에 재고용되었을 때 임금 수준이 60세 도달직전의 임금보다 75% 미만인 경우, 저하된 임금에 따라 고용보험으로부터 [고연령고용계속기본급부금]이 지급된다. 수급요건은 고용보험 피보험기간이 통산 5년 이상이고, 재고용 임금수준이 344,209엔 미만 등이어야 한다.

〈표 2〉 고연령고용계속기본급부금 요율

저하율(%)	지급율(%)	저하율(%)	지급율(%)
75.00 이상	0.00	67.50	7.26
74.50	0.44	67.00	7.80
74.00	0.88	66.50	8.35
73.50	1.33	66.00	8.91
73.00	1.79	65.50	9.48
72.50	2.25	65.00	10.05
72.00	2.72	64.50	10.64
71.50	3.20	64.00	11.23
71.00	3.68	63.50	11.84
70.50	4.17	63.00	12.45
70.00	4.67	62.50	13.07
69.50	5.17	62.00	13.70
69.00	5.68	61.50	14.35
68.50	6.20	61.00 이하	15.00
68.00	6.73		

자료 : 후생노동성 홈페이지(www.mhlw.go.jp)

그런데, 상기한 바와 마찬가지로 재고용된 후 월급여가 퇴직 전의 수준보다 75% 미만일 때 고연령고용급부금이 지급되는데, 그 지급대상자에 대해 위의 재직 노령연금제도에 따른 연금의 감액 외에도 재고용자의 월급여의 6% 안의 범위에서 다음과 같은 조정률도 연금액이 지급 정지된다.

〈표 3〉 고연령고용급부금 수급대상자에 대한 연금지급 정지율

표준보수월액 60세 도달시 월 임금(%)	조정률(연금지급 정지율)(%)
75.00 이상	0.00
74.00	0.35
73.00	0.72
72.00	1.09
71.00	1.47
70.00	1.87
69.00	2.27
68.00	2.69
67.00	3.12
66.00	3.56
65.00	4.02
64.00	4.49
63.00	4.98
62.00	5.48
61.00 이하	6.00

자료 : 후생노동성 홈페이지(www.mhlw.go.jp)

최근 10년간 고연령 고용계속급부금의 지급 상황을 보면 [그림 3]과 같다. 초회 수급자 수는 2009년까지 매년 증가하여 약 22만 명에 도달하였는데 그 후 감소하여 18만 명 전후의 수준을 나타내고 있다. 급부금은 2011년가지 비교적 급속히 증가하여 2011년 1712억 엔에 이르렀는데 그 후 대체적으로 평행이다. 초회 수급자도 급부금도 2006년 이후 몇년간 비교적 급속히 증가한 그것은 고령자고용확보조치 시행의 영향이라고 보인다.

단위 : 명, 억 엔

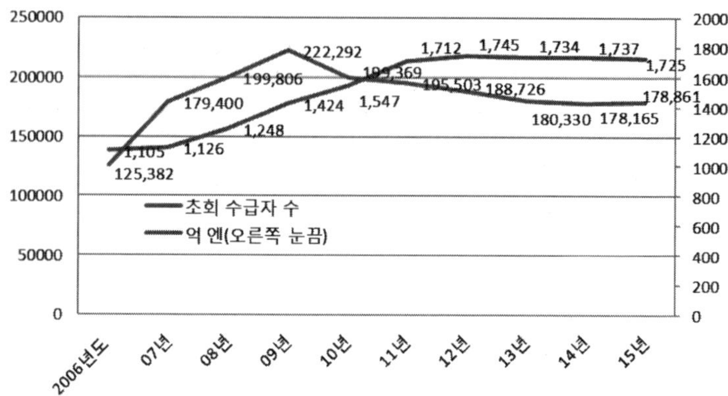

출처:후생노동성 홈페이지(http://www.mhlw.go.jp/stf/shingi2/0000143615.html)

[그림 3] 고연령 고용계속 급부 지급상황 추이

그리고 [고연령고용계속기본급부금]외에 [고연령재취직급부금]이 있다. 동 급부금은 고용보험 피보험 기간이 5년 이상이고, 60세 이후 실업급여를 받고 있던 자가 재취직하였을때, 실업급여의 잔여일수가 100일 이상의 경우 1년간, 200일 이상의 경우 2년간 지급되는데, 단 65세까지만 한정된다. 재취직급부금을 받기 위해서는 재취직 임금이 357,864엔 미만이고, 전직 임금수준의 75% 미만이어야 한다. 지급액은 재취직시 받은 임금의 15%에 해당하는 금액이다. 2개의 급부금을 같이 받을 수는 없다.

고용보험 가입적용은 2017년 1월부터 65세 이상도 가능하게 되었다. 가입조건은 주 20시간 이상 일하고 31일 이상 고용될 전망이 있어야 한다. 65세 이상 고용보험 가입자가 실업할 경우, [고령자구직자급부금]제도에 따라 임금의 50~80%가 최대 50일간 지급된다.

2. 중소기업정년연장 등 장려금

300명 이하의 중소기업이 취업규칙 등으로 65세 이상으로 정년을 연장하거나 정년을 폐지하는 경우, 그 경비로서 일정액을 지급하는 제도이다. 70세 이상으로 정년을 연장하거나 정년을 폐지하는 경우 추가 지급된다.

〈표 4〉 중소기업정년연장 장려금

기업규모	65세 이상 정년연장	70세 이상 정년연장 또는 정년폐지
1~9명	40만 엔	80만 엔
10~99명	60만 엔	120만 엔
100~300명	80만 엔	160만 엔

자료 : 후생노동성 홈페이지(www.mhlw.go.jp)

고용환경정비조성금은 300명 이하의 중소기업이 65세 이상으로 정년을 연장하거나, 정년을 폐지한 후 1년 이내에 55세 이상 65세 미만의 종업원에게 연수 등을 시행한 경우, 그것에 든 경비의 1/2을 지급하는 제도이다. 생산성 요건[6]을 충족시킨 기업은 전자의 경우 75%, 후자의 경우 36만 엔이다.

3. 65세 초과 고용추진 조성금

65세 초과 고용추진 조성금은 65세 초과 계속고용촉진 코스, 고연령자 고용환경 정비지원 코스, 그리고 고연령자 무기고용전환 코스의 3코스가 있다. 먼저, 65세 초과 계속고용촉진 코스에 대하여 살펴보기로 한다.

1) 65세 초과 계속고용 촉진 코스

기업이 단체협약이나 취업규칙에 정년 연장 등의 제도를 도입하고 시행한 경우, 60세 이상 고용보험 피보험자 수[7] 및 정년연장 연수에 따라 다음의 지원금을 지급한다.

지급요건은 다음과 같다. 첫째, 정년연장 등의 제도를 시행하고, 취업규칙을 노동기준감독서에 제출할 것. 둘째, 동 제도 시행일 1년 전부터 지급 신청일 전일까지 고연령자 등 고용안정 등에 관한 법률 제8조[8]

6) 지원금을 신청하는 연도의 과거 1년간 생산성이 3년 이전보다 6% 이상 향상되고, 또한 생산성 산정대상의 사업소에서 같은 기간 해고한 고용보험 피보험자가 없을 것이다.

7) 기간의 정함이 없는 노동계약을 체결한 노동자, 또는 정년 후 계속고용제도로 당해 기업에 계속 고용되고 있는 노동자에 한정된다.

8) 사업주가 정년을 두는 경우 60세를 밑돌아서는 안된다. 단, 당해 사업주가 고용하는 노동자 중, 고령자가 종사하기 곤란하다고 인정되는 업무는 후생노동성령으로 정한 업무에 종사하는 노동자는 대상 외이다.

/9조 1항[9])의 어떤 규정에도 위반하지 않을 것. 셋째, 정년연장 등의 시행 때 전문가에 대한 위탁비 등의 경비지출이 있을 것. 넷째, 정년연장 등에 관련하여 과거 고연령자 고용안정조성금의 지급을 받은 적이 없을 것이다.

구체적인 지원금은 하기 〈표 5〉와 같다. 고령자의 계속고용 연령이나 정년연장 연수가 길수록, 그리고 60세 이상 피보험자 수가 많은면 많을 수록 지원금은 증가한다. 지원금은 1회에 한하여 받을 수 있다.

〈표 5〉 65세 초과 계속고용촉진 코스

단위 : 만 엔

	65세 정년연장		66세 이상 정년연장		정년 폐지	66~69세 계속고용		70세 이상 계속고용	
연장 년수 60세 이상 피보험자수	5세 미만	5세	5세 미만	5세 이상		4세 미만	4세	5세 미만	5세 이상
1~2명	20	30	25	40	40	10	20	15	25
3~9명	25	100	30	120	120	15	60	20	80
10명 이상	30	120	34	145	145	20	75	25	95

자료 : JEED 홈페이지(www.jeed.or.jp)

2) 고연령자 고용환경 정비지원 코스

고연령자 고용환경 정비지원 코스는 고령자가 의욕과 능력이 있는 한, 연령과 관계없이 활력 있게 일할 수 있는 사회를 구축하기 위하여, 고령자 고용환경 설비 조치를 시행한 기업을 지원하여 고령자 고용 기회를 늘리는 것을 목적으로 한다. 대상 기업은 기계설비, 작업방법, 작업환경의 도입/개선으로 기존의 직장/직무에서 고령자의 고용기회가 확대하였거나, 고령자의 고용 기회를 늘리기 위한 고용관리제도의 도입이나 개정 및 고령자에 대한 건강관리제도를 도입한 기업이다. 지원액은 다음 2가지 중 낮은 금액이고 상한액은 100만 엔이다. 첫째, 조치에 소요된 경비의 60%, 단, 중소기업 이외는 45%, 둘째 조치 대상인 1년 이상 계속 고용된 60세 이상 고용보험 피보험자의 인원수×28.5만 엔이다.

9) 65세 미만의 정년을 두고 있는 사업주가 고연령자를 65세까지 안정된 고용을 확보하기 위하여 당해 정년을 연장한다.

3) 고연령자 무기고용전환 코스

고연령자 무기고용전환 코스는 고령자가 의욕과 능력이 있는 한, 연령과 관계없이 활력 있게 일할 수 있는 사회를 구축하기 위하여, 50세 이상이고 정년연령 미만인 유기계약노동자를 무기계약직으로 전환한 기업을 지원하여 고령자의 고용안정을 꾀하는 것을 목적으로 한다. 지원을 받기 위해서는 다음 2개의 요건을 충족해야 한다. 첫째, 유기계약 노동자를 무기계약직으로 전환하는 제도를 단체협약, 취업규칙, 기타 그것에 준하는 형태로 규정을 두고, 둘째, 고연령자 고용추진자의 선임 및 고령자고용 관리에 관한 조치를 1개 이상 시행한 기업으로서, 무기계약전환 계획서를 노동행정관서에 제출해야 한다. 지원액은 대상 노동자 1인당 48만 엔이고, 생산성 요건을 충족시킨 경우는 60만 엔이다.

4. 특정구직자 고용개발 조성금

동 조성금은 특정취직 곤란자 코스와 생애 현역 코스로 나누어진다. 특정취직 곤란자 코스는 고용센터 등의 소개로 고령자(60세 이상 65세 미만)나 장애자 등의 취직 곤란자를 계속 고용하고 있는 기업에 1년간 지원하는 제도이다. 지원금은 단시간노동자 이외의 노동자의 경우 60만 엔을 2번에 나누어 각각 30만 엔 지원한다. 단시간노동자(주 소정 노동시간 20시간 이상 30시간 미만)에게는 40만 엔이다.

생애 현역 코스는 고용센터 등의 소개로 65세 이상의 이직자를 1년 이상 계속 고용하고 있는 기업에 1년간 지원하는 제도로, 단시간노동자 이외의 노동자를 고용한 경우 70만 엔을 2번에 나누어 각각 35만 엔씩 지급하고 단시간노동자의 경우 50만 엔이다.

5. 생애 현역기업지원조성금

생애 현역기업지원 조성금은 40세 이상 자가 창업할 때 민간유료직업소개소를 이용하거나, 노동자 모집 팸플릿 작성 등 모집/채용이나 교육훈련에 관련하여 쓰이는 비용 일부를 보조하는 제도이다. 조성금을 받기 위해서는 창업 시 60세 이상 노동자 1명 이상, 40세 이상 60세 미만의 노동자 2명 이상, 그리고 40세 미만 노동자 3명 이상을 고용보험의 일반 피보험자로서 고용해야 한다. 지원금은 창업자의 연령에 따라, 60세 이상의 경우 경비의 2/3, 40~59세의 경우 1/2인데, 200만 엔이 상한액이다.

6. 생애 현역촉진지역연계사업

후생노동성은 2016년도부터 지역의 특성 등을 고려하여 창의성이 있는 고연령자 고용에 기여하는 지자체 관련 협의회를 지원하고 있다. 지원을 받기 위해서는 지자체가 중심이 되어 노사관계자나 금융기관 등과 연계하여 만든 [협의회] 등으로부터 고연령자 고용에 기여하는 사업 구상 안을 모집하여, 컨테스트 방식으로 고연령자 및 지역 요구 등을 고려한 창의성 있는 사업기획안을 선정하여, 그 사업의 시행을 당해 협의회 등에 위탁하는 사업이다. 지원금은 시행주체의 규모에 따라 다른데, 도도부현의 광역자치단체에는 매년 4000만 엔 정도, 대규모 도시나 구는 3000만 엔 정도, 기타 시정촌(기초자치단체)은 2000만 엔 정도를 최대 3년간 지원한다. 2016년도 1차 모집에서 선정된 협의회 수는 7개, 2017년 2차 모집에서 선정된 협의회 수는 20개, 그리고 2017년 3차 모집에서는 35개의 선정을 계획하고 있다.

V. 생애 현역 고용정책-JEED의 역할을 중심으로[10)]

1. 2016년도 생애 현역사회 고용정책

일본 정부는 2013년 시행된 [고연령자 고용안정법]으로 65세까지의 고용확보가 실현될 수 있을 것으로 보고, 65세 이후의 고용정책을 펼치기 시작하였다. [생애 고용] 또는 [생애 현역사회]라고 불리는 정책이다. 2016년도 [생애 현역사회] 실현을 위해 많이 4가지 정책을 추진하려고

10) 이 절은 오학수(2016)[일본의 고령자 적합 직종 및 고령자 고용정책]을 약간 수정/가필하였다.

하고 있다. 첫째, 기업의 고령자 고용 촉진이다. 고용센터 등의 소개로 65세 이상 고령자를 계속해서 고용하는 사업주에 대한 지원과 함께, 고령자의 고용영역 확대, 작업환경의 개선, 고용관리제도 구축 등을 하는 사업주에 대한 지원이다. 이 정책의 하나로 고연령자 고용안정조성금을 들 수 있다. 일본 정부 및 JEED(고령/장애/구직자고용지원기구, 후생노동성 관련 공공기관이다)는 고연령자의 고용촉진을 위한 고용환경정비를 하도록 기업을 지원하고 있다. 동 조성금에는 상기한 바와 같이 3개의 코스가 있다.

둘째, 고령자 재취직 촉진이다. 고용센터에 65세 이상 구직자 지원을 중점적으로 실행하는 [생애 현역지원창구]을 설치하여 팀을 짜서 고연령 구직자의 취직을 지원하거나, 65세 이상 구직자를 위한 개별 구인개척을 시행함과 동시에 기능강습을 시행하는 등 재취직 지원을 충실히 한다. 2016년도 현재 80개의 고용센터에서 지원창구를 설치하였다.

셋째, 지자체를 중심으로 지역의 필요를 파악하고 그것을 충족할 수 있는 다양한 고용/취업 기회를 찾아내어 고용을 제공하는 [생애 현역촉진 지역 연계사업(가칭)]을 상기한 바와 같이 창설하였다.

넷째, 실버 인재센터 역할 강화이다. 센터는 1975년 도쿄도 에도가와구 사업단을 시작으로 각지에 설립되었는데, 1980년에는 정부와 지자체가 보조금을 지원하기 시작하였다. 1982년 전국실버 인재센터 사업협회가 설립되어 각지의 센터를 종합하는 역할을 하였다. 1986년 제정된 [고연령자 고용안정법]에 센터의 설립 등이 법제화되었다. 센터의 목적은 지역의 고령자가 [자주, 자립, 共動,공조]의 이념 하에 오랫동안 축적한 지식, 경험, 기능을 살려 취업함으로써 풍요롭고 적극적인 고령기의 생활과 사회참가로 삶의 보람을 높임과 동시에, 지역에 활력을 일으켜 지역사회의 복지와 활성화에 기여하는 것이다.

실버 인재센터는 정년퇴직 후 임시적이고 단기적 또는 輕微한 취업(1주일 20시간 이내)을 희망하는 고연령자에 지역의 일상생활에 밀착한 업무를 제공하는 공익단체이다. 센터가 기업, 가정, 관공청으로부터 업무를 발주 받으면, 센터의 회원으로 등록된 고령자에게 당해 업무를 수행하도록 의뢰하고 고령자가 그 업무를 수행하게 된다. 센터는 업무를 발주한 자로부터 업무발주대금을 받고, 그 대금 중 일부를 업무비 등으로 공제하고 업무를 수행한 고령자에게 [배분금]이라는 형태로 임금을 지급하고 있다. 정부와 지자체는 센터에 일정한 보조금을 지원하고 있다.

2014년도 센터 수는 1272 법인, 회원 수는 약 72만 명이다. 센터는 기초자치단체의 약 80%에 설치되어 있다. 회원의 평균연령은 71.8세이고, 성별로는 남성이 67%, 여성이 33%이다. 월 평균 취업일수는 9.8일이다. 회원 1인당 평균 월 분배금(임금에 해당)은 3만 6747엔이다. 센터는 2016년 고령자에게 다양한 취업기회를 제공할 수 있도록 지방공공단체나 경제단체와 연계하여 새로운 취업기회를 창조하는 [지역취업기회 창출/확대 사업(가칭)]을 창설하기로 하여 더 큰 역할을 지향하고 있다.

최근 회원 중 보다 일할 수 있는 시간을 늘려 줄 것을 바라고 있고, 센터에 대한 기업 수요가 증가하고 있을 뿐만 아니라 일부 지자체에서도 센터의 취업규제(임시적, 단기적, 가벼운 일) 요건을 완화해 달라는 요청이 있어, 현재 요건 완화 등 센터의 기능강 화를 검토하고 있다.

구체적으로 기능 강화는 3가지로 나누어서 검토되고 있다. 첫째, 센터가 적극적으로 취업기회나 업무영역을 개척하여 고연령자 고용을 촉진한다. 이를 위해 종래 도급사업 외에 파견이나 직업소개사업을 적극적으로 전개하도록 하여, 그러한 센터에 대한 보조금을 더욱 높인다. 특히, 육아 지원 분야나 지역에서 인재부족 분야에 적극적으로 고연령자 고용을 개척하는 경우 적극적으로 지원한다.

둘째, 민간기업의 영업을 위축할 것이라는 우려를 염두에 두면서 상기한 센터의 취업규제 요건 완화의 가능성을 검토한다.

셋째, 지자체와 센터가 연계하여 시행하는 사업의 충실화 등 센터가 새로운 사업을 만들어 나간다. 일본 정부는 이러한 정책을 추진하는데 270억 엔의 예산을 책정하였다.

2. 기존의 생애 현역사회 고용정책

고령자 고용정책을 실무적으로 추진하고 있는 정부 관련 단체로서 고령/장애/구직자지원기구(JEED)가 있는데, 이전부터 생애 현역사회 고용지원 사업을 전개하고 있는데 주요 내용을 살펴보면 다음과 같다.

동 기구는 고령자, 장애자, 구직자 고용지원을 위해 2011년에 설립되었다. 종래 각각의 사업을 하고 있었던 3개의 법인이 통합된 것이다. 2017년 9월 현재 전체 종업원은 약 6500명이고 정규직과 비정규직이 거의 반반이다. 고령자 고용지원은 66세 이상 고령자 고용촉진을 위한 조성금 지급사업, 고연령자 고용어드바이저에 의한 상담이나 원조, 고령자 고용 촉진을 위한 실천적 수법의 개발, 그리고 생애 현역사회 실현을 위한 계몽 활동을 시행하고 있는데 여기에서는 주로 생애 현역사회를 위해 시행하고 있는 사업을 중심으로 살펴보기로 한다.

1) 고연령자 고용개발 컨테스트

JEED는 언제까지라도 일하고 싶어 하는 고령자가 연령에 관계없이 생애 현역으로 활력 있게 일할 수 있도록 각 기업이 시행하고 있는 고용관리나 직장환경 개선을 위해 창의적으로 궁리하고 있는 사례를 모집하고 있다. 이러한 컨테스트는 2016년도 31회째를 맞이하고 있다. 구체적인 개선항목과 개선내용은 다음 〈표 6〉과 같다.

JEED는 기업에 고연령자 고용개발 컨테스트의 신청을 공모하고 있다. 그런데 실질적으로는 JEED의 [고연령자 고용 어드바이저]가 상담/원조하고 있는 기업에 공모를 요청하여 기업이 그것에 응하고 있다. 응모 기업 수는 2013년도 284사, 2014년도 257사, 2015년도 182사였는데, 그중에서 후생노동성 대신상 등이 결정되고 있다. 수상 기업을 선정하기 위하여 심사위원회를 구성하는데 2015년도의 경우 학자 등 8명이었다. 상기한 고용개발 컨테스트의 개선 항목 및 내용이 우수한 기업이 선정되는데 70세 이상의 종업원이 있는 것이 중시된다고 한다.

〈표 6〉 고연령자 고용개발 컨테스트의 개선 항목 및 내용

개선항목	개선 내용
제도면	1. 정년제 폐지/정년연령의 연장/재고용제도의 메뉴화 등의 인사제도 개선 2. 직무급 도입 등 임금제도의 개선 3. 적은 근무일수/단시간 노동 등 유연한 고용형태의 도입 4. 평가기준의 도입 이상과 같은 개선으로 고령자가 일하기 쉬운 환경을 추진하는 사례

개선항목	개선 내용
능력개발	1. 새로운 직장, 직무로 취업하거나 새로운 지식/기능 습득 등을 원하는 고령자를 타깃으로 한 교육훈련의 시행 2. 고령자와 청년층이 짝이 되어 일하면서 기능을 전승하는 시스템 도입 이상과 같은 개선으로 고령자를 포함한 기업내 교육훈련 체계를 구축한 사례
직장환경개선	1. 미스 방지와 쓸데 없는 움직임을 없애고 효율적인 근무방식을 위한 직장 환경개선 2. 신체적, 정신적 부담을 경감하여 피로방지를 피하는 대응 이러한 개선으로 고령자가 일하기 쉬워 직장환경이 된 사례
건강관리, 안전위생, 기타	1. 고령자의 건강증진, 질병예방을 위한 건강관리 2. 고령자의 신체적 특징 등을 배려한 안전위생관리 3. 생활설계의 상담체제/휴게실 설치 등 복리후생의 개선 4. 현역세대나 고령자의 모티베이션이 올라가는 대응 이러한 개선을 시행한 사례
새로운 직장, 직무의 창출	1. 새로운 회사의 설립, 분사화, 신규부문의 창출 2. 사업내 새로운 직장/직무의 창출 이러한 창출로 노하우를 가진 고령자를 활요하는 등의 사례

자료 : JEED[2016년도 고연령자 고용개발 컨테스트 사례모집요강]

2015년도 최우수상을 받은 회사는 교토중앙신용 금고이다(JEED, 2015c). 동 금고는 2006년부터 정년 60세, 희망자 전원을 65세까지 촉탁으로 재고용하는 계속고용제도를 도입하였고, 2008년부터는 65세 이후도 근로자 본인이 희망하고 금고가 필요하다고 인정하면 비상근 촉탁으로 70세까지 재고용하는 제도를 도입하였다. 70세 이후도 본인의 의욕과 능력을 고려하여 계속 고용하는 경우도 있는데 72세의 종업원도 있다. 60세 이상의 종업원이 전 종업원에 차지하는 비율은 8.9%이다. 고령자의 능력을 최대한 발휘할 수 있는 [채권관리팀]을 만들었는데, 지점장 경험자 등 섭외력이 뛰어난 65세 이상의 종업원이 팀에 소속되어 있다. 동 팀의 고령자는 직접 고객을 만나 커뮤니케이션을 통하여 고객이 받아들일 수 있는 해결책을 마련할 뿐만 아니라, 후배 사원에게 기능을 전승해 주고 있다.

2) 생애 현역기업 100선

JEED는 상기 고용개발 컨테스트에 응모한 기업 중 [생애 현역고용]의 모델이 될 수 있는 기업을 매년 100사 선정하여 [생애 현역기업 100

선]에 기재하고 있다. 100선 선정기준은 [정년제나 계속고용제도의 실태, 또한 지역이나 업종 등을 고려하여 다른 기업의 모델이 될 수 있는지, 그리고 다른 기업이 따라서 시행하기 쉬운 내용인지 등]이다. 100선에 선정된 기업을 소개한 보고서 [엘더 활약 선진 사례집-고령 종업원의 특색을 살리고 전력화를 꾀한다-](2015년 판)에도 상기한 컨테스트의 개선 항목 및 내용이 실려져 있다.

이상과 같이 고용개발 컨테스트의 연장선에 [생애 현역기업 100선]이 있는데 컨테스트에 응모하도록 안내/지원하는 [고연령자 고용 어드바이저]의 역할이 매우 크다고 말할 수 있다. 고연령자 고용 어드바지져의 역할은 고연령자 고용 안정법에 따라 65세까지 고연령자 고용 확보 조치를 아직 시행하고 있지 않은 기업이나 경과조치로 계속고용 제도의 대상자 기준을 두고 있는 기업에 대하여, 희망자 전원이 65세까지 계속 고용 하도록 후생노동성의 고용센터 요청에 직극직으로 대응하여 상담/조언을 시행한다. 또한, 희망자 전원을 65세까지 고용한다는 고용확보 조치를 이미 마친 기업에 대해서는 66세 이상으로 정년연장 등 기업의 자주적인 노력을 지원하는 등 연령에 관계없이 일할 수 있도록 하여 생애 현역사회의 실현을 추진한다.

고연령자 고용 어드바지켜의 역할은 [노동 행정의 요청이나 지도를 대행하거나, 기업에 계속고용 도입 등을 부탁하는] 것이 아니라, 어디까지나 [기업의 요청에 대응한 상담/조언이나 기획 입안 등을 하여 계속고용 등을 중심으로 생애 현역사회를 실현해 나가는 것으로 규정되어 있다. 한편, 국가의 노동행정 기관인 고용센터는 법제도 등의 주지와 계몽을 시행함과 동시에 법에 따른 고용확보조치를 시행하고 있지 않거나 시행하려는 의지가 없는 기업 등에 행정지도 및 법 취지나 기본방침을 고려하여 계몽지도를 시행한다.

동 어드바이저는 사회보험노무사, 경영 노무 컨설턴트, 중소기업 진단사 등 전문적이고 실천적인 능력을 갖춘 자로 인정된 경우, JEED 주최의 3일간의 자격인정 강습을 이수하고 일정 과제(예를 들어 [앞으로의 고연령자 고용 과제와 고연령자 고용 어드바이저의 역할에 관하여])에 대한 리포트를 제출하여 소정의 수준에 도달한 경우 4월에 고연령자 고용 어드바이저로 위촉된다. 매년 기업방문 건수 등을 충족하면 위촉이 갱신되는데 1건 당 1만 5000엔의 사례비가 지급되고 있다. 2016년 6월 현재 동 어드바이저 수는 약 500명이고, 기업을 방문하여 상담/원조한 건수는 2000년도 33,702건, 2011년도 35,929건, 2012년도 41,747건, 2013년도 42,160건, 그리고 2014년도 39,997건을 기록하였다. 어드바이저 1인당 매년 약 80사를 방문하고 있다. 2014년도 동 어드바이저가 방문한 기업에 대한 앙케트 조사 결과, 응답자의 89.7%가 [개선 효과가 있다]라고 응답하였다고 한다.

동 어드바이저가 방문하는 기업의 선정은 다음과 같다. 후생노동성으로부터 제공되는 고연령자 고용 상황보고 정보 및 과거의 상담/조언의 기록으로부터 알게 된 제도 도입 상황, 고연령자 고용상황 등의 기업 정보를 토대로 제도의 도입이나 개선 효과가 예상되는 기업의 리스트를 작성하여 필요에 따라 직업안정기관(우리나라의 고용센터에 해당)과 협의하여 방문 기업을 결정한다.

동 어드바이저의 역할을 보다 구체적으로 보면 다음과 같다. 첫째, 정년연장이나 60세 이후의 계속고용을 위한 상담, 조언 활동이다. 구체적으로 정년연장을 포함한 계속고용에 따른 인사관리제도(직무 기준, 자격제도 등)의 정비, 임금/퇴직금 제도의 정비, 직장개선/직무개발, 능력개발, 건강관리, 그 외에 고연령자 고용문제이다.

둘째, 기획 입안 서비스이다. 상담, 조언으로 발견된 고연령자 고용확보조치의 시행에 따라 조건정비가 필요한 구체적인 과제에 관하여 개선안을 작성하여 제안한다. 실적은 2013년도 120건, 2014년도 96건이다. 기획입안 서비스는 유료인데, 비용의 1/2을 JEED가 지원하고 있다. 서비스 내용은 상담/조언의 항목과 비슷한데 더욱 구체적이다.

셋째, 기업진단 시스템이다. 기업의 고연령자 고용 현상과 사업주의 기본입장을 정리 분석하여 고연령자 고용의 장애요인을 발견, 정리하고, 장애 요인을 해소하기 위한 개선안을 개발한다. 진단 시스템은 직장개선, 교육훈련, 건강관리, 인건비/임금분석의 4종류가 있다. 2014년도 실적은 3225건이다.

그럼 구체적으로 2014년도 100선에 선정된 기업의 고령자 고용실태를 보기로 한다. 100선은 많이 첫째, 정년이 없는 기업, 둘째 70세 정년제 기업, 셋째, 65세 정년제 기업, 그리고 넷째, 60~63세 정년제 기업으로 나누어져 있는데 이에 따라 주요 사례를 소개한다(JEED, 2014b, 2015d).

첫째 정년이 없는 기업으로 평화산업의 사례를 보기로 한다. 동사는 대기업에 정밀도가 높은 기계부품의 절삭가공을 전문으로 하는 회사로서 2006년에 정년제를 폐지하여, [근로자 본인의 의사에 따라 연령에 관계없이 일할 수 있는 직장]의 실현을 지향하면서 [기업의 활력을 잃지 않는 조직/인사제도의 구축]을 적극적으로 추진하고 있다. 동사의 근로자는 167명으로 60~64세의 근로자는 전체 근로자의 4.8%, 65~69세는 3.6%, 그리고 70세 이상은 1.8%를 차지하고 있다. 최고령 근로자는 72세이다.

동사는 주로 항공기 엔진이나 기체 부품제작으로 최근 10년간 급속히 성장하였는데, 성장을 이끈 주요 근로자는 납품처인 대기업에서 이직해 온 현재의 고령자층이었다. 중년층이 적은 동사에 고령자는 매우 귀중한 인재이고, 지금까지의 경험을 살려서 젊은 관리직을 뒷 받쳐 주는 것이 필요했기에 정년을 폐지하였다. 70세인 근로자는 단시간 근무를 하는데 주 3일 근무이고 근로시간은 8시에서 17시까지이다. 공장 내 공작기계의 유지, 보수의 일을 하는데 월 급여는 22만 엔이다.

72세인 근로자도 단시간 근무를 하는데 주 5일, 9시에서 16시까지 근무하고, 고객 기업에 대한 영업업무를 담당하고 있고 월 급여는 18만 엔이다.

고령자가 일하기 쉬운 직장을 만들기 위해 동사가 지금까지 실행해 온 개선내용을 보면, 다음과 같다.

1. 창업 이래 급성장하는 가운데 고연령자 층이 적어서 중도채용에 의존하였는데, 될 수 있으면 고연령자가 많이 일할 수 있게 하려고 정년제를 폐지함과 동시에 본인이 희망하는 한 연령에 관계없이 일할 수 있는 직장을 만들기 위한 환경을 만들었다.
2. 개개인의 경력형성과 인재육성을 연계하였고, 일의 성과를 제대

로 반영하는 새로운 임금제도를 구축하였다. 그리하여 35세 이후는 주로 직능과 직책으로 결정되는 역할급으로 연봉이 결정하도록 하였다.

3. 정년제를 폐지하여 언제 근로자가 그만둘지 모르고, 또한 근무형태 변경도 할 수 있도록 했다. 퇴직이나 근무형태 변경 시 반드시 최저 6개월 전에는 회사에 통보하도록 의무화하였다.
4. 공정한 경쟁과 본인의 자주성을 존중하면서 자기의 적성에 맞는 직무수행능력을 높일 수 있도록, 가동하지 않는 기계를 자유대로 조작/연습할 수 있는 제도를 도입함과 동시에 필요한 연습 소재를 무상으로 제공하고 만든 제품의 품질평가도 해 주었다.
5. 고연령자의 필요에 따라 일할 수 있는 다양한 근로 형태를 도입하였는데, 그것에 대응하기 위해서는 다기능화가 필요하였다. 현장 직원은 3개 이상의 기계를 조작할 수 있는 작업체제를 구축하였다.
6. 정밀도가 높은 기계가공이고, 서서 하는 작업이기 때문에 고연령자의 경우 풀타임 근무가 힘든데, 고연령 자의 신청에 따라 고연령자의 작업량을 조정해 주고, 적극적으로 잔업시간을 삭감하였다.

둘째, 70세 정년제 기업인 김포멜텍은 1931년에 설립된 금속제품 제조업체이다. 49명의 종업원이 근무하고 있는데, 그중 8명(26.2%)이 60세 이상 고령자다. 동사는 2011년 60세 정년을 70세로 연장하였다. 그 배경을 보면 다음과 같다. 2008년 세계금융위기로 수주액이 90%나 감소하였는데, 수주를 따기 위하여 [우리 회사는 숙련기술자의 기능이 뛰어나다]라는 점을 내세워 영업활동을 전개한 결과, 많은 수주를 획득하였다. 수주 감소 때 60세 전반 층 중에 스스로 퇴직하는 근로자가 있어 전체 기술력이나 직원의 사기에 부정적인 영향이 있었다. 이러한 문제를 해결하기 위해서 도입된 것이 70 정년제였다. 정년연장과 함께 다음과 같은 제도개선을 시행하였다.

1. 퇴직금은 60세에 지급하였다.
2. 60세 이상 고령자에게는 자기 사정에 맞게 일할 수 있도록 유연근무제를 도입하였다. 예를 들어 오전 8시 반에서 15시까지의 근무도 가능하고, 또한, 출근 후 개인의 가족 등의 사정으로 일단

퇴근한 후 다시 출근하는 것도 인정하였다.

3. 60세 이후는 시급제를 도입하였고, 상여금은 1년에 한 번 지급하였다(일반 근로자는 3회 지급).
4. 능력개발 개선이다. 청년층에게 고령자의 노련한 기능을 전수할 필요가 있는데 세대 간의 격차가 커서 그것이 쉽지 않았다. 그래서 고령자가 중간층인 40대에 기능을 전수하고, 40대가 청년층에게 전수할 수 있도록 2단계 기능 전승제도를 도입하였다.
5. 고령자의 육체적 부담을 덜기 위하여 모든 작업대에 리프트를 설치하였고, 진동을 경감하는 절단기를 도입하였다.
6. 건강유지/관리를 위해, 아침 라디오 체조 시행, 수분 섭취 지도 등과 함께 환기설비도 설치하였다.

셋째, 65세 정년제 기업으로 시라네 운송이다. 1959년 설립된 동사는 식품 관계의 운송업을 하고 있는데, 종업원 수는 57명이다. 그중 9명(15.8%)이 60세 이상의 고령자이다. 동사는 1977년 정년연령은 60세에서 65세로 연장하였다. 65세 정년 이후도 본인의 건강에 문제가 없고 희망하면 연령에 관계없이 언제까지라도 일할 수 있고, 근로시간이 정년 전과 같으면 원칙적으로 처우도 바뀌지 않고, 신분도 정규직이다. 어떻게 이런 고령자 고용이 가능한가. 동사는 [매너가 사람을 새롭게 만든다], [오늘의 운송이 내일의 영업이다], [안전은 모든 것에 우선한다]라고 하는 표어를 내걸고 실천에 옮기고 있다. 근로자 개개인의 자질 향상이 안전운송과 고객 만족으로 이어진다고 보고 있고, [가족 집단주의]의 경영방침 아래에 이른바 종신고용을 중시하고 있다. 동사는 이러한 경영방침을 갖고 있었기에, 종래 60세 정년제로 직업 인생을 마치는 것은 [사회적 손실]이라고 보고 솔선하여 정년을 연장하였다.

동사는 근로자의 자질향상을 위해 평상시 노농 안선위생관리를 철저히 하고, 국가인정의 자격취득을 위해 [화물자동차 운전자 과정] 등 연수에 종업원을 보내고, 매월 두 번째 주 토요일에는 전 부문 합동 연수를 시행하여 경찰서 공무원, 보건사, 문화인 등 외부 인사를 초청하여 자질 향상에 힘쓰고 있다. 그 결과 교통안전 대책 등을 평가하여 일정기준을 통과한 운송사업소에 부여하는 [G마크(안전성 우량 사업소 인정마트)]를 2003년 취득하였다. 그뿐만 아니라, 회사에 대한 종업원의 애착이나 자긍심이 높아졌는데, 그것이 종업원의 높은 정착률과 거래처 고객의 높은 신뢰로 이어져 회사 발전에도 좋은 영향을 미치고 있다고 평가하고 있다. 동사는 고령에 따른 문제를 해결하기 위해 60세 전후의 고령자를 대상으로 장거리 운전업무에서 단거리 운전이나 창고 업무로 전환할 수 있도록 하는 등 고령기에 적합한 업무를 부여하면서 고령자의 사기를 높이고 있다. 청년층이나 중년층은 회사의 이러한 고령자 고용관리를 보면서 회사에 대한 애착심과 높은 사기를 갖고 업무에 임하여, 고객으로부터의 신뢰를 얻게 되는 등 큰 효과를 보고 있다고 한다. 어느 70세 정규직은 주 6일 근무제로 매일 6시간 40분 근무하고 있는데, 월 급여는 약 34만 엔으로 매우 높은 급여를 받고 있다.

넷째, 60~63세 정년제 기업으로 야마모토 금속 제작소를 보기로 한다. 동사는 1965년에 설립된 회사로 전기기계 기구 제조업체이다. 종업원 수는 98명인데, 그중 60세 이상 고령자는 10명(10.2%)이다. 동사는 60세 정년제를 두고 있지만, 정년 후 희망자 전원을 촉탁사원으로서 65세까지 재고용하고 있고, 65세 때 본인이 희망하면 회사가 인정한 일정 조건으로 연령 제한 없이 재고용할 수 있다. 동사는 고부가가치를 지향하는 가운데 기술/기능의 계승과 인재육성이 가장 중요하다고 보고 있는데, 그것을 위해서라도 고연령 자의 고용기회를 확보하기로 하였다. 그에 따라 1998년부터 60세 정년 후 희망자 전원을 65세까지 고용하고 있다.

동사는 고부가가치 제품의 생산에 대응하기 위하여 도구를 자체 개발/제작해야 하는데 고연령 자의 높은 기능이 매우 유용하다. 또한, 고객의 엄격한 정밀도나 마무리 작업에 대응하는데도 고연령 자의 숙련된 기능이 필요하다. 이러한 고연령 자의 기능을 전승하기 위하여, [마무리 작업장]을 설치하였다. 그 작업장에서 고연령 자가 손작업으로 하는 기계가공 기능이나 절삭 공구의 연마 등의 기능을 맨투맨으로 젊은 후배들에게 전승하고 있다. 동사는 이뿐만 아니라 의식적으로 고연령 자와 젊은 후배들로 구성된 팀을 만들어 OJT나 연수회 등을 시행하여 기능 전승을 꾀하고 있다. 또한, 국가 기능자격 취득을 장려하고 있는데 고연령자가 기능 지도를 하는 등 큰 역할을 담당하고 있다.

동사는 고연령 자가 일하기 쉽도록 바닥에 특수 매트리스를 깔아 발과 허리의 부담을 낮추고 있고, 정기 건강검진, 특진, 2차 검진, 보건 지도 등을 시행하고 있다. 실제 74세와 75세의 근로자도 촉탁으로 근무하고 있다.

3) 산업별 고령자고용 추진사업

JEED는 산업별로 노동력 인구의 고령화 상황, 당해 산업을 둘러싼 경영환경, 요구되는 노동자의 자질, 형태 등이 다를 수 있는데 이러한 산업별 특성을 고려하면서 고령자고용을 추진하기 위하여 산업별 고용자고용 추진사업을 하고 있다. 매년 5~6개 산업/업종을 선정하여 당해 업계 단체(일반적으로 협회)가 산업별 고령자 고용추진 가이드라인을 작성할 수 있도록 1단체 당 2년간 약 2000만 엔을 지원하고 있다. 2016년 6월 현재 71개의 산업/업종의 가이드라인이 만들어져 있다.

업계 단체는 가이드라인을 작성하기 위하여 고령자추진 위원회를 만들어 당해 업계의 고령자 고용을 추진하고 있는 기업의 사례 조사나 앙케트 조사를 시행하고 있다. 가이드라인은 동 업계 회원 기업에 배포되고 있는데 가이드라인이 [기업의 고령자 고용 추진에 도움이 되었다]라는 응답은 2014년도 조사 시 83.2%였다고 한다. 동 사업의 일환으로서 사업추진 2년째 업계 회원 기업을 대상으로 [가이드라인 보급 계몽 세미나]를 개최하고 있다.

2015년 9월 발행된 전 일본 트럭협회 가이드라인의 주요 내용을 보면 다음과 같다(JEED, 2015b). 동 협회는 2014~15년 2년간에 걸쳐 회원 기업과 운전사에게 앙케트 조사를 시행하였다. 응답자 수는 기업이 532사, 운전사는 795명이었다. 운전사가 정년 이후에도 계속 일하는 데 지장이 있는 것으로 가장 많이 든 것은 [체력 면, 건강 면에서 불안이 크다]로 기업 92.9%, 운전사 86.2%가 그렇다고 응답하였다. 기업이 정년 이후에도 활력 있게 일할 수 있도록 조치를 취하고 있는 것으로 가장 많이 든 것은 [건강검진을 철저히 받도록 한다]로 86.0%에 이르렀다. 구체적인 사례로, 건강검진의 정밀검사를 받으면 반드시 영수증 복사를 제출하게 하거나, 운전사별로 [건강상태확인 기록부]를 작성하여 혈압에 문제가 있는 자는 매일, 문제가 없는 자는 매월 1회씩 보고하도록 하고 있는데 혈압에 이상 치가 보이는 자에게는 운전을 시키지 않는다. 혈압계는 사무소나 운전대기실에 비치되어 있다.

4) 임금체계 상담/개선 지원

[고연령자 고용 어드바이저]는, 상기한 바와 같이 고령자 고용 촉진이나 생애 현역사회 실현에 큰 역할을 하고 있는데, 여기에서는 그것에 중요한 요소인 임금체계 상담/개선 지원에 관하여 살펴보도록 한다.

동 어드바이저가 기업의 임금체계 상담/개선을 할 때 바람직한 임금체계 모델을 갖고 그것을 도입하도록 기업에 제안하거나 강제하지 않고, 개별 기업이 고령자 고용 촉진, 생애 현역사회 실현을 지향하면서 어떤 문제점/개선점이 있는지 점검하는데 필요한 상담 또는 조언 활동을 하고 있다. 그런 측면에서 개별 기업이나 동 어드바이저에 따라 임금체계의 내용이 매우 다양할 수 있다.

전술한 바와 같이 일본에서는 고연령자 고용안정법의 개정으로 2013년부터 기업은 희망자 전원에게 65세까지 고용확보를 해야 하는데, 실제 대부분 기업은 그러한 조처를 하고 있다. 이때 과제는 60세 정년 이후 고령자의 임금이 정년 전의 60% 정도의 수준으로 저하 해 일할 의욕이 떨어지는 것을 어떻게 하면 방지할 수 있겠느냐는 하는 것이다. 일반적으로 정년 후 재고용되는 고령자의 임금은 정년 전의 임금과 관계없이 정년 전의 자격이나 직책을 중심으로 몇 개의 범위로 분류하여 임금액을 설정하고, 인사평가를 시행하지 않고 정액을 지급하거나 정년 전의 몇%로 정하여 지급하고 있다.

재고용되는 고령자의 일할 의욕에 영향을 주는 요소로서는 재고용 후의 임금의 변화와 수준, 업무의 결과나 과정에 대한 평가의 임금 반영, 주어진 직무 내용과 역할, 본인의 취업목적과 취업의식이나 의욕, 직장환경 등이다. 그중에서 가장 중요한 요소가 임금의 변화, 업무 평가의 임금에의 반영인데, 그것을 중심으로 고용 어드바이저의 제안 내용을 보기로 한다.

기업이 재고용되는 고령자의 임금을 결정하기 전에 검토해야 할 것이 있는데 그것이 고령자 고용전략/전술(고령자 고용의 목적과 그 활용방법)이다. 이를 위해 첫째, 고령자가 담당할 직무나 일 내용을 검토하고, 업무의 양과 질이나 근로시간의 분담 등을 검토해야 한다. 둘째, 이러한 검토 후 구체적인 업무 내용, 역할, 근무형태를 결정해야 한다. 그리고 셋째, 기업이 고령자에게 어떤 성과를 기대하고, 그것을 임금에 어떻게 반영할 것인지 결정해야 한다.

재고용 고령자의 임금설정은 직무 내용, 책임, 직무전환이 정년 전과 같은가, 업무성과를 임금에 반영할 때 취업의욕이나 능력의 지속성, 그리고 건강/신체기능의 저하 등이 있는지도 고려해야 한다.

구체적으로 임금설정을 위해서는 직무 내용을 평가해야 하는데 평가지표로 많이 3가지가 있다. 직무 내용, 직무 책임, 취업의 자유도이다. 구체적으로 그 내용을 보면, 먼저 첫째, 직무 내용은 업무/작업(일의 난이도, 직무의 경험도/곤란도), 판단요소, 능력발휘, 일의 개선/개량, 기획/입안의 정도로 구성되어 있다.

둘째, 직무 책임은 직무수행, 업적, 조정, 지도, 후계자 육성에 대한 책임으로 구성된다. 그리고

셋째, 취업의 자유도인데, 그것은 일하는데 주거이전을 동반하는 원거리 전근, 동반하지 않는 직장변경, 새로운 능력이 있어야 하는 직종/역할로 변경하는 정도, 소정 내 노동시간보다 짧게 일할 수 있는 정도, 초과노동의 정도로 구성되어 있다. 이러한 항목으로 직장 내 최고의 직무가치가 높다고 인정되는 관리직을 기준으로 역할률(각 평가 항목, 100)을 정하고, 그것에 따라 재고용되는 고령자 개개인이 담당하는 직무의 정도를 평가하여 비교 평가율에 기재한다(〈표 7〉 참조)

임금률은 다음 산식으로 구해진다. 즉 임금률은 비교 평가율의 합계 % 역할률의 합계 ×100이다. 재고용 고령자 임금의 산식은 본인의 60세 도달시 임금×임금률이다. 고령자의 경우, 근무 일수가 적거나 근무시간이 짧은 경우가 있어 임금은 시간급으로 재설정하여 근무량에 따라 임금을 지급하게 된다.

이 처럼 재고용 고령자 임금이 정년 후 자기 일과 근무방식 등의 평

가항목에 따라서 결정되면 납득성이 높아져, 일할 의욕의 저하를 막을 수 있다.

〈표 7〉 재고용 고령자 업무평과와 임금률

대분류	평가항목	전직과 비교 평가 할 내용	임금률(%)	
			역할률	비교 평가율
직무 내용	업무/작업	일의 난이도, 직무의 경험도/곤란도	?	?
	판단요소	일하는데 판단이 필요한 정도	?	?
	능력발휘	발휘되는 능력의 폭과 깊이	?	?
	개선/개량	일에 대한 개선/개량의 요구정도	?	?
	기획/입안	일하는데 기획/입안의 필요도	?	?
직무 책임	직무수행책임	일 자체에 대한 책임의 정도	?	?
	업적책임	회사, 부문 업적에 관한 책임의 정도	?	?
	조정책임	관련 부문을 조정할 책임의 정도	?	?
	지도책임	그룹, 동료에 대한 지도책임	?	?
	후계자육성책임	자신을 대신할 인재를 키우는 책임 정도	?	?
취업의 자유도	원거리 전근	주거이전을 동반한 직장 이동 정도	?	?
	직장변경	주거이전을 동반하지 않는 직장 이동 정도	?	?
	직종/역할변경	새로운 능력을 필요로 하는 직종, 역할로 변경하는 정도	?	?
	소정근무시간	소정노동시간내에 취업할 자유도	?	?
	초과근무	초과근무 하지 않을 자유도	?	?

주 : 임금률의 공란(?)은 아직 정해져 있지 않다.
자료 : JEED(2016b)

3. 생애 현역사회 실현 과제

일본 정부는 2013년 희망자 전원 65세까지의 고용확보 조치가 시행된 이후 65세 이후의 생애 현역사회를 실현하기 위한 정책을 시행하고 있다. 생애 현역사회를 실현하기 위해서는 어떤 과제가 있는지 살펴보기로 한다.

JEED는 2013년 10월 20,000사를 대상으로 앙케트 조사를 시행하여 4,203사로부터 응답을 받았다(유효 응답률 21.0%). 동 앙케트 조사에서 65세 이후의 사원에 관련된 인사관리의 과제를 중심으로 생애 현역사회

실현에 어떤 과제가 있는지 보기로 한다(JEED, 2014).

먼저 65세 이후 근로자가 있다고 응답한 기업은 66.7%였다. 65세 이후 근로자 고용형태는 정규직이 18.2%, 비정규직이 78.9%였다. 기업이 65세 이후 고령자에 대해 만족한다고 응답한 비율은 86.9%로, 60대 전반 층에 대한 만족도 75.3%보다 높았다.

기업이 65세 이후 고령자 고용에 어떠한 과제를 안고 있는지 보면(복수응답), [본인의 건강]이 72.1%로 가장 많았다. 이어, [본인의 일할 의욕의 유지/향상] 55.8%, [담당할 일의 확보] 48.3%, [본인의 능력 유지/향상] 38.1%, [근무시간의 유연성] 26.5%, [다른 정규직과 처우상 균형] 22.7%, [직장 상사와의 인간관계] 22.2%, [다른 근로자 일할 의욕의 유지/향상] 21.5%, [청년층/중견층의 사내활약 기회의 감소] 21.0%였다. 20% 미만의 응답률은 [직장환경 정비] 18.9%, [다른 비정규직과의 처우상 균형] 15.9%, [가족의 건강] 14.6%, [직장의 상사 이외의 근로자와의 인간관계] 14.0%였다. 과제가 없는 기업은 3.8%로 매우 적다.([그림 4] 참조)

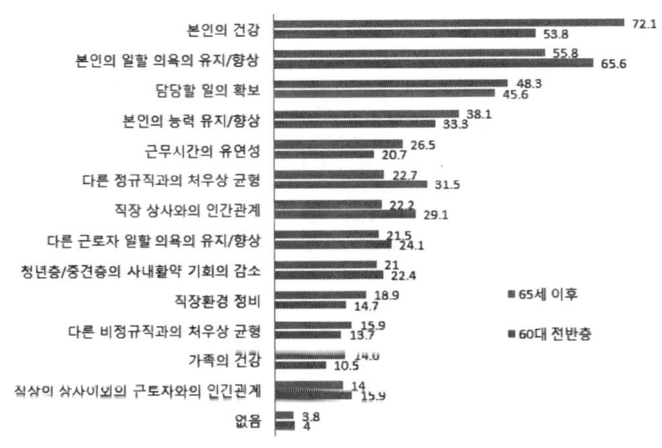

자료 : JEED(2014a)

[그림 4] 65세 이후 고령자 고용 과제(복수응답, 단위 : %)

65세 이후의 고령자 고용과제는 60대 전반 층의 그것과 큰 차이가 없다. 65세 이후의 고령자에 더 많은 과제는 주로 [본인의 건강], [담당할 일의 확보], [본인의 능력 유지/향상], [근무시간의 유연성] 등이다.

65세 이후의 고령자는 60대 전반 층보다 건강과 능력을 유지/향상하는 것이 어려워 담당할 일을 확보하는 것이 주요과제라 할 수 있다.

기업이 65세 이후 고용을 추진하면서 국가의 지원이 필요하다고 지적한 내용을 보기로 한다. 기업이 국가의 지원을 가장 많이 든 것은 [인건비 등 경비 원조]로서 66.2%에 달하였다. 이어 [고령자 개인의 건강관리 지원]이 41.1%였다. 20%대 이하의 비율은 [가족 건강관리의 지원] 20.1%, [연령에 관계없이 일할 수 있는 사회실현을 위한 계몽 활동] 19.3%, [개인의 능력개발/지원의 충실화] 11.9%, 그리고 [일하기 쉬운 기계나 설비의 개발, 도입 지원] 10.0%였다. 한 자리 숫자의 응답률은 [기업에 대한 조언 기능의 충실화] 9.9%, [노동시장이나 직업 등에 관한 정보제공] 9.1%, [개인에 대한 직업 생활 상담/조건 기능의 충실화] 7.9%, [모델 기업의 제시] 7.4%, [직업 능력에 대한 사회적 평가의 확립] 4.0%, [공공직업훈련의 충실화] 3.9%, 그리고 [개인에서 교육훈련 기회의 정보제공] 3.8%였다([그림 5] 참조). 국가에 대한 지원이 필요하지 않다고 생각하는 기업은 13.8%로 약 10%였고, 나머지 기업은 상기한 바와 같은 다양한 항목을 국가에 요망하고 있다.

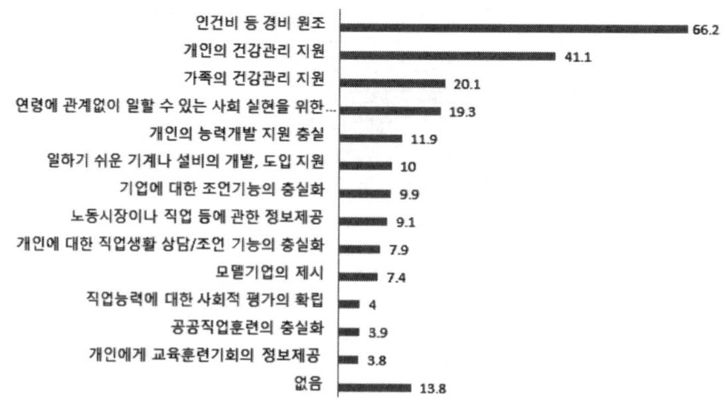

자료 : JEED(2014a)

[그림 5] 65세 이후 고용에 필요한 국가지원 내용(복수응답) (단위 : %)

Ⅵ. 고령자 고용정책 평가

고령자 고용정책에 대한 평가는 그 다지 많지 않고, 관련 변수가 많아 평가 그 자체도 어느 정도 실태를 정확하게 반영할지 한계가 있다.

먼저, 고령자 고용확보조치가 시행된 2006년 이후 고령자의 절대적인 노동자 수를 보면, 남녀 연령계층별로 보면 〈표 8〉과 같다. 그 변화를 살펴보면 다음과 같다.

첫째, 2006년 고용확보조치 시행 후 60~64세 연령층의 경제활동인구는 그 이전보다 많이 늘었는데, 남성보다 여성이 그 증가 폭이 컸다. 구체적으로 보기로 한다. 먼저 60~64세 경제활동인구는 남성의 경우 2000년 270만 명에서 매년 증가하여 2004년 294만 명으로 4년간 8.9% 증가하였다. 고용확보조치가 시행된 2006년부터는 거의 매년 경제활동인구는 증가하여 2011년 392만 명으로 2006년의 279만 명보다 40.5% 증가하였다. 여성도 거의 비슷한 경향을 보이는데, 2004년의 경제활동인구는 176만 명으로 2000년의 157만 명보다 12.1% 증가하였다. 남성보다 증가 폭이 더 컸다. 2011년의 경제활동인구는 246만 명으로 고용확보조치 시행년인 2006년의 168만 명보다 46.4% 증가하여, 여기에서도 남성보다 증가 폭이 높았다. 고용확보조치 이후 60~64세 연령층의 경제활동인구는 고용확보조치 이전에 비해 많이 증가하였고, 남성보다 여성의 증가 폭이 더 컸다.

둘째, 고용확보조치 시행 후 55~59세 연령층과 60~64세 연령층의 경제활동인구의 단층이 사라지고 있다. 남성을 중심으로 그 모습을 구체적으로 살펴보기로 한다. 고용확보조치 이전인 2000년 경제활동인구는 55~59세 404만 명보다 60~64세는 270만 명으로 66.8%에 불과하였고 그 후 2001년 70.8%, 2002년 70.8%, 2003년 67.9%, 2004년 67.0%, 2005년 61.8%를 기록하였다. 고용확보조치 시행 이후는 2006년 56.5%, 2007년 62.6%, 2008년 72.9%, 2009년 82.2%, 2010년 92.1%로 증가하였다. 2011년은 101.6%로 60~64세 연령층이 55~59세 연령층보다 경제활동인구가 더 많았는데, 2013년까지 같은 흐름이 이어졌다. 그 후

60~64세 연령층이 더 낮아졌는데, 2016년은 92.6%이다. 여성도 거의 비슷한 경향이었다. 60~64세의 경제활동인구는 157만 명으로, 55~59세의 262만 명의 59.9%에 불과하였다. 2001년 64.1%, 2002년 64.7%, 2003년 61.6%, 2004년 61.1%, 2005년 57.3%였다. 고용확보조치 시행 년인 2006년은 51.5%, 그 후 2007년 55.7%, 2008년 64.0%, 2009년 71.9%, 2010년 82.6%, 2011년 91.5%로 증가하였다. 그 후 약간씩 감소하여 2016년은 80.3%였다. 55~59세 연령층과 60~64세 연령층 간의 경제활동인구의 단층은 고용확보조치 시행 후 급격히 사라지고 있는데, 남성이 여성보다 그러한 경향이 두드러진다.

셋째, 65세 이상 연령층의 경제활동인구가 남녀 모두 거의 지속해서 증가하고 있는데, 65세까지의 고용확보조치가 65세 이상 연령층의 경제활동에 징검다리 역할을 하고 있다고 추정할 수 있다. 구체적으로 보기로 한다. 먼저, 남성의 경우, 2005년 317만 명으로 2000년의 310만 명보다 2.3% 증가하였다. 2016년은 474만 명으로 고용확보조치 시행 년인 2006년의 325만 명보다 45.9%로 많이 증가하여, 고용확보조치 시행 전보다 더 빠른 속도로 증가하였다. 여성도 거의 비슷한 경향을 나타내는데, 2005년 187만 명으로 2000년의 183만 명보다 2.2% 많았다. 2016년은 312만 명으로 2006년의 196만 명보다 59.2%로 많이 증가하였다. 65세 이상 연령층의 경제활동인구는 여성이 남성보다 더 많이 증가하였다. 65세까지의 고용확보조치는 65세 이상 연령층의 경제활동인구 증가에 징검다리 역할을 하고 있다고 추정할 수 있겠다.

넷째, 65세까지 고용확보조치 시행 후, 55세부터 65세 이상까지의 연령층 간 경제활동인 수의 단층이 사라져, 계속 일하고 싶은 고령자는 65세 이상도 일하고 있다고 보여진다. 그런 측면에서 65세까지의 고용확보조치는 65세 이상 연령층의 경제활동인구를 높이는 데 일정 정도 기여했다고 추정된다.

〈표 8〉 고령자 남녀 연령계층별 경제활동인구 추이

	남성			여성		
	55~59세	60~64세	65세 이상	55~59세	60~64세	65세 이상
2000년	404	270	310	262	157	183
01년	384	272	311	248	159	181
02년	394	279	308	252	163	179
03년	418	284	306	271	167	182
04년	439	294	305	288	176	185
05년	468	289	317	307	176	187
06년	494	279	325	326	168	196
07년	487	305	346	325	181	203
08년	458	334	356	311	199	210
09년	428	352	362	295	212	217
10년	405	373	361	281	232	224
11년	386	392	360	269	246	224
12년	368	385	375	261	243	234
13년	360	365	401	260	236	251
14년	357	349	427	263	227	271
15년	353	334	455	264	222	293
16년	350	324	474	269	216	312

출처 : 총무성[노동력 조사]각년.

또한, 경제활동인구 중 65세 이상 고령자가 차지하는 비율도 매년 증가하고 있다. 1990년 5.6%에서 2000년 7.3%, 2010년 8.8%, 그리고 2015년 11.3%에 도달하였다. 기업이 65세 이상 고령자를 고용하는 이유를 보면(복수회답), [맡긴 일을 제대로 수행해 주어서]가 64.8%로 가장 많았고, 이어 [전문능력, 인맥을 활용하고 싶어서] 40.5%, [65세 고령사이에 대신 맡길 수 있는 사람이 없어서] 34.7% 등이었다. 그리고 65세 이상 고령자가 공헌하는 내용을 보면(복수회답), [정확한 업무처리]가 56.5%로 가장 높았고, 이어 [중견, 베테랑 사원에 대한 지적 자극/깨달음 부여] 22.8%, [신입사원, 청년층 사원에 대한 지적 자극/깨달음 부여] 22.4% 등이었다.[11] 전체적으로 65세 이상 고령자의 성실성과 업무

11) JEDD, 2017

처리의 정확성 때문에 기업이 고용하고 있음을 알 수 있다.

일본에서 매우 한정된 연구자가 고령자 고용정책의 평가를 통계분석을 통하여 시행하였는데 그것의 주요 내용을 소개하기로 한다.

먼저, 2006년 고연령자 고용안정법 개정에 따라 65세까지 고령자확보 조치가 시행되었는데 그것이60대 전반층의 취업율 증가에 어느 정도 영향을 미쳤는지, 총무성의 [노동력 조사] 데이터를 이용하여 코호트 분석을 하였다. 분석에 따르면, 만 60세가 된 월의 취업율이 법 개정 전의 경우 10% 정도 급락하고, 그 후 60대 전반 연령층까지 지속해서 감소하였다. 법 개정 후는 취업율 감소폭이 6~7%로 개정 전보다 낮았고, 60대 전반층의 취업율도 법 개정 전보다 계속 높았다. 만 61세 0~11개월 연령층의 평균 취업율은 법 개정 전의 경우 71.5%이었는데, 개정 후는 75.4%로 개정 전보다 3.9% 포인트 증가하였다.

또한, 기업규모별로 고연령자 고용안정법의 영향을 보았다. 60세 이상 65세까지의 연령층 취업자가 전체 취업자에 점하는 비율이 개정 전과 개정 후 기업규모별로 어떤 차이가 있는지 확인한 결과, 소기업(노동자 99명 이하)은 법 개정의 영향이 거의 없었다. 소기업에서는 같은 법 개정 이전부터 60세 이상의 취업자가 많았는데, 그것이 법 개정의 영향을 전혀 받지 않았다. 중기업(100~499명)은 개정 후 그 비율이 약간 올라가, 법 개정으로 취업자가 소폭 증가하였다. 대기업(500명 이상)은 법 개정 이후 전체 취업자에 점하는 비율이 많이 증가하였다. 고용확보조치의 영향은 대기업일 수록 컸다고 밝히고 있다.

나까자와는 [생명보험문화센터]가 3년마다 시행하는 [생활보장에 관한 조사] 데이터를 활용하여, 2006년 고용확보조치가 시행된 영향을 확인하기 위해 2004년과 2007년 조사를 분석하였다. 그 결과 60~64세 연령층의 취업자가 조치 시행 전후로 증가하였다고 밝히고 있다. 그런데 2013년 시행된 희망자 전원 고용조치는 2010년과 2013년 조사를 분석한 결과 60~64세 연령층의 취업자가 유의미하게 증가했다고 인정할 수 없다는 결과를 냈다.

야마모토는 [慶應義塾가계패널조사]를 사용하여 55세 때 고용 노동자였던 자가 60~62세 때 취업하고 있는지를 분석한 결과, 개정 전은

55.1%이었으나, 개정 후는 68.1%로 13% 포인트 증가하였다고 밝히고, 법 개정이 고령자의 고용율을 높였다고 결론지었다. 동 분석에는 자영업이나 통제그룹도 설정하였는데 거기에는 법 개정의 영향이 없었음을 제시하였다. 즉 고연령자 고용안정법의 개정에 따라 60~62세의 취업율이 높아졌음을 밝혔다.

마지막으로 오오타는 후생노동성이 시행하는 [고용동향조사]의 산업 중분류 데이터 5년분 (2004~2008년)을 활용하여 고령자 고용이 청년고용에 어떤 영향을 미치는지 분석하였다. 55세 이상에 점하는 60세 이상의 비율을 [고령화 지수]로 설정하여, 2006년 고용확보조치의 시행 이후 청년고용에 대한 영향을 본 결과, 고령화 지수의 증가가 청년채용을 억제하는 효과가 일부 관찰되었는데, 특히 여성 파트타임 노동자 채용에는 비교적 마이너스 효과가 명확히 나타났고, 또한, 신규학졸자 중에서 정규직으로 취직하는 남성과 고령화 지수와의 계수가 유의하게 마이너스로 추정되고, 산업별로 보면 건설업에서는 고령화 지수가 높으면 남성의 중도채용에 마이너스 영향이 나타나고, 그리고 고령화 지수는 음식점/숙박업에서는 남녀 파트타임 노동자의 채용 및 여성의 중도채용에 유의하게 마이너스 영향을 미친다고 분석하였다.

이상, 연구 결과를 보는 한, 2006년 시행된 고용확보조치는 60세 이상의 고령자 고용 증가에 영향을 미쳤다고 말할 수 있는데, 고령자의 고용증가가 여성의 파트타임, 건설업의 남성 중도채용, 그리고 음식점/숙박업의 파트타임 노동자 채용에 마이너스의 영향을 미치고 있다고 정리할 수 있다. 그러나 이러한 영향이 절대적인 숫자로 몇명의 고령자 고용이 증가하였는지, 또한 고령자 이외의 노동자에게 어느 정도 마이너스의 영향을 미쳤는지까지는 밝히지 못하고 있다. 앞으로 보다 정교한 분석이 기대된다.

Ⅶ. 맺는말

여기에서는 본문의 주요 내용을 적기하고 우리나라에 주는 시사점을 살펴보기로 한다.

일본은 세계에서 가장 빠른 속도로 고령화하고 있다. 2017년 현재 65세 이상의 고령자가 전인구에 점하는 비율이 27.7%로 세계에서 가장 높다. 일본은 이러한 빠른 고령화에 대응하여 사회보장 시스템을 유지하고 고령자의 소득을 보장하기 위하여 연금수령연령의 연장과 함께 고령자 고용정책을 오래전부터 시행하였다.

60세 정년제는 1998년 법 시행 전부터 개별기업 수준에서 연금수령연령의 연장으로 생길 수 있는 종업원의 소득 공백을 메꾸기 위해 노사가 협의를 통해서 자율적으로 도입하였다. 2001년부터 모든 국민이 가입된 기초연금의 수령연령이 60세에서 3년마다 1세씩 연장되어 2013년에는 65세가 되었다. 고령자 고용정책은 이러한 연금수령 연령 연장에 맞추어 시행되었는데, 대표적인 것이 2006년 시행된 65세까지의 고령자 고용확보 조치였다. 소득수준에 따라 연금이 다른 후생연금도 수령연령이 60세에서 2013년부터 3년마다 1세씩 연장되는데, 그에 맞추어 희망자 전원 고용확보 조치를 2013년에 시행하였다. 2006년 고령자고용확보 조치 시 건강 등 특정한 사유로 고용을 배제할 수 있었는데, 그것을 폐지하는 내용이었다.이로 인해, 고용을 희망하는 자는 연금수령 연령대까지 계속 일하여 소득 공백이 발생하지 않게 되었다.

65세까지 고용확보조치는 정년 폐지, 정년 연장, 계속고용제도 중 하나를 선택하게 하였는데, 대부분 기업이 계속고용제도를 선택하였다. 그로 인해 60세 정년을 맞은 고령자는 매년 재고용을 통하여 당해 기업에 일하게 된다. 고용확보조치는 고용만 65세까지 의무화하고 임금, 노동시간 등 노동조건에 특별한 제약을 하고 있지 않다. 대부분의 기업은 정년 후 재고용 시 임금수준을 많이 낮추는데, 정년 전의 임금수준보다 75% 미만인 경우, 고용보험에서 저하된 임금수준에 따라 고령자계속고용급부금이 지급되어 임금저하를 완화하고 있다. 한편, 재고용시 임금수준이 46만 엔 이하와 초과, 그리고 연금의 기본월액(28만 엔)의 이하와 초과로 나누어 임금수준이 높으면 높을수록 연금의 기본월액의 지급정지액이 많아지게 하였다. 그로 인해 연금재정의 안정화를 꾀하고 있다. 고령자 계속고용급부금은 초회 수급자 수나 급부지급액이 모두 고용확보조치가 시행된 2006년 이후 상대적으로 많이 증가하여, 재고용 시 임금저하를 완화하였다. 중소기업에 대해서는 65세 이상으로 정년연장을 하거나 정년을 폐지하는 기업에 대해서는 중소기업 정년연장 등 장려금을 지급하고 있다.

최근 일본 정부는 고용확보조치로 65세까지의 고용은 확보되었다고 판단하고, 66세 이후의 고령자에게 고용의 기회를 확보하기 위한 정책을 전개하고 있는데, 대표적인 것이 [65세 초과 고용추진 조성금]이다. 밖이 계속고용촉진 코스, 고용환경정비지원 코스, 무기고용전환 코스가 있다. 계속 고용제도, 정년 연장, 정년 폐지라는 제도의 도입, 고령자 작업장 환경 조성, 정규직 전환을 하면 조성금이 해당 노동자 수에 따라 지급된다.

또한, 일본 정부는 [생애 현역사회]라고 불리는 65세 이후의 고용정책을 2013년부터 본격적으로 전개하고 있다. 동 정책은 위의 조성금 외에 고용센터에 생애 현역지원창구의 설치, 지자체의 생애 현역촉진 지역연계사업, 실버 인재센터의 역할 강화 등이 있다. JEED(고령/장애/구직자고용지원기구)는 후생노동성 관련 공공기관으로서 생애 현역사회 정책 실현을 위해 다양한 서비스를 제공하고 있다. 첫째, 고연령자 고용개발 컨테스트는 연령에 관계없이 고령자가 활력 있게 일할 수 있도록 고용관리, 직장환경 개선을 창의적으로 궁리하고 있는 사례를 모집하고 우수사례에 대해 표창하고 있다. [생애 현역기업 100선]은 정년제나 계속고용제도의 실태, 또한 지역이나 업종 등을 고려하여 다른 기업의 모델이 되어 따라 하기 쉬운 고령자 고용 촉진을 하는 기업을 100개 선정하는 제도이다. 임금체계 상담/개선 지원 서비스는 고령자의 일할 의욕과 임금에 대한 납득성을 높이기 위해 기업의 임금체계 개선을 지원하고 있다. 그리고 산업별로 특성에 맞는 고령자 고용추진 가이드라인을 만들고 그것을 보급할 수 있도록 [산업별 고령자 고용 추진사업]도 시행하고 있다. 이러한 생애 현역사회 서비스를 실제로 제공하고 자는 고연령 고용 어드바이저인데 전국에 약 500명에 이른다. 그들이 기업을 방문하여 상담/원조한 건수는 2014년 약 4만 건에 달하였고, 그들의 서비스를 받은 기업은 약 90%가 서비스를 통해 고령자 고용에 개선 효과가 있다고 응답하였다.

생애 현역사회를 실현하기 위한 과제로서는 고령자 본인의 건강, 일할 의욕의 유지/향상, 고령자 담당 업무 확보, 고령자의 능력 유지/향상이 중요하였고, 그 외에 근무시간의 유연성, 다른 정규직과의 처우상 균형 등으로 비교적 중요한 과제였다. 또한, 인건비 등 경비원조나 고령자 건강관리의 지원도 정부가 해야 할 가장 중요한 과제로 나타났다.

이상 일본의 고령자 고용정책을 살펴보았는데, 그것에 대한 평가는 효과가 있다는 분석이 일반적이다. 특히 2006년 시행된 고령자 고용확보 조치는 남녀 모두에게 60~64세까지의 경제활동인구의 증가에 기여했다고 밝혀졌다. 고령자 고용증가가 여성의 파트타임 고용이나 건설업의 중도채용, 음식점/숙박업의 파트타임 노동자 채용에 마이너스 영향이 있다는 분석도 있다. 고령자 정책의 평가는 통제하기 어려운 변수가 많아 실태를 어느 정도 정확히 밝힐 수 있는지 과제가 많다고 하겠다.

이 같은 일본 연구를 통하여 우리나라에 주는 시사점을 몇 가지 지적하기로 한다.

첫째, 인구 동향을 정확하게 파악하여 조기에 대책을 세우는 것이 중요하다. 우리나라는 지금까지 세계에서 가장 고령화의 속도가 빠른 일본보다 더 빨리 고령화가 진행될 것으로 예측되고 있다. 그 만큼 대응도 더 빨리할 필요가 있다. 일본의 연금수령연령 연장이나 고령자 정책에서 조기 대책을 확인할 수 있었다.

둘째, 노사의 자주적인 합의형성과 노력이 중요하다. 일본은 1998년 60세 정년제의 시행 전에 대부분 기업이 60세 정년제를 도입하고 있었는데, 그만큼 빨리 노사는 60세 정년제에 의견의 일치를 보았고, 그것이 구체적으로 실현될 수 있도록 노력하였다. 그러기 위해서 노사가 서로 양보하고 타협하였다.

셋째, 유연한 대응이다. 65세까지의 고용확보조치는 고용만 기업에 의무를 부과하고, 고용형태, 임금, 근무 일수, 노동시간 등 기타 노동조건에는 제약하지 않았다. 그럼므로 기업이 자사의 여건이나 고령자의 건강 등을 고려하여 유연하게 대응할 수 있었다. 정부는 이러한 유연한 대응이 가능하도록 고령자 계속고용 급부금을 지급하였다. 그로 인해 기업은 임금을 절약하면서도 고령자는 일정한 소득을 확보할 수 있었다.

넷째, 공정성과 공평성의 확보이다. 연금수령연령의 연장으로 소득공백이 생기면 고령자 본인은 물론, 가족, 더 나아가 사회 전체의 부담으로 이어질 가능성이 높다. 누구에게도 소득 공백이 생기지 않도록 2013년부터 후생연금 수령연령에 맞추어 희망자 전원 고용확보조치를 시행한 것은 공정성을 나타내는 정책이라고 할 수 있다. 또한, 고령자가 누구나 일정한 소득을 확보할 수 있도록 고령자 계속고용 급부금을 지급하였고, 특정 고령자에게 과도한 소득이 가지 않고 연금재정의 안정화를 꾀하기 위하여 임금이 높은 자에게 너 많세 연금지급징지를 한 것은 공평성의 원칙이 관철된 것으로 해석할 수 있다.

다섯째, 수용 가능성의 제고이다. 생애 현역사회 실현을 위해 JEED의 고연령자 고용 어드바이저는 각 기업을 방문하여 그 기업의 실정을 정확히 이해하고, 당해 기업이 수용 가능한 고령자 고용개선 서비스를 제공하고 있다. 고령자 고용을 둘러싼 기업의 환경/실정이 각기 다르기 때문에, 일률적인 정책을 시행하도록 강제하기보다는 개별기업의 상황을 정확하게 이해하고 수용 가능한 정책을 권장하는 방식이 고령자 고용 추진에 대한 기업의 수용가능성을 높이는데 매우 중요하다.

세계에서 최고속의 고령화를 맞이하고 우리나라가, 고령자가 삶을 보다 가치 있게 영위할 수 있도록 다양한 정책을 기획/입안하는데 일본의 사례가 조금이나마 시사되길 기대한다.

참고문헌

박철우 **생산가능인구감소시대 신중년 정책방향**

박철우 · 이병윤 · 홍성민외 10명(2014). 생산가능인구 감소시대 인력정책 10대 이슈, 도서출판 푸른사상사, 2014.10.

이경휘 · 민철구 · 김선근(2007). 퇴직과학기술자 활용연구, 과학기술부 정책연구(2007-13), 2007. 10. 1., pp136

우리동네 맥가이버, https://mediahub.seoul.go.kr/archives/1130385

김웅철(2017). 초고령사회 일본에서 길을 찾다. 도서출판 페이퍼로드, 2017. 10. 25.

김유빈 **한국의 장년고용 실태와 정책시사점**

김유빈 · 김재호 (2016). **고령화 대응 노후소득보장 정책과제.** 한국노동연구원.

통계청. 경제활동인구조사.

신선옥 (2017). 은퇴와 관련한 중장년층의 고용현황 변화추이 분석. KLI 패널 브리프 제10호(2017-05). 한국노동연구원.

ILO (2016). ILO Database 2016.

National Institute of Population and Social Security Research (2012), National Institute of Population and Social Security Research 2012.

OECD (2015). Pensions at a Glance 2015.

OECD (2009). OECD Factbook 2009.

김지운 · 정유경 **한국의 장년 고용 현황**

통계청, 「경제활동인구조사」, 2010-2017.

노동연구원, 「한국노동패널」, 2000-2016.

OECD 인구추계 통계: https://stats.oecd.org/Index.aspx?DataSetCode=POP_PROJ

김준영 **장년 취업자의 직장이동과 근로소득의 변화**

권혜자 · 장재호(2015). 장년자의 일자리 상실과 재취업, 한국고용정보원.

김기승 · 조준모(2009). 고용형태에 따른 자영업 진출 결정요인 분석, 자영업 노동시장 연구(I), 180-205. 한국노동연구원.

김준영 · 방글, 장년 남성 임금노동자의 자영업 이행과 근로소득의 변화. 산업노동연구, 21(2). 35-60, 2015.

이병희(2012). 자영업 구조조정과 임금노동 전환의 노동시장 성과, 사회보장연구 제 28권, 제 1호, 191-214.

이승렬(2008). 자영업 부문 종사자의 유출입과 소득 결정, 이병희 외, 저소득 노동시장 연구, 한국노동연구원.

OECD(2017), *Pension at a Glance 2017: OECD and G20 indicators*, OECD Publishing, Paris.

이은정 **서울시 장년고용정책의 동향과 과제**

강소랑, 이은정(2017). 서울시 **50+세대 실태 및 수요조사 연구.** 서울시50플러스재단.

강소랑 외(2017). **국내외 정부 및 민간의 50+정책 · 제도 실태연구.** 서울시50플러스재단.

남경아(2017). **50플러스세대.** 서울연구원.

관계부처합동(2010). **새로마지플랜 2010.** 보건복지부.

박영란 외(2011). **베이비부머 은퇴 후 생활지원을 위한 신복지모형 개발 연구.** 보건복지부.

박인종 외(2011). **베이비붐 세대 은퇴 대비 평생학습 활성화를 위한 정책연구.** 평생교육진흥원

서울시(2014). **서울시 베이비부머 응원 종합 계획**(2014. 4. 14.) 서울시 인생이모작지원과.

서울시50플러스재단(2016) **서울특별시50플러스재단 2016 연차보고서.** 서울

시50플러스재단.
서울시50플러스재단(2017) **50플러스해외동향리포트 2017.** 서울시50플러스재단.
서울시 보도자료(2017) **서울시 50+정책, OECD 공공부문 혁신사례로 선정.** 서울시 보도자료(2017. 9. 29.)
서울시. 연도별 서울시 주요 업무계획
손유미 외(2011). **베이비붐 세대를 위한 제2인생설계 구축방안.** 한국직업능력개발원.
손유미(2014). **베이비붐 세대의 일자리 현황과 과제.** The HRD Review, 2014년 5월호. 한국직업능력개발원.
오영훈・고혜원 (2005). **학습복지체제 연구.** 한국직업능력개발원.
이은정(2016). **고령사회 중장년층을 위한 고용-복지-학습 지원체제: 서울시 50플러스 정책을 중심으로.** 2016 한국평생교육학회 50주년 기념 및 연차 학술대회 자료집. 2015.10.22.
이은정・김동민・서영석・이은경 (2017). **서울시 50+종합상담시스템 구축 연구.** 서울시50플러스재단.
이은정(2017a). **교육-복지-일자리 복합정책으로서 서울시50플러스정책.** 복지이슈 Today. 57. 서울시복지재단. (2017.12.)
이은정(2017b). **50+당사자연구: 변화를 굼꾸는 50+세대, 연구자가 되다.** 50+리포트 2017. 159-165. 서울시50플러스재단.
이은정(2017c). **50+상담센터 콘텐츠 개발 연구.** 서울시50플러스재단.
통계청(2006). **장래인구추계.**
통계청(2011). **2010-2060 장래인구추계.**
통계청(2015). **세계와 한국의 인구현황 및 전망.** 통계청 보도자료 2015년 7월 8일.
통계청(2017). **장래인구추계: 2015-2045년.**
정경희 외(2011). **베이붐 세대 은퇴 및 고령화에 따른 정책수립 방향 연구.** 보건복지부・한국보건사회연구원.
정홍원(2015). **50플러스재단 설립 타당성 검토 연구.** 한국보건사회연구원.
한숭희 외(2005). **북유럽 평생학습정책 추진 사례분석을 통한 한국의 평생학습 추진 전략 수립 연구.** 한국교육개발원.
황덕순(2004). **외국의 근로연계 복지정책 평가와 한국의 근로연계 복지정책 발전방안.** 한국교육개발원.
Loretto, W. and P. White(2006),“ Work, More Work and Retirement: Older Workers’ Perspectives, Social Policy and Society 5(4): 495-506.
OECD(2000). Reforms for an Ageing Society. Paris: OECD.
법제처 국가법령정보센터(www.law.go.kr), 2018.1.
각 지자체 인생이모작지원센터 홈페이지 외, 2017.6.

구관모(2004). **전직지원활동 특성이 퇴직자 및 잔류구성원에게 미치는 영향에 관한 연구.** 서강대학교대학원 박사학위논문.

권대봉(2006). 고령화시대의 노동시장의 변화에 따른 중고령자 평생학습 모델. **한국교육학연구**, 12(1), 103-127.

권대봉 · 김재현 · 이형민 · 이윤수(2012). 아웃플레이스먼트 연구의 경향분석: 2000년대 이후 국내 학술지를 중심으로. **HRD연구**, **14**(3), 1-23.

기영화(2000). 퇴직준비를 위한 평생교육프로그램 개발 모델의 이론적 토대. **Andragogy Today**, **3**(4), 17-41.

김규동(2001). 아웃플레이스먼트의 실태와 과제. **임금연구**, 가을호.

김명언 · 장재윤 · 조성호 · 노연희(2003). 성취프로그램의 효과: 구직효능감 변화를 중심으로. 한국심리학회지, 16(2), 181-204.

김석란(2016). **기업 전직지원프로그램의 효과분석에 관한 연구**. 숙명여자대학교 대학원 박사학위논문.

김석란 · 이영민(2013a). 기업 퇴직예정근로자의 고용가능성 제고를 위한 S사 재취업교육프로그램 사례분석. **산업교육연구**, **26**(3), 51-68.

김석란 · 이영민(2013b). 기업 퇴직근로자 전직지원프로그램 비교분석. **실천공학교육논문지**, **5**(1), 80-90.

김정한 · 김동헌 · 오학수(2001). **고용조정과 전직지원: 한국, 일본, 미국기업 사례를 중심으로.** 한국노동연구원.

박성수 · 황호영 · 김공수 · 이경근 · 전명숙 · 채준호(2007). **디지로그시대의 인적자원관리**. 서울: 박영사.

박창동(2014). **금융산업 전직지원프로그램의 효과분석에 관한 연구**. 중앙대학교 대학원 박사학위논문.

안관영(2001). 아웃플레이스먼트 효과에 대한 연구. **산업경영연구**, **11**, 99-118.

양안나(2010). **장기복무 제대군인의 직업전환과정 연구.** 서울대학교 대학원 박사학위논문.

이규만 · 구관모(2007). 전직지원활동이 퇴직자의 태도 및 행동에 미치는 영향에 관한 연구. **경영연구**, **22**(4), 27-50.

임안니(2006). **공공부문의 전직지원서비스 효과성에 관한 연구**. 광운대학교 대학원 박사학위논문.

임운택(2006). 이직/실직 근로자를 위한 국내 전직지원서비스 현황과 활성화 방안: 직업훈련과 고용/이직의 선순환 구조의 확립. **사회과학논총**, **25**(2), 167-194.

정동섭 · 박지근(2003). 전직지원서비스 프로그램의 효과에 대한 연구. **직업능력개발연구**, **6**(1), 275-298.

정수진 · 고종식(2011). **인사관리**. 서울: 삼우사.

주용국(2002). **전직지원서비스의 활성화 방안**. 한국직업능력개발원.

진성미(2009). 경력역량 탐색을 위한 평생학습의 시사. **평생학습사회, 5**(2), 21-44.

최돈민 · 백은순 · 김태준(2001). **퇴직예정자의 심리적 요인을 고려한 교육모형 개발 연구**. 한국교육개발원.

천영희(2002). 전직지원프로그램의 효과분석 및 개선방안 연구: 삼성생명의 사례를 중심으로. 중앙대학교 대학원 박사학위논문.

태원유(2012). **중고령자 고용불안의 탈출구 전직지원서비스**. 삼성경제연구소.

한국기업교육학회(2010). **HRD 용어사전**. 서울: 중앙경제.

황매향 · 김계현 · 김봉환 · 선혜연 · 이동혁 · 이은미(2013). **심층 직업상담**. 서울: 학지사.

A사 내부보고서(2014). **2014년 전직실행프로그램 결과보고**.

Aquilanti, T. M. & Leroux, J. (1999). An Integrated Model of Outplacement Counseling. *Journal of Employment Counseling, 36*, 177-192.

Boynton, J. W. & R. Thomas(1991). *The UK Outplacement Report.* London: Kingsland James Ltd(BMSL).

Brockner, J.(1988). The effects of work layoff on survivors: research theory, practice.In B. M. Staw & L. L. Cummings(eds). *Research in organizational Behavior, 10,* 213-256.

Brockner, J.(1992). Managing the effects of layoff on survivors. California Management Review, Winter, 9-28.

Conroy, M. A.(1993). Outplacement-Nice or Necessary? *Hospital material Management Quarterly, 14*(4), 21-24.

DeFrank, R. S., & Ivancevich, J. M.(1986). Job loss: An individual level review and model. *Journal of Vocational Behavior, 28*(1), 1-20.

DeWitt, R. L., & Mollica, K. A.(1998). The influence of eligibility on employees' reactions to voluntary workforce reductions. *Journal of Management, 24*(5), 593-613.

Doherty, N., Tyson, S,. & Viney, C.(1993). A positive policy? Corporate perspectives on redundancy and outplacement. *Personnel Review, 22*(7), 45-53.

Donovan, A. & Oddy, M.(1982). Psychological Aspects of Unemployment: An Investigation into the Emotional and Social Adjustment of School Leavers. *Journal of Adolescence, 5*(1), 15-30.

Eden, D. & Aviram, A.(1993). self-efficacy training to speed reemployment: Helping people to help themselves. *Journal of Applied Psychology, 78*(3), 352-360.

Friedman, A. J.(1995). Outplacement firms: Who should make the choice? *HR FOCUS,* Nov.

Greenhalgh, L., & Rosenblatt, Z.(1984). Job insecurity: Toward a conceptual Clarity. *Academy of Management Review, 9*, 438-448.

Gruber, D. F.(1998). A Study of the efficiency of outplacement counseling: A controlled unpublished doctoral thesis. California School of Professional Psychology. L.A.

Harvey, S. J.(1995). Army Centralizes Outplacement. *Personnel Journal*, May, 115-118.

Healy. C. C.(1982). *Career Development: Counseling through the Stages,* Boston: Allyn & Bacon.

Hepworth, S. J.(1980). Moderating Factors of psychological impact of unemployment. *Journal of Occupational Psychology, 53*, 139-146.

Hillage, J., & Pollard, E. (1998). *Employability: Developing a framework for policy analysis. Research Brief*, 85, Department for Education and Employment.

Hill, C. J. & R. E. Thomas (1991). Outplacement: Considerations for the Small Firm, *S.A.M Advanced Management Journal. 56*(2), 10-15.

Kirk. J. J.(1994). Putting outplacement in its place. *Journal of Employment Counseling, 31*, 10-18.

Layer, M.(1982). Unemployment and Hospitalization among bricklayers. *Scandinavian Journal of Social Medicine, 10*(1), 3-10.

Leana, C. R. & Feldman, D. C.(1990). Individual response to job loss: Empirical findings from two field studies. *Human Relations, 43*(11), 1155-1181.

Leana, C. R. & Ivacevich, J. M.(1987). Involuntary Job Loss: Institutional Interventions and a Research Agenda. *Academy of Management Review, 12*(2), 301-312.

Lebo, F.(1997). *Your outplacement handbook: Redesigning your career.* Florida: St. Lucie.

Martin, H. J., & Lekan, D. F.(2008). Individual differences in outplacement success. *Career Development International, 13*(5), 425-439.

Meyer, J. L. & Shadle, C. C. (1994). *The Changing Outplacement Process: New Methods and Opportunities for transition.* Westport, CT: Quorum Books.

Mirabile, R. J.(1985). Outplacement as transition counseling. *Journal of Employment Counseling*, 22, 39-45.

O'Donnell, J. (1992). When jobs are lost: Outplacement Guidance. *Public Management, 74*, 2-6.

Owens, D. W.(2008). Personalized transition. *HR Magazine*, 45-47.

Pickman, A. J.(1994). *The complete guide to outplacement counseling.* Hillsdale, NJ:Erlbaum.

Redstrom-Plourd, M. A.(1998). *A history of the outplacement industry 1960-1997 from job-search to career management: A new curriculum of adult learning.* Virginia Polytechnic Institute and State University.

Sokup, W. R, Rothman, M., & Brisco, D. R.(1987). Outplacement services: A vital component of personnel policy. *S.A.M. Advanced Management Journal, 52*(4), 19-23.

Vinokur, A., & Caplan, R. D.(1987). Attitudes and social support: Determinants of job-seeking behavior and well-being among the unemployed. *Journal of Applied Social Psychology, 17*, 1007-1025.

박명준 · 김주현 **장년고용정책의 업종별 전개상 비교분석: 정년연장과 임금피크제에 대한 근로자들의 태도를 중심으로**

김주현(2015). **고령고용에 대한 중고령 근로자들의 견해 : 개인설문조사 분석결과**(박명준 외(2015), 노동력 고령화에 대한 노사관계적 대응, 3장, 49-94). 한국노동연구원.

오호영 **퇴직 전문인력 활용방안**

오호영 외(2011). 퇴직전문인력 컨설턴트화 현황 및 활용방안. 한국직업능력개발원.

정호성 외(2010). 베이비붐 세대 은퇴의 파급효과와 대응방안. 삼성경제연구소.

중소기업청(2011). 2010년 컨설팅산업 현황 분석 및 활성화 방안연구.

황수경(2011). 베이비붐 세대 은퇴와 노동시장 파급효과. 베이비부머 은퇴 대비 정책개발 연구. 경제 · 인문사회연구회 휴먼뉴딜 종합연구 총서 11-05-01 p.p.27-50. 경제 · 인문사회연구회.

Goode, W. J.(1960). Encroachment, Charlatanism, and the Emerging

Profession. American Sociological Review, 25(6), 903.
Greenwood, E.(1957). Attributes of a Profession. Social work, 2(3), 45-55.
Hall, R.(1968). Professionalization and Bureaucratization. American Sociological Review, 92-104.
Rothman, Robert A.(1987). Working: Sociological Perspectives, Gnglewood Cliffs, NJ: Prentice-Hall.
SCORE 홈페이지(www.score.org, 검색일: 2017년 11월 20일)

홍성민 **연구개발인력의 연령과 생산성**

김광웅 외(2003). **고령화시대에 있어 과학기술인력 활용방안.** 국가과학기술자문회의.
김진영(2012). 한국 기술연구 인력의 특허 생산성. **한국경제의 분석,** 제18권 제2호, 한국금융연구원.
어수봉 외(2013). **정년연장 효과와 정책과제.** 한국노동경제학회.
한국과학기술기획평가원(2012). **2011 연구개발활동조사보고서.** 국가과학기술위원회.
한국과학기술기획평가원(2017). **2015년도 연구개발활동조사보고서.** 미래창조과학부.
홍성민(2013). 과학기술인력정책의 최근 이슈와 발전방향. **고용동향 브리프,** 한국고용정보원.
홍성민(2015). 우리나라 과학기술인력의 경력이탈 현황 분석. **공학교육연구,** 제18권 제1호, pp. 11~19.
Philip Shapira (1995), *The R&D Workers - Managing Innovation in Britain, Germany, Japan, and the United States* -, International Research Group on R&D Mangagement.
Roland Berger (2011), *Trend Compendium 2030.*
고용노동부, 고용형태별 근로실태조사 DB
통계청, 국가통계포털. 지역별 고용조사 DB
통계청, 국가통계포털. 인구구조추계 DB.
통계청, 국가통계포털. 인구총조사 DB.

박문수 **대학의 장년 취업 제도 및 현황 (산학협력중점교수 제도를 중심으로)**

고혁진(2017). 2017년 10월 채용형 산학협력중점교수 실태조사 현황자료(산학협력단장협의회 워크숍 발표자료)
교육부(2017). 고등교육기관 교육기본통계조사 계획 및 지침서
교육과학기술부(2010). 대학 산학협력선진화방안 정책방안
교육과학기술부(2011). 산학협력 촉진을 위한 대학 교원인사제도 개선방안(안)
교육부(2012). 산학협력중점교수의 역할 및 사례 자료집
교육부 · 한국연구재단(2016) 2016년 대학 산학협력실태조사보고서
신현석(2015). 대학 비전임 교원제도개선방안 연구. 교육부정책연구보고서
이석열(2011). 대학교원 임용제도 선진화방안 연구(정책보고서). 교육과학기술부

정동열 **연령에 따른 직업능력의 변동**

김현동 · 성상현(2010). 중고령임금근로자의 인적자원개발과 임금수준이 직무만족도에 미치는 영향과 연령의 조절효과. 직업능력개발연구, 제13권 제1호, pp. 27-47.
문혜진(2012). 노동경력의 변화와 노동성과, 서울대학교 박사학위 논문.
배을규 · 동미적 · 이호진(2011). 전문성 연구 문헌의 비판적 고찰, HRD 연구 제13권 제1호, 99. 1-26.
임언(2006). 한국 성인의 직업기초능력 실태와 형성 요인, 직업능력개발연구, 제9권 제1호, pp. 1-24.
Alston, R, J., & Mngadi, P. S(1992), A study of APICOM's effectiveness in assessing level on physical functioning, Journal of Rehabilitation, 58(3), 35-39.
Bruce, J, A., David, A. W. & Michael, A, M(1990), Age and Work Performance in Nonmanagerial Jobs: The Effects of Experience and Occupational Type, The Academy of Management Journal, 33(2), 407-422.
Colquitt, J. A., Lepine, D. S. & Noe, A(2000), Toward an Integrative Theory of Training Motivation: A Meta-Analytic Path Analysis of 20 Years of Research, Journal of Applied Psychology, Vol.85 No.5, pp. 678~707.
Department of Health and Human Services Centers for Disease Control and Prevention(2001), U.S. Physical Activity Statistics:

Metropolitan Area Physical Activity Statistics.
DiPietro L, Dziura J, Yeckel CW, et al(2006), Exercise and improved insulin sensitivity in older women: evidence of the enduring benefits of higher intensity training, J Appl Physiol 100:142-149
Douglas, P. S., & O'Toole, M(1992), Aging and physical activity determine cardiac structure and function in the older athlete, J Appl Physiol 72:1969—1973
Key, G(2000). Industrial Therapy, Mosby.
Kubeck, J. E., Delp, N. D., Haslett, T. K. & McDaniel, M. A(1996). Does Job-Related Training Performance Decline with Age?, Psychology & Aging, Vol.11 No.1, pp. 92~107.
Kumar, G. M(1992), Perspectives in rehabilitation ergonomics, Taylor & Francis Ltd.
Maurer, T., Weiss, M. & Barbeite, F(2003), A Model of Involvement in Work-Related Learning and Development Activity: The Effects of Individual, Situational, Motivational, and Age Variables, Journal of Applied Psychology, Vol.88 No.4, pp. 707~724.
OECD(2005), Learning a Living.
Rayson, S(2000), Functional movement reeducation, Churchll Livingstone.
Spiroduso, W.W., & Cronin, D.L(2001), Exercise dose-response effects on quality of life and independent living older adults, Med Sci Sports Exerc 33:S598-S608; discussion S609-S610
Timothy, A. S(1998), Independence of Age-Related Influences on Cognitive Abilities Across the Life Span, Developmental Psychology, 34(5), 851-864.
Vanina, B., Ann, Y. M., Gerard, E. D., & Ernst, J. S(2007), Effects of age and gender on physical performance, AGE, 29(2), 77-85.
Weir, P.L., Kerr, T., Hodges, N., et al(2005) Masters swimmers: How are they different from younger elite swimmers? An examination of practice and performance patterns, J Aging Phys Act 10:41-63
Westerkerp, K. R,, & Meijer, E.P(2001) Physical activity and parameters of aging: a physiological perspective, J Gerontol A Biol Sci Med Sci 56:7-12

교육부(2011). 제2차 자격 관리・운영 기본계획(안)(2012~2016).

교육부・한국직업능력개발원(2016. 8. 24). 제3차 자격관리・운영 기본계획(안).

강순희(2016). 중고령자 재취업 결정요인, 일자리 만족도 및 고용안정성. 한국취업진로학회.

김덕기・김상진・박종성(2013). 민간자격제도 질 관리 방안. 한국직업능력개발원.

김덕기 외(2017). 평생직업능력인증을 위한 국가자격 통합관리체계 연구. 한국직업능력개발원(미간행) 자료.

김상호 외(2014). 민간자격 등록 및 공인제도 개선방안 연구. 한국직업능력개발원.

김용현・김종표(2015). 평생교육론-평생학습과 열린 학습사회. 양서원.

김인엽・김종욱・송기민(2017). 중장년의 일과 학습에 관한 연구. 한국직업능력개발원.

김현수 외(2007). 자격의 활용성 강화를 위한 법제도 개선방안, 한국직업능력개발원

민상기・이명훈・문세연・길대환・노경희(2015). 중장년 대상 적합 훈련직종 발굴 및 취업연계를 위한 해외 운영사례 조사 연구. 한국산업인력공단.

박종성 외(2009). 환경영향평가사 자격종목 개발에 관한 연구. 환경부・한국직업능력개발원.

박종성 외(2010). 서비스산업의 자격연구(Ⅰ) - 보건 및 사회복지 서비스업 중심으로 - . 한국직업능력개발원

박종성 외(2011). 서비스산업자격연구(Ⅱ)-사업 및 배분서비스 중심으로. 한국직업능력개발원.

박종성 외(2014). 민간자격 국가공인을 위한 조사연구 사업. 한국직업능력개발원

박종성 외(2016). 연구실안전관리사 전문자격 신설을 위한 직무분석 연구. 미래창조과학부.

손유미・송창용・정재호・신선미(2015). 장년특화 훈련 활성화 방안 연구. 고용노동부.

정향진 외(2012). 서비스산업자격연구(Ⅲ)-개인서비스업 중심으로. 한국직업능력개발원.

최영섭・나동만・정재호(2016). 장년층 구인・구직 미스매치 해소를 위한 구인・구직자 실태조사 및 장년층 취업지원 제도 개선방안 연구. 고용노동부.

민간자격정보서비스. http://www.qpi.or.kr.

직업능력지식포털 http://www.hrd.go.kr.

통계청(2015). 경제활동인구조사.

통계청(2015). 연령별(전국)추계인구.

한국산업인력공단 Q-net http://www.q-net.or.kr
Collaway, A.(1973). “Frontiers of Out of School Education”in Brembeck C.S., New Strategies for Educational Development, Lexington, Mass : D.C. Heath.

권재현 **미래사회에 대응하는 장년평생교육 방향과 과제**

고미영 · 송재호 · 오상훈(2010). AHP를 활용한 고령사회 노인여가정책 우선순위 설정. **관광학연구, 34**(3), 77-97.
강대중 · 김한별 · 김현수 · 한숭희 · 현영섭(2017). **평생교육사 자격제도 발전방안 연구**. 국가평생교육진흥원.
국가평생교육진흥원(2015). **2014년 성인문해능력조사.**
김신일(2004). **교육사회학.** 교육과학사.
대한민국정부(2015). **2016-2020 제3차 저출산 · 고령사회 기본계획 : 브릿지 플랜 2020.**
리해근 · 하규수(2012). 일상생활요인이 노인의 삶의 만족도에 미치는 영향. **한국콘텐츠학회논문지, 12**(6), 280-292.
민경선(2016). 한국인의 여가생활패턴과 삶의 만족도. **여가학연구, 14**(3), 57-84.
민웅기(2010). 네트워크 시대의 여가 공동체: 정보 사회의 여가 공동체에 내재된 시민사회적 의미. **여가학연구, 7**(3), 25-44.
문혜성 · 최진영(2004). 한국 장노년 성인의 문식성과 신경심리기능. **노인정신의학, 8**(2), 113-120.
박근수(2011). 잠재집단분석방법을 활용한 노인여가유형별 특성 분석. **노인복지연구,** 53. 50-73.
반가운(2016). 한국의 스킬 미스매치와 노동시장 성과 국제비교. **The HRD Reivew,** 19(2), 6-19.
보건복지부(2014). **2014 노인실태조사.**
사수연 · 최진영 · 석정서(2011). 범주유창성 과제로 평가한 한국 노인들의 의미지식 구조: 문식성과 교육 효과. **한국심리학회지: 일반, 30**(1), 227-242.
신성일 · 김영희(2013). 노인의 삶의 질에 관련된 변인들의 메타분석. **상담학연구, 14**(6), 3673-3690.
이진경 · 강연욱(2016). 문식성과 교육수준이 한국 노인들의 의미 유창성에 미치는 효과. **Communication Sciences and Disorders, 21**(4), 642-652.
전형상(2017). 노인 여가정책 수립을 위한 지방자치단체 노인정책 분석 연구. **한국체육학회지, 56**(1), 553-571.

통계청(2015). **2014 생활시간조사.**
한국교육개발원(2014). **2014 한국 성인의 평생학습실태.**
한국교육개발원(2015). **2015 한국 성인의 평생학습실태.**
한국직업능력개발원(2013). **한국인의 역량, 학습과 일 : 국제성인역량조사 (PIAAC) 보고서.**
Davies, P.(1995). *About time : Einstein's Unfinished Revolution.* New York : Simon & Schuster.
Hart, S., Smith, C. M., & Swash, M.(1988). Word fluency in patients with early dementia of Alzheimer type. *The British Journal of Clinical Psychology, 27*(2). 115-124.
Houle, C. O. (1961). *The Inquiring Mind.* Madison: WI.
McGuire, F. A., Boyd, R. K., & Tedrick, R. T.(1996). *Leisure and aging: ulyssean living in later life.* Champaign. IL: Sagamore Publishing.
Nielson, P.(2016). Working Life in the Nordic Region : Challenges and Proposals. Copenhagen: Nordisk.

이영민 인력 고령화와 기업의 장년 근로자 활용 전략

김정한(2005). **고령화와 인적자원관리.** 한국노사관계학회 동계학술대회.
박경하(2011). 우리나라 중고령자의 은퇴과정 유형화 연구. **사회복지연구, 42**(3), 291-327.
박영범 · 채창균 편(2014). **장년 고용과 정책과제.** 한국직업능력개발원.
박윤희(2010). 중고령자의 고용 및 직업능력개발 요구분석. **HRD연구, 12**(3), 83-111.
박준성(2009). 고령화 시대의 인적자원관리 혁신 방안. **임금연구, 17**(4), 4-22.
손종칠(2010). 중고령자 은퇴 및 은퇴 만족도 결정요인 분석. **노동정책연구, 10**(2), 125-153.
송병준(2009a). 주력산업의 인력 고령화 실태와 대응전략. **KIET 산업경제 7월호,** 47-56.
송병준(2009b). 주요산업의 고령화 실태와 인적자원관리전략. **임금연구, 17**(4), 51-63,
석진홍 · 박우성(2014). 인력 고령화가 기업의 생산성과 인건비에 미치는 영향. **노동정책연구, 14**(3), 79-104.
안종태 등(2013). **정년 60세 시대 인사관리 이렇게 준비하자.** 서울: 호두나무.
엄동욱 · 배노조 · 이상우(2005). **고령화 · 저성장 시대의 기업 인적자원 관리 방안.** 삼성경제연구소 연구보고서.

엄미정 · 김형주 · 홍성민(2011). **연구개발인력 경력개발과 고용촉진 전략**. 과학기술정책연구원.

윤덕룡 · 이동은(2016). **고령화시대 주요국 금융시장 구조변화 분석과 정책적 시사점**. 대외경제정책연구원.

원종학 · 김종면 · 정병힐 · 우석진,(2008). **고령자의 노동공급과 조세 · 재정정책**. 한국조세연구원.

이경희 · 이요행(2011). 준 · 고령자 직업훈련의 훈련생 및 훈련 특성이 재고용에 미치는 효과. **한국노년학, 31**(3), 527-538.

이삼식(2016). 저출산, 고령화 대책의 현황과 정책과제. **보건복지포럼 1월호**, 52-65.

이영민 등(2016). **전직지원 및 유급휴가훈련 개선방안 연구**. 고용노동부.

이영민(2012). **인력 고령화 추세에 따른 기업의 인적자원관리 대응 방안**. 상장협 연구, 춘계호

이영민(2015). 생산가능인구 감소시대에 대비한 장년 연구개발 인력 활용 모델 연구. **공학교육연구, 18**(1), 3-10

이재홍(2010). **미국의 고령자 고용 동향과 고용정책**. 국제노동브리프 4월호, 한국노동연구원.

이진규(2013). 과학기술인 협동조합 육성 · 지원. **HRD Review, 7월호**, 164-175.

이찬영 · 태원유 · 김정근 · 손민중(2011). **고령화에 따른 노동시장 '3S'현상 진단**. CEO Information.

장지연 · 신동균 · 신경아 · 이혜정(2009). **중 · 고령자 근로생애사 연구**. 한국노동연구원.

조범상(2006). 고령화 시대의 인적자원관리 방안. **경영계 10월호**, 28-31.

최숙희(2008). **고령화정책의 우선순위 분석**. Issue Paper. 삼성경제연구소.

최옥금(2011). 우리나라 중 · 고령자의 은퇴 과정에 관한 연구: 생애 주된 일자리와 가교 일자리를 중심으로. **한국노년학, 31**(1), 15-31.

홍길표 · 최종인 · 장승권(2008). 디지털 경제하 고령화에 따른 인적자원관리 이슈와 대응방안. **인력개발연구, 10**(2), 135-164.

홍백의 · 김혜연(2010). 중 · 고령자의 고용형태별 퇴직과정 유형과 그 결정요인에 관한 연구. **한국사회정책, 17**(1), 291-319.

Barnes-Farrell, J. L., & Matthews, R. A. (2007). Age and work attitudes. In K.S. Shultz & G.A.. Adams (eds.). *Aging and Work in the 21st Century*(pp. 139-162). Mahwah, NJ: Lawrence Erlbaum Associates.

Beatty, P. T., & Visser, R. M. S. (Eds.)(2005). *Thriving on an aging workforce: Strategies for organizational and systemic change.* Malabar, Fla: Krieger Pub.

Czaja, S. J. & Sharit, J. (Eds.)(2009). *Aging and work: issues and implications in a changing landscape.* Baltimore, MD: The

Johns Hopkins University Press.
Dychtwald, K., Erickson, T. J., & Morison, R. (2006). *Workforce crisis: How to beat the coming shortage of skills and talent.* Boston: Harvard Business Press.
Finkelstein, .L. M. & Farreell, S. K. (2007). An expanded view of age bias in the workplace. In K. S. Shultz & G. A. Adams (Eds.), *Aging and Work in the 21st Century* (pp. 73-108). Mahwah, NJ: Lawrence Erlbaum Associates.
Leibold, M. & Voelpel, S. (2006). *Managing the aging workforce: Challenges and solutions.* New York: Wiley.
Maurer, T. J. (2007). Employee development and training issues related to the aging workforce. In K. S. Shultz & G. A. Adams (Eds.), *Aging and work in the 21st century* (pp. 163-178). Mahwah, NJ: Lawrence Erlbaum Associates.
Russell, M. M. & Visser, R. M. S. (2005). Partnering career development and human resource. In P. T. Beatty & R. M. S. Visser (Eds.). *Thriving on an aging workforce: Strategies for organizational and systemic change.* (pp.92-101). Malabar, Fla: Krieger Pub.
Shultz, K. S. & Adams, G. A. (Eds.)(2007). *Aging and Work in the 21st Century.* Mahwah, NJ: Lawrence Erlbaum Associates, Publishers..

조정윤 **중고령자 고용정책과 향후 추진 방향**

고용노동부(2006). 제1차 고령자 고용촉진 기본계획(2007-2011).
고용노동부(2016). 2016 고용노동정책-2016 고용노동부 사업 및 제도.
고용노동부(2014). 중장년 재취업을 위한 정부지원제도 안내서.
국가법령정보센터 홈페이지(www.law.go.kr)
관계부처합동(2011). 제2차 고령자 고용촉진 기본계획(2012-2016).
김은석 외(2016). 중장년층 구직자 역량진단과 고용서비스 연계방안. 한국고용정보원.
장인성(2017). 장년층 고용안정과 노동수요 확대를 위한 과제. 노동리뷰(3월).
통계청(http://kostat.go.kr)
한국고용정보원 통계홈페이지(http://statistics.keis.or.kr)
OECD.stat 홈페이지(http://stats.oecd.org)

박수근(2005). 기간제 근로분쟁에서의 쟁점과 법해석의 기준 및 과제, 노동법연구, (18), 179-219.

김선수(1997). 1년을 초과하는 근로계약기간을 정한 근로계약의 효력, 노동법연구, (6), 537-570.

Annuß Thüsing, Teilzeit- und Befristungsgesetz, Kommentar, 2.Aufl., 2006

Ascheid Preis Schmidt, Großkommentar zum Kündigungsrecht, 3.Aufl., 2007

Beocken Joussen, Teilzeit- und Befristungsgesetz, 2.Aufl., 2010

Canaris, Die Vertrauenshaftung im deutschen Privatsrecht, 1971

Dörner, Der befristete Arbeitsvertrag, 2004

Gentges, Prognoseprobleme im Kündigungsschutzrecht, Diss.(Köln), 1995.

Hergenröder, "Kündigung und Kündigungsschutz im Lichte der Verfassung", ZfA 2002, S. 355ff.

Hromadka, "Das neue Teilzeit- und Befristungsgesetz", NJW 2001, S.400ff.

Kraft, Anmerkung. zu BAG AP Nr.50 zu BGB § 620 Befristeter Arbeitsvertrag

Langenbucher, "Der Wiedereinstellungsanspruch des Arbeitnehmers beim Betriebsübergang", ZfA 1999, S. 299 ff.

Lembke, Die sachgrundlose Befristung von Arbeitsverträgen in der Praxis, NJW 2006, S.325ff.

Meinel Heyn Herms, Teilzeit- und Befristungsgesetz, Kommentar, 3. Aufl., 2009

Müller-Glöge, Erfurter Kommentar zum Arbeitsrecht, 6. Auflage, 2006

Mummenhoff, Anmerkung zu BAG SAE 1985, S. 302ff.

Oetker, Anmerkung zu BAG EzA § 620 BGB Nr.102.

Oetker, Der arbeitsrechtliche Bestandsschutz unter dem Firmament der Grundrechtsordnung, 1996.

Preis, "Flexibilität und Rigorismus im Befristungsrecht", NZA 2005, S.714 ff.

Preis/Gotthardt, "Neuregelung der Teilzeitarbeit und befristeten Arbeitsverhältnisse", DB 2000, S. 2065ff.

Richardi/Annuß, "Gesetzliche Neuregelung von Teilzeitarbeit und

Befristung", BB 2000, S. 2201ff.
Röthel, "Europäische Rechtsetzung im sozialen Dialog - Zur Richtlinie 1999/70/EG über befristete Arbeitsverhältnisse", NZA 2001, S. 65ff.
Sievers, Kommentar zum Teilzeit- und Befristungsgesetz, 3. Aufl., 2010
Urban, Der Kündigungsschutz außerhalb des Kündigungsschutzgesetzes, 2001
Wank, Münchener Kommentar Handbuch zum Arbeitsrecht von Richardi/Woltzke, Bd. I, 2. Aufl. 2000

<통계자료인용처>
ARBEIT/876: Sachgrundlose Befristungen verbauen Lebenschancen, Pressemitteilung der SPD-Bundestagsfraktion - 4. 10. 2010.
Institut der deutschen Wirtschaft, Zahlen zur wirtschaftlichen Entwicklung der Bundesrepublik Deutschland, Ausg. 2000
http://www.jobblogger.de/archives/691-Befristung.html.
http://www.zeit.de/karriere/beruf/2010-03/arbeitsvertraege-befristung-beschaeftigung
http://www.focus.de/finanzen/karriere/berufsleben/befristete-vertraege-regierung-will-befristung-erleichtern_aid_490939.html

백인화 **장년여성 일자리정책의 이슈와 과제**

강민정 · 권소영 · 임희정(2016). 중소기업의 여성인력활용제도 정착 및 확산을 위한 정책과제: 경력개발과 일가정 양립 지원을 중심으로. 한국여성정책연구원.
김안정(2017). 우리나라 장년층의 노돈시장 실질은퇴 연령 고용동향브리프. 2017년 3월호.
김영옥(2015). 경력단절여성등의 경제활동 촉진법 개정방향. 한국여성정책연구원, 젠더리뷰, 37, 60-65
김은숙(2016). 장년층 연령관리정책 비교 분석-영국, 독일, 핀란드, 일본을 중심으로. 숙명여자대학교. 석사학위논문.
김재영(2017). 한국 장년층 일자리지원 정책의 역사적 전개과정에 관한 연구. 부산대학교. 석사학위논문.
김태홍 · 장혜경 · 황정임 · 배호종. 2012. 최근 10년간 여성정책 평가와 향후 정책과제. 국여성정책연구원, 2012 연국보고서(수시과제)-1

김태홍・김영옥・김나영・최재성・이선행(2016). 정부정책의 여성고용 영향과 분야별 개선과제(Ⅱ). 한국여성정책연구원.

나현미・심지현(2016). 중장년층 고용활성화를 위한지원방안 탐색. 연구보고서. 숙명여자대학교.

박가열(2016). 중장년층 구직자 역량진단과 고용서비스 연계방안. 한국고용정보원.

백인화(2016). 경력단절 여성베이비부머의 구직결정 요인분석. 숙명여자대학교. 박사학위논문.

엄혜경・성상현(2017). 일-가정 갈등 그리고 가정-일 갈등이 기혼여성관리자의 주관적 경력성공에 미치는 영향. 여성연구, 93(2), 35-70.

여성가족부(2018). 여성가족부 업무계획.

오민홍(2017). 고령사회 대응 중고령자 인력활용. 보건복지포럼.

오은진・신선미・장희영・김미숙(2016). 능력중심사회에 기반한 여성직업능력 개발체계 분석 및 정책과제(Ⅰ). 한국여성정책연구원.

이영민(2016). 서울시 여성유망직직종 발굴 및 프로그램개발. 서울시여성능력개발원.

이영민・정혜원・임정연・이영현・이수진(2012). 여성새로일하기센터 사업의 중장기 발전방안 연구. 여성가족부

고용노동부 http://www.moel.go.kr

국가통계포털 http://kosis.kr

보건복지부 http://www.mw.go.kr

여성가족부 http;//mogef.go.kr

통계청 http://kosis.kr.

한국고용정보원 http://www.keis.or.kr

오학수 **일본 사례를 통해 미래를 보다 : 일본의 고령자 고용정책과 효과**

나까자와=中澤翔太(2016). 「高年齢者雇用安定法改正の効果分析ーDD分析を用いた60歳代前半の就業促進効果と老後の不安減少効果の検証」

노동정책연구/연수기구(労働政策研究・研修機構)(2014).『개정 고연령자 고용안정법의 시행에 기업이 어떻게 대응했는가 조사시리즈 No.121.-改正高年齢者雇用安定法の施行に企業はどう対応したか』調査シリーズ No.121.

노동정책연구/연수기구(労働政策研究・研修機構)(2015).『60대 고용/생활조사 조사시리즈 No.135. 60代の雇用・生活調査』調査シリーズNo. 135』.

야마모토=山本勲(2008).「高年齢者雇用安定法改正の効果分析」樋口美雄・瀬古美喜編『日本の家計行動のダイナミズムIV：制度政策の変更と就業

行動』慶応義塾大学出版会。
오오타=太田聰一(2012).「雇用の場における若年者と高齢者－競合関係の再検討」『日本労働研究雑誌』No.626,2012年9月号。
오학수(2014). [일본의 정년제와 중고령 인력 활용 방안], 안종태 외 8인 공저『정년 60세 시대 인사관리 이렇게 준비하자』 호두나무
오학수(2016). [일본의 고령자 적합 직종 및 고령자 고용정책], 지은정/오학수 [60+고용 활성화를 위한 적합일자리 연구]한국노인인력개발원.
콘도=近藤絢子(2014).「雇用確保措置の義務化によって高齢者の雇用は増えたのか－高年齢者雇用安定法改正の政策評価」『日本労働研究雑誌』No.642.2014年1月号。
후생노동성(2015).『고연령자 고용상황 집계 결과』. (高年齢者の雇用状況集計結果)
JEED(2014a).『고령자 인사관리와 인재활용 현황과 과제-70세 고용시대에 일관된 인사관리에 관한 연구위원회 보고서-(『高齢者の人事管理と人材活用の現状と課題－７０歳雇用時代における一貫した人事管理のあり方研究委員会報告書－)』
JEED(2014b).『엘더 10월호』(エルダー).
JEED(2015a).『엘더 활약 선진 사례집-고령종업원의 특색을 살리고 전력화를 꾀한다-(2015년 판).エルダー活躍先進事例集 ―高齢従業員 の特色を生かし 戦力化を図る』
JEED(2015b).『고령자고용 추진 가이드라인-트럭 운송 사업- 高齢者雇用推進の手引き－トラック運送事業－』
JEED(2015c).『고연령자를 戰力으로: 생애 현역으로 일할 수 있는 직장 만들기- 2015년도 고령자 고용개발 컨테스트 사례- 高年齢者を戦力に：生涯現役で 働ける職場づくり―2015年度高齢者雇用開発コンテスト事例より－』
JEED(2015d).『생애 현역: 활력있는 기업 100선 2014년 판]-生涯現役:いきいき企業 先進事例集100選 2014年版』
JEED(2016a).『2016년도 고연령자 고용개발 컨테스트 사례모집요강. 2016年度 高年齢者雇用開発コンテスト事例募集要綱』
JEED(2016b).『엘더 4월호』(エルダー).
JEDD(2017a).『65세 초과 고용추진 메뉴얼-65歳超雇用推進マニュアル』
JEDD(2017b).『엘더 7월호』（エルダー）.

찾아보기

ㄹ

ㅁ

ㅂ

ㅅ

ㅇ

ㅊ

ㅋ

ㅌ

ㅍ

ㅎ

필자 약력

박철우 한국산업기술대학교 기계공학과 교수

이영민 숙명여자대학교 인적자원개발대학원 교수

정동열 한국고용정보원 부연구위원

권재현 국가평생교육진흥원 실장

권혁 부산대학교 법학전문대학원 교수

김석란 한국직업자격학회 이사

김유빈 한국노동연구원 연구위원

김주섭 한국노동연구원 선임연구위원

김주현 충남대학교 사회학과 교수

김준영 한국고용정보원 연구위원

김지운 한국개발연구원 부연구위원

박명준 한국노동연구원 연구위원

박문수 한국뉴욕주립대학교 기술경영학과 전임연구교수

박종성 한국직업능력개발원 선임연구위원

백인화 서울특별시 서부여성발전센터 소장

오학수 일본 노동정책연구・연수기구 부총괄연구위원

오호영 한국직업능력개발원 선임연구위원

이은정 서울특별시 50플러스재단 정책개발실 PM

정유경 한국개발연구원 연구원

조정윤 글로벌스킬자격연구원 원장

홍성민 과학기술정책연구원 연구위원